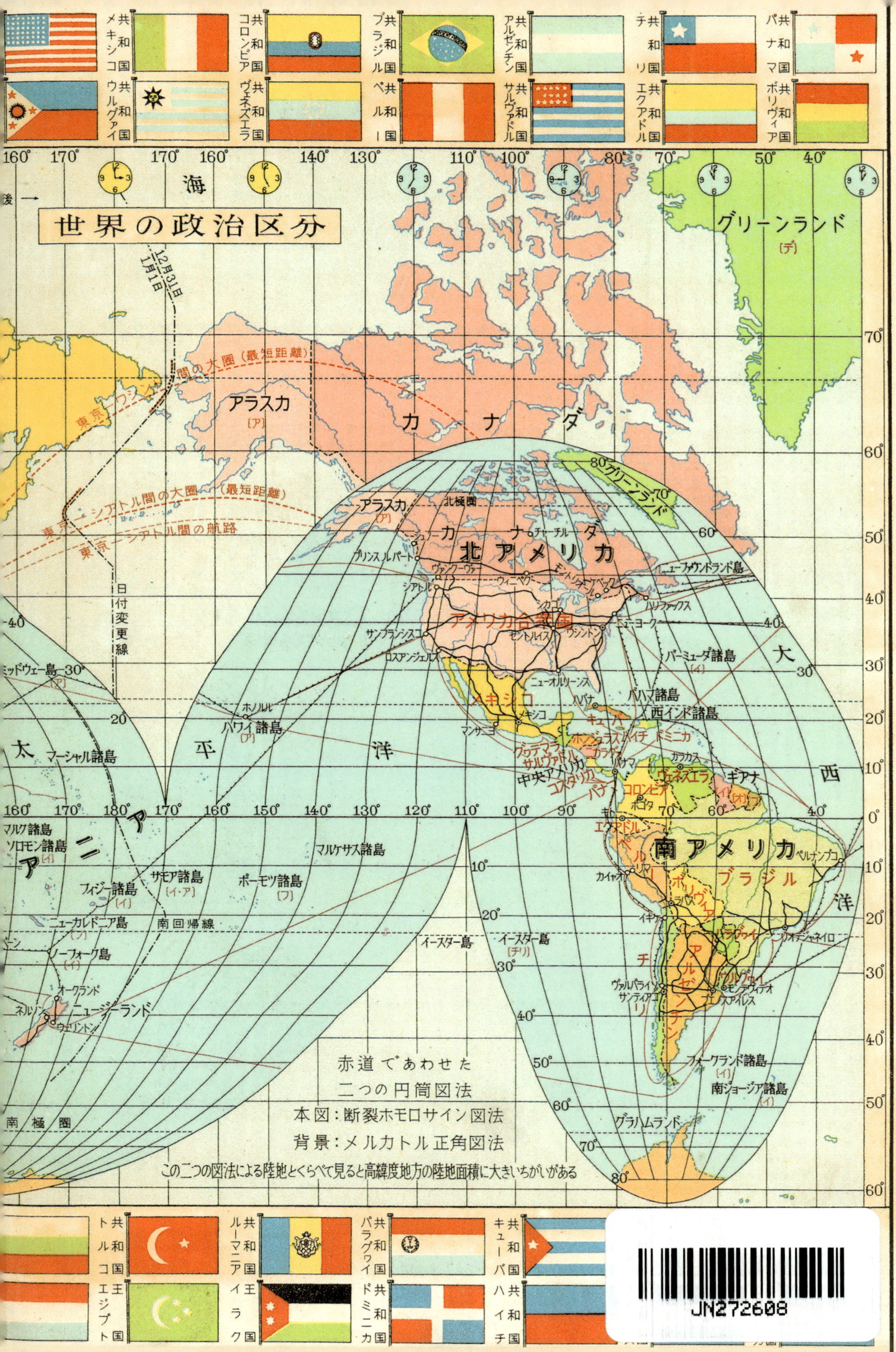

メキシコ共和国
コロンビア共和国
ブラジル共和国
アルゼンチン共和国
チリ共和国
パナマ共和国
ウルグァイ共和国
ヴェネズエラ共和国
ペルー共和国
サルヴァドル共和国
エクアドル共和国
ボリヴィア共和国
世界の政治区分
日付変更線
12月31日
1月1日
グリーンランド
〔デ〕
アラスカ
〔ア〕
カナダ
東京－ワシントン間の大圏（最短距離）
東京－シアトル間の大圏（最短距離）
東京－シアトル間の航路
北アメリカ
アメリカ合衆国
ニューファウンドランド島
ハリファクス
ニューヨーク
シカゴ
ワシントン
セントルイス
サンフランシスコ
ロスアンジェルス
シアトル
ヴァンクーヴァー
プリンスルパート
ジュノー
チャーチル
ウィニペグ
モントリオール
ニューオルリーンズ
バーミューダ諸島
〔イ〕
バハマ諸島
西インド諸島
ハバナ
キューバ
ハイチ
ドミニカ
メキシコ
マンサニヨ
ホンジュラス
ニカラグァ
グヮテマラ
サルヴァドル
中央アメリカ
コスタリカ
パナマ
カラカス
ヴェネズエラ
ギアナ
コロンビア
ボゴタ
キト
エクアドル
ペルー
カイヤオ
南アメリカ
ブラジル
ペルナンブコ
ボリヴィア
ラパス
イキケ
パラグァイ
リオデジャネイロ
チリ
アルゼンチン
ウルグァイ
モンテヴィデオ
ヴァルパライソ
サンティアゴ
ブエノスアイレス
フォークランド諸島
〔イ〕
南ジョージア諸島
〔イ〕
グラハムランド
北極圏
ミッドウェー島
〔ア〕
ホノルル
ハワイ諸島
〔ア〕
マーシャル諸島
太平洋
大西洋
アジア
マルケサス諸島
サモア諸島
〔イ・ア〕
ポーモツ諸島
〔フ〕
フィジー諸島
〔イ〕
ニューカレドニア島
〔フ〕
南回帰線
ノーフォーク島
〔イ〕
オークランド
ニュージーランド
ウェリントン
イースター島
イースター島
〔チリ〕
南極圏
赤道であわせた
二つの円筒図法
本図：断裂ホモロサイン図法
背景：メルカトル正角図法
この二つの図法による陸地とくらべて見ると高緯度地方の陸地面積に大きいちがいがある
トルコ共和国
ルーマニア王国
パラグヮイ共和国
キューバ共和国
エジプト王国
イラク王国
ドミニカ共和国
ハイチ共和国

図法のいろいろ

地球面を地図に表わす方法

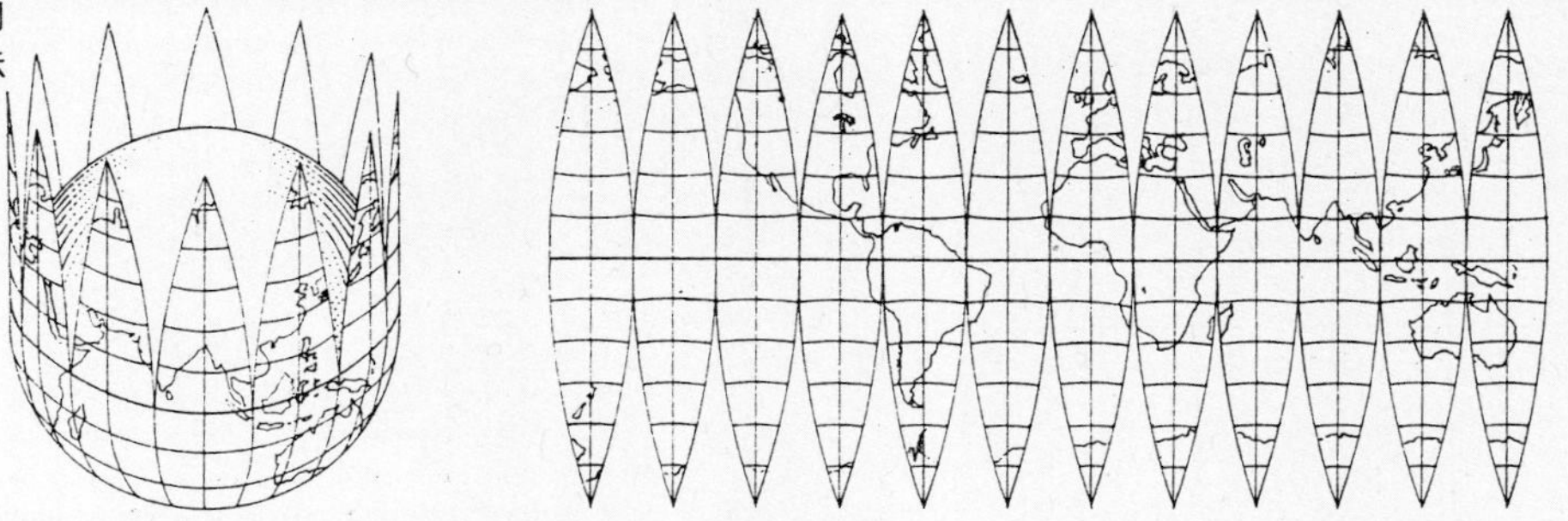

みかんのような球形のものの皮をむいてひろげても完全な平面にはならない。地球についても同じことがいえる。しかしできるだけそれに近づけようとして地球を円筒や円錐形のものに見たてて、いろいろな種類の地図がくふうされている。

メルカトール図法

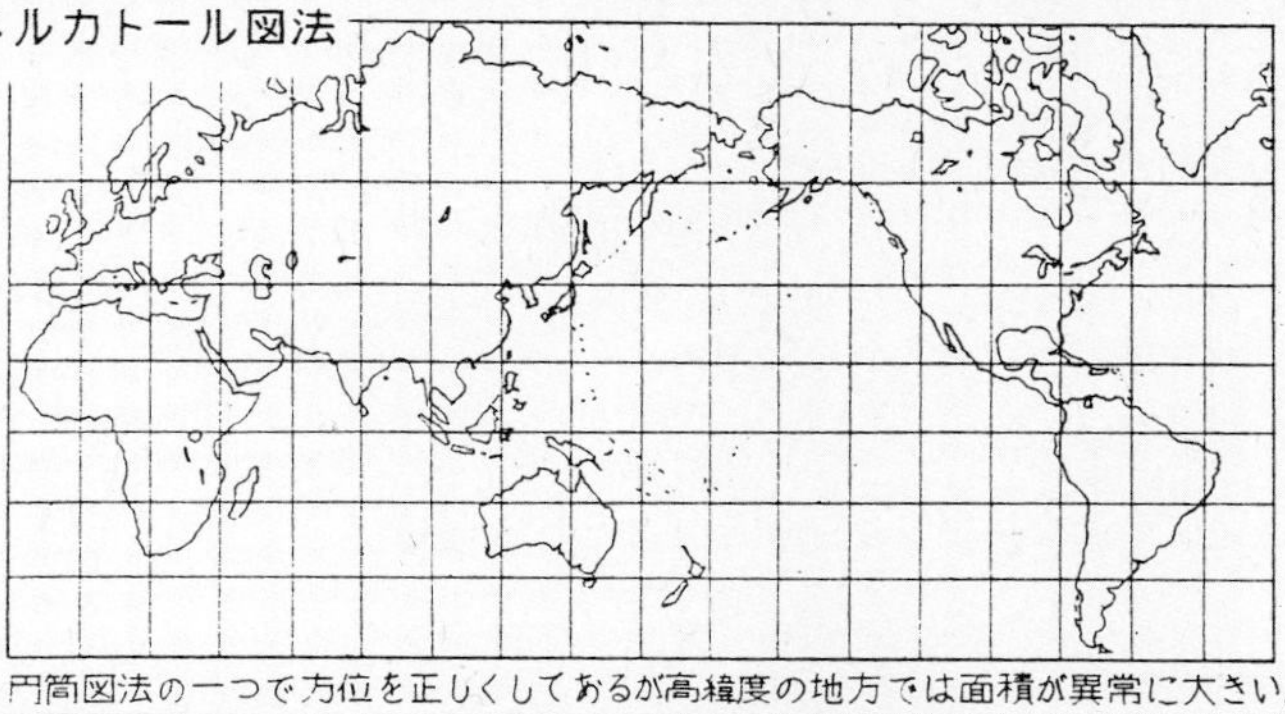

円筒図法の一つで方位を正しくしてあるが高緯度の地方では面積が異常に大きい。

ボンヌ図法

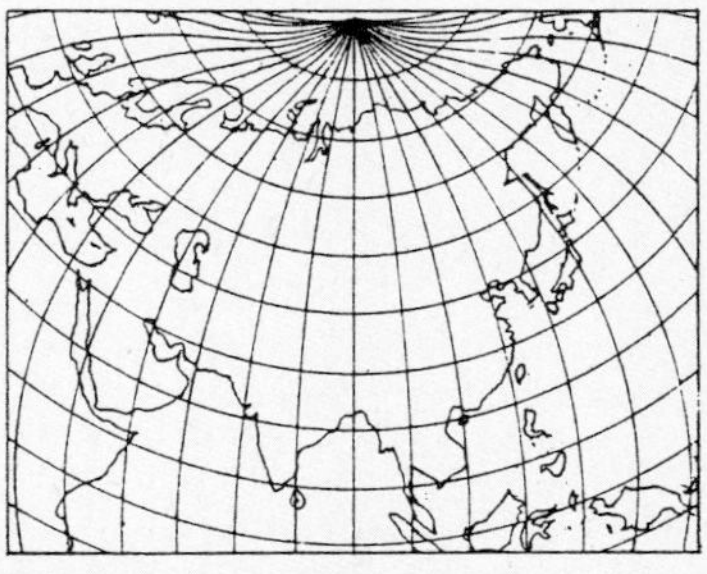

円錐図法の一つで面積を正しくしてある

モルワイデ図法

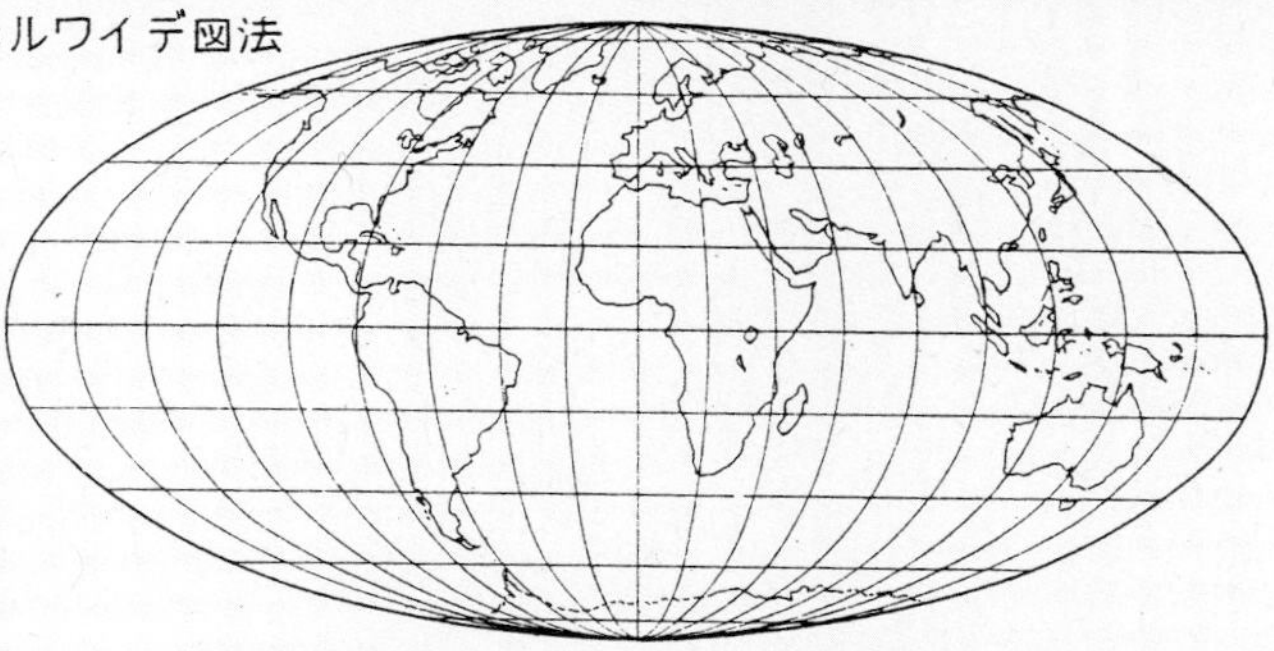

面積は正しく全体の形も美しいが図の左右両端の部分の海陸の形にくずれを生ずる欠点がある。

ランベルト図法

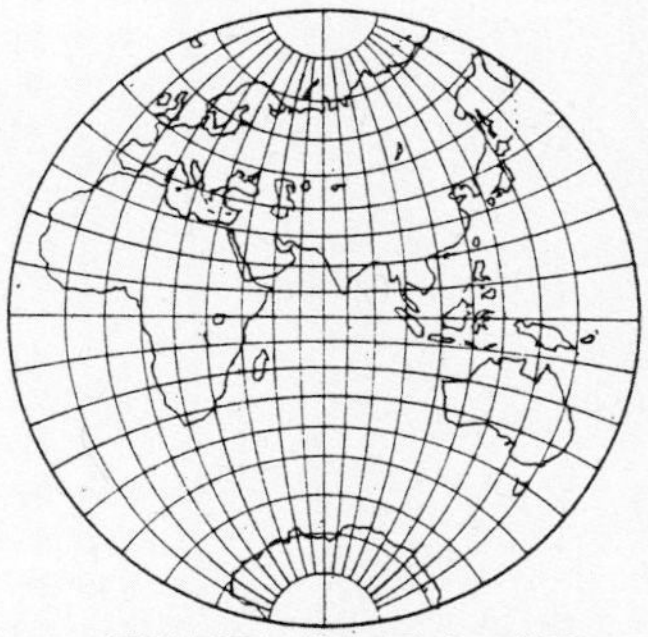

面積が正しくなるように緯線の距離をくふうしてある。

ホモロサイン図法

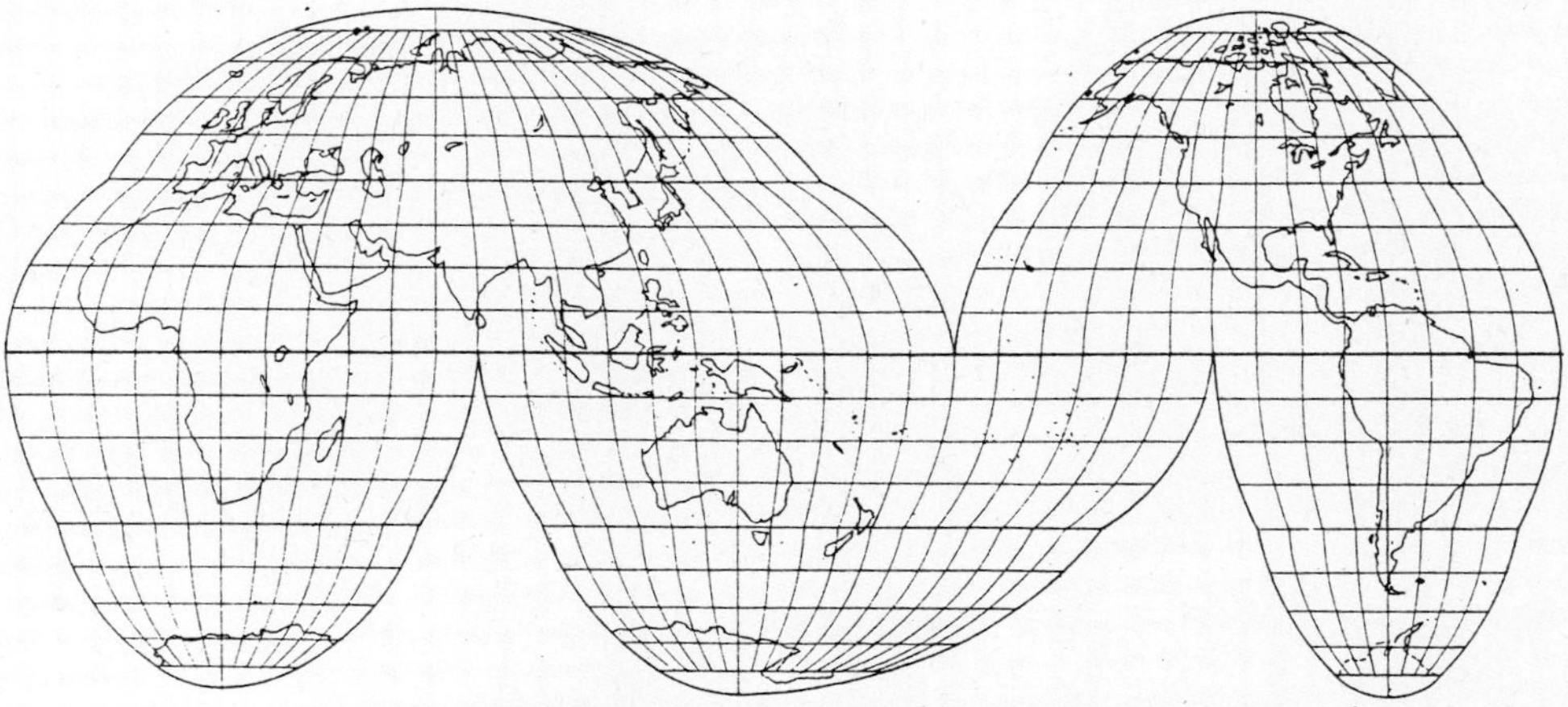

もっとも新しい正積投影法の一つ、モルワイデ図法に比べて形のくずれが少ない。

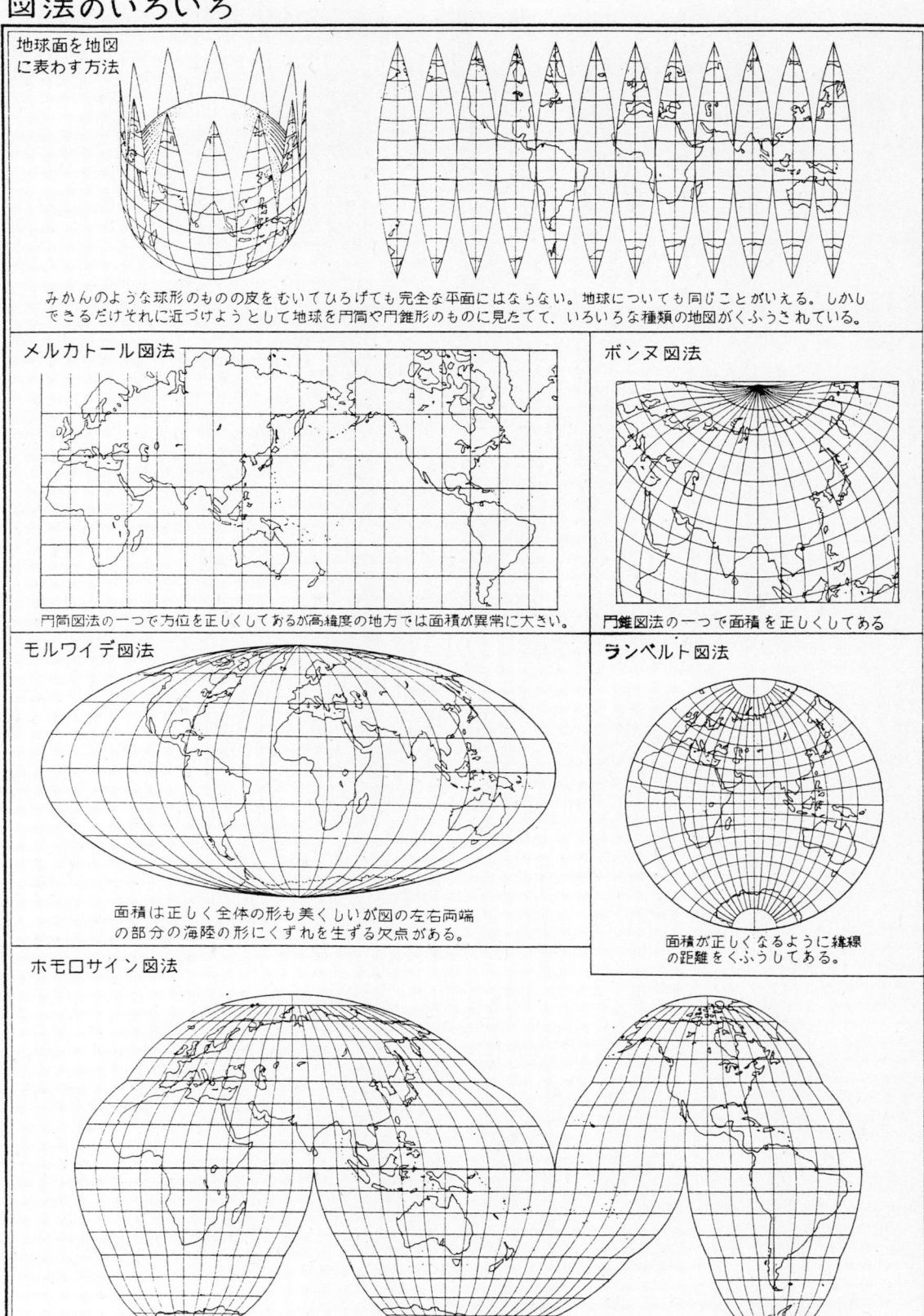

生徒のみなさんへ

わたくしたちはみなさんが新制中学で学ぶ三年間、社会科の授業にぜひ必要な地図帖の最もよいものをなんとかしてつくりたいと日夜苦心してきましたが、今ようやくこの地図帖をみなさんにおくることができました。

ページをめくつてごらんなさい。美しく着色された日本や世界の各地方図、またそれらの間にはさまれている社会科のいろいろな資料を集めた詳しい地図や絵やグラフ（色のついていないページです）、さらに巻末の詳細な索引や統計！「きれいだ」、「これは便利だ」、「社会科のことならなんでも出ている！」──みなさんはこの地図帖をみてまずこんな感嘆の声をあげるにちがいありません。そうです、この地図帖はこれまでのものにみられない多くの特色をもつているのです。そしてこれは教科書なのですからみなさんがあらかじめこの特色や使い方をよく知つておくことは、学習の効果をあげる上にもぜひ必要なことです。わたくしたちとしてはみなさんにまず次のことを知つておいていたゞきたいと思います。

(一)　地図はなによりも土地の姿をありのまゝに伝えるものでなければなりません。従つて地図にはできるだけたくさんの地名がのつていなければなりません。この地図帖ではこの目的にかなうようにつとめました。ことに日本の各地方図では許される限りできるだけ大きな縮尺の地図を用い、現在の技術でいれられる最大限まで苦心して地名をのせました。大きい都会はもちろんのこと、みなさんの町やみなさんの村の近くにある町までほとんどみな入つています。

(二)　いくら詳しい地図でもそれがきたなかつたり印刷が悪かつたりしてはだめです。この地図帖はこの点で最高の技術を使つてあります。みなさんはその美しさに驚くことでしよう。いつもこの地図帖のどこでも好きなところを開いて眺めてごらんなさい。きつとたのしくなつてくるでしよう。

(三)　社会科の地図帖としてはいろいろな単元に関係のある地図、絵、グラフなどがたくさん含まれていなければなりません。この地図帖で色のついていないページがそれです。この点についてわたくしたちはじつさいに社会科の授業を担任されている権威ある先生方の助力によつて、これまでの地図帖にはまつたくみられない新らしい内容をじつに豊富にとりいれることができました。しかもそれが一定の方針に従い、教室で学ぶ単元と照らし合わせながら学習の最大効果をあげるように配列編集されています。たとえばこの色のついていない地図の部分だけをはじめから続けてみていつてごらんなさい。それだけで社会科の勉強が面白くてたまらなくなるにちがいありません。

(四)　さらにこれをいつそう使いよくするためこの地図帖では目次の次に別に単元別によるこの地図帖の使い方の一覧表がのせてあります。つまりこれによつてみなさんは、その単元についてならこの地図帖の中のどの地図やグラフをみればよいということがすぐにわかるのです。これはこの地図帖の大きな特色と思います。

(五)　みなさんは都会かいなかかどちらかに住んでいるのですから社会科としての材料の集め方はそのどれにもかたよらないようにしなければなりません。この地図帖はみなさんが都会に住んでいる人もまたいなかに住んでいる人も十分利用できるような材料がえらばれています。

(六)　またこの地図帖はみなさんが中学校を終えられてからも、いつでもそばにおいていろいろな場合に利用できるにちがいありません。

社会科の勉強はいつもみなさんの身近かにある問題をとらえてそれを調べるとともに、ひろくそれを日本全体から、また世界全体からみてその意味を考えてゆかなければなりません。そのために今のべたようなたくさんの特色をもつこの地図帖はいつもみなさんの最良の、信用できる友達となれることをわたしたちは信じています。

この地図帖の特色と使い方について

――特に先生方へ――

この地図帖は中学校における社会科の学習効果を最大限にまで発揮させることを目的として苦心編集したものであります。そのため他に見られない多くの特色があると信じますがそのうちのおもなものを次に述べてみましよう。

(1) 基本図について

まず基本図としての日本図及び世界図については、できるだけ多くの地名をいれることにつとめました。これまでの社会科地図帖は地名が一般に少いのが欠点でしたが、地図帖である以上はなるべく詳しいことが望ましいのはいうまでもありません。ことに社会科の資料をひろく新聞、雑誌や、ラジオなどによつて取得する場合にこのことは極めて必要と信じます。この意味から本地図帖では、ことに日本の各地方図について都市や町はもちろんのこと、人口1万以上に及ぶ村や鉄道の終点なども原則としてのせてあります。これによつて生徒は自己の居住地を地図の上で認識する機会がずつと多くなり、それがまた地図に親しみ地図帖を利用しようとする意欲を刺戟することになるのは当然です。しかもこのためには各地方図の縮尺を許される限り大きくして多数の地名の記入による見にくさを和らげるようにつとめました。そして印刷や着色には特に留意して地図を愛し、美的観念を養うことができるようにしました。巻末にはぼう大な地名索引がついていますからこれを利用することによつて一そう多数の地名は活用されることゝ信じます。

(2) 一般解説図表について

一般解説図表はある意味で社会科地図帖の生命ともいうべきものです。基本図がいかによくてもこれが弱いものであつたら社会科の学習には何ら寄与するところがありません。

社会科の学習内容は極めて多方面に亘つていますから、この地図帖では地図やグラフや絵その他の方法で表現できる限り、またページの許す限り多くの材料を盛ることにつとめました。一図 一表といえども苦心の表現でないものはありません。そしてこれらの資料は大体の項目別によつて始めから系統的に編集、配列してあります。すなわちまず基礎となる自然環境からそれを背景として展開される人文現象へ、また原始産業から始まつて商工業へ、家庭生活から始まつて国家、社会生活へという風に簡単なものから複雑なものへと生徒の智能の発達に応じて順を追うて配列されています。そして単なる分布現象に止まらず、つねに動いてやまぬ人間の生活の実態にふれるように考慮しております。この豊富な統一ある図表により学習活動はいつそう高められることでしよう。このような編集上の配慮はさらに次にのべる特殊な巻頭の一覧表によつて最大効果を発揮することとなります。

(3) 巻頭の『現行の学習指導要領単元別による参照すべき図表の一覧表』について

社会科の授業はいうまでもなく極めて綜合的なものですから、一つの問題についてもそれに関係のある事項がたくさんにあります。本地図帖でも今のべたように一般図表は系統的に編集されていますがそれでもなお一項目について参照すべき図表は書中各所に見出されます。それで私たちは実際の授業に対する御便宜を考えてこの目録を作りました。すなわち現行の社会科学習指導要領にのせられている単元の順序に従い、各単元ごとに関連の深い図表の名まえとそのページとを記してあります。これによつて本地図帖はいよいよ効果的に利用することができ、興味ある授業を行いえられると信じます。

なお今後学習指導要領が新らしいものに改められるときはそれに応じてこの一覧表の内容も改訂するつもりであります。

目　次

(表見返し 1.2) **世界総図** 世界の政治区分

(表見返し 3) 図法のいろいろ——地球面を地図に表わす方法、メルカトール図法、モルワイデ図法 ボンヌ図法、ランベルト図法、ホモロサイン図法

P.1 大都会といなか

P.2—3 **地図のあらわし方** (1)——ふかん図といろいろな縮尺の地図、地図の記号、鳥かん図と平面図

P.4 われわれの国土 (1)——日本の位置、都道府県支庁の区分、文化のあしあと

P.5 われわれの国土 (2)——生活の季節、ある日の気象通報、天気予報信号標、気象特報信号標、日本の気候の相違

P.6—7 **地図のあらわし方** (2)——地図の表現法のいろいろ 土地利用のぬり方、模型のつくり方、断面図の描き方

P.8 われわれの国土 (3)——山と水の国日本、耕地をふやそうとする人々の努力、日本の民家

P.9 われわれの国土 (4)——昔の畿道と国、一毛作地と二毛作地 日本の産業

P.10—11 **日本の国土** 地質、地勢、火山帯と地震帯

P.12 われわれをとりまく自然(1)——世界の気候 日本の気候の特色 雷雨の回数、台風の進路 台風の気象

P.13 われわれをとりまく自然(2)——カザリン台風による利根川の洪水、世界の動物

P.14—15 **九州地方** 気候 行政区画、電力分布、土地利用、種子島、屋久島、

P.16 われわれをとりまく自然(3)——世界の地体構造、世界の地質、世界の土壌

P.17 われわれをとりまく自然(4)——火山島—三宅島、磐梯山附近の地形、根尾谷の断層、関東大震災による土地の変化、日本の溜池、地震にたえる家屋のくふう、防浪堤

P.18—19 **中国・四国地方** 気候、行政区画、土地利用、電力分布、隠岐

P.20 われわれをとりまく自然(5)——日本の国立公園、中部山岳国立公園の一部、外国からの観光客数、アメリカ合衆国の国立公園とその利用者数

P.21 人口と居住地の拡大 (1)——世界の人種、世界の人口密度、世界のおもな商業用語

P.22—23 **近畿地方** 気候、行政区画、土地利用、電力分布

P.24 人口と居住地の拡大(2)——アメリカ合衆国の人口密度、日本の都市人口といなかの人口、産業別人口の構成、日本の年令別人口、世界のおもな国の出生率と死亡率

P.25 人口と居住地の拡大(3)——人間の居住地の拡大、アフリカの探険、北アメリカの探険、世界の人口の増加、オーストラリアの開発、日本の人口の増加

P.26—27 **中部地方** 気候、行政区画、土地利用、電力分布

P.28 食料の生産——世界各地の農業経営、栄養カロリーの比較、各国の土地利用の割合、日本の農民一人が一年間に食べる分量、世界のおもな国の牛乳飲用量

P.29 農業と農村生活(1)——世界の米作、日本の米作、北海道の米作の発展、日本の人口と米の生産高

P.30—31 **関東地方** 気候、行政区画、土地利用、電力分布

P.32 農業と農村生活 (2)——農村生活のこよみ、米の生産費、明かるい農村計画

P.33 農業と農村生活 (3)——稲のほし方、都道府県別の米作面積、日本の麥、農地改革前後の自作と小作、米の階段耕作、大農法

P.34—35 **奥羽地方** 気候、行政区画、電力分布、土地利用

P.36 農業と農村生活 (4)——世界の小麦、世界各国の小麦の耕作こよみ、アメリカ合衆国の農業地域、中国の農業地域、高冷地の開拓

P.37 農業と農村生活 (5)——地中海的農業とオアシス農業、世界のさとう、各国民一人当りのさとう消費量、さとうのできるま

で、世界の茶の産額、都、道、府、県別野菜作付面積、季節によるおもな野菜の入荷。

P.38—39 **北海道地方**　気候、行政区画、土地利用、電力分布

P.40 水産資源——世界の漁場、日本の漁区、日本近海の海流と魚類、漁法のさまざま、近代的な漁法と漁獲物の供給

P.41 畜産資源——世界の畜産地、世界の牛、世界の豚、日本の牛と馬、世界のバター、ミルク、チーズの産額

P.42—43 **日本の人口、日本の交通と貿易**　人口密度、都道府県別の人口自然増加率

P.44 衣服の原料とその生産 (1)——衣服の原料のいろいろ、環境と衣服、世界の綿花産地と羊毛産地

P.45 衣服の原料とその生産 (2)——日本の紡績、世界各国の紡錘数、日本の桑園と生糸の産額、日本の繭と製糸、人絹糸生産額の変化、繊維消費量

P.46—47 **ユーラシア**　気候、土地利用

P.48 家と家庭生活 (1)——世界の家のいろいろ、日本の民家の移り変わり　世界の森林、日本の森林の伐採量

P.49 家と家庭生活 (2)——住むためのいろいろな工夫、家具の種類とその配置　家計の調査

P.50—51 **アジア主部**

P.52 家と家庭生活 (3)——古い伝統的な生活、新らしい台所の生活、住宅一戸当りの畳数、住宅不足数

P.53 村と都市 (1)——村の位置、都市の発達、江戸時代の城下町

P.54—55 **ヨーロッパ**　気候、土地利用、アイスランド

P.56 村と都市 (2)——大都市の商工業区域、城下町の内部、世界のいろいろな都市の形態

P.57 村と都市 (3)——工業の発達と土地の変化、都市の内部、都市の居住者の出身地、都市の機能、北九州都市の人口増加

P.58—59 **北アメリカ、南アメリカ**　気候、土地利用、ハワイ諸島

P.60 地下資源の利用 (1)——世界の鉄の産地、古代ギリシアの鉱山、日本のおもな鉱山、日本の鋼鉄の生産額、五大湖地方の鉄鉱産地と製鉄業地、世界のおもな鉱物の産地

P.61 地下資源の利用 (2)——世界の石炭と石油の産地、日本の石炭の産額、アメリカ合衆国の燃料使用量、日本の油田、近東の油田地帯、石炭の用途

P.62—63 **北アメリカ主部**　気候、土地利用

P.64 電力の利用——世界の水力発電量、日本の水力電気の開発、日本のおもな川の発電力、一日の電力消費量、送電の経路、アメリカ合衆国のT.V.A.

P.65 近代工業の発達 (1)——道具と機械の発達、産業革命以後の重要な発明

P.66 **アフリカ**　気候、土地利用

P.67 **オセアニア大部**　気候、土地利用

P.68 近代工業の発達 (2)——日本の工業地帯、アメリカ合衆国の工業地帯、ソ連の綜合工業地帯、北九州の工業地帯、ドイツの工業地帯、イギリスの工業地帯、世界の工業の発達

P.69 近代工業の発達 (3)——日本の工業生産の変化、世界のゴムの生産と需要、大阪市の機械工業地、工場従業員の変化、北イタリアの製紙工場、労仂力の季節的移動、名古屋附近の工場

P.70—71 **世界の交通と貿易**　世界のおもな貿易、世界のおもな鉄道と陸上電線と海底電線、世界のおもな航空路と航路

P.72 交通通信の発達 (1)——交通機関の変化、交通機関の発達による距離の短縮、最も速い世界一周の日時、箱根越の交通路の移り変わり、日本の国道

P.73 交通通信の発達 (2)——世界の鉄道、津軽海峡海底トンネル計画、東京附近の交通量、日本の鉄道の発達、ソ連の交通機関

P.74 交通通信の発達 (3)——五大湖地方の内陸水路、インディアンの船越し、横浜港の発達、スエズ運河、世界の商船、港の岸壁の構造

P.75 交通通信の発達 (4)——パナマ運河、世界のおもな新聞社と通信社、ラジオの普及、新聞の読者数、新聞のできるまで

P.76　商業と貿易 (1)——昔の東西通商路、世界各国の貨幣の名称、昔の貨幣、世界のおもな国の輸出入額

P.77　商業と貿易 (2)——世界の商業活動、日本の貿易の移り変わり、日本の国民貯金の移り変わり、日本のおもな都市の物価、輸出と生産と物価の関係、日本にきた外国の貿易業者

P.78　文化と教育 (1)——古代文化の発生地、世界の文化のひろがり、アメリカ合衆国の文化の発展

P.79　文化と教育 (2)——世界と日本に関する知識の発達、器具の変化、前方後円の古墳、古墳の分布

P.80　文化と教育 (3)——ノーベル賞受賞者の属する国々、東西建築物の比較、史跡名勝天然記念物の分布、国宝の分布

P.81　文化と教育 (4)——日本の図書館数と入館者数、映画館の分布、博物館と美術館の分布、書籍の出版数、世界のおもな国々の教育制度

P.82　文化と教育 (5)——学校教育の移り変わり、われわれの学校、中学校生徒数と小学校数、各国の字の読めない人の数

P.83　社会と政治 (1)——日本の国の政治(1)—行政と司法、国家地方警察と自治体警察、中央官庁の所在地

P.84　社会と政治 (2)——日本の国の政治(2)—立法、衆議院参議院議員定数、国際連合、国際連合常任理事国と加盟国、ユネスコ

P.85　社会と政治 (3)——君主制の国と共和制の国、租税収入の移り変わり、歳入中に占める租税の割合　われわれの生活と世界とのつながり

P.86　災害 (1)——日本の火災発生件数、火災の防ぎ方、月別火災件数、列車事故と諸車事故件数、交通事故の多いところ、工場事故

P.87　災害 (2)——日本の火災、日本の結核死亡率、日本の無医村

P.88　災害 (3)——世界の風土病、寄生虫の保有者数、中学生の近視、日本の伝染病、浮浪児数

(裏見返し　1)　地球の運動

(裏見返し　2.3)　世界の自然環境

年　表

附　録　社会科主要統計　地名索引

現行の“学習指導要領”の単元別による参照すべき図表の一覧表 (数字は本地図帖のページを示す)

第　一　学　年

単元第一　日本の国土　(着色図) 日本の国土 (10—11)、九州地方 (14—15)、中国・四国地方(18—19)　近畿地方 (22—23)、中部地方 (26—27)、関東地方 (30—31)、奥羽地方 (34—35)、北海道地方 (38—39)、日本の人口 (42)、日本の交通と貿易 (43)、ユーラシア (46—47)

(一般解説図表)

日本の位置 (4)、都道府県支庁の区分 (4)、文化のあしあと (4)、生活の季節 (5)、ある日の気象通報 (5)、日本の気候の相違 (5)、山と水の国日本 (8)、耕地をふやそうとする人々の努力 (8)、日本の民家 (8)、昔の畿道と国 (9)、一毛作地と二毛作地 (9)、日本の産業 (9)、日本の気候の特色 (12)、雷雨の回数 (12)、台風の進路 (12)、台風の気象 (12)、カザリン台風による利根川の洪水 (13)、世界の地体構造 (16)、火山島 (17)、磐梯山附近の地形 (17)、関東大震災による土地の変化 (17)、日本の溜池 (17)、根尾谷の断層 (17)、日本の国立公園 (20)、中部山岳国立公園の一部 (20)、日本の米作 (29)、日本近海の海流と魚類 (40)、江戸時代の城下町 (53)、日本の工業地帯 (68)

単元第二　家庭生活

(一般解説図表)

日本の民家 (8)　世界の家のいろいろ (43)、日本の民家の移り変わり (48)、住むためのいろいろな

工夫 (49)、家具の種類とその配置 (49)、家計の調査 (49)、昔の生活 (52)、新らしい台所の生活 (52) 住宅不足数 (52)、住宅一戸当りの畳数 (52)、世界のおもな国の出生率と死亡率 (24)、浮浪児数 (88)

単元第三　学校生活

(一般解説図表)

世界のおもな国々の教育制度(81)、学校教育の移り変わり(82)、昔の教科書と今の教科書(82)　中学校生徒数と小学校々数(82)、われわれの学校(82)、各国の字の読めない人の数 82)、中学生の近視(88)

単元第四　いなかの生産生活　(着色図) 日本の国土 (10—11)、日本の各地方図にある土地利用図(一般解説図表)

一毛作地と二毛作地 (9)、耕地をふやそうとする人々の努力 (8)、日本の産業 (9)、日本の溜池 (17) 都市人口といなかの人口 (24)、栄養カロリーの比較 (28)、各国の土地利用割合 (28)、日本の農民一人が一年間に食べる分量 (28)、日本の米作 (29)、日本の人口と米作 (29)、農村生活の暦 (32)、米の生産費 (32)、明かるい農村計画 (32)、稲のほし方 (33)、都道府県別米作面積 (33)、日本の麦 (33)、農地改革前後の自作と小作 (33)、高冷地の開拓 (36)、都道府県別野菜作付面積 (37)、季節によるおもな野菜の入荷 (37)、日本の漁区 (40)、漁法のさまざま (40)、日本の牛と馬 (41)、日本の桑園と生糸の産額 (45) 家計の調査(49)、村の位置 (53)

単元第五　日本の都市　(着色図) 日本各地方図

(一般解説図表)

日本の都市人口といなかの人口 (24)、産業別人口の構成 (24)、季節によるおもな野菜の入荷 (37) 都道府県別野菜作付面積 (37)、日本の紡績 (45)、日本の民家の移り変わり (48)、家計の調査 (49)、都市の発達 (53)、江戸時代の城下町 (53)、城下町の内部 (56)、大都市の商工業地域 (56)、世界のいろいろな都市の形態 (56)、工業の発達と土地の変化 (57)、都市の内部 (57)、都市居住者の出身地 (57)、都市の機能 (57)、北九州都市の人口増加 (57)、日本の工業地帯 (68)、北九州工業地帯 (68)、大阪市の機械工業地 (69)、名古屋附近の工場 (69)、東京附近の交通量 (73)、日本のおもな都市の物価 (77)、交通事故の多いところ(86)、江戸の大火 (87)

単元第六　余暇の利用　(着色図) 日本の各地方図

(一般解説図表)

日本の国立公園 (20)、中部山岳国立公園の一部 (20)、アメリカ合衆国の国立公園 (20)、史跡名勝天然記念物の分布 (80)、国宝の分布 (80)、日本の図書館数と入館者数 (81)、書籍の出版数 (81)、博物館と美術館の分布 (81)、映画館の分布 (81)

第二学年

単元第一　世界の農牧　(着色図) 世界の自然環境 (裏見返し 2, 3)、世界のおもな交通と貿易 (70—71)、世界の各地方図

(一般解説図表)

世界の気候 (12)、世界の動物 (13)、世界の地質 (16)、世界の土壌 (16)、世界の人口密度 (21)、アメリカ合衆国の人口密度 (24)、人間の居住地の拡大 (25)、アフリカの探険 (25)、北アメリカの探険 (25)、世界の人口増加 (25)、オーストラリアの開発 (25)、世界各地の農業経営 (28)、各国の土地利用の割合 (28)、栄養カロリーの比較 (28)、世界のおもな国の牛乳飲用量 (28)、世界の米作 (29)、米の階段耕作 (33)、大農法 (33)、世界の小麦 (36)、世界各国の小麦の耕作こよみ (36)、アメリカ合衆国の農業地域 (36)、中国の農業地域 (36)、地中海的農業とオアシス農業 (37)、世界のさとう (37)、世界の茶の産額

(37)、各国民一人当りのさとう消費量 (37)、さとうのできるまで (37)、世界の畜産地 (41 、世界の牛 (41)、世界の豚 (41)、世界のバター、ミルク、チーズ、の産額 (41)、世界の綿花産地と羊毛産地 (44)、世界の家のいろいろ (48)、世界のゴムの生産と需要 (69)、アメリカ合衆国の文化の発展 (78)

単元第二　天然資源　(着色図) 日本の各地方図、世界の各部分図

(一般解説図表)

日本の産業 (9)、世界の動物 (13)、世界の地体構造 (16)、世界の地質 (16)、世界の土壌 (16)、世界の漁場 (40)、日本近海の海流と魚類 (40)、世界の森林 (48)、日本の森林の伐採量 (48)、世界の鉄の産地 (60)、古代ギリシアの鉱山 (60)、日本のおもな鉱山 (60)、日本の鋼鉄の生産額 (60)、五大湖地方の鉄鉱産地と製鉄業地 (60)、世界のおもな鉱物産地 (60)、世界の石炭と石油の産地 (61)、日本の石炭の産額 (61)、アメリカ合衆国の燃料使用量 (61)、日本の油田 (61)、近東の油田地帯 (61)、石炭の用途 (61)、世界の水力発電量 (64)、日本の水力電気の開発 (64)、日本のおもな川の発電力 (64)、アメリカ合衆国のＴＶＡ (64)、外国からの観光客数 (20)、アメリカ合衆国の国立公園利用者数 (20)、アメリカ合衆国の国立公園 (20)

単元第三　近代工業　(着色図) 日本の各地方図　世界の各部分図

(一般解説図表)

日本の産業 (9)、日本の都市人口といなかの人口 (24)、産業別人口の構成 (24)、日本の紡績 (45)、世界各国の紡錘数 (45)、日本の繭と製糸 (45)、人絹糸生産高の変化 (45)、繊維消費量 (45 、大都市の商工業区域 (56)、工業の発達と土地の変化 (57)、北九州都市の人口増加 (57)、都市の機能 (57)、都市の内部 (57)、五大湖附近の鉄鉱産地と製鉄業地 (60) 石炭の用途 (61)、アメリカ合衆国のＴＶＡ (64)、道具と機械の発達 (65)、産業革命以後の重要な発明 (65)、日本の工業地帯 (68)、アメリカ合衆国の工業地帯(68)、ソ連の綜合工業地帯 (68)、北九州の工業地帯 (68)、ドイツの工業地帯 (68)、イギリスの工業地帯 (68)、世界の工業の発達 (68)、日本の工業生産の変化 (69)、世界のゴムの生産と需要 (69)、大阪市の機械工業地 (69)、工場従業員の変化 (69)、北イタリアの製紙工場 (69)、労仂力の季節的移動 (69)、名古屋附近の工場 (69)

単元第四　交通機関の発達　(着色図) 日本の各地方図、世界の各部分図、日本の交通と貿易 (43)、世界の交通と貿易 (70—71)

(一般解説図表)

アフリカの探険 (25)、北アメリカの開発 (25)、近代的な漁法と漁獲物の供給 (40)、世界のいろいろな都市の形態 (56)、交通機関の変化 (72)、交通機関の発達による距離の短縮 (72)、最も速い世界一周の日時 (72)、箱根越えの移り変わり (72)、日本の国道 (72)、世界の鉄道 (73)、津軽海峡海底トンネル計画 (73)、東京附近の交通量 (73)、日本の鉄道の発達 (73)、ソ連の交通機関 (73)、五大湖地方の内陸水路 (74)、インディアンの船越し (74)、横浜港の発達 (74)、スエズ運河 (74)、港の岸壁の構造 (74)、パナマ運河 (75)、世界のおもな新聞社と通信社 (75)、ラジオの普及 (75)、新聞の読者数 (75)、新聞のできるまで (75)、昔の東西通商路 (76)

単元第五　自然の災害　(着色図) 日本の国土、(10—11) 世界の自然環境 (裏見返し 2, 3)

(一般解説図表)

気象特報信号標 (5)、日本の気候の相違 (5)、雷雨の回数 (12)、台風の進路 (12)、台風の気象 (12)、カザリン台風による利根川の洪水 (13)、世界の地体構造 (16)、世界の地質 (16)、火山島 (17)、磐梯山附近の地形 (17)、関東震災による土地の変化 (17)、根尾谷の断層 (17)、日本の溜池 (17)、防浪堤 (17)、耐震家屋 (17)

単元第六　生命財産の保護　(着色図) 日本の人口 (42)

（一般解説図表）

世界のおもな国の出生率と死亡率（24）、日本の人口増加（25）、日本の年令別人口（24）、日本の火災発生件数(86)、火災の防ぎ方（86）、月別火災件数（86）、列車事故と諸車事故件数（86）、交通事故の多いところ(86)、工場事故(86)、日本の火災(87)、江戸の大火(87)、日本の結核死亡率(87)、日本の無医村(87)、世界の風土病（88)、寄生虫の保有者数（88)、中学生の近視（88)、日本の伝染病（88)、浮浪児数(88)

第　三　学　年

単元第一　文化遺産

（一般解説図表）

文化のあしあと（4）、日本の民家（8）、環境と衣服（44）、世界の家のいろいろ（48）、日本の民家の移り変わり（48）　家具の種類とその配置（49）、産業革命以後の重要な発明（65）、古代文化の発生地（78）、世界文化のひろがり（78）、世界と日本に関する知識の発達（79）、器具の変化（79）、古墳の分布（79）、ノーベル賞受賞者の属する国々（80）、博物館と美術館の分布（81）、史跡名勝天然記念物の分布（80）、国宝の分布（80）、東西建築物の比較（80）

単元第二　芸術と宗教

（一般解説図表）

世界文化のひろがり（78）、器具の変化（79）、東西の建築物の比較（80）、国宝の分布（80）、古代文化の発生地（78）、博物館と美術館の分布（81）、映画館の分布（81）、農村生活のこよみ（32）

単元第三　政　　治　（着色図）世界総図、（表見返し 1, 2）日本の国土（10―11）

（一般解説図表）

都道府県支庁の区分（4）、昔の畿道と国（9）、日本の国の政治（1）（司法と行政）（83）、中央官庁の所在地(83)、国家地方警察と自治体警察（83）、日本の国の政治(2)―立法（84）、衆議院参議院議員定員数（84）、国際連合(84)、国際連合常任理事国と加盟国（84）、ユネスコ（84）、君主制の国と共和制の国（85）、租税収入の移り変わり（85）、歳入中に占める租税の割合（85）、われわれの生活と世界とのつながり（85）

単元第四　職　　業　（着色図）日本及び世界各地方の土地利用図

（一般解説図表）

産業別人口の構成（24）、日本の産業（9）、世界各地の農業経営（28）、世界の漁場（40）、世界の畜産地（41）、都市の機能（57）、日本の工業の変化（69）、工場従業員の変化（69）、労仂力の季節的移動（69）、新聞のできるまで（75）、世界の商業活動（77）

単元第五　消費生活

（一般解説図表）

日本の産業(9)、日本の人口と米産(29)、食物の消費量(28)、さとうの消費量(37)、繊維消費量(45)、アメリカ合衆国の燃料消費量(61)、石炭の用途(61)、世界各国の貨幣の名称(76)、主要国の輸出入高(76)、昔の貨幣(76)、世界の商業活動(77)、日本の貿易の移り変わり(77)、日本の国民貯金の移り変わり(77)、日本のおもな都市の物価(77)、輸出と生産と物価との関係(77)、日本にきた外国の貿易業者（77）、世界の商業用語（21）

単元第六　個人と共同生活　（着色図）日本の国土（10―11）、世界の自然環境

（裏見返し）2, 3 日本の貿易（43）、世界の交通と貿易（70―71）

（一般解説図表）

世界の気候（12）、日本の気候の特色（12）、世界の人種（21）、世界の文化のひろがり（78）、古い伝統的な生活（52）、住むためのいろいろな工夫（49）、世界の家のいろいろ（48）、住宅不足数（52）、われわれの生活と世界とのつながり（85）

昭和25年8月12日　文部省検定済　中学校社会科用

中学校
社会科地図帳
1－3年

帝国書院編集部編

帝国書院

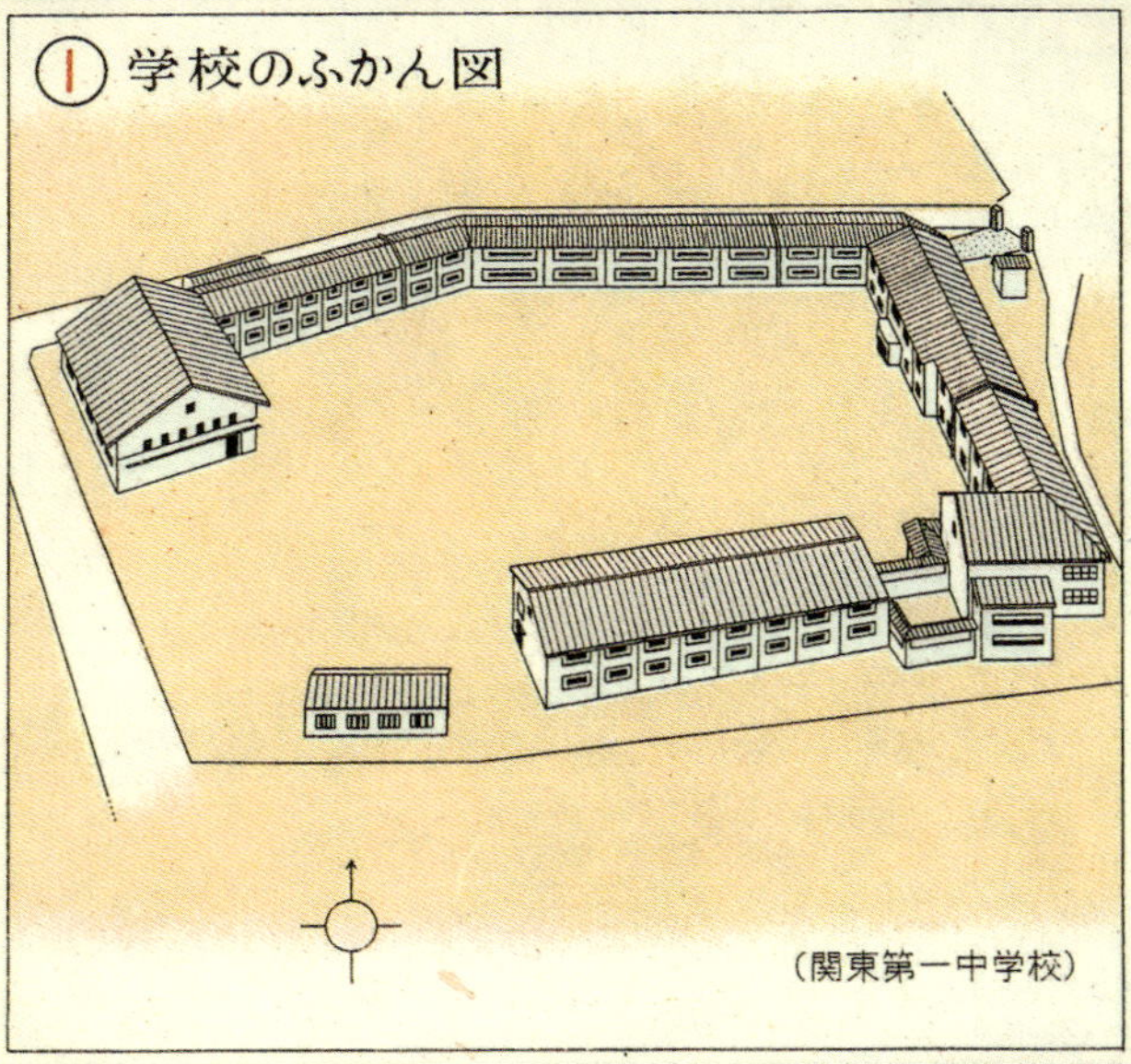

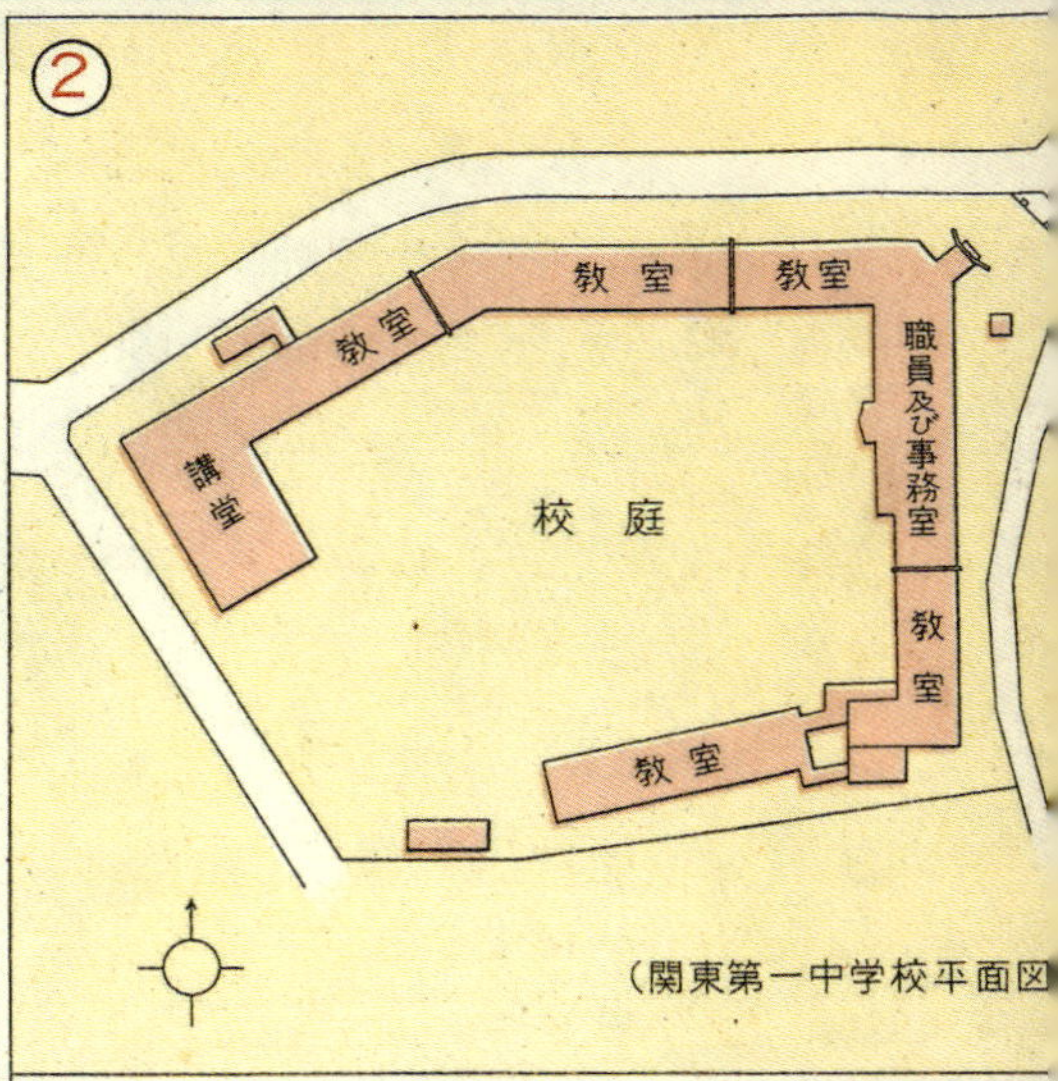

1:2 000　0 10 30 50m

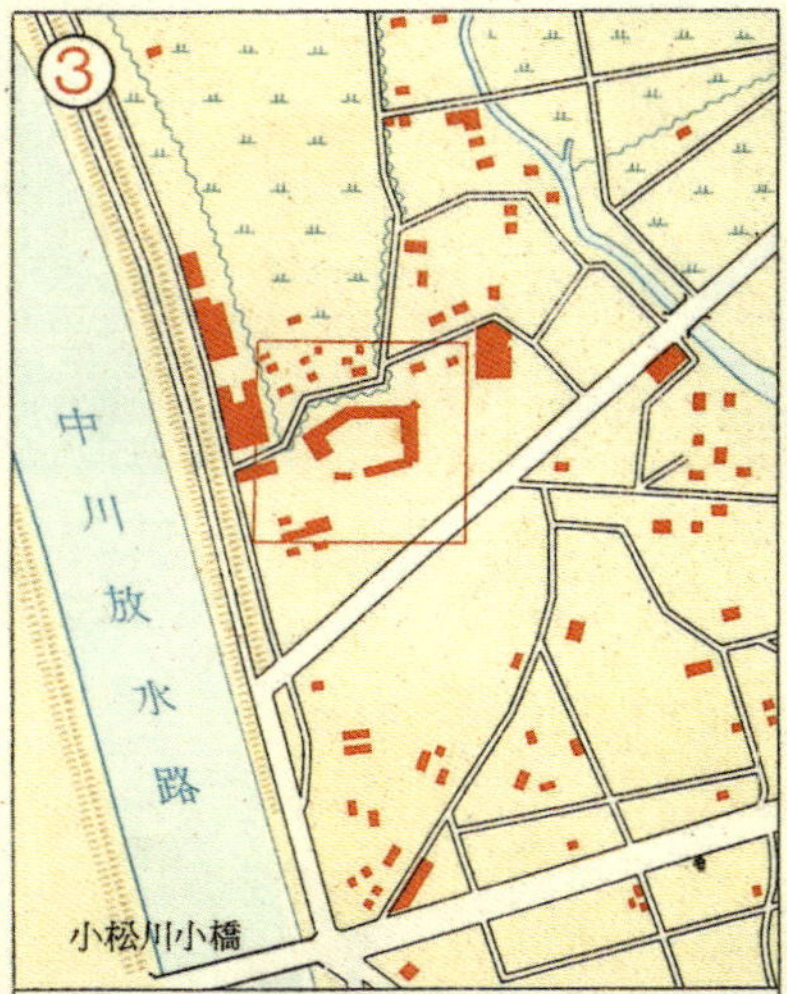

1:10 000　0 50 200m

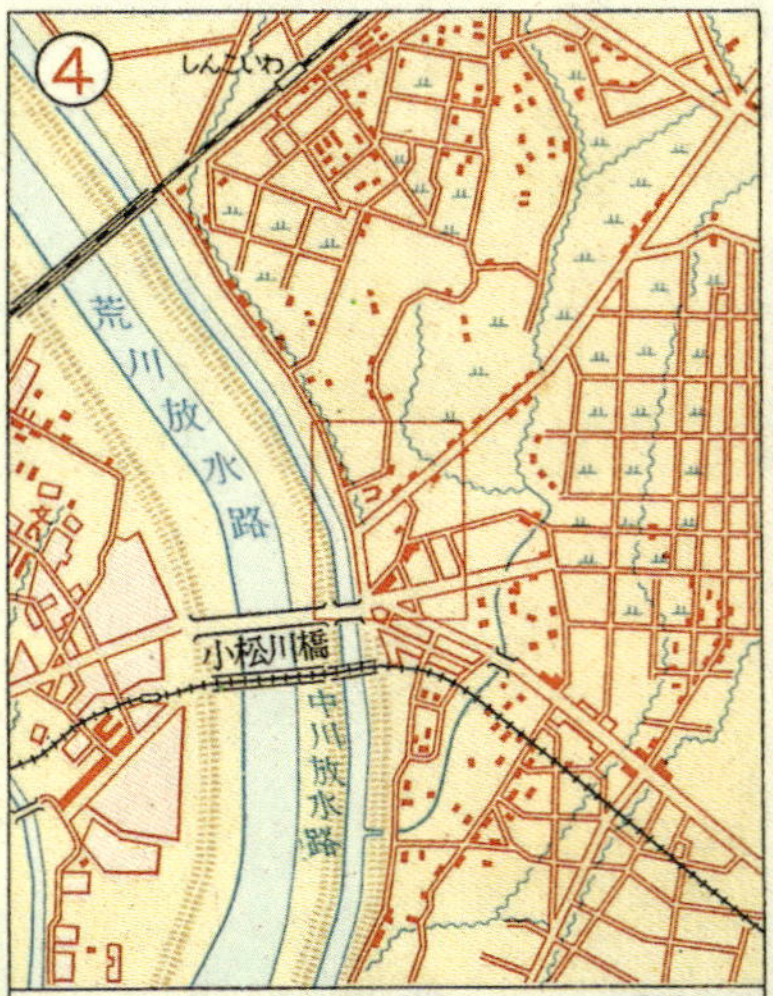

1:50 000　0 200 1000m

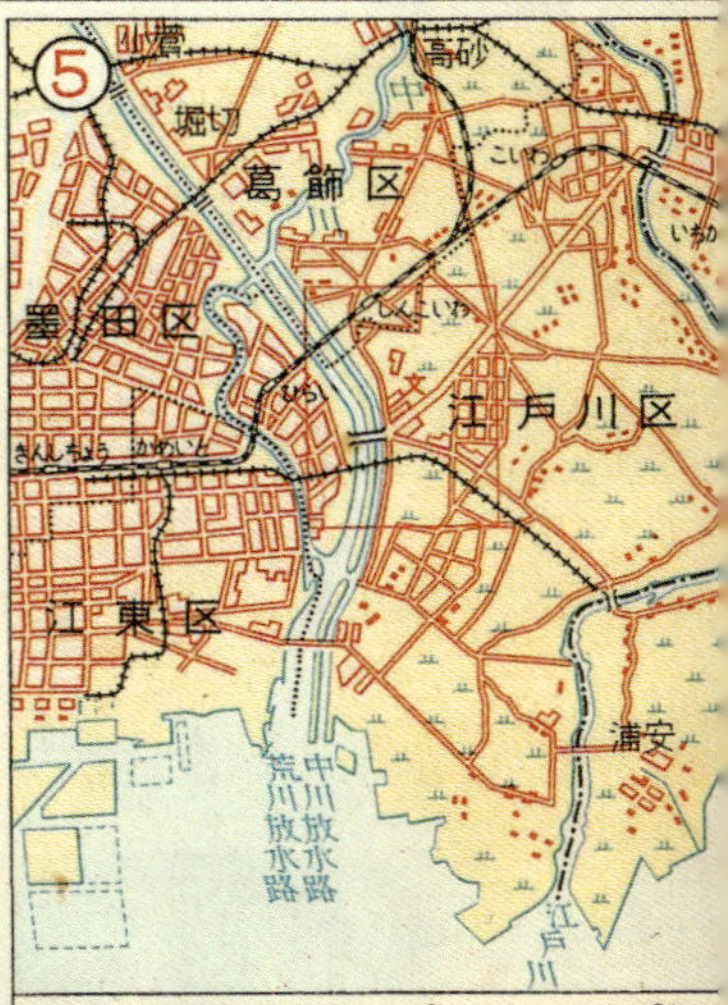

1:200 000　0 1 3km

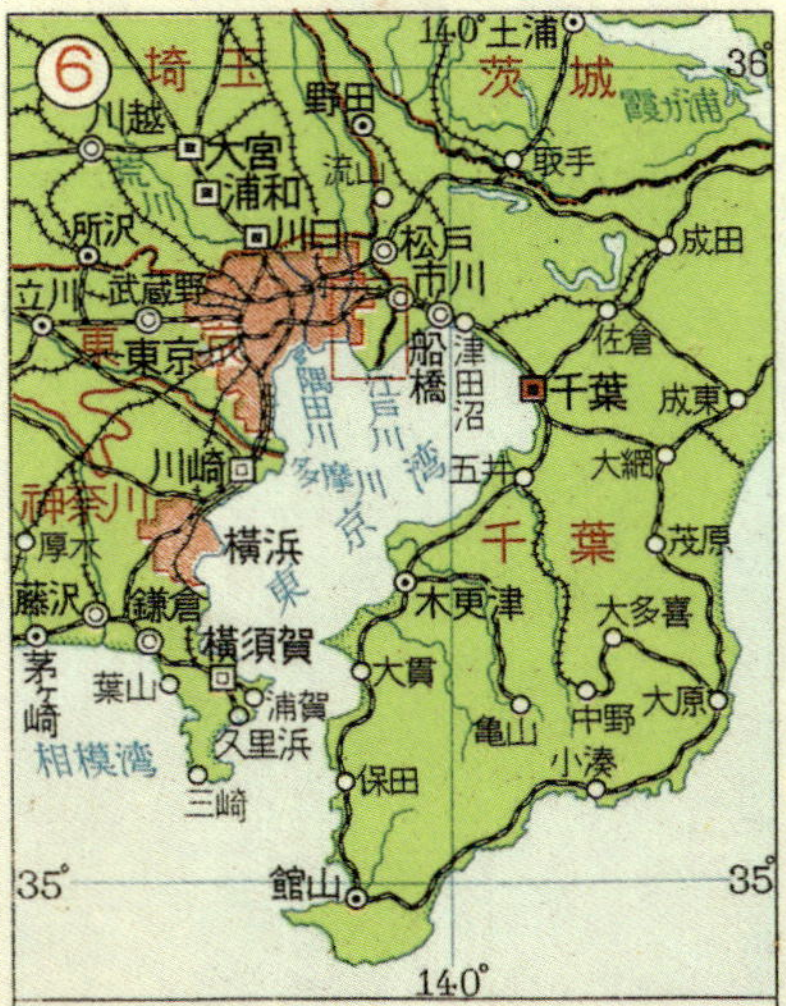

1:2 000 000　0 3 30km

1:25 000 000　0 30 300km

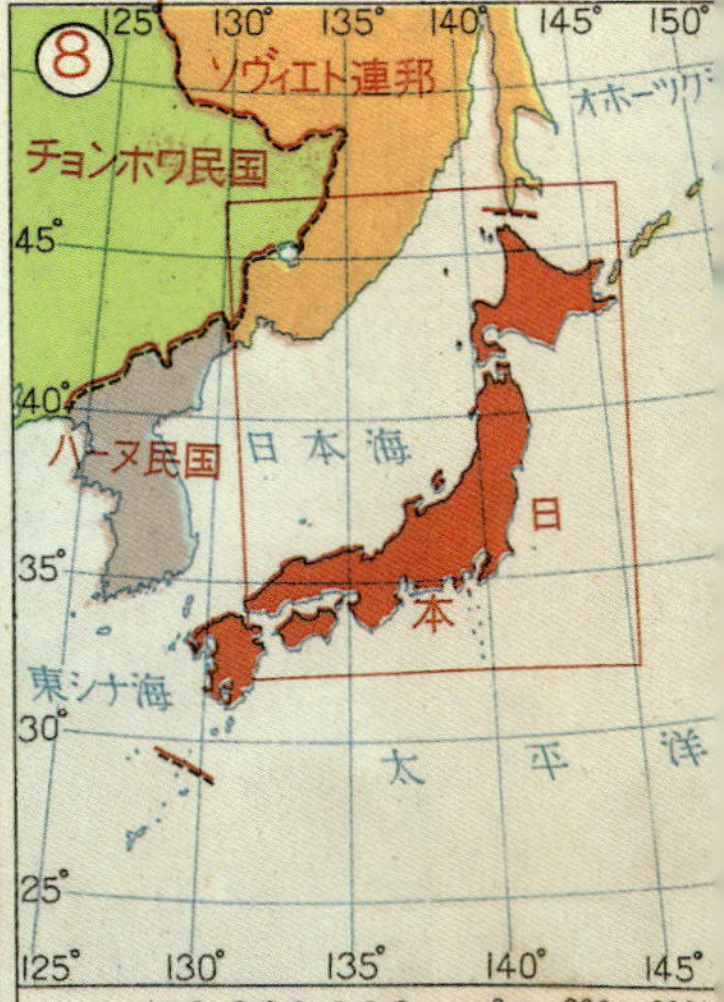

1:50 000 000　0 300 600k

地図の記号

日本

- 外国界
- 都道府県支庁界
- 国内国界
- 鉄道
- 鉄道予定線
- トンネル
- ケーブルカー
- 電鉄
- 国有バス路線
- 航路
- 鉄道連絡船航路
- 海底電線
- 運河
- 主要道路
- 文　学校
- 名所旧跡
- 指定名勝天然記念物
- 温泉
- 国立公園
- 六大都市
- 主要町村及び鉄道起点終点
- 人口五万以下の市
- 人口十万以下の市
- 人口二十万以下の市
- 人口二十万以上の市
- 行政庁所在地
- 山頂
- 火山頂
- 鉱産地
- 採石地
- 峠
- 滝
- 開港場
- 港及び川の可航終点
- 燈台
- 主要ラジオ放送局
- 海岸砂地
- 油田

外国

- 大州界
- 地方界
- 国界
- 州界（チョンホワ民国は省界）
- 鉄道
- 航空路
- 航路
- 運河
- 城壁
- 山頂
- 火山頂
- 人口十万以下の都市
- 人口十万以上の都市
- 人口三十万以上の都市
- 人口五十万以上の都市
- 人口百万以上の都市
- 首府
- 鉱山
- 油田
- 名所
- 砂漠

各国の領土記号

〔イ〕イギリス領	〔オ〕オランダ領	〔ポ〕ポルトガル領
〔ア〕アメリカ合衆国領	〔デ〕デンマーク領	〔イタ〕イタリア領
〔フ〕フランス領	〔ノ〕ノルウェー領	〔委〕信託委任統治地
〔ベ〕ベルギー領	〔ス〕スペイン領	〔租〕租借地

陸高と海深

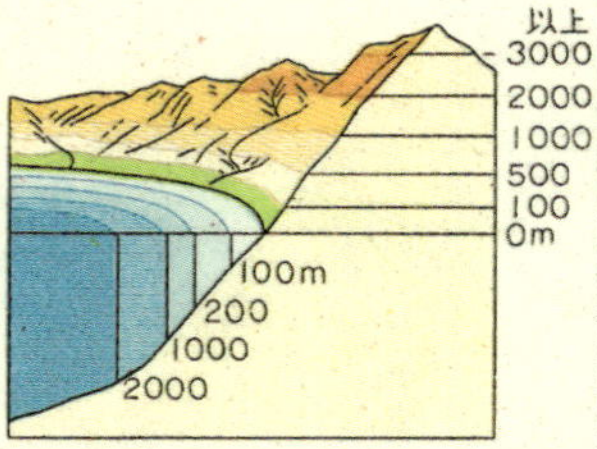

陸高と海深

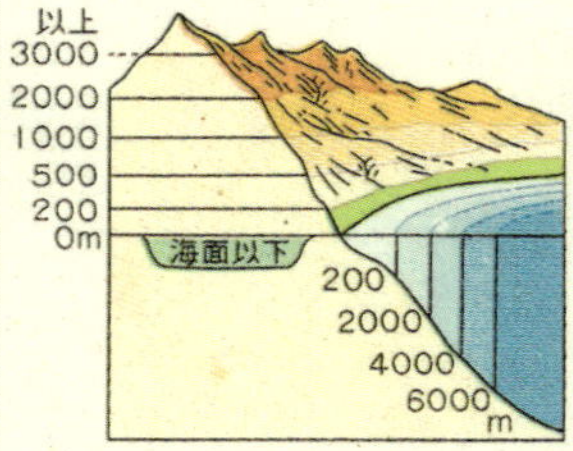

鳥かん図と平面図　ー浜名湖附近ー

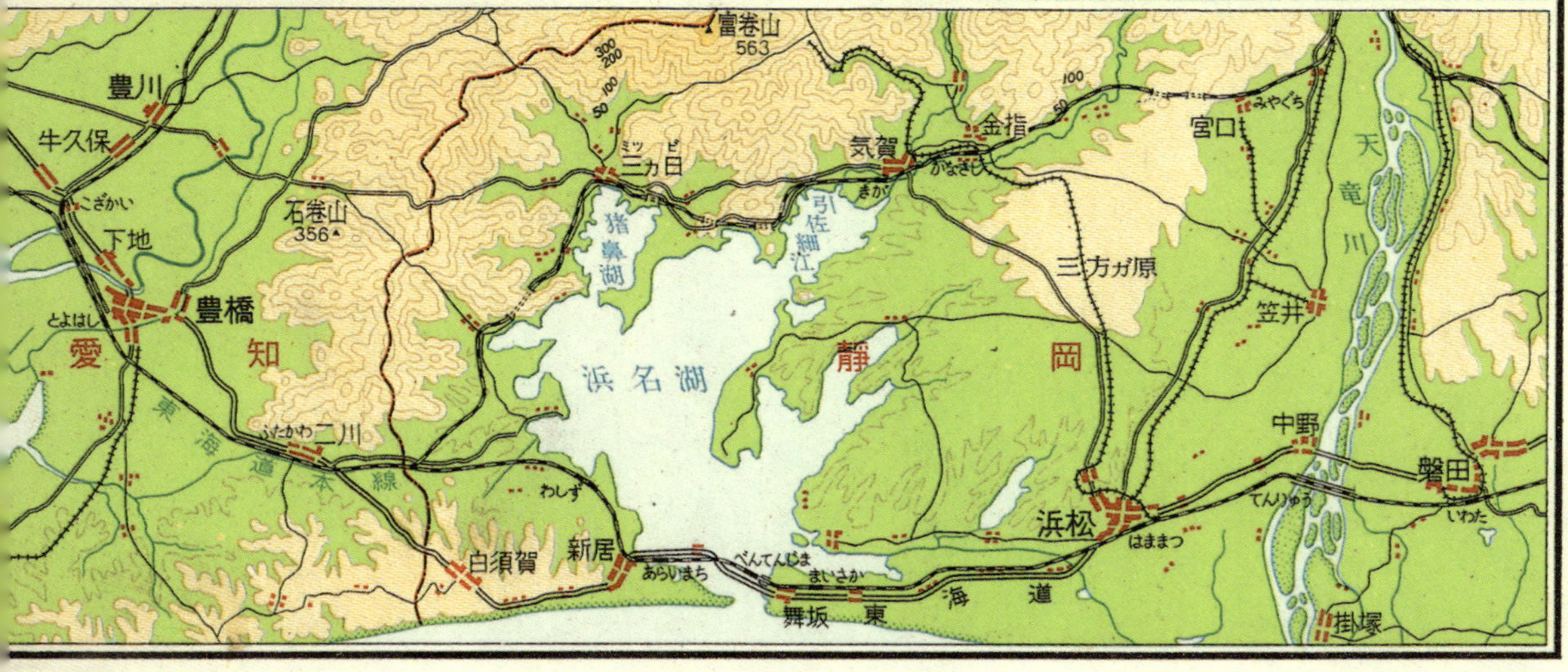

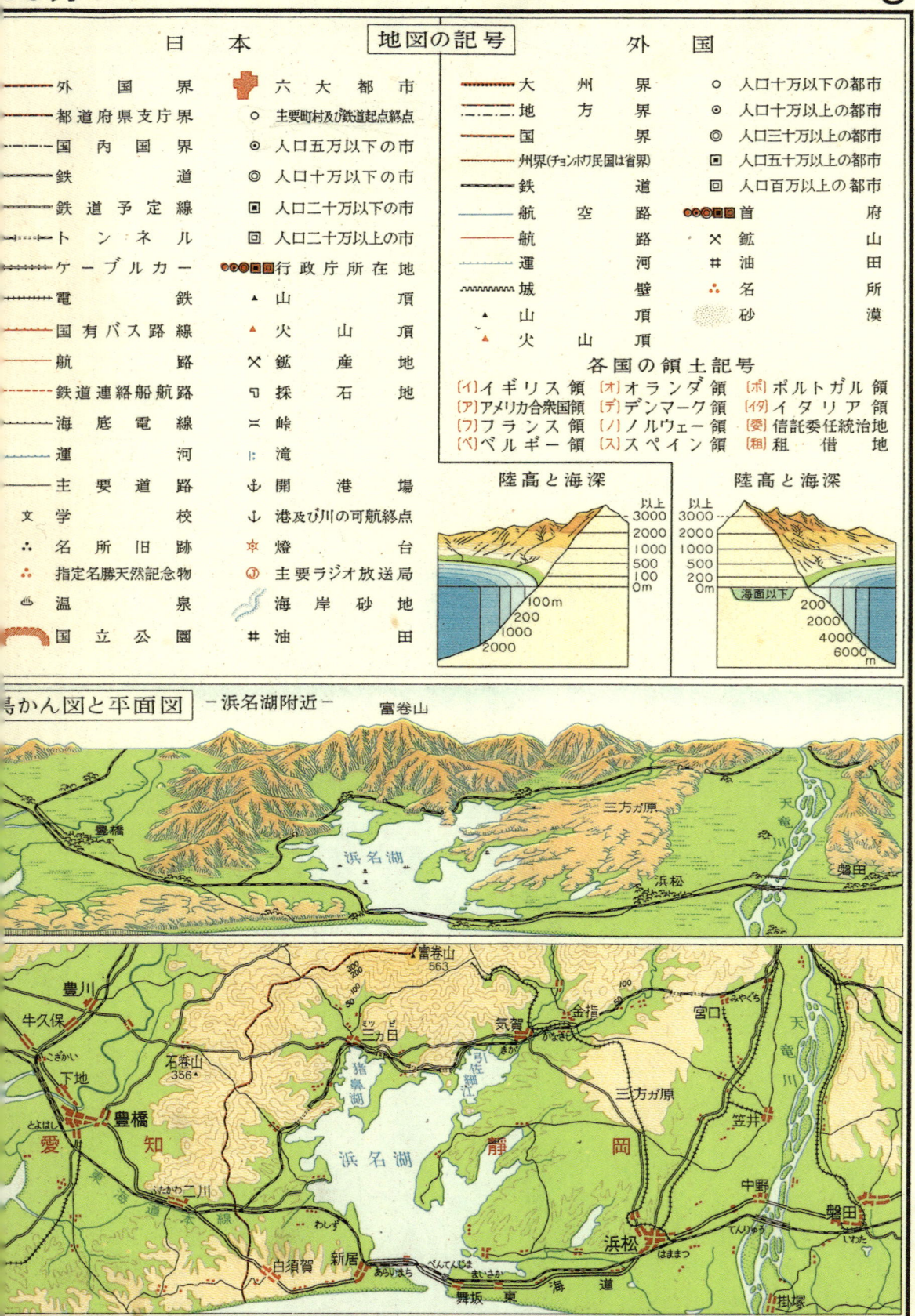

4 われわれの国土(1)

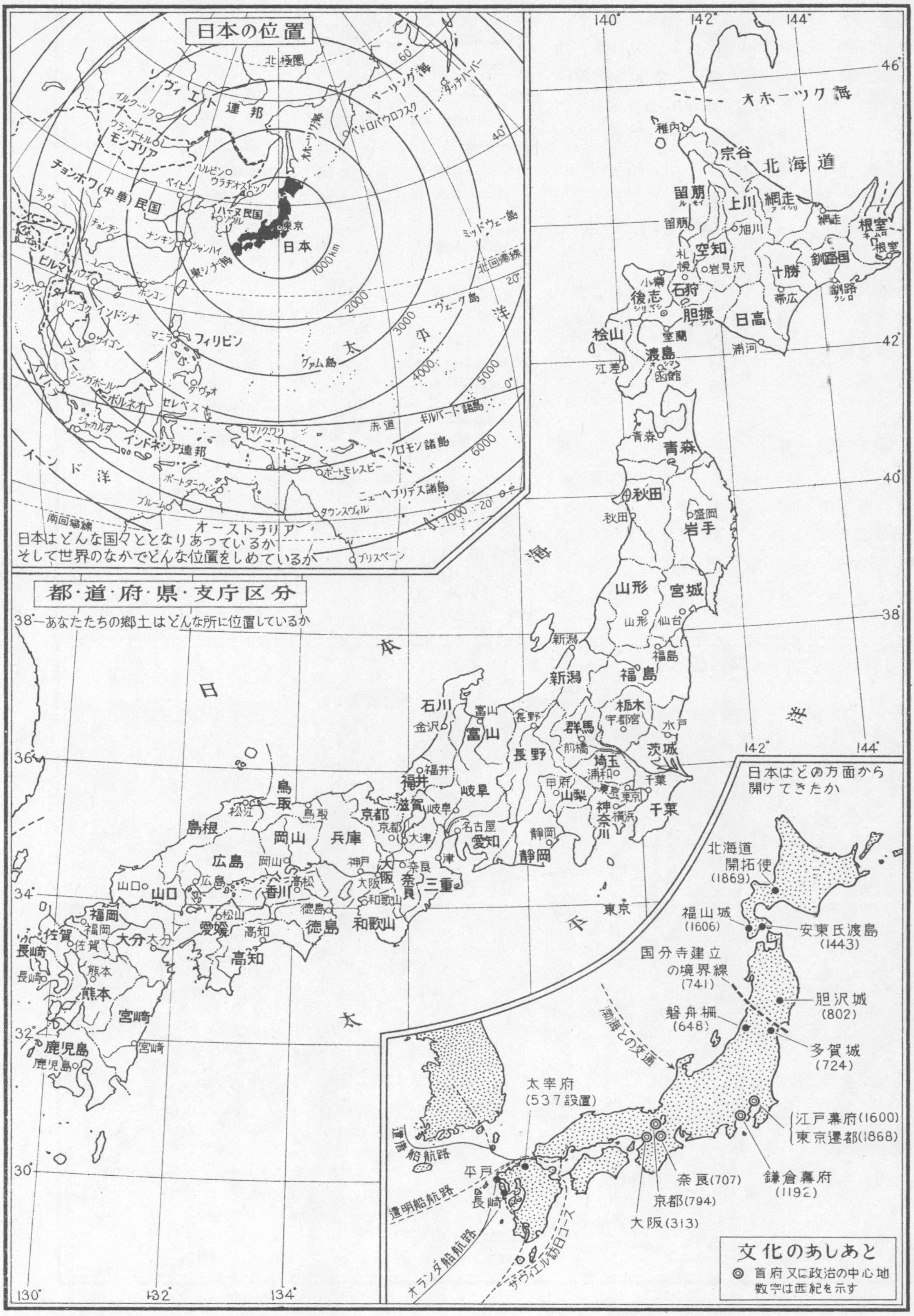

日本の位置
北極圏
ソヴィエト連邦
イルクーツク
ウランバートル
モンゴリア
チョンホワ(中華)民国
ハルビン
ペイピン
ウラヂオストック
ハンヌ民国
ソウル
東京
日本
1000km
2000
3000
4000
5000
6000
7000
ベーリング海
ダッチハーバー
ペトロパウロフスク
オホーツク海
ミッドウェー島
北回帰線
ラッサ
チュンチン
ナンキン
シャンハイ
東シナ海
ビルマ
ハノイ
ラングーン
タイ
バンコク
インドシナ
ホンコン
サイゴン
マニラ
フィリピン
マライ
シンガポール
スマトラ
ダヴァオ
ボルネオ
セレベス
ジャカルタ
インドネシア連邦
ウェーク島
グアム島
太平洋
赤道
ギルバート諸島
マノクワリ
ニューギニア
ソロモン諸島
ポートモレスビー
インド洋
ポートダーウィン
ブルーム
ニューヘブリデス諸島
タウンスヴィル
南回帰線
オーストラリア
ブリスベーン
日本はどんな国々ととなりあっているか
そして世界のなかでどんな位置をしめているか
都・道・府・県・支庁区分
あなたたちの郷土はどんな所に位置しているか
オホーツク海
稚内
宗谷
北海道
留萌《ルモイ》
上川
網走《アバシリ》
根室《ネムロ》
旭川
空知
札幌
岩見沢
十勝
釧路国
帯広
釧路《クシロ》
小樽
後志《シリベシ》
石狩
胆振《イブリ》
日高
室蘭
浦河
桧山
渡島《オシマ》
江差
函館
青森
秋田
盛岡
岩手
日本海
山形
宮城
仙台
新潟
福島
栃木
宇都宮
石川
富山
金沢
長野
群馬
前橋
茨城
水戸
埼玉
浦和
福井
岐阜
甲府
山梨
東京
千葉
鳥取
松江
島根
京都
滋賀
大津
神奈川
横浜
名古屋
愛知
静岡
岡山
兵庫
広島
神戸
大阪
奈良
津
三重
山口
香川
高松
和歌山
徳島
松山
愛媛
高知
福岡
佐賀
長崎
大分
熊本
宮崎
鹿児島
太平洋
日本はどの方面から
開けてきたか
北海道
開拓使
(1869)
福山城
(1606)
安東氏渡島
(1443)
国分寺建立
の境界線
(741)
胆沢城
(802)
磐舟柵
(648)
多賀城
(724)
渤海との交通
太宰府
(537設置)
江戸幕府(1600)
東京遷都(1868)
遣唐船航路
平戸
長崎
遣明船航路
オランダ船航路
ザヴィエル訪日コース
奈良(707)
京都(794)
大阪(313)
鎌倉幕府
(1192)
文化のあしあと
◎ 首府又は政治の中心地
数字は西紀を示す

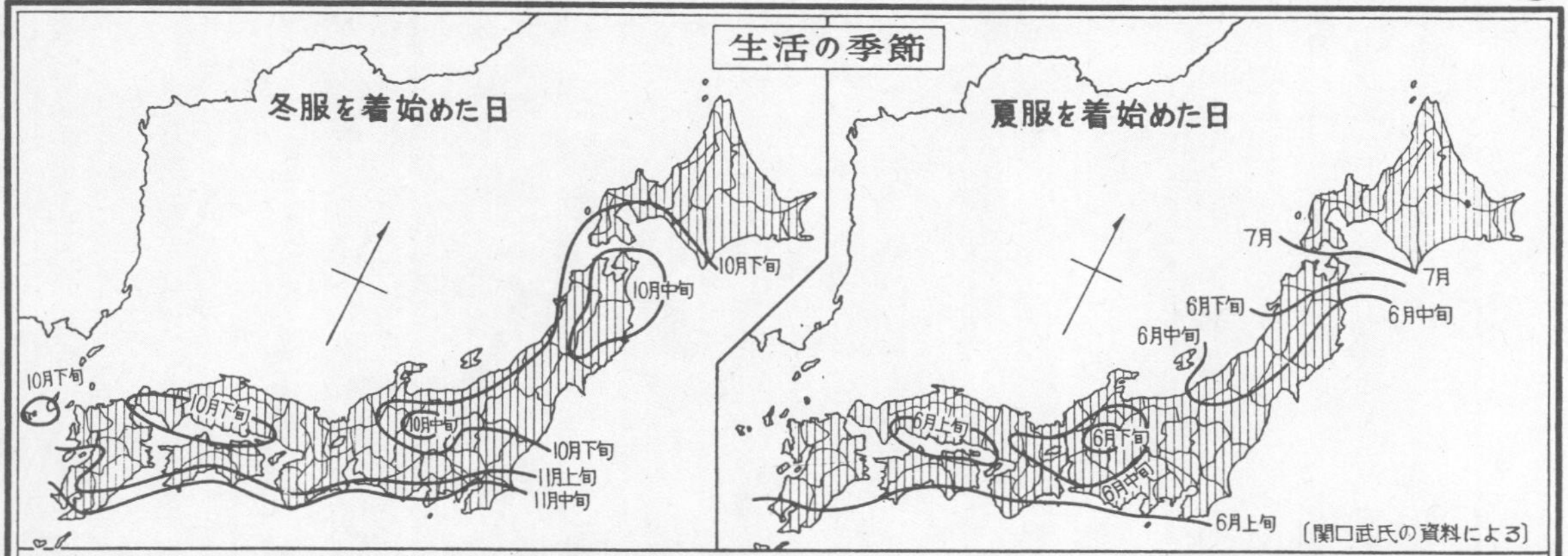
生活の季節
冬服を着始めた日
10月下旬
10月中旬
10月下旬
10月中旬
10月下旬
10月下旬
11月上旬
11月中旬
夏服を着始めた日
7月
7月
6月下旬
6月中旬
6月中旬
6月上旬
6月下旬
6月中旬
6月上旬
〔関口武氏の資料による〕

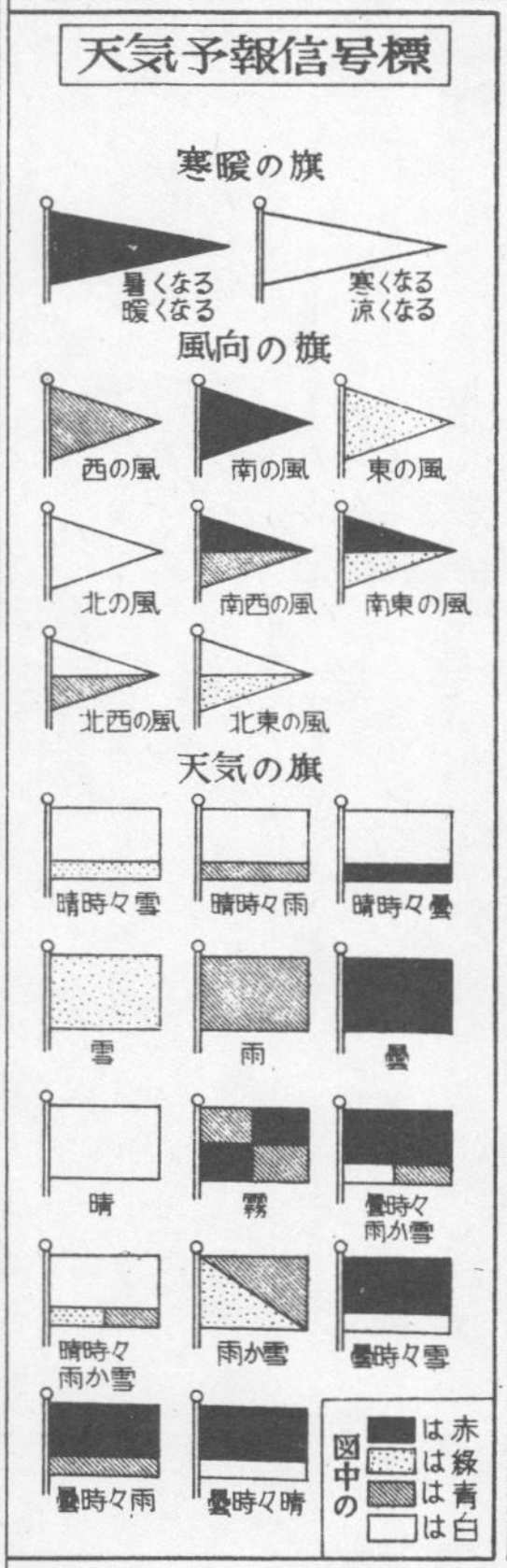
天気予報信号標
寒暖の旗
暑くなる
暖くなる
寒くなる
涼くなる
風向の旗
西の風
南の風
東の風
北の風
南西の風
南東の風
北西の風
北東の風
天気の旗
晴時々雪
晴時々雨
晴時々曇
雪
雨
曇
晴
霧
曇時々雨か雪
晴時々雨か雪
雨か雪
曇時々雪
曇時々雨
曇時々晴
図中の
は赤
は緑
は青
は白

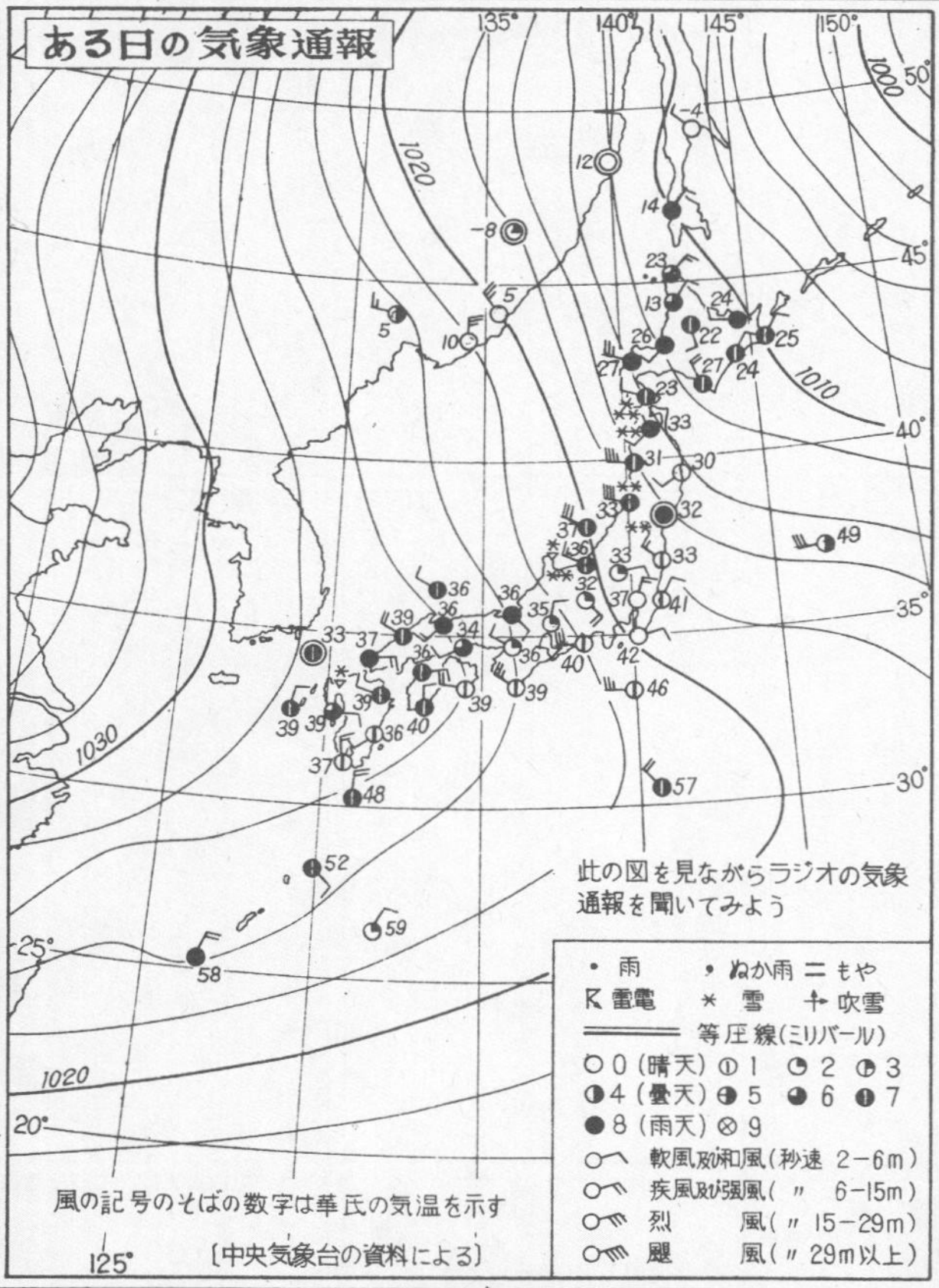
ある日の気象通報
135°
140°
145°
150°
1000
1010
1020
1030
1020
45°
40°
35°
30°
25°
20°
125°
此の図を見ながらラジオの気象通報を聞いてみよう
• 雨　• ぬか雨　ニ もや
雷電　* 雪　吹雪
等圧線(ミリバール)
0(晴天) 1 2 3
4(曇天) 5 6 7
8(雨天) 9
軟風及和風(秒速 2–6m)
疾風及強風(〃 6–15m)
烈　風(〃 15–29m)
颶　風(〃 29m以上)
風の記号のそばの数字は華氏の気温を示す
〔中央気象台の資料による〕

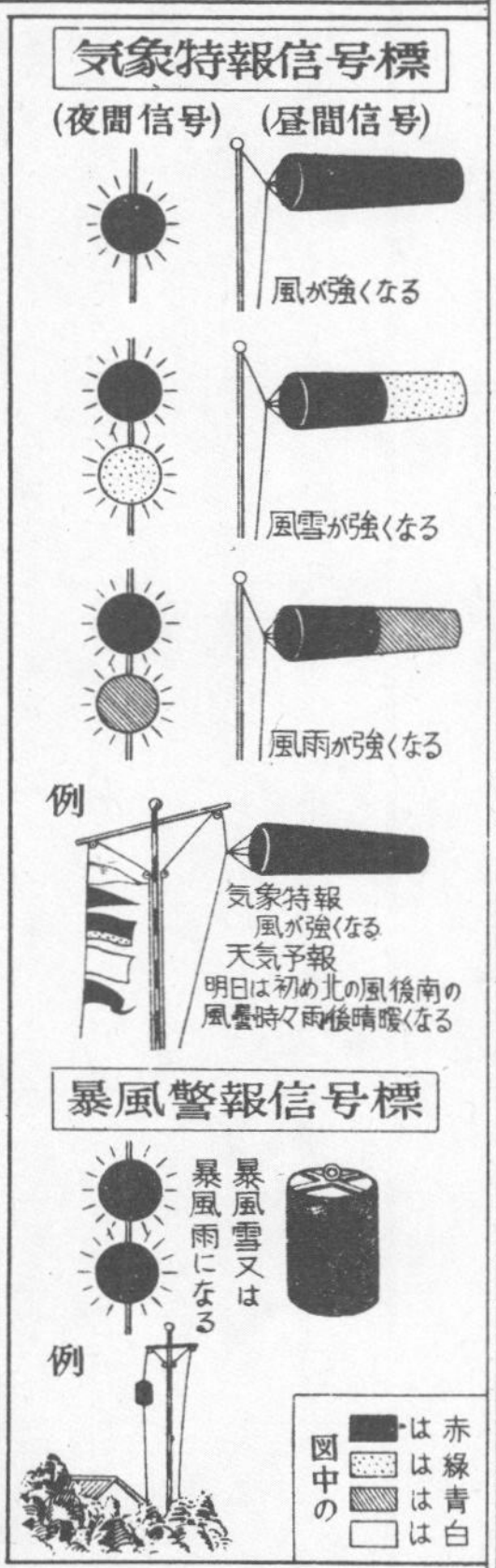
気象特報信号標
(夜間信号)
(昼間信号)
風が強くなる
風雪が強くなる
風雨が強くなる
例
気象特報
風が強くなる
天気予報
明日は初め北の風後南の風曇時々雨後晴暖くなる
暴風警報信号標
暴風雪又は暴風雨になる
例
図中の
は赤
は緑
は青
は白

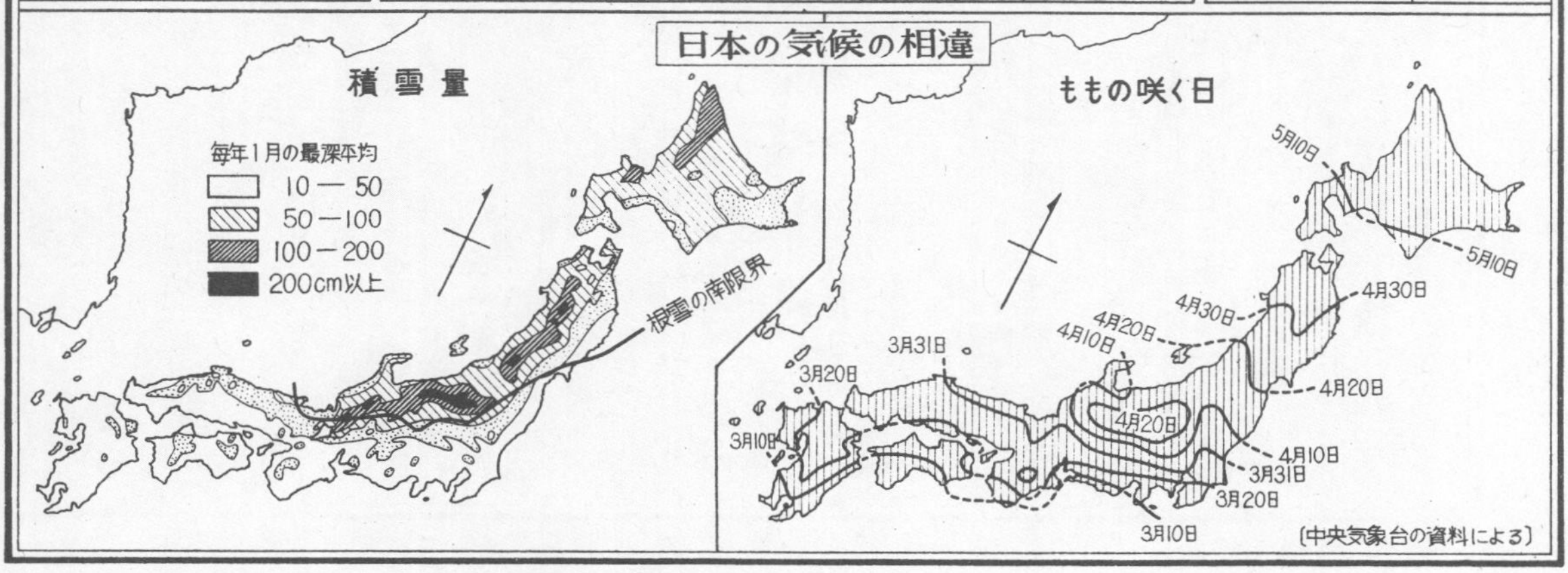
日本の気候の相違
積雪量
毎年1月の最深平均
10 — 50
50 — 100
100 — 200
200cm以上
根雪の南限界
ももの咲く日
5月10日
5月10日
4月30日
4月30日
4月20日
4月10日
4月20日
3月31日
3月20日
3月10日
4月20日
4月10日
3月31日
3月20日
3月10日
〔中央気象台の資料による〕

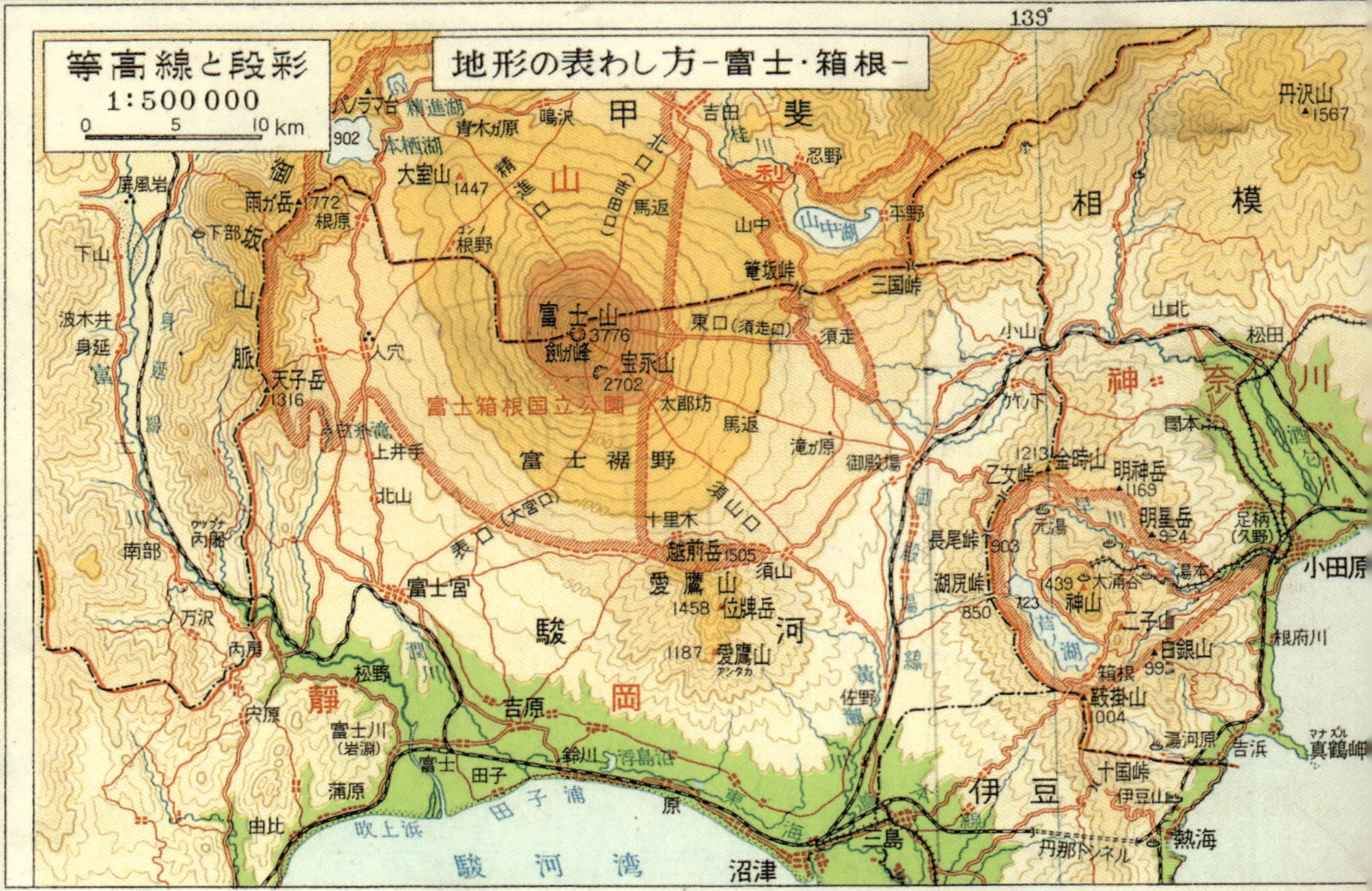

等高線と段彩
1:500 000

鳥かん図
1:800 000

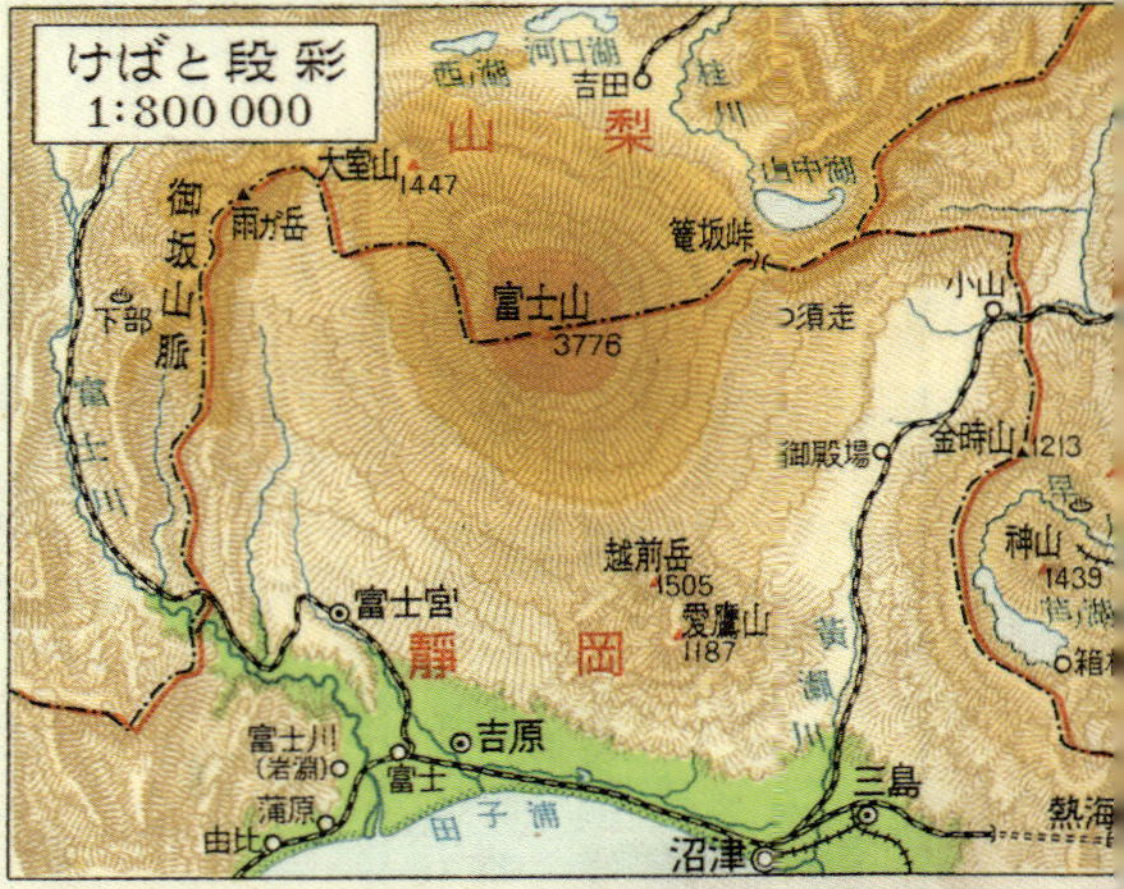

けばと段彩
1:800 000

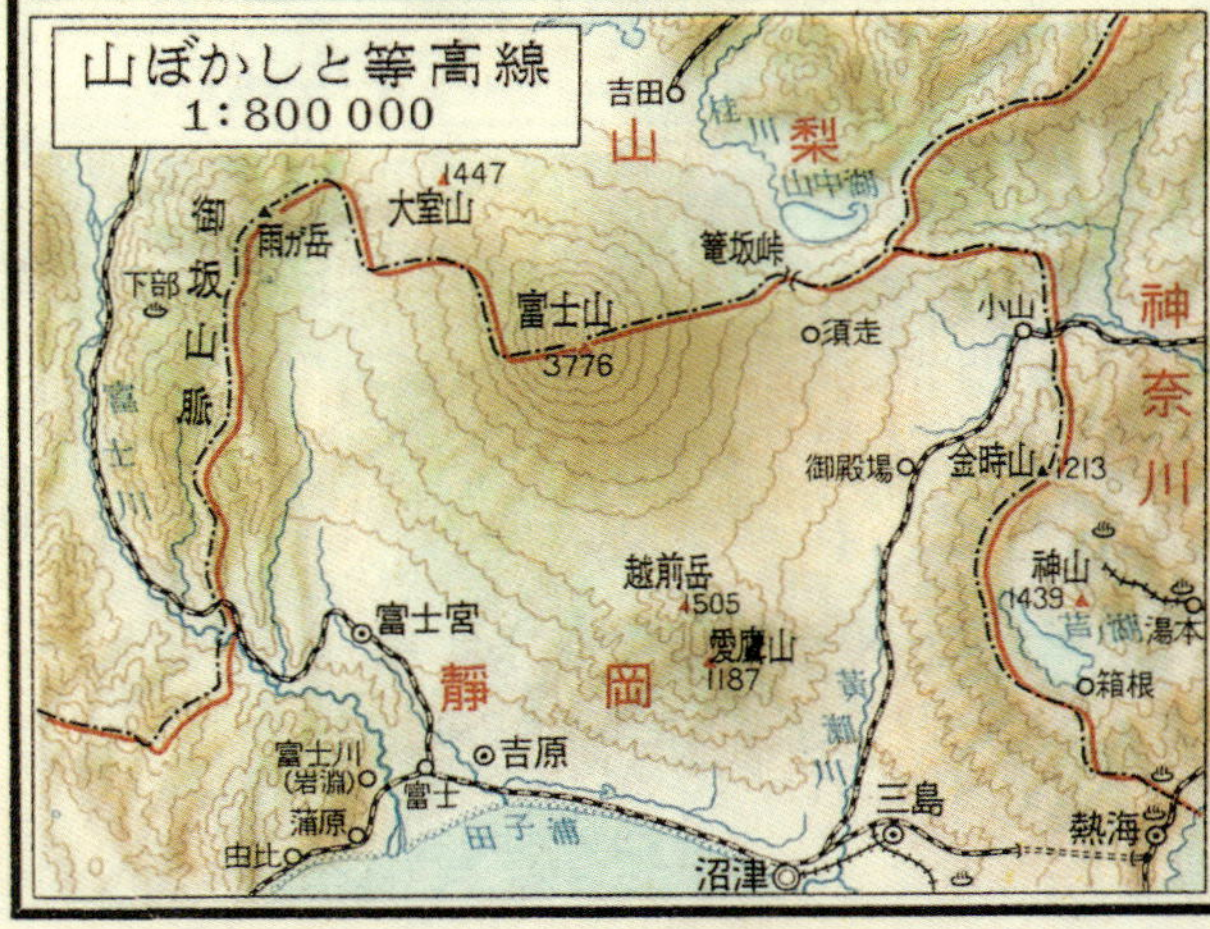

山ぼかしと等高線
1:800 000

れりーふ
1:800 000

土地利用図のぬり方 —埼玉県北埼玉郡利島村附近—

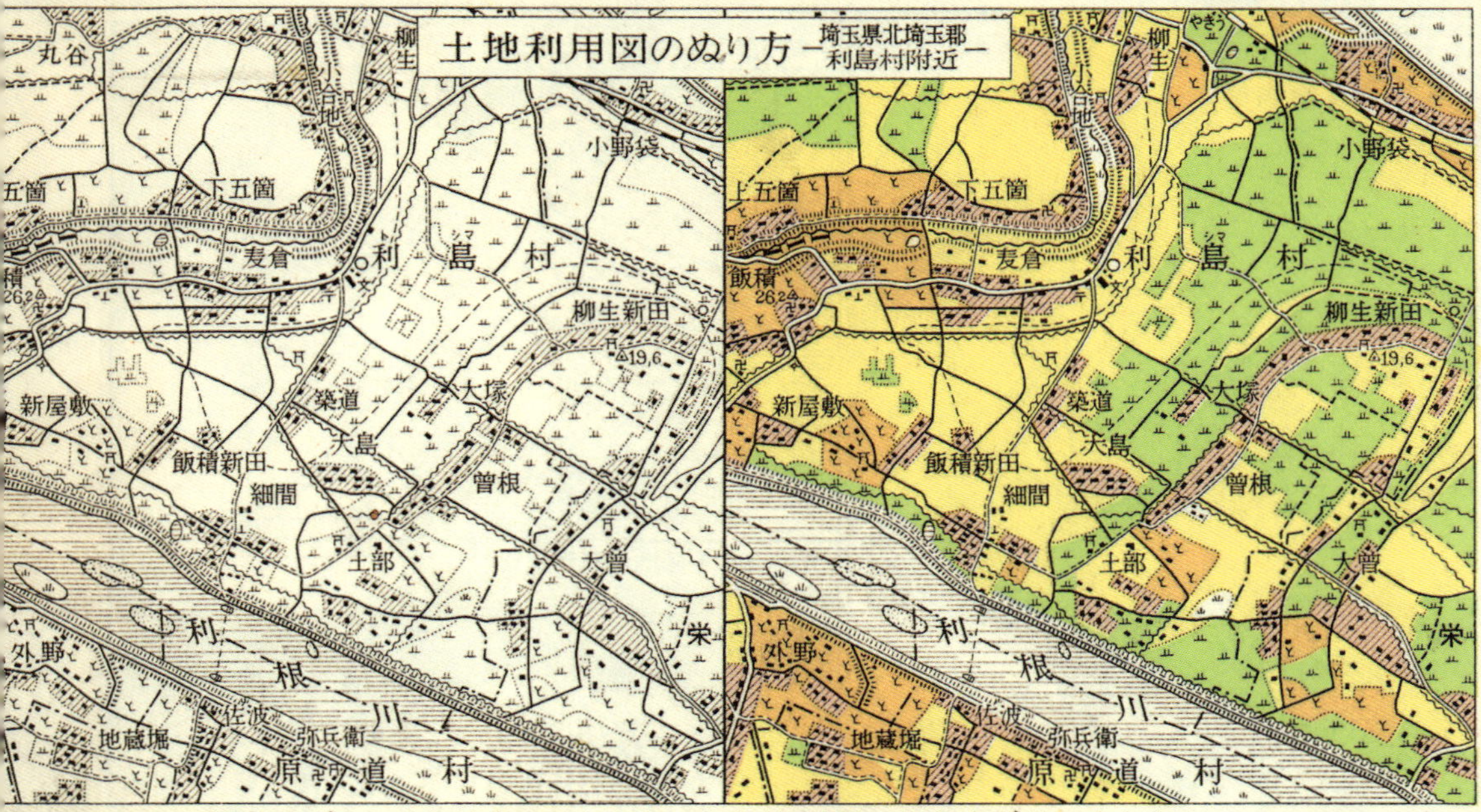

耕地などをいろわけすることによって土地利用のようすがはっきりわかる。

1:50 000

［地理調査所のいろわけによる］

断面図の描き方 —伊豆の大島—

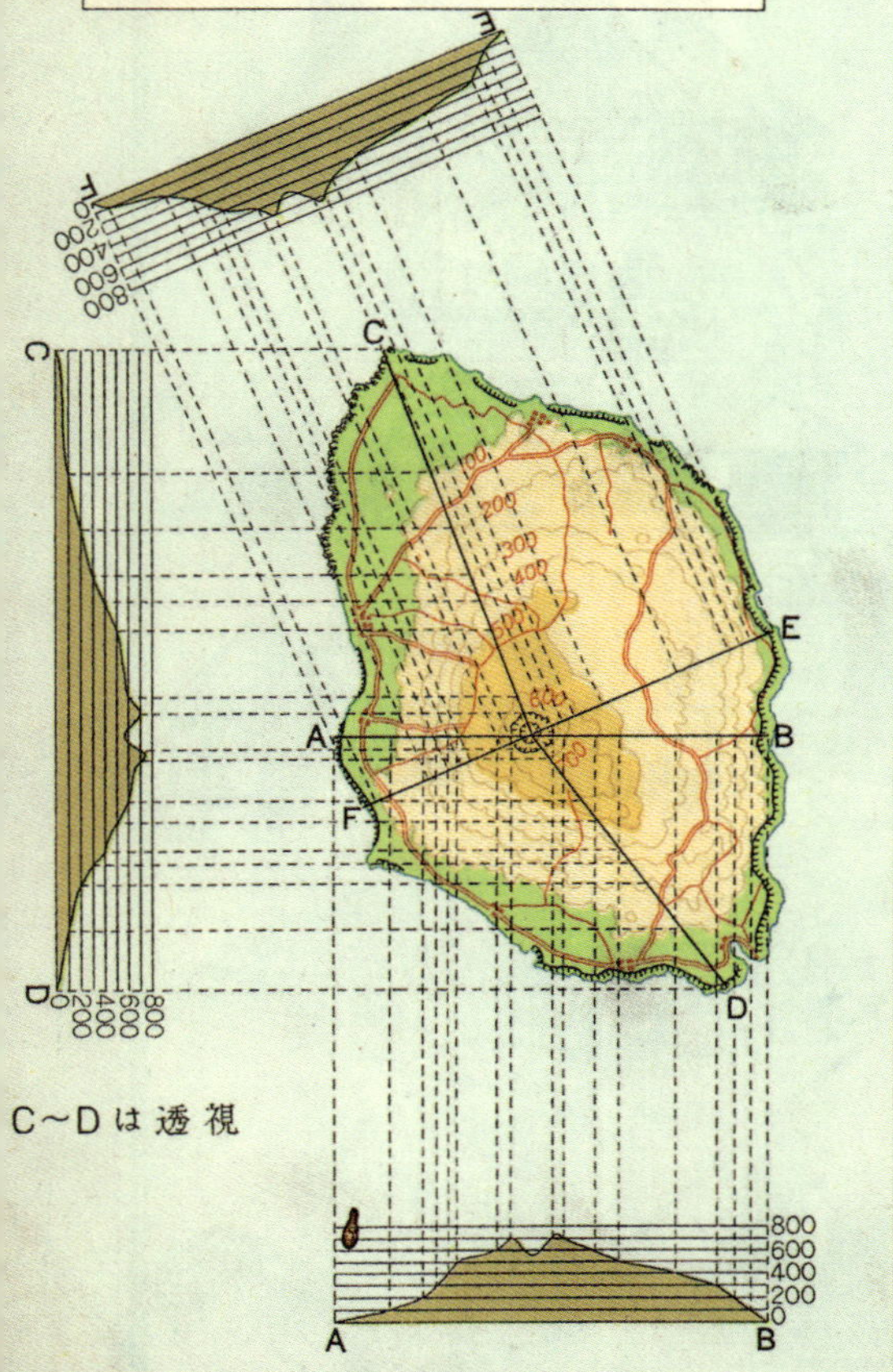

C～Dは透視

模型のつくり方

等高線にそうて厚紙を切り抜き台の上につみ重ねて彩色をする。その場合水平に対して垂直の割合は1.5倍から2倍くらいの比例とする。地名などは古雑誌か新聞などの文字を切り抜いてはりつける。

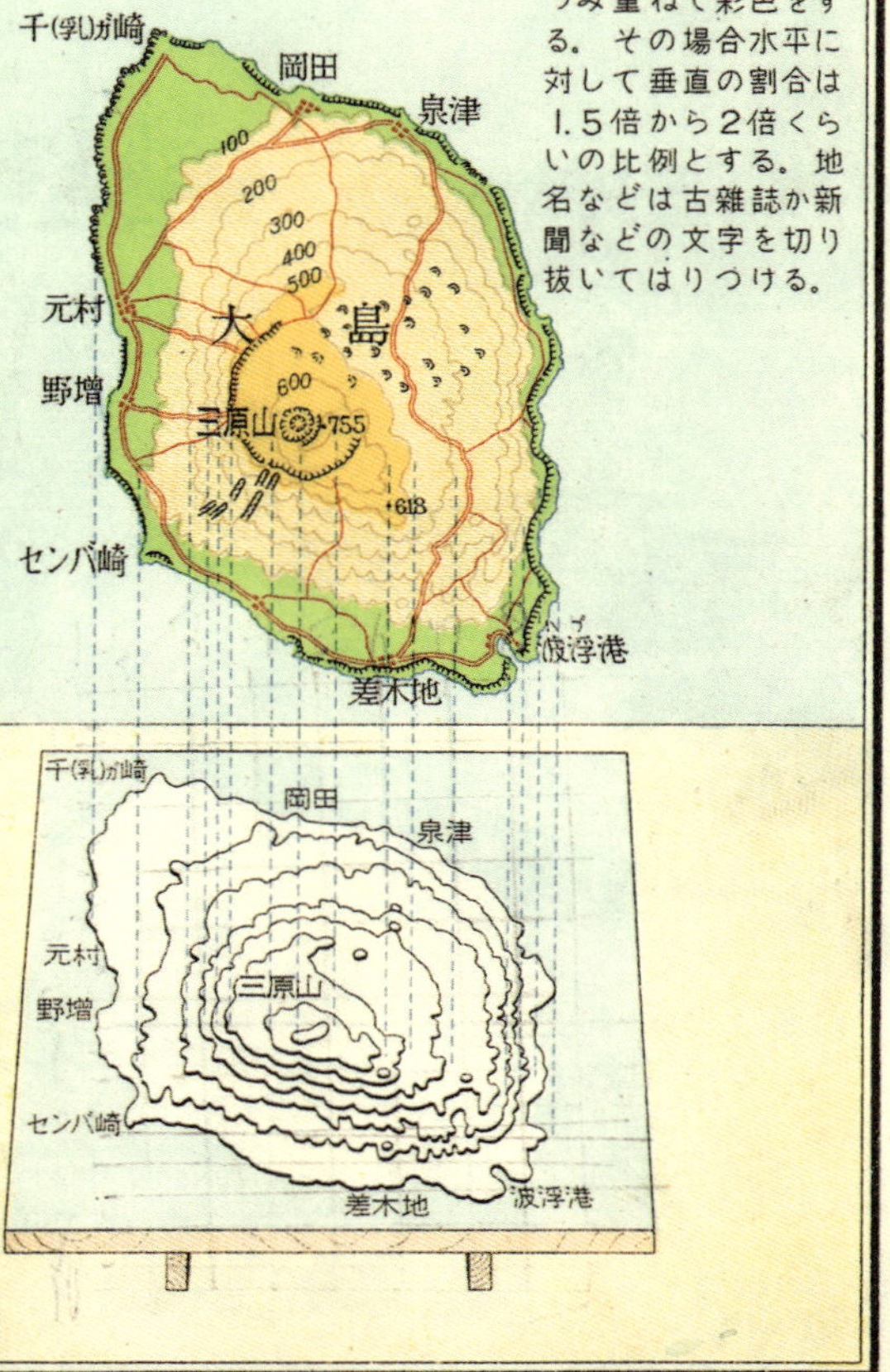

8 われわれの国土(2)

山と水の国の日本
—近畿地方の例—
丹後半島
若狭湾
大江山
由良川
安曇川
琵琶湖
伊吹山脈
揖斐川
長良川
濃尾平野
木曽川
丹波高原
保津川
加古川
武庫川
京都盆地
鈴鹿山脈
伊勢湾
大阪平野
淀川
伊賀盆地
笠置山脈
奈良盆地
室生山
大阪湾
淡路島
和泉山脈
櫛田川
宮川
紀ノ川
紀伊山脈
大原台山
有田川
十津川
日高川
日置川
熊野川
紀伊水道
1 生駒山地
2 二上火山
3 比叡山地
4 養老山地
5 六甲山地
山地
火山
丘陵・段丘
平地
日本では複雑な地形がつづいている

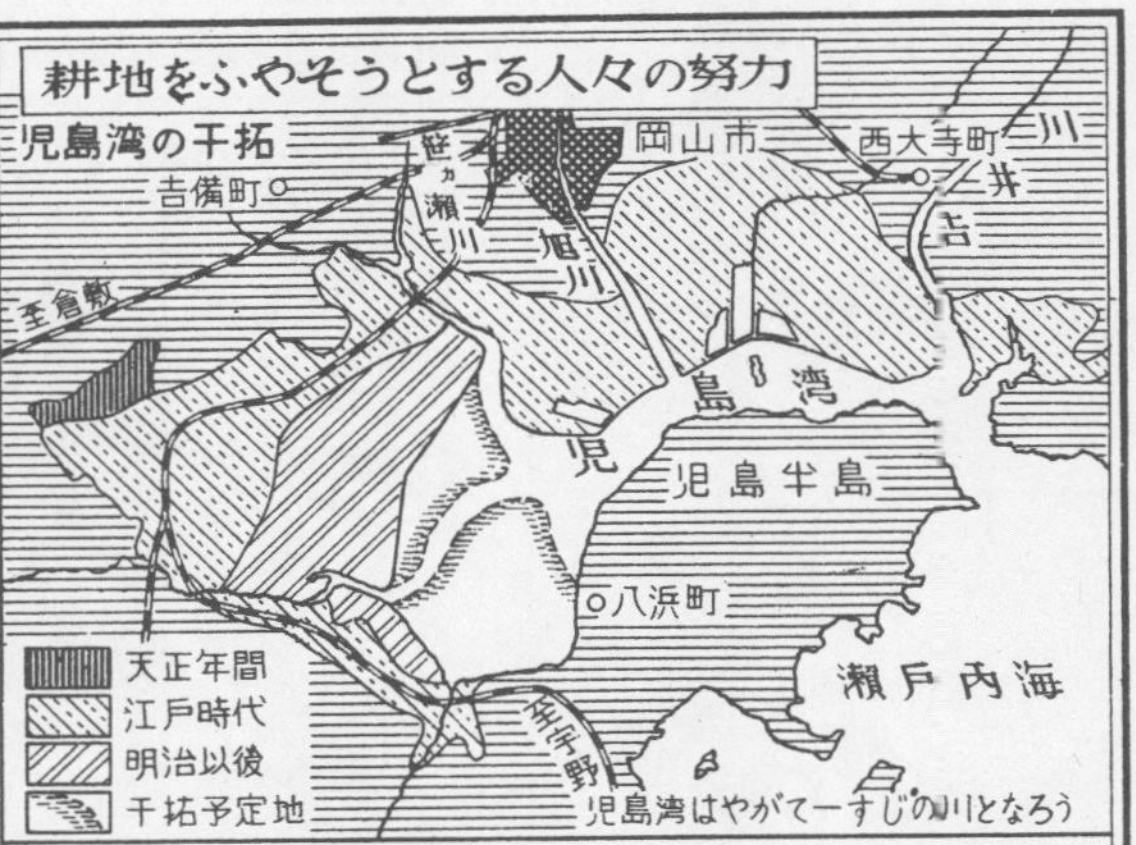

耕地をふやそうとする人々の努力
児島湾の干拓
吉備町
笹ヵ瀬川
岡山市
旭川
西大寺町
吉井川
至倉敷
児島湾
児島半島
八浜町
瀬戸内海
至宇野
天正年間
江戸時代
明治以後
干拓予定地
児島湾はやがて一すじの川となろう

児島湾の干拓地の耕作風景

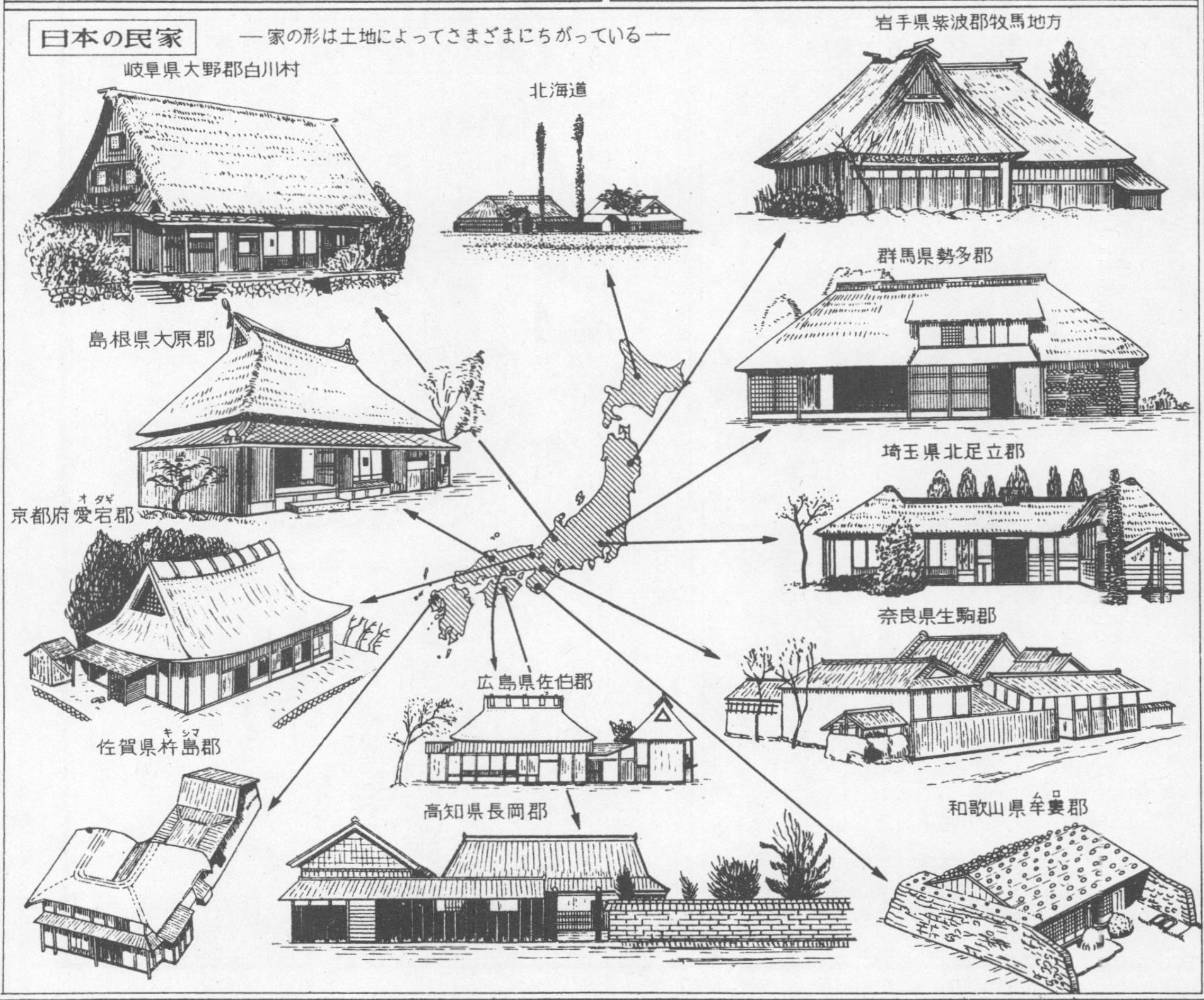

日本の民家
—家の形は土地によってさまざまにちがっている—
岐阜県大野郡白川村
北海道
岩手県紫波郡牧馬地方
群馬県勢多郡
島根県大原郡
埼玉県北足立郡
京都府愛宕《オタギ》郡
奈良県生駒郡
広島県佐伯郡
佐賀県杵島《キシマ》郡
高知県長岡郡
和歌山県牟婁《ムロ》郡

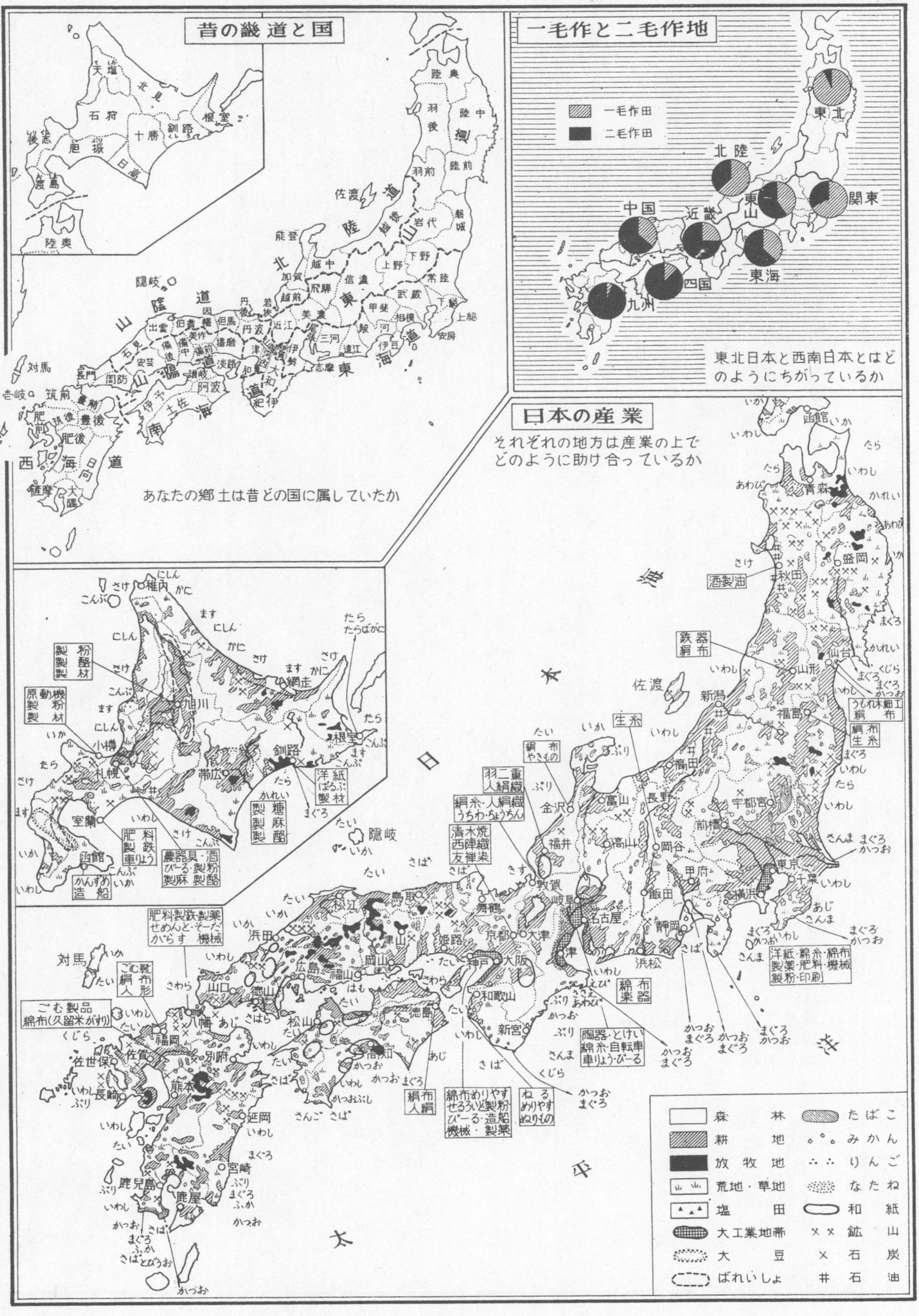
昔の畿道と国
北陸道
東山道
山陰道
山陽道
南海道
西海道
東海道
あなたの郷土は昔どの国に属していたか
一毛作と二毛作地
一毛作田
二毛作田
東北
北陸
東山
関東
中国
近畿
東海
四国
九州
東北日本と西南日本とはどのようにちがっているか
日本の産業
それぞれの地方は産業の上でどのように助け合っているか
酒製油
鉄器
絹布
うもれ木細工
絹布
絹布
生糸
粉酪
製製材
原動機
製粉
製材
洋紙
ばるぷ
製材
製糖
製麻酪
肥料
製鉄
車りょう
農器具・酒
びーる・製粉
製麻 製酪
かんすめ
造船
生糸
絹布
やきもの
羽二重
人絹織
絹糸・人絹織
うちわ・ちょうちん
清水焼
西陣織
友禅染
肥料製鉄製薬
せめんと・そーだ
がらす 機械
ごむ
靴
絹布
人形
ごむ製品
綿布(久留米がすり)
綿布
薬器
陶器・とけい
綿糸・自転車
車りょう・びーる
洋紙・綿糸・綿布
製薬・肥料・機械
製粉・印刷
絹布
人絹
綿布めりやす
せるろいど製粉
びーる・造船
機械・製薬
ねる
めりやす
ぬりもの
日本海
太平洋
森林
耕地
放牧地
荒地・草地
塩田
大工業地帯
大豆
ばれいしょ
たばこ
みかん
りんご
なたね
和紙
鉱山
石炭
石油

1：6 000 000

0 50 100 150 200 250 km.

ポンヌ図法

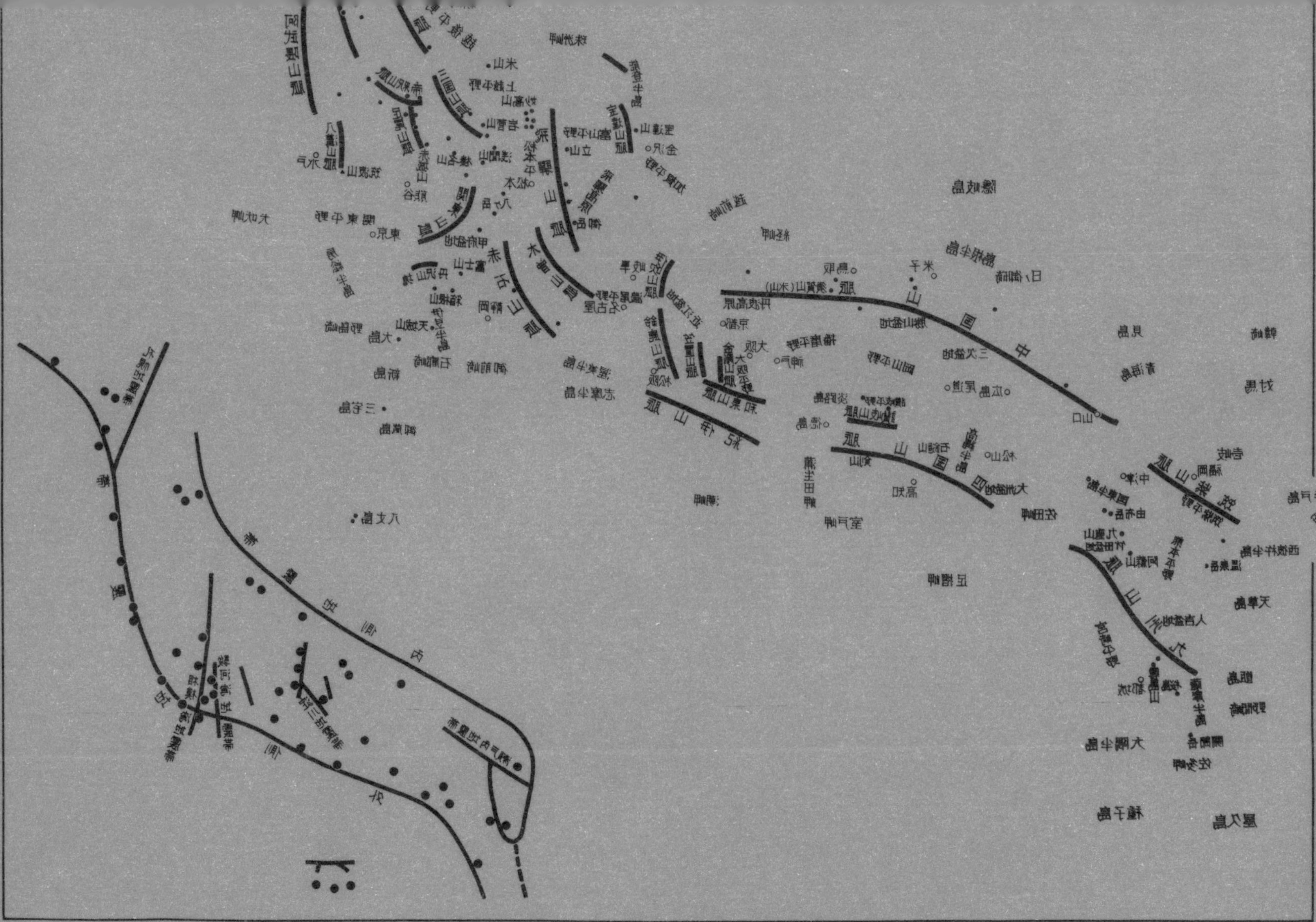

隠岐島
八丈島
三宅島
種子島
屋久島
天草島
大隅半島
足摺岬
室戸岬

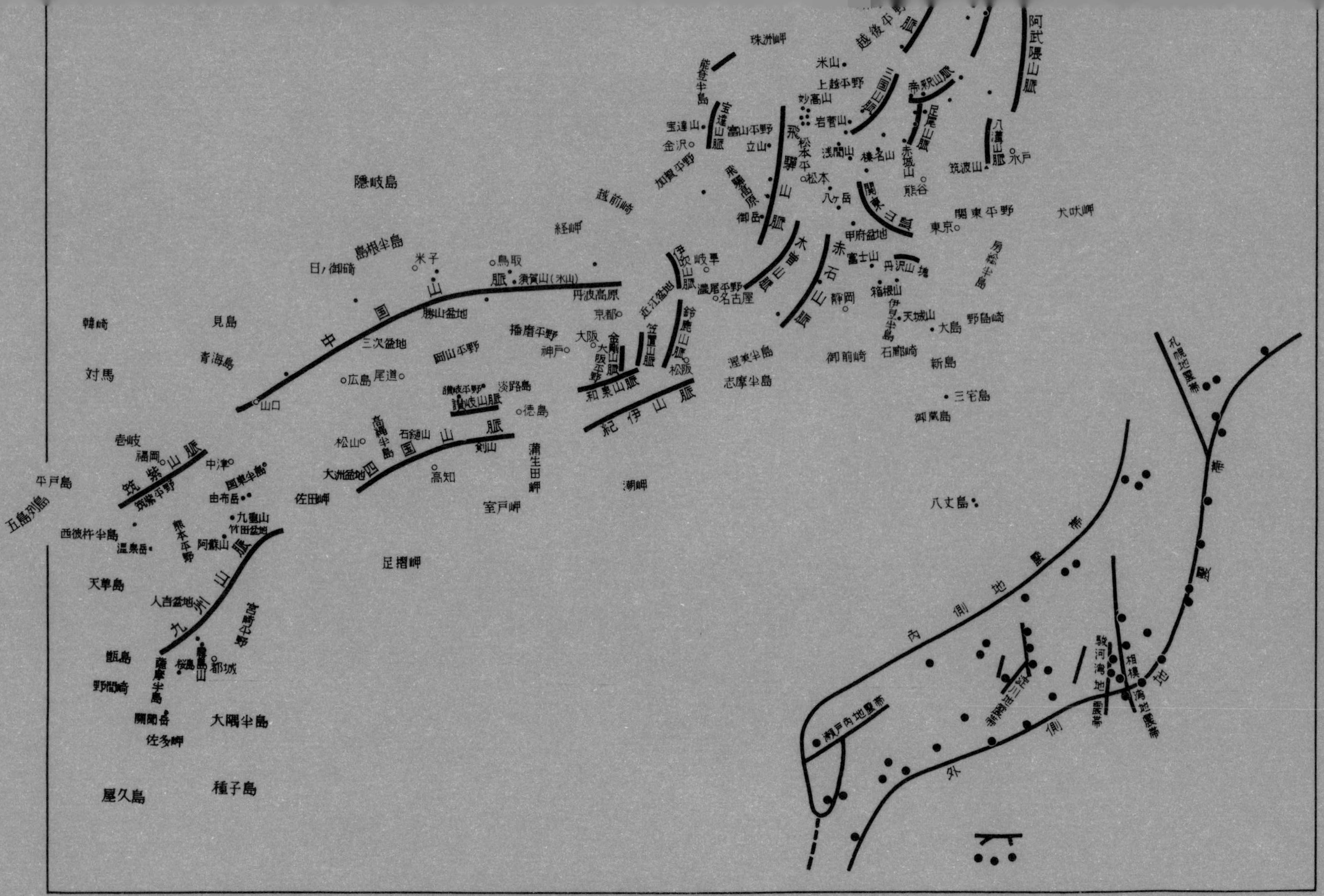
五島列島
平戸島
壱岐
対馬
韓崎
見島
青海島
隠岐島
島根半島
米子
鳥取
中国山脈
丹波高原
勝山盆地
三次盆地
岡山平野
播磨平野
神戸
大阪
京都
広島
尾道
山口
福岡
筑紫山脈
筑紫平野
中津
国東半島
由布岳
九重山
竹田盆地
阿蘇山
熊本平野
九州山脈
人吉盆地
宮崎平野
西彼杵半島
温泉岳
天草島
甑島
野間崎
薩摩半島
桜島
都城
開聞岳
佐多岬
大隅半島
屋久島
種子島
佐田岬
大洲盆地
四国山脈
松山
高縄半島
石鎚山
剣山
高知
讃岐平野
讃岐山脈
淡路島
徳島
蒲生田岬
室戸岬
足摺岬
潮岬
紀伊山脈
和泉山脈
金剛山脈
大阪平野
笠置山脈
鈴鹿山脈
松阪
近江盆地
伊吹山脈
岐阜
濃尾平野
名古屋
渥美半島
志摩半島
木曽山脈
赤石山脈
静岡
御前崎
石廊崎
伊豆半島
天城山
箱根山
大島
野島崎
新島
三宅島
御蔵島
八丈島
富士山
甲府盆地
関東山地
東京
関東平野
房総半島
犬吠岬
熊谷
筑波山
八溝山脈
水戸
阿武隈山脈
赤城山
榛名山
浅間山
八ヶ岳
松本
松本平
飛騨山脈
飛騨高原
御岳
立山
富山平野
宝達山脈
宝達山
金沢
加賀平野
越前崎
経岬
能登半島
珠洲岬
米山
上越平野
妙高山
岩菅山
三国山脈
帝釈山脈
足尾山脈
越後平野
内側地震帯
外側地震帯
瀬戸内地震帯
札幌地震帯

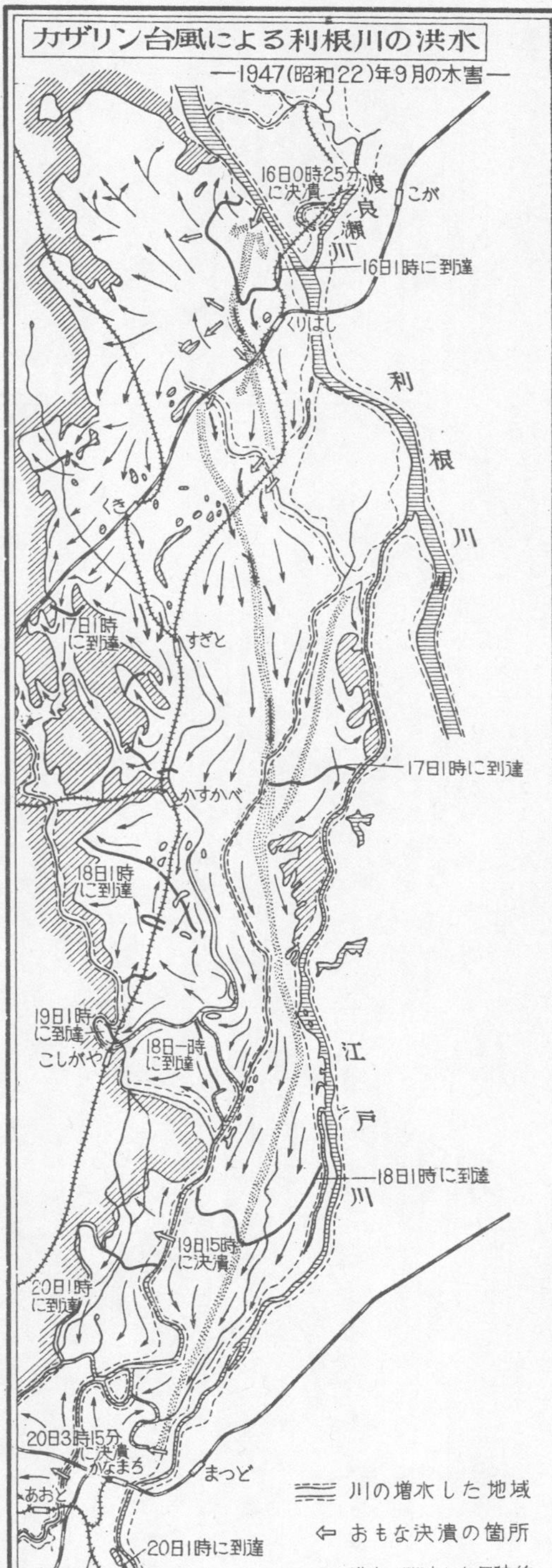
カザリン台風による利根川の洪水
—1947(昭和22)年9月の水害—
16日0時25分に決潰
渡良瀬川
こが
16日1時に到達
くりはし
利根川
くき
17日1時に到達
すぎと
17日1時に到達
かすかべ
18日1時に到達
19日1時に到達
こしがや
18日一時に到達
江戸川
18日1時に到達
19日15時に決潰
20日1時に到達
20日3時15分に決潰
かなまち
あおと
まつど
20日1時に到達
いちかわ
21日1時に到達
川の増水した地域
おもな決潰の箇所
洪水の到達した日時線
洪水の主流進路
洪水の進路
浸水しない箇所

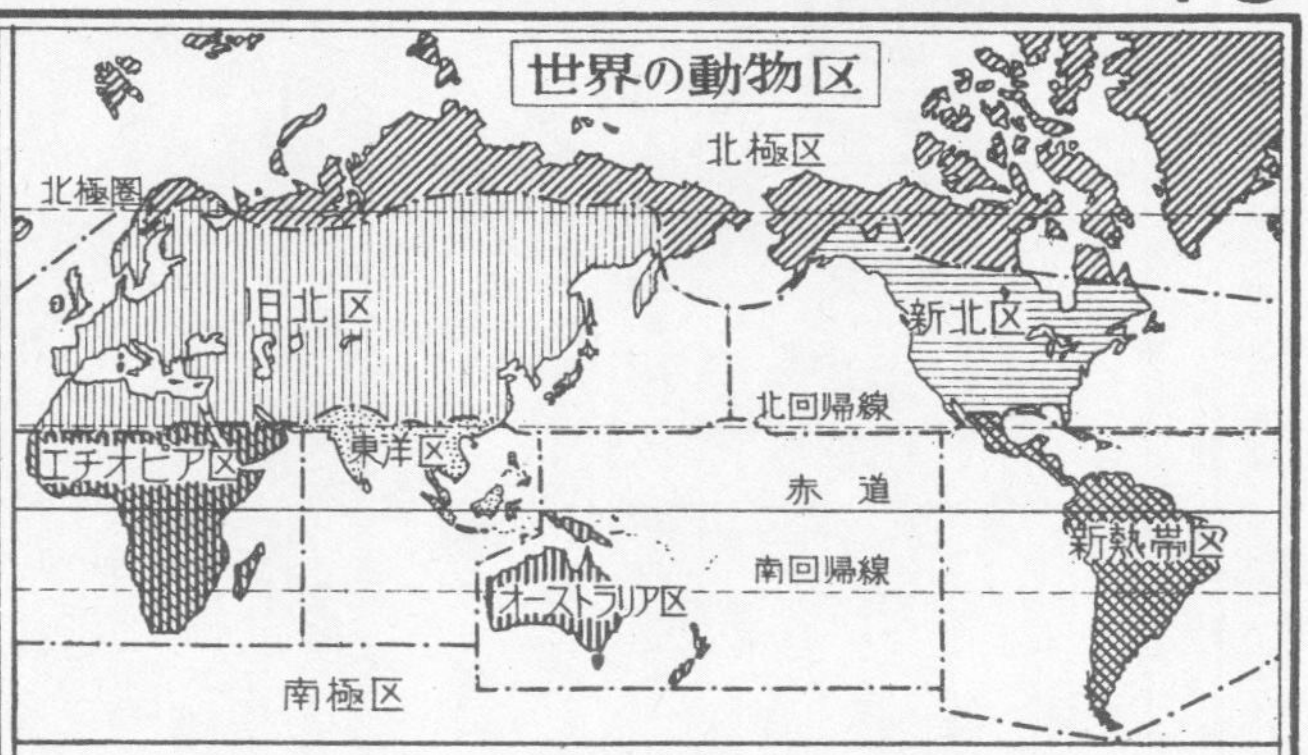
世界の動物区
北極圏
北極区
旧北区
新北区
北回帰線
エチオピア区
東洋区
赤道
新熱帯区
南回帰線
オーストラリア区
南極区

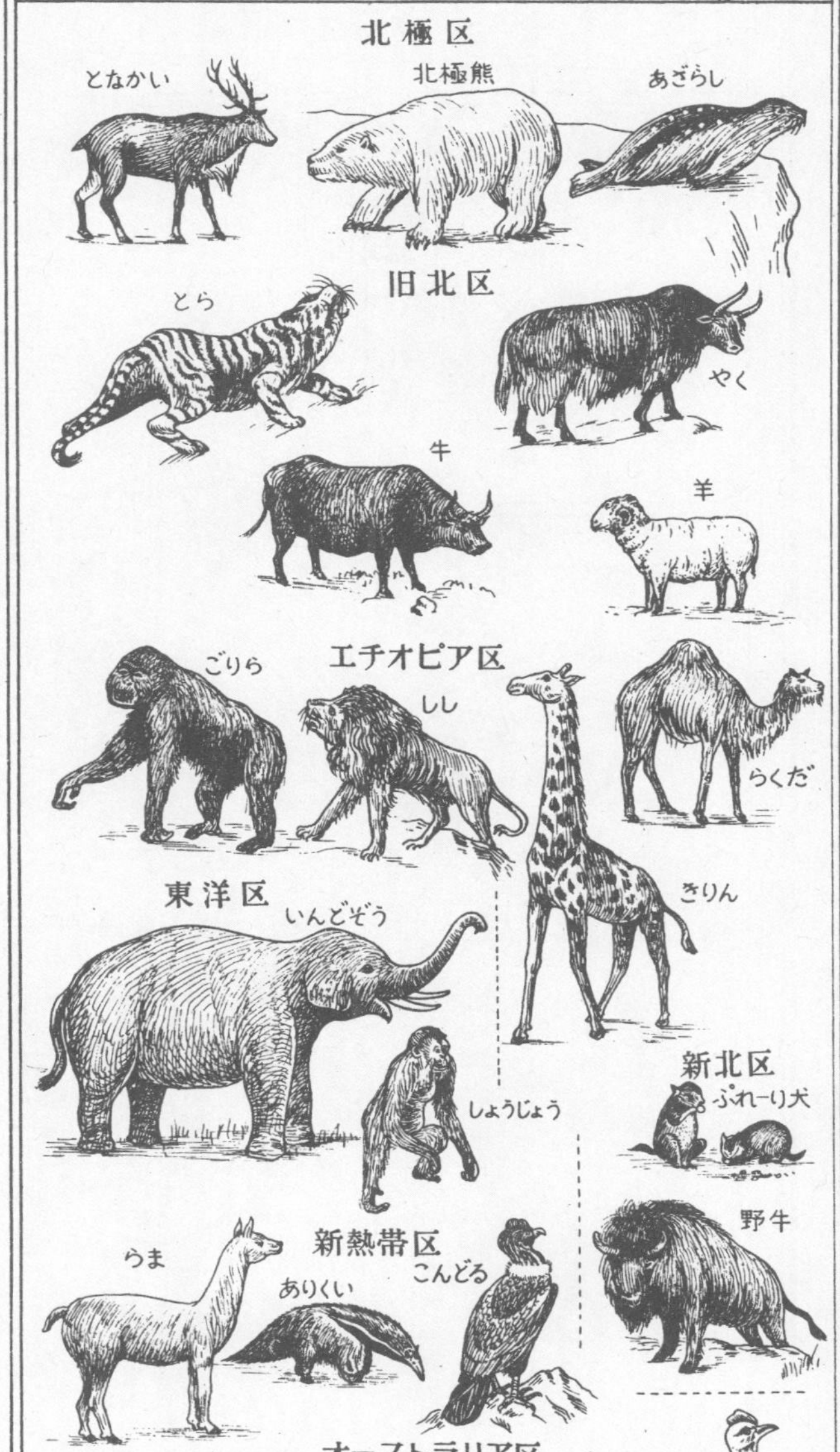
北極区
となかい
北極熊
あざらし
旧北区
とら
やく
牛
羊
エチオピア区
ごりら
しし
らくだ
きりん
東洋区
いんどぞう
しょうじょう
新北区
ぷれーり犬
野牛
新熱帯区
らま
ありくい
こんどる
オーストラリア区
かんがるー
かものはし
食火鳥

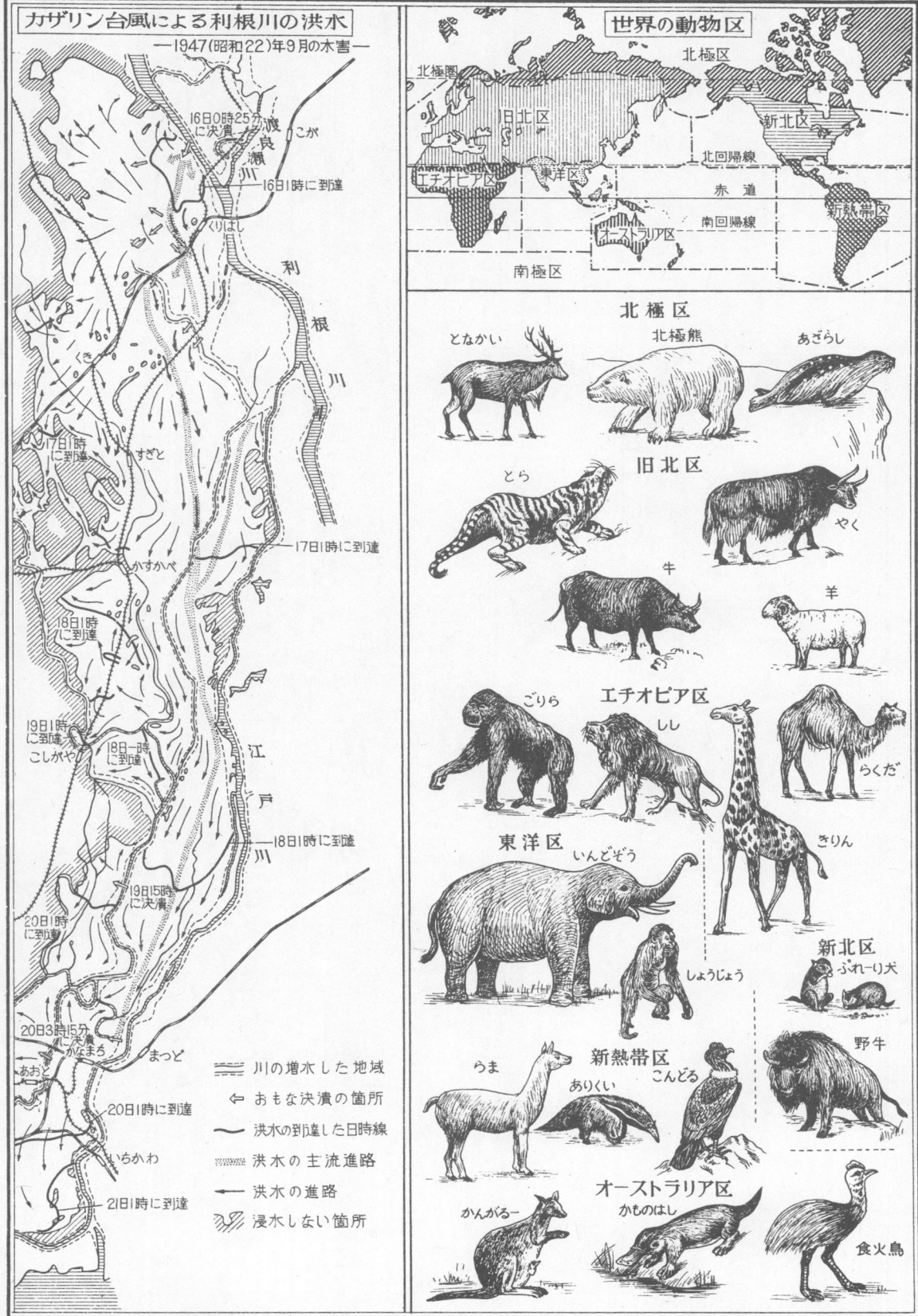

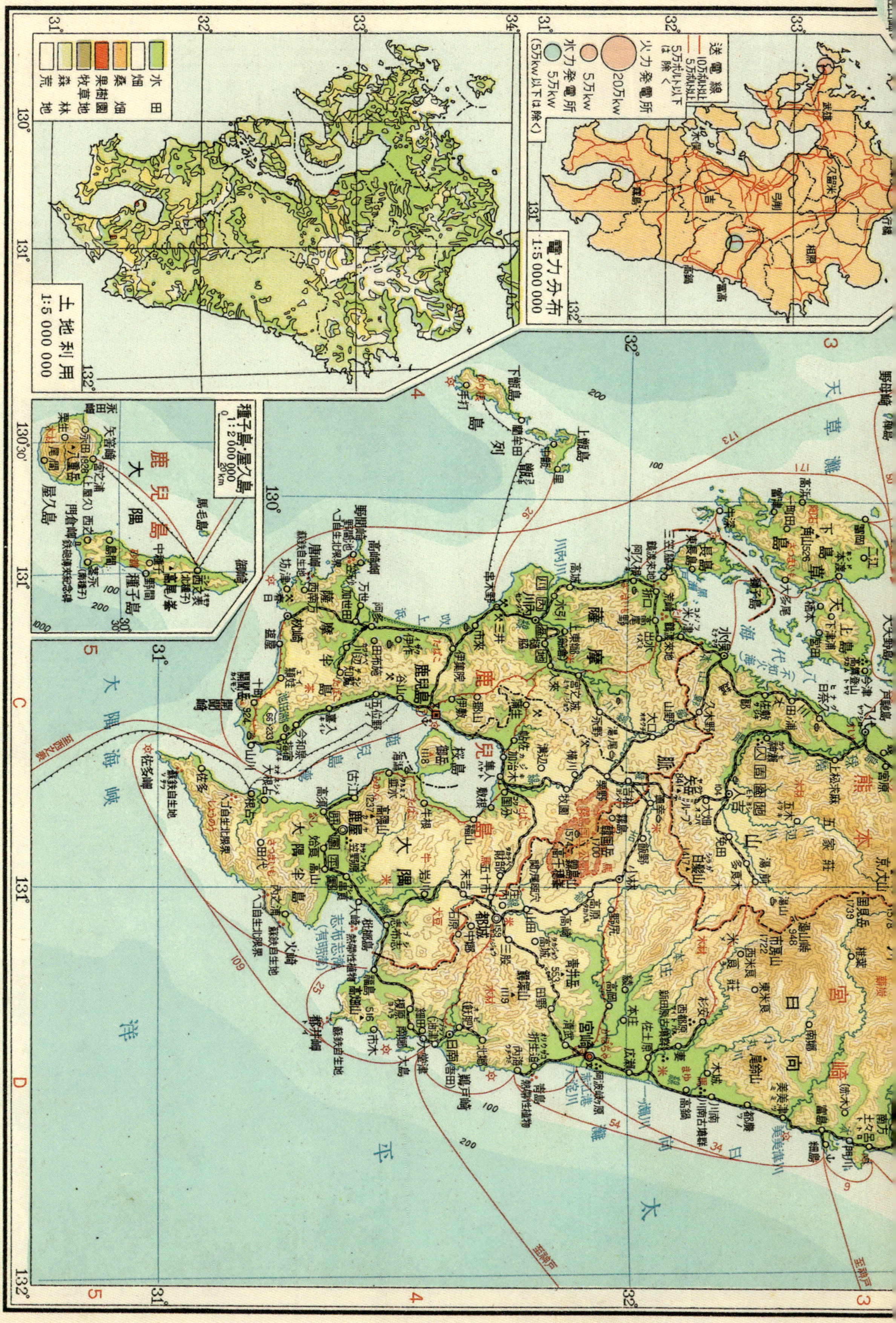
土地利用
1:5 000 000
水田
畑
桑畑
果樹園
牧草地
森林
荒地
電力分布
1:5 000 000
送電線
10万ボルト以上
5万ボルト以上
5万ボルト以下は除く
火力発電所
20万kw
5万kw
水力発電所
5万kw
(5万kw以下は除く)
種子島・屋久島
1:2 000 000
鹿児島
大隅
種子島
屋久島
天草灘
大隅海峡
太平洋
薩摩半島
大隅半島
薩摩
大隅
日向
宮崎
都城
桜島
下甑島
上甑島
甑島列島

ボンヌ図法

0 10 20 30 40 50 60 km

1:1 350 000

0 3 6 9 12 15 里

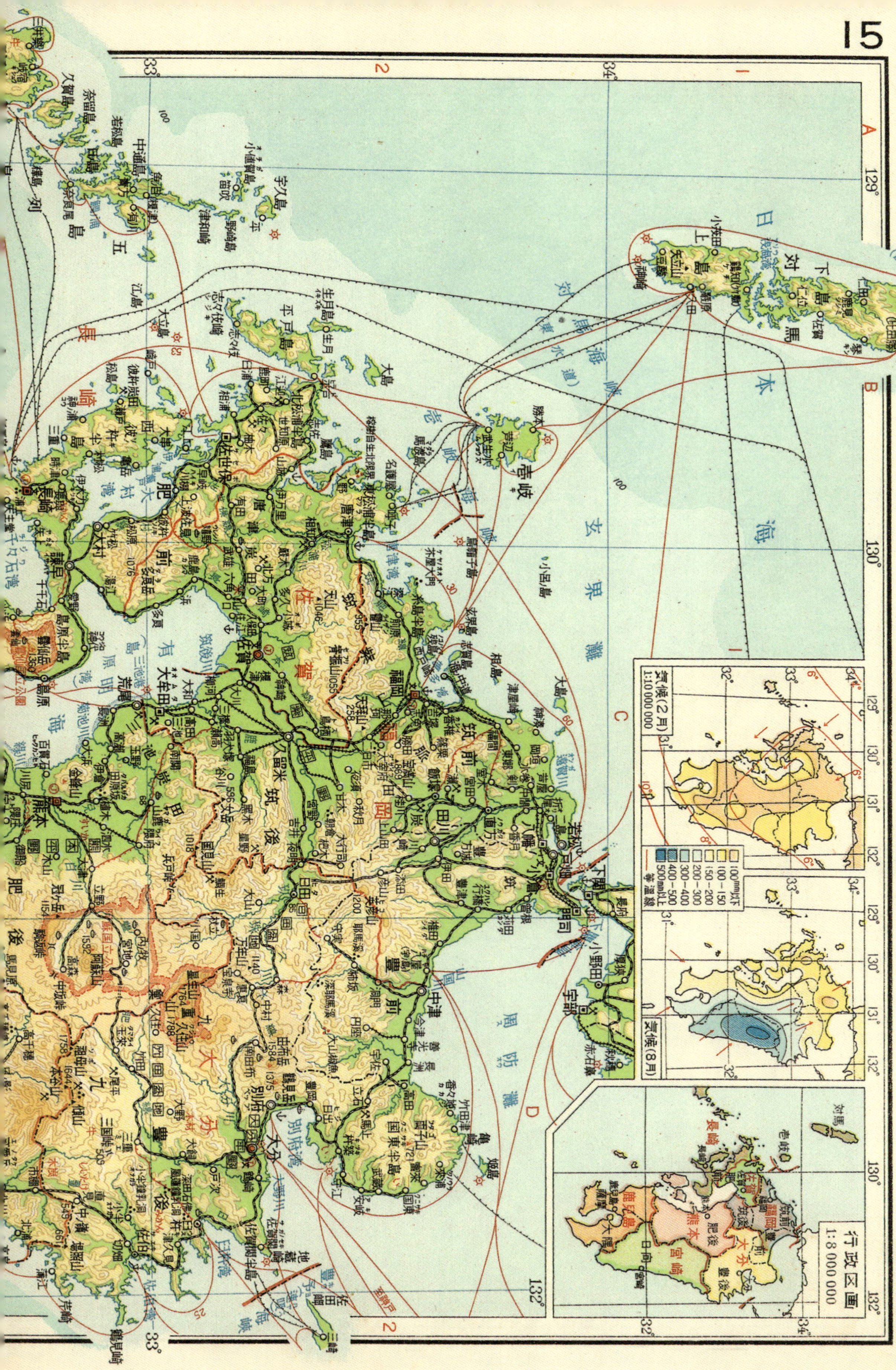
九州地方
日本海
対馬海峡
朝鮮海峡(西水道)
玄界灘
周防灘
有明海
気候(2月)
1:10 000 000
100mm以下
100–150
150–200
200–300
300–400
400–500
500mm以上
等温線
気候(8月)
行政区画
1:8 000 000

16 われわれをとりまく自然(3)

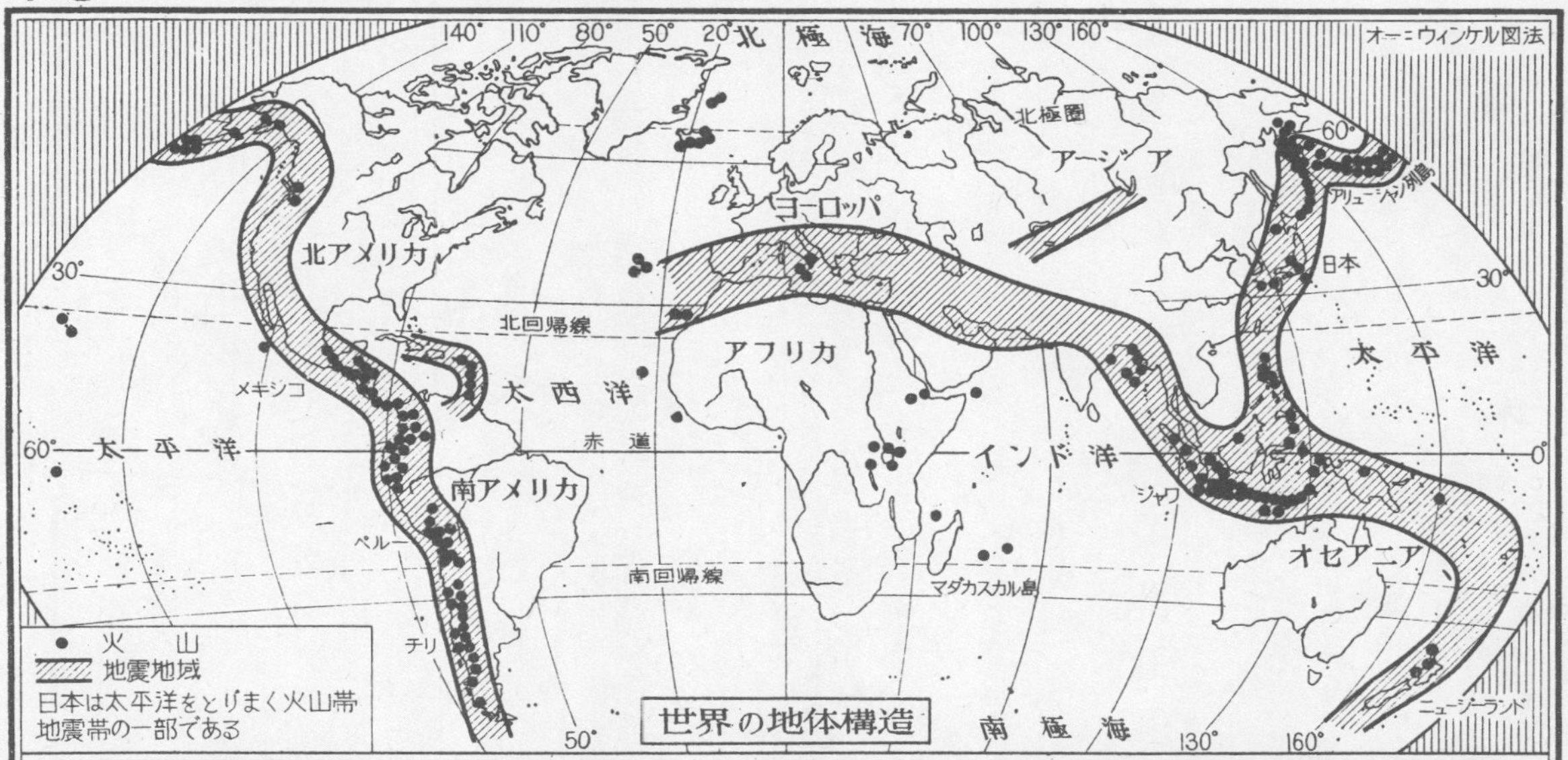

世界の地体構造

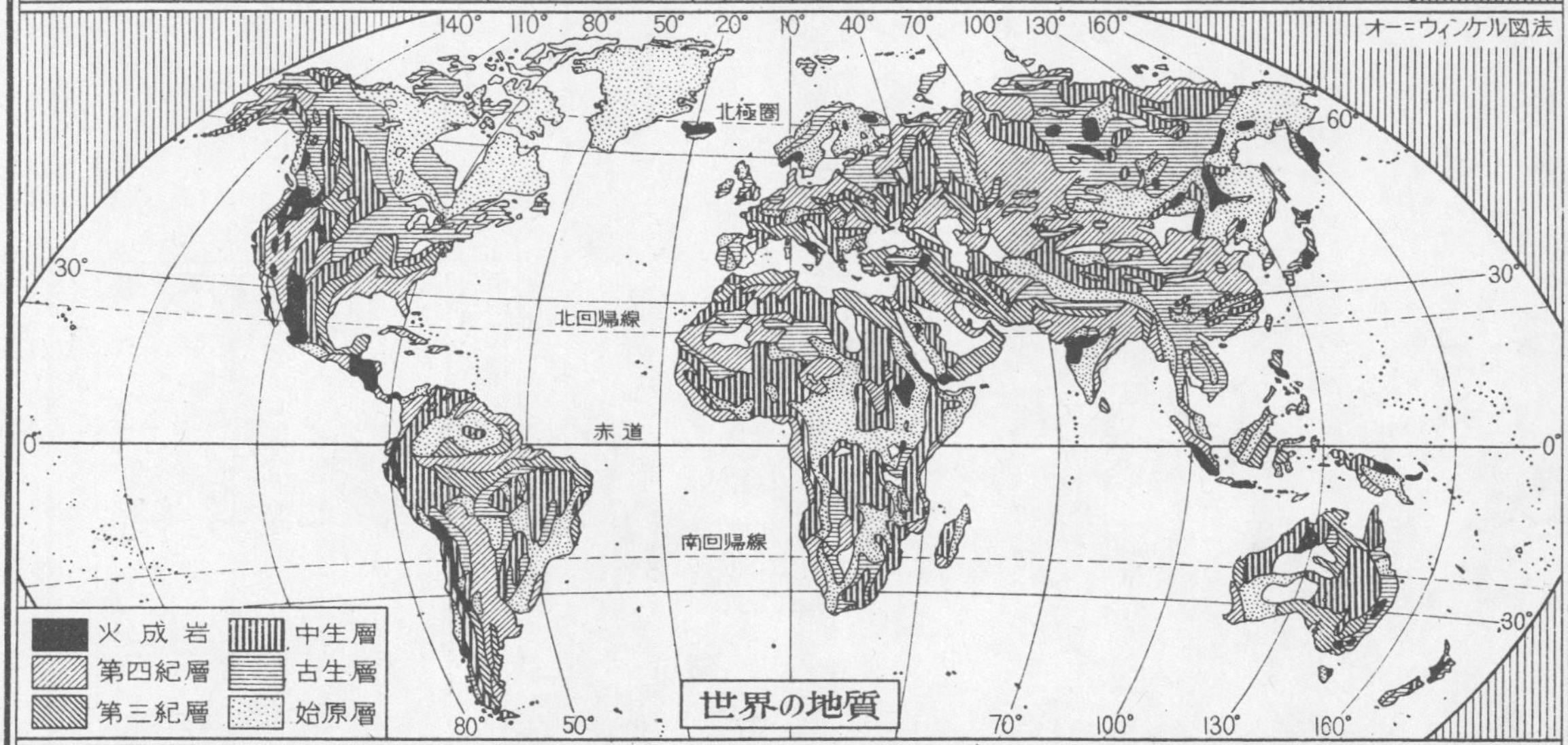

世界の地質

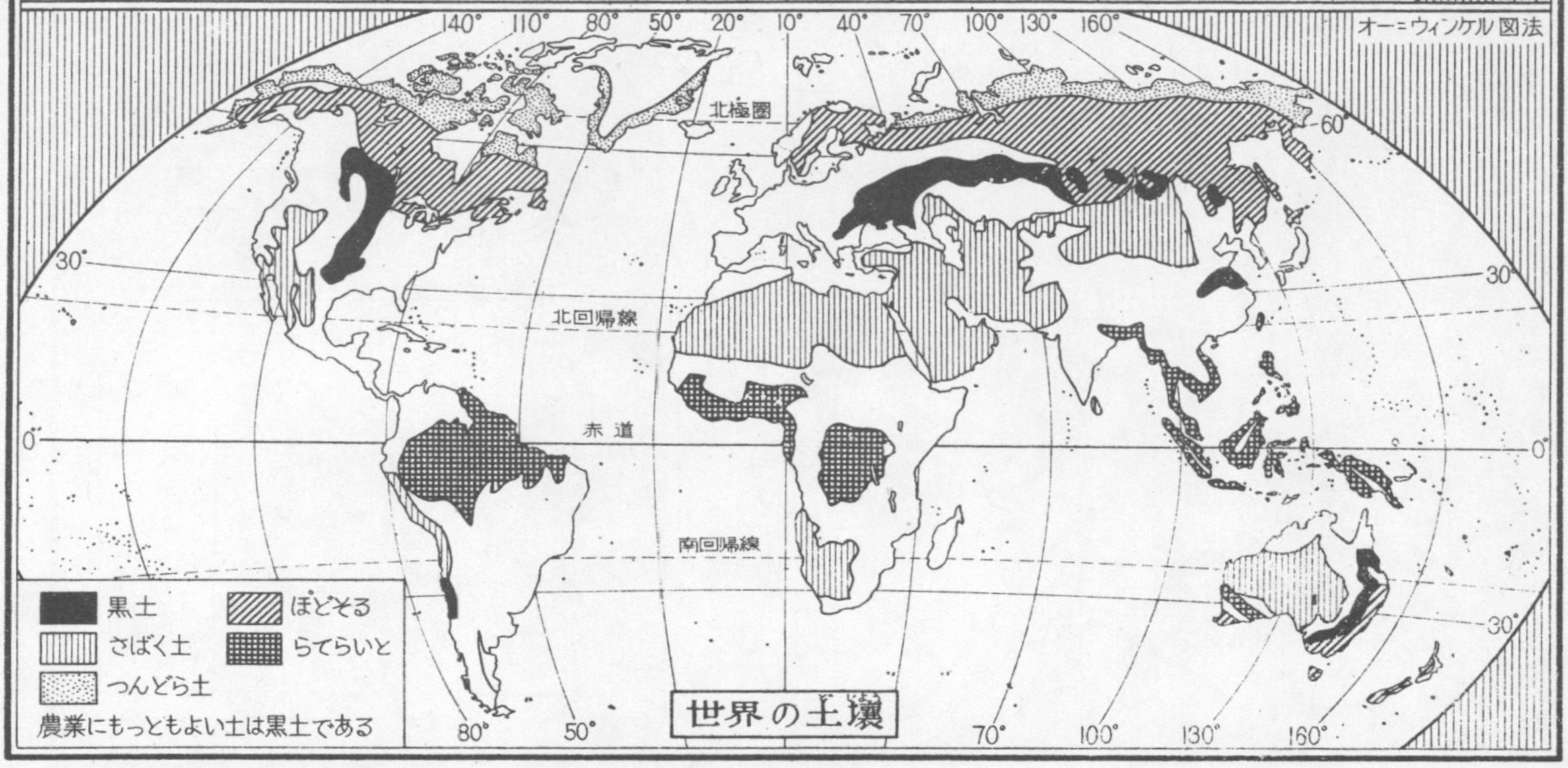

世界の土壌

火山島 —三宅島《みやけじま》—

雄山の噴火は全島に灰を降らせた

雄山の噴火
1.寛永12年 2.宝暦13年 3.文化8年
4.天保6年 5.昭和15年

磐梯山《ばんだいさん》附近の地形

B,C,D,の湖は1889(明治22)年の大爆発によってできたものである

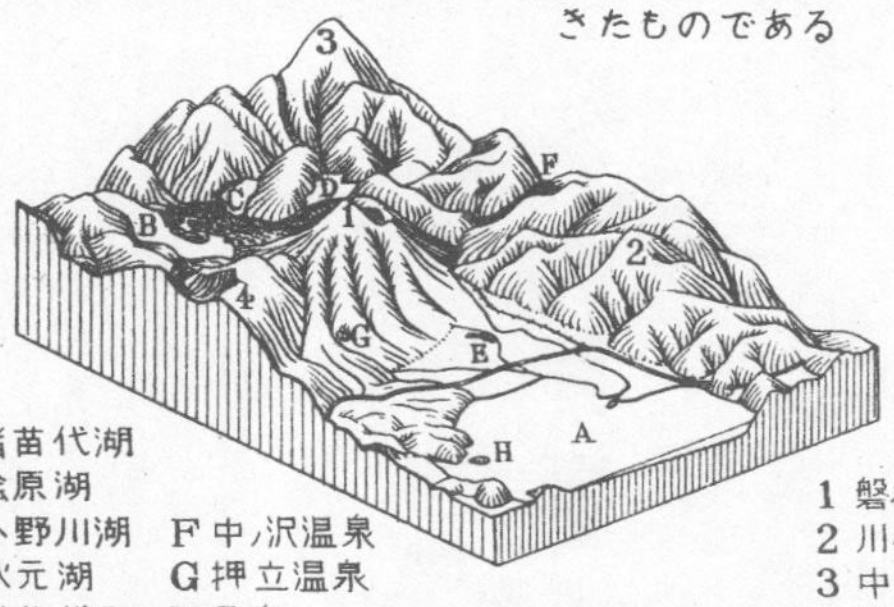

A 猪苗代湖
B 桧原湖
C 小野川湖
D 秋元湖
E 猪苗代町
F 中ノ沢温泉
G 押立温泉
H 翁島

1 磐梯山
2 川桁山
3 中吾妻山
4 猫魔山

大爆発前後の磐梯山の地形

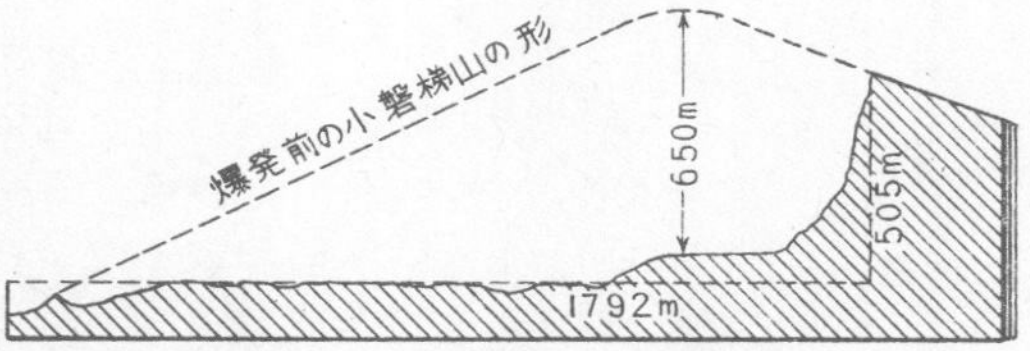

関東大震災による土地の変化

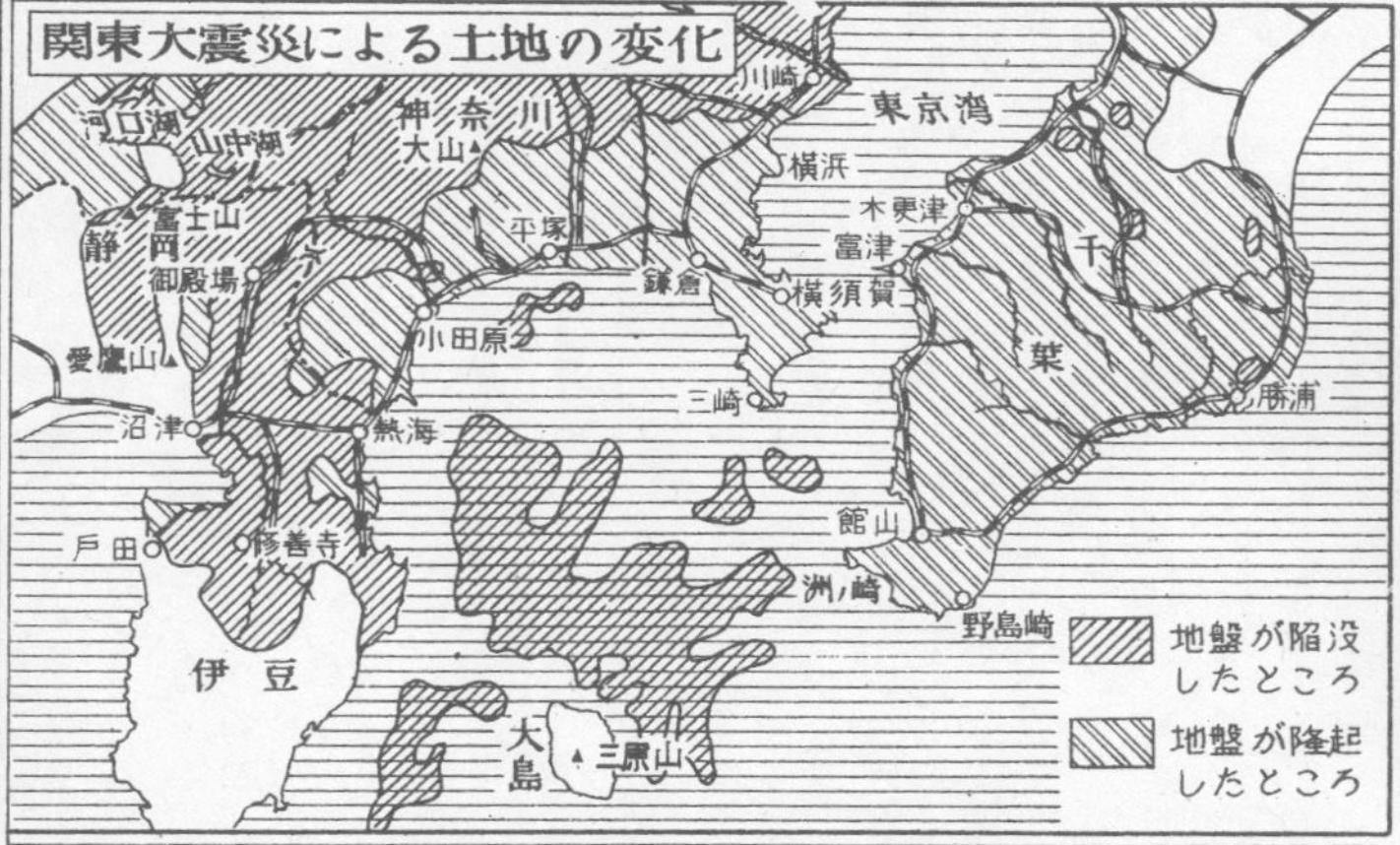

根尾谷《ねおだに》の断層 —1890(明治23)年の濃尾地震—

日本の溜池《ためいけ》

ひでりの多い所に集まっている

〔竹内常行氏の資料による〕

地震にたえる家屋のくふう

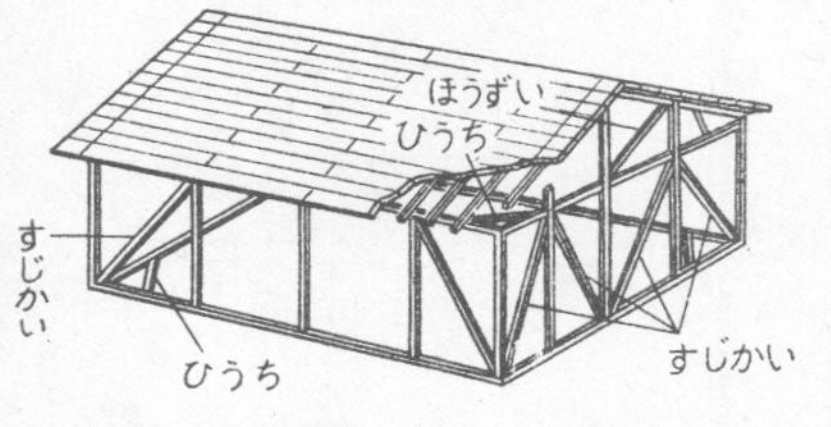

木造家屋ではこのように「すじかい」をいれる

防浪堤 —静岡県大崩海岸附近—

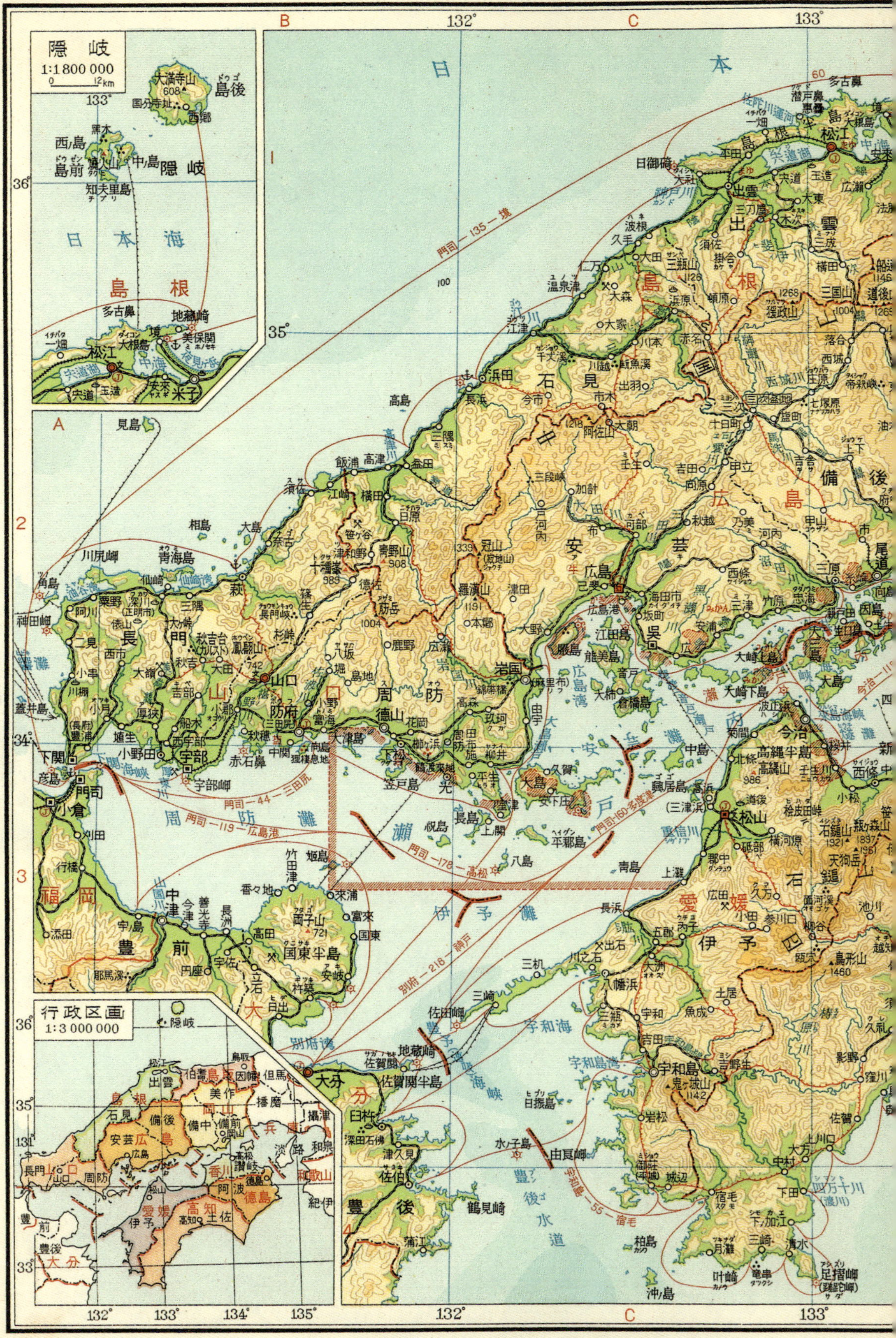

ボンヌ図法

0 10 20 30 40 50 60 km

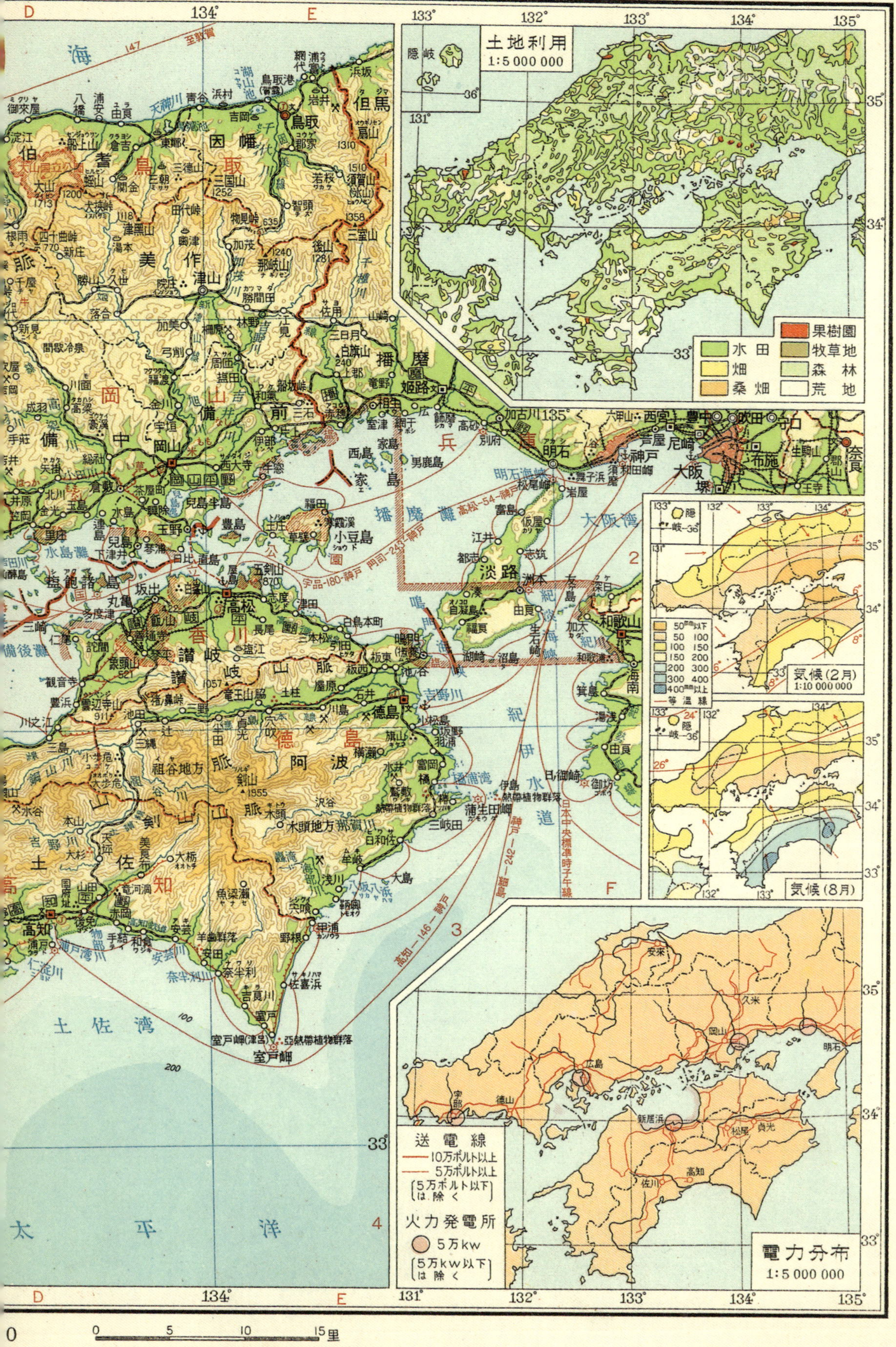
土地利用
1:5 000 000
隠岐
果樹園
水田
牧草地
畑
森林
桑畑
荒地
気候(2月)
1:10 000 000
気候(8月)
等温線
送電線
10万ボルト以上
5万ボルト以上
[5万ボルト以下は除く]
火力発電所
5万kw
[5万kw以下は除く]
電力分布
1:5 000 000
海
太平洋
土佐湾
播磨灘
大阪湾
紀伊水道
淡路
小豆島
鳥取
倉吉
米子
津山
岡山
倉敷
姫路
明石
神戸
尼崎
大阪
堺
西宮
芦屋
豊中
吹田
布施
和歌山
高松
丸亀
坂出
徳島
鳴門
高知
室戸岬
因幡
伯耆
美作
備前
備中
播磨
讃岐
阿波
土佐
但馬
兵庫
香川
剣山
日本中央標準時子午線
0 5 10 15里

20 われわれをとりまく自然(5)

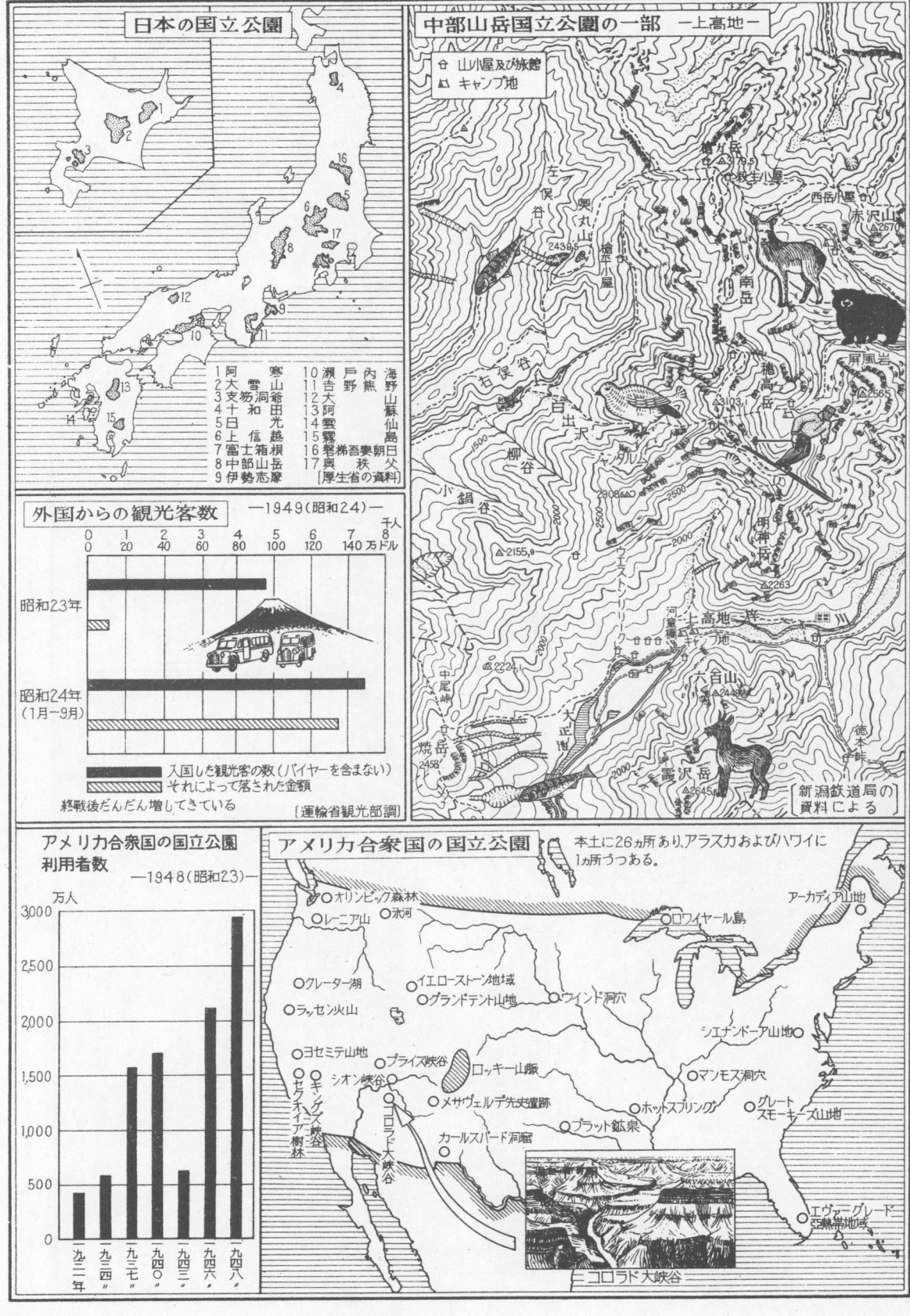

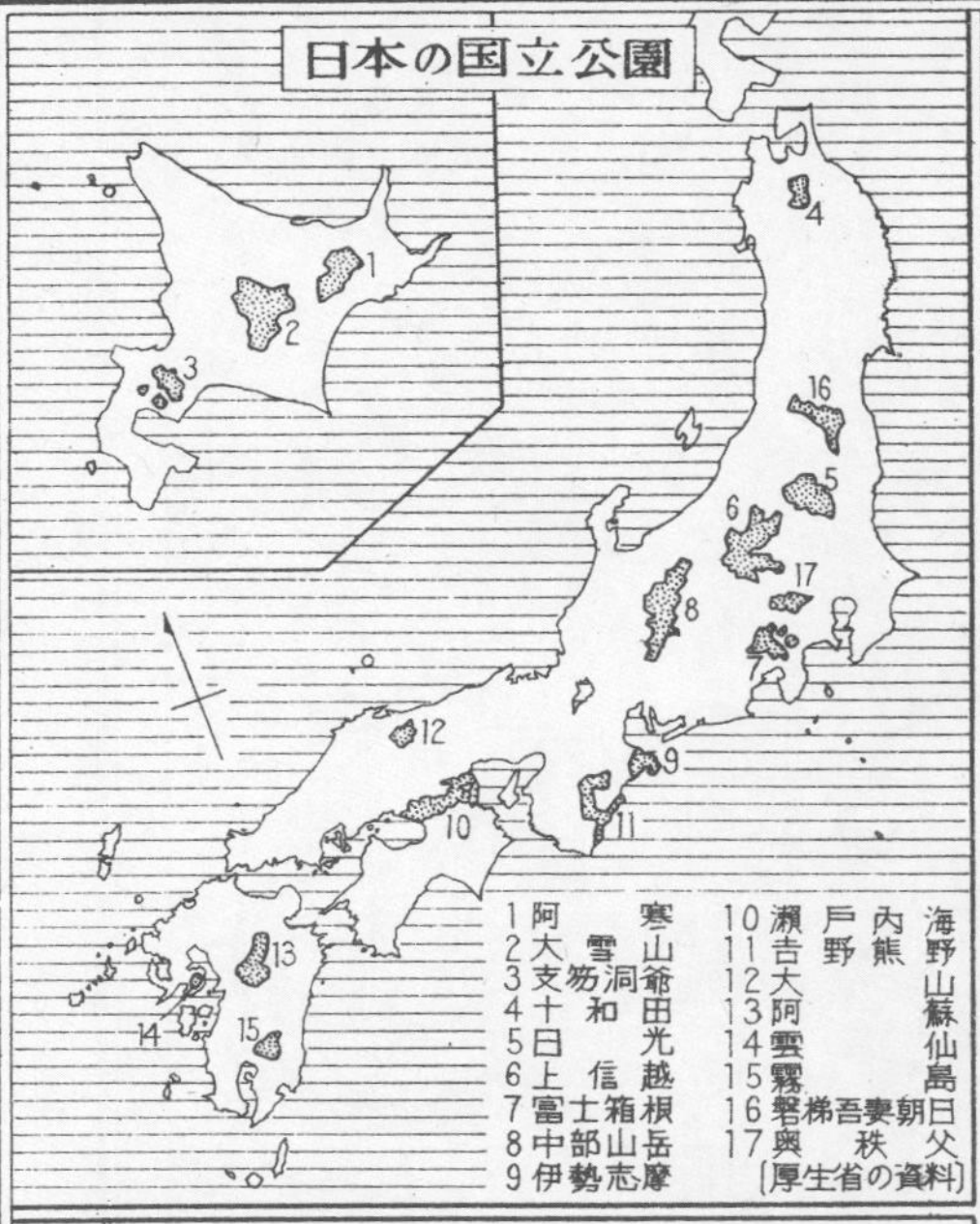

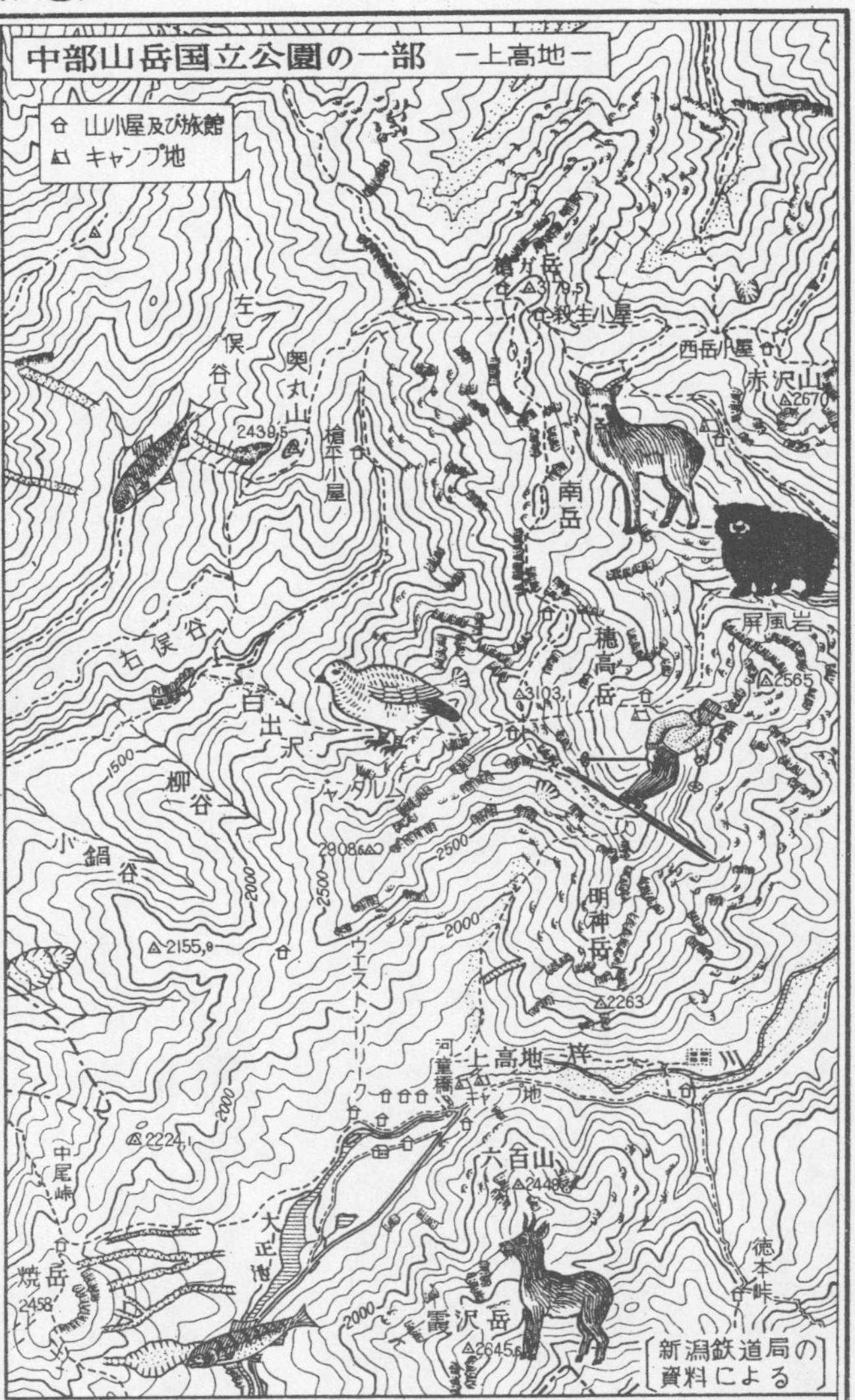

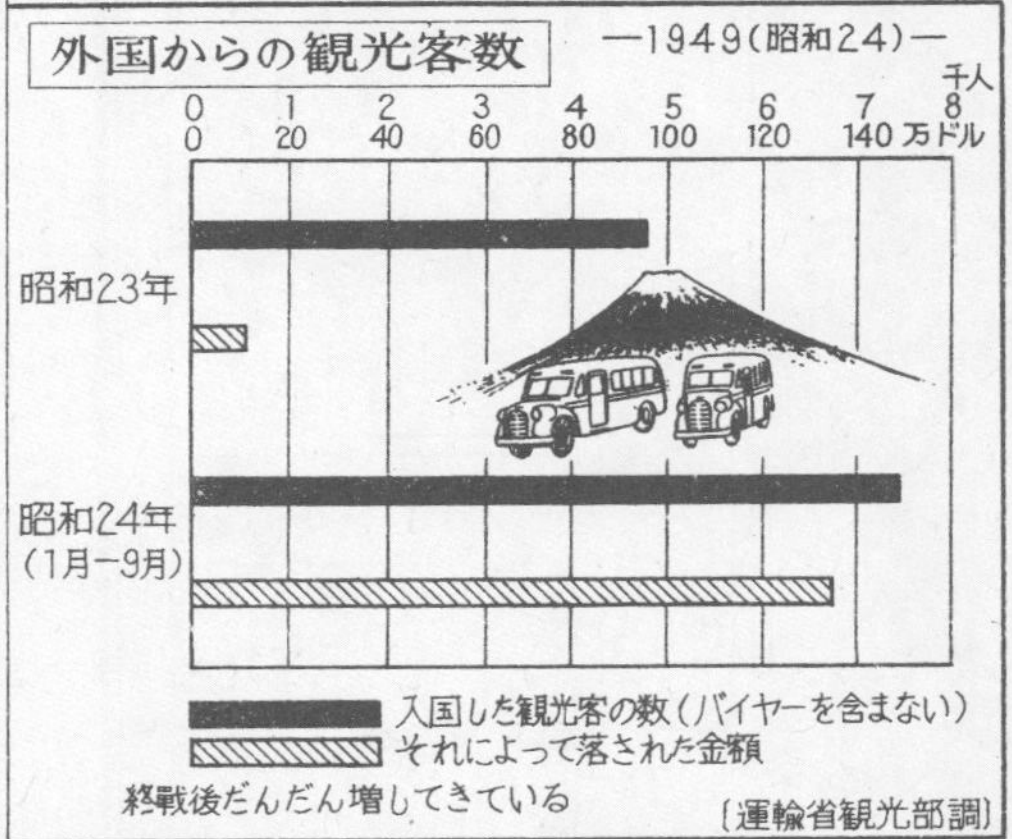

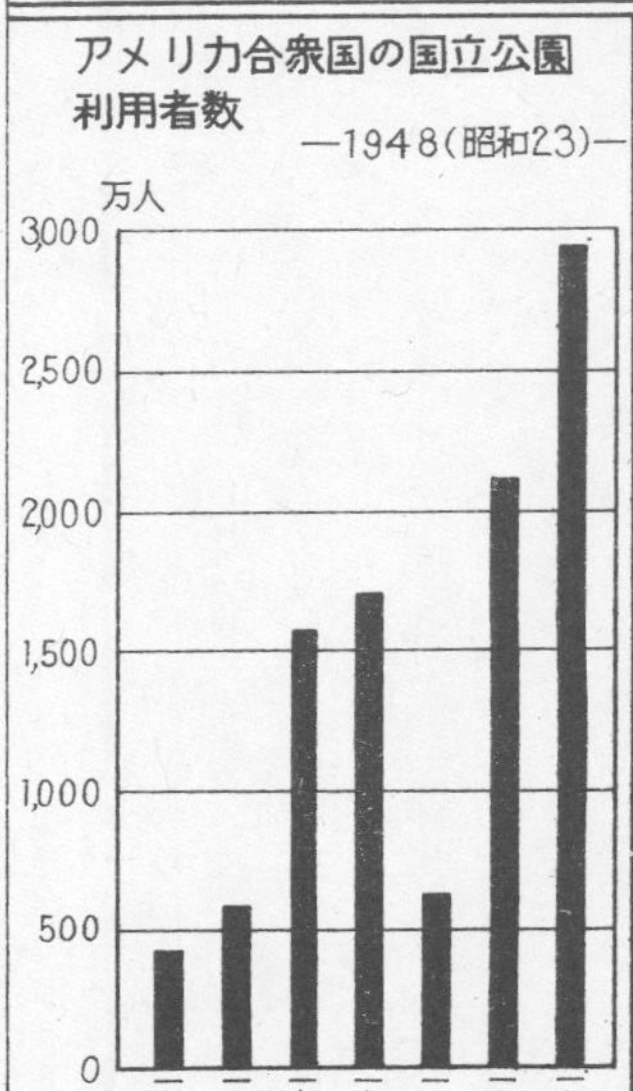

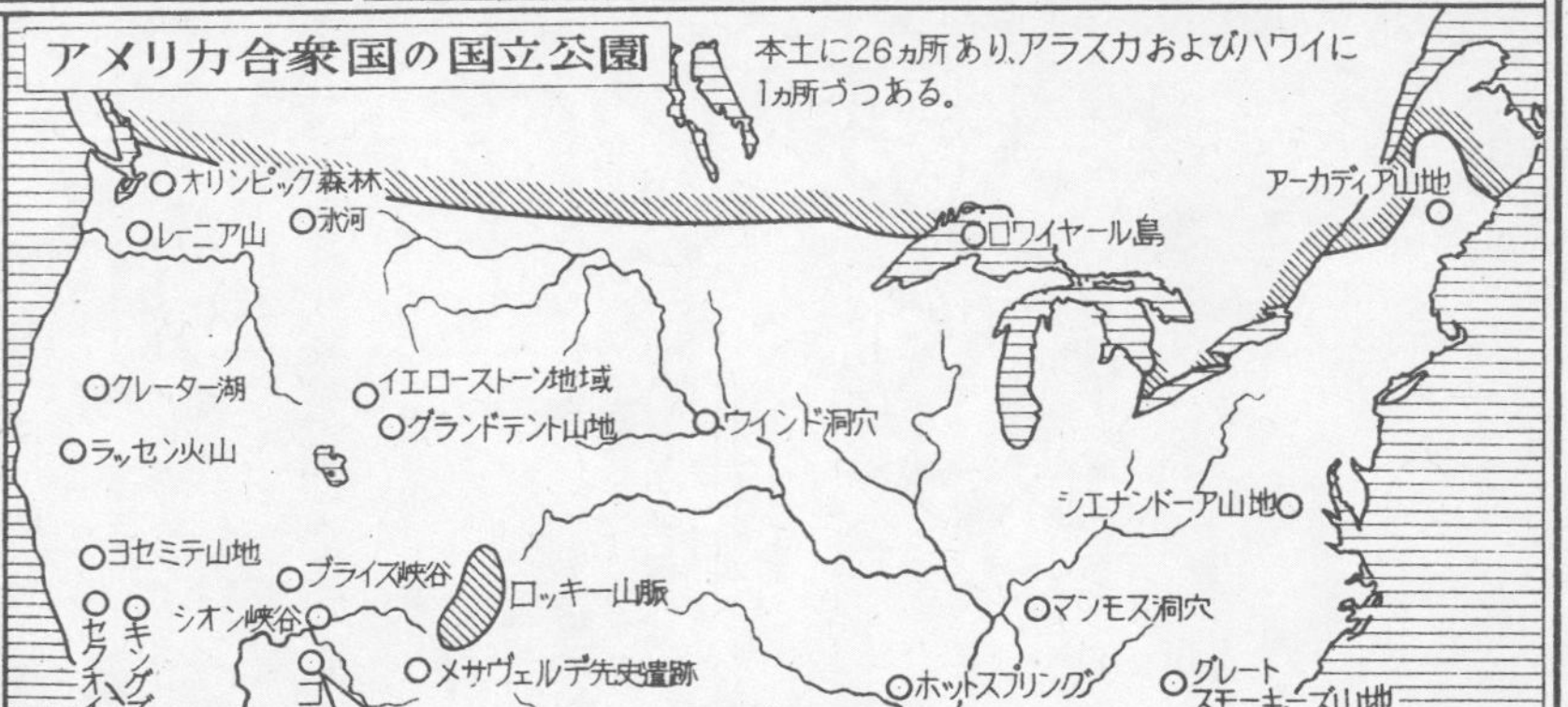

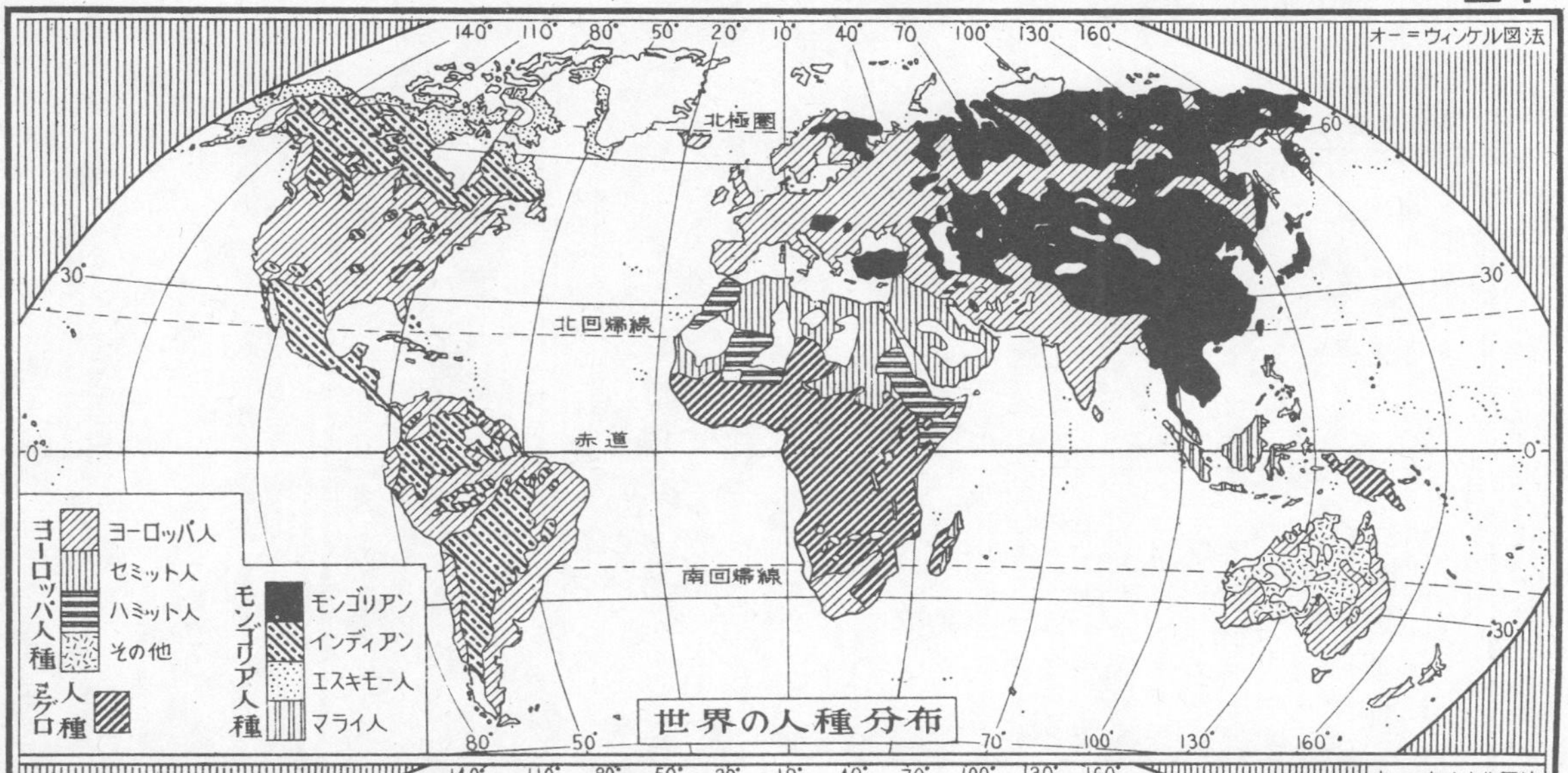

世界の人種分布

世界の人口密度
(人口はどこに多く集まり、またどこにもっとも少ないか)

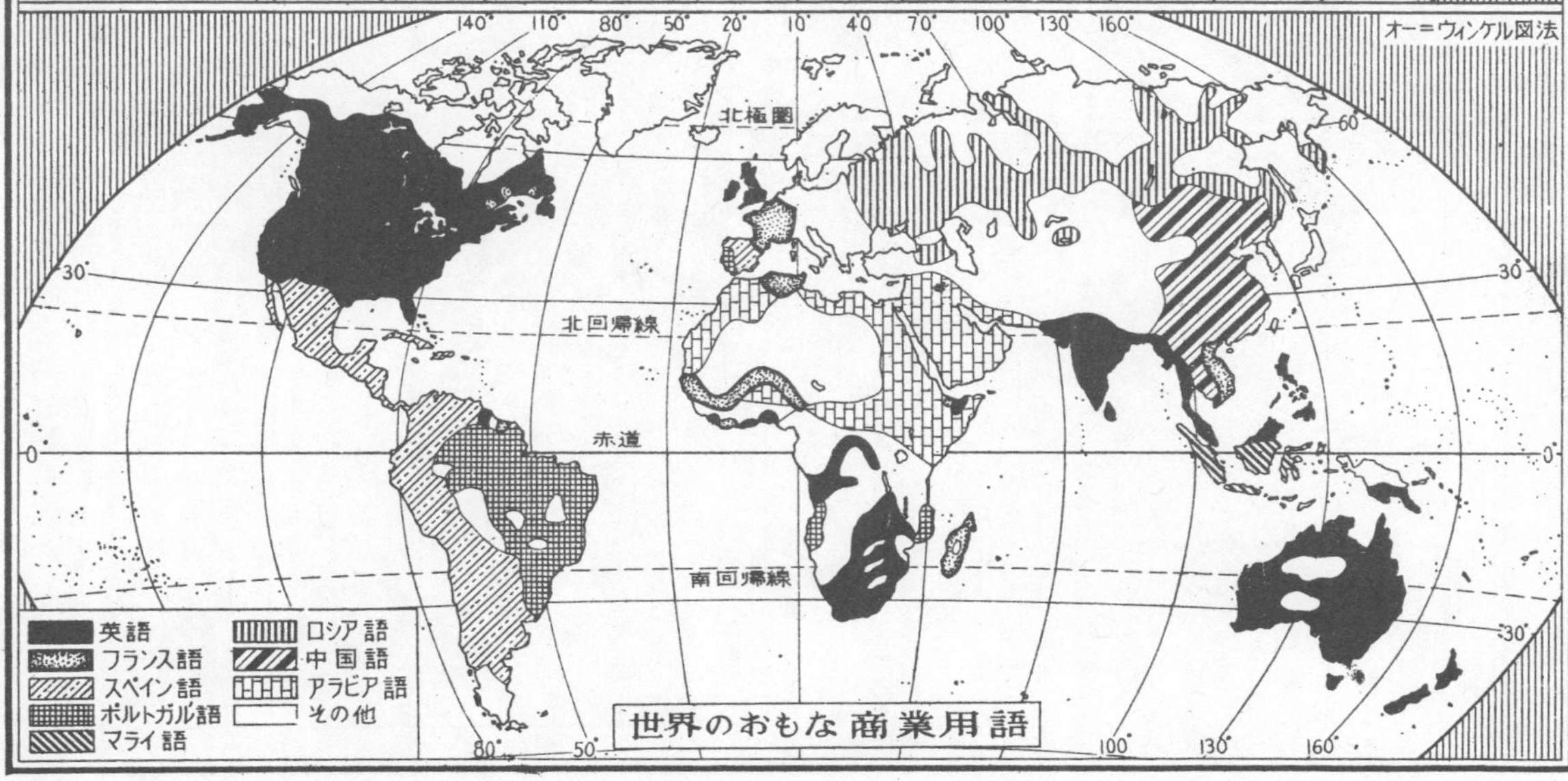

世界のおもな商業用語

ボンヌ図法

0 10 20 30 40 km　1:1 000 000　0 2 4 6 8 10 里

近畿地方

日本海
若狭湾
大阪湾
播磨灘
伊勢湾
琵琶湖
大阪
京都
神戸
奈良
姫路
舞鶴
福知山
彦根
四日市
名古屋
尼崎
西宮
明石
津
宇治山田
行政区画
1:6000000

24 人口と居住地の拡大(2)

アメリカ合衆国の人口密度

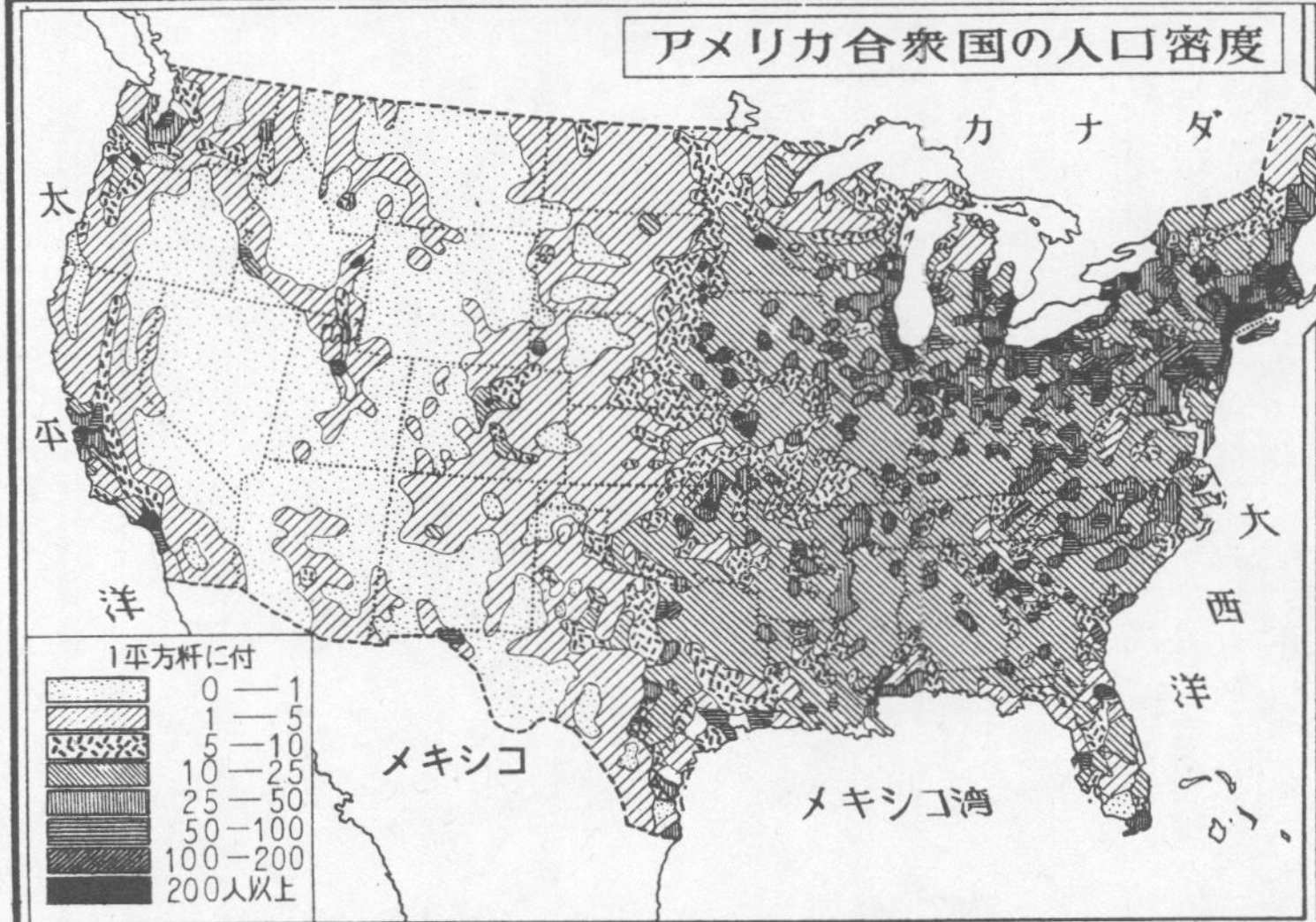

日本の都市人口といなかの人口

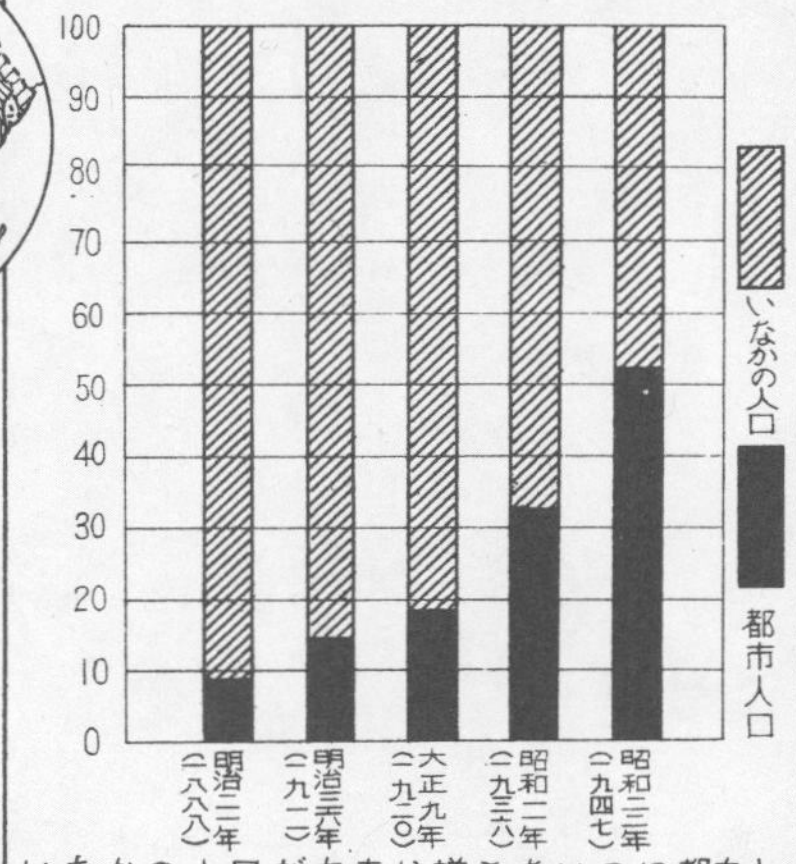

いなかの人口があまり増さないのに都市人口がひじように増しているわけを考えよう

産業別人口の構成

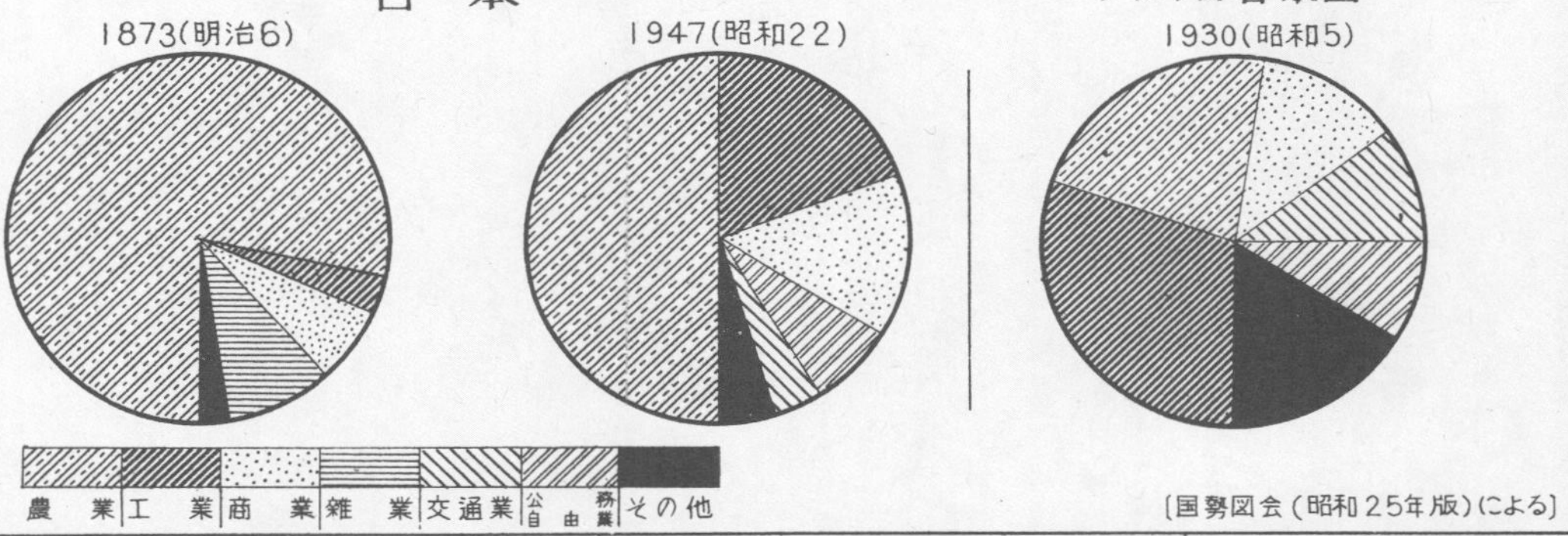

[国勢図会(昭和25年版)による]

日本の年齢別人口

[日本統計年鑑(昭和24年版)による]

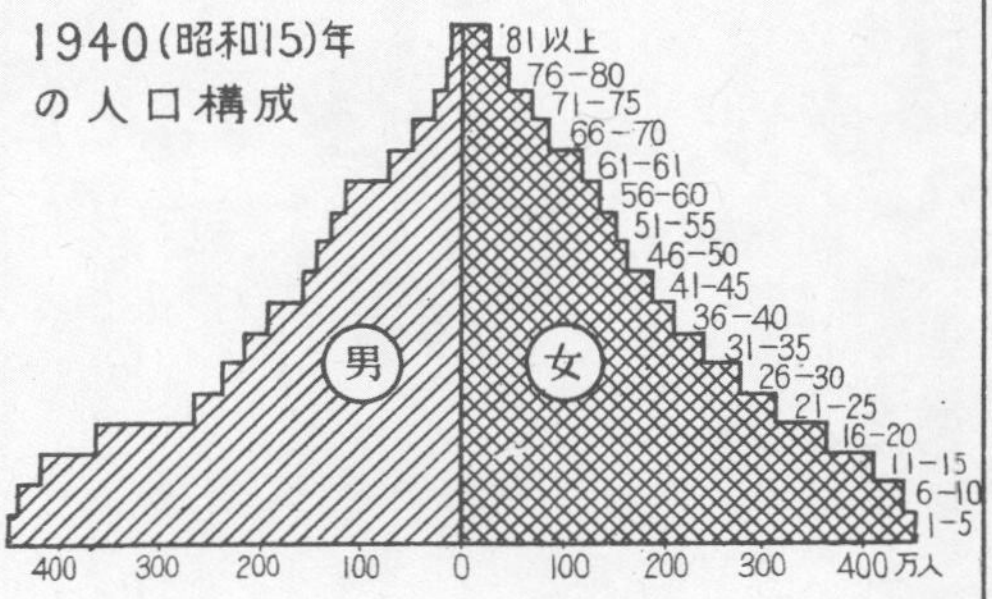

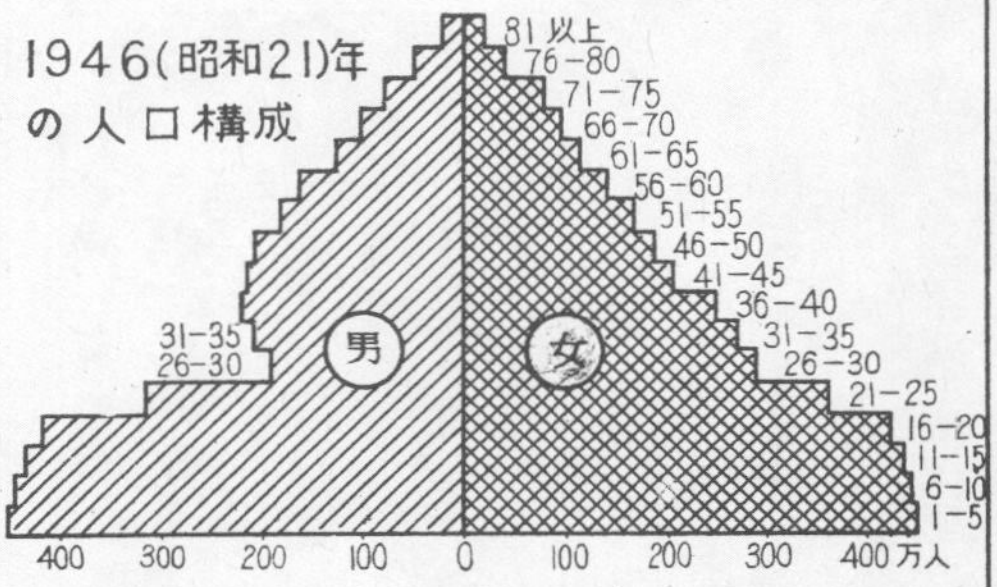

戦争の影響によって正常の形がくづれているのに注意せよ

世界のおもな国の出生率・死亡率

—1948(昭和23)—

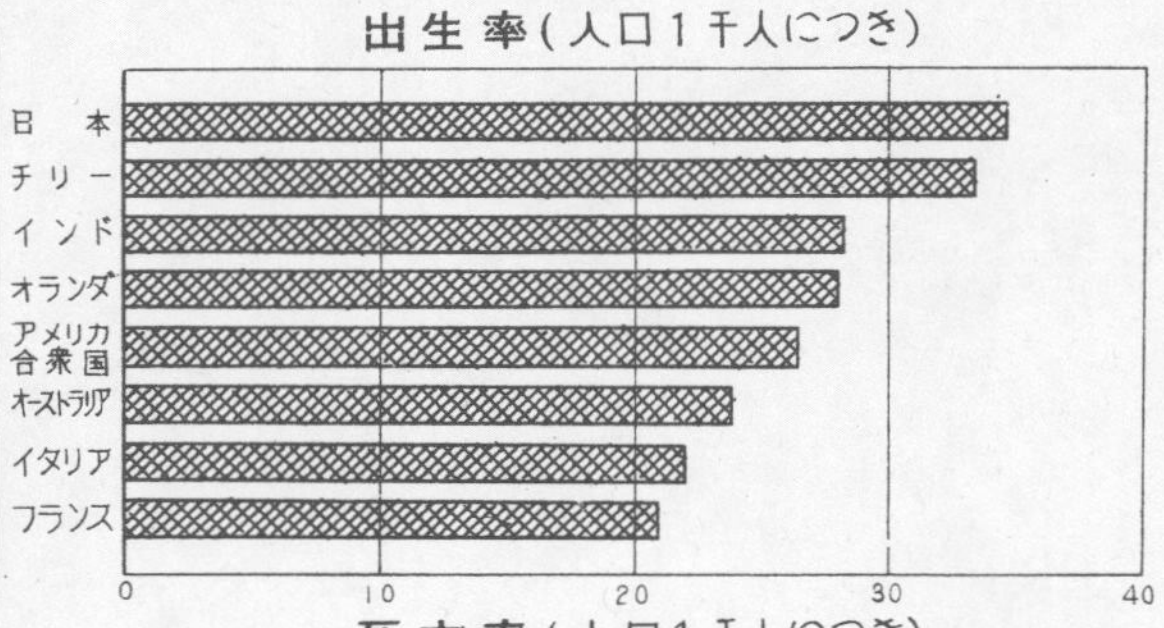

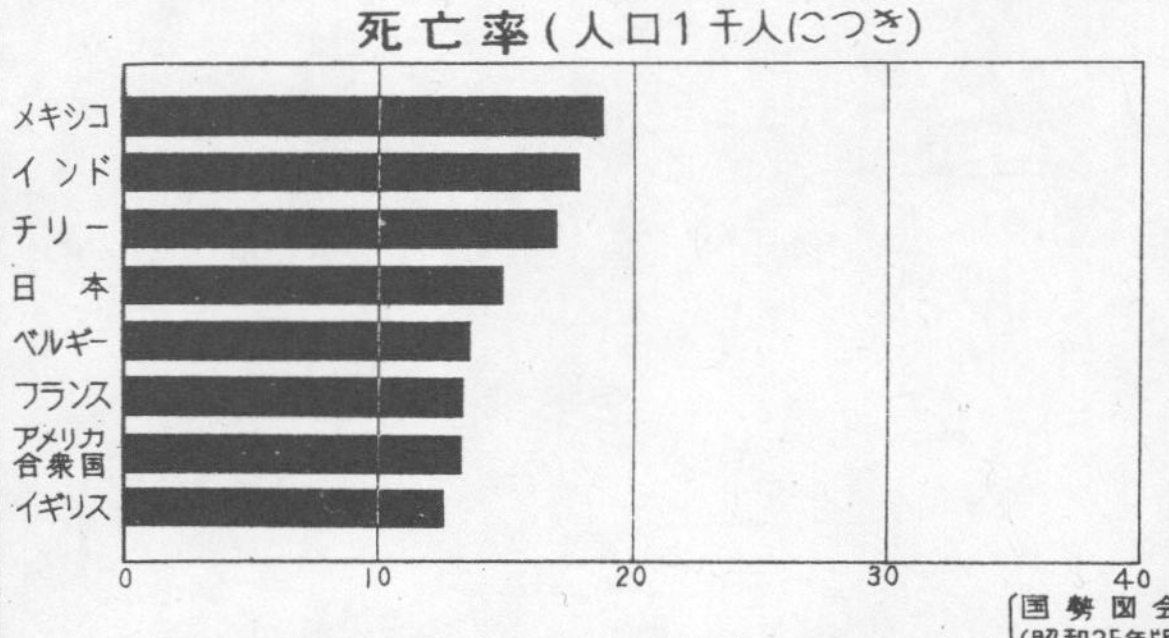

日本は他の国とどのようにちがった特色をもっているか

国勢図会(昭和25年版)による

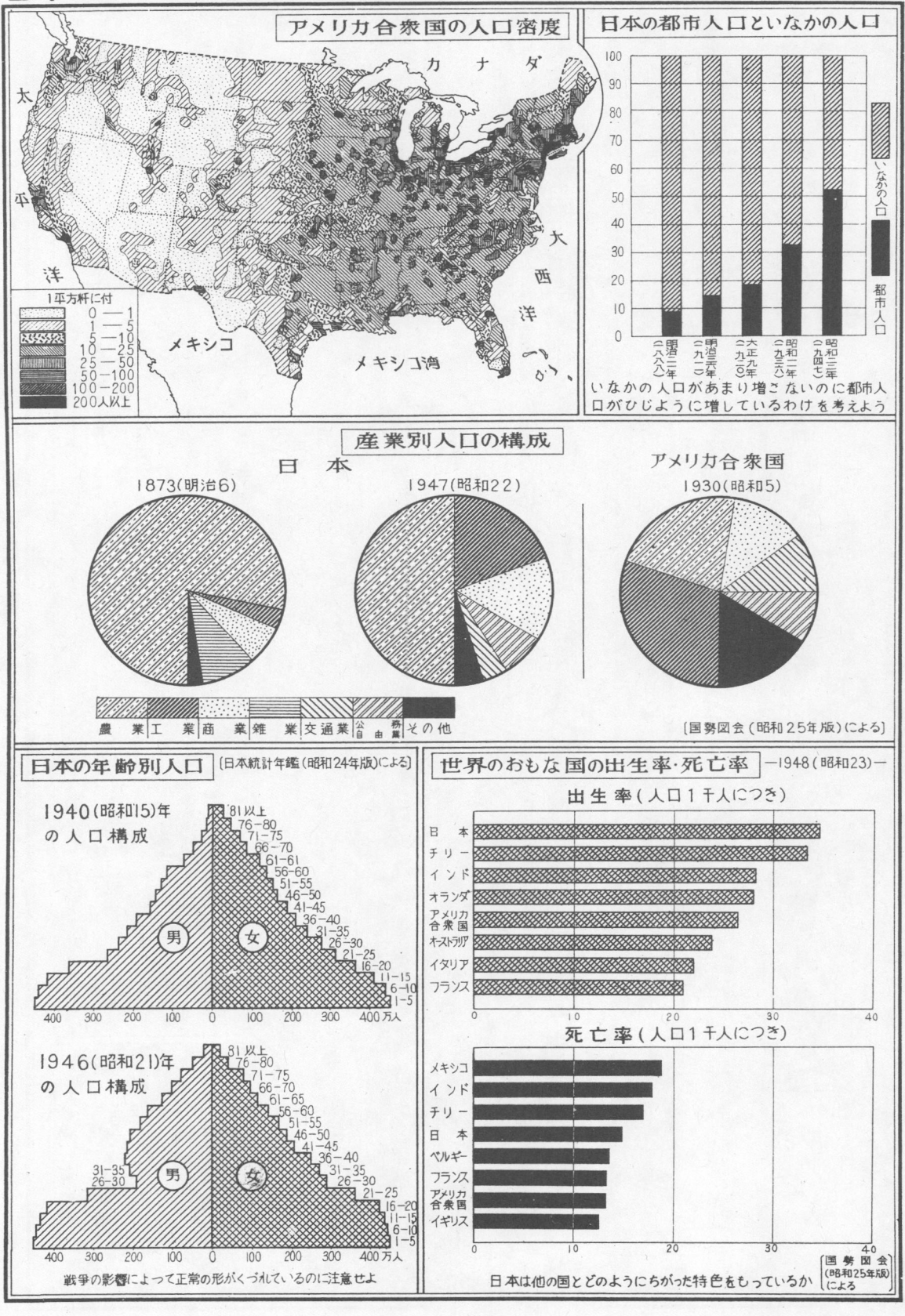

人間居住地の拡大

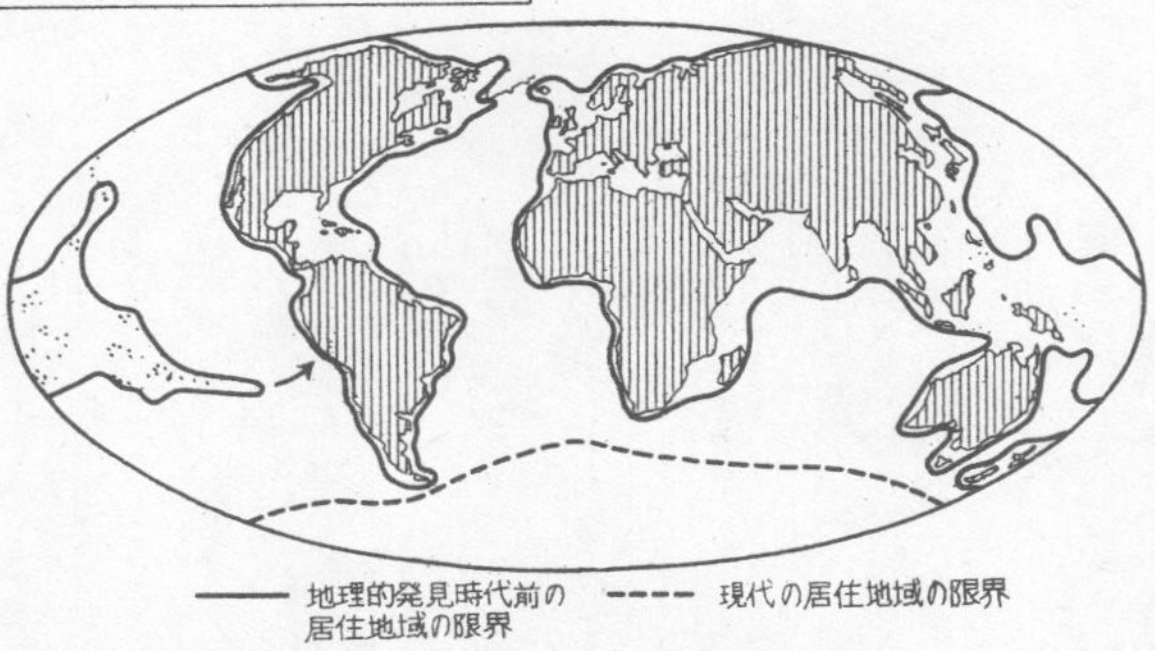

世界の大部分は歴史時代の始めにすでに居住地となっていた

オーストラリアの開発

東南岸地方の開発は16世紀初めに行われたが奥地の探検はようやく18世紀の終りから始まった

北アメリカの探検

世界の人口増加

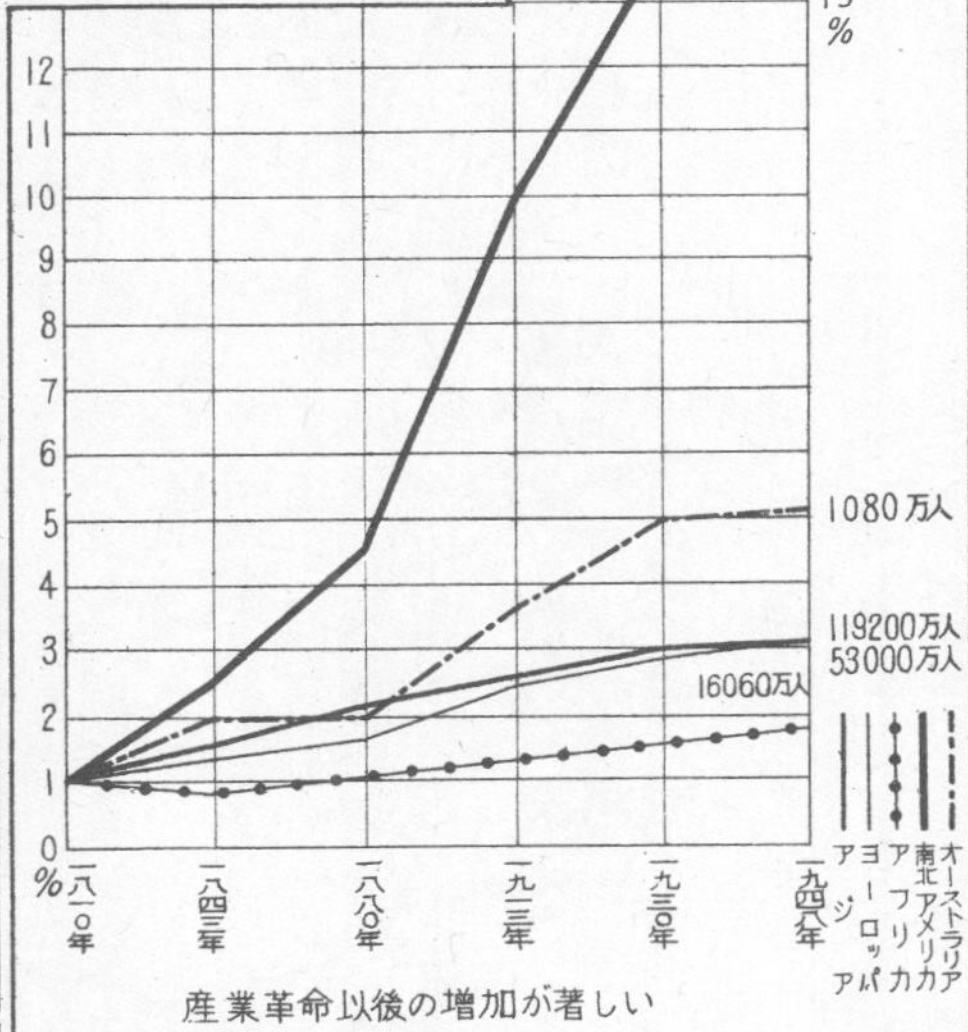

産業革命以後の増加が著しい

アフリカの探検

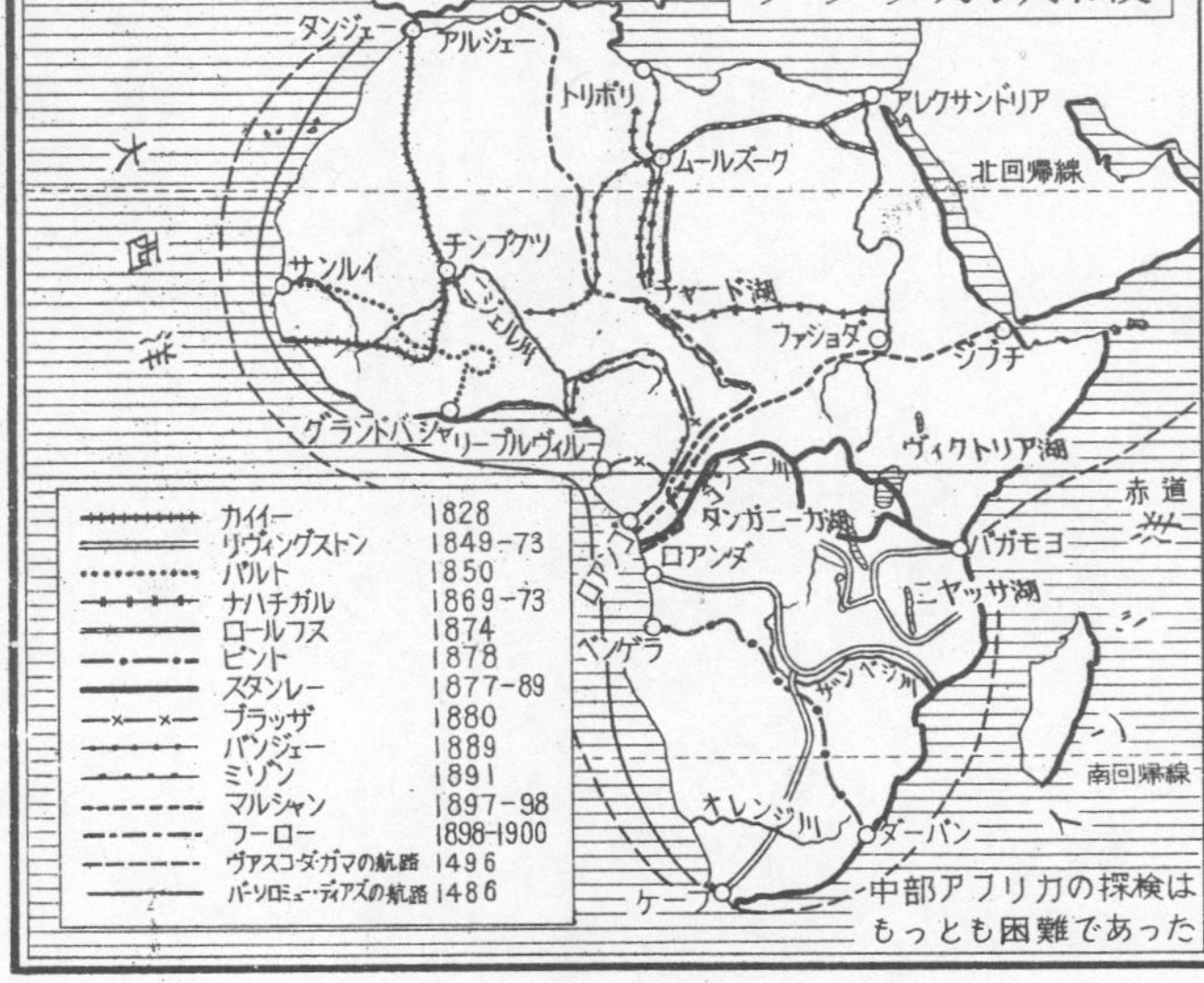

中部アフリカの探検はもっとも困難であった

日本の人口の増加

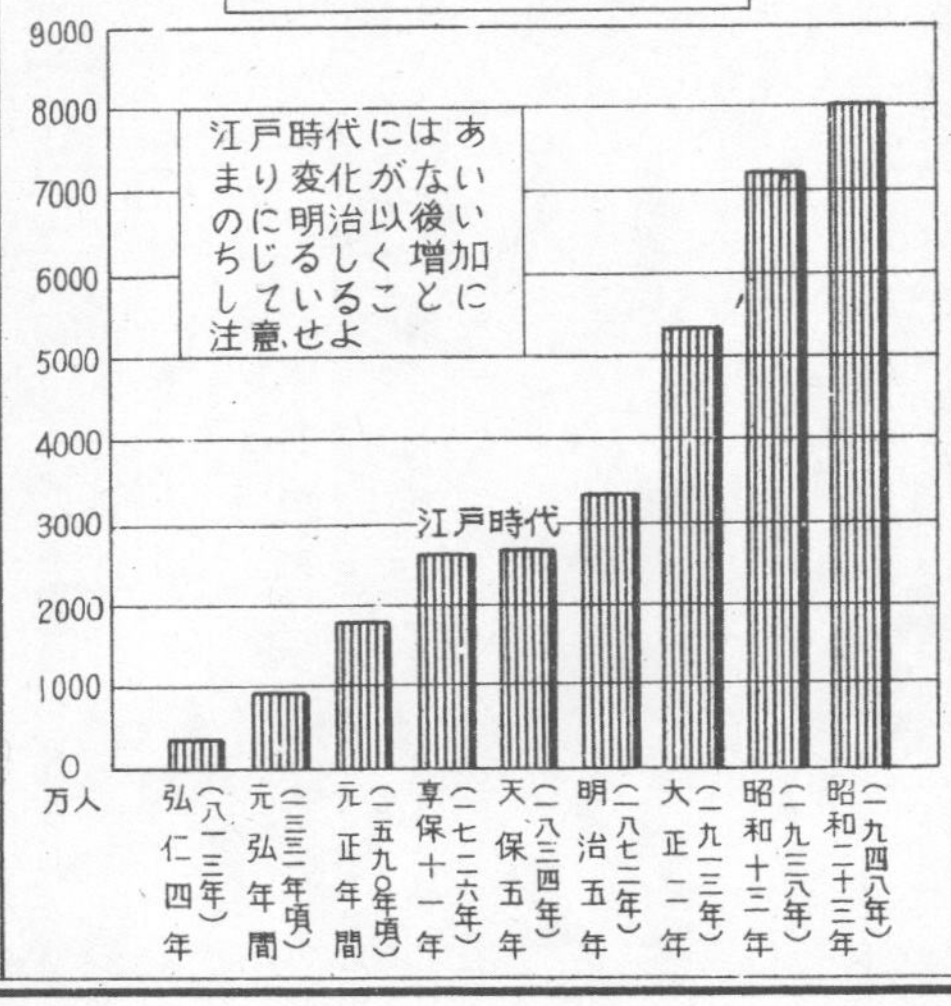

江戸時代にはあまり変化がないのに明治以後いちじるしく増加していることに注意せよ

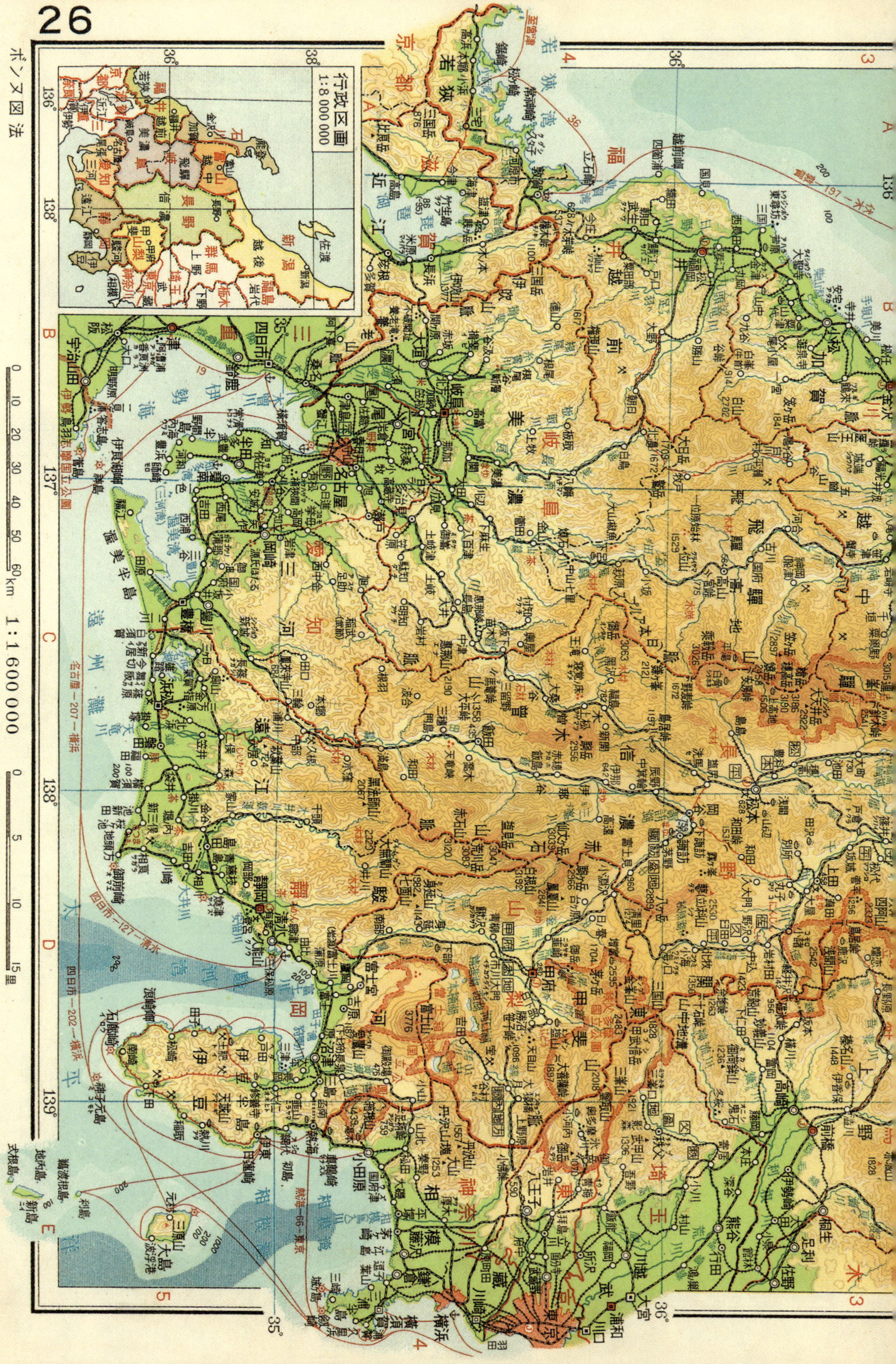
ボンヌ図法
1:1 600 000
0 10 20 30 40 50 60 km
0 5 10 15 里
行政区画
1:8 000 000
名古屋
岐阜
福井
静岡
浜松
松本
甲府
東京
横浜
八王子
小田原
富士山
伊豆半島
駿河湾
遠州灘
伊勢湾
三河湾
浜名湖
琵琶湖
若狭湾
大島

中部地方

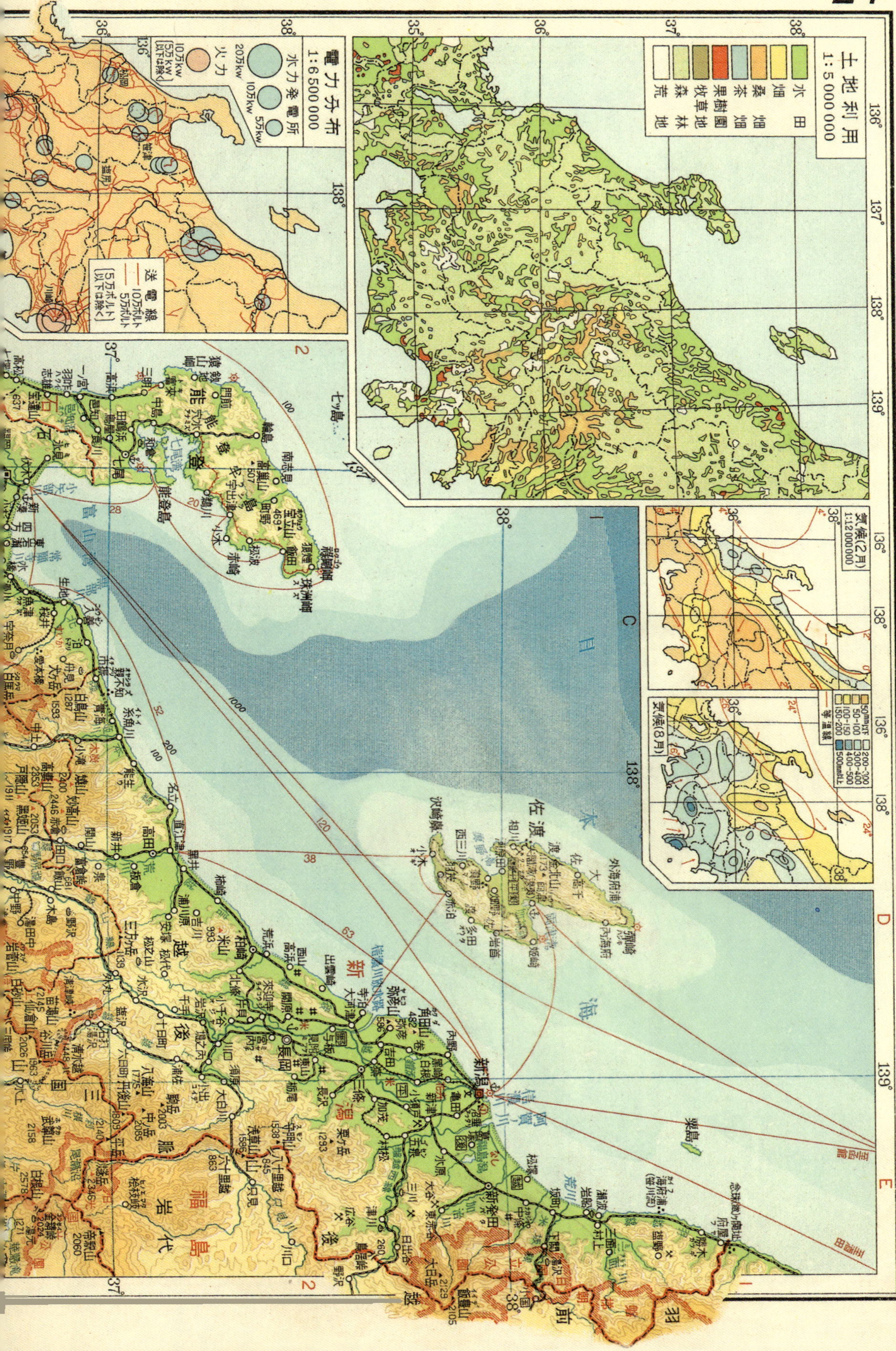
土地利用
1:5 000 000
水田
畑
桑畑
茶畑
果樹園
牧草地
森林
荒地
電力分布
1:6 500 000
水力発電所
火力
送電線
気候(2月)
1:12 000 000
気候(8月)
能登
佐渡
新潟
越後
日本海
粟島

28 食料の生産

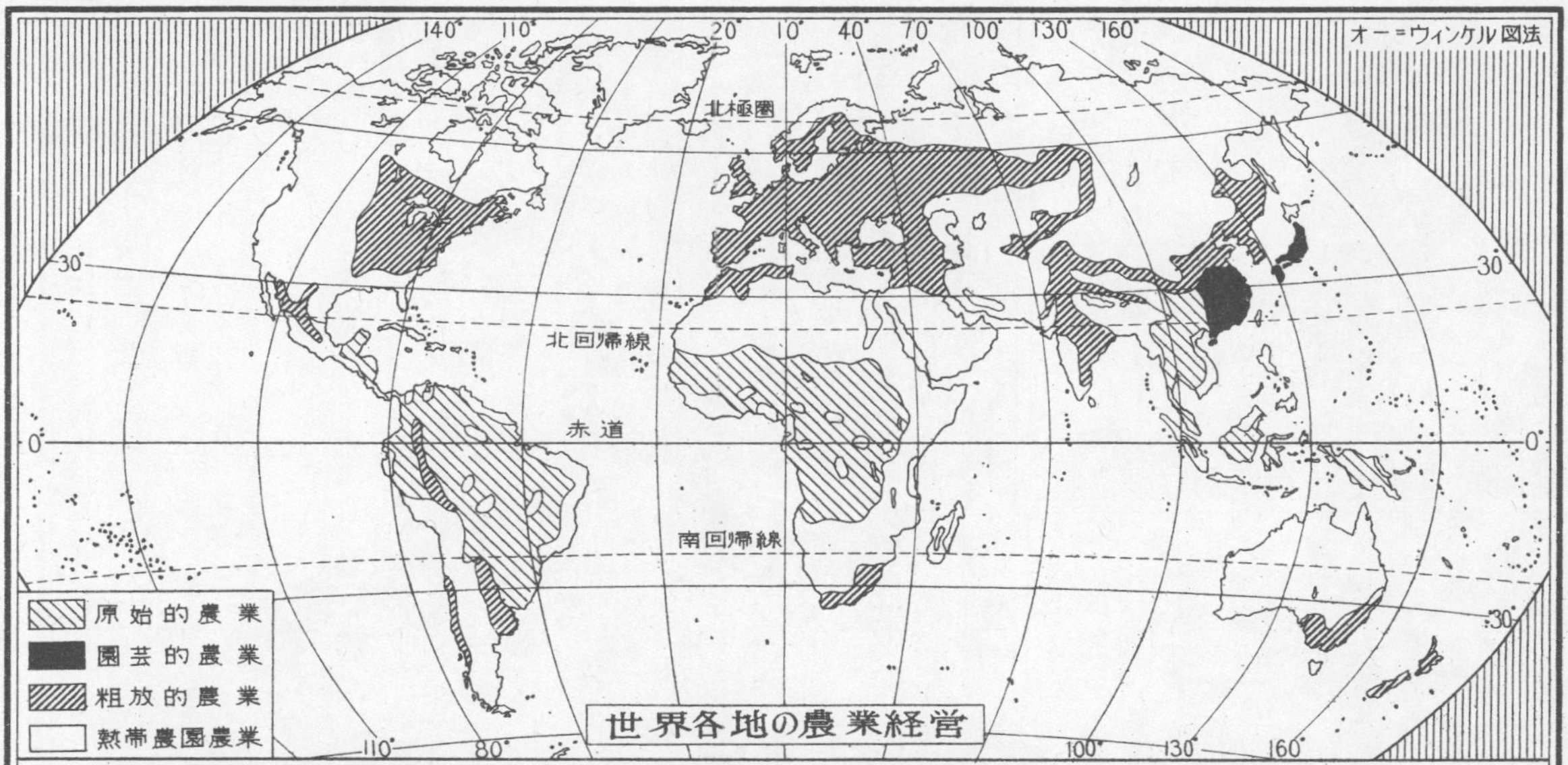
オー＝ウィンケル図法
140° 110° 20° 10° 40° 70° 100° 130° 160°
北極圏
30°
北回帰線
赤道
0°
南回帰線
110° 80° 100° 130° 160°
原始的農業
園芸的農業
粗放的農業
熱帯農園農業

世界各地の農業経営

栄養カロリーの比較

―100グラム中のカロリー―

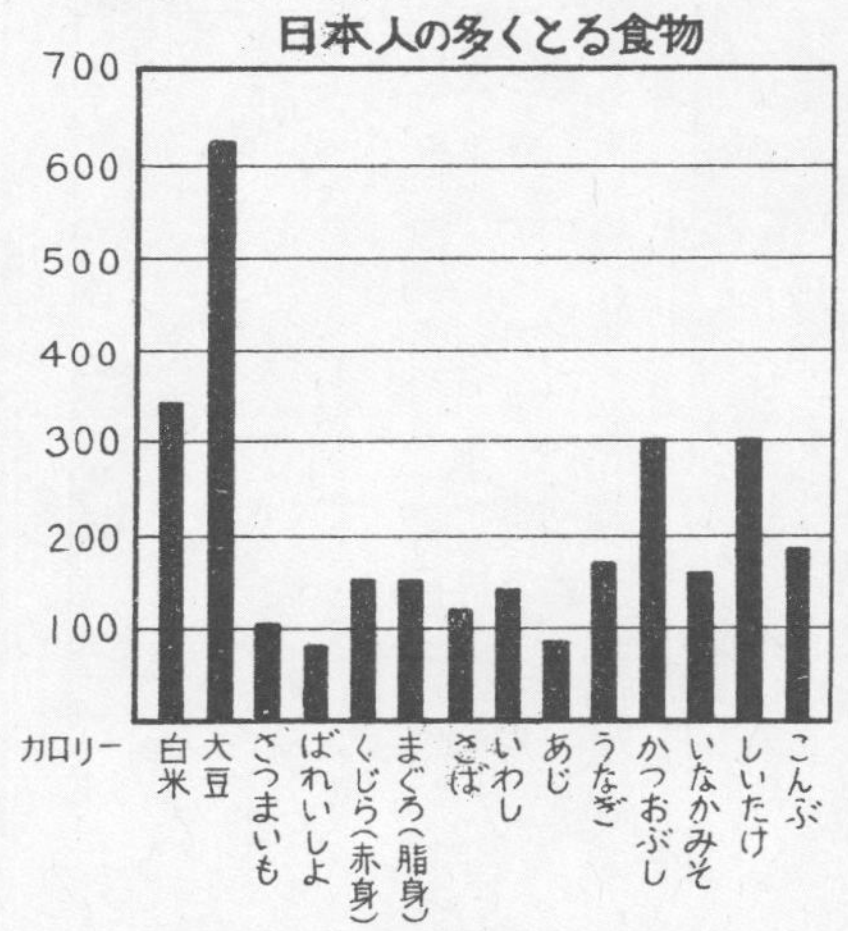
日本人の多くとる食物
700
600
500
400
300
200
100
カロリー
白米
大豆
さつまいも
ばれいしよ
まぐろ（脂身）
くじら（赤身）
さば
いわし
あじ
うなぎ
かつおぶし
いなかみそ
しいたけ
こんぶ

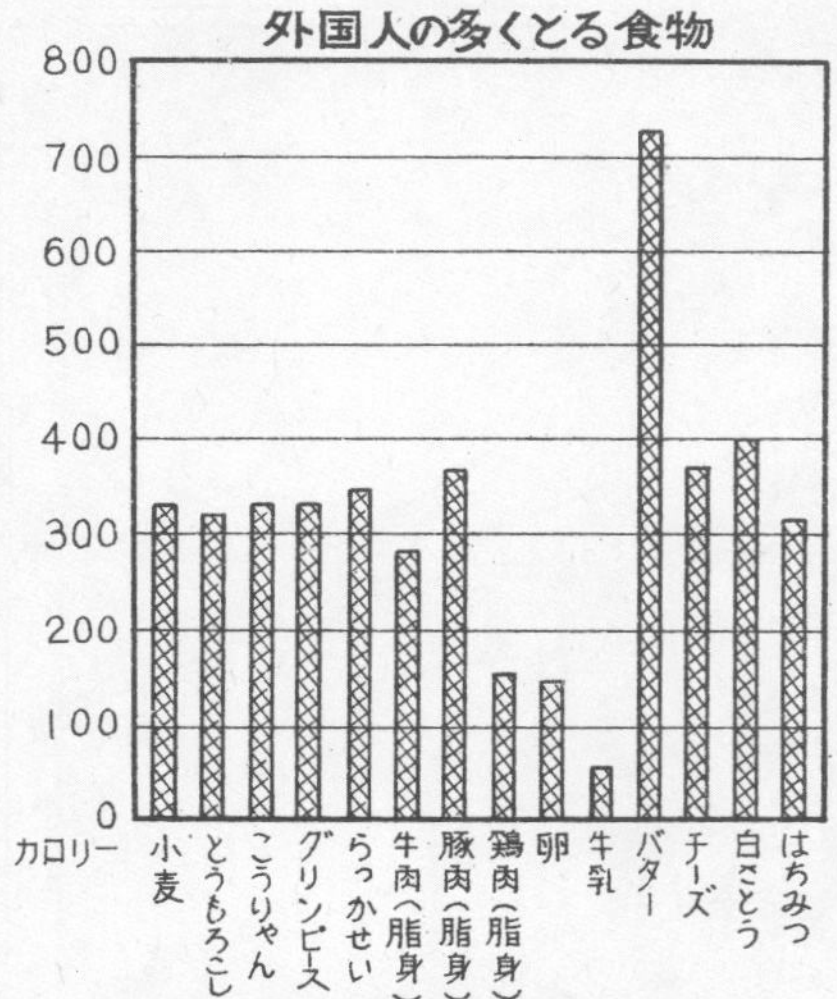
外国人の多くとる食物
800
700
600
500
400
300
200
100
0
カロリー
小麦
とうもろこし
こうりやん
グリンピース
らっかせい
牛肉（脂身）
豚肉（脂身）
鶏肉（脂身）
卵
牛乳
バター
チーズ
白さとう
はちみつ

栄養本位の食事をするには
どんなものをとればよいか

各国の土地利用の割合

―1948（昭和23）―
〔国勢図会（昭和25年版）による〕

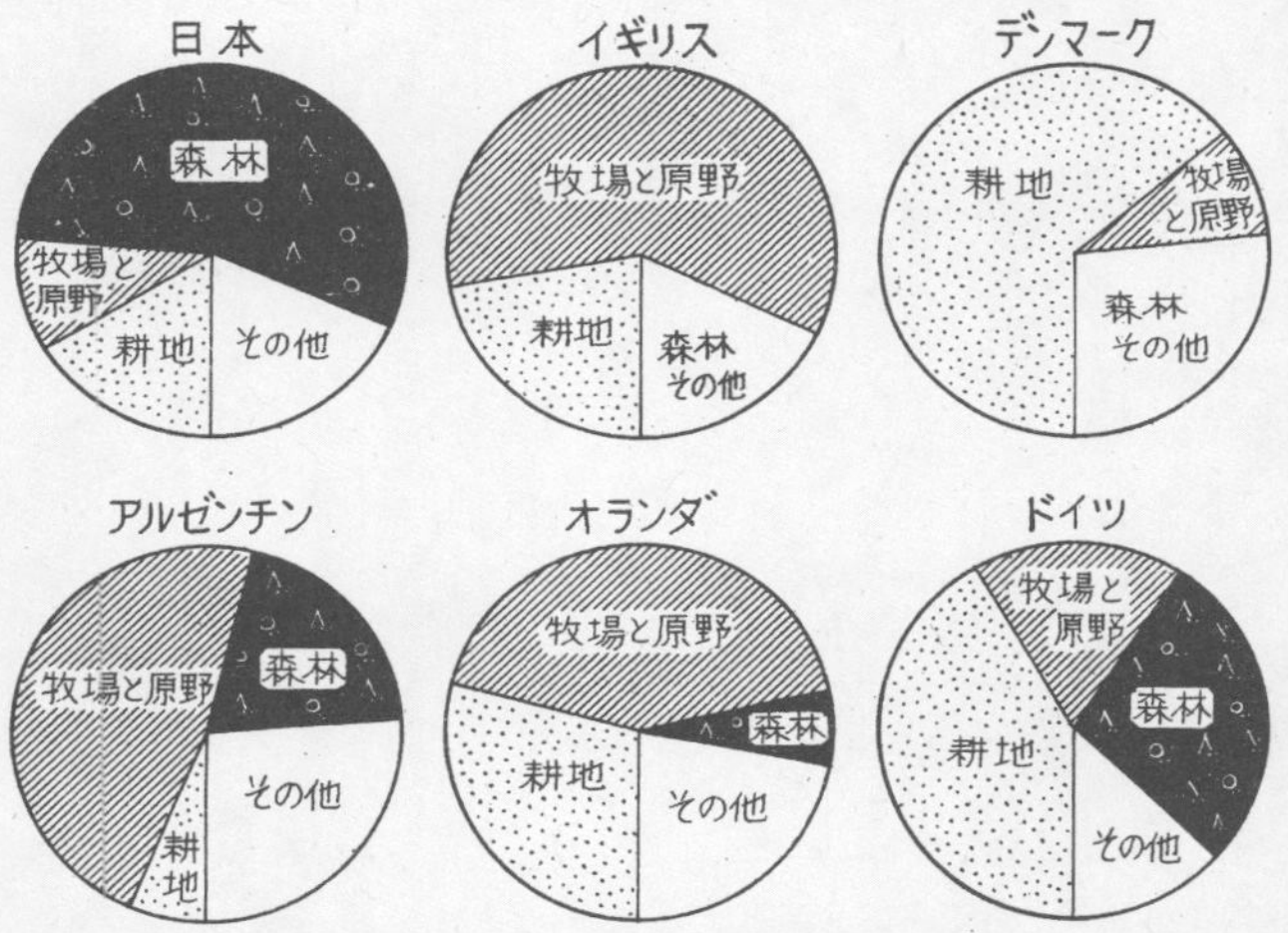
日本
森林
牧場と原野
耕地
その他
イギリス
牧場と原野
耕地
森林 その他
デンマーク
耕地
牧場と原野
森林 その他
アルゼンチン
牧場と原野
森林
耕地
その他
オランダ
牧場と原野
森林
耕地
その他
ドイツ
牧場と原野
森林
耕地
その他

世界のおもな国の牛乳飲用量

―1人あたり1年間―

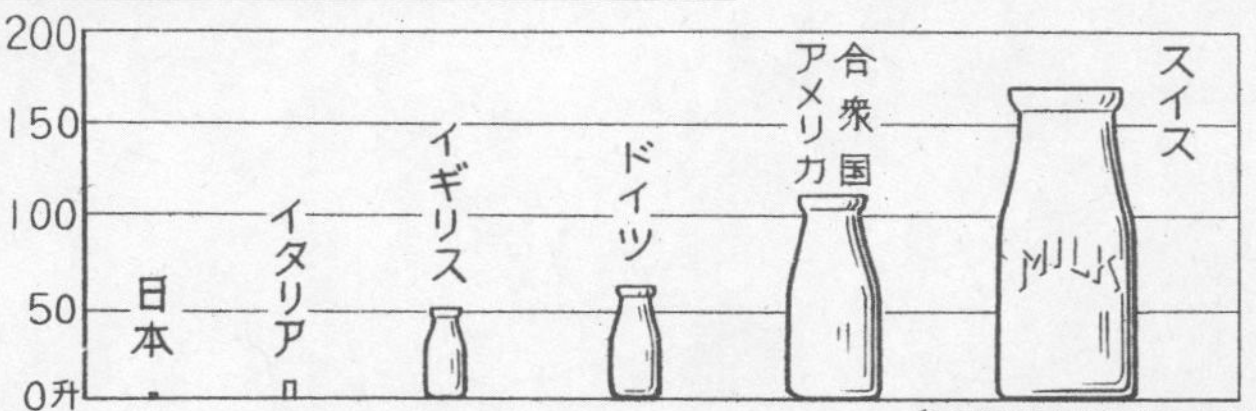
200
150
100
50
0升
日本
イタリア
イギリス
ドイツ
合衆国 アメリカ
スイス
MILK

〔国際連合統計による〕

日本の農民1人が1年間に食べる分量

〔経済学新辞典による〕

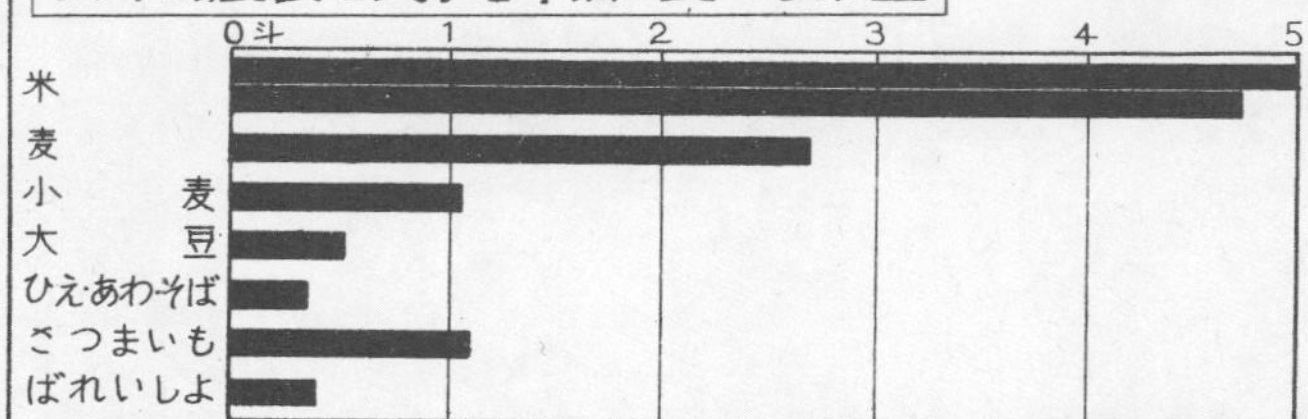
0斗
1
2
3
4
5
米
麦
小麦
大豆
ひえ・あわ・そば
さつまいも
ばれいしよ

（さつまいも，ばれいしよはそれぞれ米の分量に換算してある）

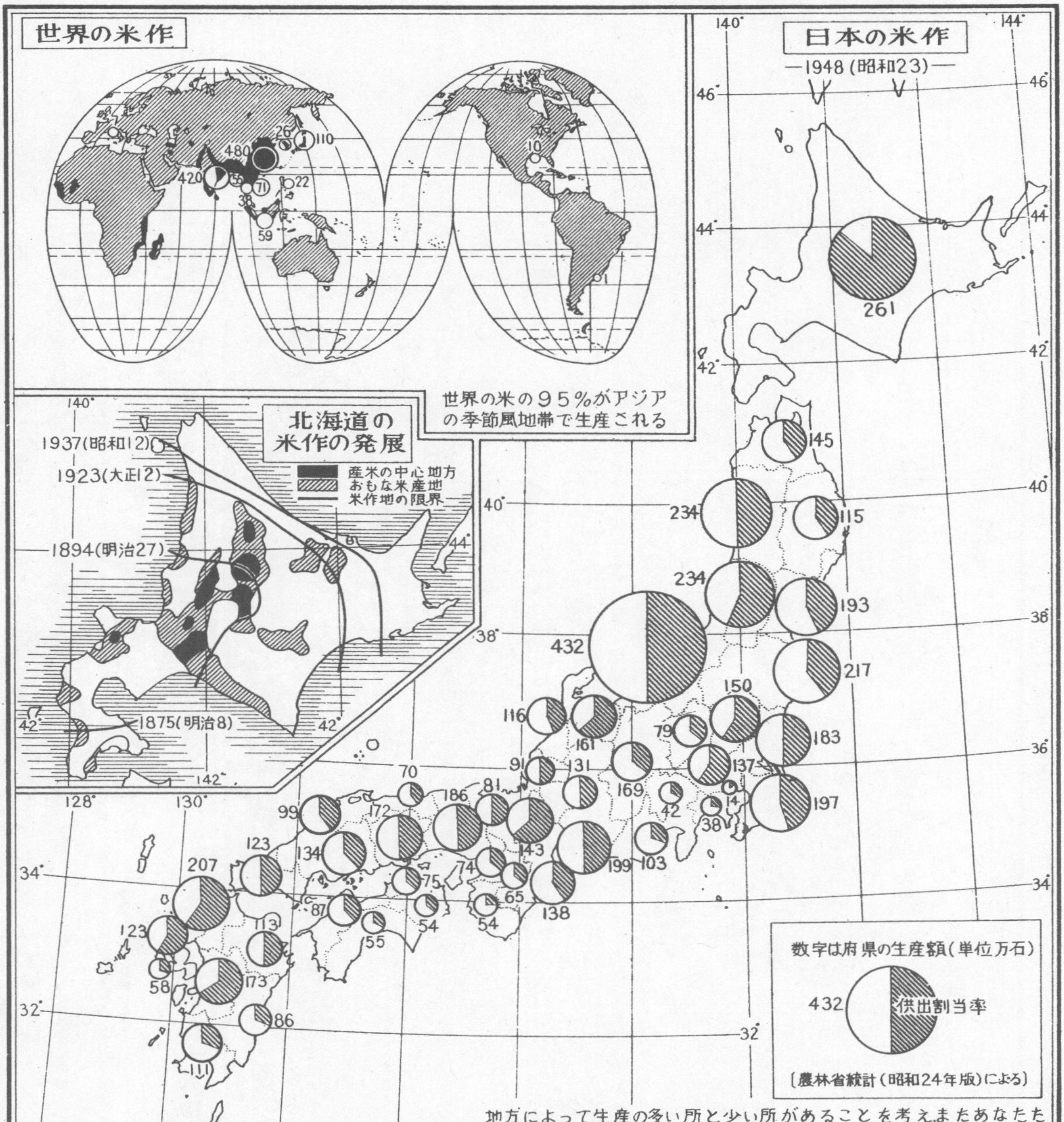
世界の米作
480
420
26
110
10
22
71
55
38
59
1
世界の米の９５％がアジアの季節風地帯で生産される
北海道の米作の発展
産米の中心地方
おもな米産地
米作地の限界
1937(昭和12)
1923(大正12)
1894(明治27)
1875(明治8)
日本の米作
—1948(昭和23)—
261
145
234
115
234
193
432
217
150
183
116
161
79
137
91
131
169
197
70
81
14
42
38
99
172
186
143
134
199
103
123
74
207
75
65
87
54
54
138
113
55
123
58
173
86
111
数字は府県の生産額（単位万石）
432
供出割当率
［農林省統計（昭和24年版）による］

地方によって生産の多い所と少い所があることを考えまたあなたたちの郷土はどのようになっているかについても調べてみよう

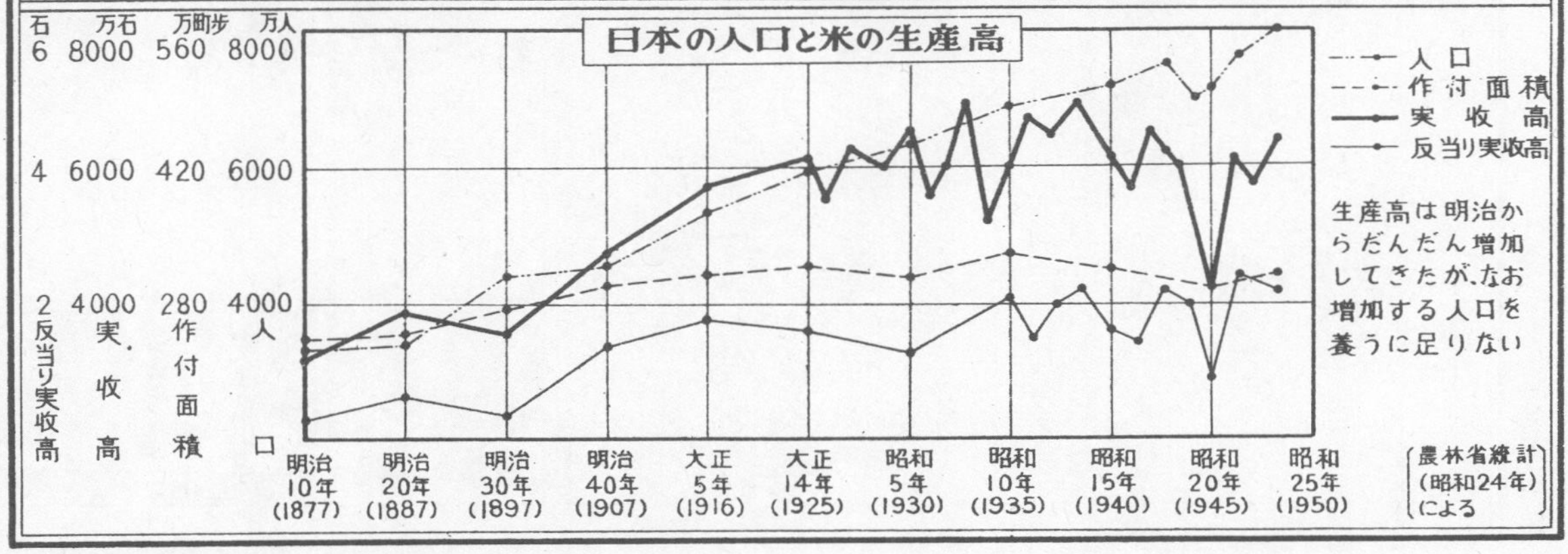
日本の人口と米の生産高
石　万石　万町歩　万人
6　8000　560　8000
4　6000　420　6000
2　4000　280　4000
反当り実収高
実収高
作付面積
人口
明治10年(1877)
明治20年(1887)
明治30年(1897)
明治40年(1907)
大正5年(1916)
大正14年(1925)
昭和5年(1930)
昭和10年(1935)
昭和15年(1940)
昭和20年(1945)
昭和25年(1950)
人口
作付面積
実収高
反当り実収高
生産高は明治からだんだん増加してきたが、なお増加する人口を養うに足りない
農林省統計（昭和24年）による

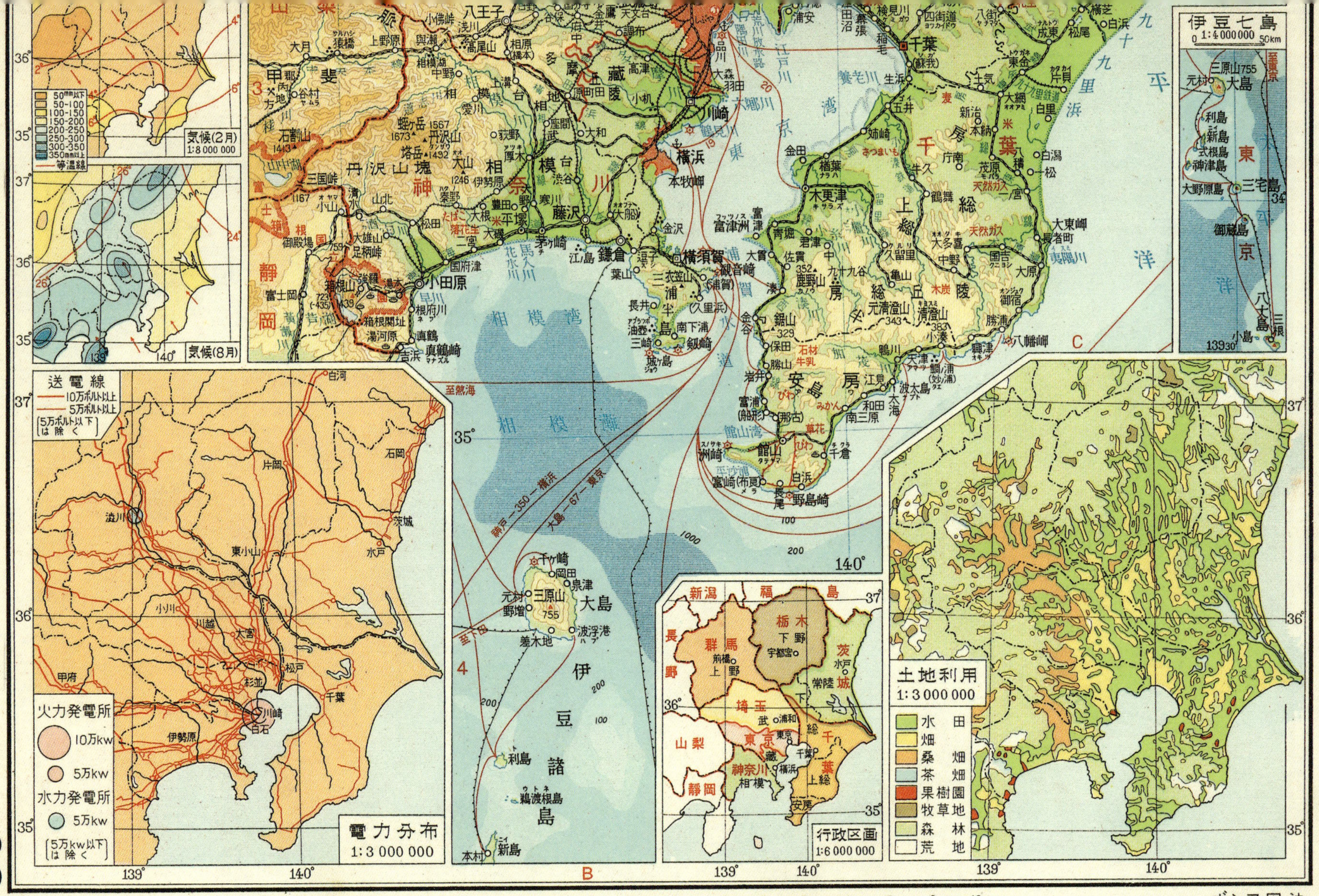
気候(2月)
1:8 000 000
等温線
気候(8月)
送電線
10万ボルト以上
5万ボルト以上
[5万ボルト以下は除く]
火力発電所
10万kW
5万kW
水力発電所
5万kW
[5万kW以下は除く]
電力分布
1:3 000 000
伊
豆
諸
島
行政区画
1:6 000 000
土地利用
1:3 000 000
水田
畑
桑畑
茶畑
果樹園
牧草地
森林
荒地
伊豆七島
1:4 000 000

1:1 000 000

ボンヌ図法

関東地方

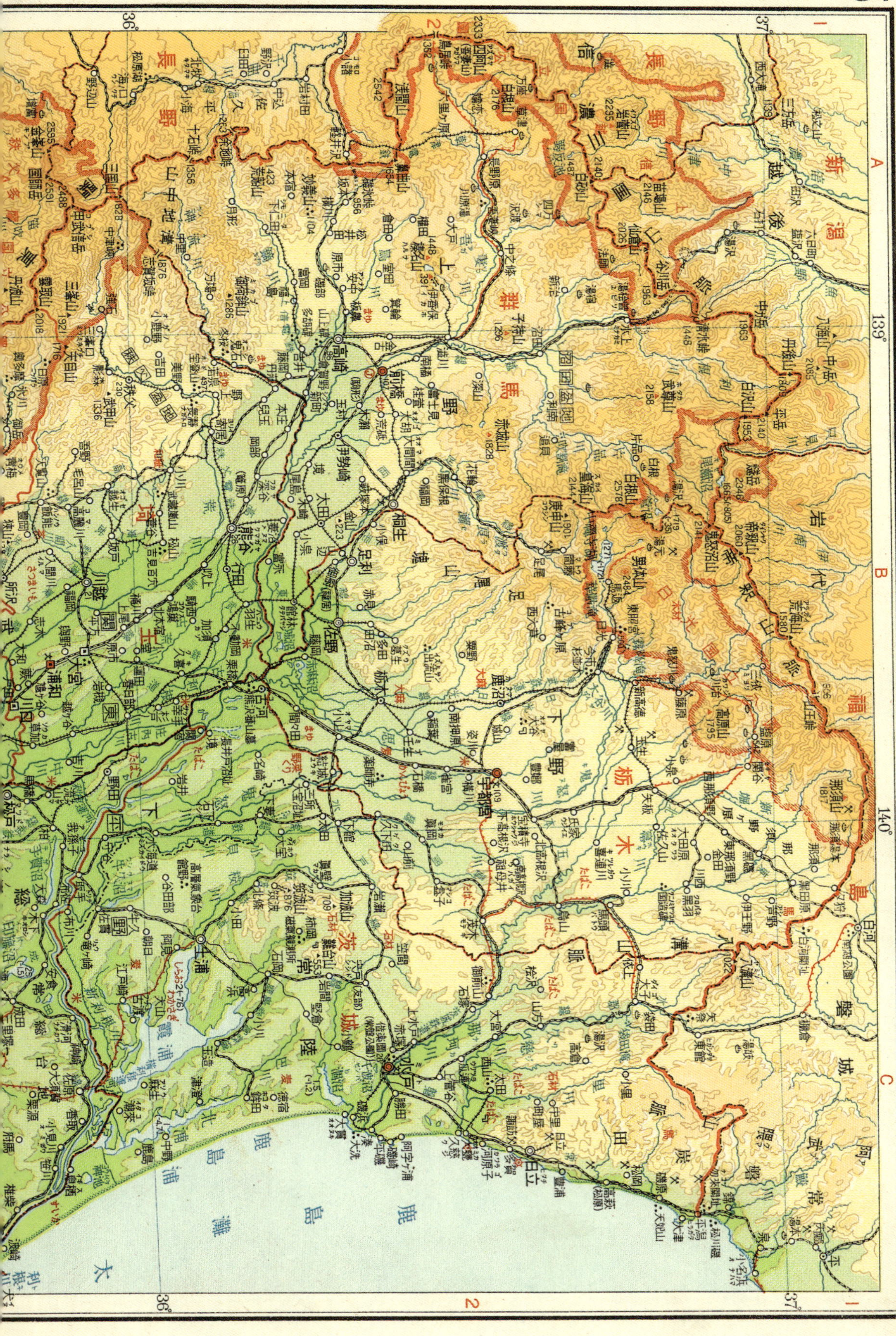

32 農業と農村生活(2)

農村生活の暦

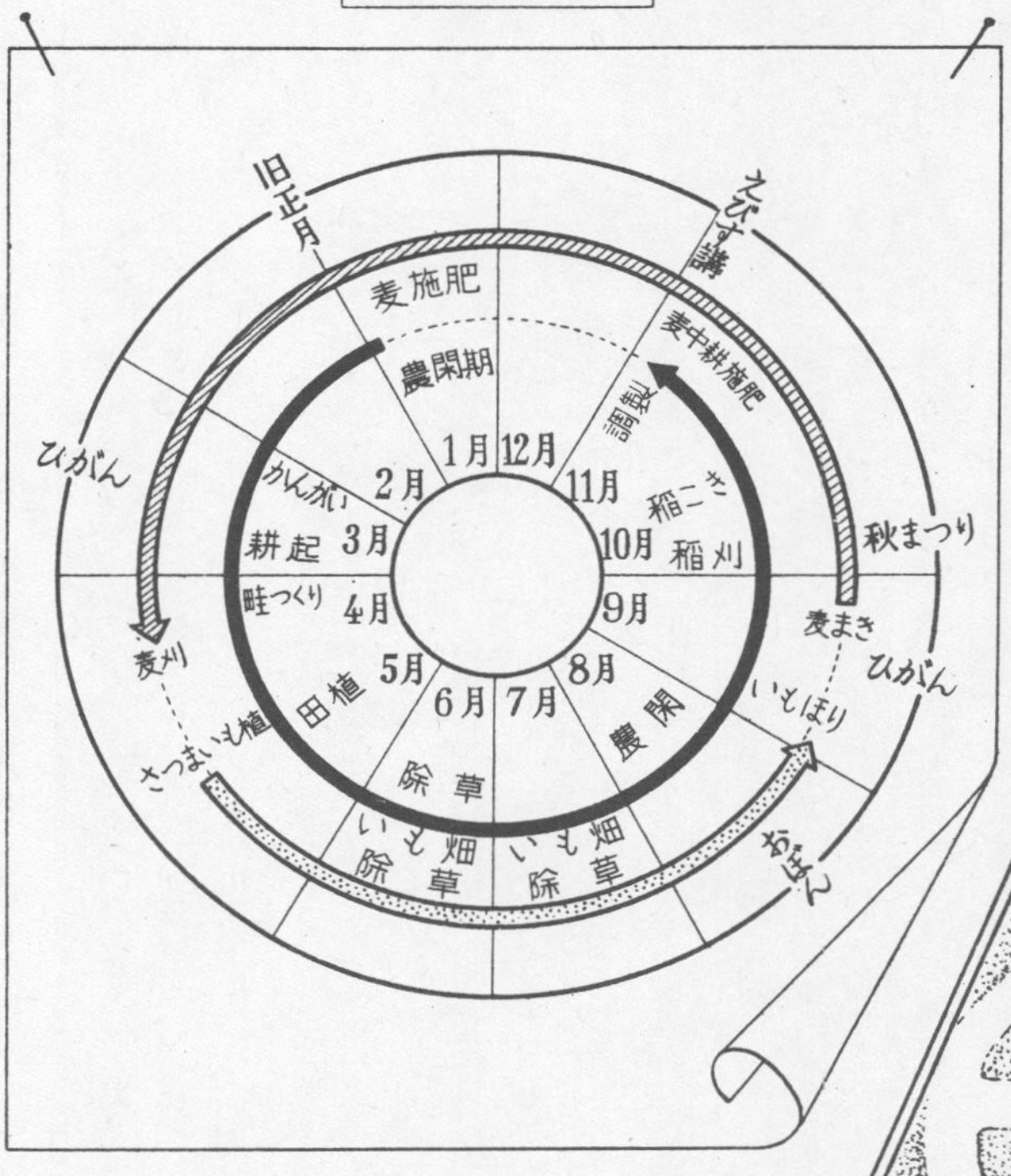

旧正月
えびす講
麦施肥
麦中耕施肥
農閑期
1月
2月
3月
4月
5月
6月
7月
8月
9月
10月
11月
12月
ひがん
かんがい
耕起
畦つくり
麦刈
さつまいも植
田植
除草
いも畑除草
いも畑除草
農閑
いもほり
麦まき
ひがん
秋まつり
稲こき
稲刈
調製
おぼん

これは日本のある水田裏作のできる農村の1年間の仕事や行事をあらわしたものである。あなたたちの郷土についてもこのような「こよみ」をつくってみよう

米の生産費 — 1石あたり —

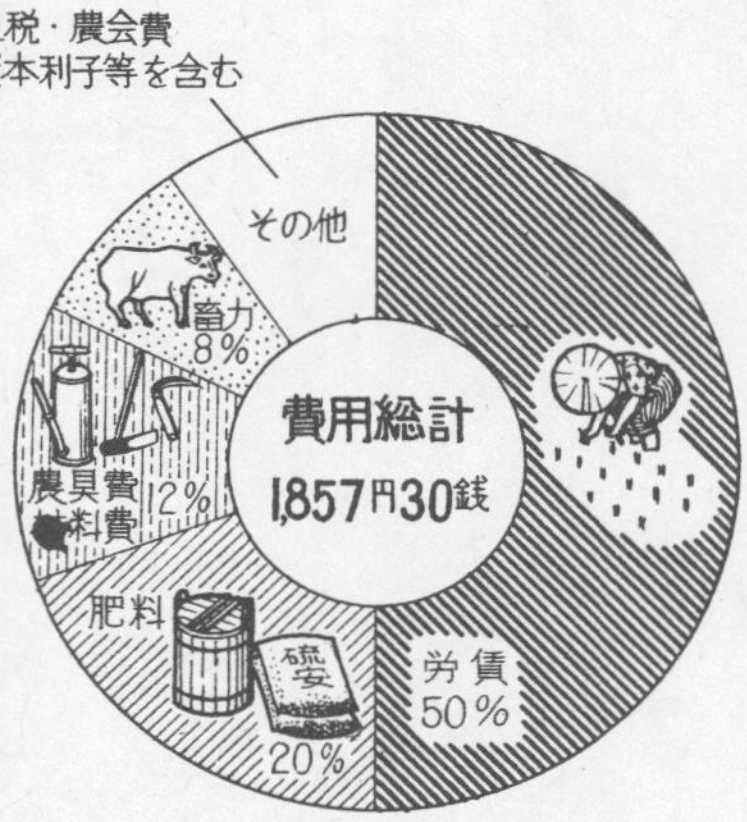

租税・農会費
資本利子等を含む
その他
畜力
8%
農具費
燃料費
12%
肥料
硫安
20%
労賃
50%
費用総計
1,857円30銭

労賃が約半分を占めている

明かるい農村計画

① 村の中心

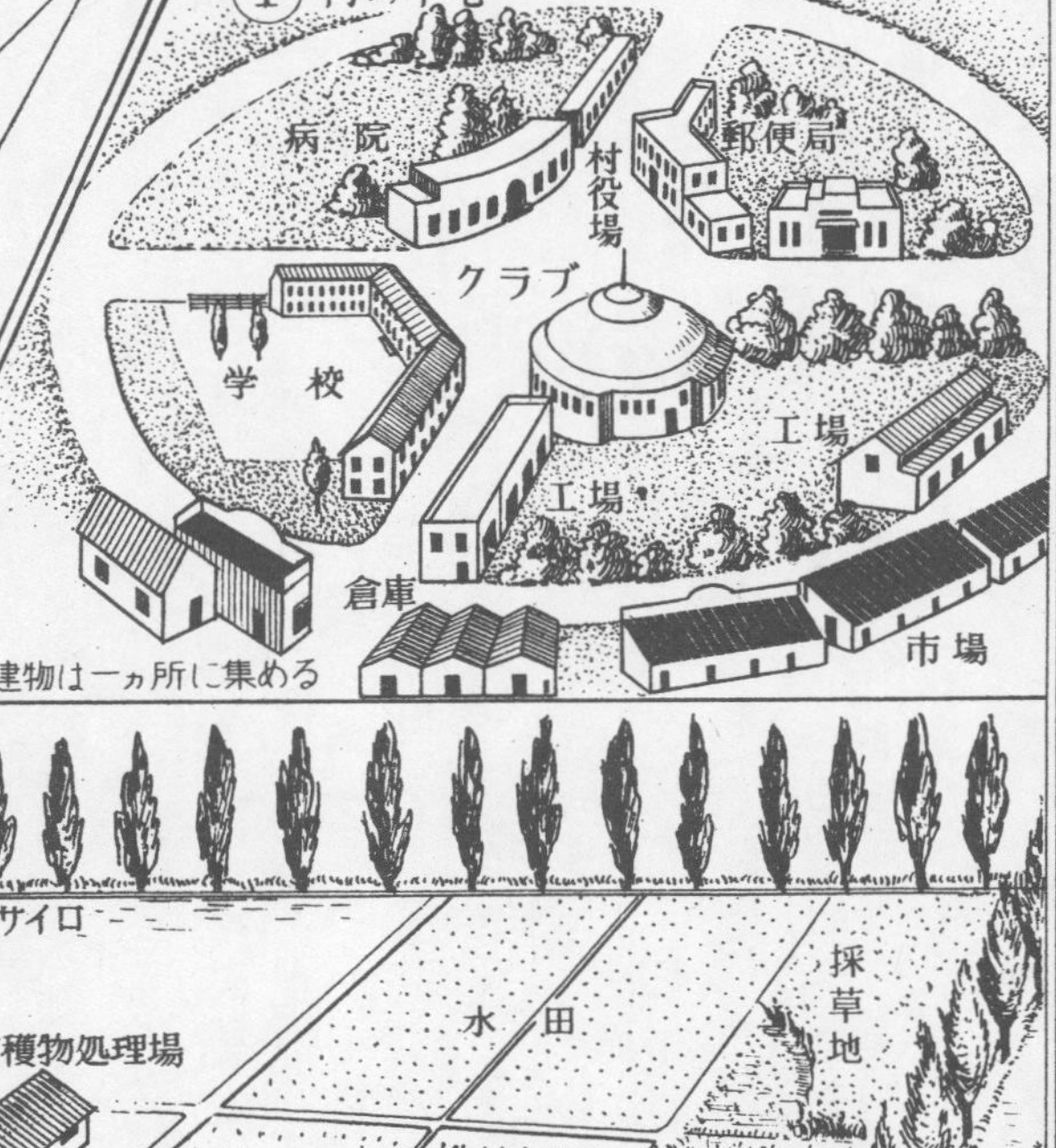

病院
村役場
郵便局
クラブ
学校
工場
工場
倉庫
市場

公共建物は一ヵ所に集める

② 理想的な土地の利用

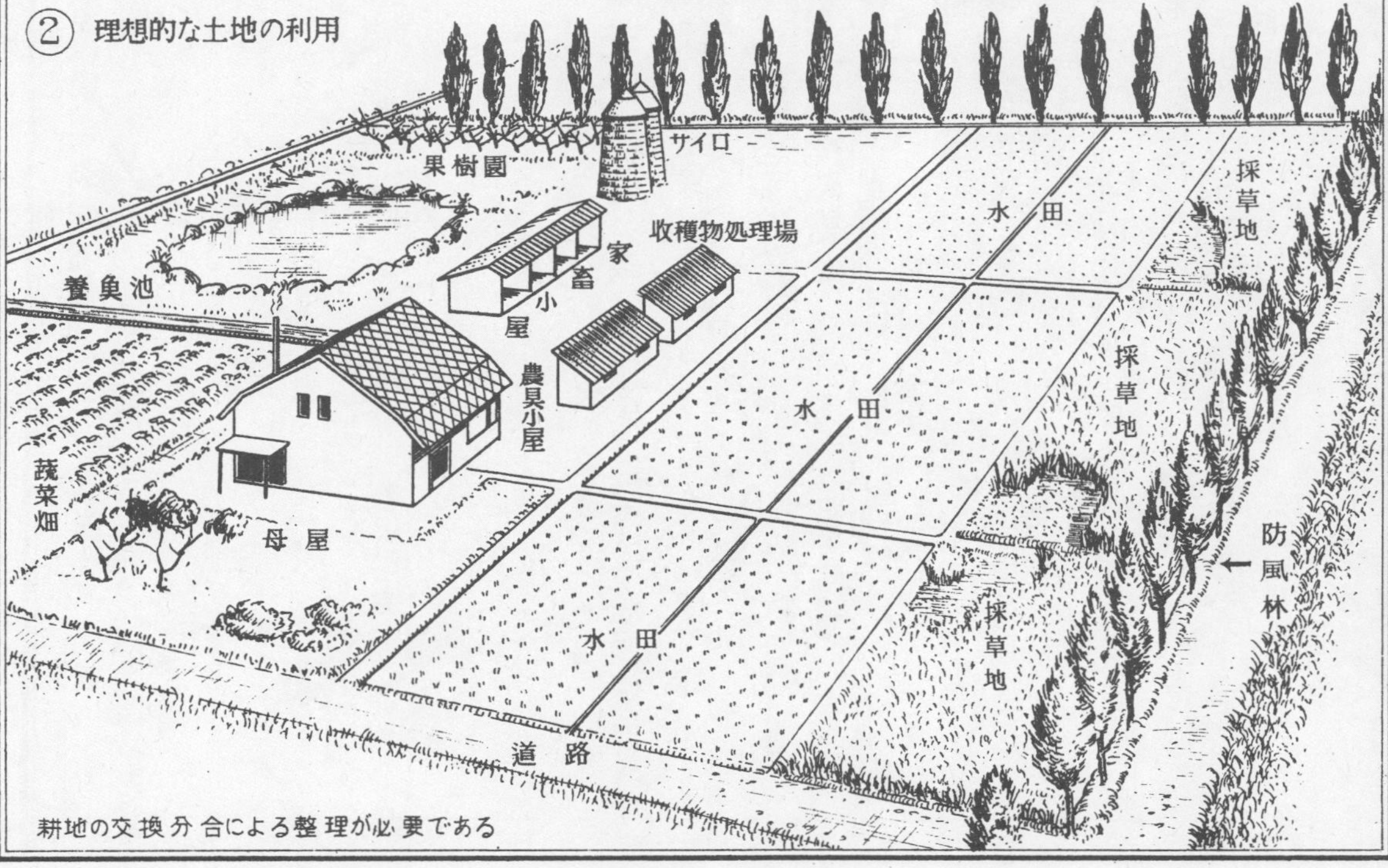

サイロ
果樹園
収穫物処理場
家畜小屋
養魚池
農具小屋
蔬菜畑
母屋
水田
水田
水田
採草地
採草地
採草地
防風林
道路

耕地の交換分合による整理が必要である

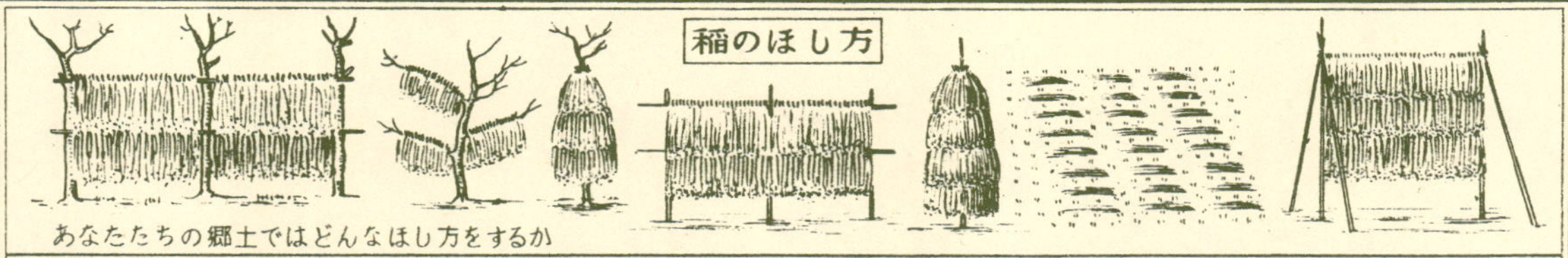
稲のほし方
あなたたちの郷土ではどんなほし方をするか

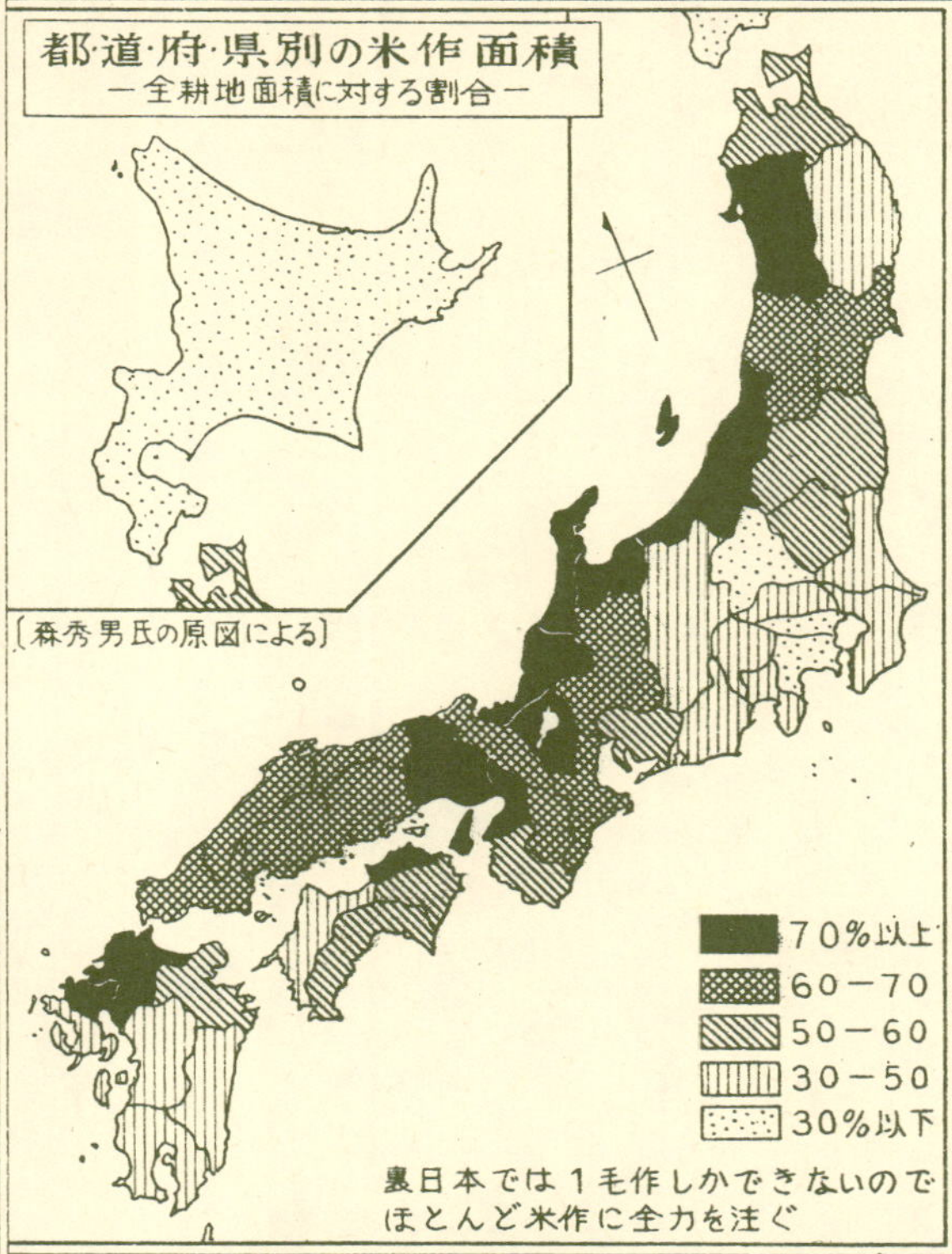
都·道·府·県別の米作面積
ー全耕地面積に対する割合ー
〔森秀男氏の原図による〕
70%以上
60−70
50−60
30−50
30%以下
裏日本では１毛作しかできないので
ほとんど米作に全力を注ぐ

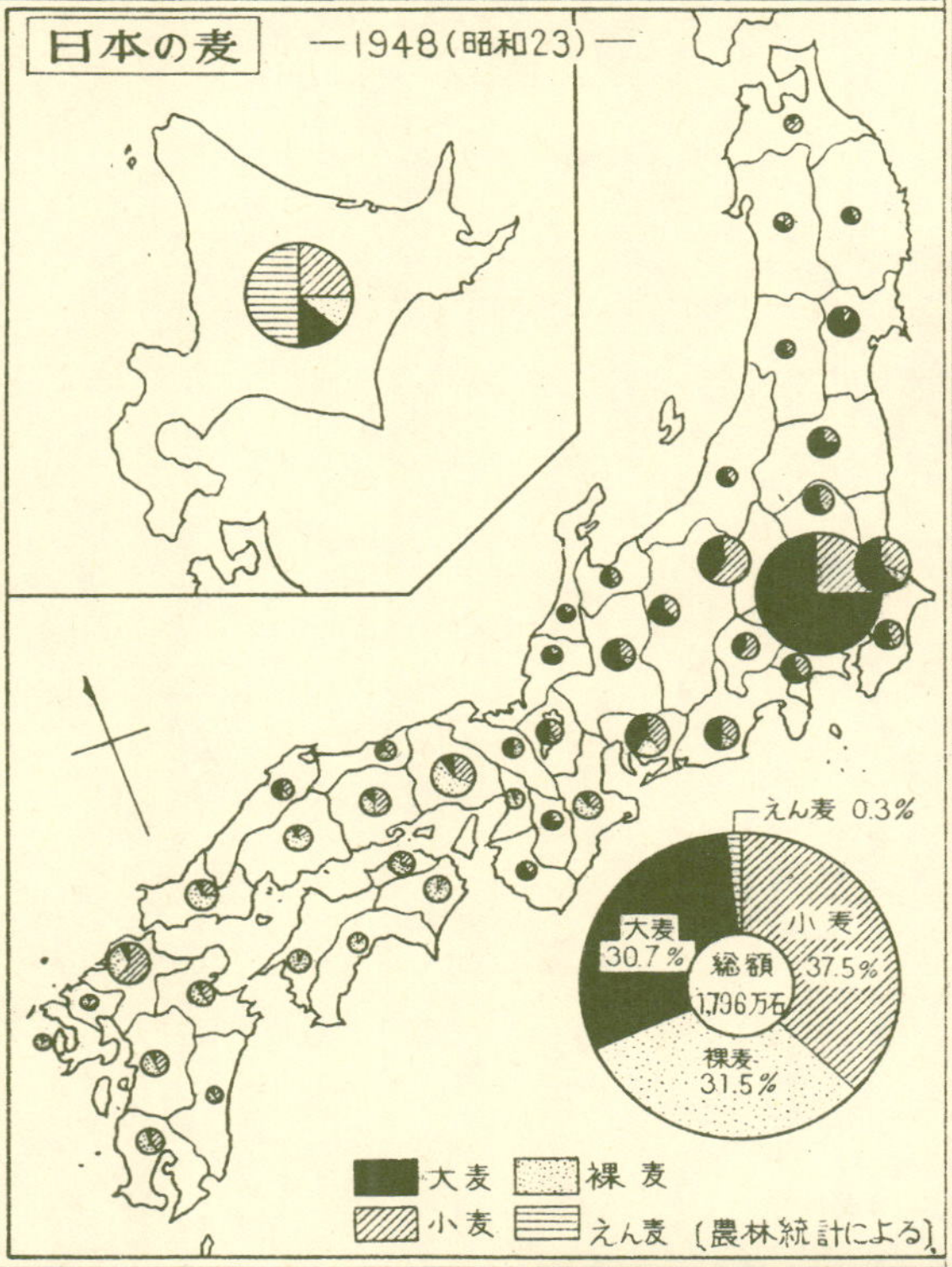
日本の麦
ー1948(昭和23)ー
えん麦 0.3%
大麦 30.7%
小麦 37.5%
総額 1,796万石
裸麦 31.5%
大麦
裸麦
小麦
えん麦
〔農林統計による〕

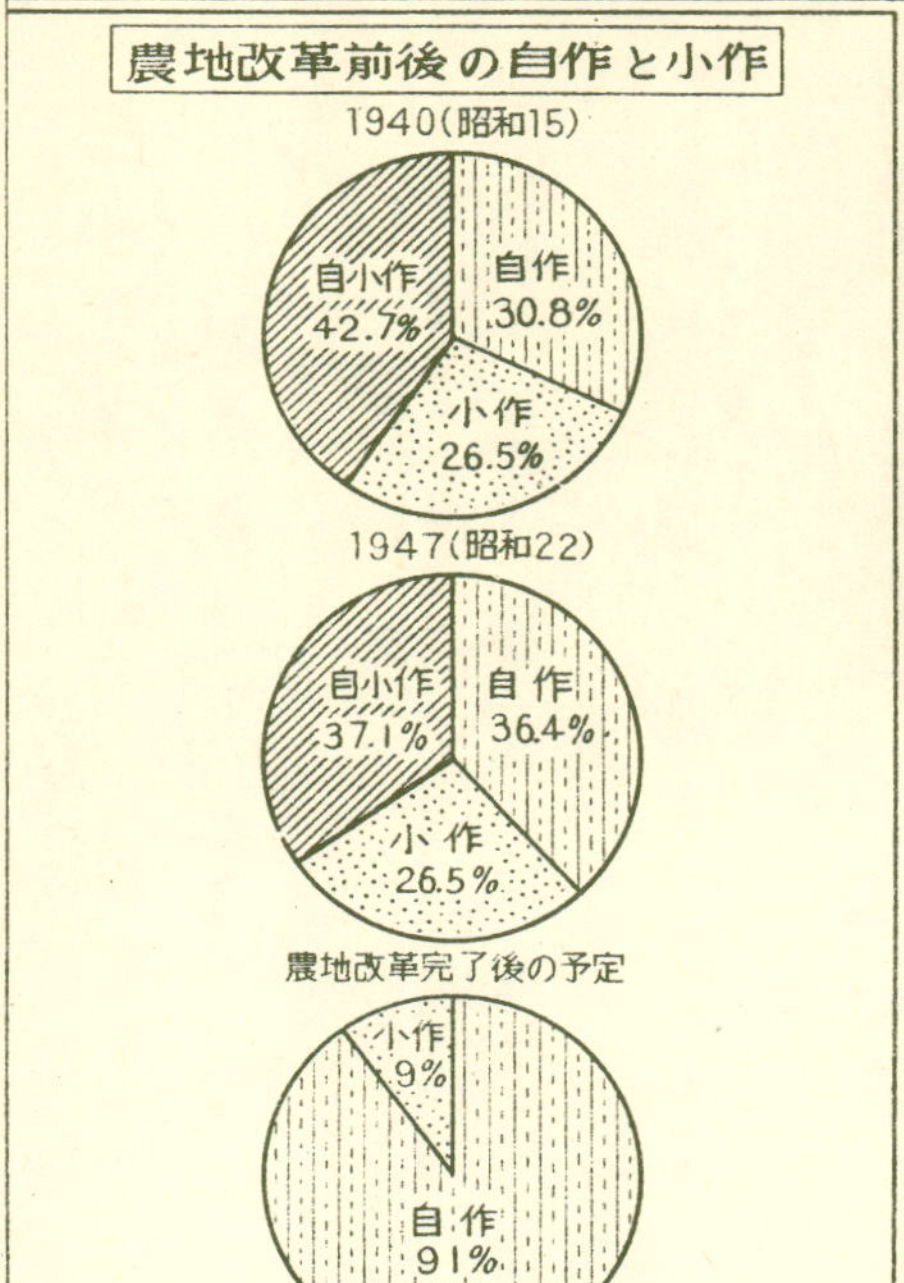
農地改革前後の自作と小作
1940(昭和15)
自小作 42.7%
自作 30.8%
小作 26.5%
1947(昭和22)
自小作 37.1%
自作 36.4%
小作 26.5%
農地改革完了後の予定
小作 9%
自作 91%
〔農林省統計による〕

米の階段耕作 ーフィリピンの例ー

大農法
ーアメリカ合衆国の例ー
CASE
CASE

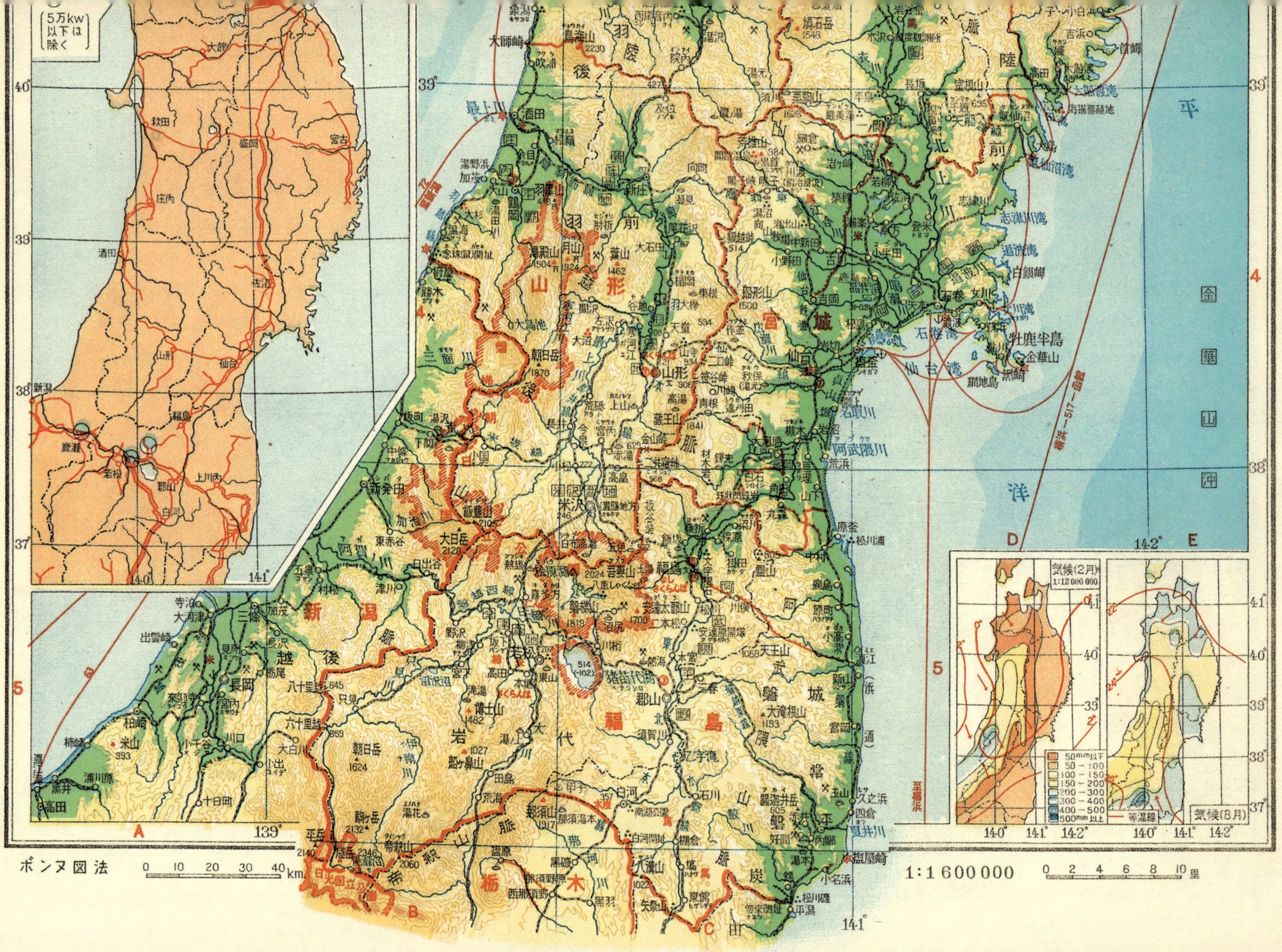

5万kW
以下は
除く
新潟
越後
長岡
柏崎
米山
高田
新発田
阿賀川
山形
酒田
鶴岡
最上川
羽前
月山
朝日岳
米沢
福島
郡山
会津若松
猪苗代湖
磐梯山
吾妻山
安達太良山
飯豊山
大日岳
只見
白河
那須岳
日光国立公園
宮城
仙台
仙台湾
石巻
石巻湾
牡鹿半島
金華山
気仙沼湾
志津川湾
追波湾
阿武隈川
名取川
平潟
四倉
小名浜
太平洋
金華山沖
横浜—517—函館
気候(2月)
1:12 000 000
50mm以下
50－100
100－150
150－200
200－300
300－400
400－500
500mm以上
等温線
気候(8月)
ボンヌ図法
0 10 20 30 40 km
1:1 600 000
0 2 4 6 8 10 里

奧羽地方

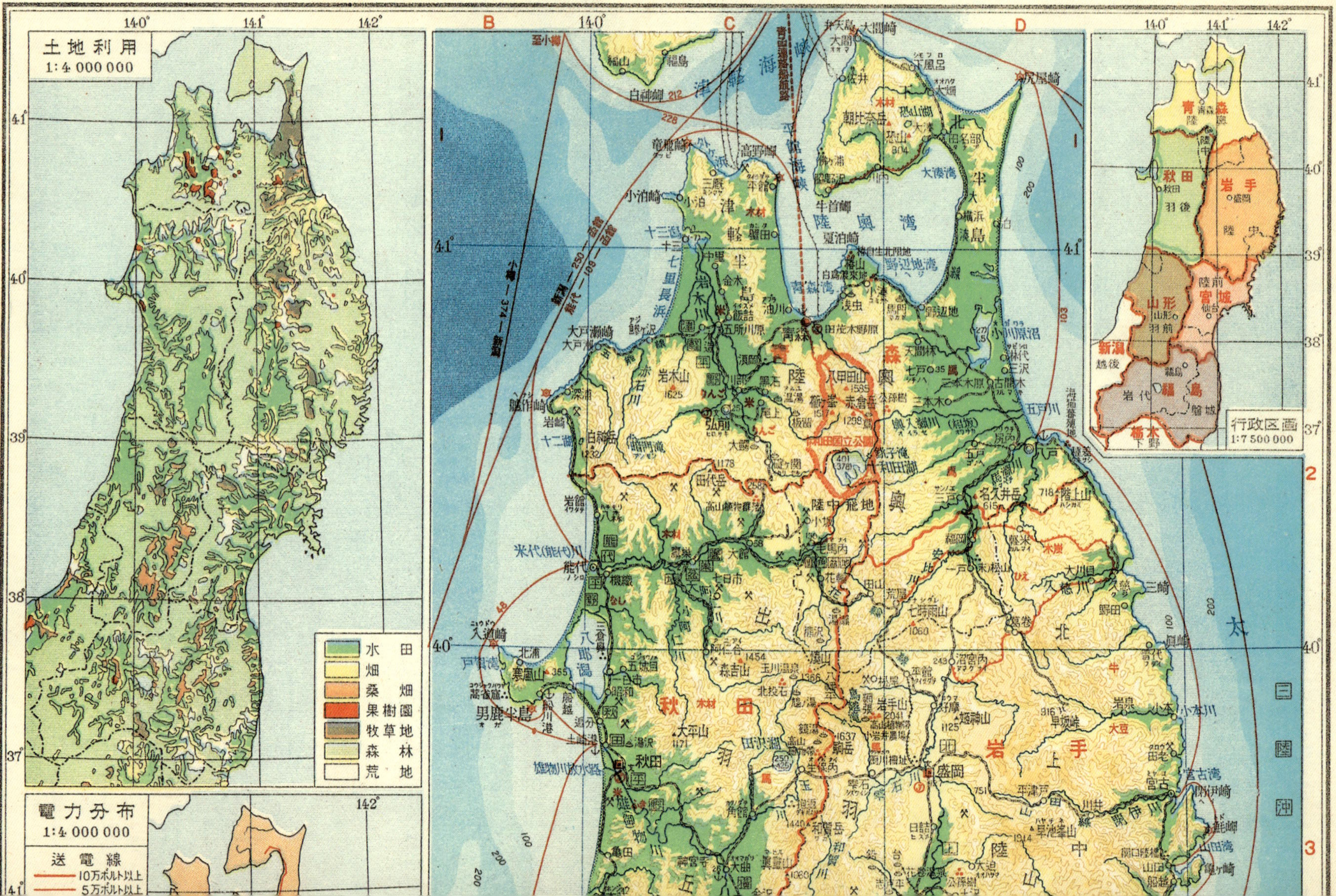
土地利用
1:4 000 000
水田
畑
桑畑
果樹園
牧草地
森林
荒地
電力分布
1:4 000 000
送電線
10万ボルト以上
5万ボルト以上
行政区画
1:7 500 000
青森
秋田
岩手
山形
宮城
新潟
福島
栃木
陸奥
羽後
陸中
陸前
羽前
越後
岩代
磐城
下野
津軽海峡
陸奥湾
野辺地湾
青森湾
十和田湖
十和田国立公園
八郎潟
男鹿半島
津軽半島
下北半島
奥羽山脈
出羽山地
北上山地
青森
弘前
秋田
能代
盛岡
宮古
八戸
大湊
大間崎
尻屋崎
竜飛崎
入道崎
岩木山
八甲田山
岩手山
早池峰山
太平洋

36 農業と農村生活(4)

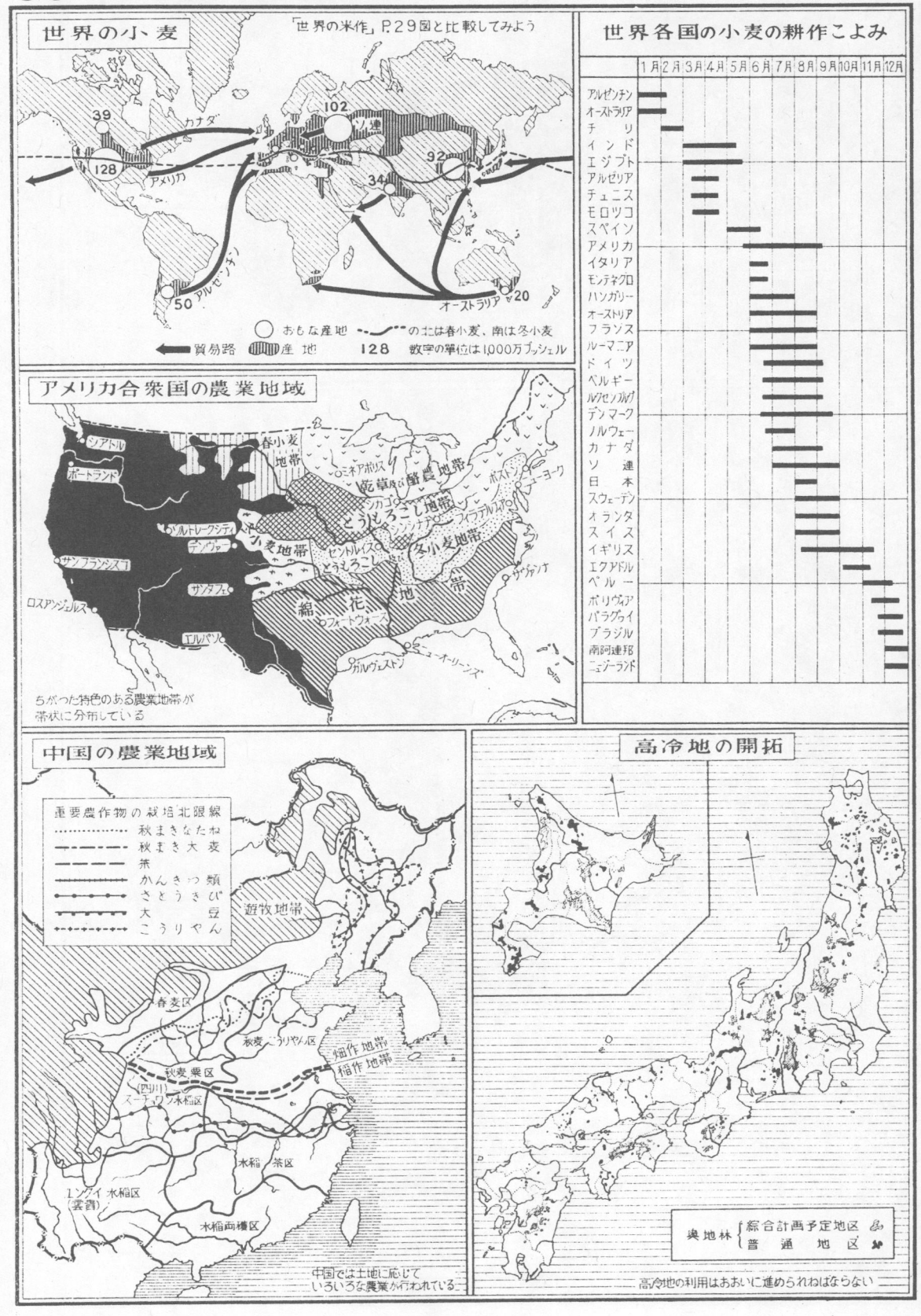

世界の小麦

「世界の米作」P.29図と比較してみよう

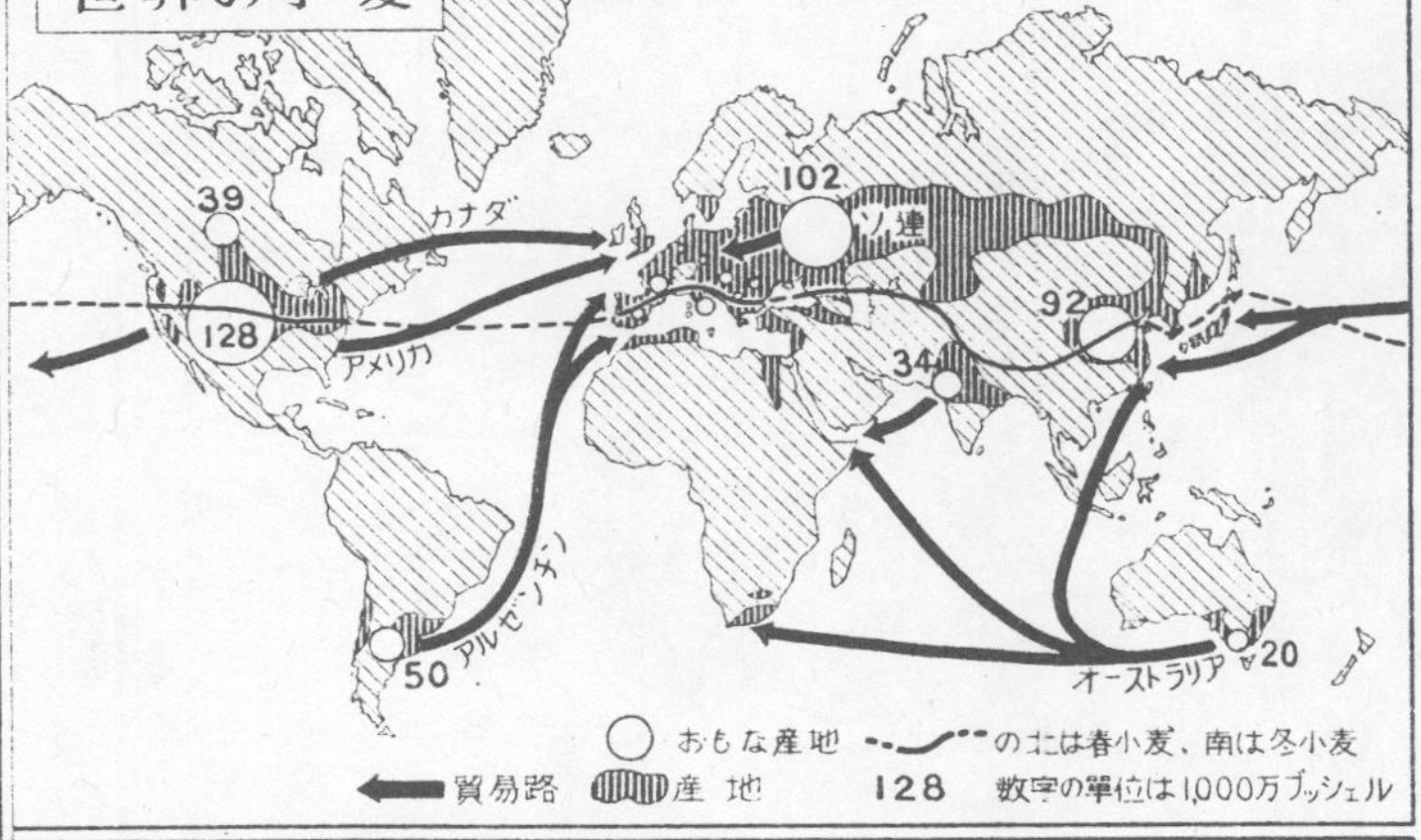
39
128
102
92
34
50
20
カナダ
アメリカ
ソ連
アルゼンチン
オーストラリア
おもな産地
の北は春小麦、南は冬小麦
貿易路
産地
128 数字の単位は1,000万ブッシェル

世界各国の小麦の耕作こよみ

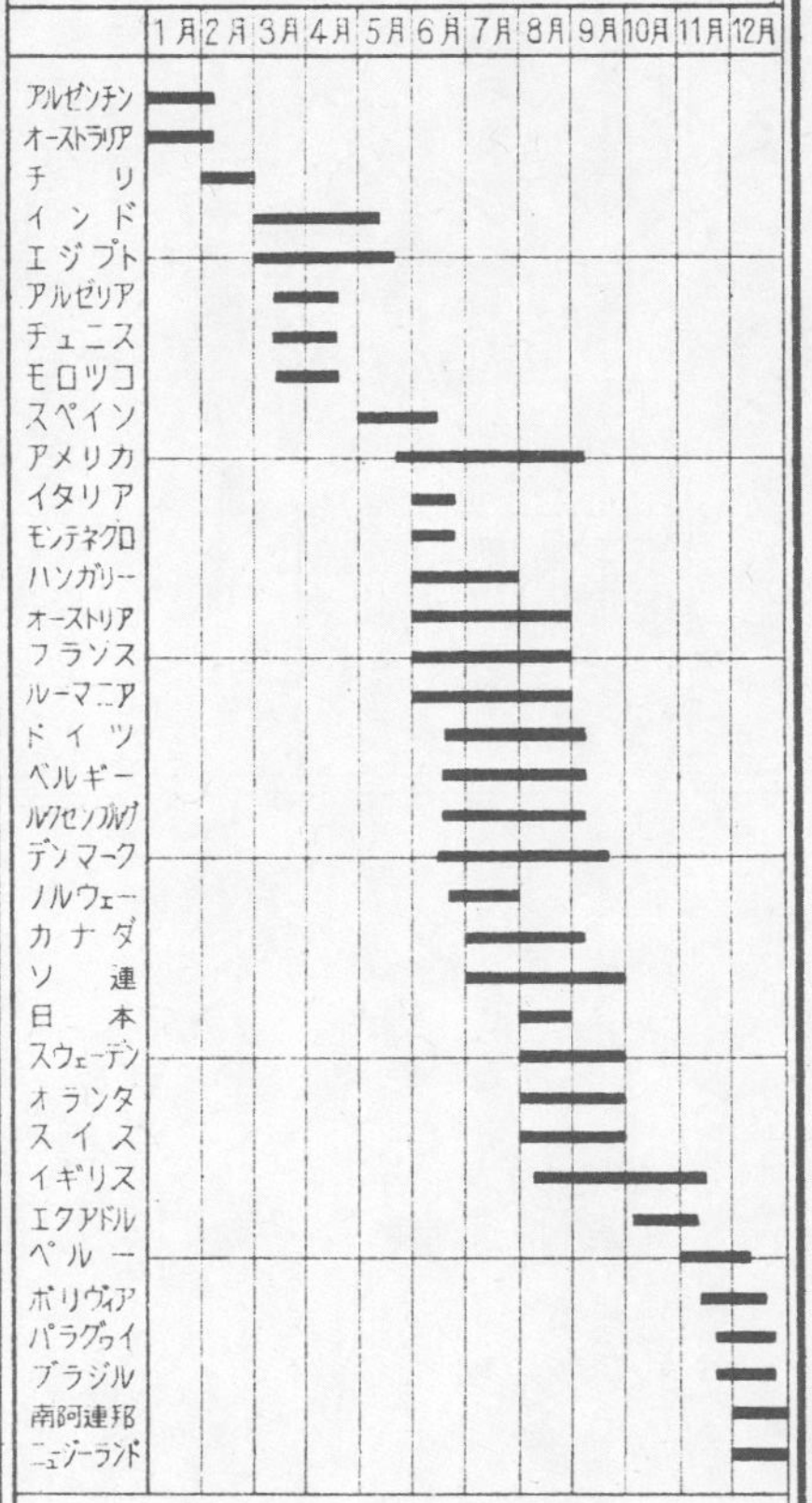
1月
2月
3月
4月
5月
6月
7月
8月
9月
10月
11月
12月
アルゼンチン
オーストラリア
チリ
インド
エジプト
アルゼリア
チュニス
モロッコ
スペイン
アメリカ
イタリア
モンテネグロ
ハンガリー
オーストリア
フランス
ルーマニア
ドイツ
ベルギー
ルクセンブルグ
デンマーク
ノルウェー
カナダ
ソ連
日本
スウェーデン
オランダ
スイス
イギリス
エクアドル
ペルー
ボリヴィア
パラグヮイ
ブラジル
南阿連邦
ニュジーランド

アメリカ合衆国の農業地域

春小麦地帯
シアトル
ポートランド
ミネアポリス
乾草及び酪農地帯
ボストン
ニューヨーク
シカゴ
とうもろこし地帯
シンシナチ
フィラデルフィア
ソルトレークシティ
デンヴァー
小麦地帯
セントルイス
とうもろこし及び
冬小麦地帯
サンフランシスコ
サンタフェ
サヴァンナ
綿花地帯
ロスアンジェルス
フォートウォース
エルパソ
ニューオーリーンズ
ガルヴェストン

ちがった特色のある農業地帯が
帯状に分布している

中国の農業地域

重要農作物の栽培北限線
秋まきなたね
秋まき大麦
茶
かんきつ類
さとうきび
大豆
こうりやん
遊牧地帯
春麦区
秋麦こうりやん区
畑作地帯
稲作地帯
秋麦粟区
(四川)
スーチョワン水稲区
水稲茶区
ユンクイ水稲区
(雲貴)
水稲両欑区

中国では土地に応じて
いろいろな農業が行われている

高冷地の開拓

奥地林
綜合計画予定地区
普通地区

高冷地の利用はおおいに進められねばならない

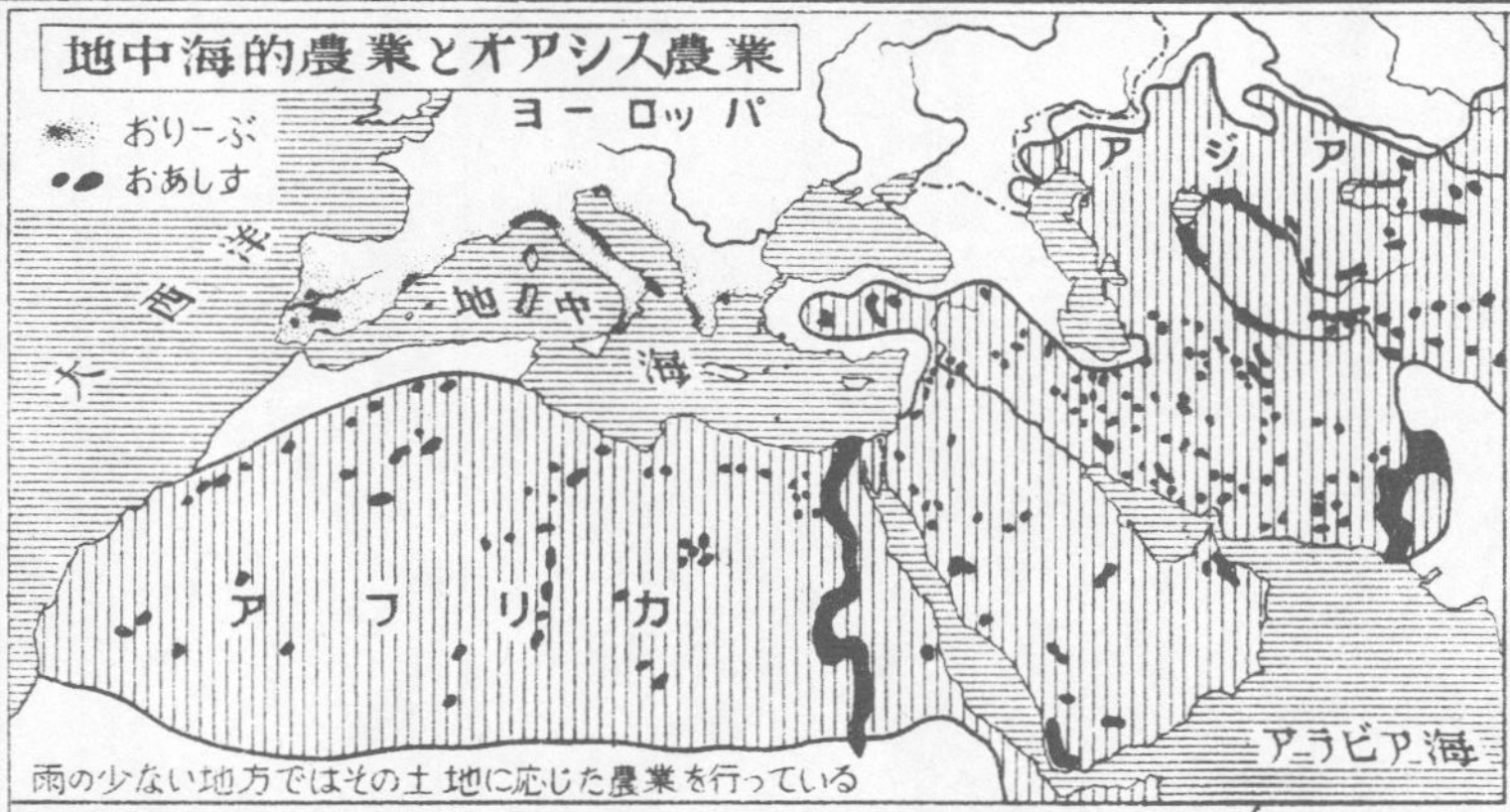
地中海的農業とオアシス農業
おりーぶ
おあしす
ヨーロッパ
アジア
大西洋
地中海
アフリカ
アラビア海
雨の少ない地方ではその土地に応じた農業を行っている

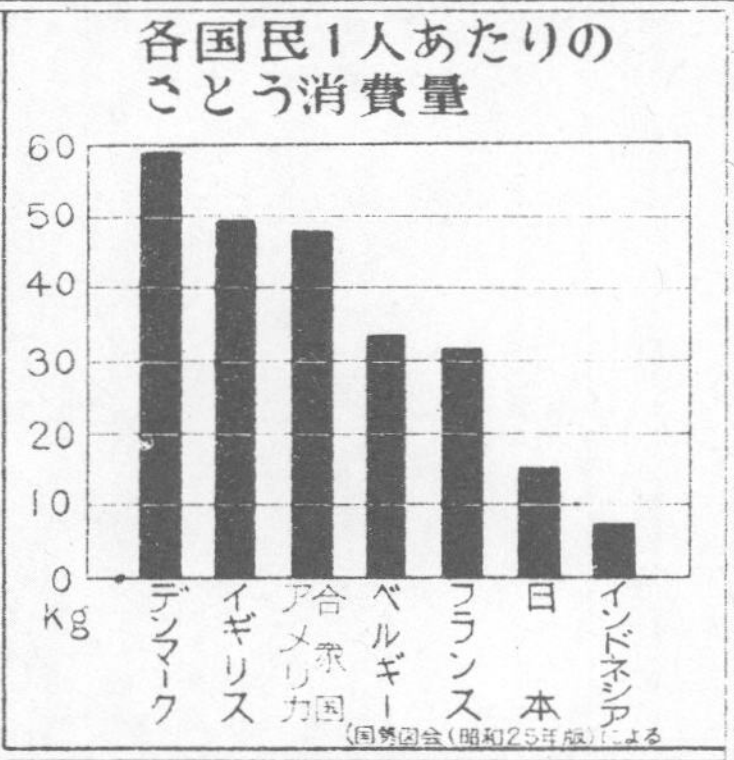
各国民1人あたりのさとう消費量
60
50
40
30
20
10
0
kg
デンマーク
イギリス
合衆国
アメリカ
ベルギー
フランス
日本
インドネシア
〔国勢図会(昭和25年版)による〕

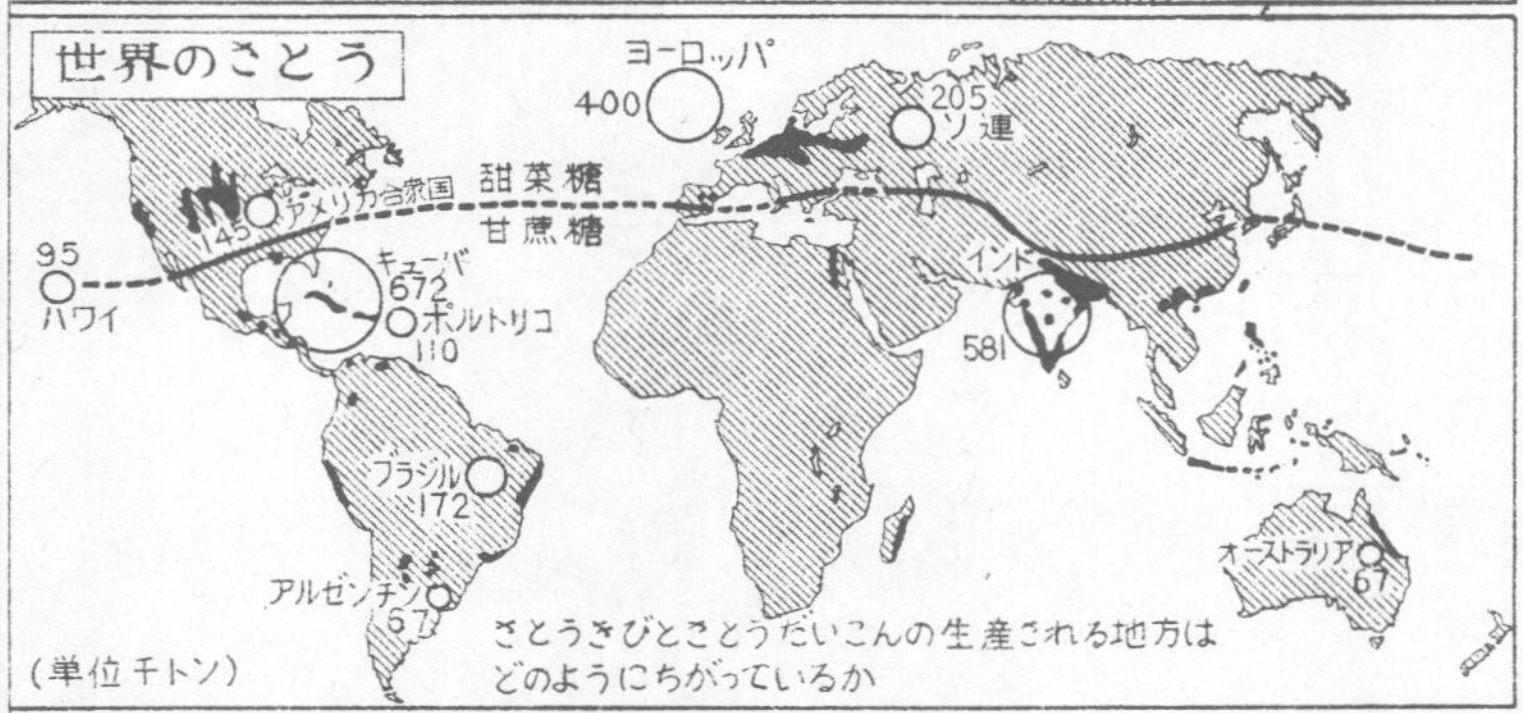
世界のさとう
ヨーロッパ
400
205
ソ連
甜菜糖
甘蔗糖
145
アメリカ合衆国
95
ハワイ
キューバ
672
ポルトリコ
110
インド
581
ブラジル
172
オーストラリア
67
アルゼンチン
67
(単位千トン)
さとうきびとさとうだいこんの生産される地方は
どのようにちがっているか

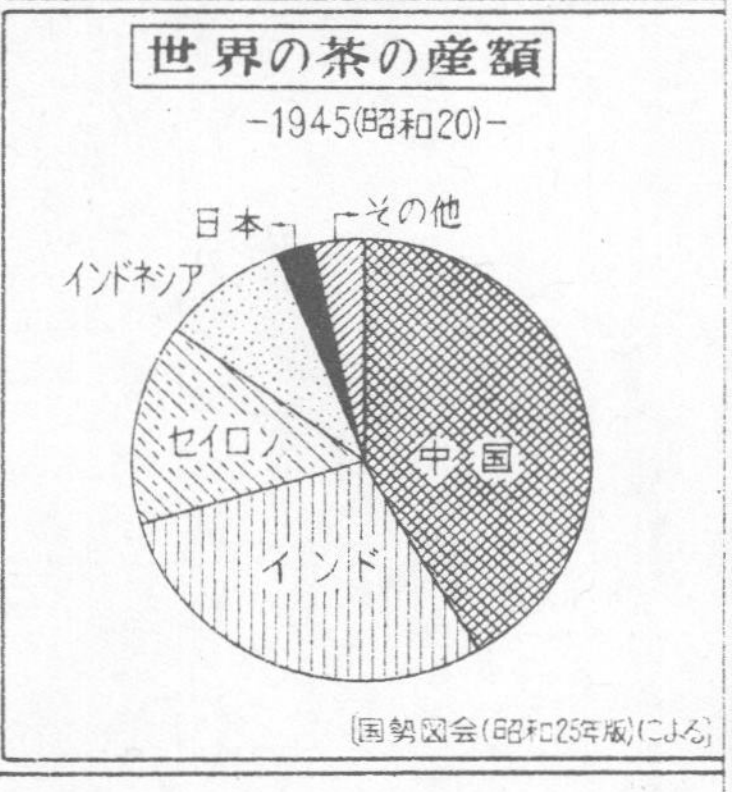
世界の茶の産額
-1945(昭和20)-
日本
その他
インドネシア
セイロン
中国
インド
〔国勢図会(昭和25年版)による〕

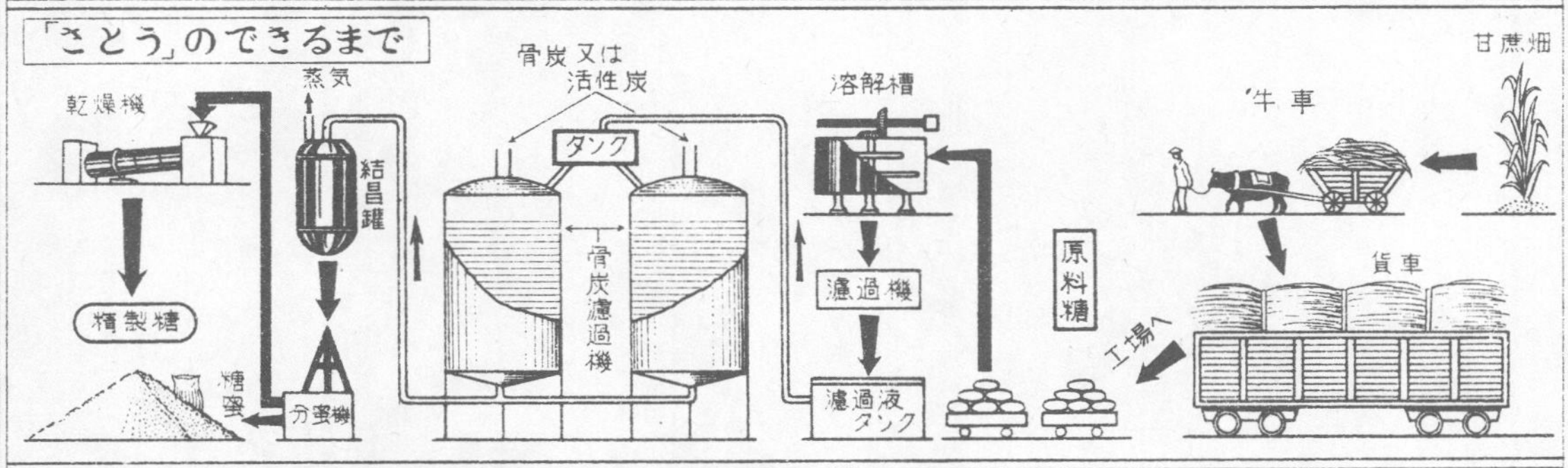
「さとう」のできるまで
乾燥機
蒸気
結晶罐
骨炭又は
活性炭
タンク
骨炭濾過機
溶解槽
濾過機
濾過液タンク
原料糖
精製糖
糖蜜
分蜜機
牛車
甘蔗畑
貨車
工場へ

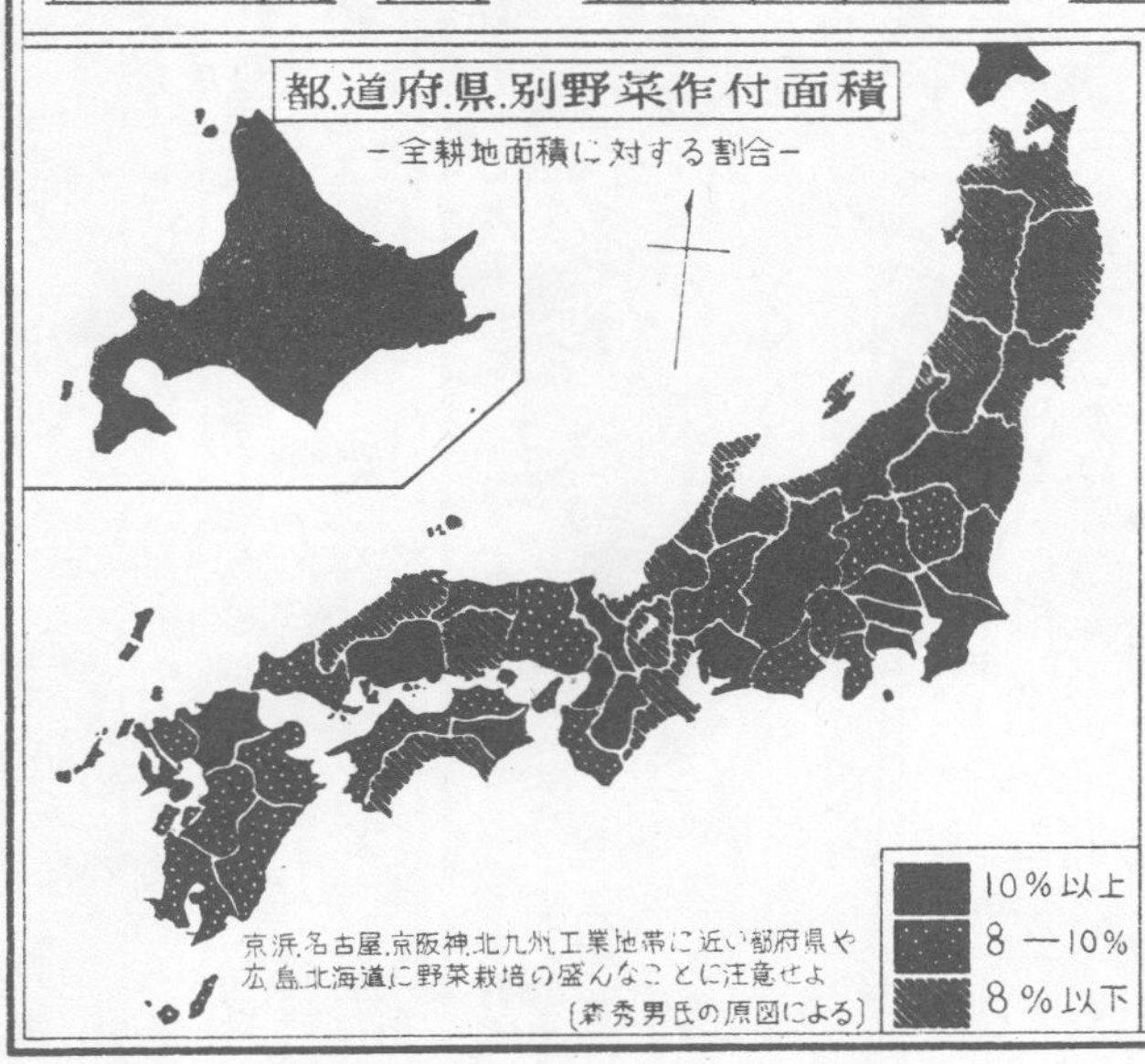
都道府県別野菜作付面積
-全耕地面積に対する割合-
京浜,名古屋,京阪神,北九州,工業地帯に近い都府県や
広島,北海道,に野菜栽培の盛んなことに注意せよ
〔森秀男氏の原図による〕
10%以上
8-10%
8%以下

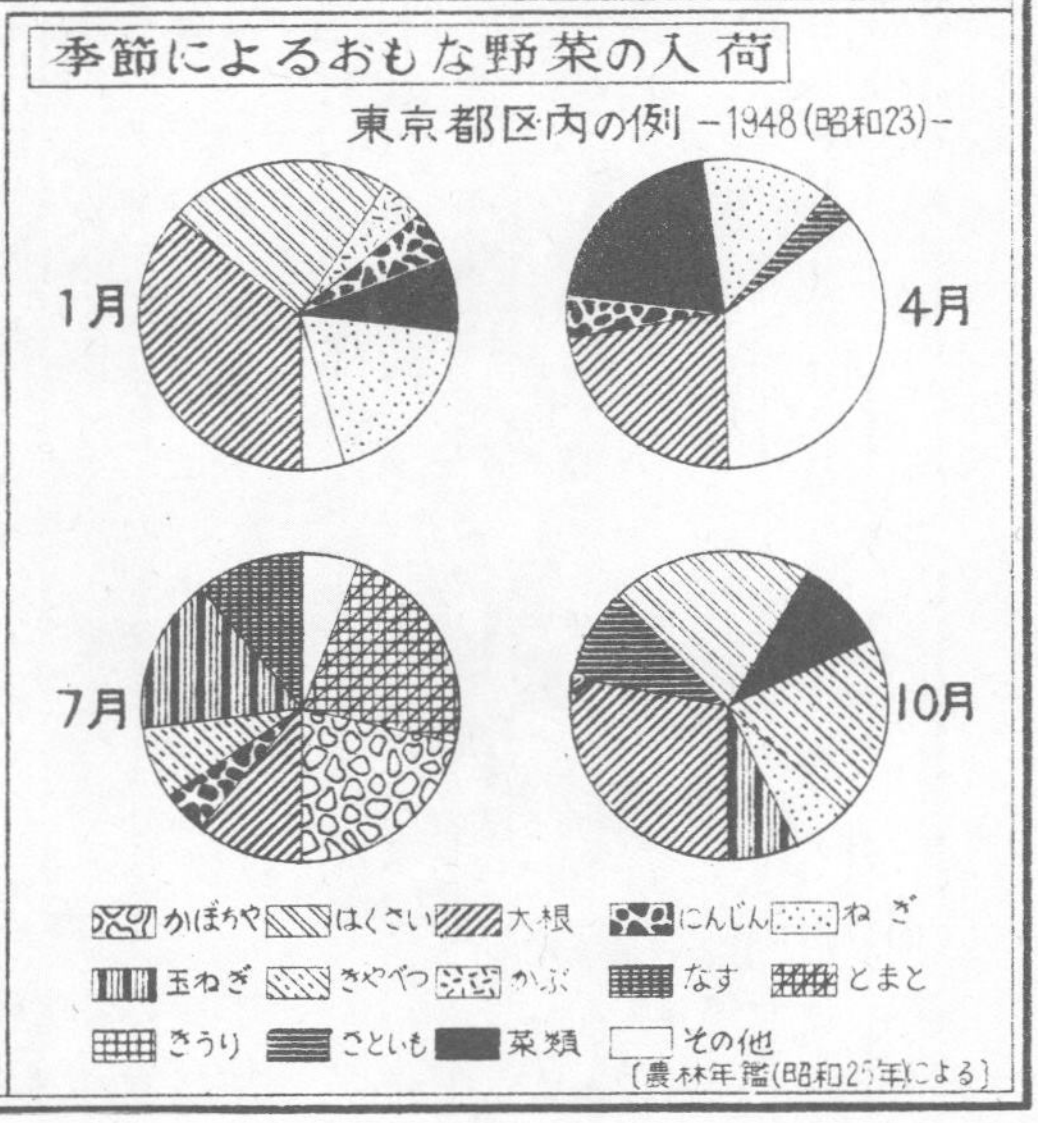
季節によるおもな野菜の入荷
東京都区内の例 -1948(昭和23)-
1月
4月
7月
10月
かぼちゃ
はくさい
大根
にんじん
ねぎ
玉ねぎ
きゃべつ
かぶ
なす
とまと
きうり
さといも
菜類
その他
〔農林年鑑(昭和25年)による〕

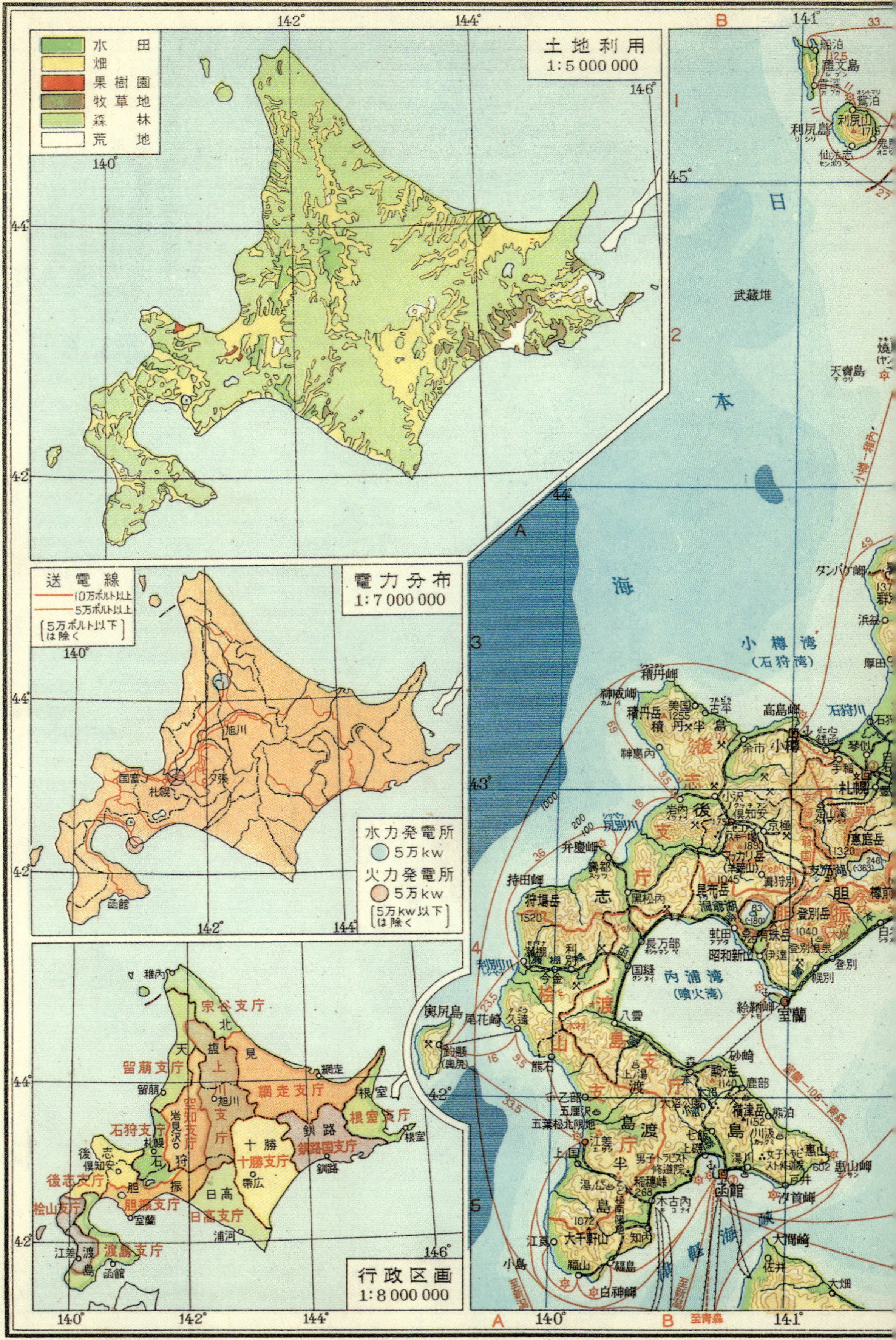
土地利用
1:5 000 000
水田
畑
果樹園
牧草地
森林
荒地
電力分布
1:7 000 000
送電線
10万ボルト以上
5万ボルト以上
[5万ボルト以下は除く]
旭川
国富
札幌
夕張
函館
水力発電所
5万kw
火力発電所
5万kw
[5万kw以下は除く]
行政区画
1:8 000 000
稚内
宗谷支庁
北見
天塩
留萌支庁
留萌
上川支庁
網走
網走支庁
根室
根室支庁
空知支庁
岩見沢
石狩支庁
石狩
十勝
十勝支庁
釧路
釧路支庁
帯広
後志
倶知安
後志支庁
胆振
胆振支庁
室蘭
日高
日高支庁
浦河
檜山支庁
渡島
渡島支庁
江差
礼文島
利尻島
利尻山
日本海
武蔵堆
天売島
タンパケ岬
小樽湾
(石狩湾)
積丹岬
神威岬
積丹岳
高島岬
石狩川
余市
小樽
岩内
弁慶岬
恵庭岳
支笏湖
持田岬
狩場岳
長万部
内浦湾
(噴火湾)
昭和新山
登別
絵鞆岬
奥尻島
尾花崎
久遠
熊石
八雲
乙部
上ノ国
大千軒岳
福山
福島
白神岬
木古内
知内
恵山
恵山岬
汐首岬
砂崎
鹿部
横津岳
大間崎
至青森

ボンヌ図法

0 20 40

80 km 1:2 000 000 0 5 10 15 20 里

40 水産資源

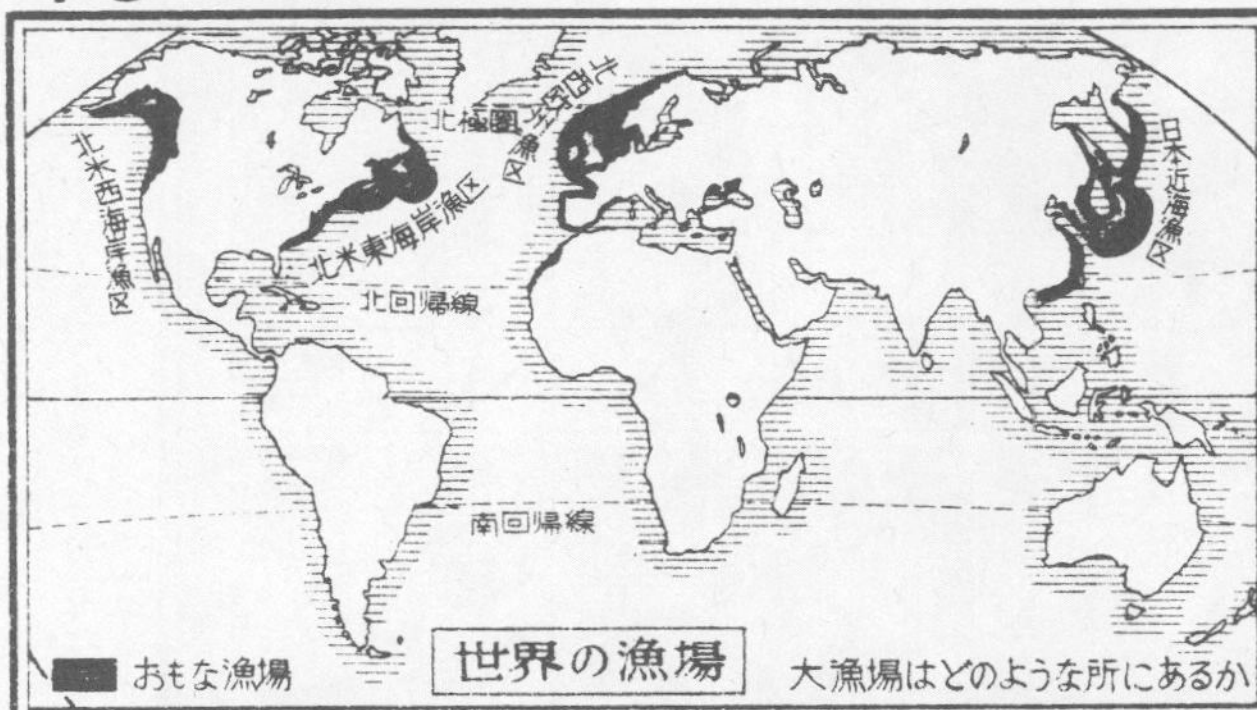
北米西海岸漁区
北米東海岸漁区
北極圏
日本近海漁区
北回帰線
南回帰線
おもな漁場
世界の漁場　大漁場はどのような所にあるか

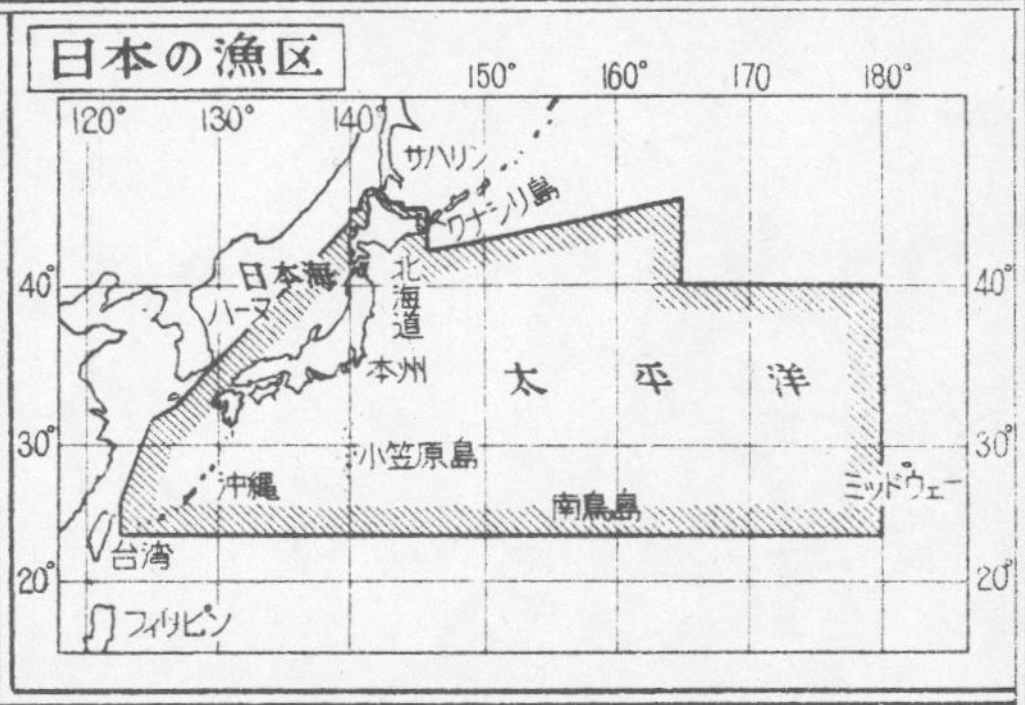
120°
130°
140°
150°
160°
170
180°
40°
30°
20°
サハリン
クナシリ島
日本海
北海道
本州
太平洋
小笠原島
沖縄
南鳥島
ミッドウェー
台湾
フィリピン
日本の漁区

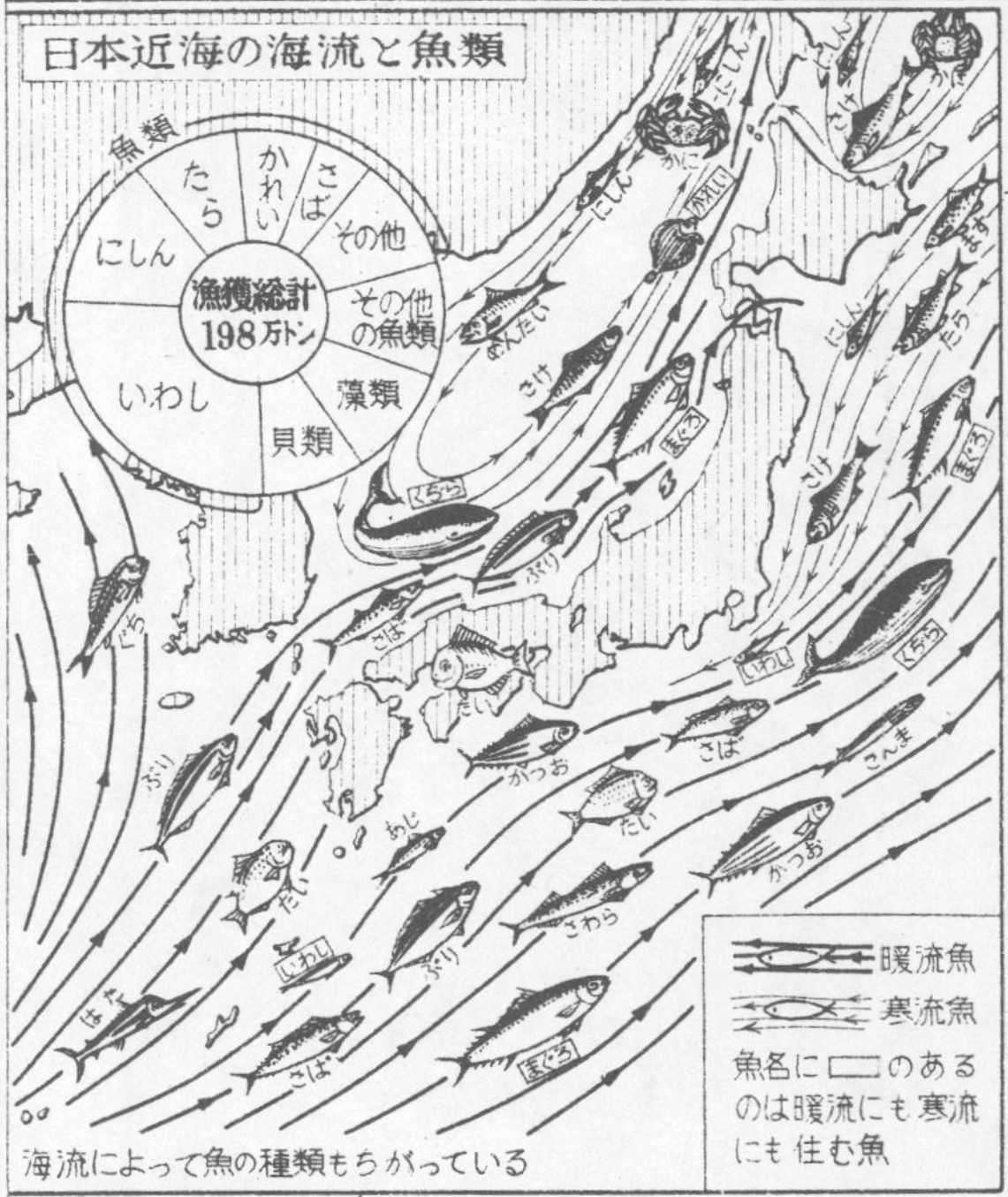
魚類
たら
かれい
さば
その他
にしん
漁獲総計
198万トン
その他の魚類
いわし
藻類
貝類
さけ
にしん
めんたい
くじら
ぶり
まぐろ
さば
たい
いわし
かつお
さんま
あじ
さわら
暖流魚
寒流魚
魚名に□のあるのは暖流にも寒流にも住む魚
日本近海の海流と魚類

海流によって魚の種類もちがっている

漁法のさまざま

―かつおの1本釣り―

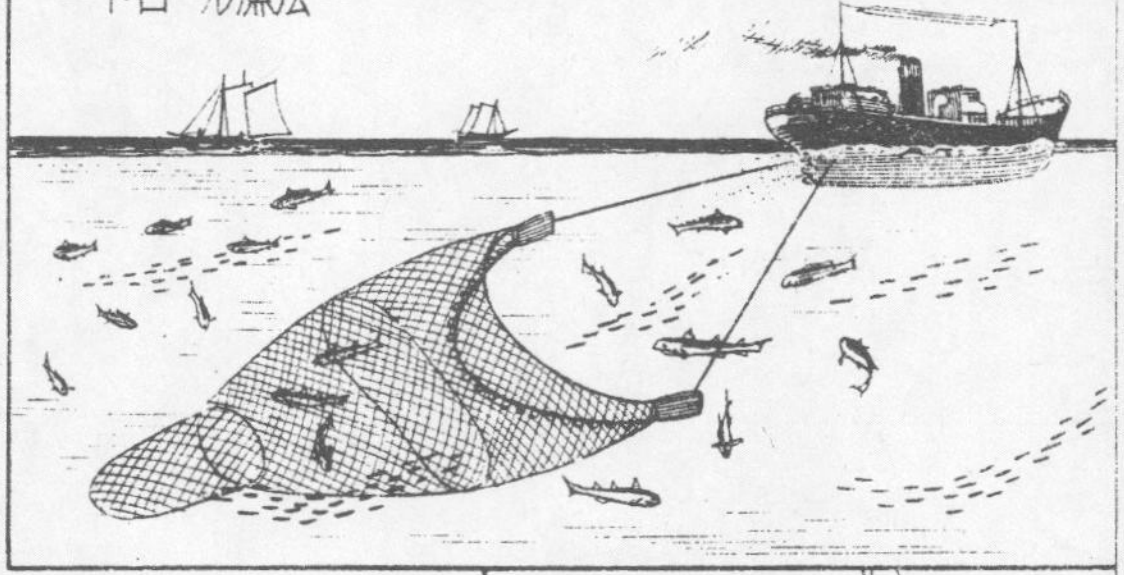
―トロール漁法―

―最新式の捕鯨船―

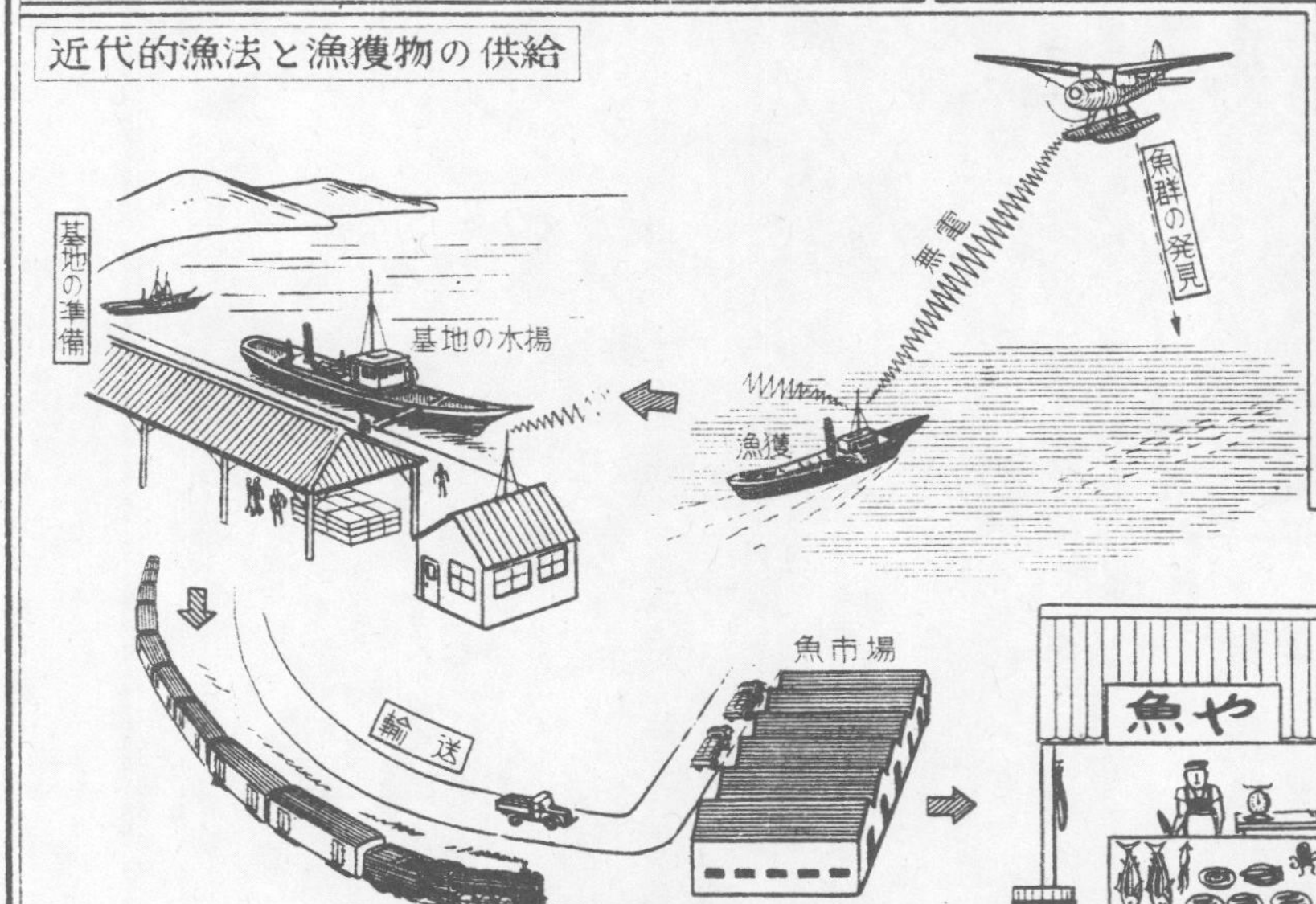
基地の準備
基地の水揚
無電
魚群の発見
漁獲
輸送
魚市場
魚や
消費
家庭
近代的漁法と漁獲物の供給

魚はどんな経路を通ってわれわれの手にはいってくるか

世界の畜産地

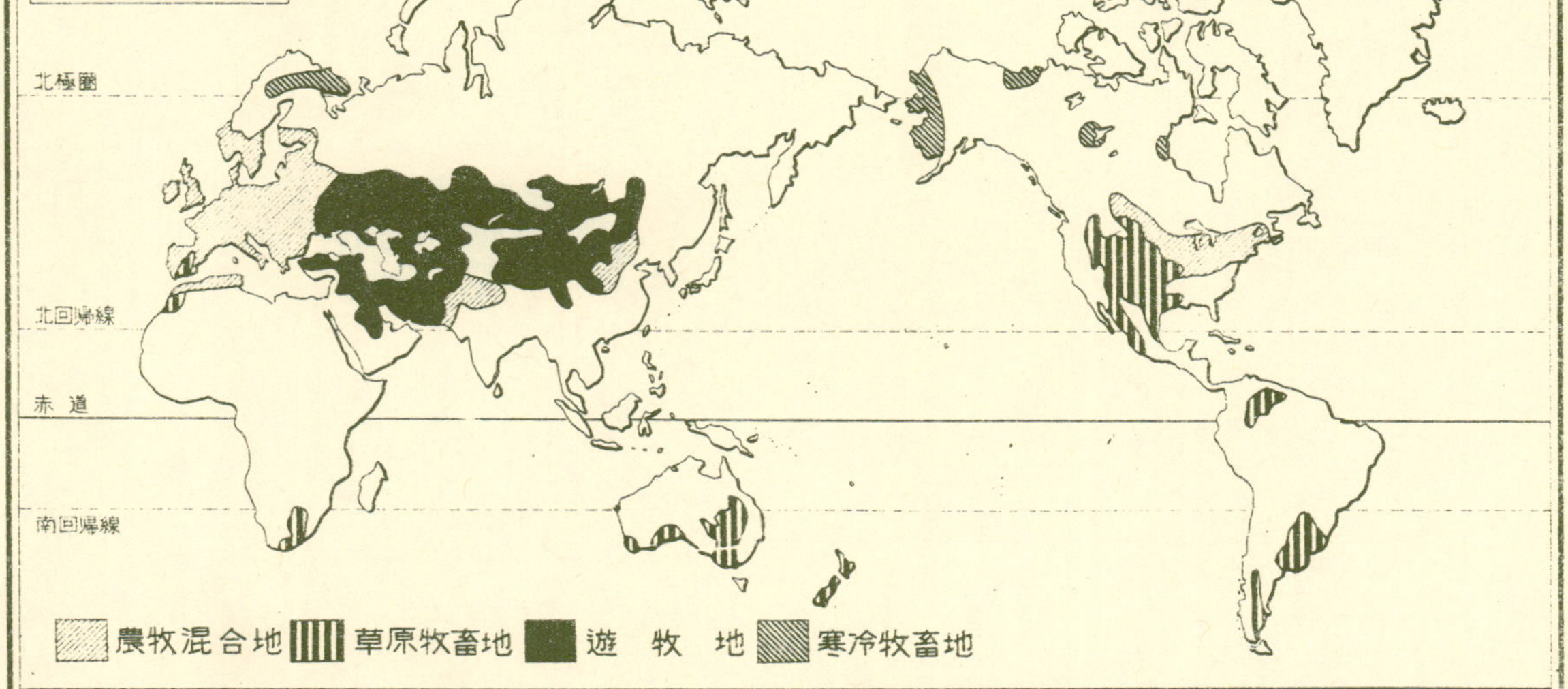
北極圏
北回帰線
赤道
南回帰線
農牧混合地
草原牧畜地
遊　牧　地
寒冷牧畜地

世界の牛

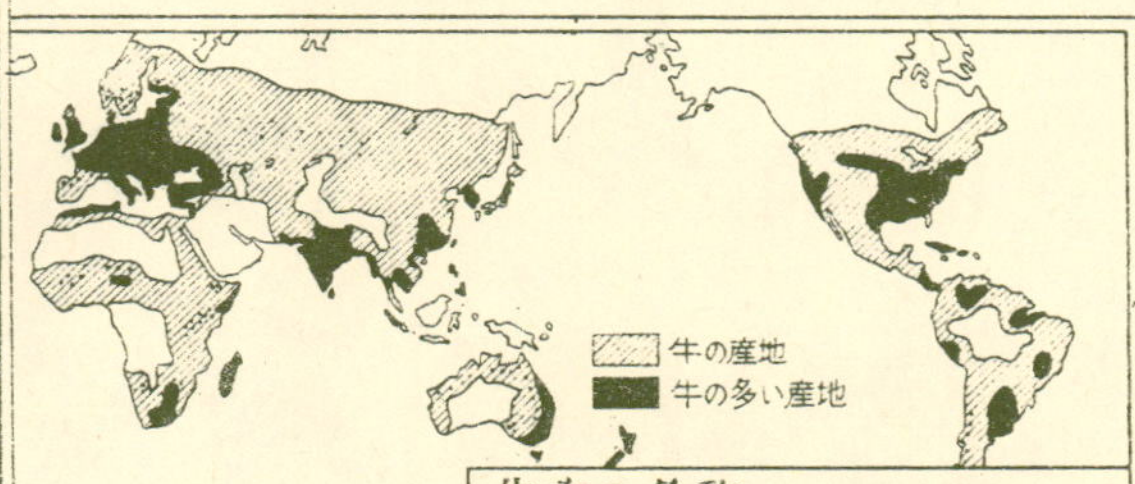
牛の産地
牛の多い産地

南北両アメリカ大陸より大量の畜産物がヨーロッパ大陸に供給されている

牛肉の名称

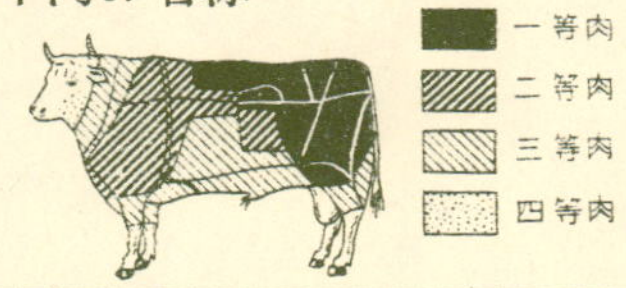
一等肉
二等肉
三等肉
四等肉

世界の豚

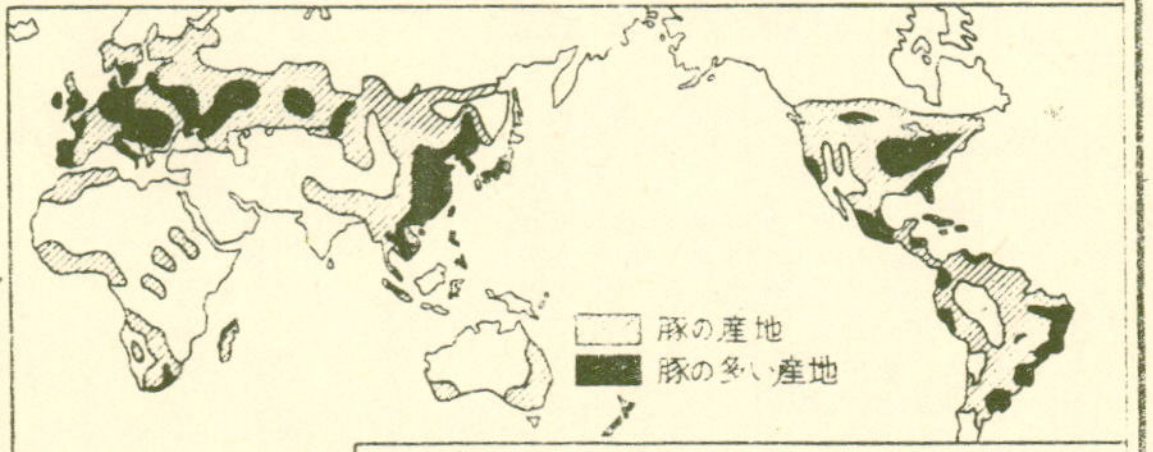
豚の産地
豚の多い産地

回教徒は豚肉を食べない

豚肉の名称

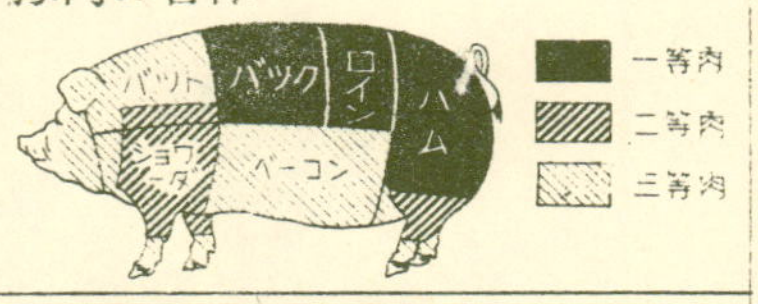
バット
バック
ロイン
ハム
ショウルダ
ベーコン
一等肉
二等肉
三等肉

日本の牛と馬

-1947(昭和22)-

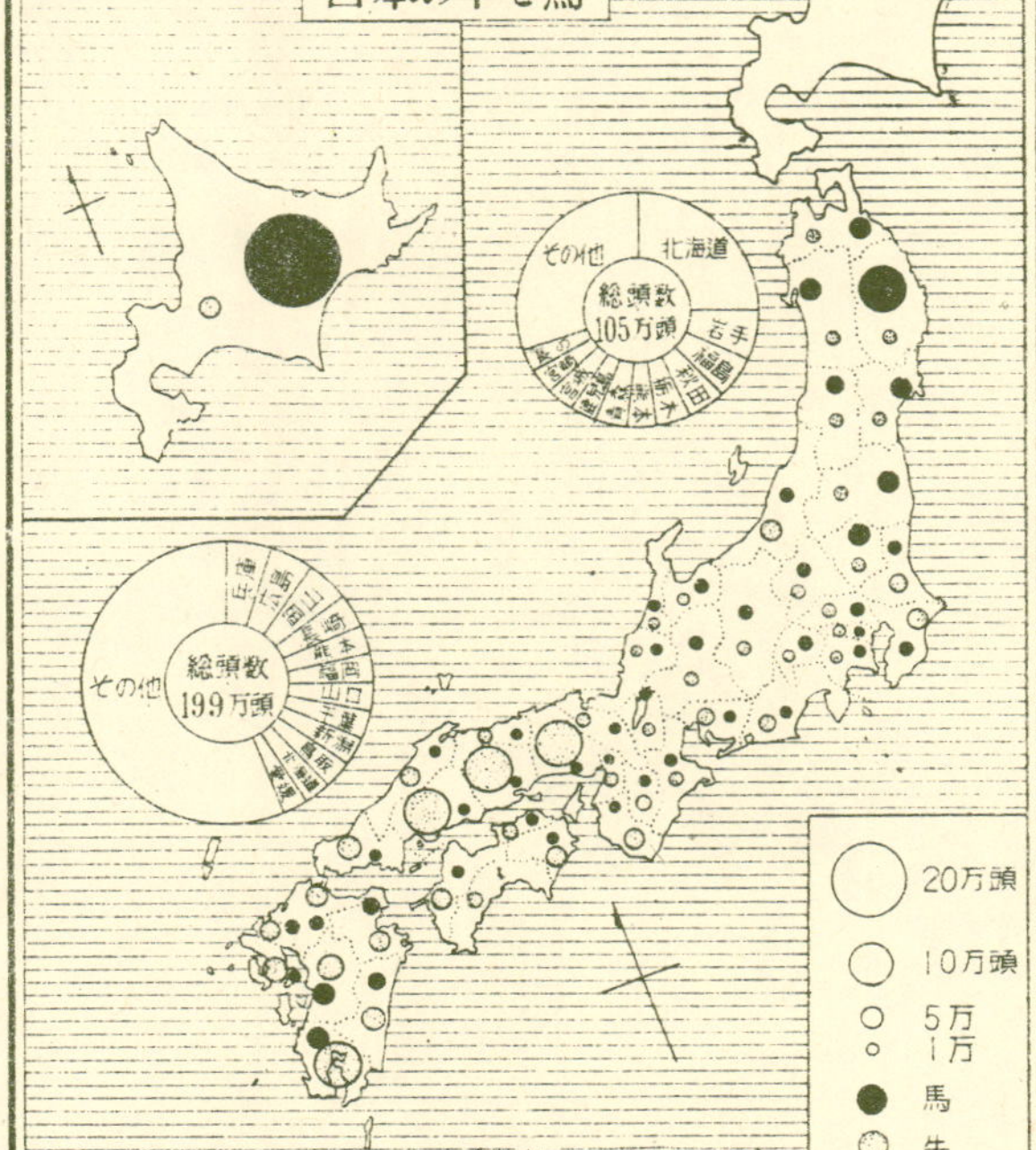
その他
北海道
総頭数
105万頭
岩手
福島
秋田
栃木
その他
総頭数
199万頭
広島
岡山
長崎
熊本
福岡
山口
千葉
新潟
鳥取
北海道
愛媛
20万頭
10万頭
5万
1万
馬
牛

〔農林年鑑(1949年版)〕

世界のバター・ミルク・チーズの産額

-1947(昭和22)-

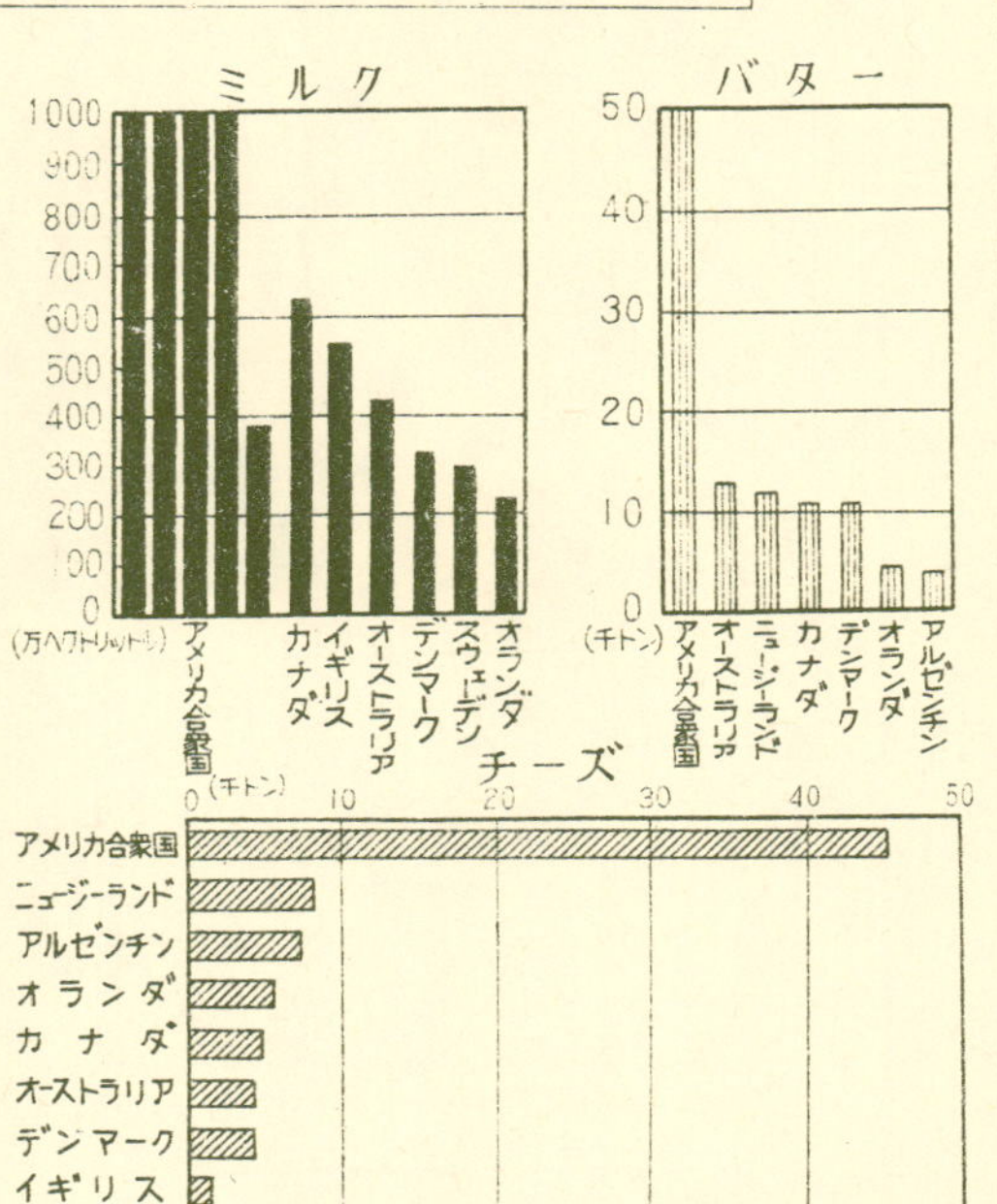
ミルク
1000
900
800
700
600
500
400
300
200
100
0
(万ヘクトリットル)
アメリカ合衆国
カナダ
イギリス
オーストラリア
デンマーク
スウェーデン
オランダ
バター
50
40
30
20
10
0
(千トン)
アメリカ合衆国
オーストラリア
ニュージーランド
カナダ
デンマーク
オランダ
アルゼンチン
チーズ
0
(千トン)
10
20
30
40
50
アメリカ合衆国
ニュージーランド
アルゼンチン
オランダ
カナダ
オーストラリア
デンマーク
イギリス

〔国際統計年鑑(1946年版)〕

日本の人口

單円錐図法

1 : 7 000 000

0 100 200 300km

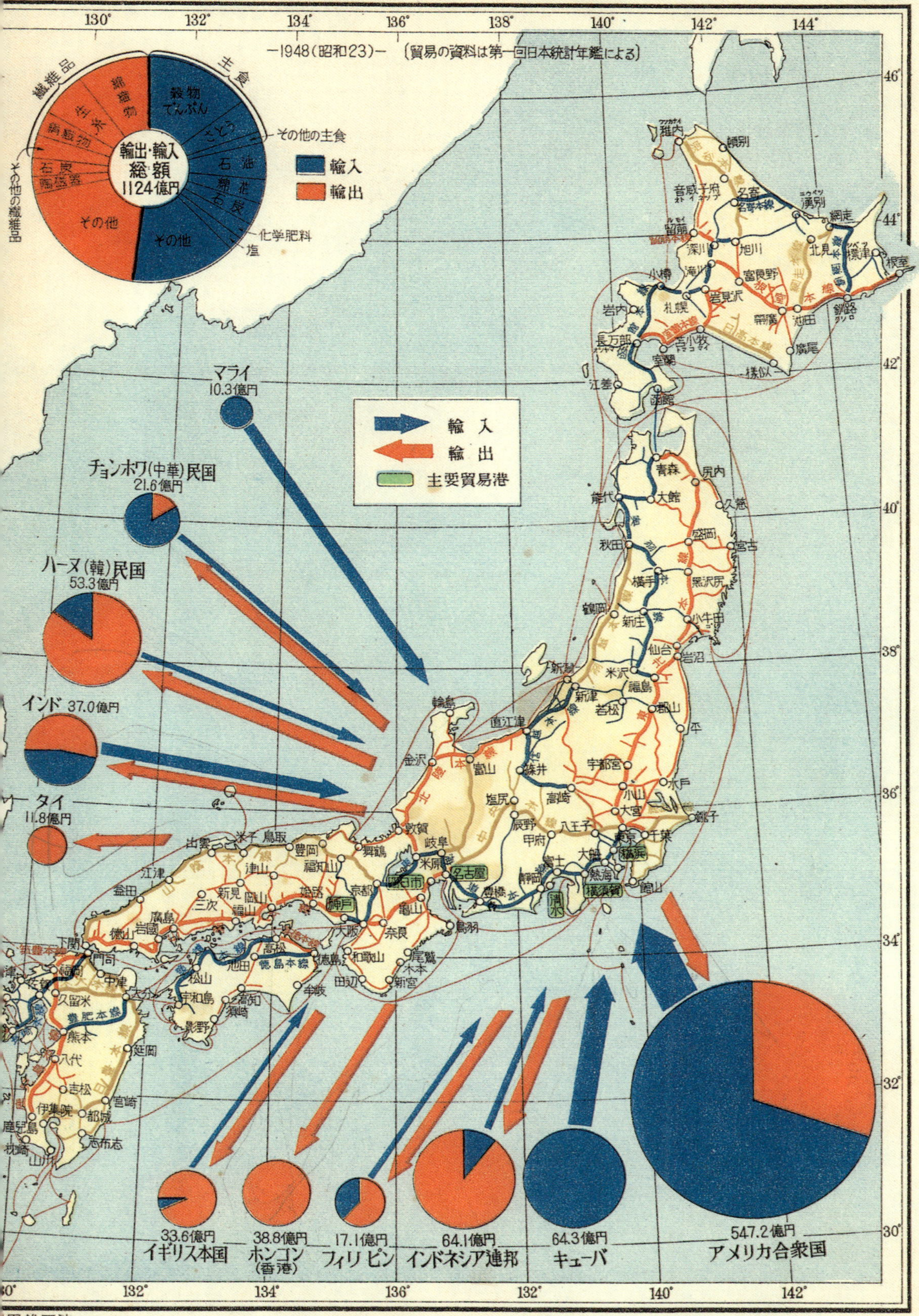

円錐図法　1:8 500 000　0 100 200 300 Km

44 衣服の原料とその生産(1)

衣服の原料のいろいろ

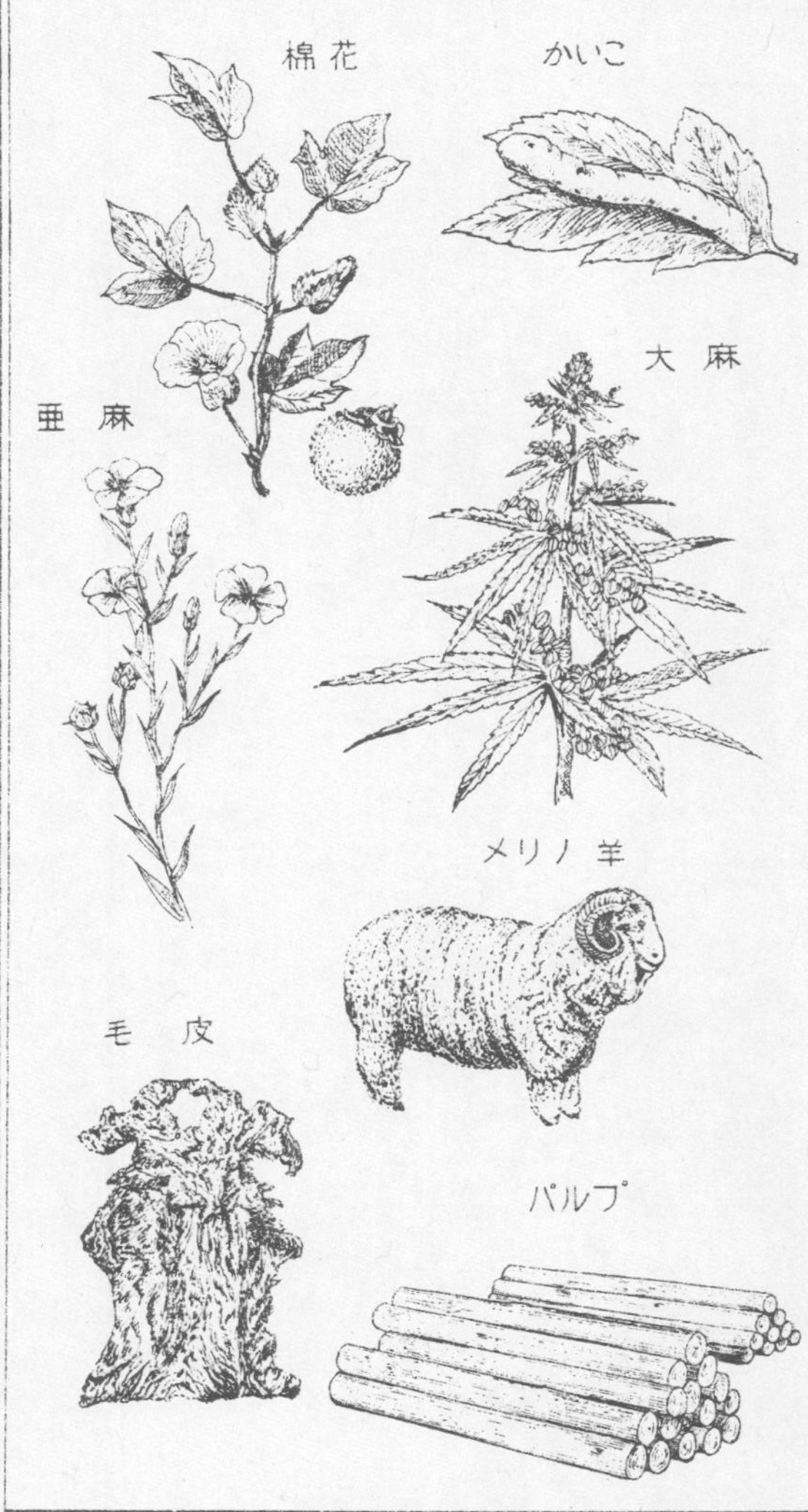
棉花
かいこ
大麻
亜麻
メリノ羊
毛皮
パルプ

環境と衣服

アフリカ土人の子供
ジャワ人の子供
エスキモー人の子供
中国人の子供
日本の多雪地の子供
トルコ人の子供

所が変われば衣服もいろいろちがっている

世界の棉花産地と羊毛産地

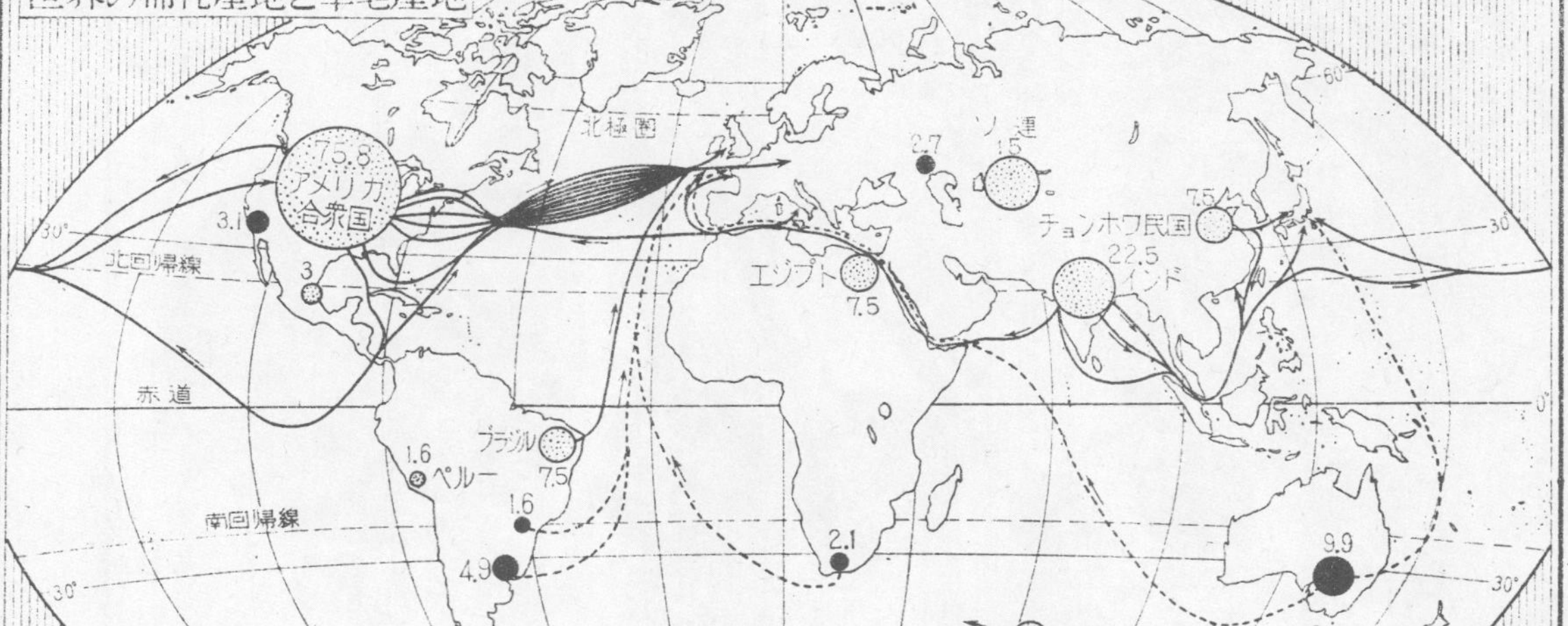
オーニウィンケル図法
110° 80° 50° 20° 10° 40° 70° 100° 130° 160°
北極圏
75.8
アメリカ合衆国
3.1
3
30°
北回帰線
赤道
ブラジル
7.5
1.6
ペルー
1.6
南回帰線
4.9
30°
2.7
ソ連
15
エジプト
7.5
7.5
チョンホワ民国
22.5
インド
2.1
9.9
3.6
60°
30°
0°
30°
綿
羊毛
数字は万トン
140° 110° 80° 50° 20° 10° 140° 160°

日本の紡績

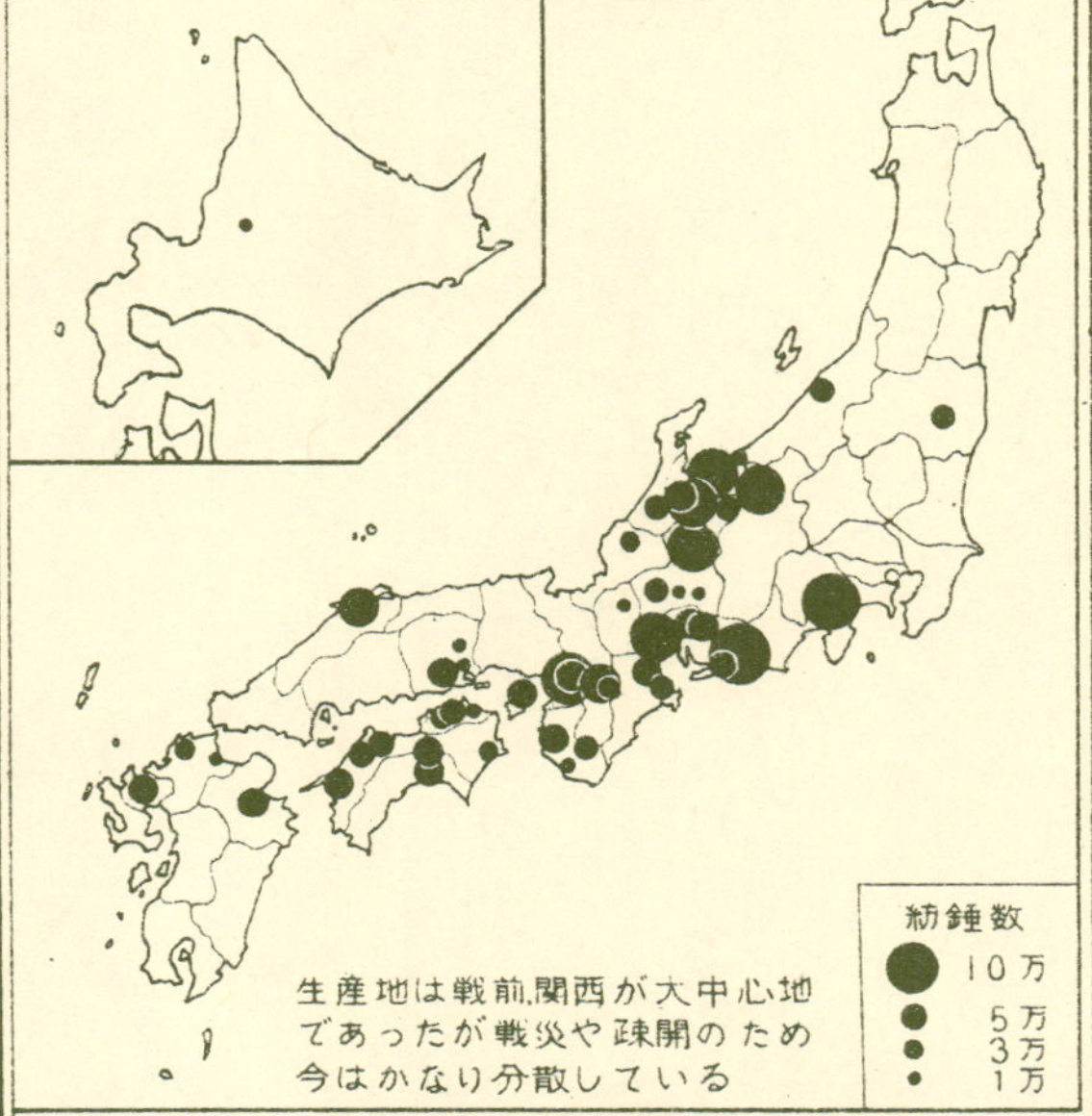
紡錘数
10万
5万
3万
1万

生産地は戦前,関西が大中心地であったが戦災や疎開のため今はかなり分散している

世界各国の紡錘《ぼうすい》数

戦争がどんなに日本やドイツの紡績に,打撃を与えたかをみよう

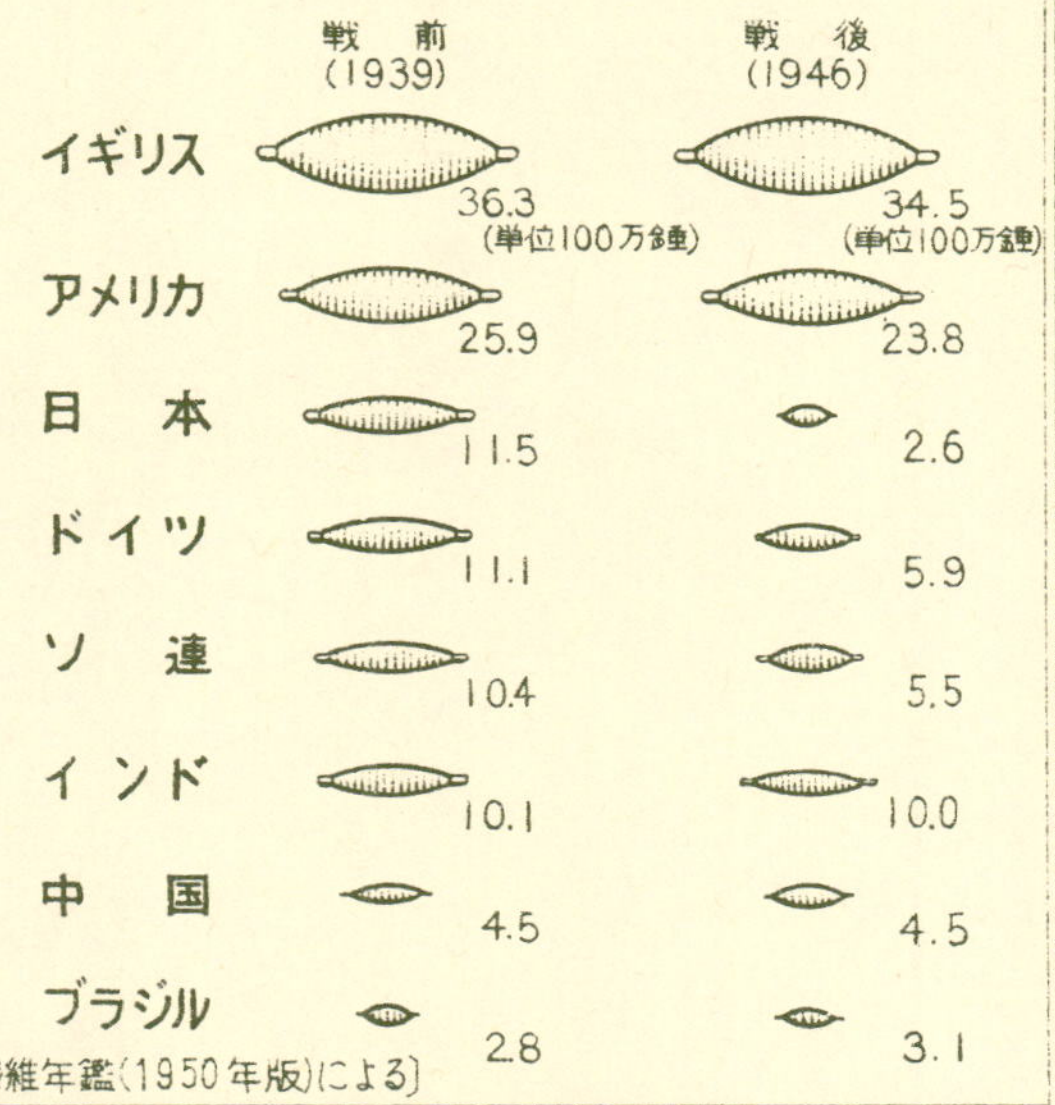
戦前 (1939)
戦後 (1946)
イギリス 36.3 (単位100万錘) 34.5 (単位100万錘)
アメリカ 25.9 23.8
日本 11.5 2.6
ドイツ 11.1 5.9
ソ連 10.4 5.5
インド 10.1 10.0
中国 4.5 4.5
ブラジル 2.8 3.1

〔繊維年鑑(1950年版)による〕

日本の桑園と生糸の産額

〔通商産業省及農林省の資料による〕

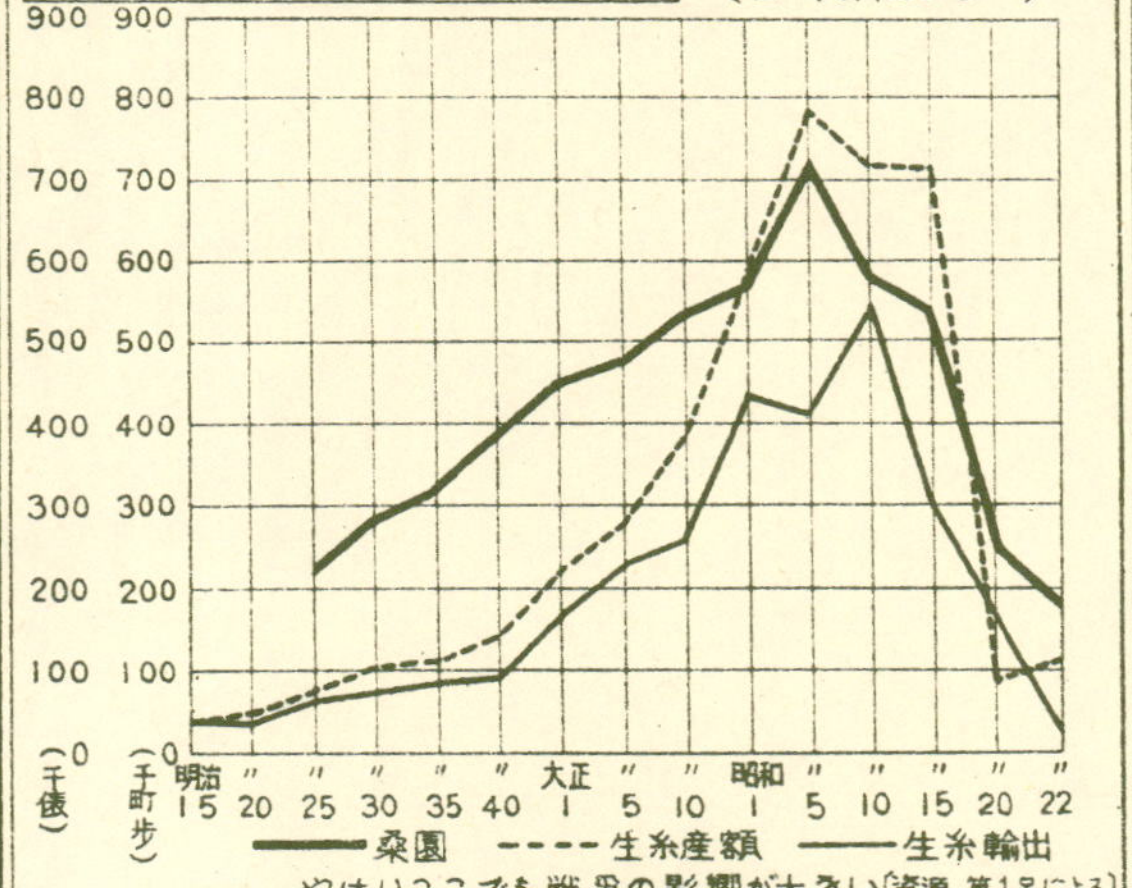
900 900
800 800
700 700
600 600
500 500
400 400
300 300
200 200
100 100
0 0
(千俵)
(千町歩)
明治15 〃20 〃25 〃30 〃35 〃40 大正1 〃5 〃10 昭和1 〃5 〃10 〃15 〃20 〃22
桑園
生糸産額
生糸輸出

やはりここでも戦争の影響が大きい〔資源 第1号による〕

日本の繭と製糸

―1948(昭和23)―

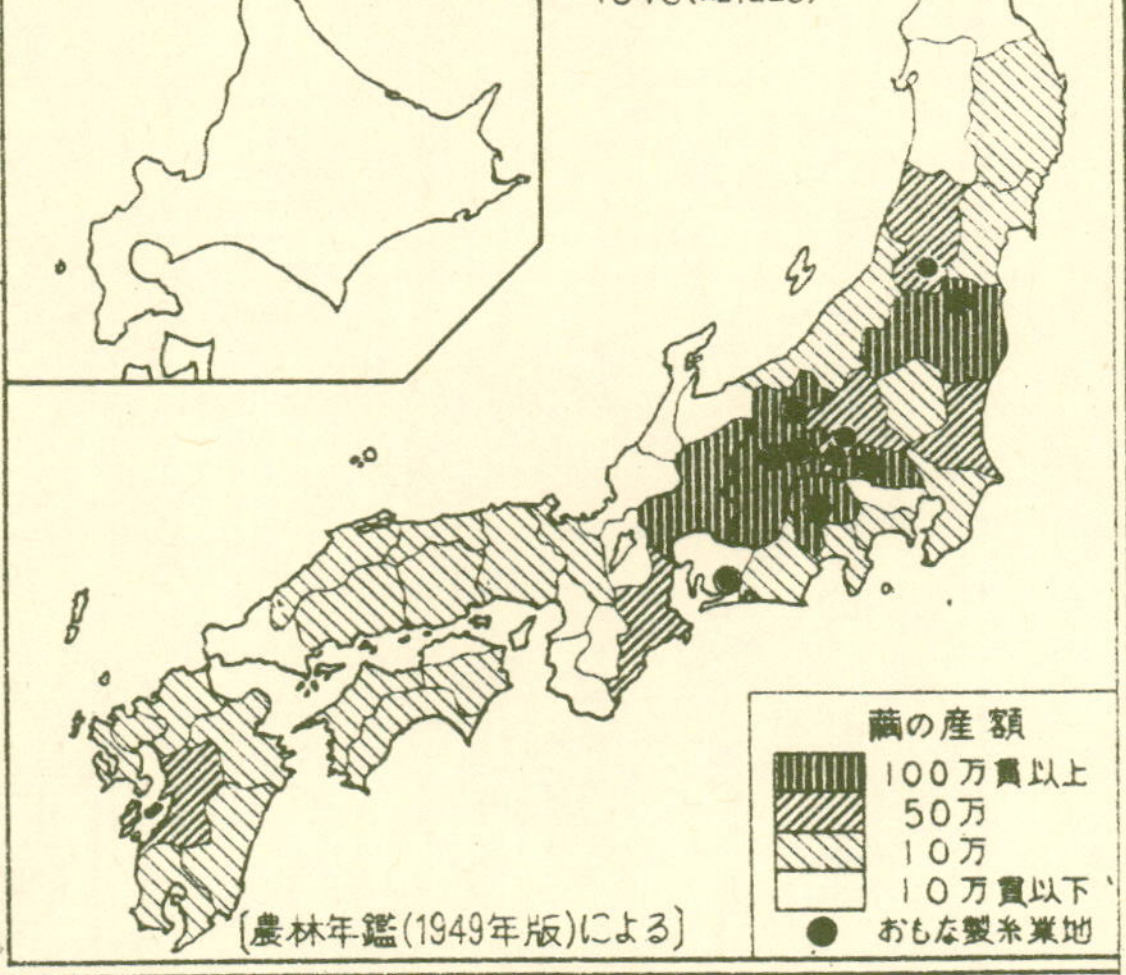
繭の産額
100万貫以上
50万
10万
10万貫以下
おもな製糸業地

〔農林年鑑(1949年版)による〕

人絹糸生産額の変化

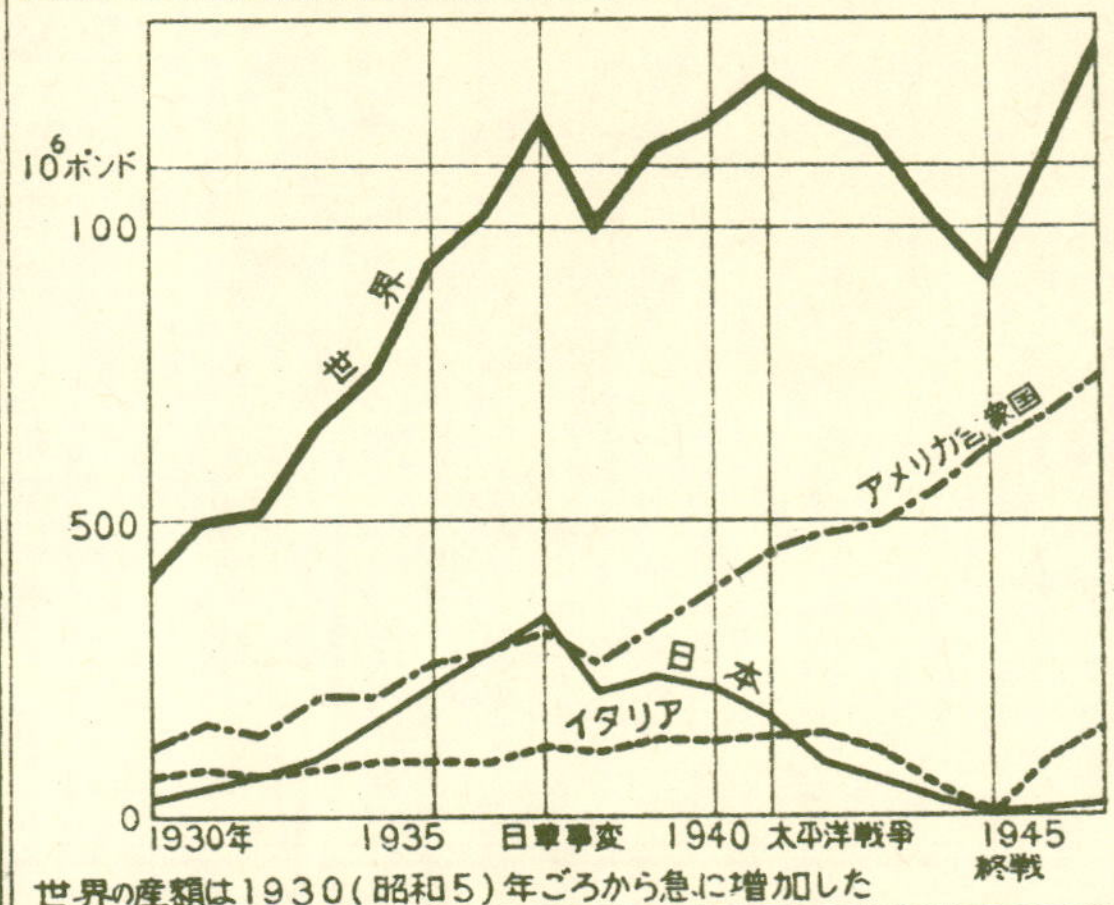
10^6ポンド
100
500
0
世界
アメリカ合衆国
日本
イタリア
1930年
1935
日華事変
1940
太平洋戦争
1945
終戦

世界の産額は1930(昭和5)年ごろから急に増加した

繊維消費量

国民1人あたり 〔資源 第1号による〕

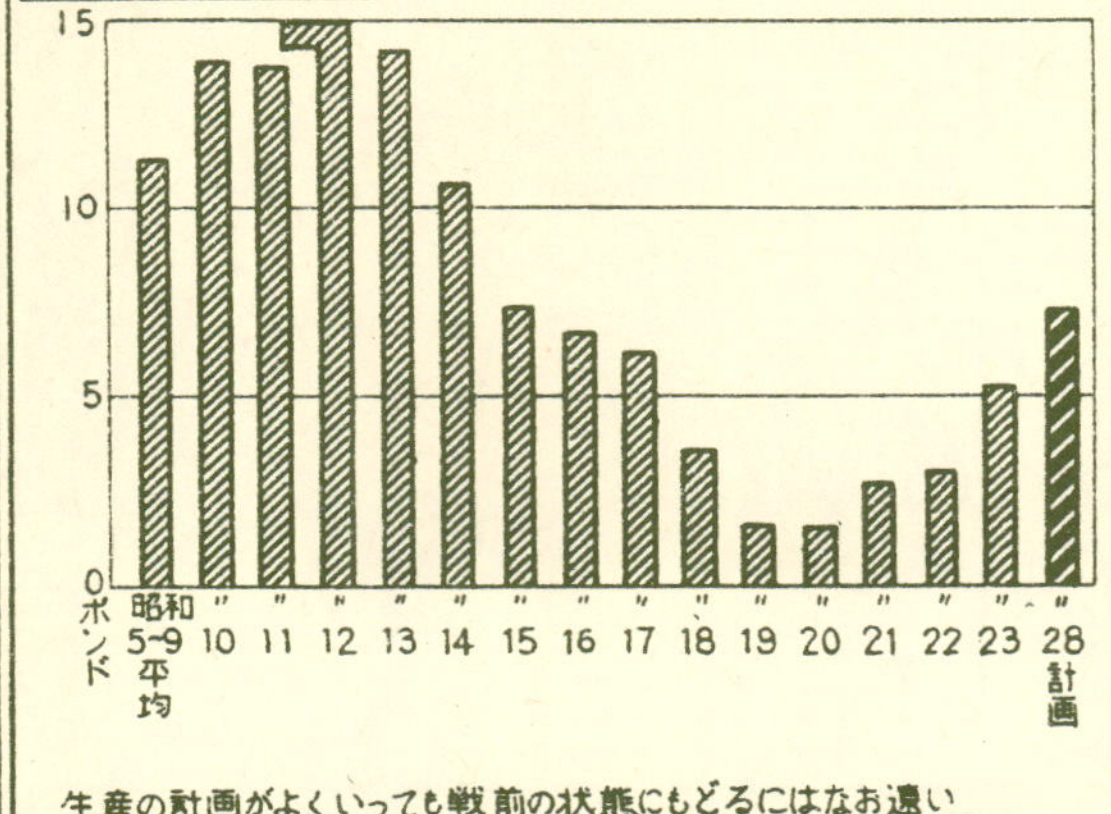
15
10
5
0
ポンド
昭和5~9平均
10
11
12
13
14
15
16
17
18
19
20
21
22
23
28計画

生産の計画がよくいっても戦前の状態にもどるにはなお遠い

スカンディナヴィア半島
ハメルフェスト
北岬
ムルマンスク
アルハンゲルスク
レイキャヴィック
北海
ビスケー湾
イベリア半島
モロッコ
カサブランカ
アルジェリア
チュニス
サルデーニャ島
シチリア島
ローマ
ナポリ
マルタ島
ベンガジ
レーニングラード
モスクワ
ヨーロッパ
ハリコフ
ロストフ
オデッサ
スターリングラード
スヴェルドロフスク
クイビシェフ
アストラハン
セバストーポリ
黒海
バツーム
イスタンブール
アンカラ
アテネ
キプロス島
アレクサンドリア
カイロ
スエズ
エジプト
シリア
イラク
バグダード
バスラ
テヘラン
イラン
イラン高原
カスピ海
アラル海
キルギズ
アフガニスタン
カンダハル
サウジアラビア
リャード
メッカ
メディナ
アラビア半島
アラビア海
カラチ
マスカット
ペルシア湾
紅海
リビア
(トリポリ)
アフリカ
サハラ砂漠
フランス領西アフリカ
ハルツーム
ポートスダン
アデン
ボンベイ
カルカッタ
マドラス
ラングーン
ホンコン
サイゴン
マニラ
シャンハイ
気候
雨量11月…4月
等温線 1月
1:200 000 000
雨量(6カ月平均)
127mm以下
127　254
254　508
508　762
762　1016
1016　1524
1524　2032
2032mm以上
風向
気候
雨量5月…10月
等温線 7月
1:200 000 000
土地利用
1:150 000 000
工業地
農耕地
牧場
森林
草地
砂漠
ツンドラ
荒地

ベーリング海峡
セントローレンス島
チュクチ半島
ベーリング海
コマンドルスキー諸島
アリューシャン列島
カムチャツカ半島
ペトロパウロフスク
オホーツク海
オホーツク
ニコライエフスク
アレクサンドロフスク
ユージノサハリンスク
千島列島
根室
日本海
ウラジオストック
ハルビン
チャンチュン
シェンヤン
ソウル
大韓民国
東京
大阪
長崎
仙台
青森
函館
札幌
日本
小笠原列島
太平洋
ペイピン
テンシン
チンタオ
ナンキン
シャンハイ
東支那海
琉球列島
那覇
北回帰線
タイペイ
台湾
フーチョウ
コワンチョウ
ホンコン
マカオ
ハイナン島
ルソン島
マニラ
フィリピン
フィリピン群島
ミンダナオ島
パラオ諸島
ヤップ島
南支那海
ハルマヘラ島
モルッカ諸島
ニューギニア
セレベス島
ボルネオ島
ジャワ海
インドネシア連邦
ジャカルタ
スラバヤ
チモール島
スマトラ島
シンガポール
マライ連邦
マラッカ海峡
ベンガル海
アンダマン諸島
ニコバル諸島
セイロン島
コロンボ
マドラス
ハイデラバード
カルカッタ
インド連邦
インド半島
パキスタン
デリー
ラングーン
ビルマ
バンコック
タイ(シャム)
インドシナ半島
サイゴン
ハノイ
チベット高原
チベット
ラッサ
ヒマラヤ山脈
クンルン(崑崙)山脈
チュンホワ(中華)民国
タリム盆地
テンシャン(天山)山脈
モンゴリア高原
モンゴリア共和国
ウランバートル
ゴビ
バイカル湖
イルクーツク
ヤクーツク
ソビエト連邦
シベリア
北極圏
タイミル半島
ノーバヤゼムリヤ
北極海
ツンドラ帯
トボルスク
オムスク
ノボシビルスク
クラスノヤルスク
タンヌトゥーワ
サヤン山脈
アルタイ山脈
スタノボイ山脈
ベルホヤンスク山脈
黒竜江
インド洋
ニアス島
モルジブ諸島
オーストラリア連邦
至オークランド
至ダーウィン
至サンフランシスコ
至ホノルル
至グアム
ボンヌ図法
0 500 1000 2000km

48 家と家庭生活(1)

世界の家のいろいろ

エスキモー人の家

ニューギニアの水上の家

モーコ人の移動式の家

スウェーデンの丸太小屋

中国の黄土を利用した家

アメリカ合衆国の農家

アフリカの粘土の家

近代的アパート

日本民家の移り変わり

竪穴住居

天地根元造

平安時代の町家

江戸時代の町家

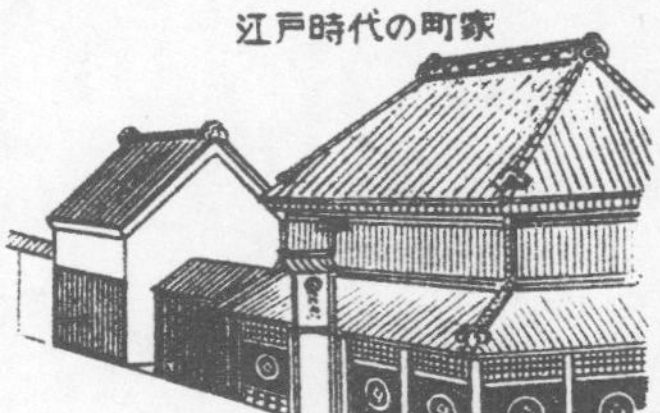

現代の小住宅

世界の森林

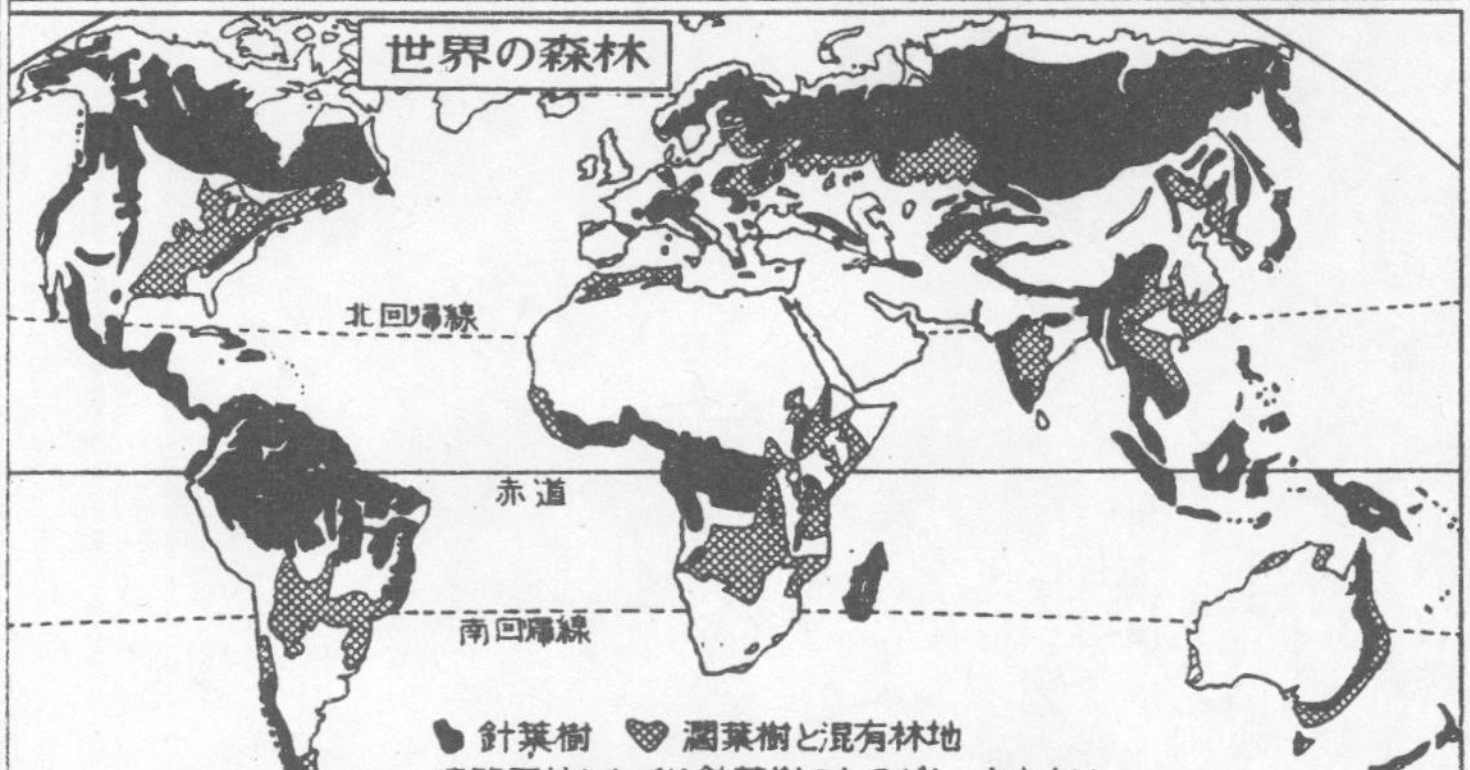
北回帰線
赤道
南回帰線
針葉樹
濶葉樹と混有林地

建築用材としては針葉樹のものがもっともよい

日本の森林の伐採量 −1948(昭和23)−

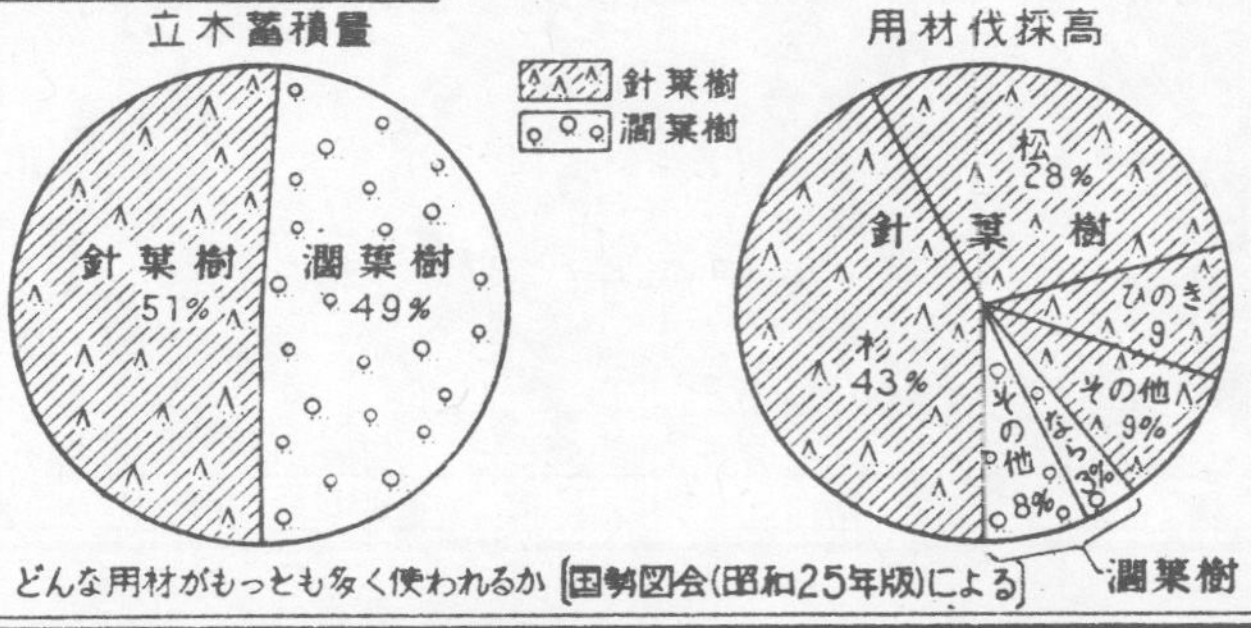
立木蓄積量
針葉樹 51%
濶葉樹 49%
針葉樹
濶葉樹
用材伐採高
針葉樹
松 28%
ひのき 9
杉 43%
その他 9%
その他 8%
なら 3%
濶葉樹

どんな用材がもっとも多く使われるか [国勢図会(昭和25年版)による]

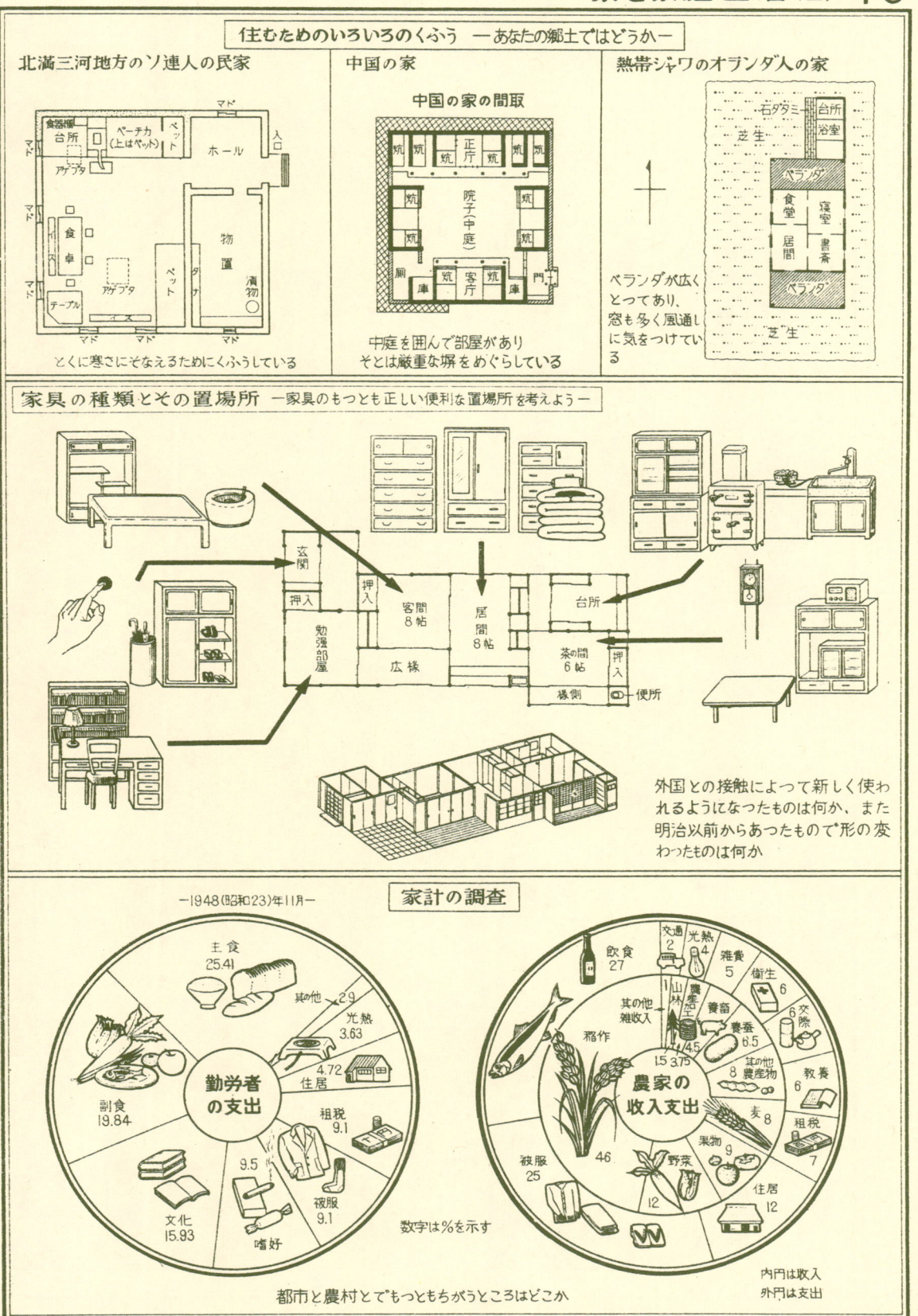

住むためのいろいろのくふう ―あなたの郷土ではどうか―

北満三河地方のソ連人の民家

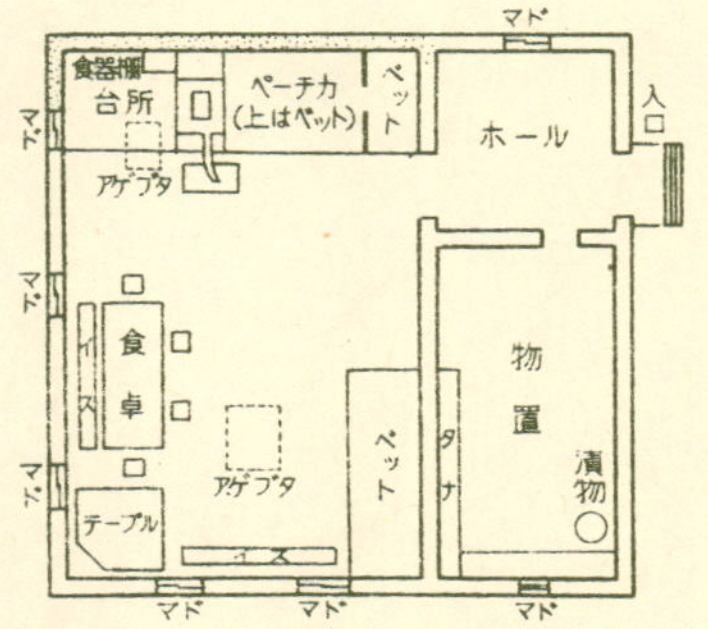
食器棚
台所
ペーチカ
(上はベット)
ベット
ホール
入口
マド
アゲブタ
食卓
テーブル
イス
ベット
タナ
物置
漬物

とくに寒さにそなえるためにくふうしている

中国の家

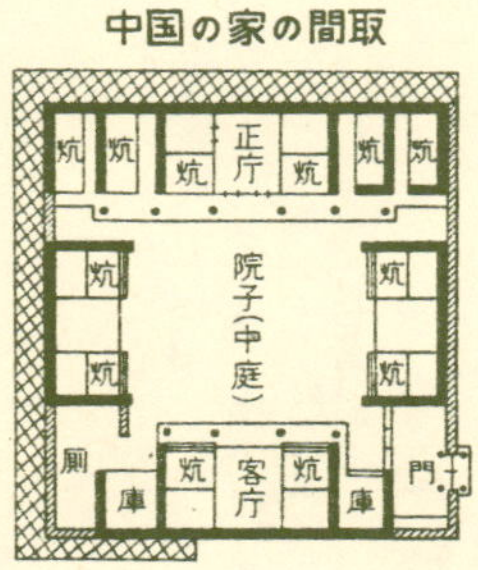
中国の家の間取
炕
正庁
院子(中庭)
廂
炕
客庁
庫
門

中庭を囲んで部屋があり
そとは厳重な塀をめぐらしている

熱帯ジャワのオランダ人の家

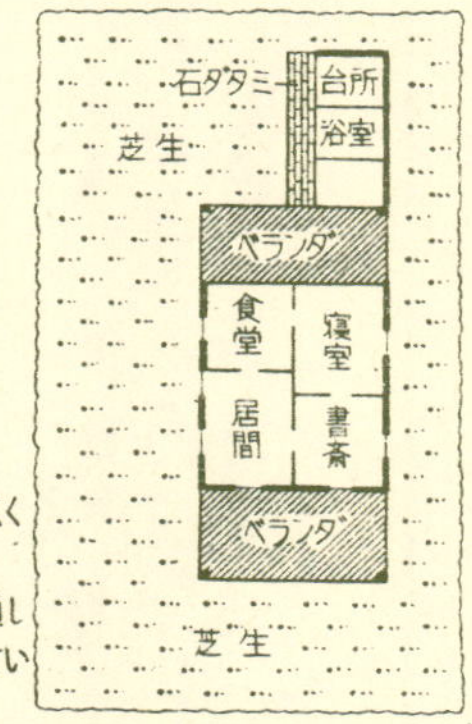
石ダタミ
台所
浴室
芝生
ベランダ
食堂
寝室
居間
書斎
ベランダ
芝生

ベランダが広くとってあり、窓も多く風通しに気をつけている

家具の種類とその置場所 ―家具のもつとも正しい便利な置場所を考えよう―

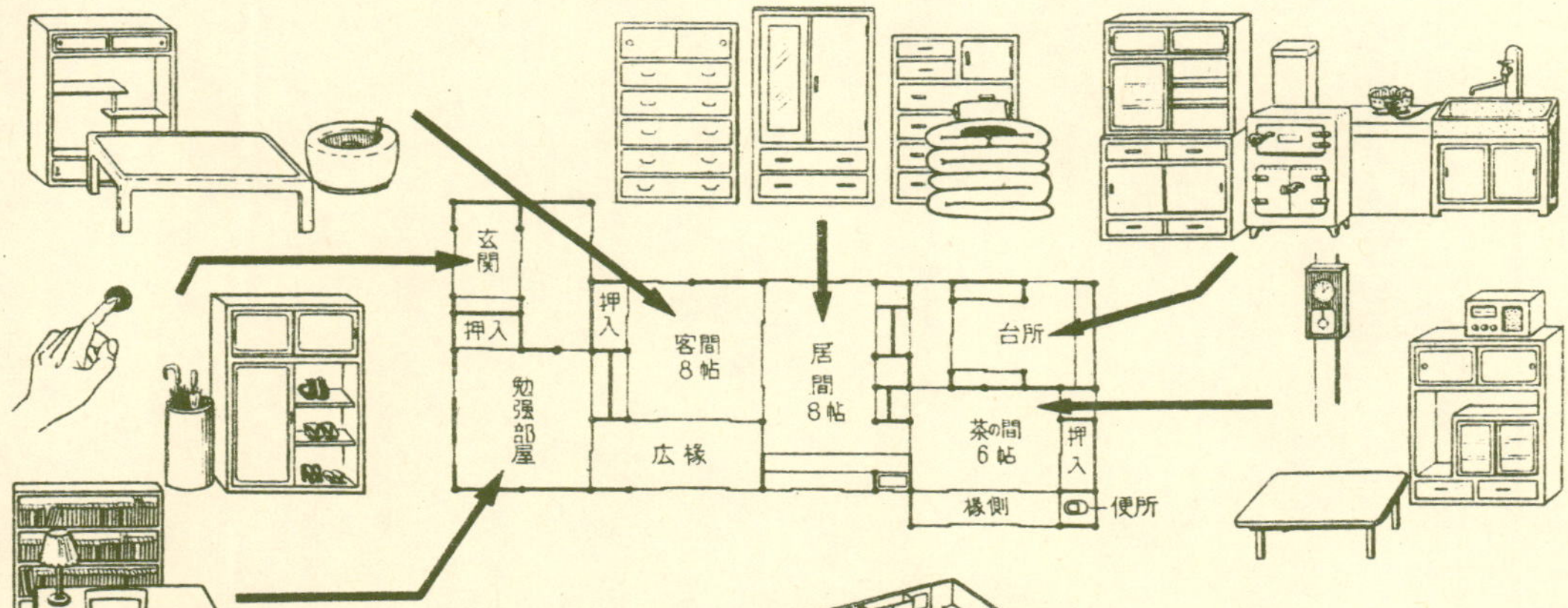
玄関
押入
勉強部屋
押入
客間
8帖
広縁
居間
8帖
台所
茶の間
6帖
押入
縁側
便所

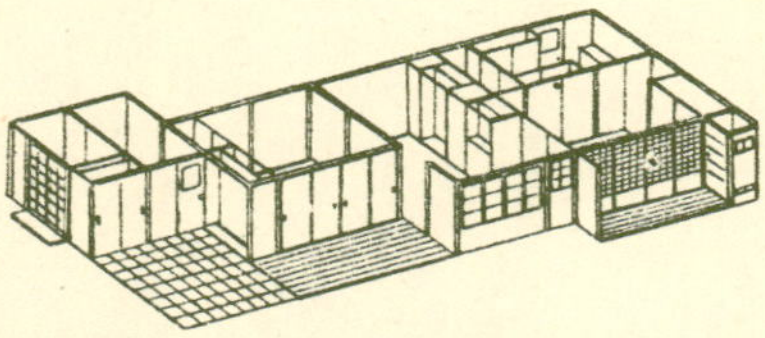

外国との接触によつて新しく使われるようになつたものは何か、また明治以前からあつたもので形の変わつたものは何か

家計の調査

―1948(昭和23)年11月―

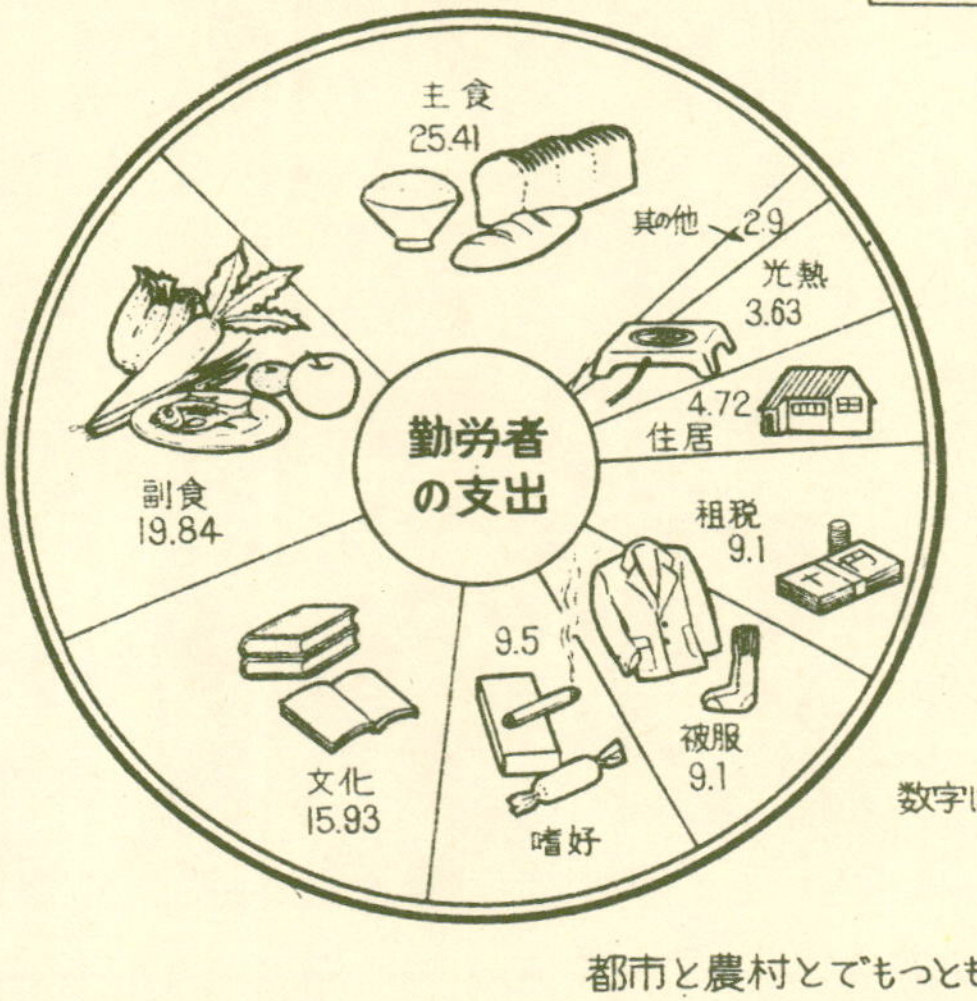
勤労者の支出
主食
25.41
其の他
2.9
光熱
3.63
4.72
住居
租税
9.1
被服
9.1
9.5
嗜好
文化
15.93
副食
19.84

数字は%を示す

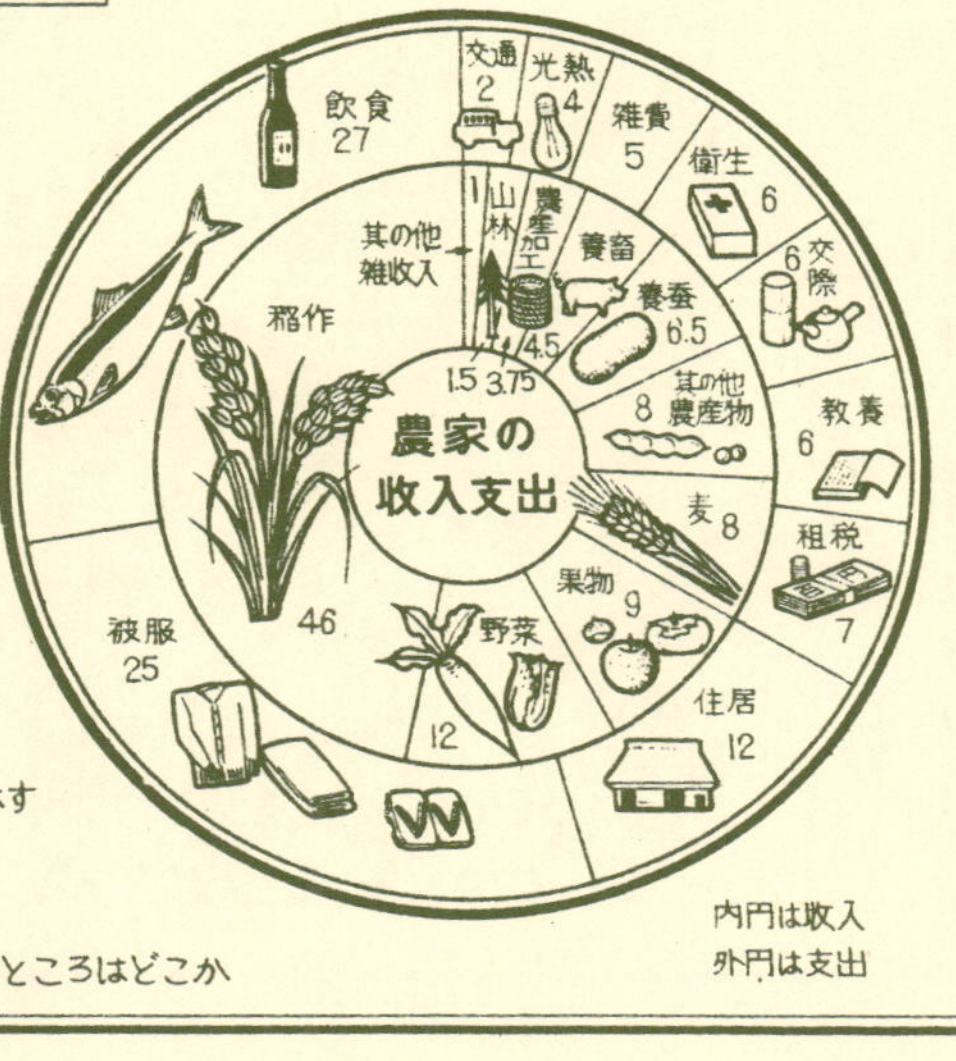
農家の収入支出
飲食
27
交通
2
光熱
4
雑費
5
衛生
6
6
交際
教養
6
租税
7
住居
12
12
被服
25
其の他
雑収入
1
山林
農産加工
1.5
3.75
養畜
4.5
養蚕
6.5
其の他
農産物
8
麦
8
果物
9
野菜
12
稲作
46

内円は収入
外円は支出

都市と農村とでもつともちがうところはどこか

1 : 30 000 000

0 400 800 1200 km

ランベルト正積方位図法

アジア主部

オホーツク海
日本海
カラ海
クラスノヤルスク地方
ノヴォシビルスク州
オムスク州
ブリヤート・モンゴル自治共和国
チタ州

52 家と家庭生活(3)

古い傳統的な生活

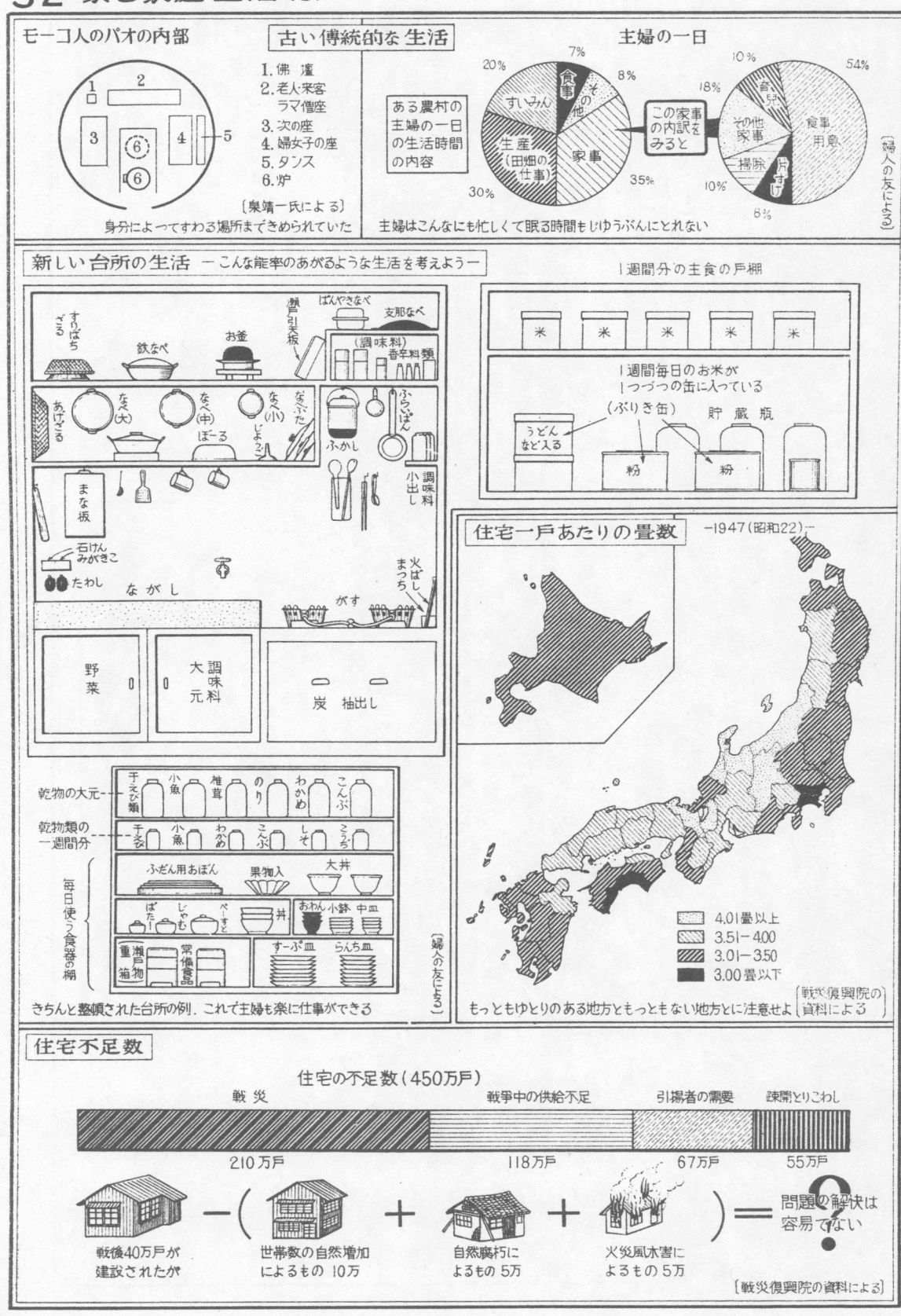

モーコ人のパオの内部

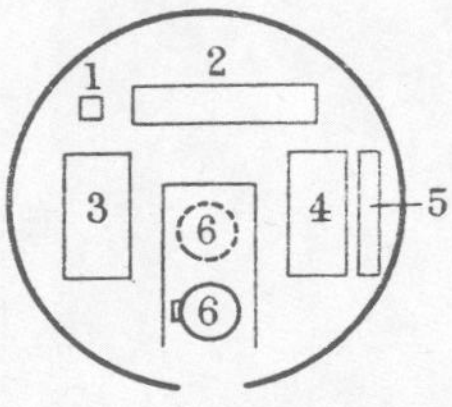
1
2
3
4
5
6
6

1. 佛壇
2. 老人・来客 ラマ僧座
3. 次の座
4. 婦女子の座
5. タンス
6. 炉

〔泉靖一氏による〕

身分によってすわる場所まできめられていた

主婦の一日

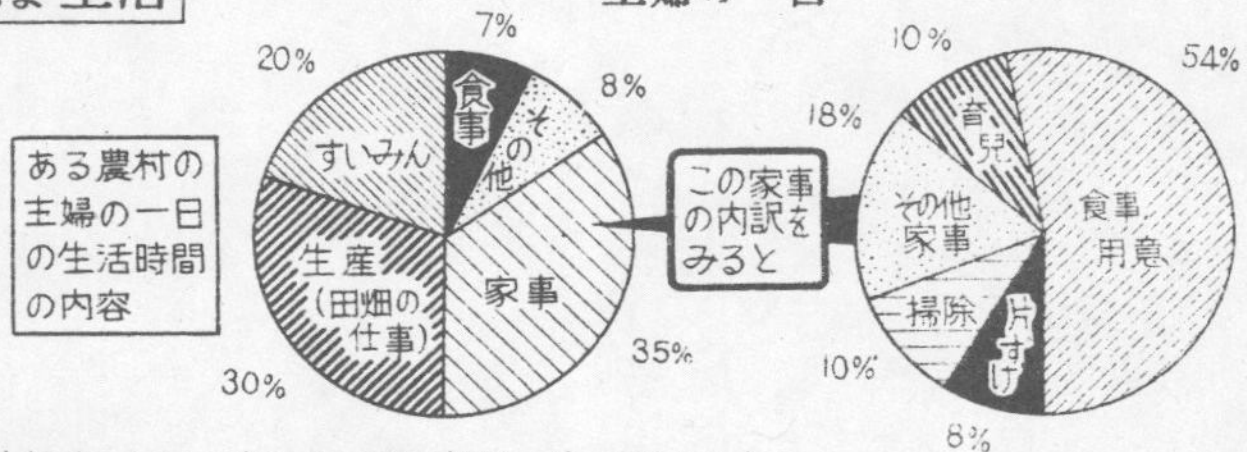
ある農村の主婦の一日の生活時間の内容
7%
食事
8%
その他
家事
35%
生産(田畑の仕事)
30%
すいみん
20%
この家事の内訳をみると
54%
食事用意
10%
育児
18%
その他家事
10%
掃除
8%
片すけ

〔婦人の友による〕

主婦はこんなにも忙しくて眠る時間もじゆうぶんにとれない

新しい台所の生活 ― こんな能率のあがるような生活を考えよう ―

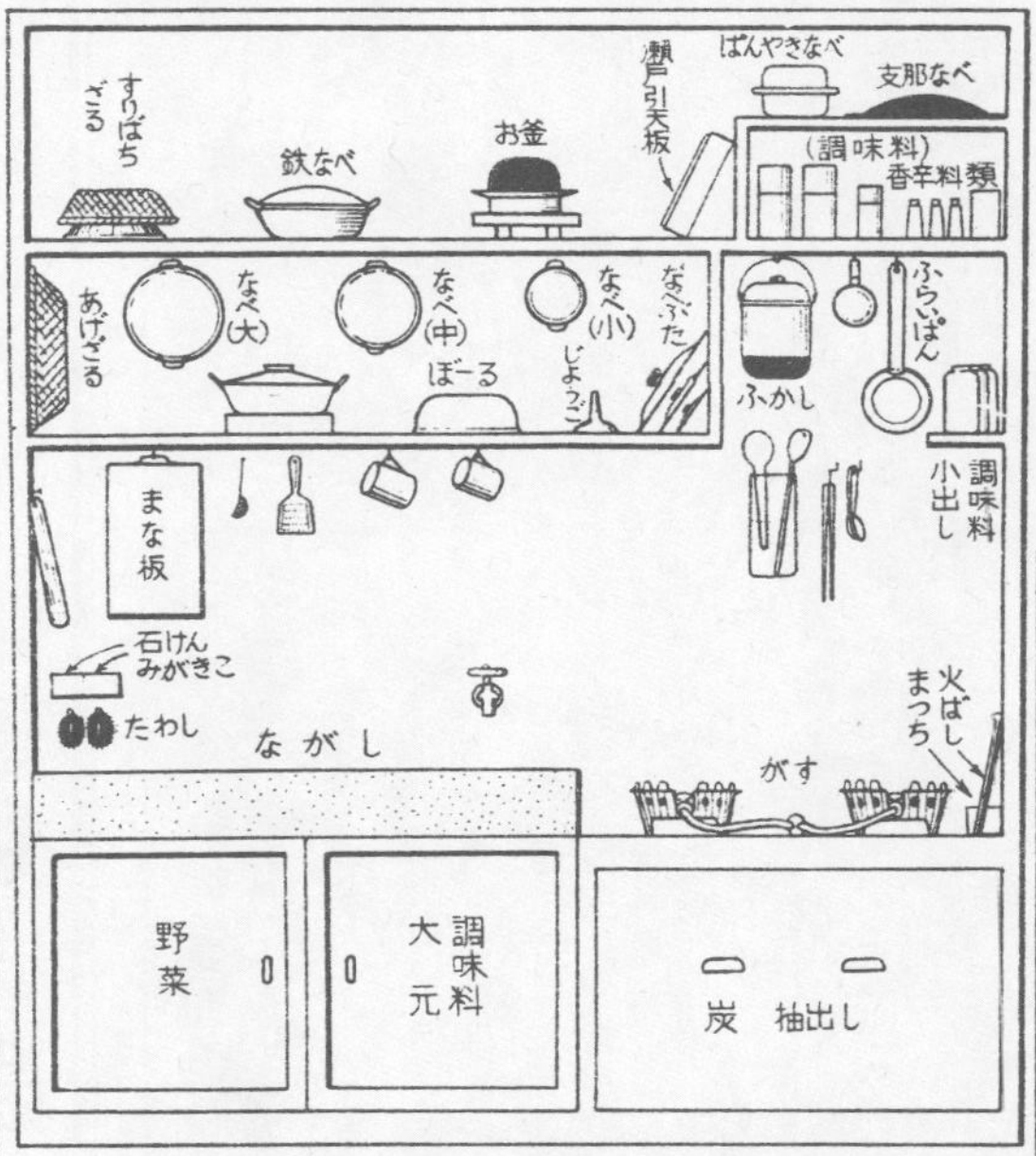
すりばち
ざる
鉄なべ
お釜
瀬戸引天板
ぱんやきなべ
支那なべ
(調味料)
香辛料類
あげざる
なべ(大)
なべ(中)
ぼーる
なべ(小)
じょうご
なべぶた
ふかし
ふらいぱん
まな板
調味料 小出し
石けん みがきこ
たわし
ながし
がす
火ばし まっち
野菜
調味料 大元
炭 抽出し

乾物の大元
干えび類
小魚
椎茸
のり
わかめ
こんぶ
乾物類の一週間分
干えび
小魚
わかめ
こんぶ
しそ
こうち
毎日使う食器の棚
ふだん用おぼん
果物入
大丼
ばたー
じゃむ
ぺーすと
丼
おわん
小鉢
中皿
重箱
瀬戸物
常備食品
すーぷ皿
らんち皿

〔婦人の友による〕

きちんと整頓された台所の例．これで主婦も楽に仕事ができる

1週間分の主食の戸棚

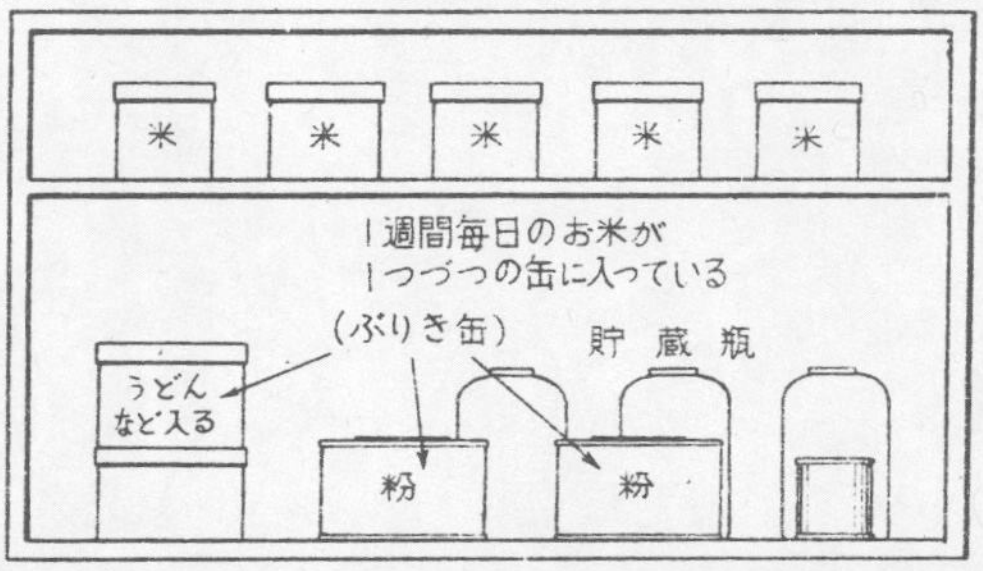
米
米
米
米
米
1週間毎日のお米が
1つづつの缶に入っている
(ぶりき缶)
貯蔵瓶
うどんなど入る
粉
粉

住宅一戸あたりの畳数

―1947(昭和22)―

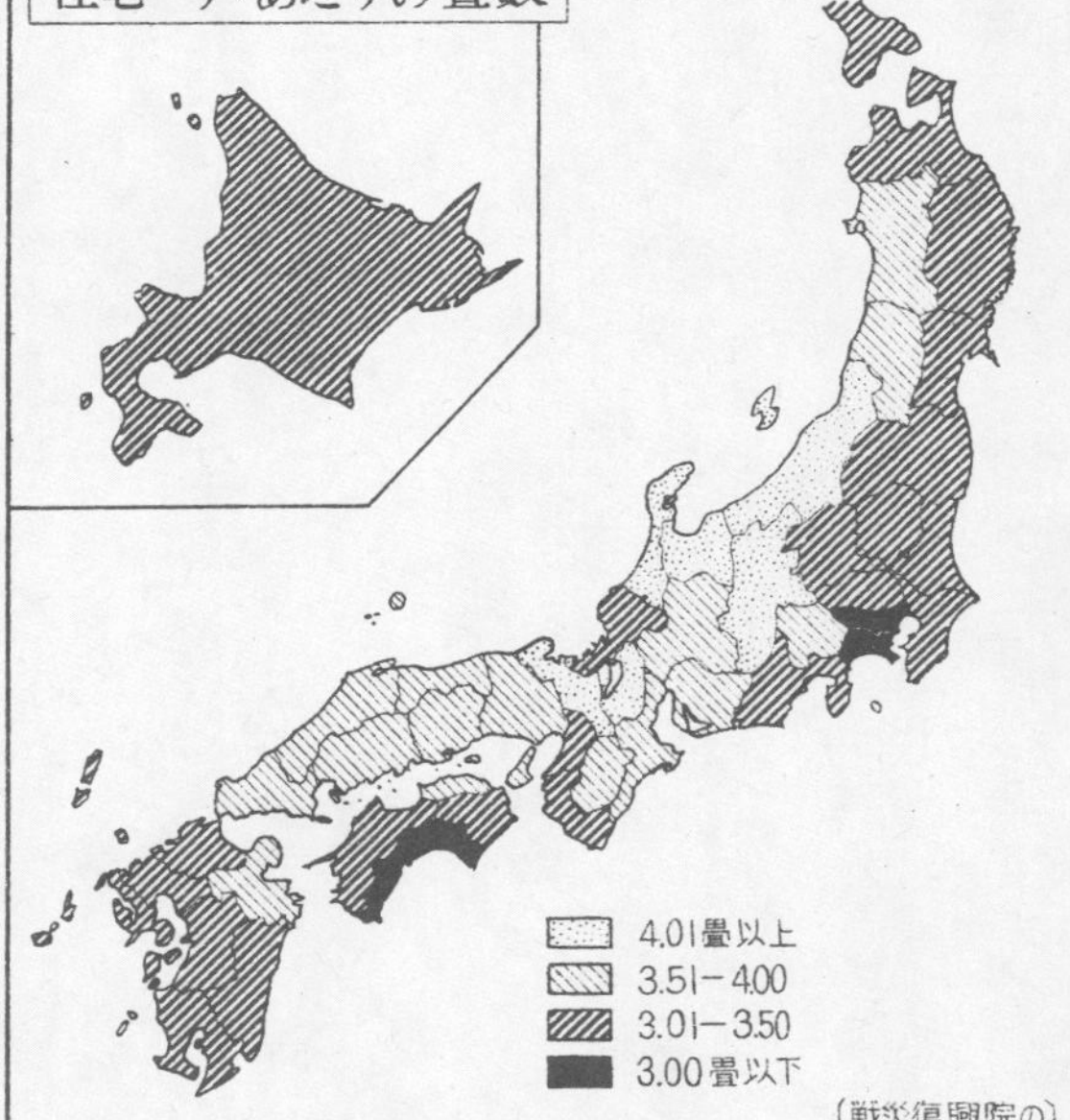
4.01畳以上
3.51−4.00
3.01−3.50
3.00畳以下

もっともゆとりのある地方ともっともない地方とに注意せよ 〔戦災復興院の資料による〕

住宅不足数

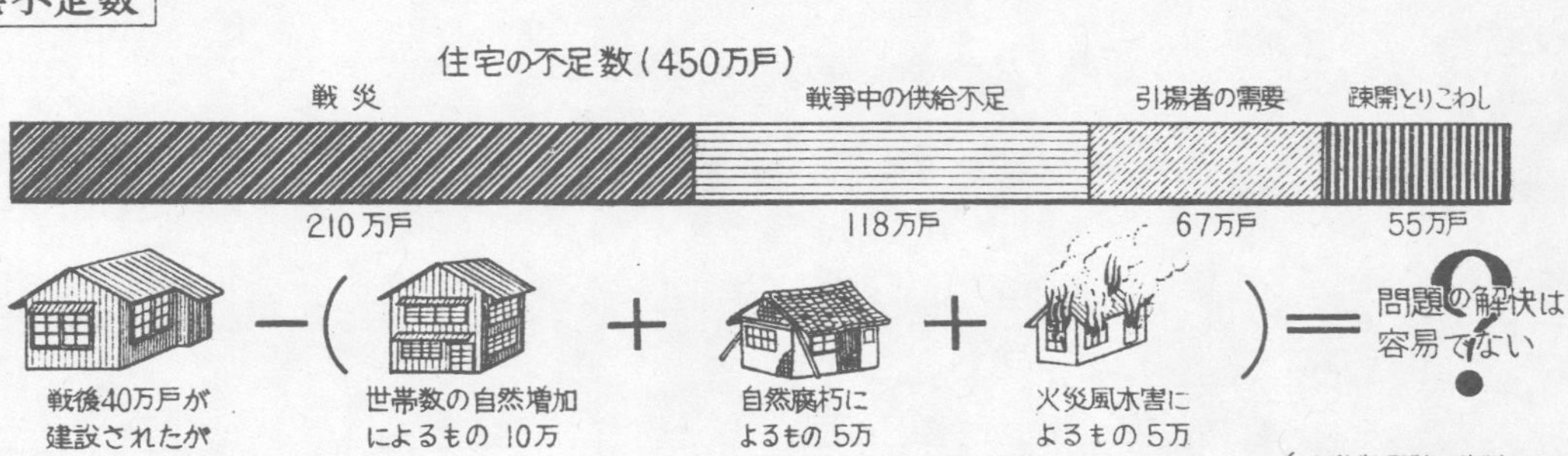
住宅の不足数(450万戸)
戦災
210万戸
戦争中の供給不足
118万戸
引揚者の需要
67万戸
疎開とりこわし
55万戸
戦後40万戸が建設されたが
世帯数の自然増加によるもの 10万
自然腐朽によるもの 5万
火災風水害によるもの 5万
問題の解決は容易でない

〔戦災復興院の資料による〕

村の位置

扇状地の村 —石川県鶴来町附近の例—

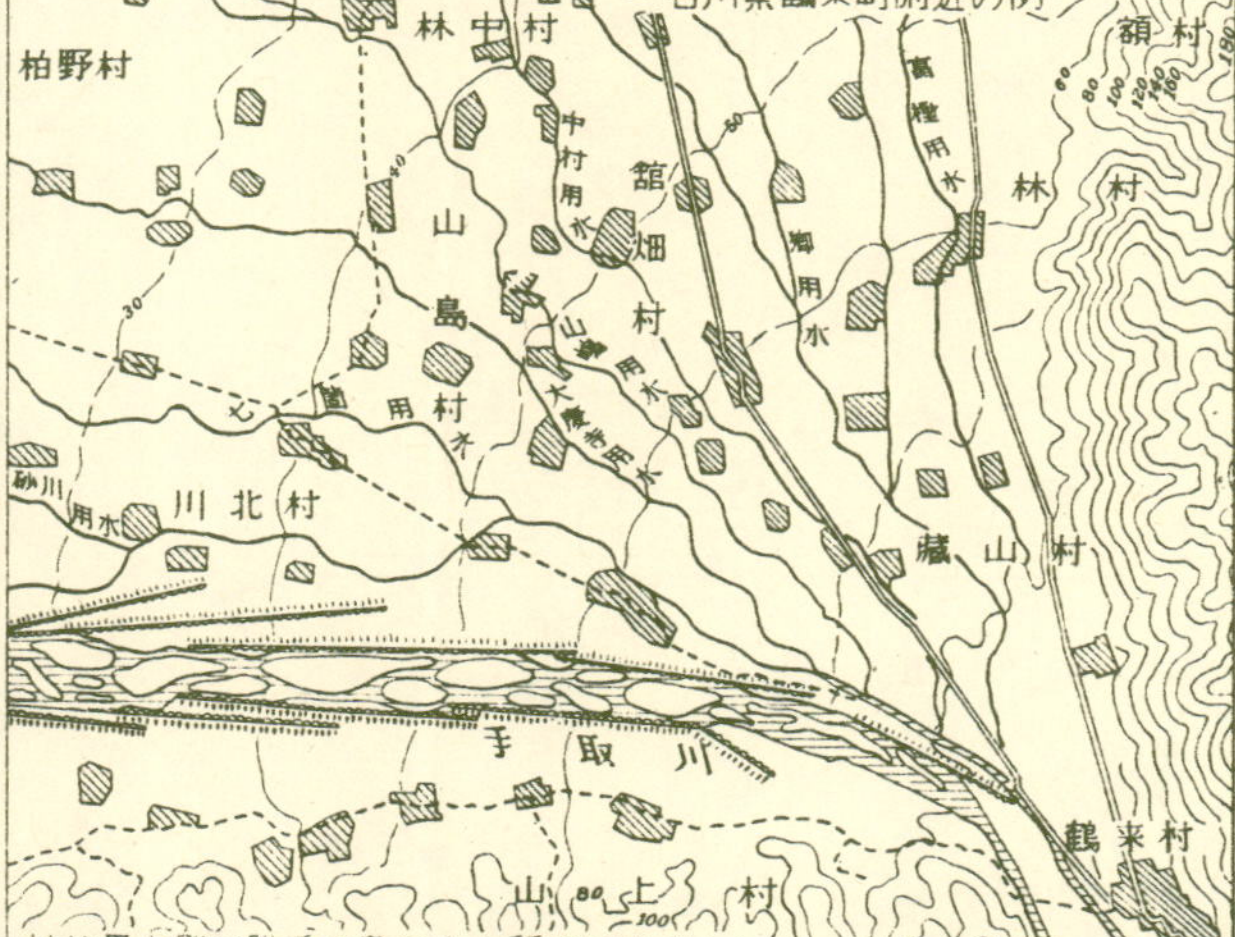

村は用水路の附近や泉のわく所にできている

低湿地の村 —濃尾平野の例—

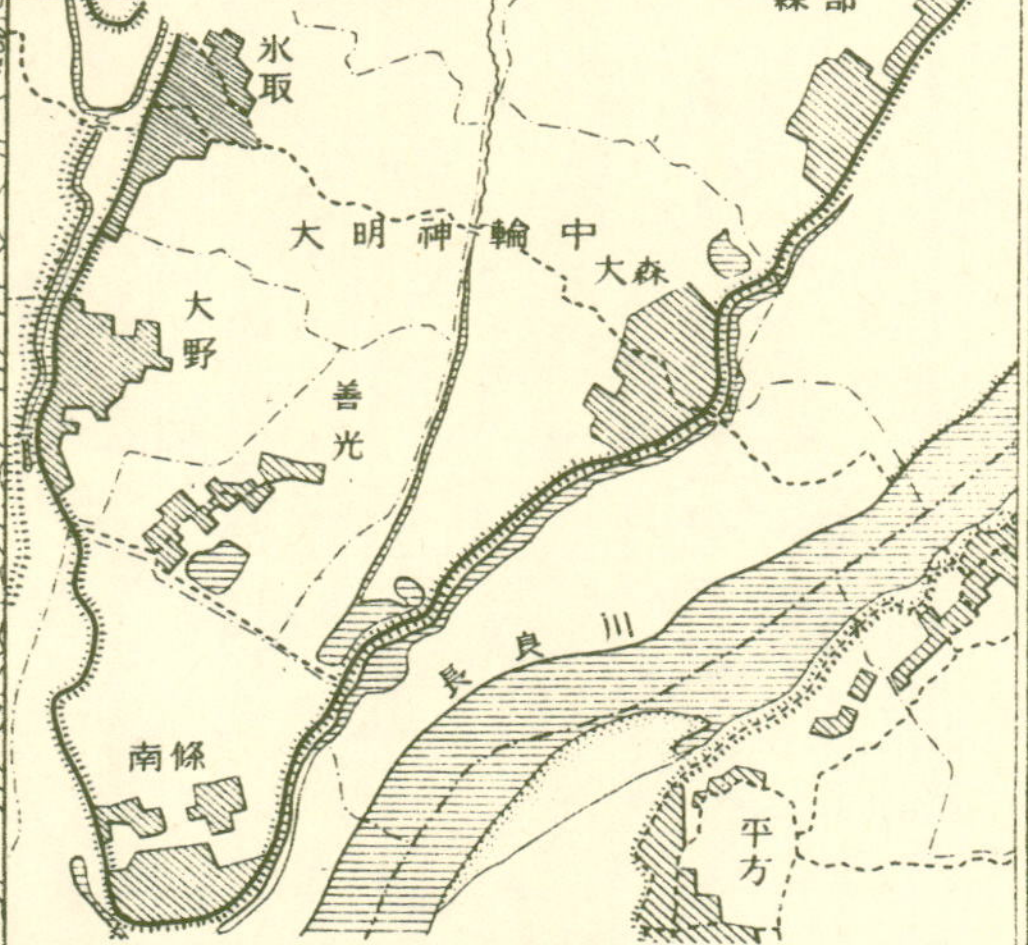

協同して水を防ぐために村は堤防の下に集まっている

海辺の村 —志摩半島の例—

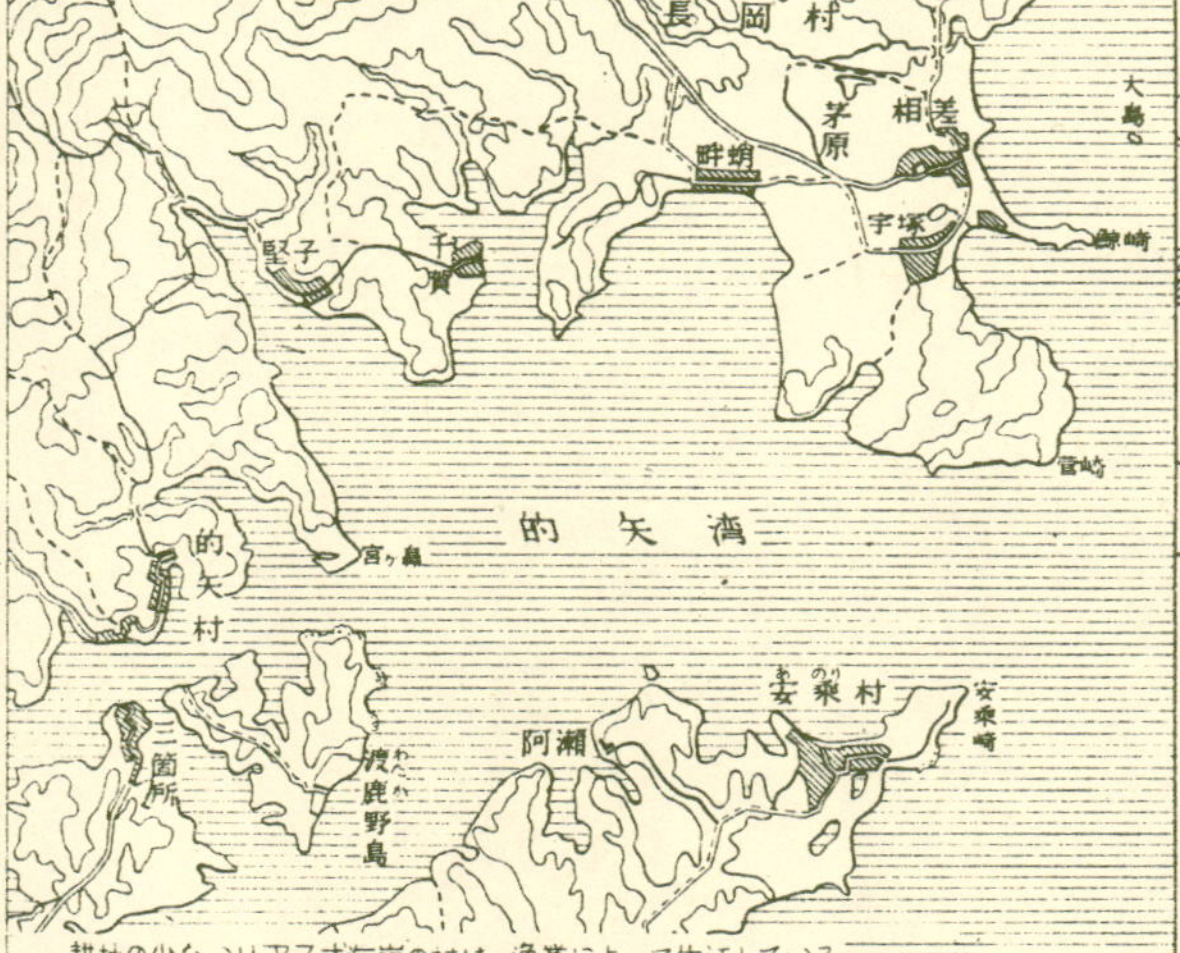

耕地の少ないリアス式海岸の村は，漁業によって生活している

街道に沿う村 —武蔵野の例—

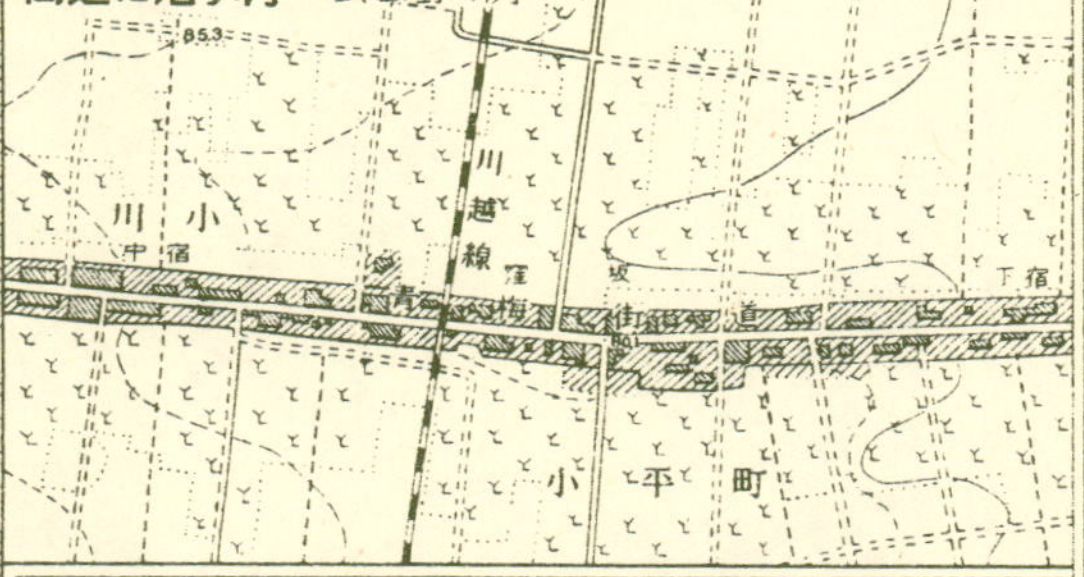

都市の発達 —江戸から東京へ—

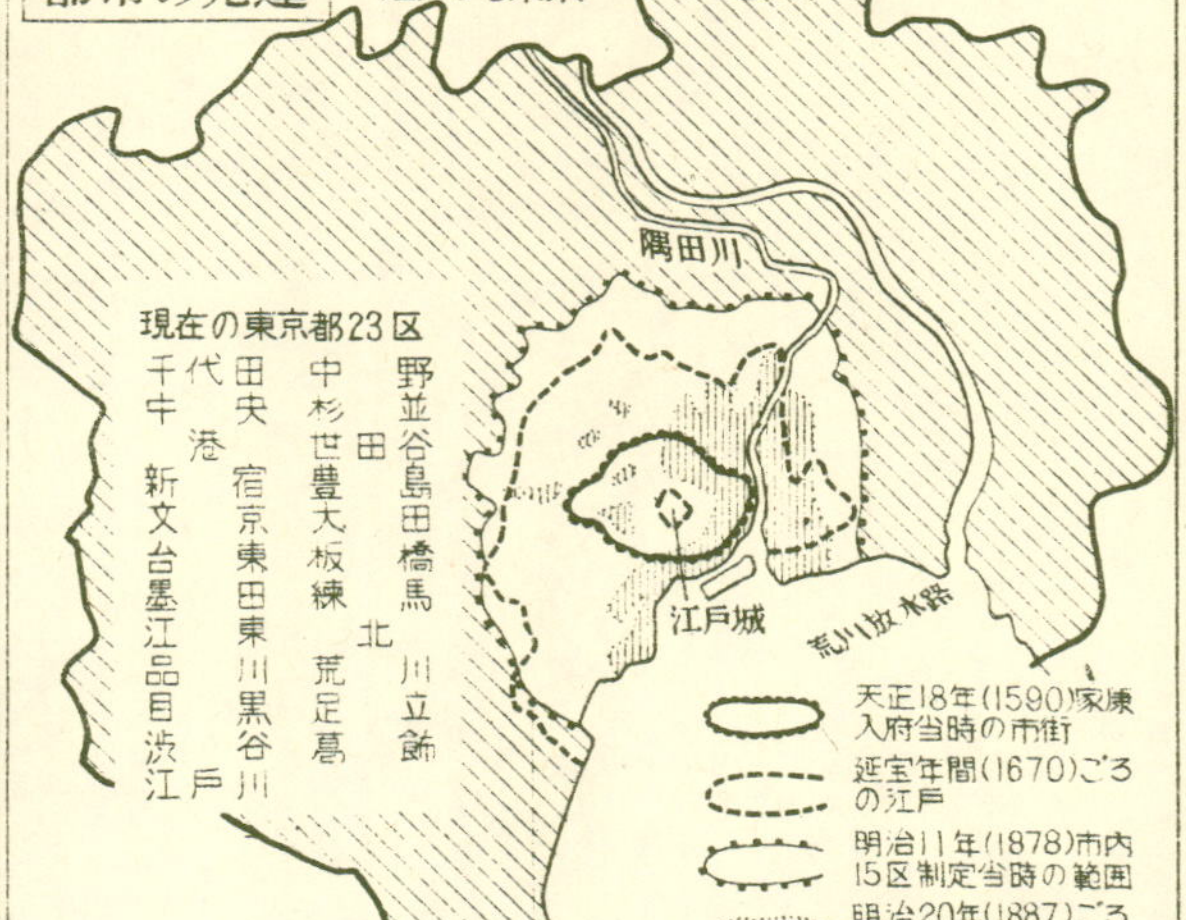

江戸時代の城下町

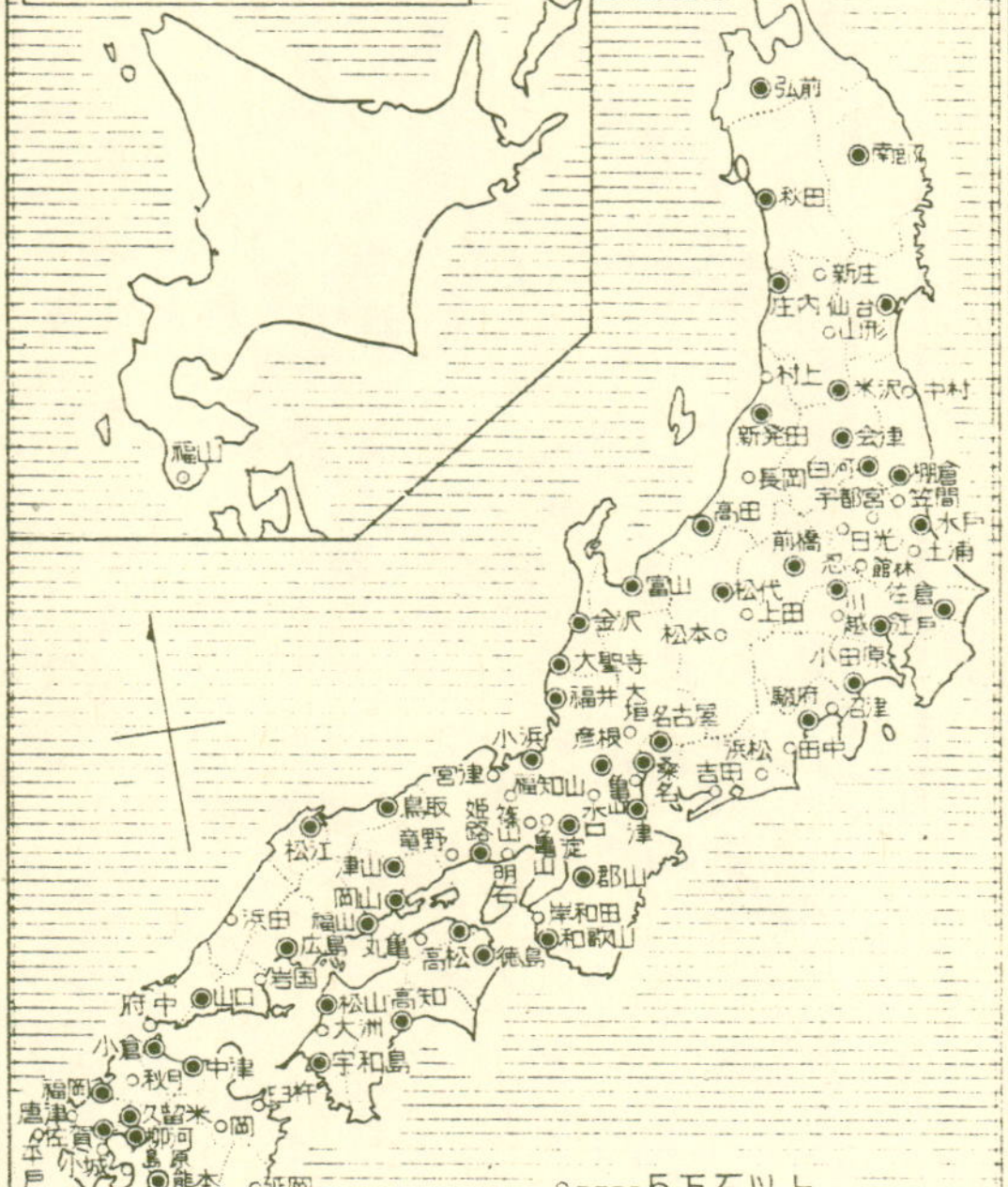

江戸時代末のもので石高《こくだか》は5万石以上を示す

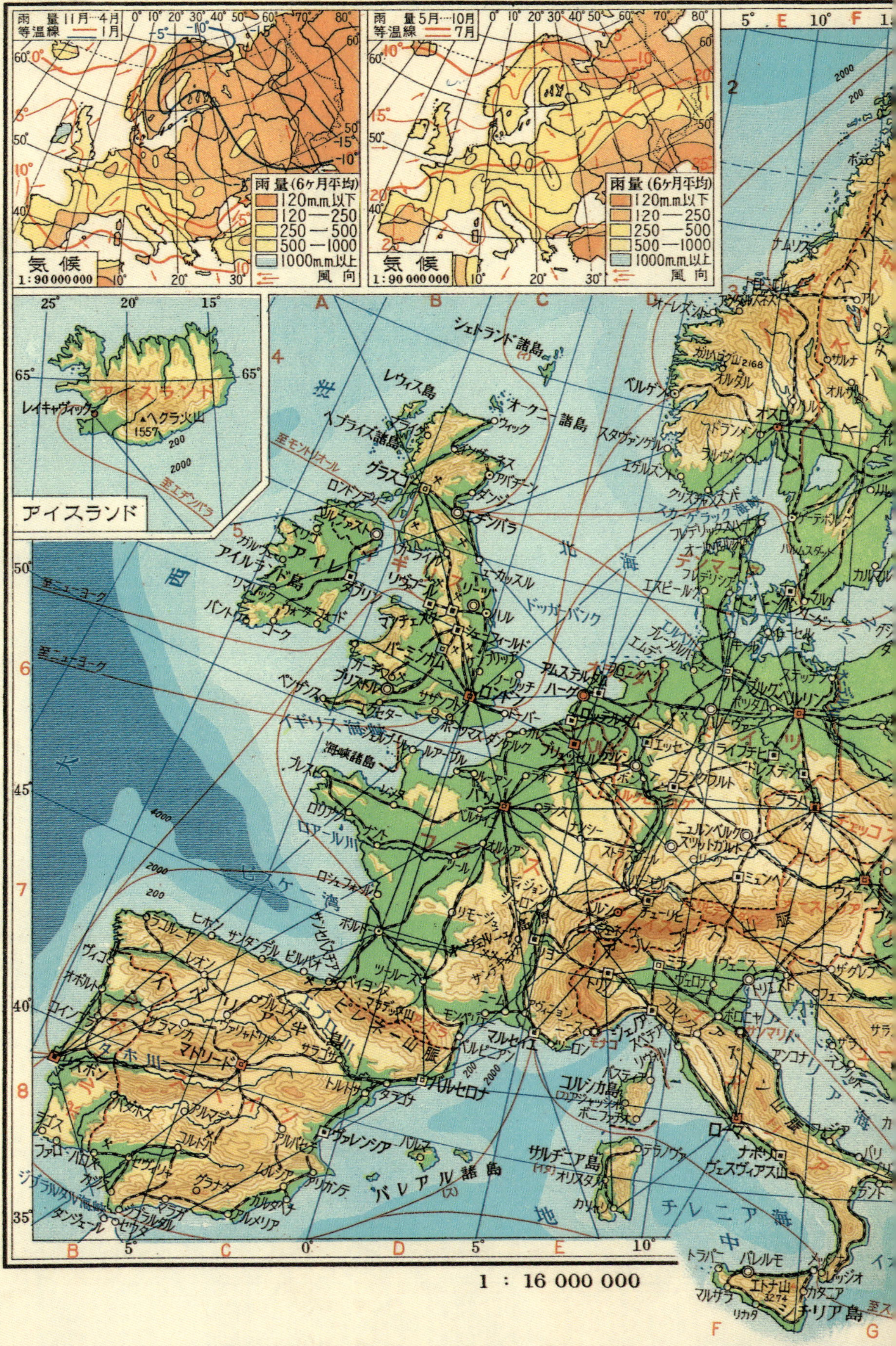
雨量 11月…4月
等温線 1月
雨量(6ヶ月平均)
120m.m.以下
120―250
250―500
500―1000
1000m.m.以上
風向
気候
1:90 000 000
雨量 5月…10月
等温線 7月
雨量(6ヶ月平均)
120m.m.以下
120―250
250―500
500―1000
1000m.m.以上
風向
気候
1:90 000 000
アイスランド
レイキャヴィック
ヘクラ火山
1557
至モントリオール
至エヂンバラ
アイスランド
シェトランド諸島
レウィス島
オークニー諸島
ヘブライズ諸島
グラスゴー
エヂンバラ
ベルファスト
アイルランド島
ダブリン
ニューカッスル
ハル
リヴァプール
マンチェスター
シェーフィールド
バーミンガム
ブリストル
ロンドン
ドッガーバンク
至ニューヨーク
至ニューヨーク
北海
大西洋
イギリス海峡
海峡諸島
ビスケー湾
ロアール川
ボルドー
パリ
ベルゲン
オスロ
スタヴァンゲル
スカゲラック海峡
アムステルダム
ハーグ
ブリュッセル
ミュンヘン
ニュルンベルク
マドリード
リスボン
タホ川
ピレネー山脈
バルセロナ
ヴァレンシア
バレアル諸島
グラナダ
ジブラルタル海峡
マルセイユ
コルシカ島
サルヂニア島
ローマ
ナポリ
ヴェスヴィアス山
チレニア海
パレルモ
エトナ山
3274
シチリア島

1 : 16 000 000

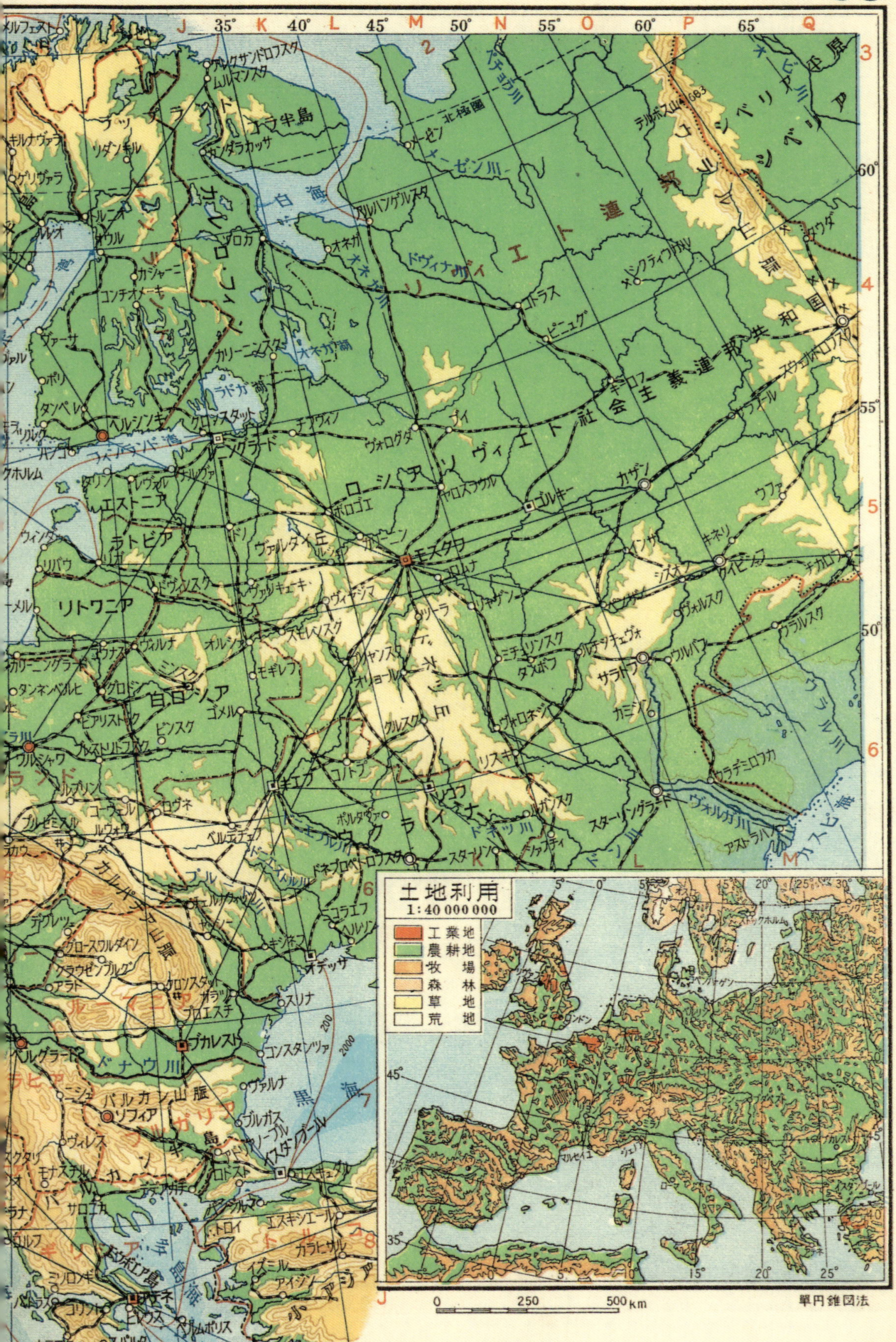

コラ半島
白海
オネガ湖
ラドガ湖
アルハンゲリスク
ソヴィエト連邦
ロシア ソヴィエト社会主義連邦共和国
ヘルシンキ
レニングラード
エストニア
ラトビア
リトワニア
白ロシア
ウクライナ
モスクワ
ゴルキー
カザン
クイビシェフ
サラトフ
スターリングラード
アストラハン
ヴォルガ川
ウラル川
カスピ海
キエフ
ミンスク
ワルシャワ
オデッサ
ブカレスト
ソフィア
バルカン山脈
黒海
イスタンブール
アテネ
ギリシア
土地利用
1:40 000 000
工業地
農耕地
牧場
森林
草地
荒地
0 250 500 km
單円錐図法

56 村と都市(2)

大都市の商工業区域 —大阪市の例—

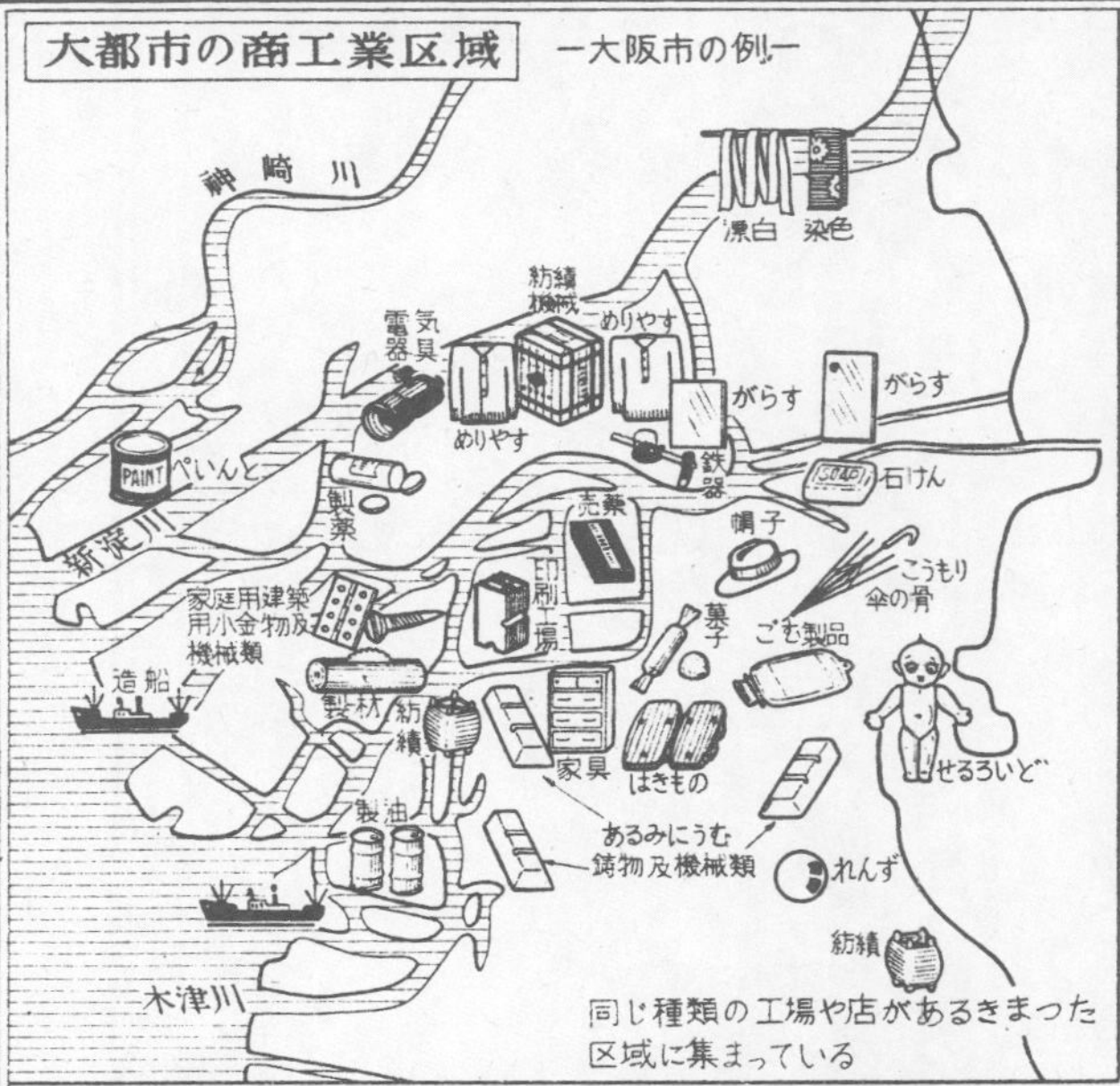

同じ種類の工場や店があるきまった
区域に集まっている

城下町の内部

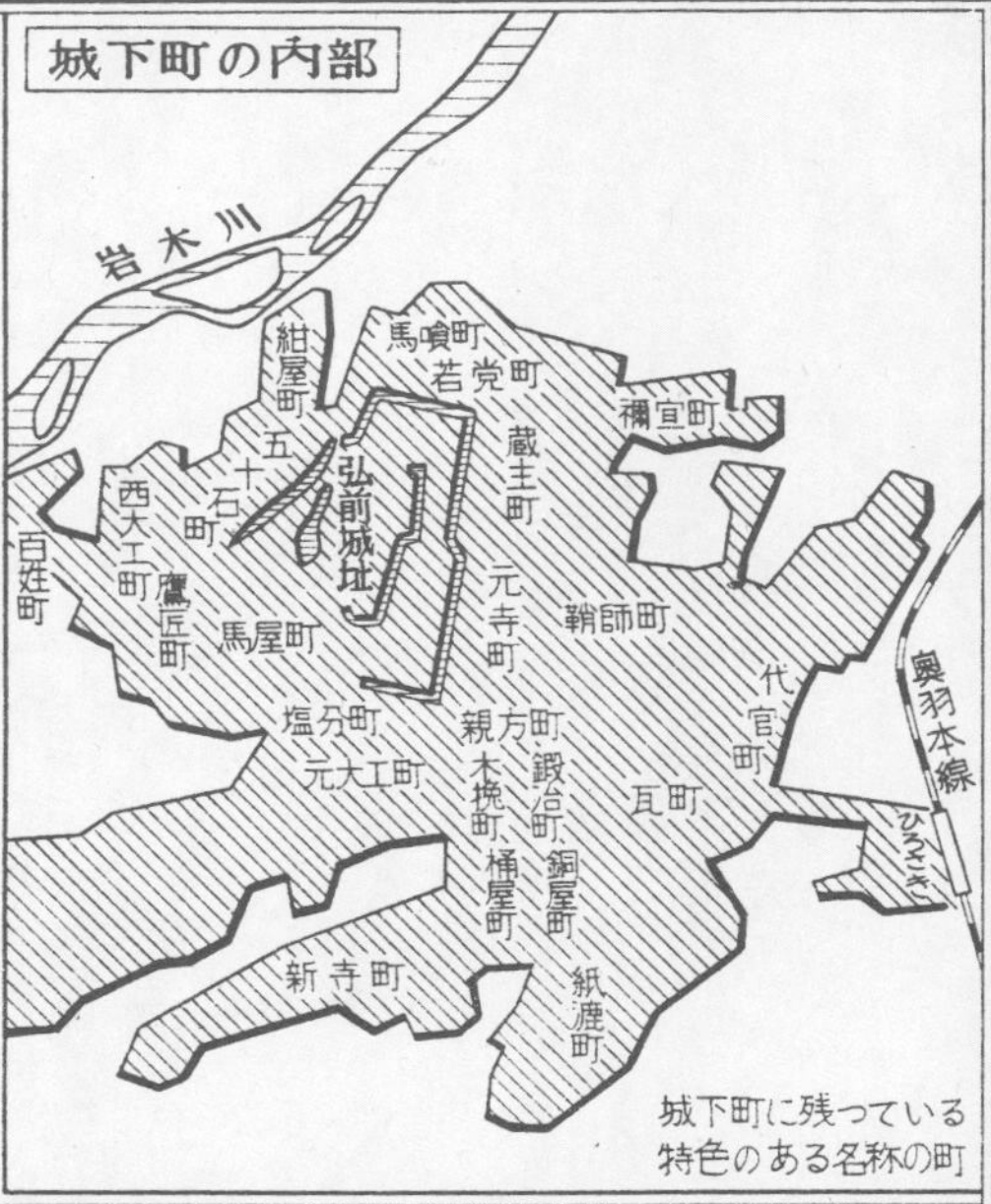

城下町に残っている
特色のある名称の町

世界のいろいろな都市の形態

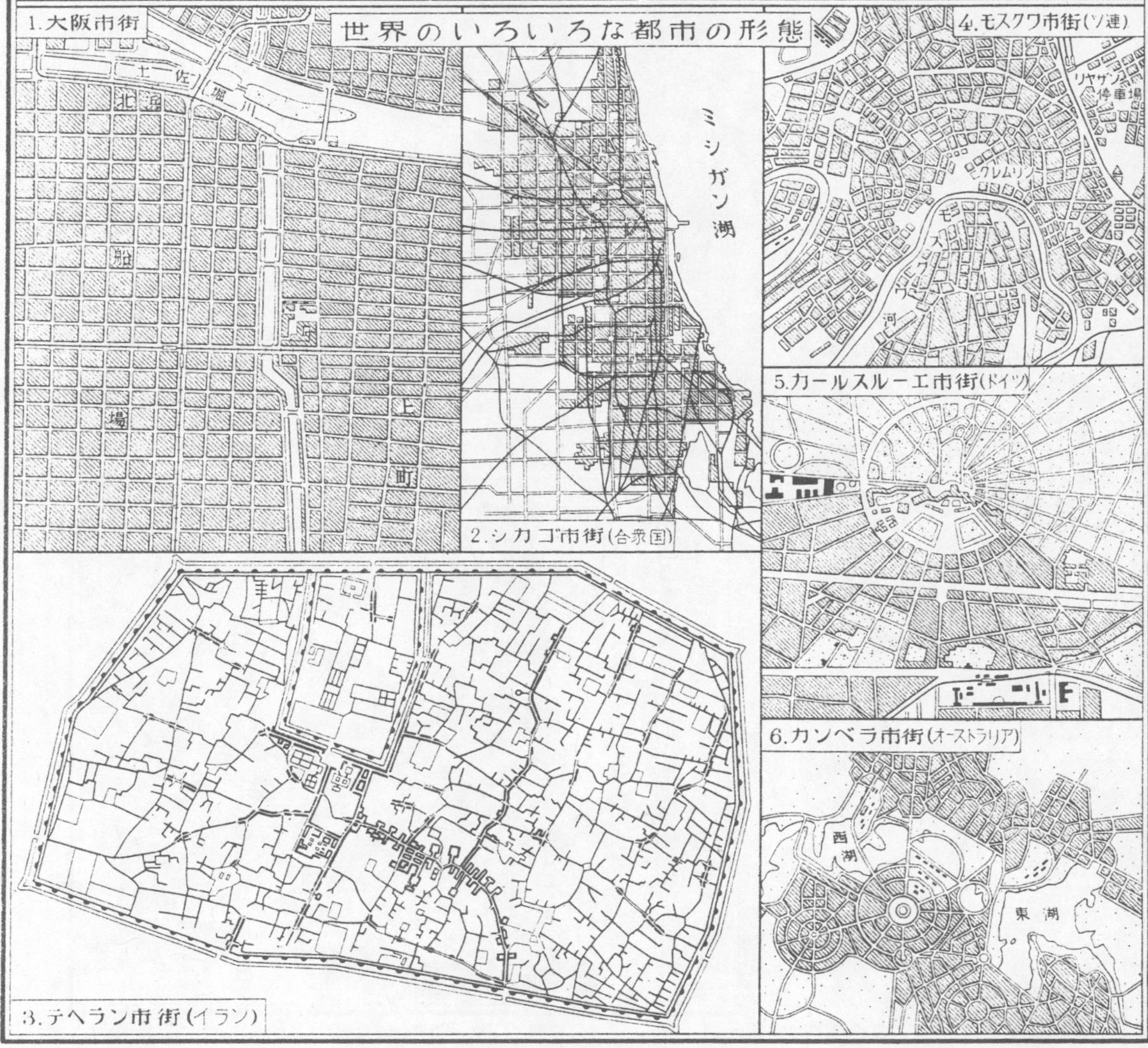

工業の発達と土地の変化

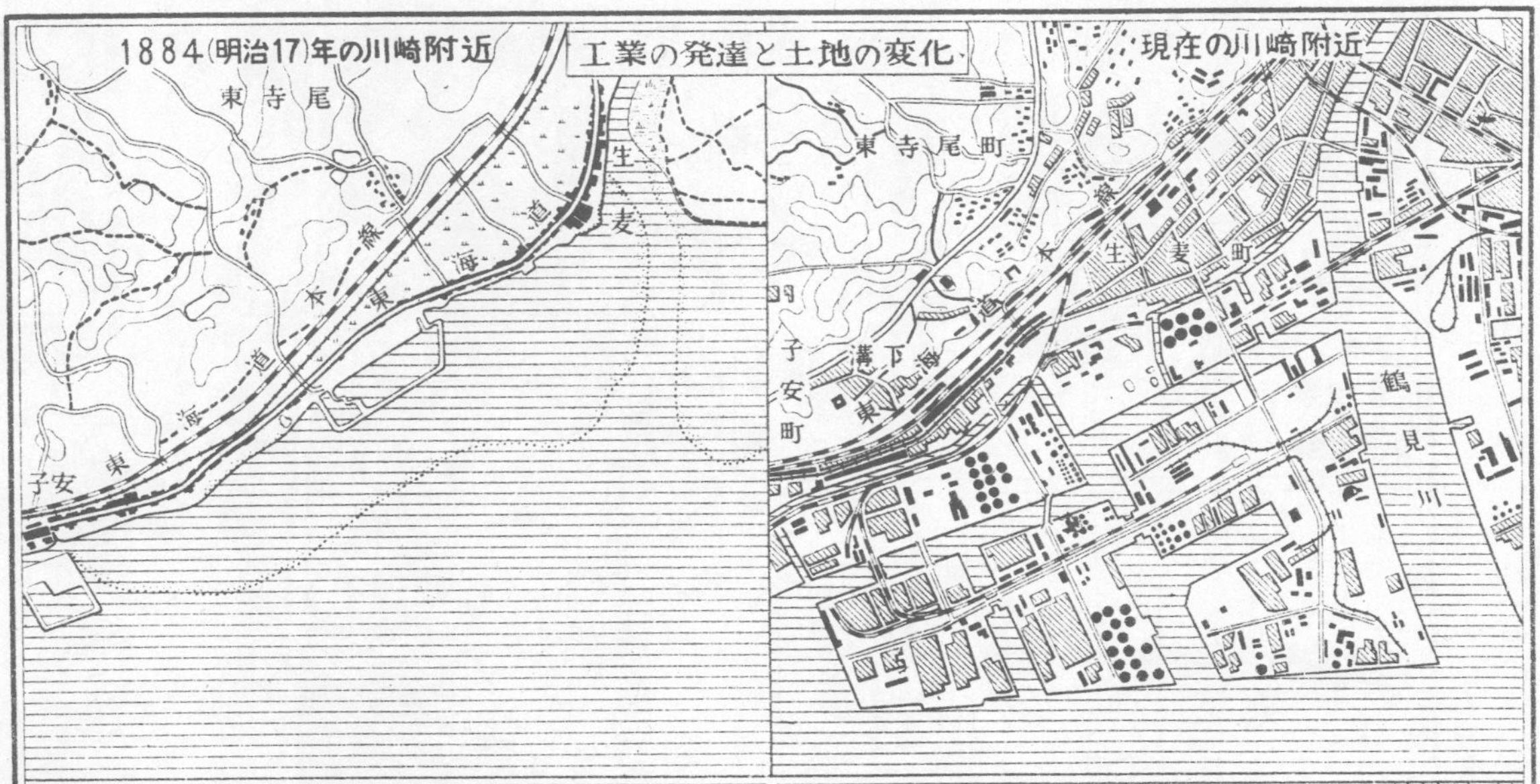

1884(明治17)年の川崎附近
東寺尾
生麦
東海道本線
子安
現在の川崎附近
東寺尾町
生麦町
子安町
溝下
鶴見川

都市の内部
－東京都の例－

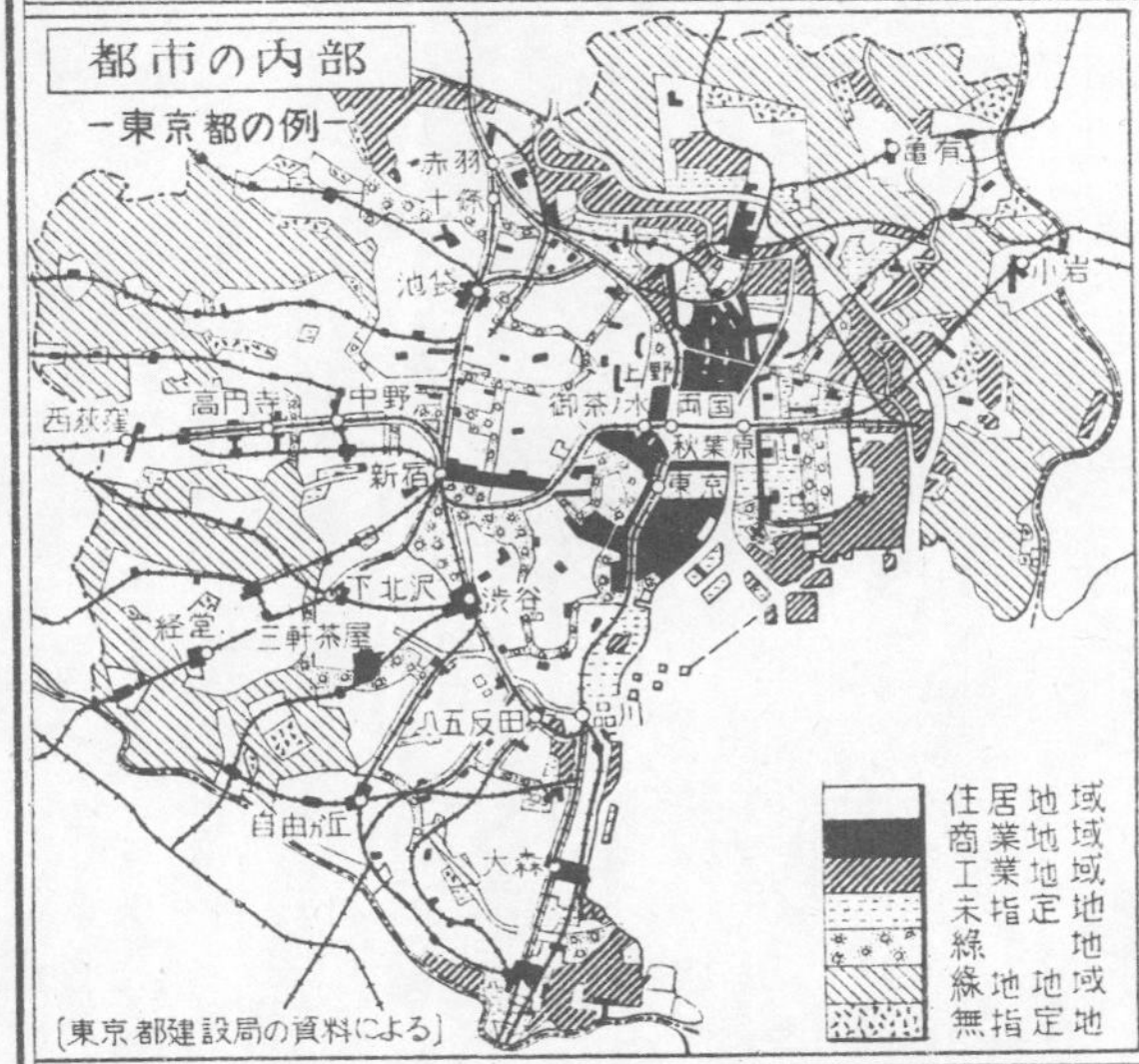

赤羽
十条
亀有
小岩
池袋
上野
御茶ノ水
両国
秋葉原
西荻窪
高円寺
中野
新宿
東京
下北沢
渋谷
経堂
三軒茶屋
五反田
品川
自由ガ丘
大森
住居地域
商業地域
工業地域
未指定地
緑地
緑地地域
無指定地

〔東京都建設局の資料による〕

都市居住者の出身地
－京都市の例－

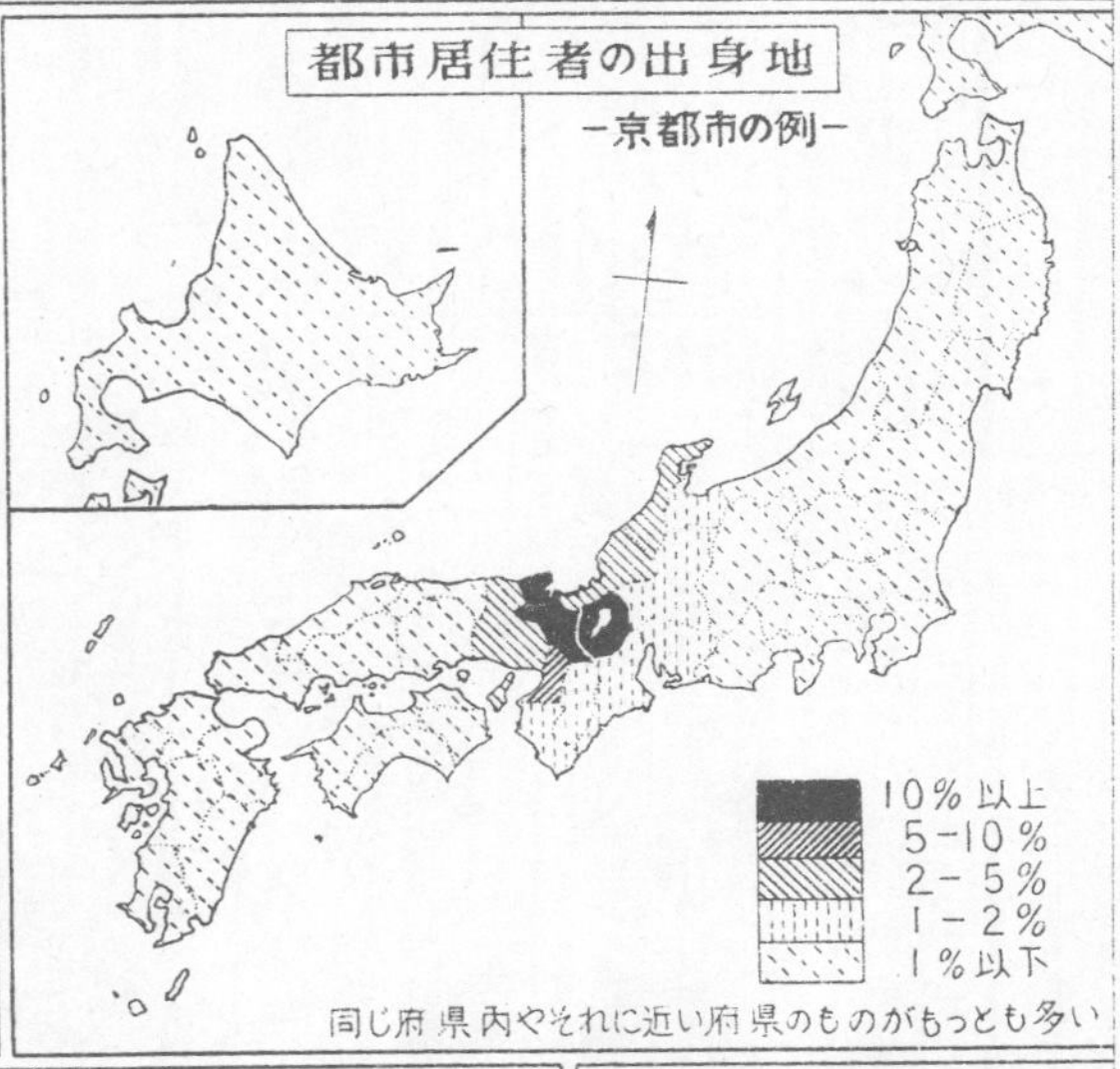

10％以上
5－10％
2－5％
1－2％
1％以下

同じ府県内やそれに近い府県のものがもっとも多い

都市の機能

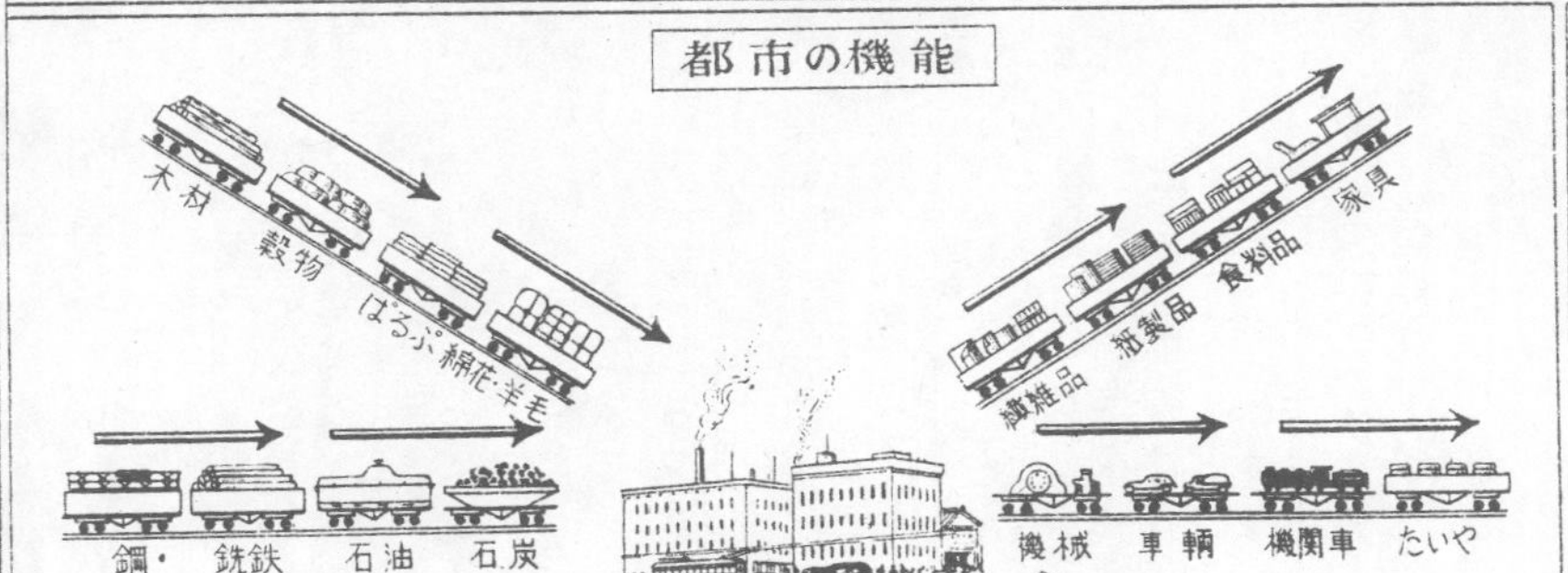

木材
穀物
ぱるぷ
綿花
羊毛
鋼・銑鉄
石油
石炭
ごむ
皮革
粘土
金属
都会
繊維品
紙製品
食料品
家具
機械
車輌
機関車
たいや
金物
とうじき
くつ
がらす製品
船舶

地方から原料を集め製品としてまた地方へ送り出す

北九州都市の人口増加

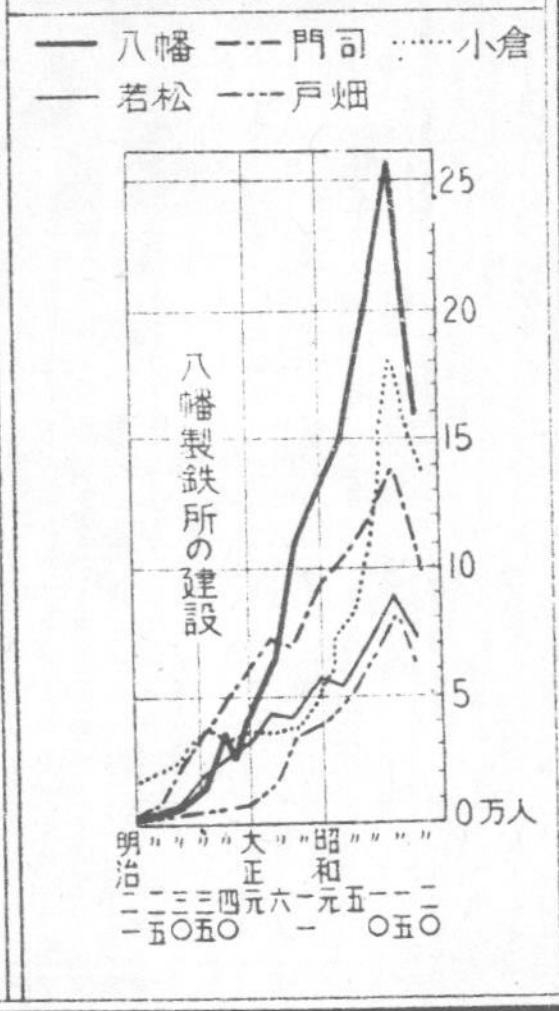

八幡
門司
小倉
若松
戸畑
八幡製鉄所の建設
25
20
15
10
5
0万人
明治二二
〃二五
〃三〇
〃三五
〃四〇
大正元
〃六
〃一一
昭和元
〃五
〃一〇
〃一五
〃二〇

1 : 50 000 000

0 500 1000 1500 km

ボンヌ図法

北アメリカ・南アメリカ

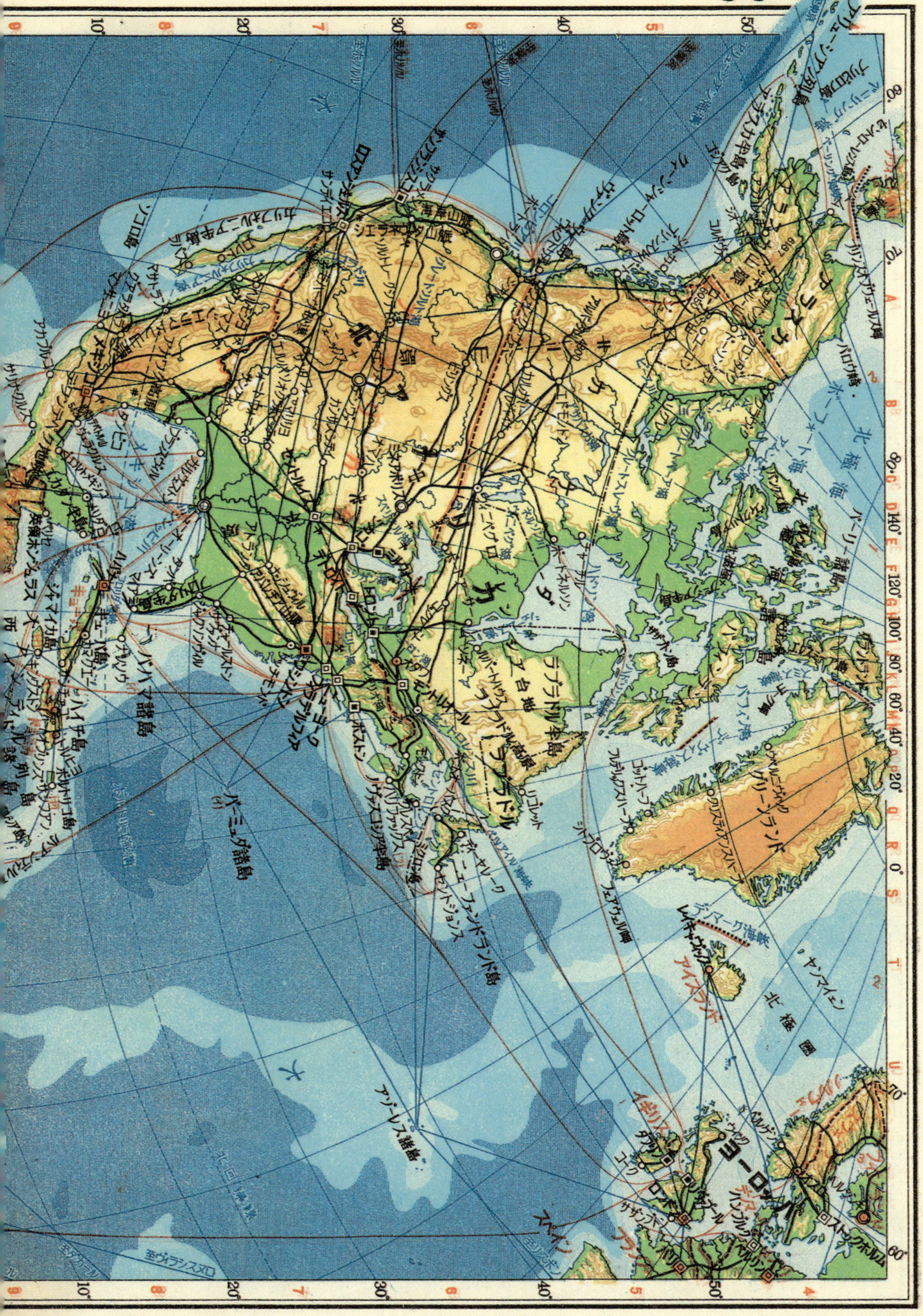

60 地下資源の利用(1)

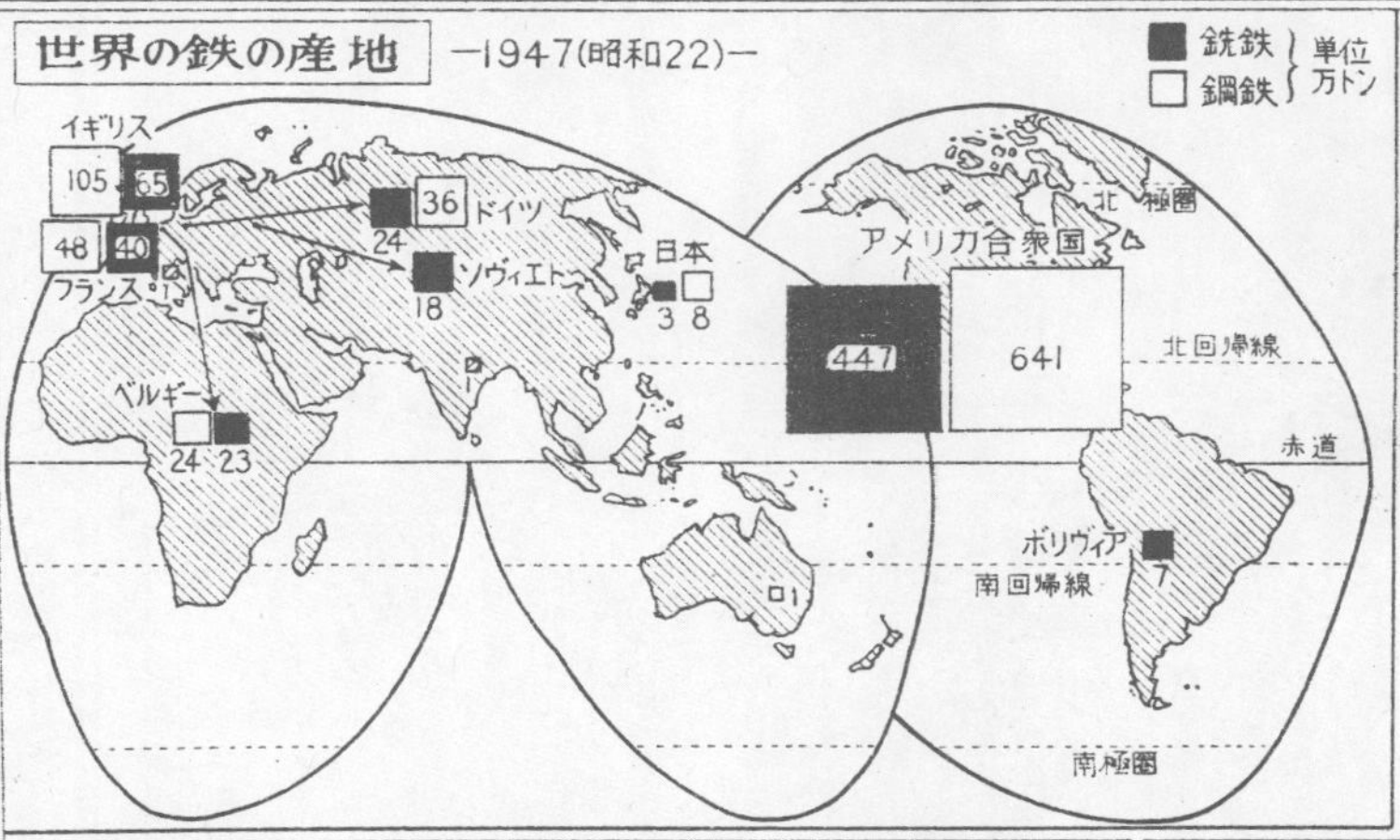
世界の鉄の産地
―1947(昭和22)―
銑鉄
鋼鉄
単位 万トン
イギリス
105
65
48
40
フランス
ドイツ
36
24
ソヴィエト
18
日本
3
8
ベルギー
24
23
アメリカ合衆国
447
641
北極圏
北回帰線
赤道
ボリヴィア
7
南回帰線
南極圏

古代ギリシアの鉱山

鉱夫は裸であり,鉱石をとるのに鶴嘴を用い鉱石を篭に入れて上に運んでいる.図中真中の上に吊りさがっているのは水瓶である

日本のおもな鉱山
I 金
△ 銅
○ 鉄
× 鉛
● 亜鉛
V 硫化鉄
地質構造が複雑なため鉱物の種類は多いが産出量の多いものはない

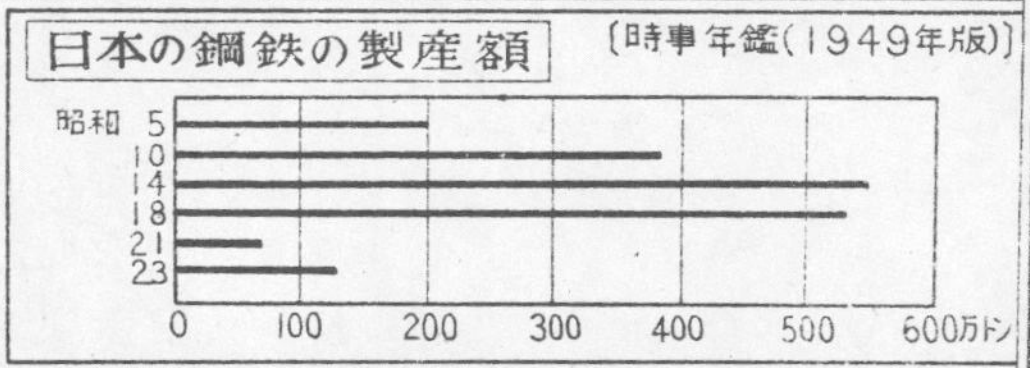
日本の鋼鉄の製産額
〔時事年鑑(1949年版)〕
昭和 5
10
14
18
21
23
0
100
200
300
400
500
600万トン

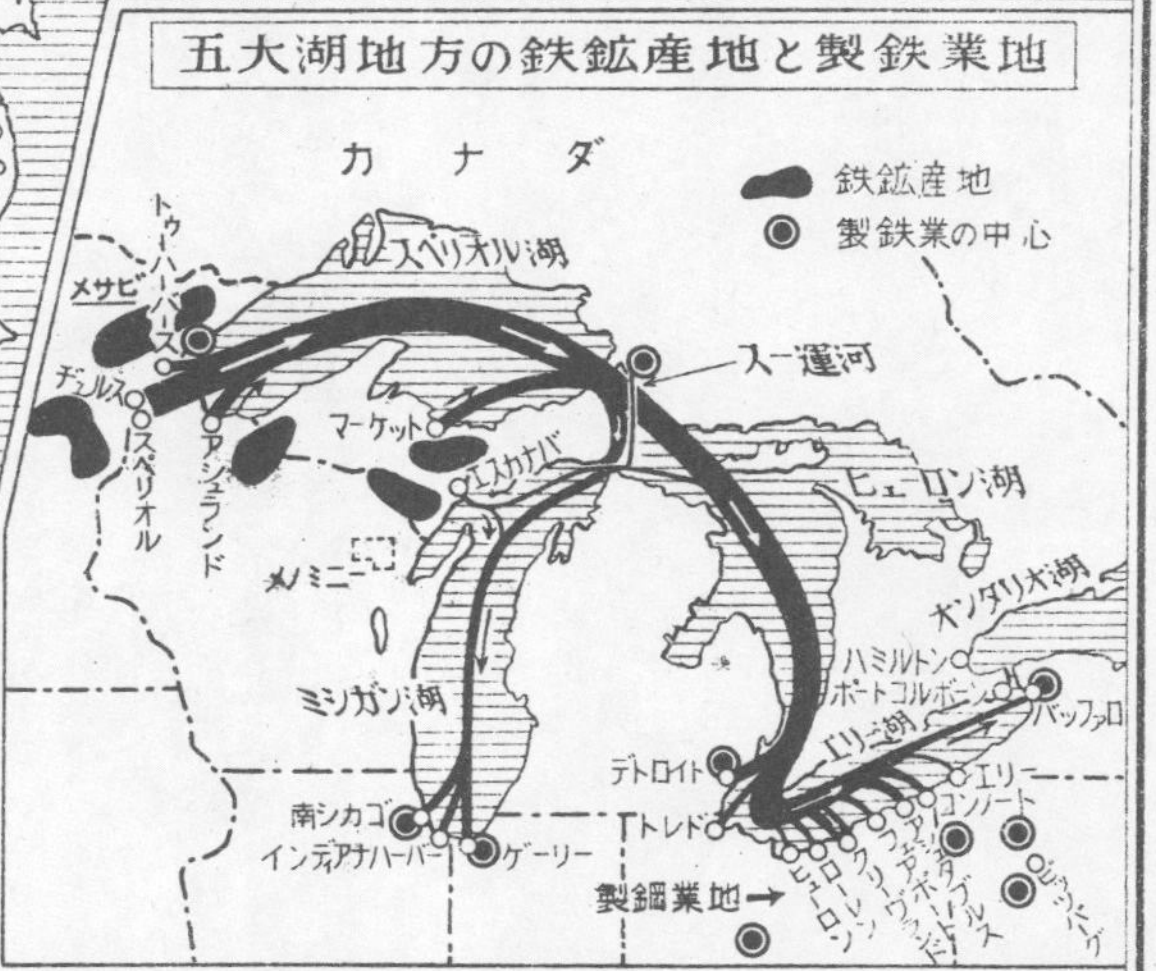
五大湖地方の鉄鉱産地と製鉄業地
カナダ
鉄鉱産地
製鉄業の中心
スペリオル湖
メサビ
トゥーハーバース
デュルス
スペリオル
アシュランド
マーケット
エスカナバ
スー運河
ヒューロン湖
メノミニー
ミシガン湖
オンタリオ湖
ハミルトン
ポートコルボーン
バッファロ
エリー湖
エリー
コンノート
デトロイト
トレド
南シカゴ
インディアナハーバー
ゲーリー
製鋼業地

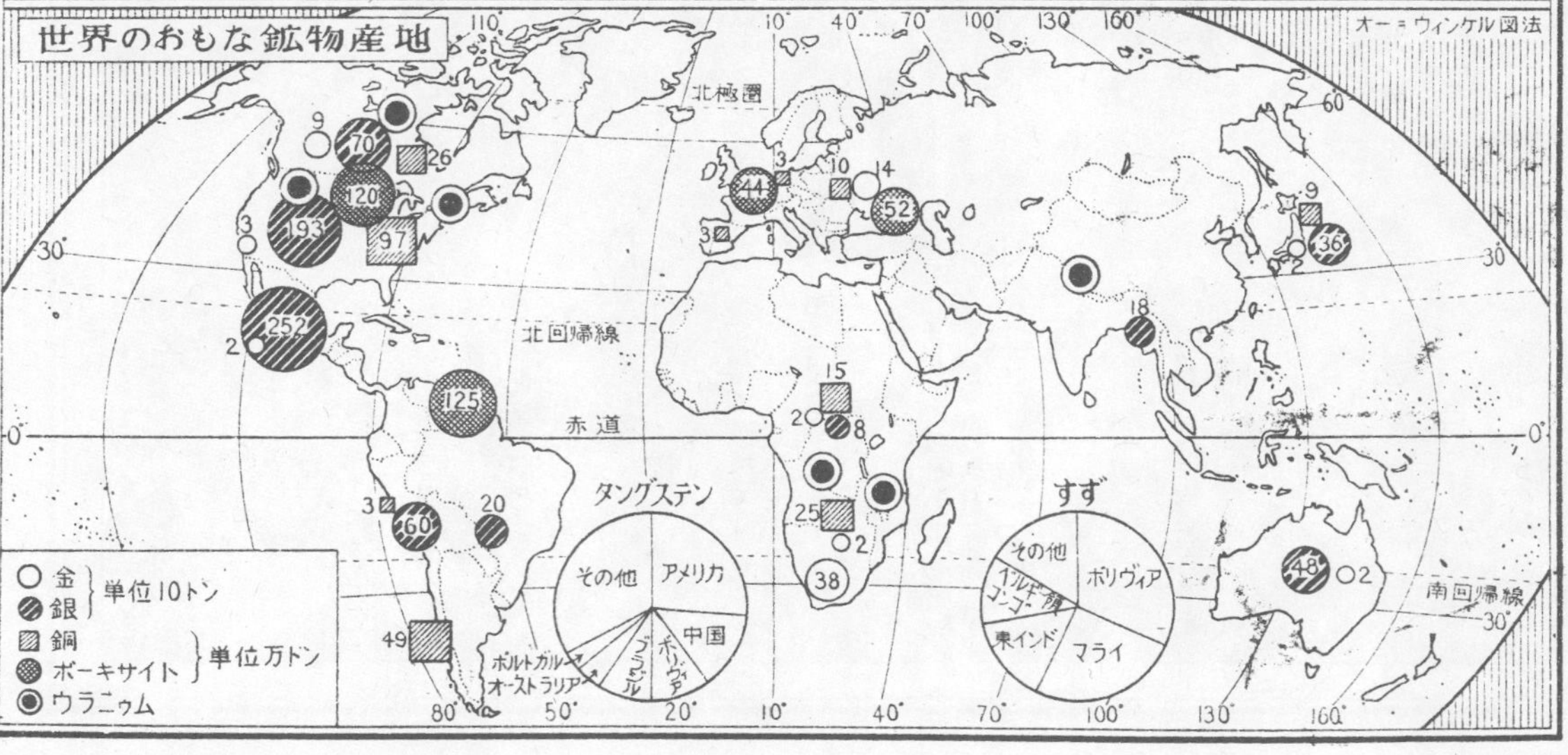
世界のおもな鉱物産地
オーミウィンケル図法
北極圏
北回帰線
赤道
南回帰線
タングステン
その他
アメリカ
中国
ボリヴィア
ブラジル
ポルトガル
オーストラリア
すず
その他
ボリヴィア
ベルギー領コンゴー
東インド
マライ
○ 金
● 銀
単位10トン
▨ 銅
● ボーキサイト
◉ ウラニウム
単位万トン

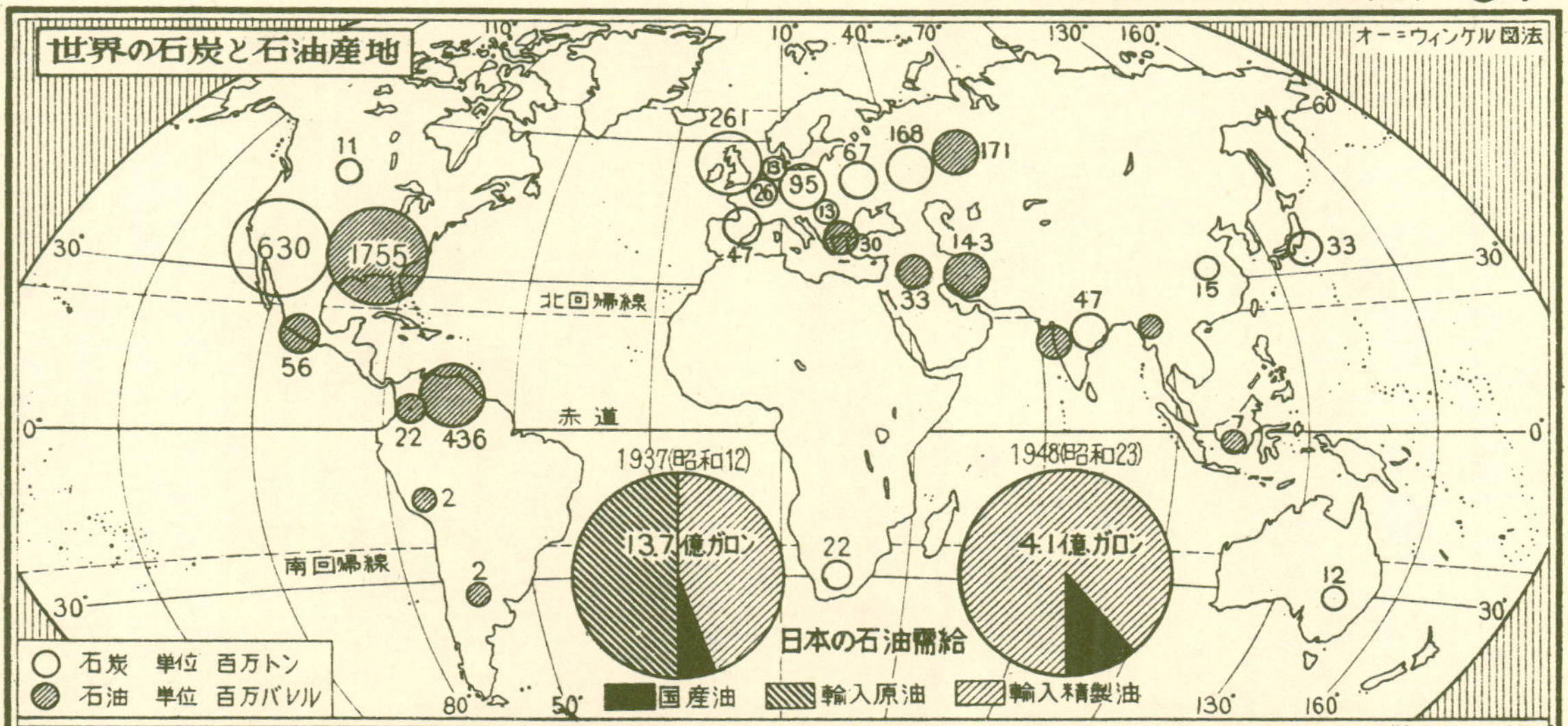
世界の石炭と石油産地
オー=ウィンケル図法
北回帰線
赤道
南回帰線
11
630
1755
56
22
436
2
2
261
18
26
95
67
168
171
13
17
30
47
33
143
47
15
33
22
12
1937(昭和12)
13.7億ガロン
1948(昭和23)
4.1億ガロン
日本の石油需給
国産油
輸入原油
輸入精製油
石炭　単位　百万トン
石油　単位　百万バレル

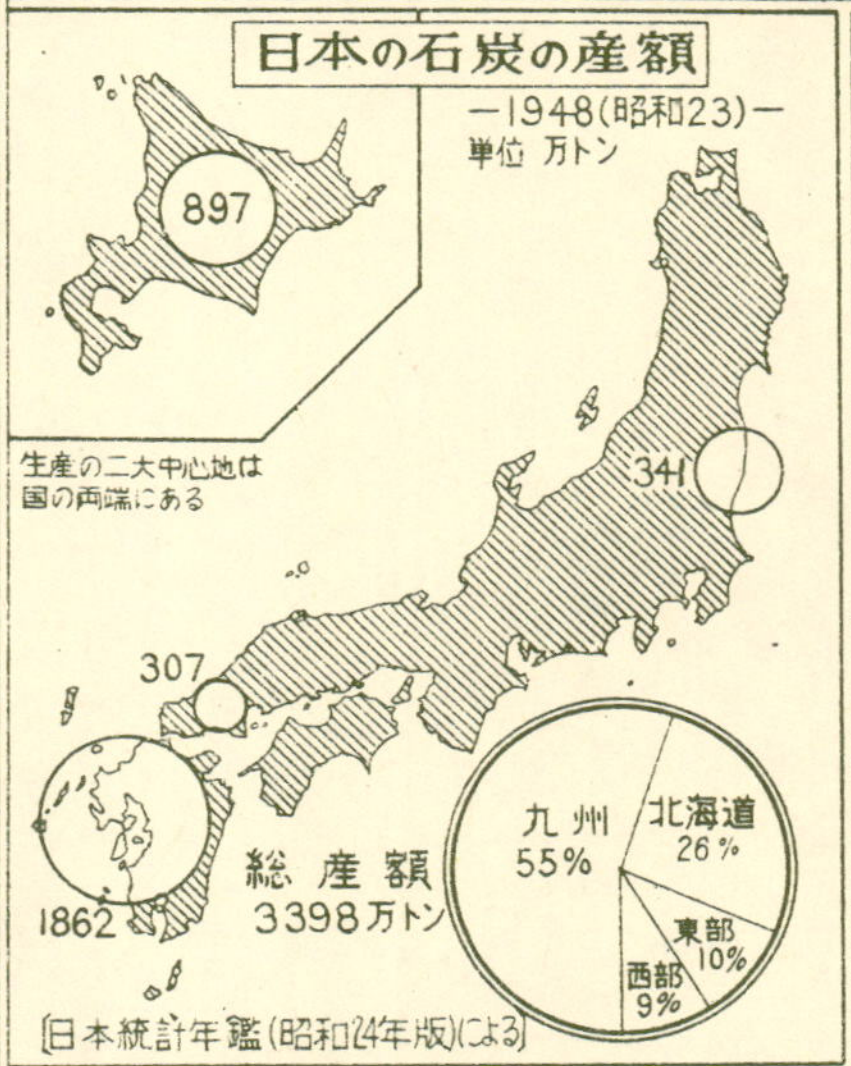
日本の石炭の産額
—1948(昭和23)—
単位 万トン
897
341
307
1862
生産の二大中心地は
国の両端にある
総産額
3398万トン
九州
55%
北海道
26%
東部
10%
西部
9%
〔日本統計年鑑(昭和24年版)による〕

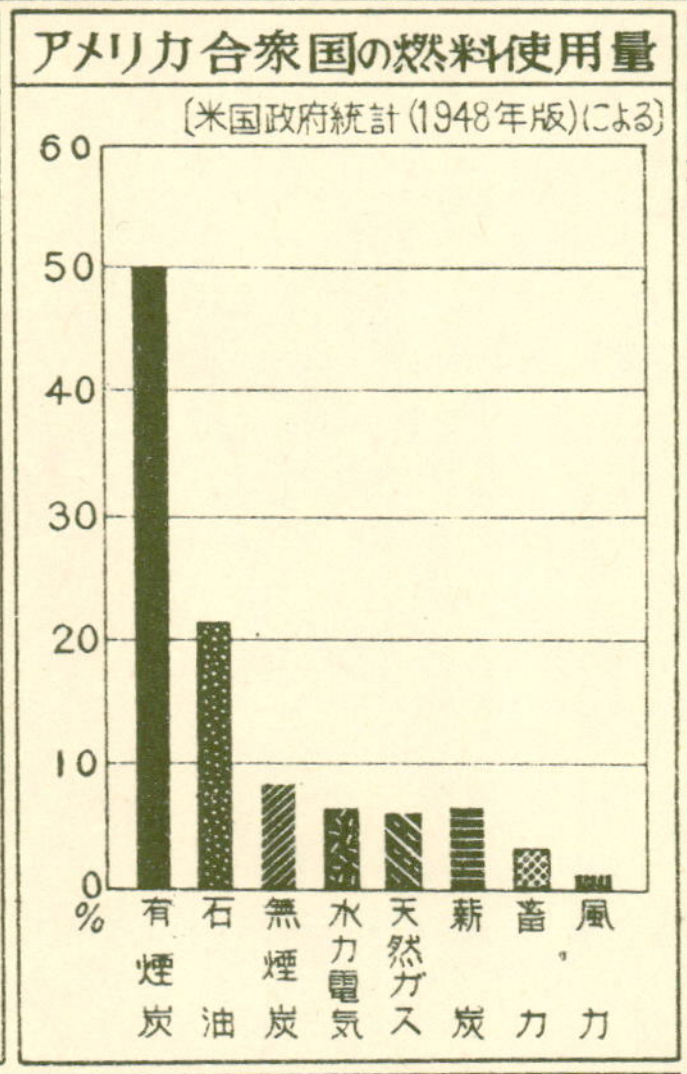
アメリカ合衆国の燃料使用量
〔米国政府統計(1948年版)による〕
60
50
40
30
20
10
0
%
有煙炭
石油
無煙炭
水力電気
天然ガス
薪炭
畜力
風力

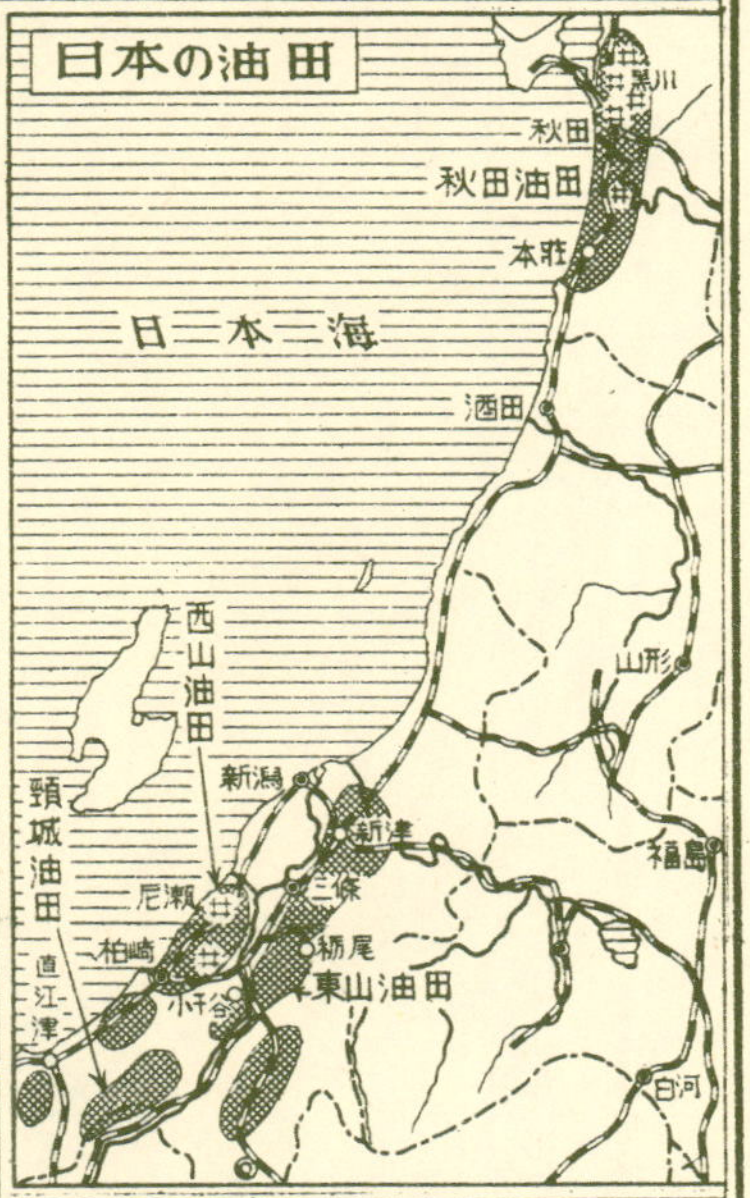
日本の油田
日本海
秋田
秋田油田
本荘
酒田
山形
西山油田
新潟
頸城油田
尼瀬
柏崎
直江津
三条
栃尾
東山油田
福島
白河

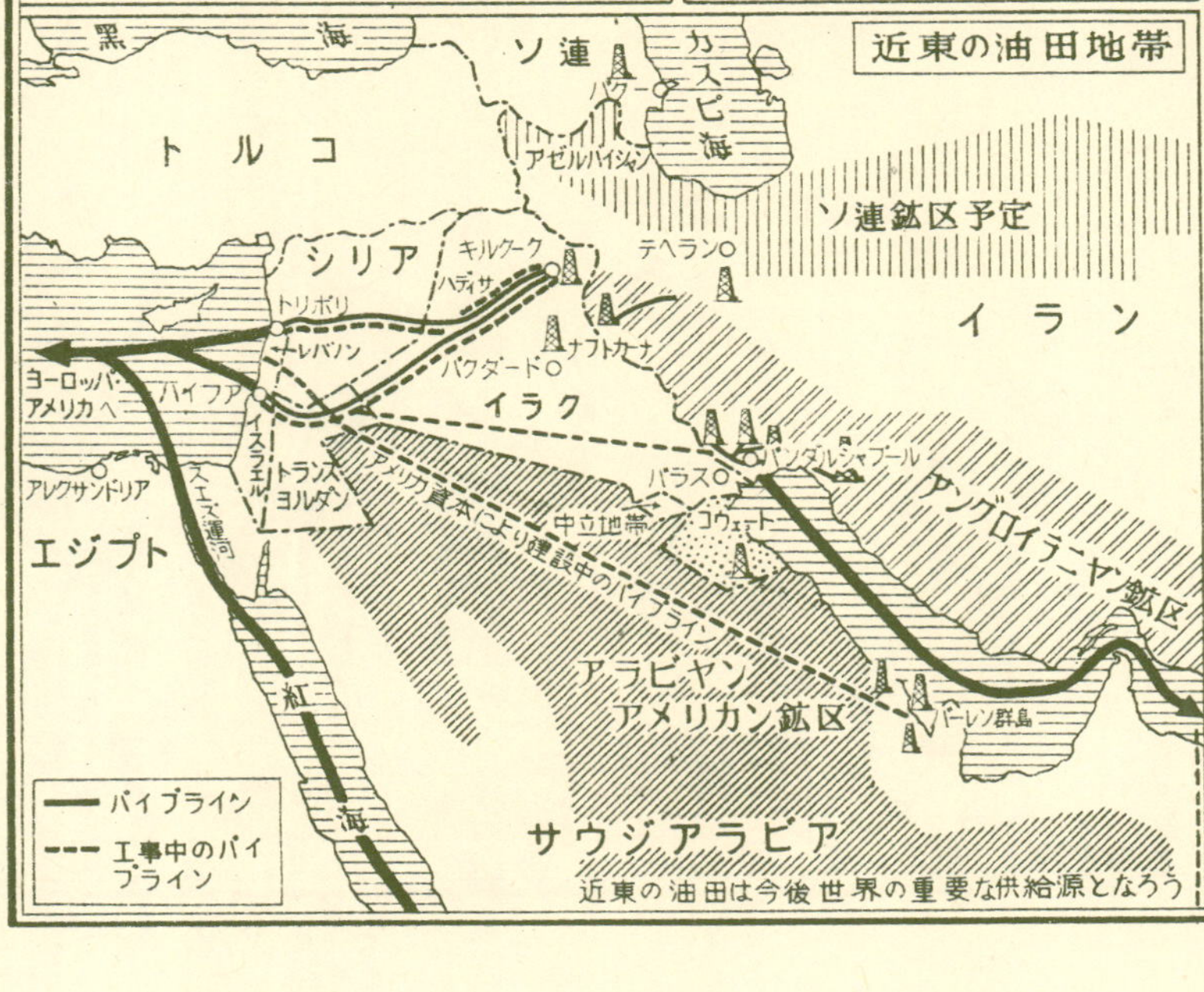
近東の油田地帯
黒海
ソ連
カスピ海
バクー
トルコ
アゼルバイジャン
ソ連鉱区予定
シリア
キルクーク
テヘラン
ハディサ
トリポリ
レバノン
イラン
バグダード
ナフトカナ
ヨーロッパ・アメリカへ
ハイファ
イスラエル
イラク
トランスヨルダン
アバダン
バンダルシャプール
バスラ
アレクサンドリア
中立地帯
コウェート
エジプト
スエズ運河
アングロイラニヤン鉱区
アメリカ資本により建設中のパイプライン
アラビヤンアメリカン鉱区
バーレン群島
紅海
サウジアラビア
パイプライン
工事中のパイプライン
近東の油田は今後世界の重要な供給源となろう

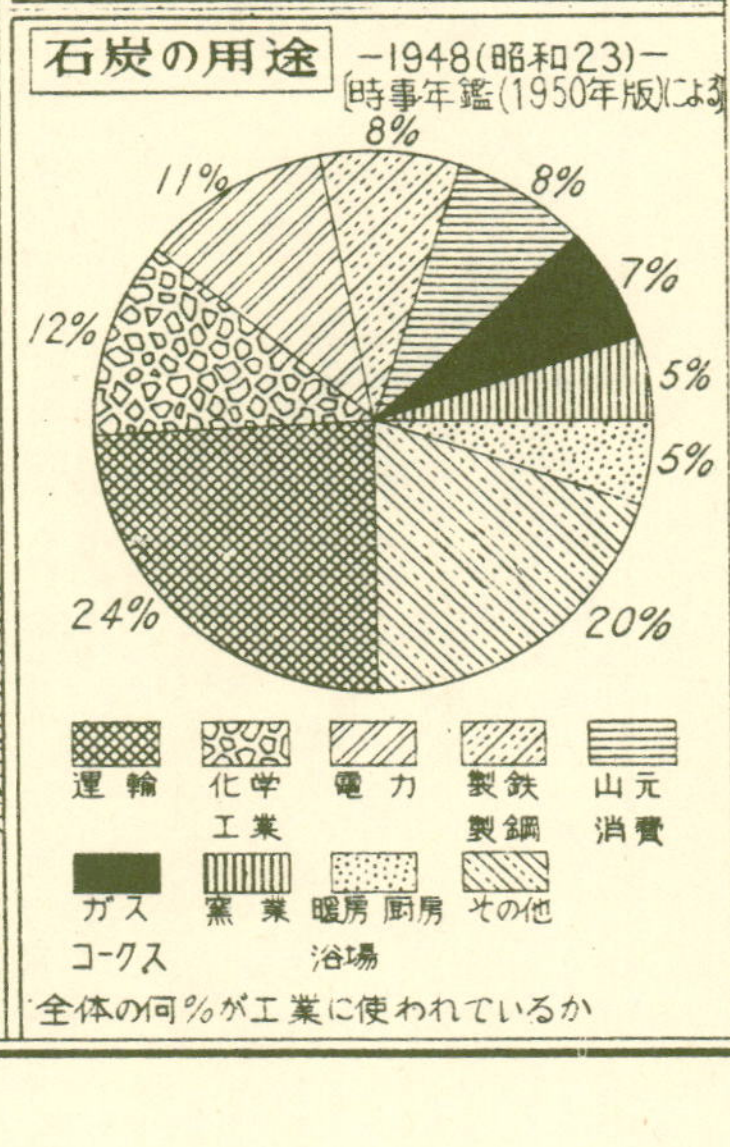
石炭の用途
—1948(昭和23)—
〔時事年鑑(1950年版)による〕
8%
8%
7%
5%
5%
20%
24%
12%
11%
運輸
化学工業
電力
製鉄製鋼
山元消費
ガスコークス
窯業
暖房厨房浴場
その他
全体の何%が工業に使われているか

カナダ
サスカチェワン
アルバータ
ブリティッシュコロンビア
マニトバ
ヴァンクーヴァー島
ワシントン
オレゴン
アイダホ
モンタナ
ワイオミング
北ダコタ
南ダコタ
ネブラスカ
コロラド
カンサス
ユタ
ネヴァダ
アリゾナ
ニューメキシコ
オクラホマ
テキサス
メキシコ
太平洋
グレートソルト湖
コロラド高地
コロラド大峡谷
スネーク川
グレートフォールス川
ミズーリ川
プラット川
カンサス川
レッド川
ペカンス川
エドモントン
カルガリー
サスカツーン
レジャイナ
ウィニペグ
ヴァンクーヴァー
シアトル
タコマ
ポートランド
ヘレナ
ビリングス
ビスマーク
シャイエンヌ
デンヴァー
プエブロ
オグデン
サンフランシスコ
ロスアンジェルス
サンペドロ
フェニックス
エルパソ
サンタフェ
アマリリョ
オクラホマシティ
フォートワース
サンアントニオ
オースティン
コーパスクリスチ
ブラウンズヴィル
マタモロス
ヌエヴォラレド
チワワ
サルチヨ
3380 ベーカー山
4392 レニア山
2782 スコット山
4540 ホイットニー山
3900 サンフランシスコ山
北回帰線
工業地
農耕地
牧場
森林
ツンドラ
荒地
土地利用
1:80 000 000

1 : 16 000 000

ラブラドル高原
ラブラドル半島
アンチコスチ島
ジェームス湾
ケベック
ローレンシア台地
オンタリオ
ニピゴン湖
スペリオル湖
ミシガン湖
ヒューロン湖
オンタリオ湖
エリー湖
モントリオール
ケベック
オタワ
トロント
バッファロー
デトロイト
シカゴ
ミルウォーキー
ニューヨーク
ボストン
フィラデルフィア
ピッツバーグ
ボルチモア
ワシントン
セントローレンス湾
ガスペ半島
ニューブランスウィック
ノヴァスコシア半島
プリンスエドワード島
メーン
ニューヨーク
ペンシルヴァニア
オハイオ
インディアナ
イリノイ
ケンタッキー
テネシー
北カロライナ
南カロライナ
ジョージア
アラバマ
ミシシッピー
ミシシッピー川
オハイオ川
インディアナポリス
シンシナティー
ルイスヴィル
セントルイス
スプリングフィールド
アトランタ
チャールストン
サヴァンナ
ニューオーリンズ
フロリダ半島
マイアミ
キーウェスト
タンパ
フロリダ海峡
メキシコ湾
大西洋
ハッテラス岬
ロングアイランド
コッド岬
セーブル岬
①ニューハンプシア
②ヴァーモント
③マサチュセッツ
④ロードアイランド
⑤コネチカット
⑥ニュージャーシー
⑦デラウェア
⑧メリーランド
⑨ヴァージニア
気候
雨量11月—4月
等温線 1月
1:150 000 000
気候
雨量5月—10月
等温線 7月
1:150 000 000
北回帰線
雨量(6カ月平均)
100mm以下
100—250
250—500
500—750
750—1000
1000—1500
1500mm以上
風向
0 250 500 750km
多円錐図法

64 電力の利用

世界の発電量

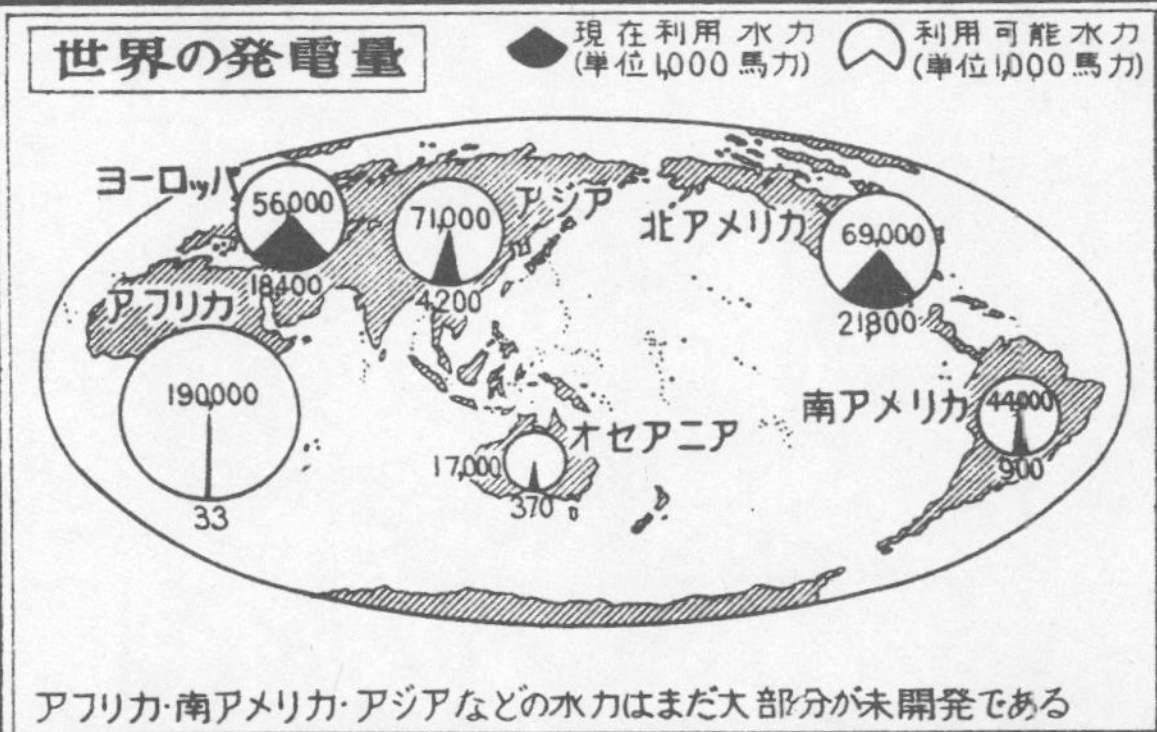
現在利用水力
(単位1,000馬力)
利用可能水力
(単位1,000馬力)
ヨーロッパ
56,000
18,400
71,000
4,200
アジア
北アメリカ
69,000
21,800
アフリカ
190,000
33
南アメリカ
44,000
900
オセアニア
17,000
370

アフリカ・南アメリカ・アジアなどの水力はまだ大部分が未開発である

日本の水力電気の開発

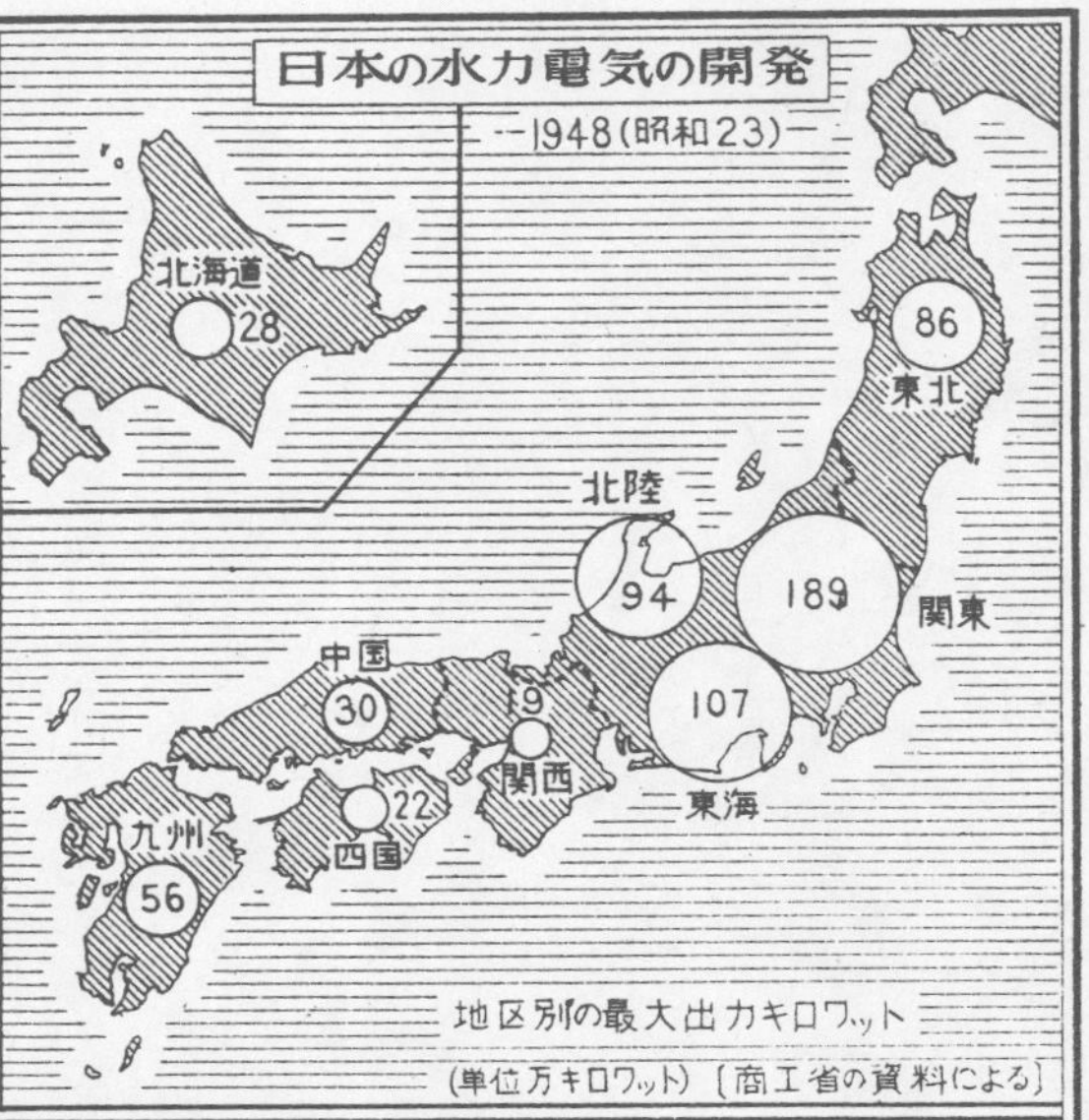
日本の水力電気の開発
―1948(昭和23)―
北海道
28
86
東北
北陸
94
189
関東
中国
30
19
107
関西
22
東海
四国
九州
56
地区別の最大出力キロワット
(単位万キロワット)〔商工省の資料による〕

1日の電力消費量

―関東地方の夏と冬の例―

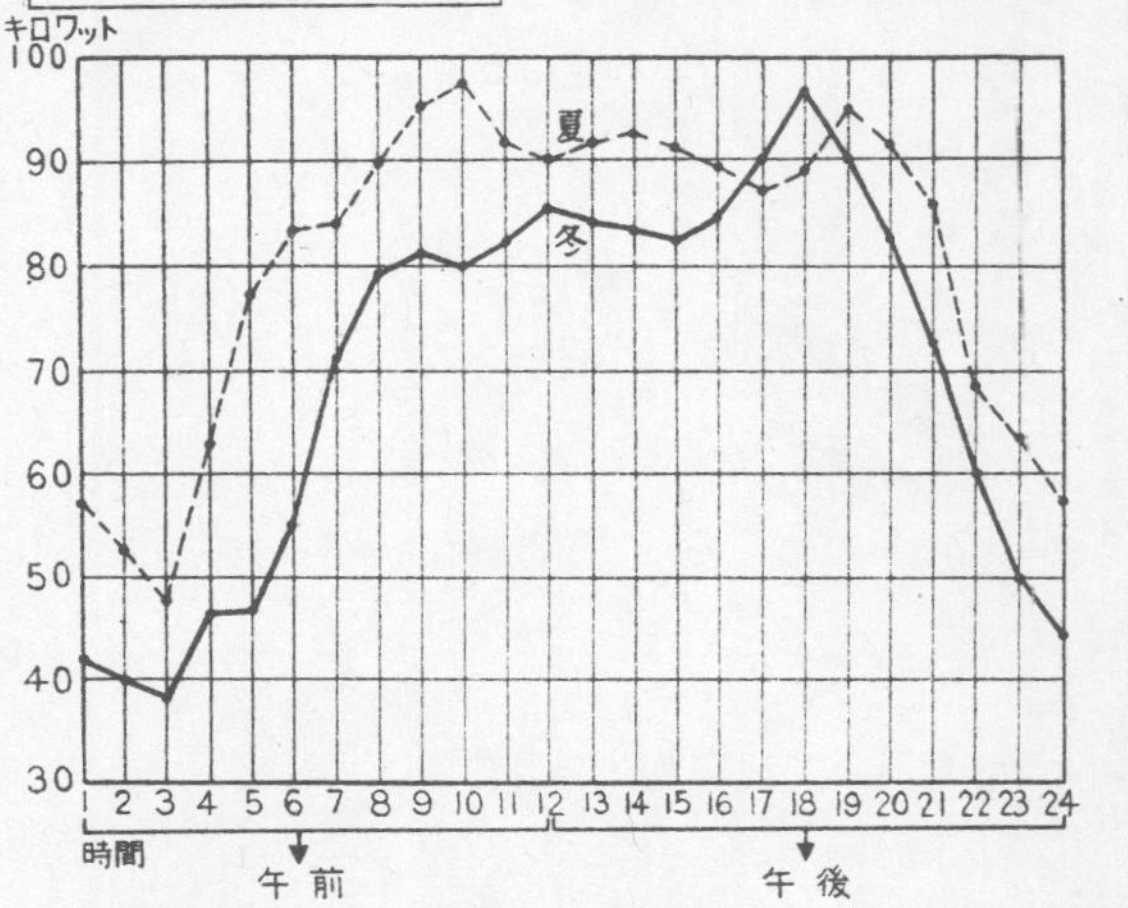
キロワット
100
90
80
70
60
50
40
30
夏
冬
1 2 3 4 5 6 7 8 9 10 11 12 13 14 15 16 17 18 19 20 21 22 23 24
時間
午前
午後

夏と冬とでは電力を多く使う時間にずれができる　〔日本発送電調〕

日本のおもな川の発電力

〔日本発送電調〕

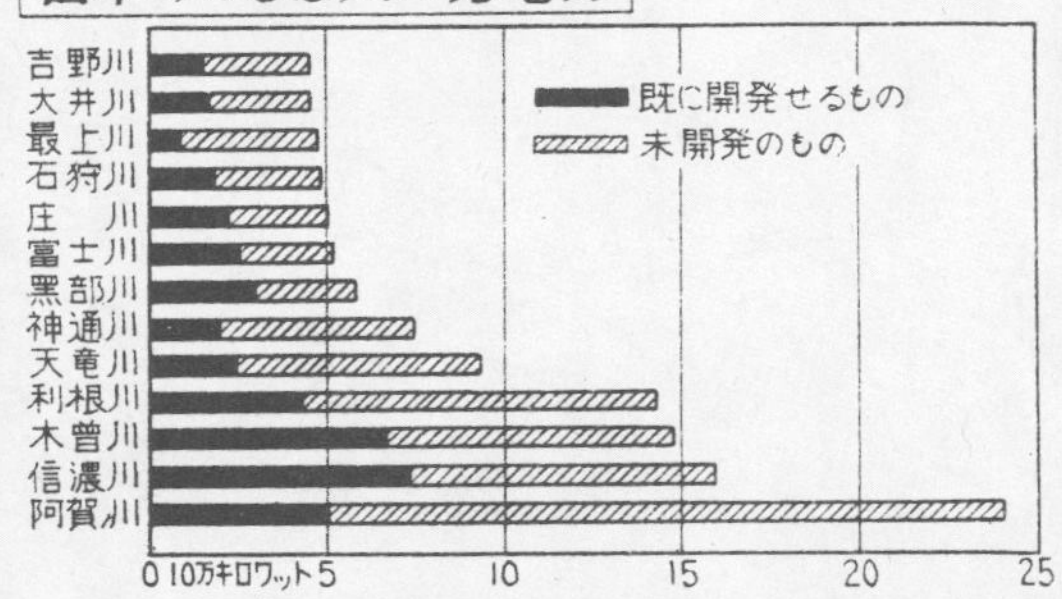
吉野川
大井川
最上川
石狩川
庄川
富士川
黒部川
神通川
天竜川
利根川
木曽川
信濃川
阿賀川
既に開発せるもの
未開発のもの
0 10万キロワット 5 10 15 20 25

送電の経路

―発電所から家庭まで―

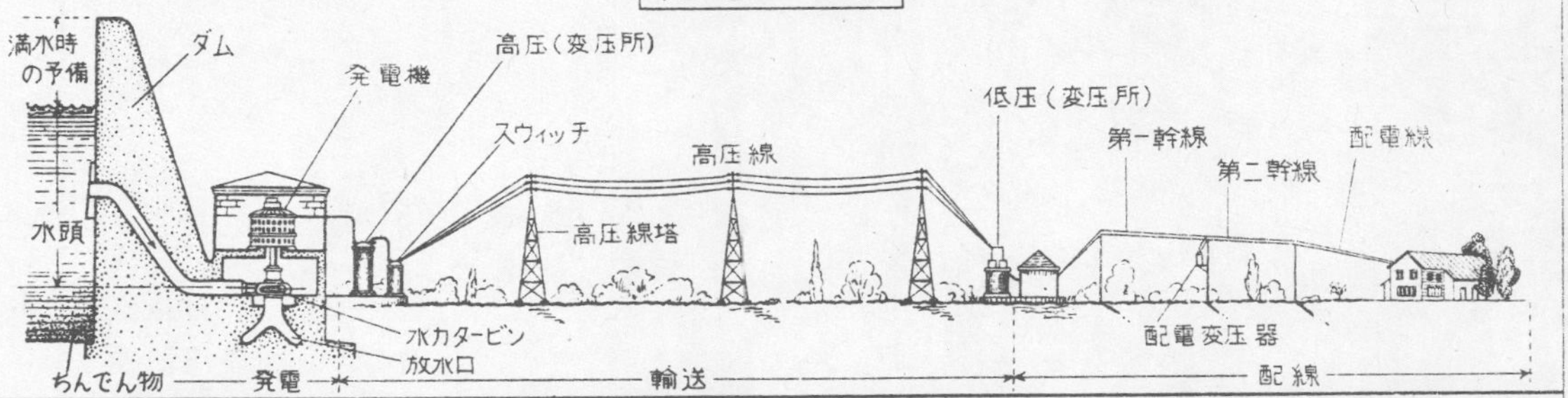
満水時の予備
ダム
発電機
高圧(変圧所)
スウィッチ
高圧線
高圧線塔
低圧(変圧所)
第一幹線
第二幹線
配電線
水頭
水力タービン
放水口
配電変圧器
ちんでん物
発電
輸送
配線

T.V.Aの位置

60°
40°
40
20
アパラチア山脈
T.V.Aの地域
100°
80°

アメリカ合衆国のT.V.A

―水力電気を基礎にした国土の総合的開発の例―

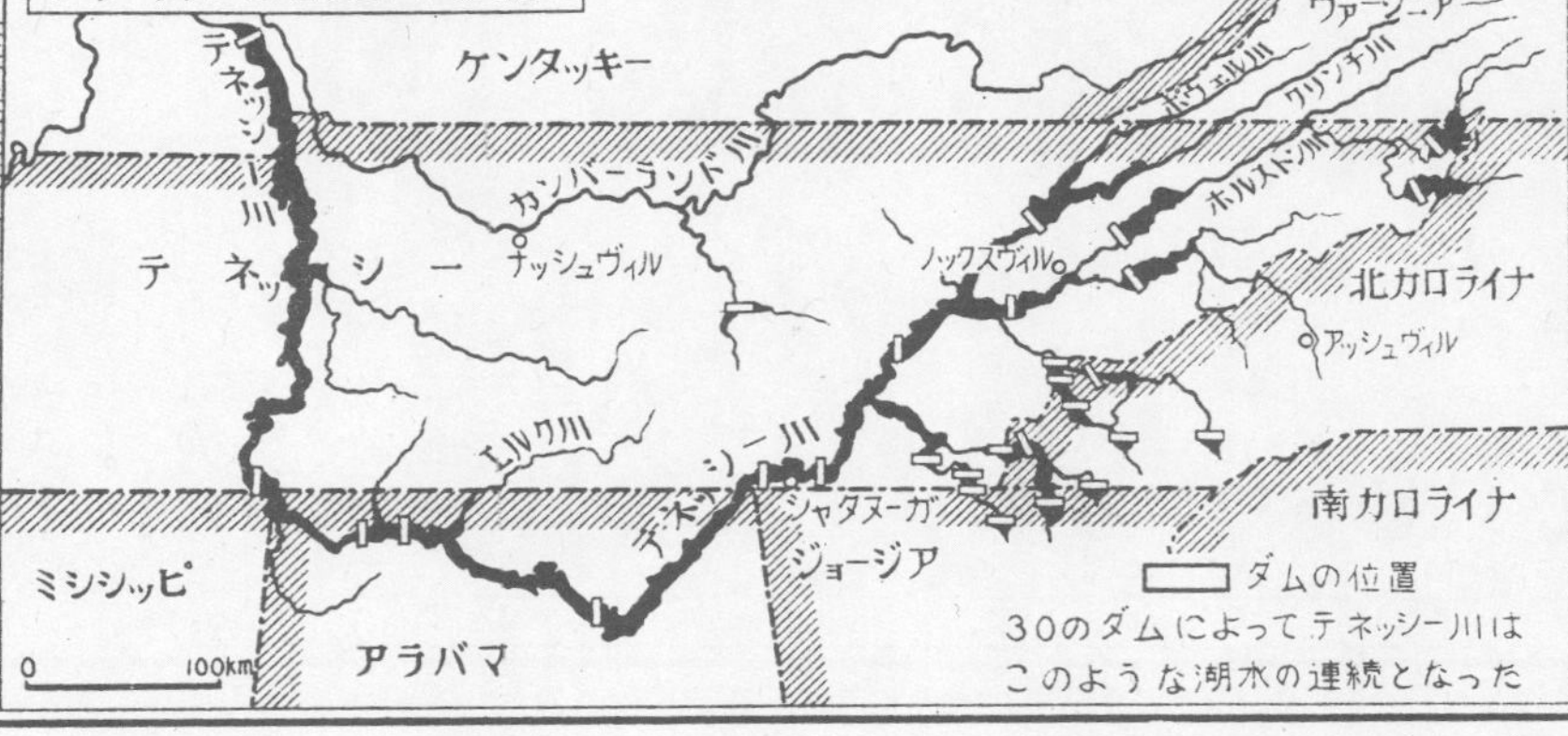
テネッシー川
ケンタッキー
ヴァージニア
パウェル川
クリンチ川
カンバーランド川
ホルストン川
テネッシー
ナッシュヴィル
ノックスヴィル
北カロライナ
アッシュヴィル
エルク川
テネッシー川
シャタヌーガ
南カロライナ
ジョージア
ミシシッピ
アラバマ
0 100km
ダムの位置

30のダムによってテネッシー川はこのような湖水の連続となった

道具と機械の発達

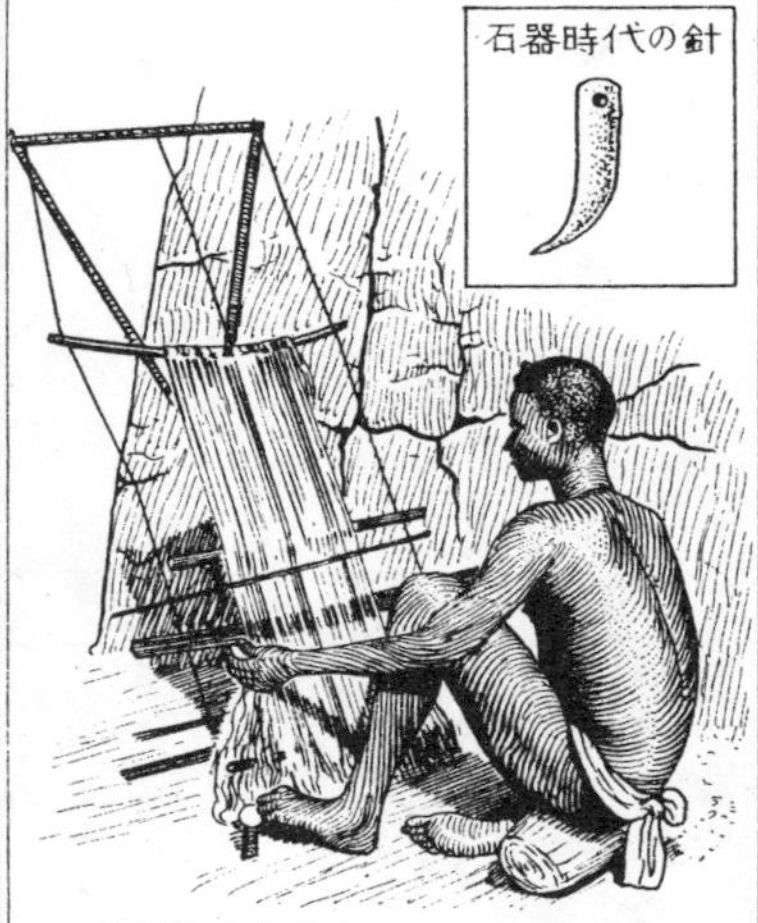

石器時代の針

アフリカ土人のおりものの方法

エジプト時代の糸つむぎ

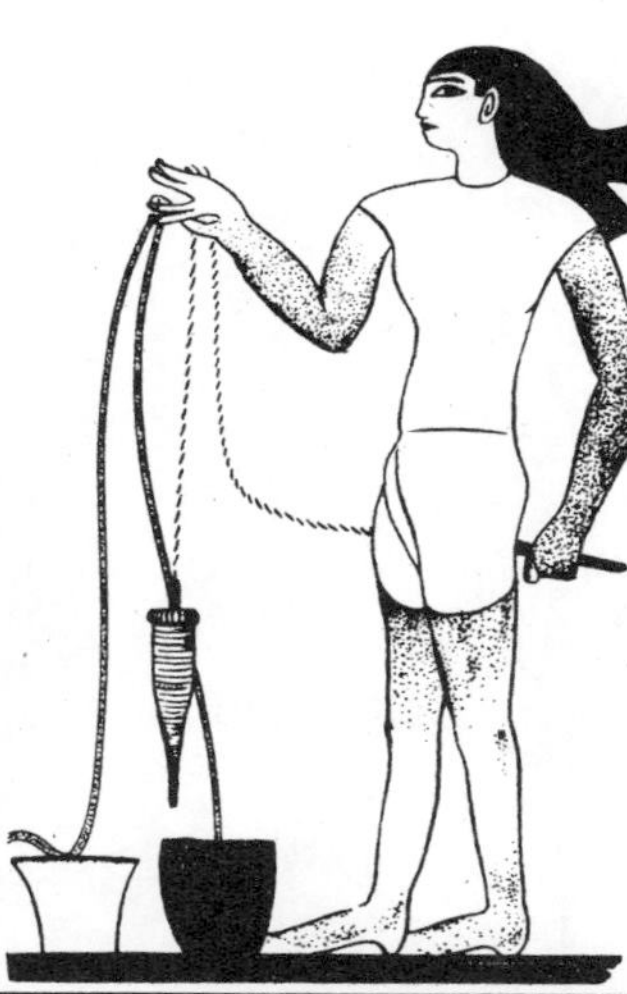

17世紀産業革命以前の糸つむぎ

ジェニーの紡織機

力織機が使われるようになった始め（19世紀中ごろ）

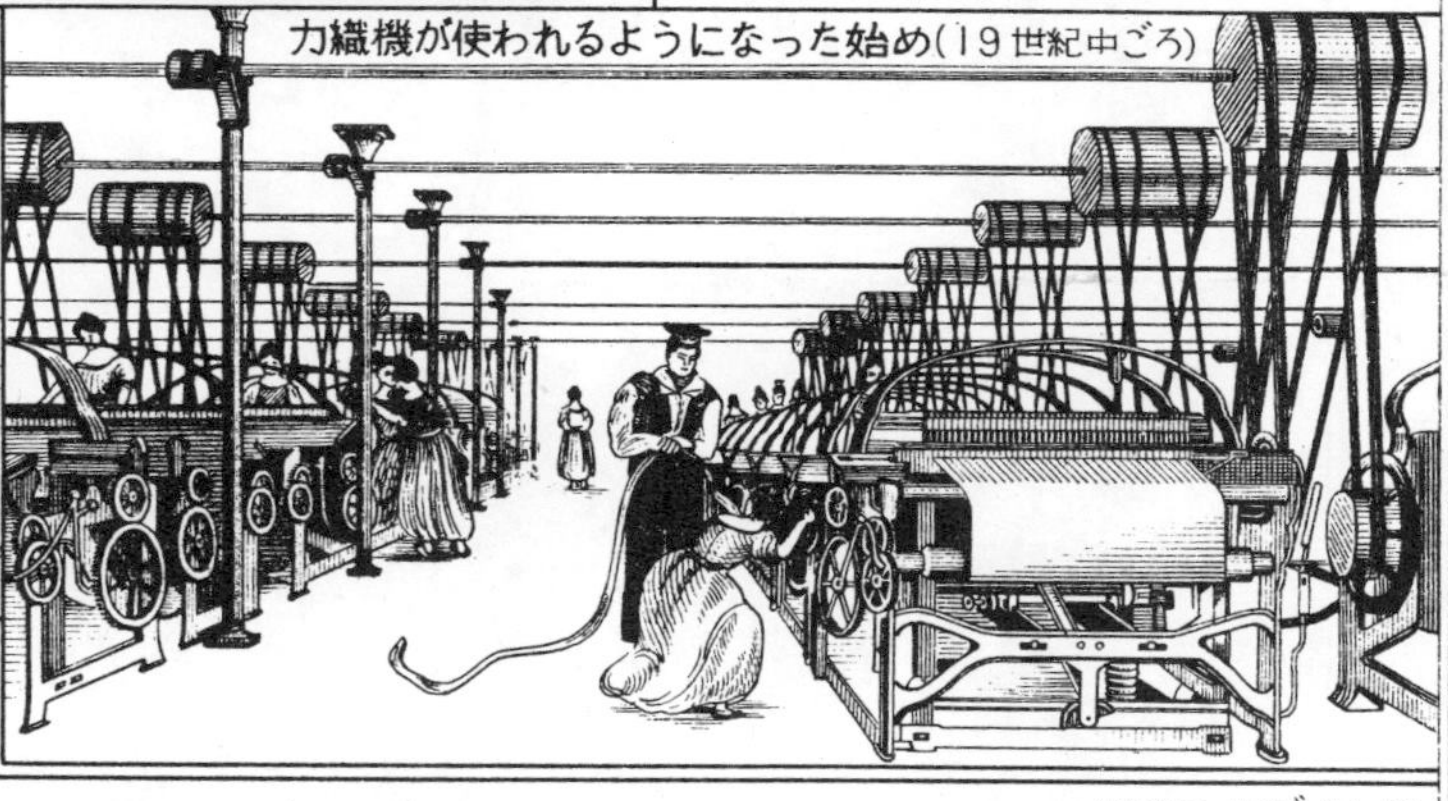

産業革命以後の重要な発明

1807　蒸汽船　フルトン（アメリカ合衆国）

1814　機関車　スチブンソン（イギリス）

1827　水車タービン　フールネイロン（フランス）

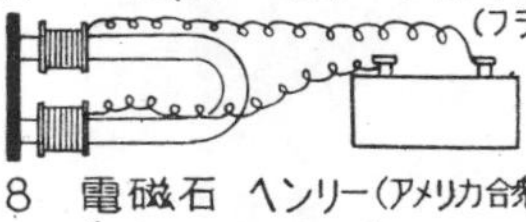

1828　電磁石　ヘンリー（アメリカ合衆国）

1831　ダイナモ　ファラディ（イギリス）

1834　収穫機　マクコルミック（アメリカ合衆国）

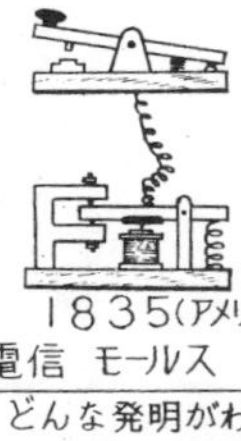

1835（アメリカ合衆国）電信　モールス

1837 電気モーター　ダヴェンポート（アメリカ合衆国）

1839　和硫ゴム　グッドイヤー（アメリカ合衆国）

1840　蒸汽ハンマー　ネイスミス（イギリス）

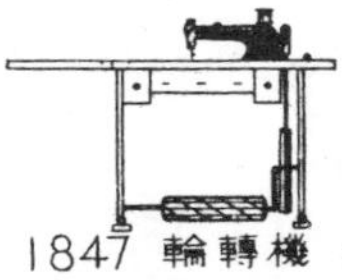

1846　裁縫機　ホウ（アメリカ合衆国）

1847　輪転機　ホウ（アメリカ合衆国）

1859　鑿井機　ドレーク（アメリカ合衆国）

1867　タイプライター　ショールス（アメリカ合衆国）

1870　電気炉　シーメンス（ドイツ）

1876　電話　ベル（アメリカ合衆国）

1877　ガソリンエンジン　ホットー（ドイツ）

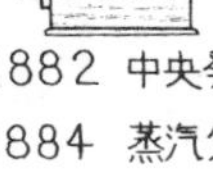

1877　蓄音器　エジソン（アメリカ合衆国）

1882　中央発電所　エジソン（アメリカ合衆国）

1884　蒸汽タービン　パースンズ（イギリス）

1884　リノタイプ　マーゲンターレル（アメリカ合衆国）

1887　コダックカメラ　イーストマン（アメリカ合衆国）

1893　映画　エジソン（アメリカ合衆国）

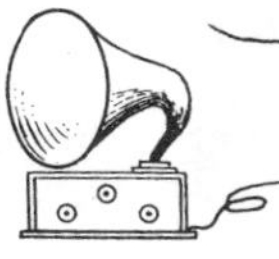

1896　無線電信　マルコニ（イタリア）

1896　飛行機　ラングレー（アメリカ合衆国）

1900　ジーゼルエンジン　ジーゼル（ドイツ）

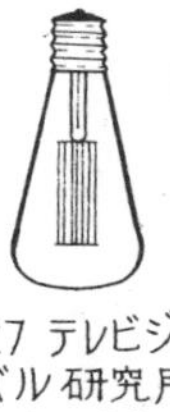

1913　タングステンランプ　クーリッジ（アメリカ合衆国）

1927　テレビジョン　ベル研究所（アメリカ合衆国）

どんな発明がわれわれの生活を進歩させたか

ボンヌ図法

1：50 000 000

0 500 1000 1500 2000 km

ランベルト図法　1 : 40 000 000　0 500 1000 1500 km

68 近代工業の発達（2）

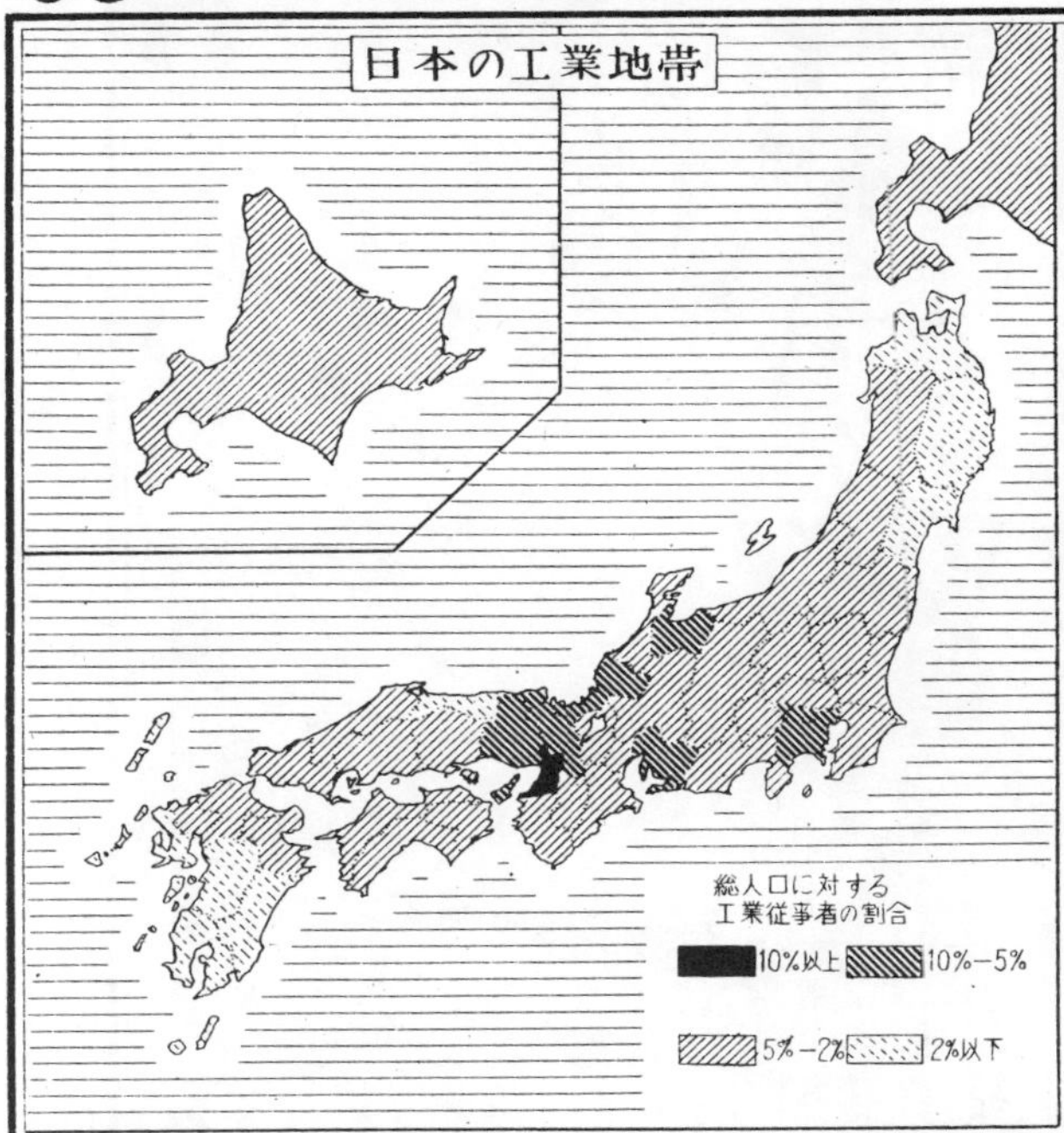
日本の工業地帯
総人口に対する
工業従事者の割合
10%以上
10%—5%
5%—2%
2%以下

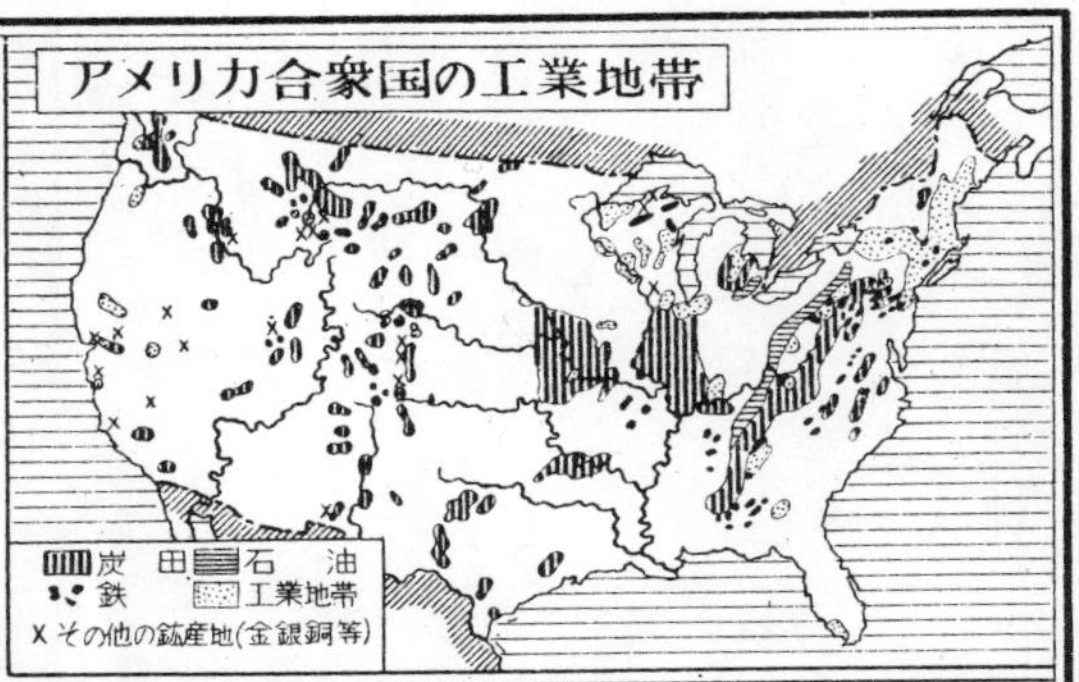
アメリカ合衆国の工業地帯
炭田
石油
鉄
工業地帯
×その他の鉱産地(金銀銅等)

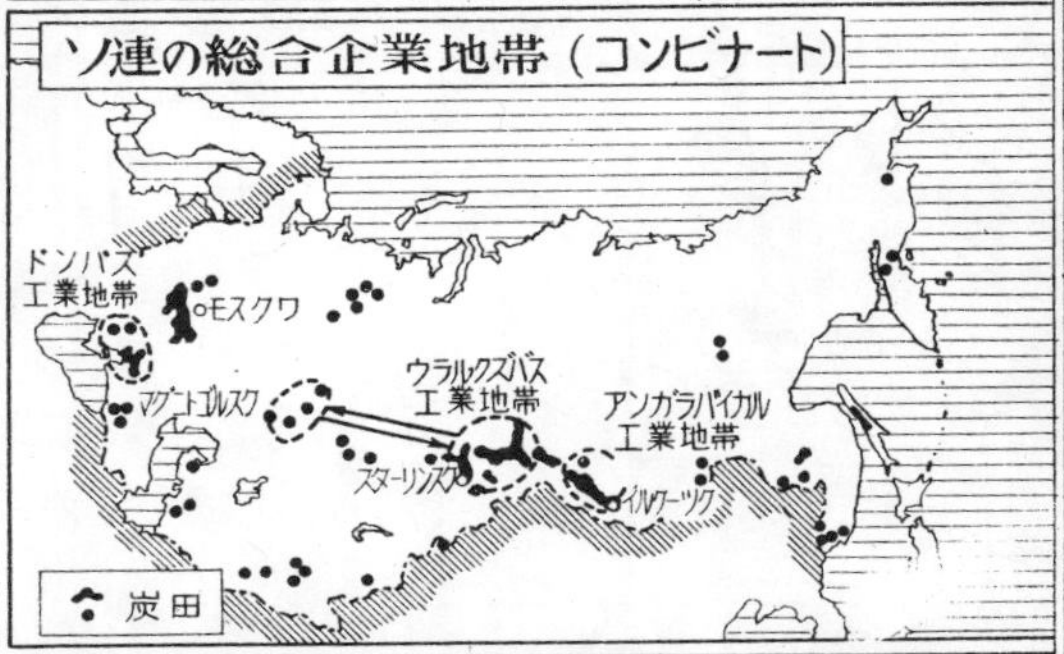
ソ連の総合企業地帯（コンビナート）
ドンバス工業地帯
モスクワ
マグニトゴルスク
ウラルクズバス工業地帯
スターリンスク
アンガラバイカル工業地帯
イルクーツク
炭田

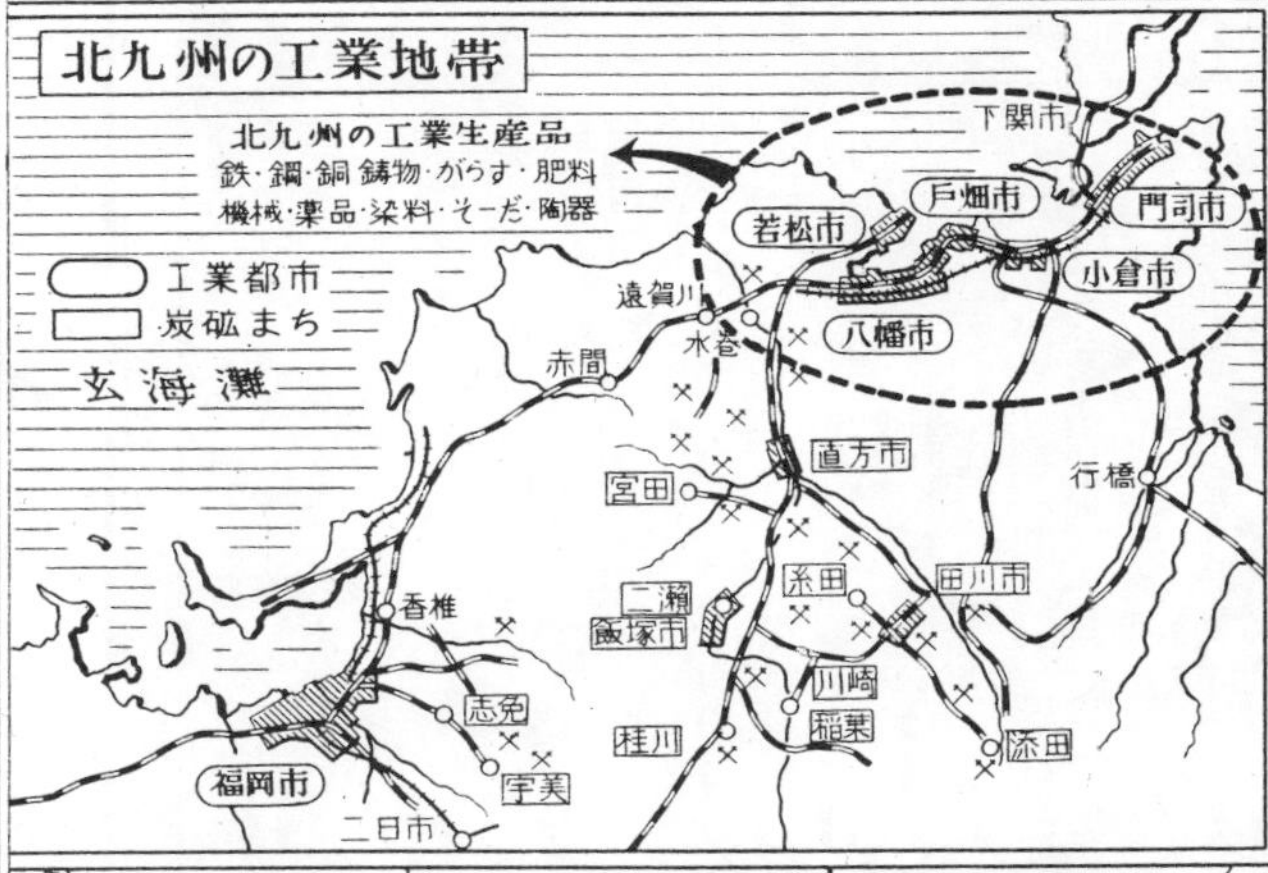
北九州の工業地帯
北九州の工業生産品
鉄・鋼・銅 鋳物・がらす・肥料
機械・薬品・染料・そーだ・陶器
工業都市
炭砿まち
玄海灘
下関市
戸畑市
門司市
若松市
小倉市
遠賀川
水巻
八幡市
赤間
直方市
宮田
行橋
二瀬
飯塚市
糸田
田川市
香椎
志免
川崎
稲葉
桂川
添田
宇美
福岡市
二日市

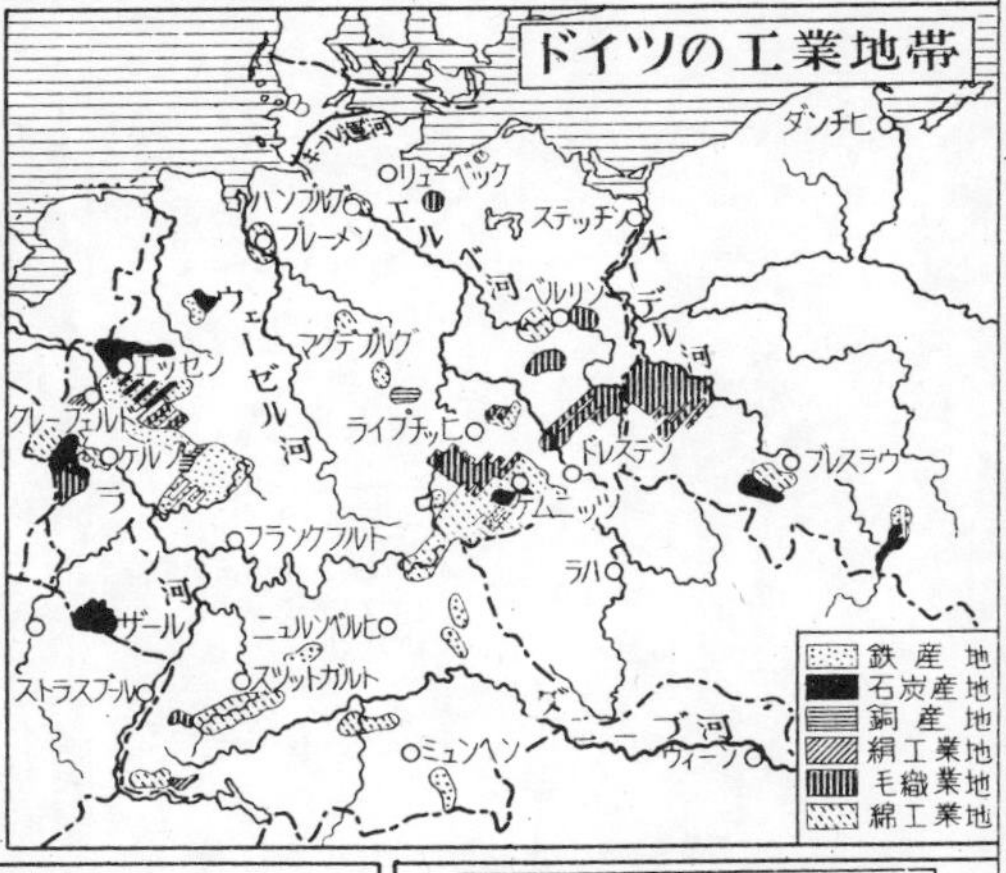
ドイツの工業地帯
キール運河
ダンチヒ
リューベック
ハンブルグ
エルベ河
ステッチン
ブレーメン
オーデル河
ベルリン
ウェーゼル河
マグデブルグ
エッセン
クレーフェルト
ケルン
ライプチッヒ
ドレスデン
ブレスラウ
ケムニッツ
ライン河
フランクフルト
ラハ
ザール
ニュルンベルヒ
ストラスブール
スツットガルト
ダニューブ河
ミュンヘン
ウィーン
鉄産地
石炭産地
銅産地
絹工業地
毛織業地
綿工業地

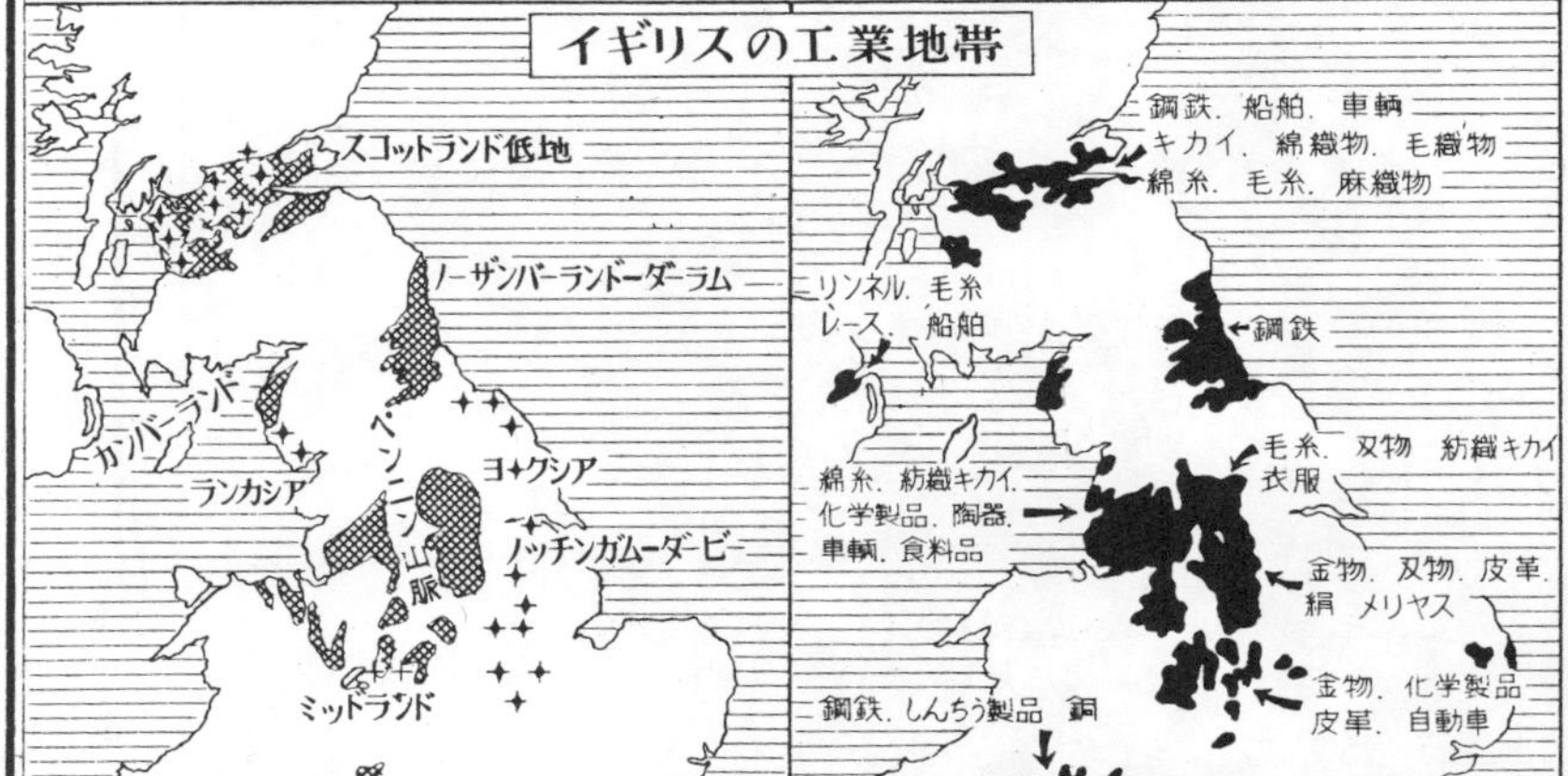
イギリスの工業地帯
スコットランド低地
ノーザンバーランドーダーラム
カンバーランド
ペンニン山脈
ヨークシア
ランカシア
ノッチンガムーダービー
ミットランド
南ウェールスーモンマス
炭田
鉄山
右の図を見ながら
鉄，石炭の産地との関係に注意せよ
鋼鉄，船舶，車輌
キカイ，綿織物，毛織物
綿糸，毛糸，麻織物
リンネル，毛糸
レース，船舶
鋼鉄
毛糸，叉物 紡織キカイ
衣服
綿糸，紡織キカイ，
化学製品，陶器，
車輌，食料品
金物，叉物，皮革，
絹 メリヤス
金物，化学製品
皮革，自動車
鋼鉄，しんちう製品 銅
衣服，紙，食料品，
石けん 肥料 車輌

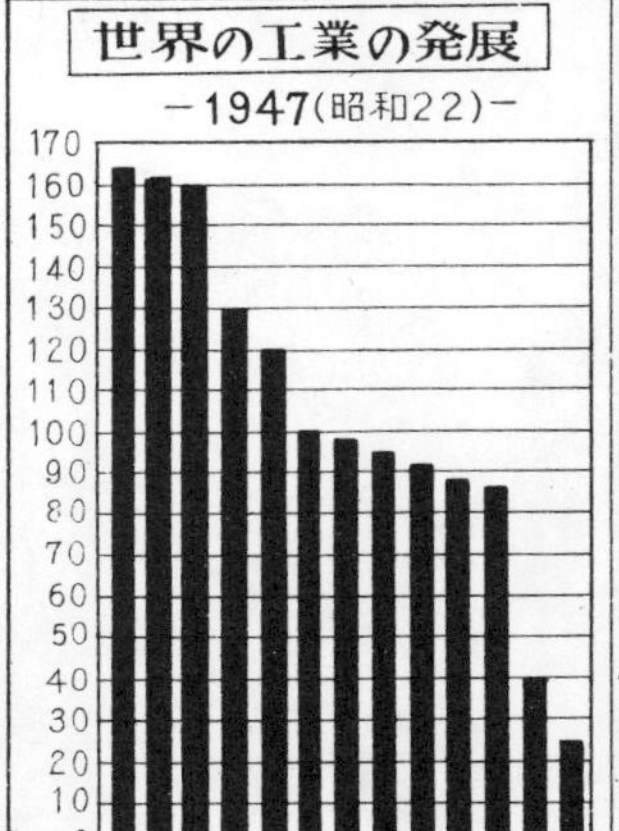
世界の工業の発展
—1947(昭和22)—
170
160
150
140
130
120
110
100
90
80
70
60
50
40
30
20
10
0
アメリカ合衆国
カナダ
チリー
メキシコ
ポーランド
イタリア
イギリス
フランス
オランダ
チェコスロバキア
ベルギー
ドイツ
日本
1937(昭和12)年を100とした数

日本の工業生産の変化

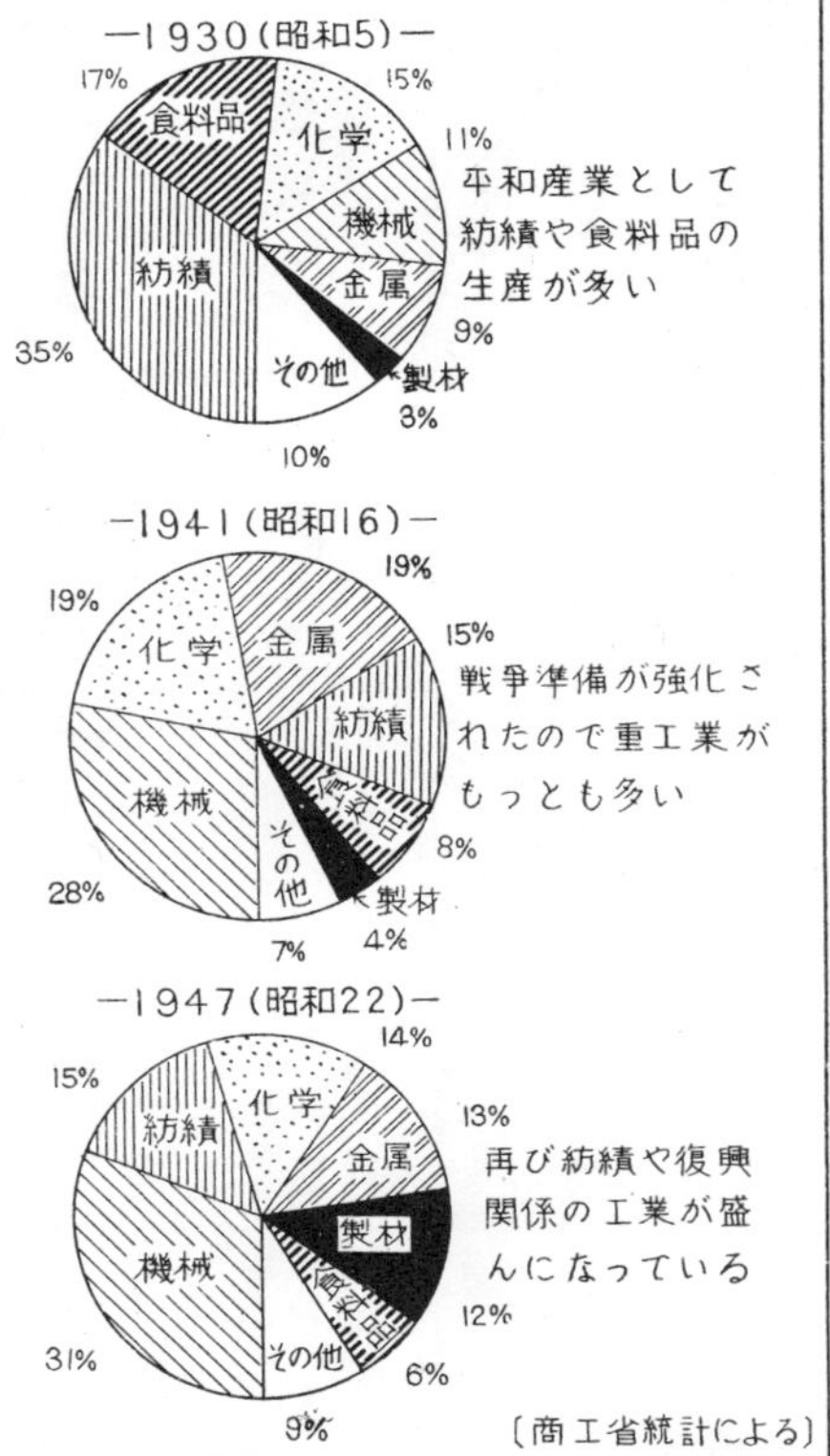
—1930（昭和5）—
食料品 17%
化学 15%
機械 11%
金属 9%
製材 3%
その他 10%
紡績 35%
平和産業として紡績や食料品の生産が多い
—1941（昭和16）—
化学 19%
金属 19%
紡績 15%
食料品 8%
製材 4%
その他 7%
機械 28%
戦争準備が強化されたので重工業がもっとも多い
—1947（昭和22）—
紡績 15%
化学 14%
金属 13%
製材 12%
食料品 6%
その他 9%
機械 31%
再び紡績や復興関係の工業が盛んになっている

〔商工省統計による〕

世界のゴムの生産と需要

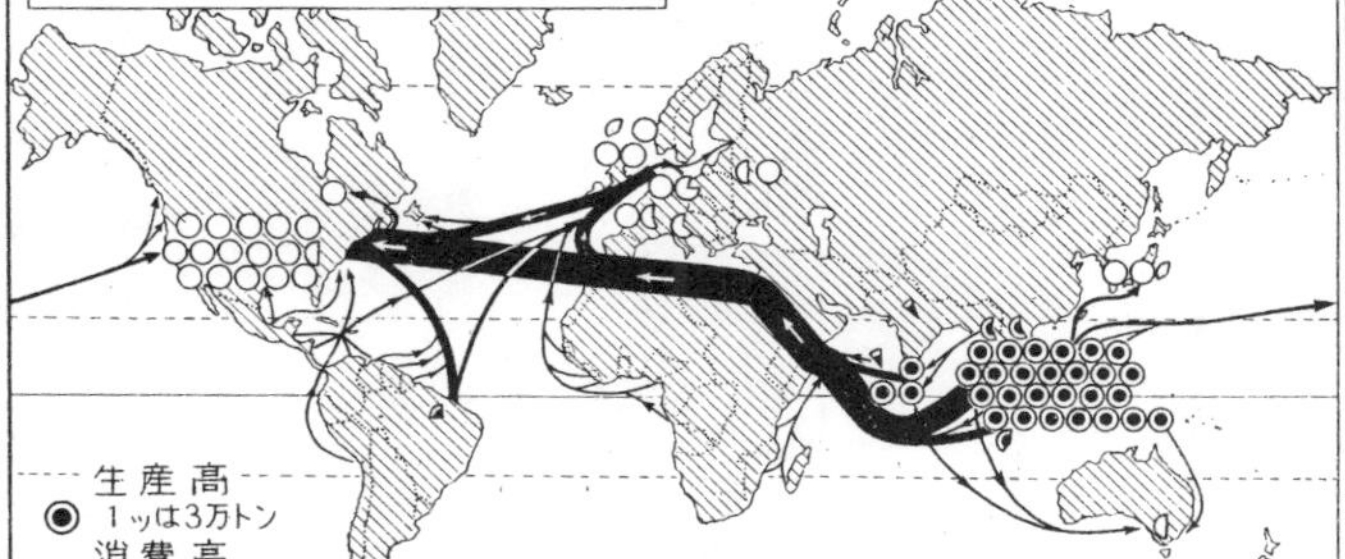
—1948（昭和23）—
生産高 1ッは3万トン
消費高 1ッは3万トン

生産地と需要地はひじようにかたよっている

大阪市の機械工業地

水運の便のよいところに集まっている

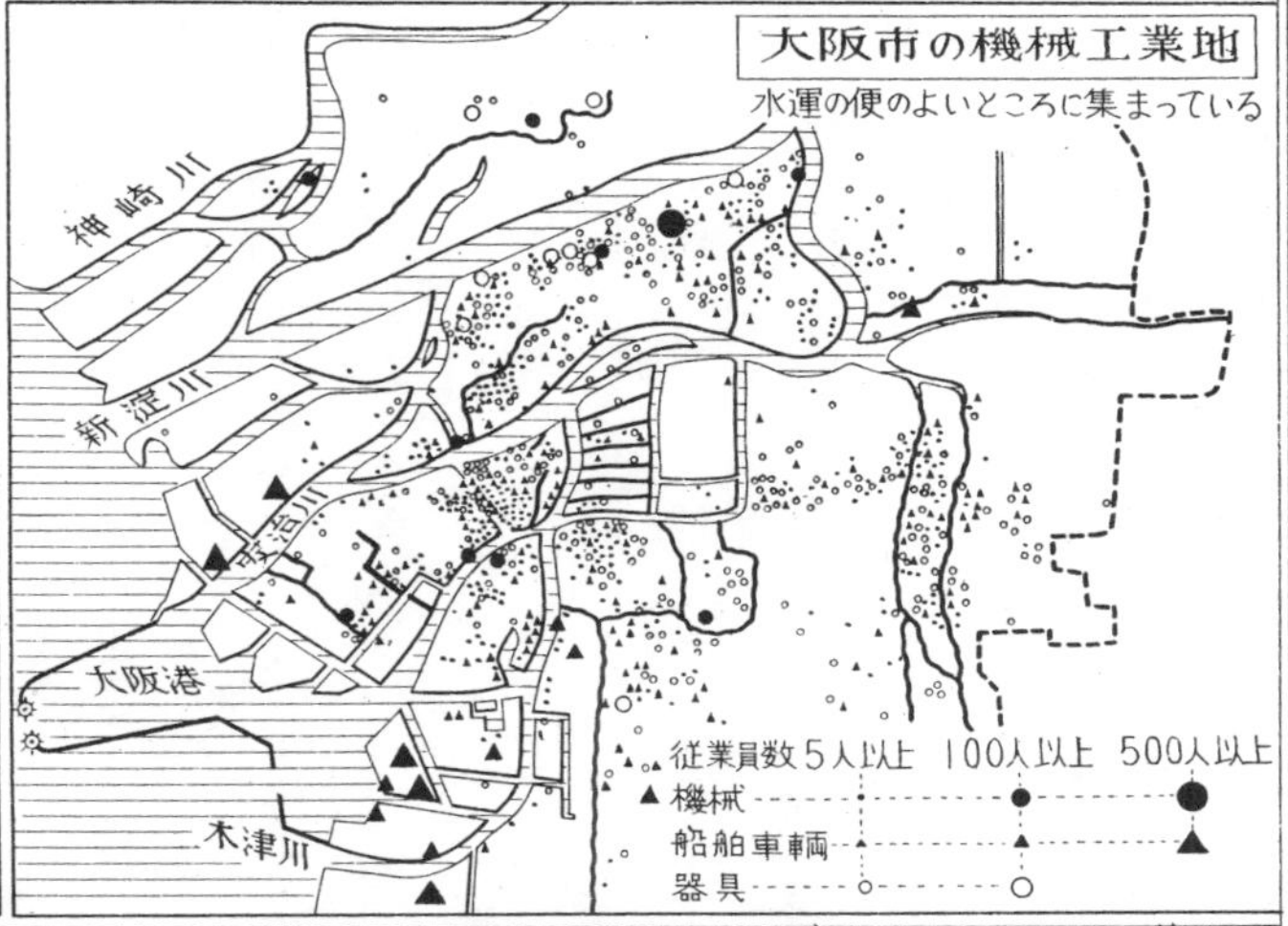
神崎川
新淀川
大阪港
木津川
従業員数 5人以上 100人以上 500人以上
機械
船舶車輌
器具

工場従業員の変化

〔山中篤太郎氏による〕

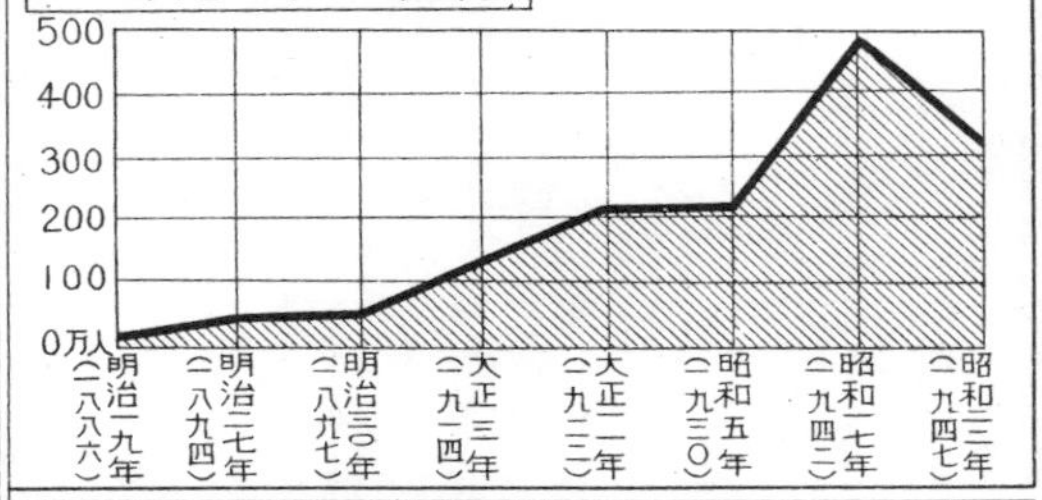
500
400
300
200
100
0万人
明治一九年（一八八六）
明治二七年（一八九四）
明治三〇年（一八九七）
大正三年（一九一四）
大正一一年（一九二二）
昭和五年（一九三〇）
昭和一七年（一九四二）
昭和二二年（一九四七）

北イタリアの製紙工場

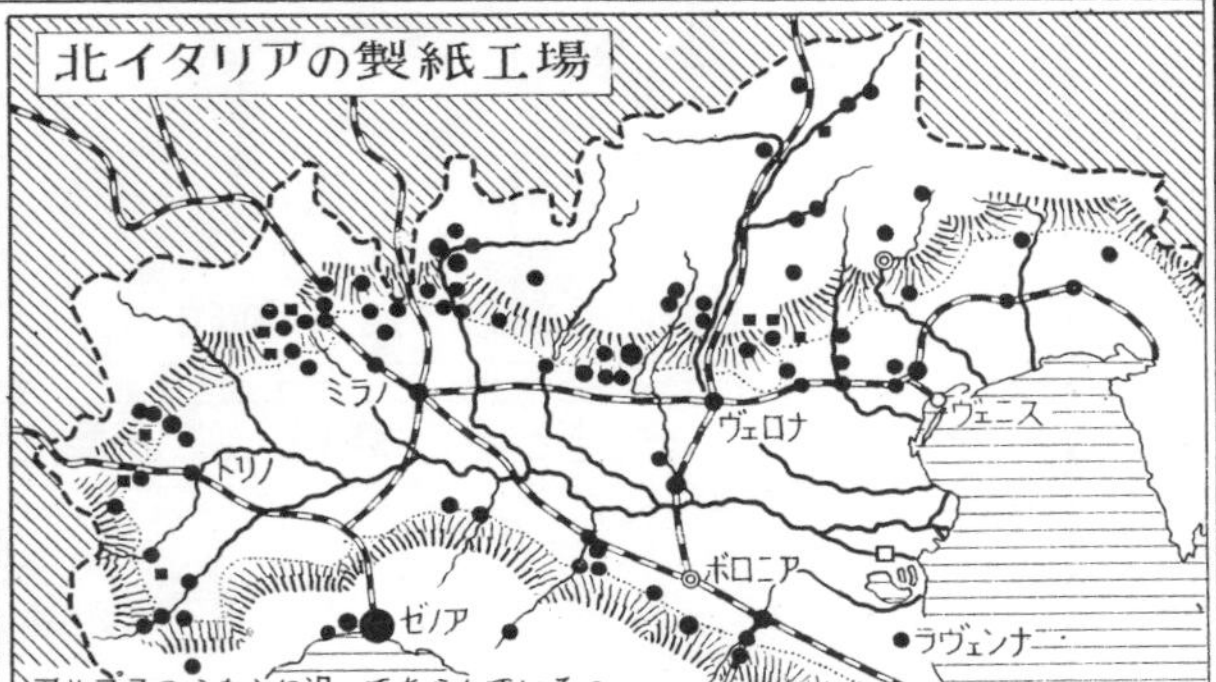
ミラノ
トリノ
ヴェロナ
ヴェニス
ボロニア
ゼノア
ラヴェンナ

アルプスのふもとに沿ってならんでいる

労働力の季節的移動

「とうじ」が2000人以上出たところ

戦前は「とうじ」といって冬季3か月の農閑期に酒造りにたのまれて出稼ぎに行ったものがある

名古屋附近の工場

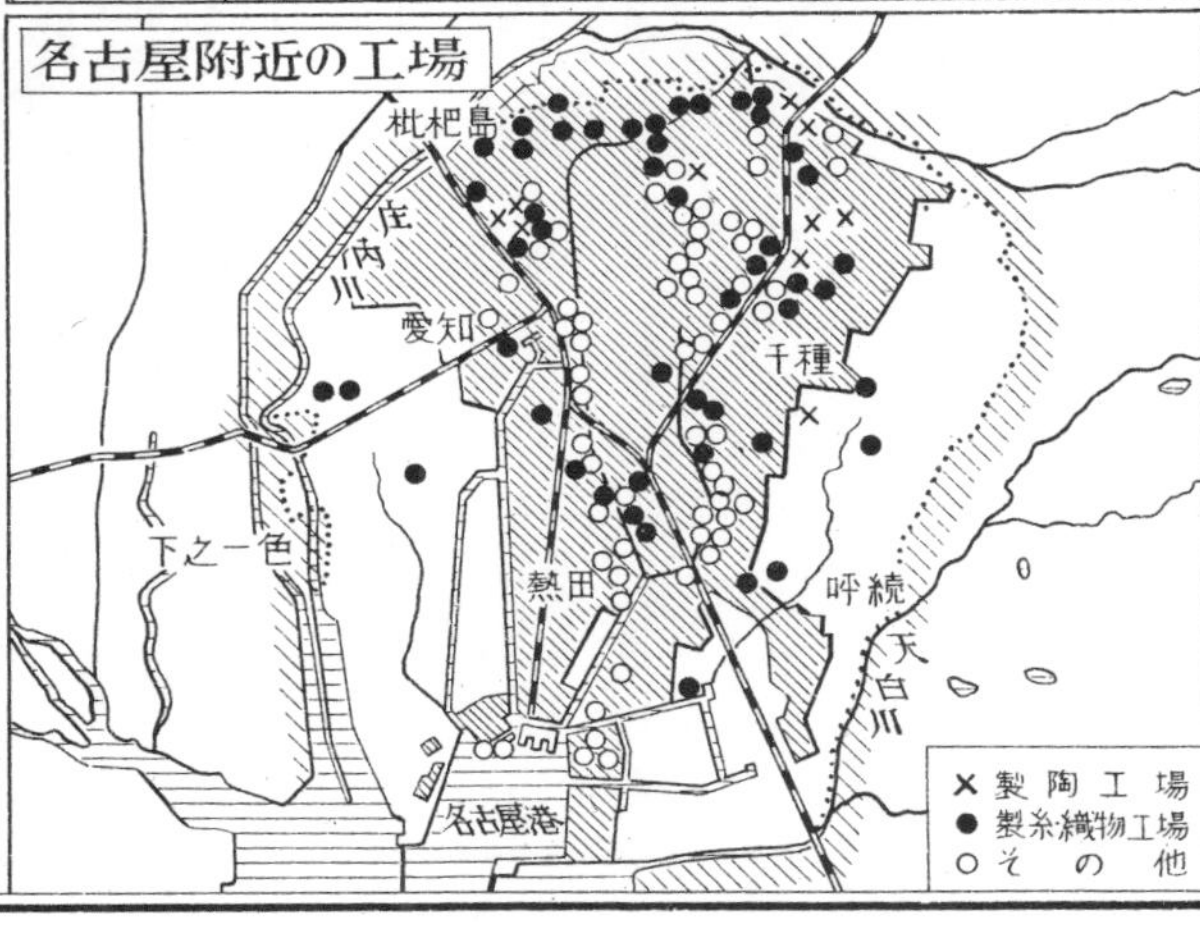
枇杷島
庄内川
愛知
千種
下之一色
熱田
呼続
天白川
名古屋港
× 製陶工場
● 製糸織物工場
○ その他

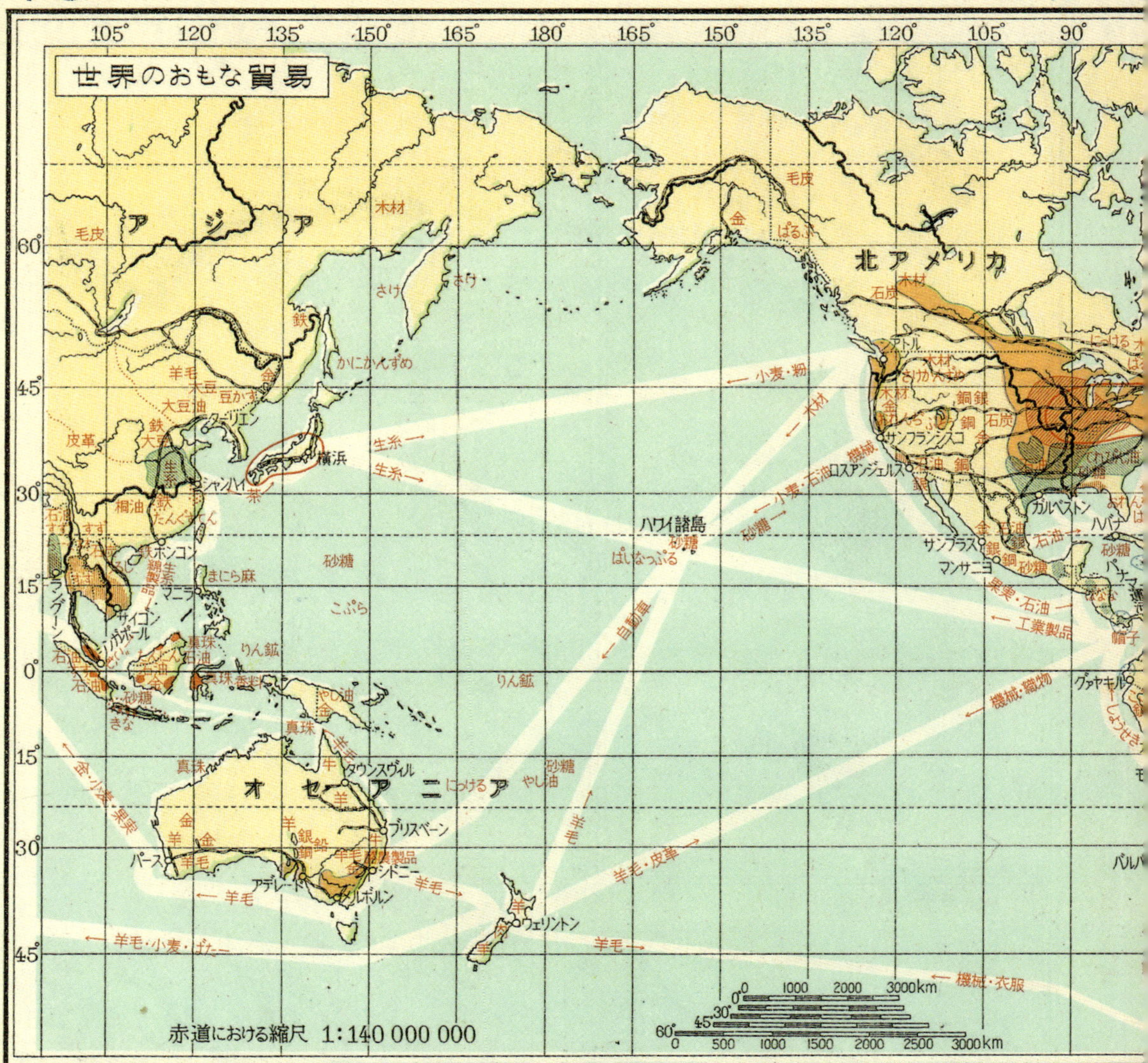

世界のおもな貿易

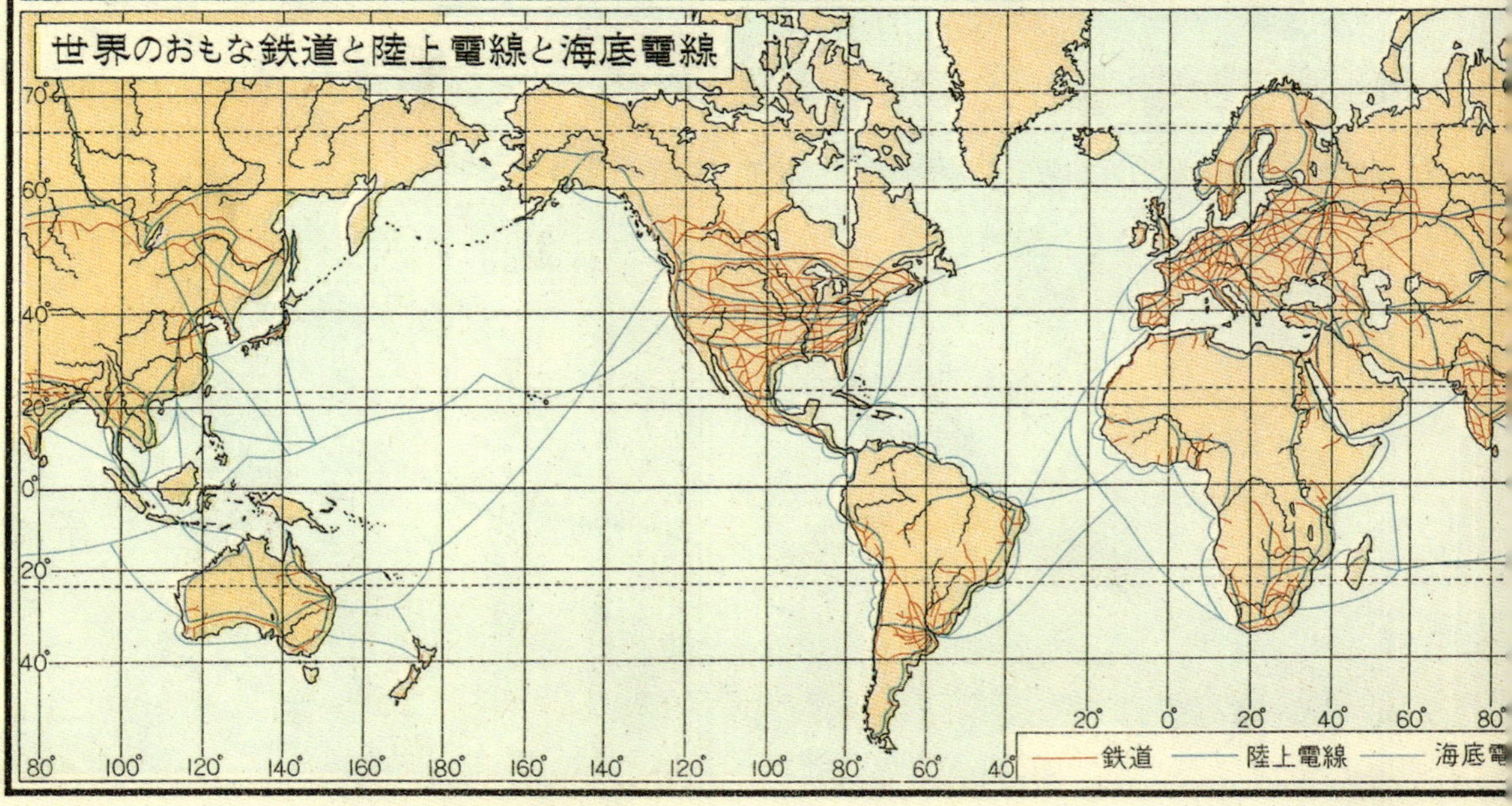

世界のおもな鉄道と陸上電線と海底電線

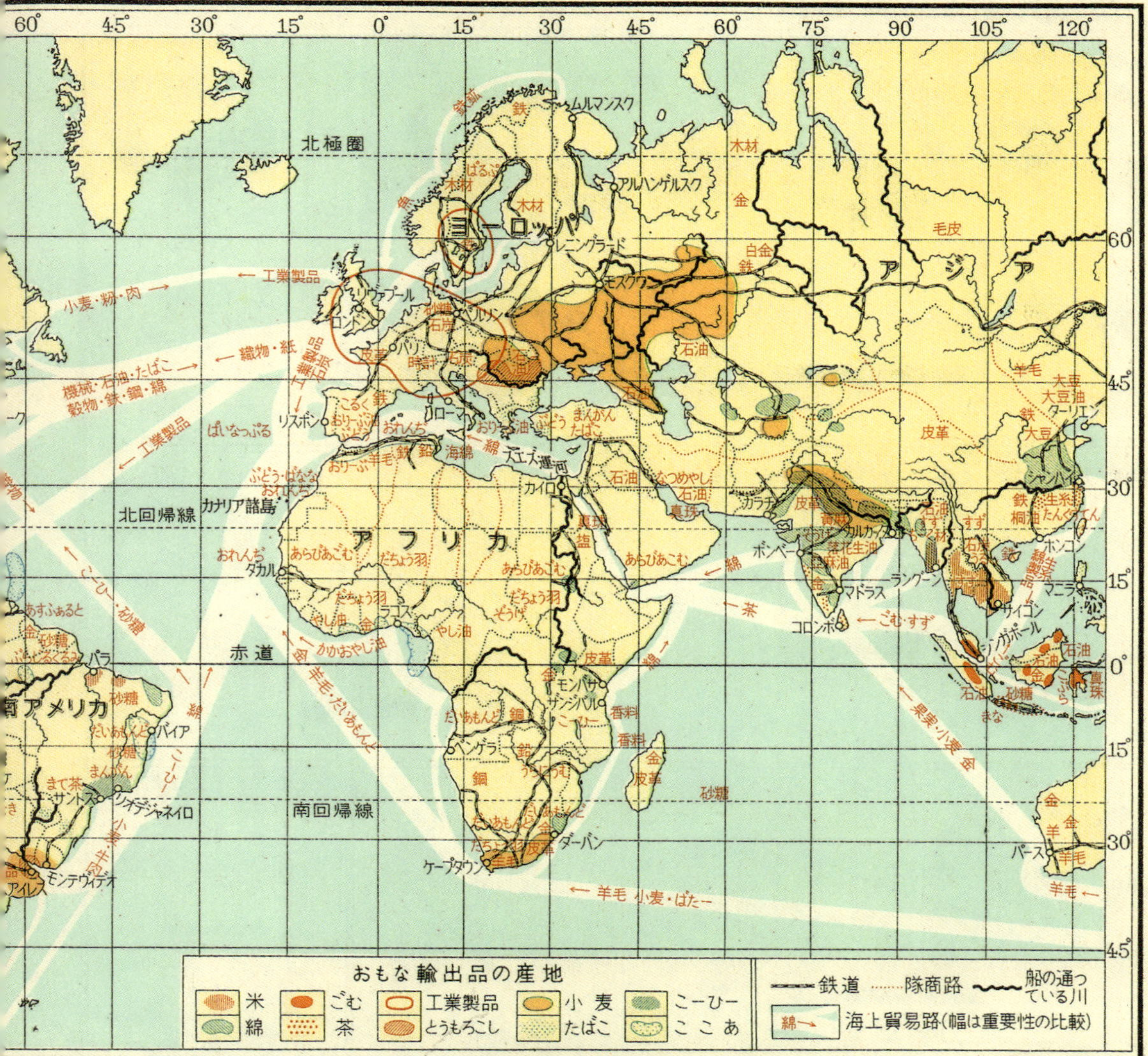

世界のおもな航空路と航路

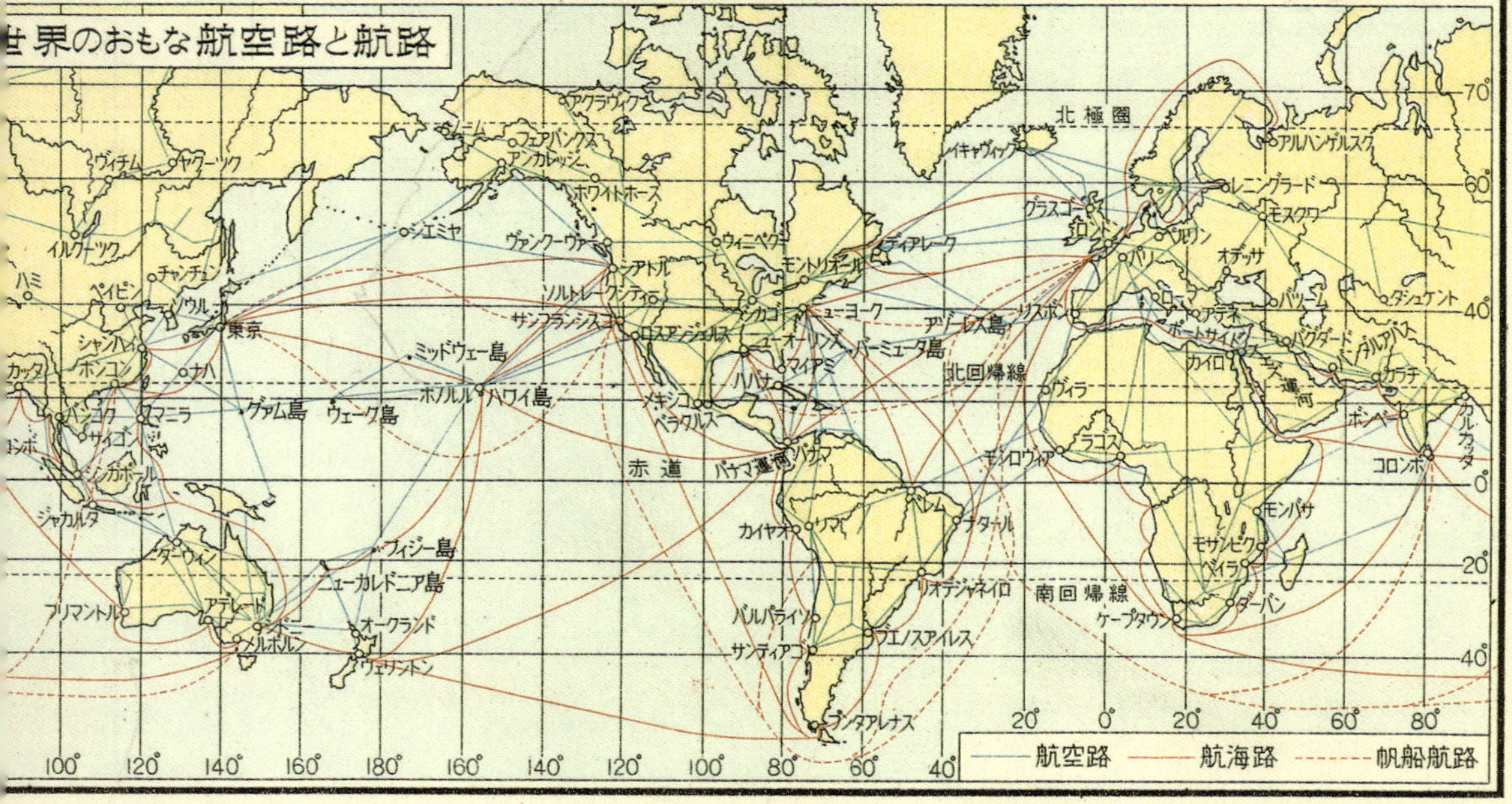

72 交通通信の発達(I)

交通機関の変化

動物

船

メーフラワー号

クイーン・メリー号

機関車

スチブンソンの発明した機関車
(1814年)

ディーゼル機関車

自動車

フォードの発明した自動車
(1903年)

最新の自動車
(1949年型)

(キャディラック)

飛行機

ライトの発明した飛行機
(1903年)

最新の旅客機

交通機関の発達による距離の短縮 ―大西洋の例―

矢は短縮の経過を表わす

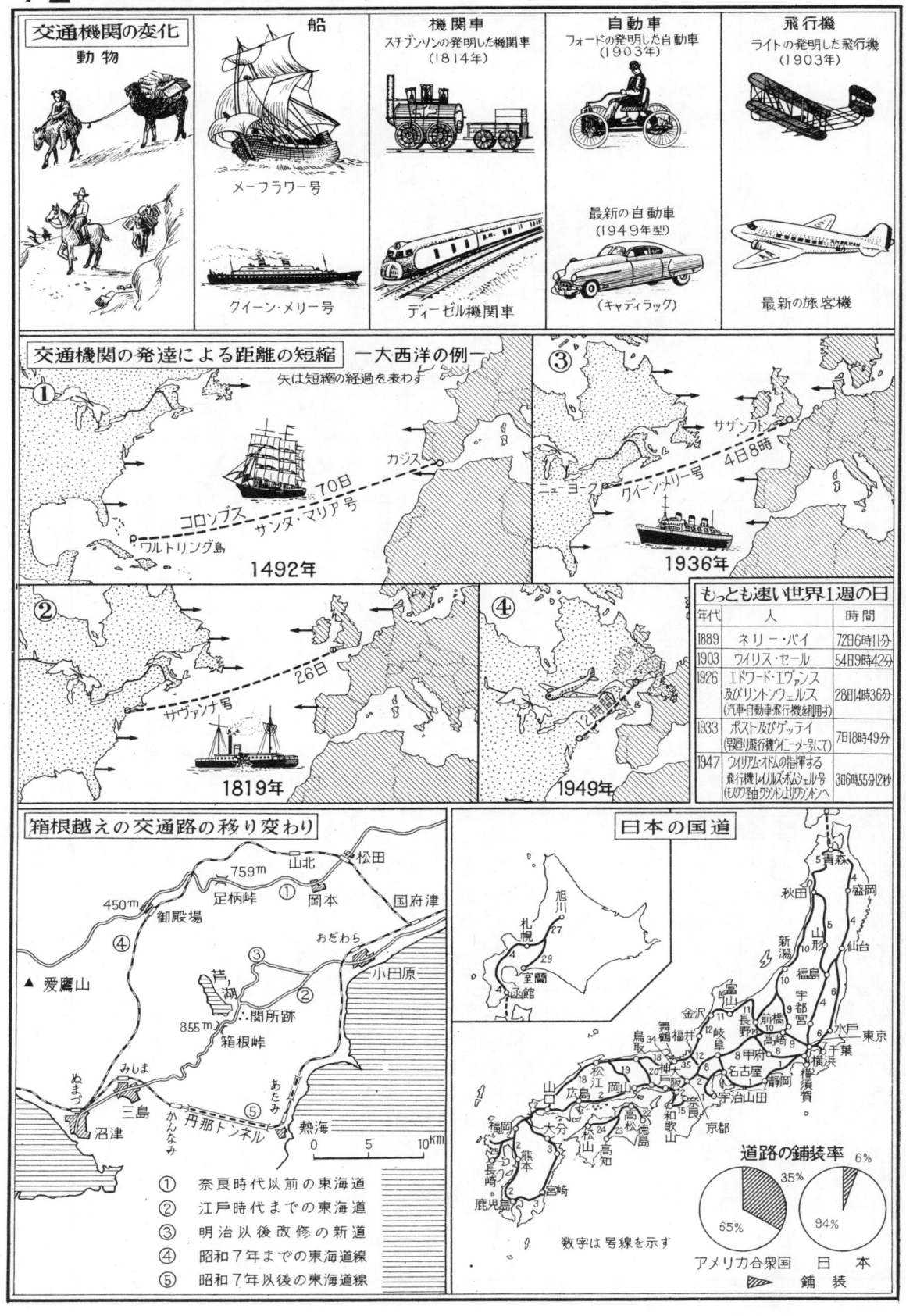

①
カジス
70日
コロンブス
サンタ・マリア号
ワルトリング島

1492年

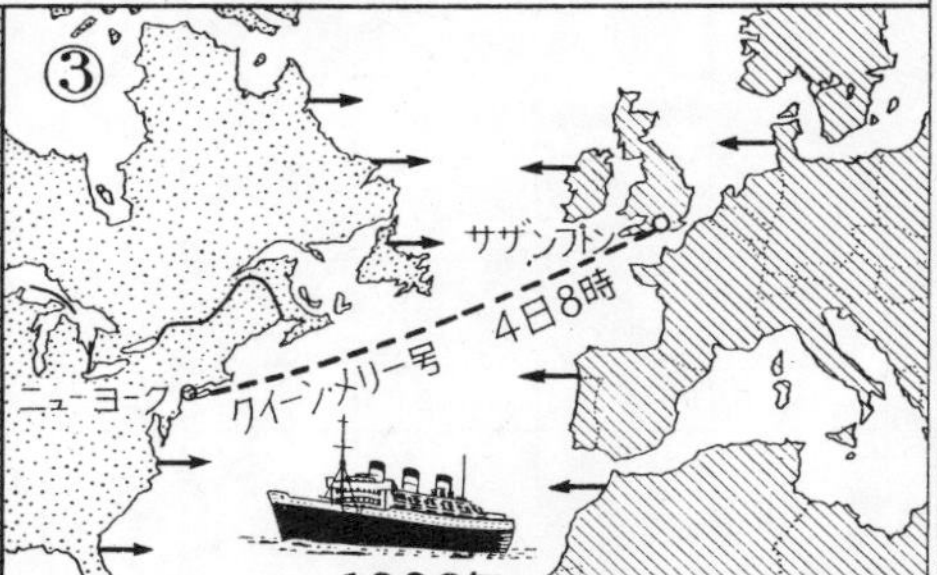
③
サザンプトン
4日8時
ニューヨーク
クイーンメリー号

1936年

②
26日
サヴァンナ号

1819年

④
12時間

1949年

もっとも速い世界1週の日

年代	人	時間
1889	ネリー・バイ	72日6時11分
1903	ウイリス・セール	54日9時42分
1926	エドワード・エヴァンス及びリントンウェルス(汽車・自動車・飛行機を利用す)	28日14時36分
1933	ポスト及びゲッテイ(早廻り飛行機ウイニー・メー号にて)	7日18時49分
1947	ウイリアム・オドムの指揮する飛行機レイノルズ・ボムシェル号(モスクワ経由ワシントンよりワシントンへ	3日6時55分12秒

箱根越えの交通路の移り変わり

松田
山北
759m
足柄峠
①
岡本
国府津
450m
御殿場
④
おだわら
③
小田原
愛鷹山
芦湖
②
関所跡
855m
箱根峠
みしま
ぬまづ
三島
沼津
かんなみ
丹那トンネル
⑤
あたみ
熱海
0 5 10km

① 奈良時代以前の東海道
② 江戸時代までの東海道
③ 明治以後改修の新道
④ 昭和7年までの東海道線
⑤ 昭和7年以後の東海道線

日本の国道

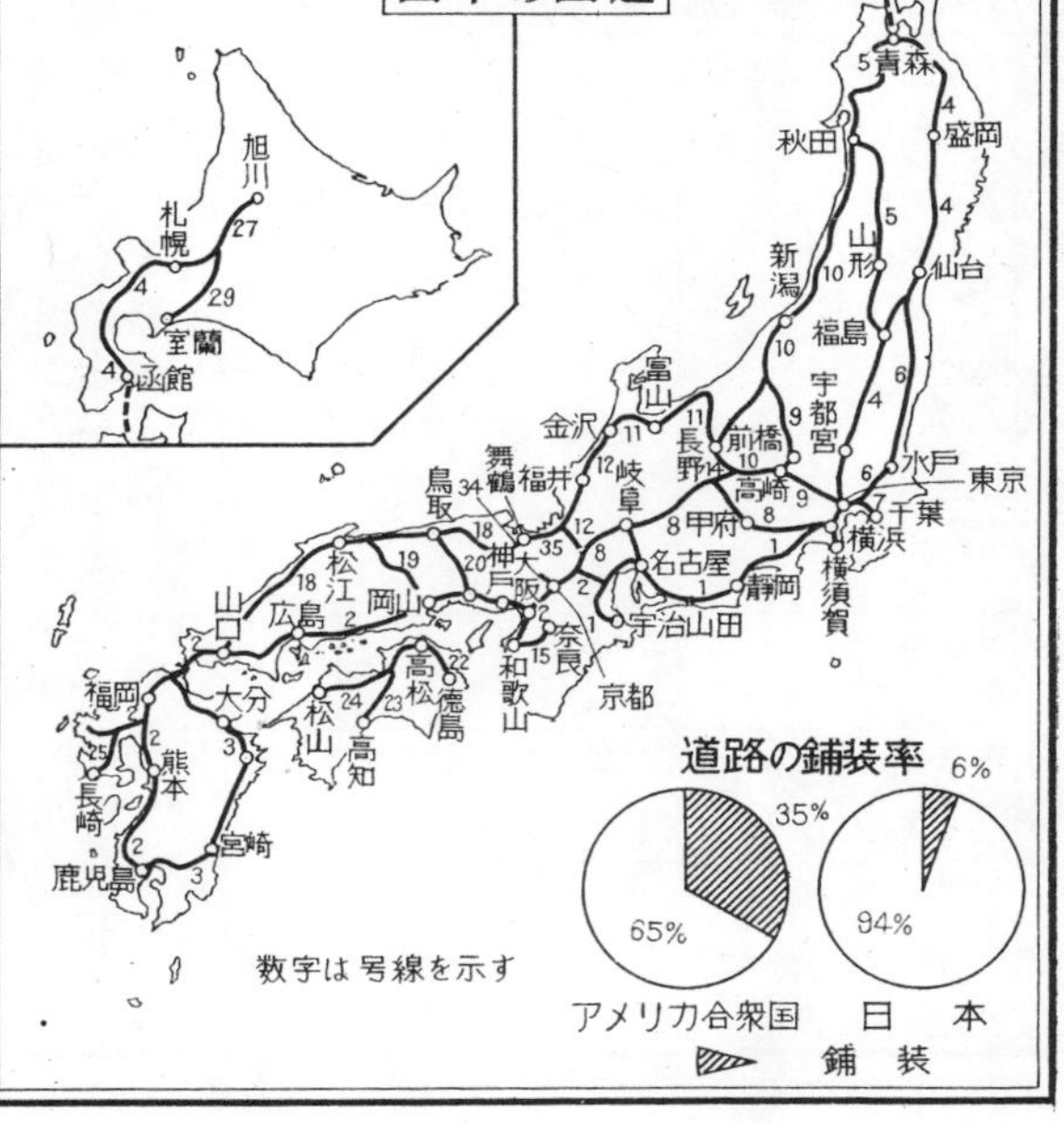
旭川
札幌
27
4
29
室蘭
4
函館
5 青森
4
盛岡
秋田
5
4
山形
仙台
新潟
10
福島
10
宇都宮
6
4
9
富山
金沢
11
11
長野
前橋
10
14
高崎
9
6
水戸
東京
舞鶴
福井
12
岐阜
鳥取
34
8
甲府
8
7
千葉
18
12
35
8
名古屋
1
横浜
松江
19
20
神戸
大阪
2
1
静岡
横須賀
18
山口
広島
2
岡山
2
宇治山田
1
15
奈良
和歌山
京都
2
福岡
大分
24
23
22
高松
徳島
松山
高知
25
2
熊本
3
長崎
2
宮崎
鹿児島
3
数字は号線を示す
道路の鋪装率
35%
65%
6%
94%
アメリカ合衆国
日本
鋪装

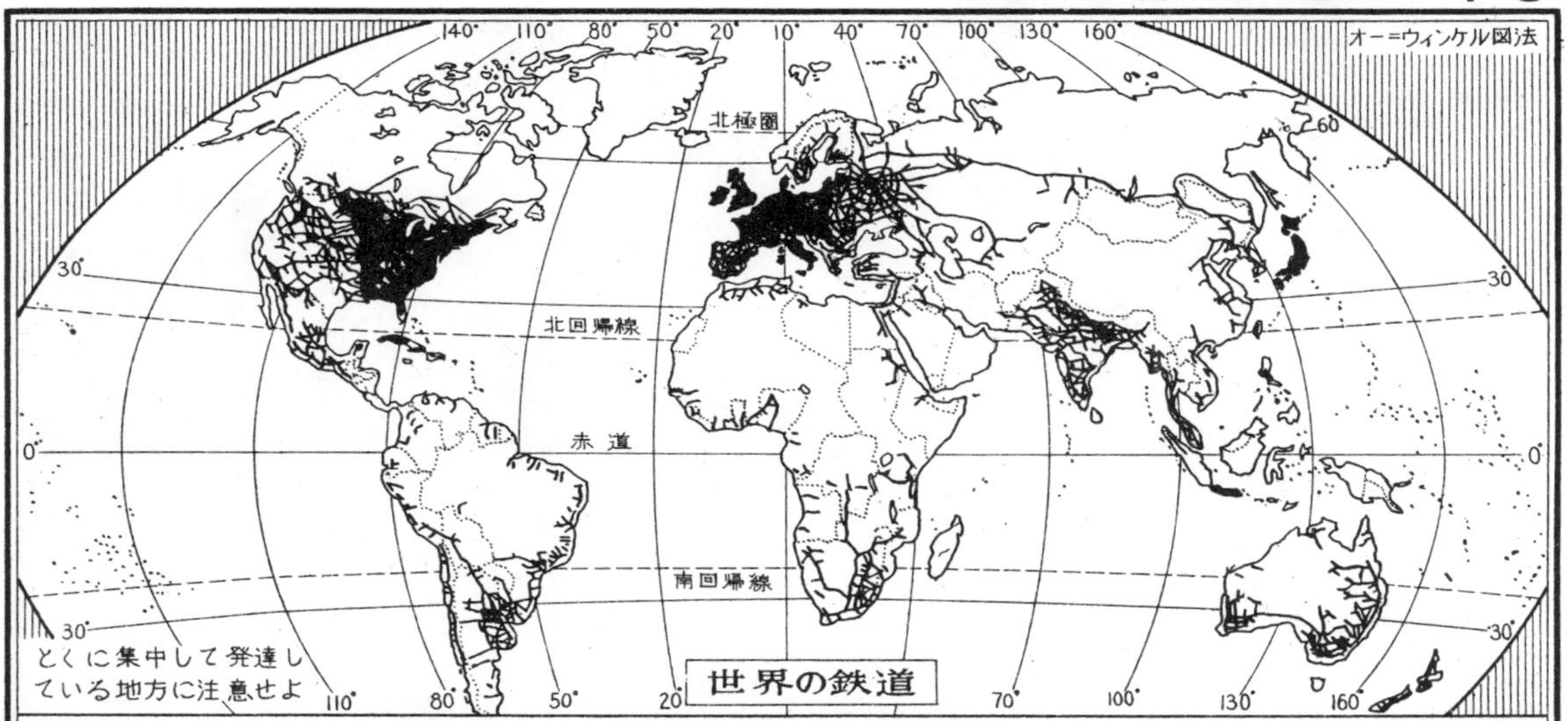
世界の鉄道
オー＝ウィンケル図法
北極圏
北回帰線
赤道
南回帰線
とくに集中して発達している地方に注意せよ
140°
110°
80°
50°
20°
10°
40°
70°
100°
130°
160°
60
30
0
30

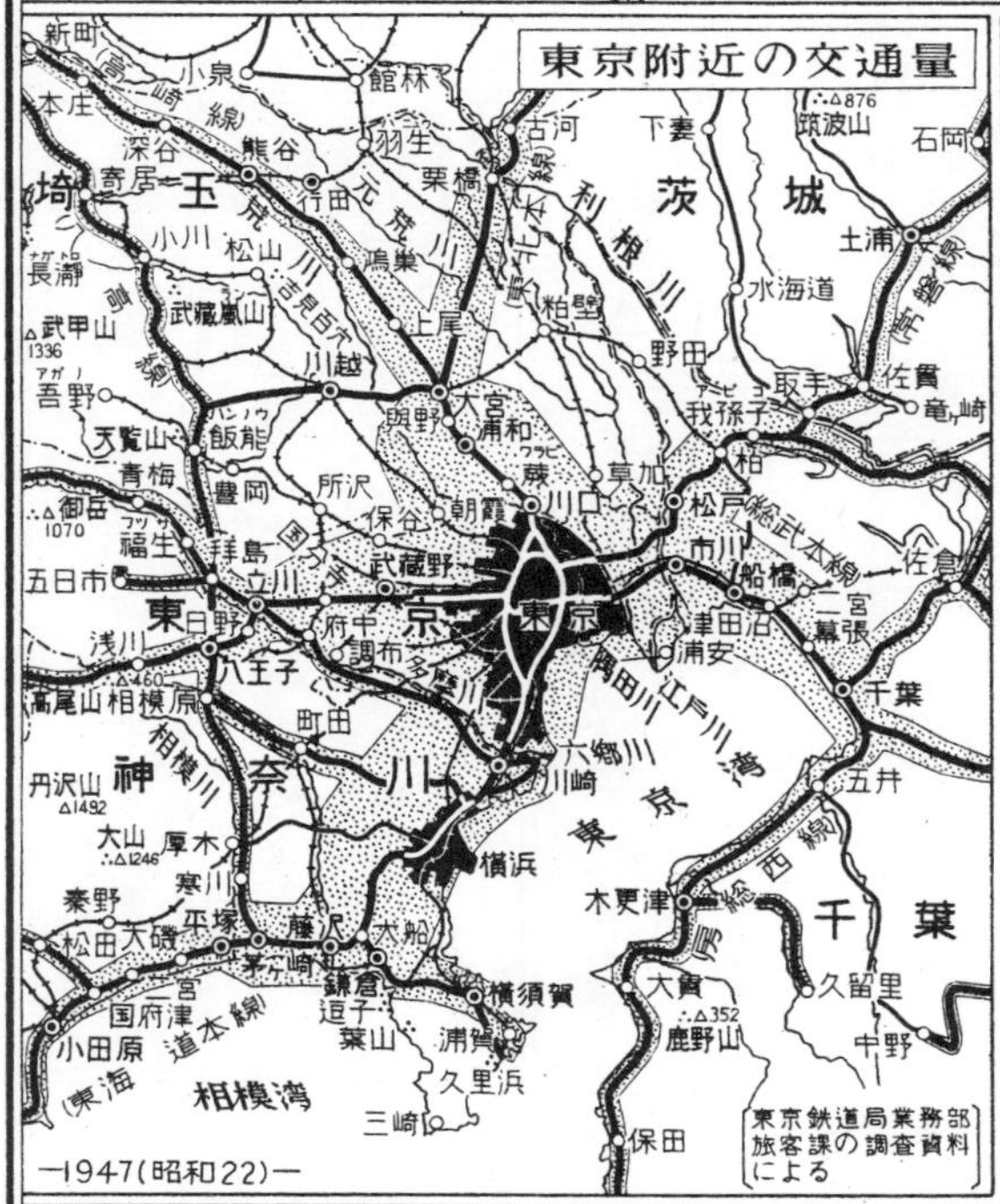
東京附近の交通量
埼玉
茨城
東京
神奈川
千葉
東京湾
相模湾
利根川
荒川
多摩川
江戸川
相模川
高崎線
東海道本線
総武本線
常磐線
房総西線
大宮
浦和
川口
川越
横浜
川崎
横須賀
鎌倉
千葉
八王子
立川
土浦
佐倉
木更津
小田原
一1947（昭和22）一
東京鉄道局業務部旅客課の調査資料による

津軽海峡海底トンネル計画
北海道
函館
上磯
福山
白神岬
汐首岬
海底部分20km
最深点270m
海底部分20km
最深点150m
大間
大間岬
大畑
大湊
三厩
竜飛岬
中里
青森
陸奥湾
下北半島
津軽半島
青函連絡船

日本の鉄道の発達
日本の鉄道の開通順序
明治20年末まで
〃 30年 〃
〃 40年 〃
大正 5年 〃
昭和 元年 〃
〃 9年 〃
それ以後の開通

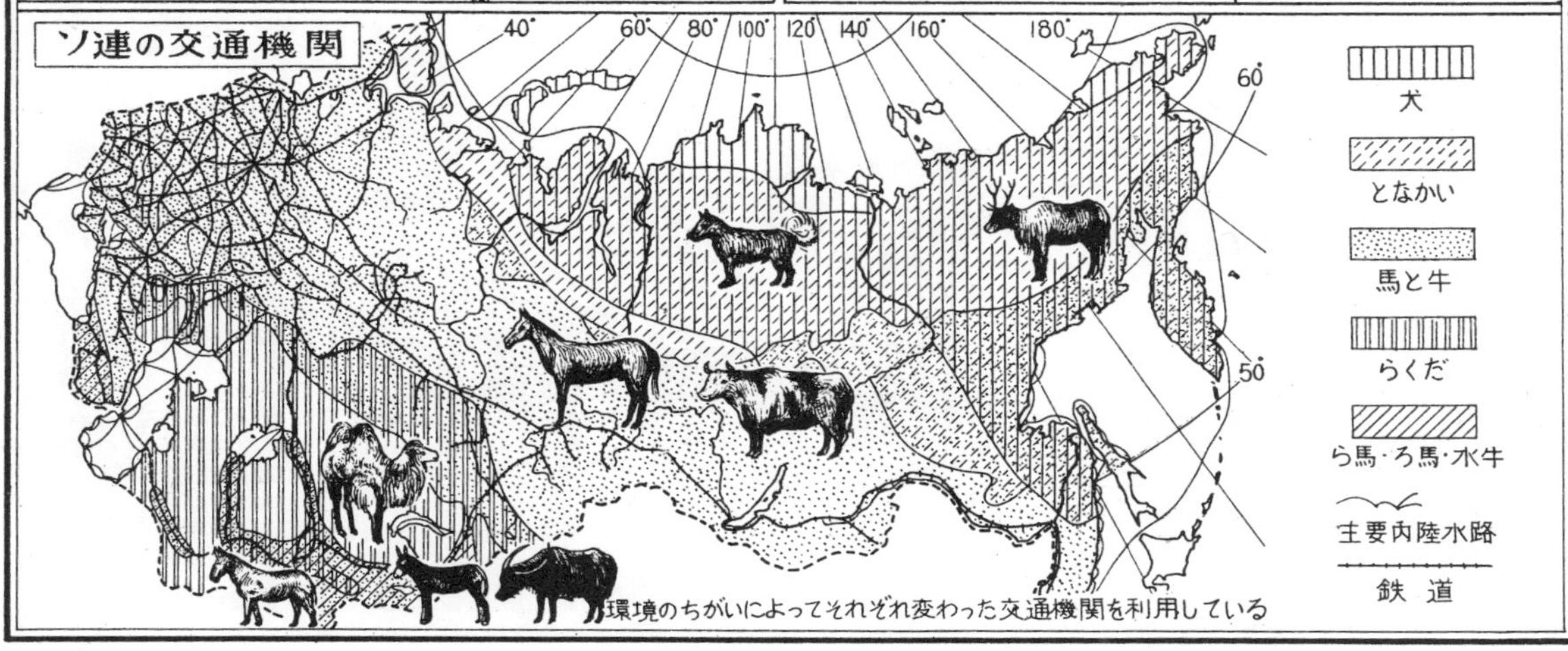
ソ連の交通機関
犬
となかい
馬と牛
らくだ
ら馬・ろ馬・水牛
主要内陸水路
鉄道
環境のちがいによってそれぞれ変わった交通機関を利用している
40°
60°
80°
100°
120°
140°
160°
180°
60
50

74 交通通信の発達(3)

五大湖地方の内陸水路

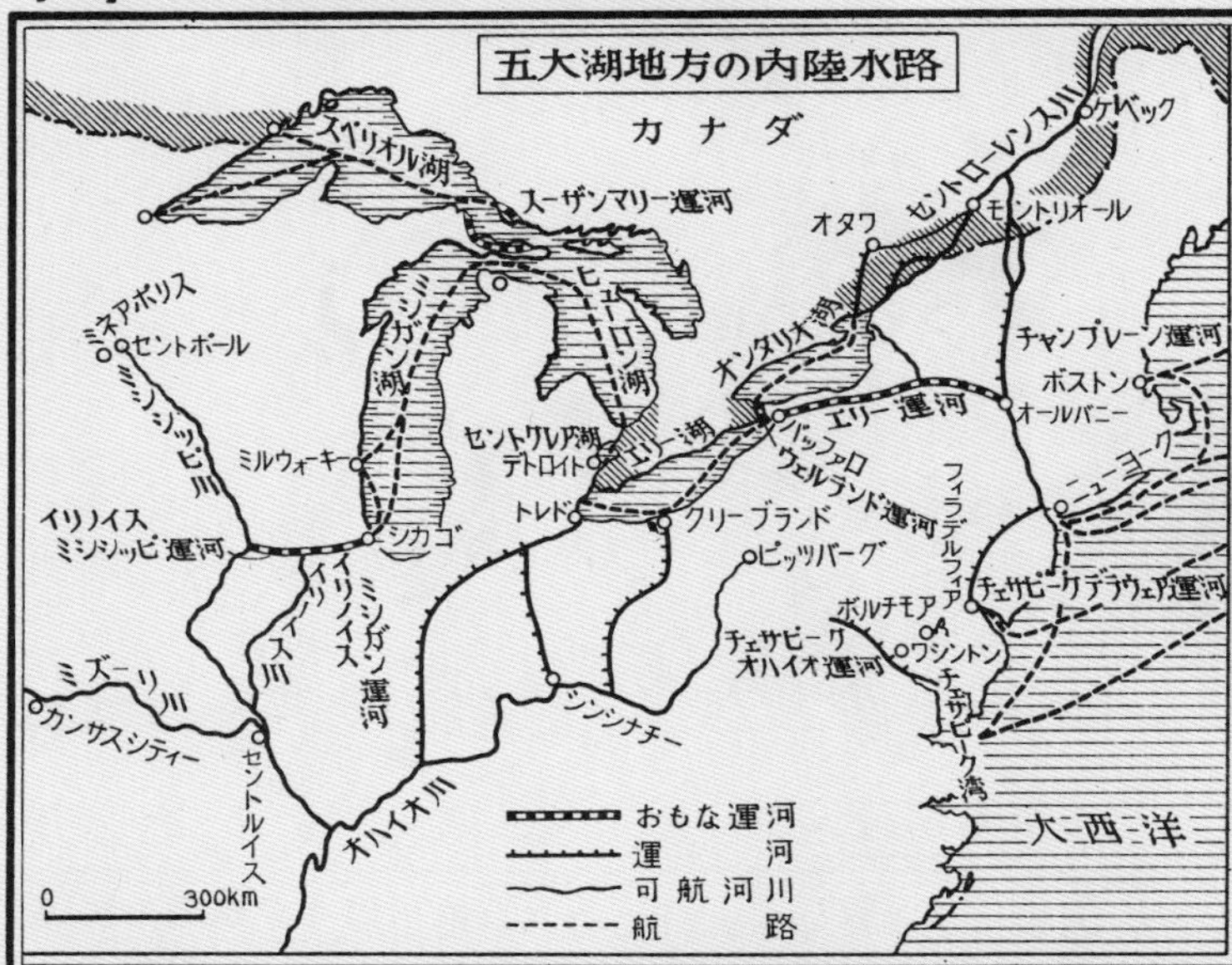

カナダ
スペリオル湖
スーザンマリー運河
セントローレンス川
ケベック
モントリオール
オタワ
ミシガン湖
ヒューロン湖
オンタリオ湖
ミネアポリス
セントポール
ミシシッピ川
ミルウォーキー
シカゴ
イリノイス ミシシッピ運河
イリノイス川
ミシガン イリノイス 運河
セントクレア湖
デトロイト
エリー湖
トレド
バッファロ
ウェルランド運河
エリー運河
クリーブランド
チャンプレーン運河
ボストン
オールバニー
ニューヨーク
フィラデルフィア
ピッツバーグ
チェサピークデラウェア運河
ボルチモア
ワシントン
チェサピーク オハイオ運河
チェサピーク湾
ミズーリ川
カンサスシティー
セントルイス
シンシナチー
オハイオ川
大西洋
おもな運河
運河
可航河川
航路
0 300km

インディアンの舟越

分水嶺はこうして船をかついで越えた

横浜港の発達

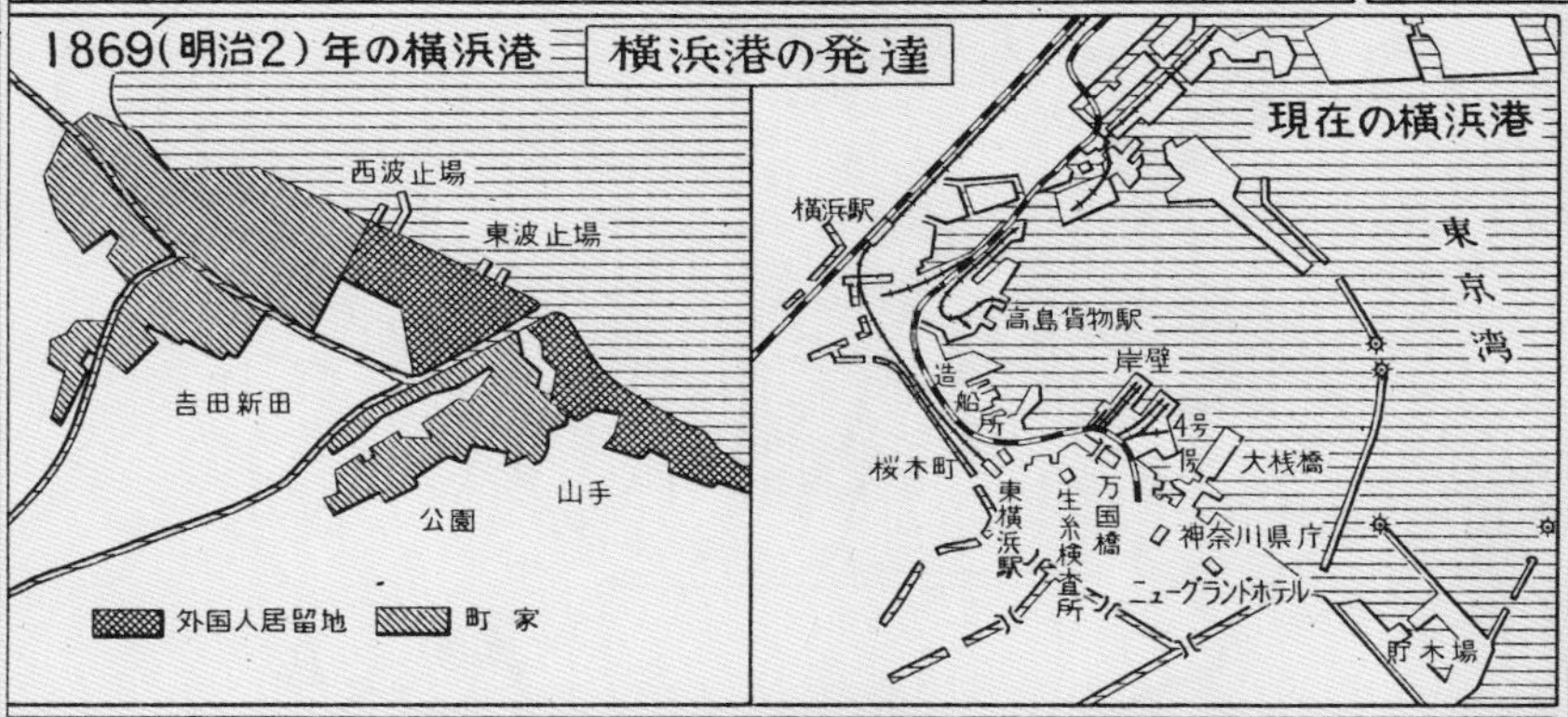

1869(明治2)年の横浜港
西波止場
東波止場
吉田新田
山手
公園
外国人居留地
町家
現在の横浜港
横浜駅
高島貨物駅
岸壁
造船所
桜木町
東横浜駅
生糸検査所
万国橋
4号岸壁
大桟橋
神奈川県庁
ニューグランドホテル
貯木場
東京湾

スエズ運河

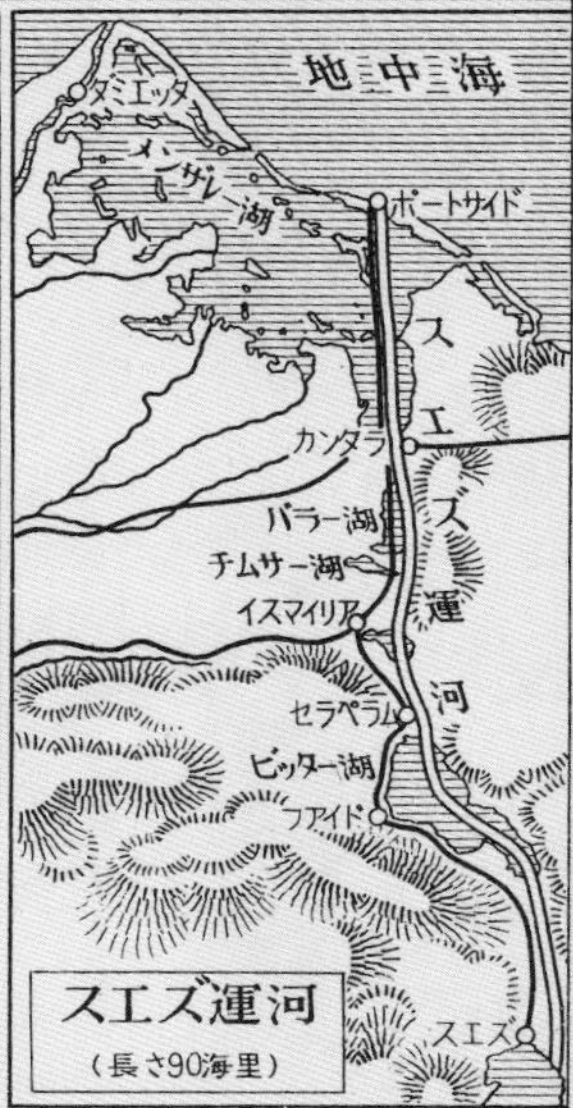

地中海
ダミエッタ
メンザレ湖
ポートサイド
カンタラ
バラー湖
チムサー湖
イスマイリア
セラペラム
ビッター湖
ファアイド
スエズ
スエズ運河
(長さ90海里)

世界の商船

―1946(昭和21)―
単位 万トン
3536
アメリカ合衆国
1800
イギリス
293
ノルウェー
185
ソヴィエト連邦
159
オランダ
137
フランス
108
日本

1939(昭和14)年には日本は500万トンで世界第3位であった

港の岸壁の構造 ―神戸港の例―

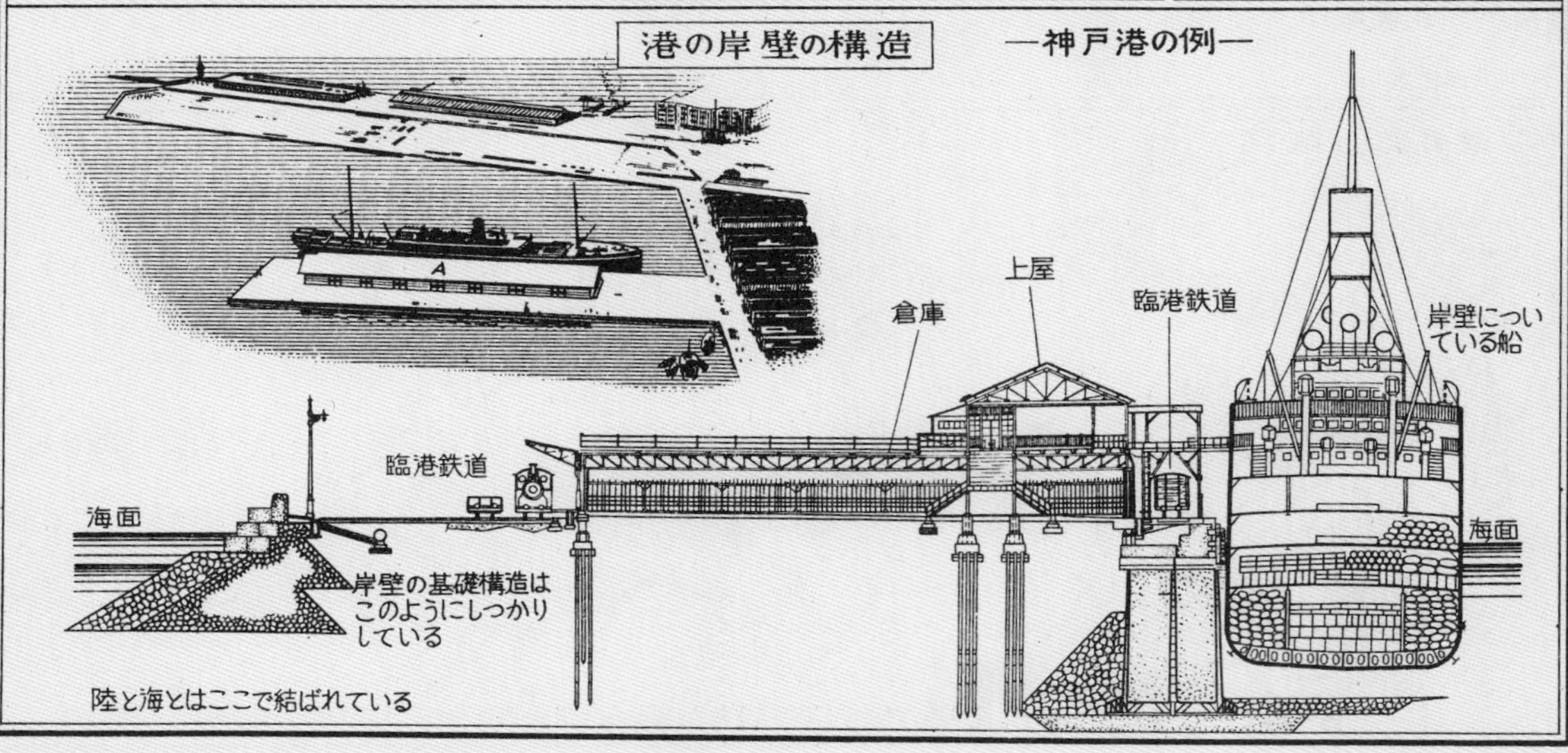

A
倉庫
上屋
臨港鉄道
岸壁についている船
臨港鉄道
海面
海面
岸壁の基礎構造はこのようにしっかりしている
陸と海とはここで結ばれている

パナマ運河
カリブ海
シャグレス川
コロン
クリストバル
ガツン
ガツン閘門
ガツン湖
シャグレス川
運河
湖面の高さ26m
クレブラ
ペドロミゲル
ペドロミゲル閘門
ミラフロレス閘門
バルボア
パナマ
パナマ湾
アメリカ東西両岸及び世界の交通を短縮せしめた

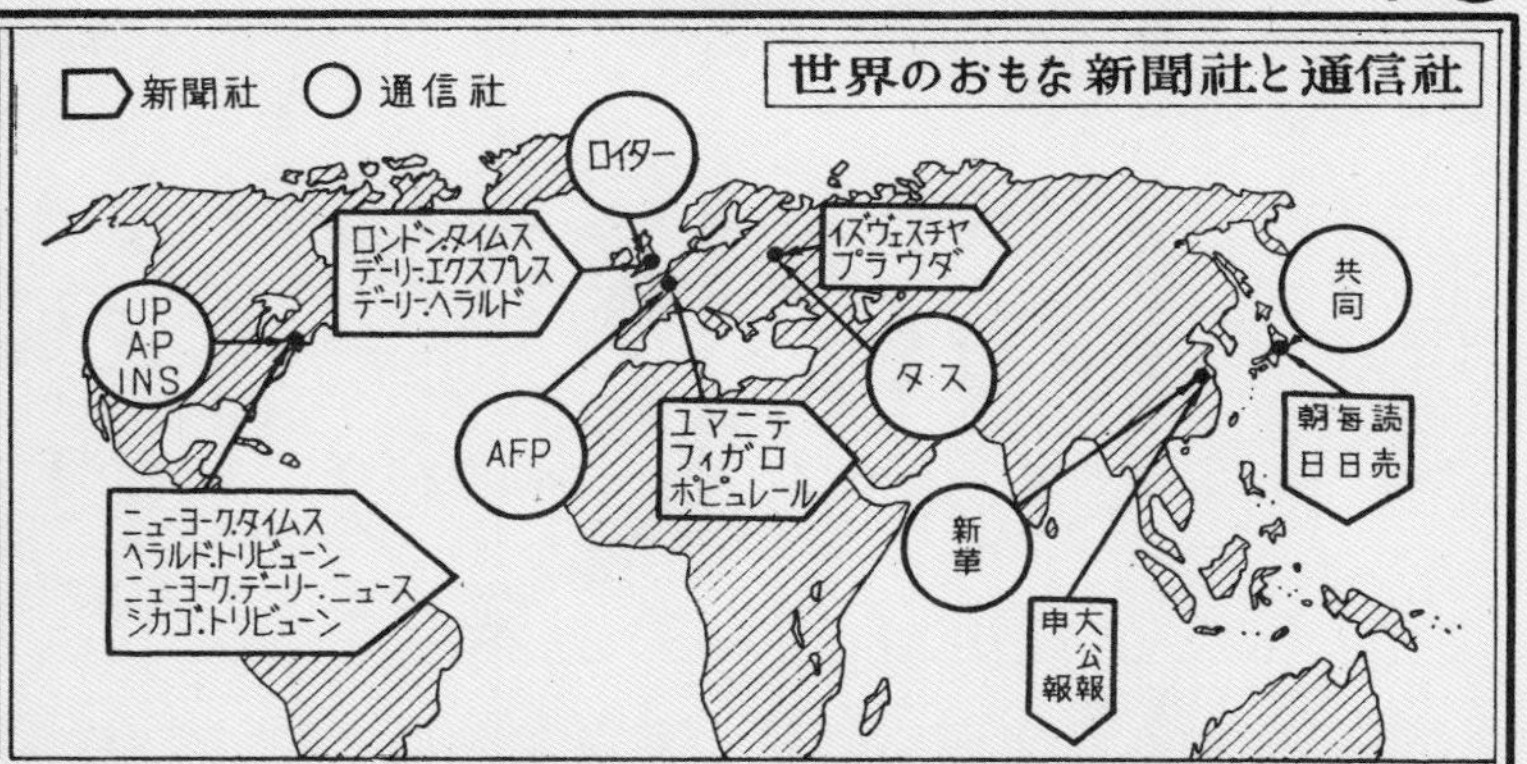
世界のおもな新聞社と通信社
新聞社
通信社
ロイター
ロンドン・タイムス
デーリー・エクスプレス
デーリー・ヘラルド
イズヴェスチヤ
プラウダ
UP
AP
INS
タス
共同
朝日
毎日
読売
AFP
ユマニテ
フィガロ
ポピュレール
ニューヨーク・タイムス
ヘラルド・トリビューン
ニューヨーク・デーリー・ニュース
シカゴ・トリビューン
新華
申報
大公報

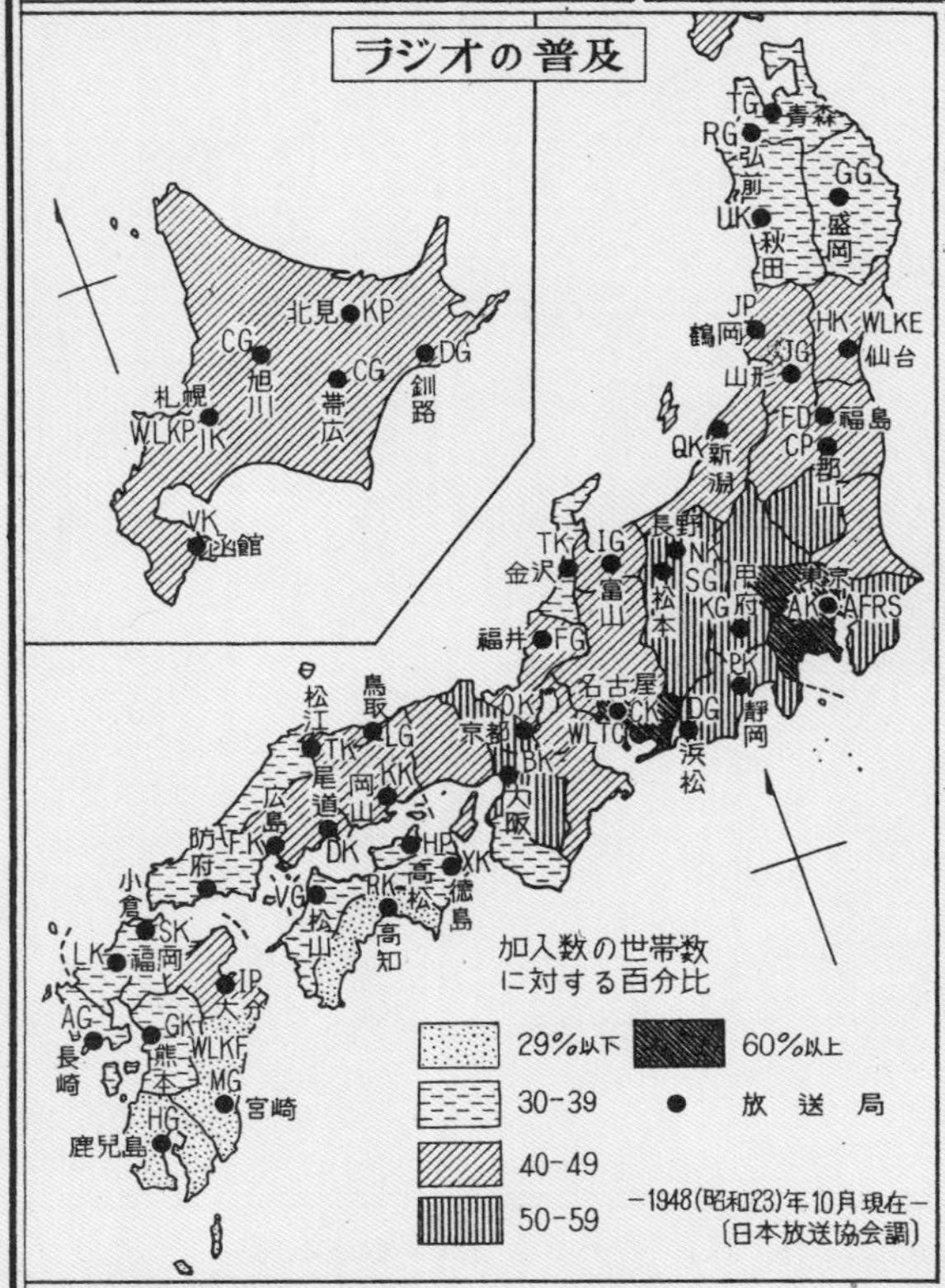
ラジオの普及
TG 青森
RG 弘前
GG 盛岡
UK 秋田
JP 鶴岡
HK WLKE 仙台
JG 山形
FD 福島
CP 郡山
QK 新潟
北見 KP
CG 旭川
CG 帯広
DG 釧路
札幌 WLKP IK
VK 函館
TK 金沢
IG 富山
長野 NK
SG 松本
甲府 IKG
東京 AK AFRS
福井 FG
PK
DG 静岡
浜松
名古屋 CK WLTC
OK 京都
BK 大阪
松江 TK
鳥取 LG
尾道
岡山 KK
広島 FK
DK
防府
HP 高松
XK 徳島
VG 松山
RK 高知
小倉 SK
LK 福岡
IP 大分
AG 長崎
GK 熊本 WLKF
MG 宮崎
HG 鹿児島
加入数の世帯数に対する百分比
29%以下
30-39
40-49
50-59
60%以上
放送局
—1948(昭和23)年10月現在—
〔日本放送協会調〕

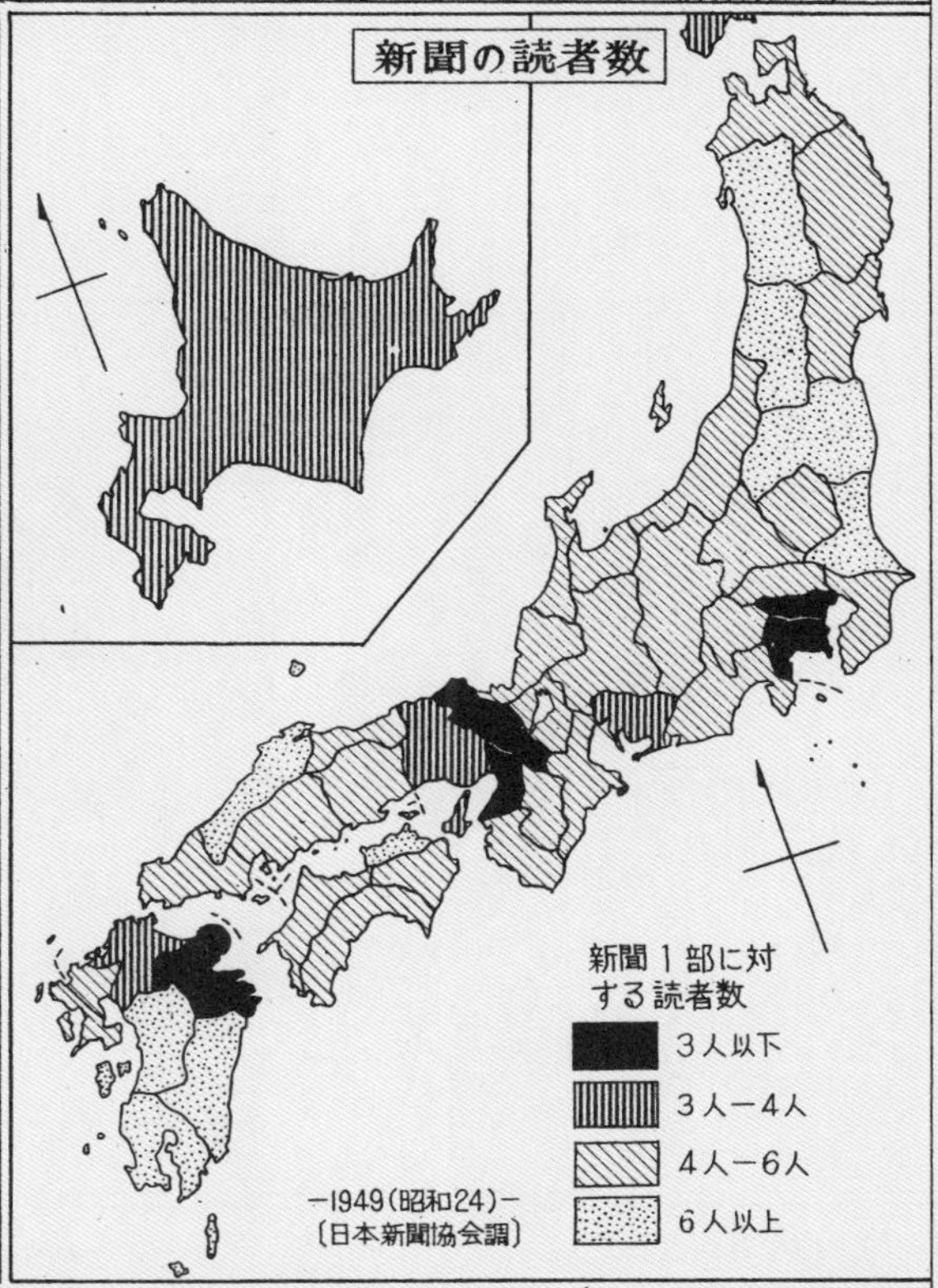
新聞の読者数
新聞１部に対する読者数
３人以下
３人—４人
４人—６人
６人以上
—1949(昭和24)—
〔日本新聞協会調〕

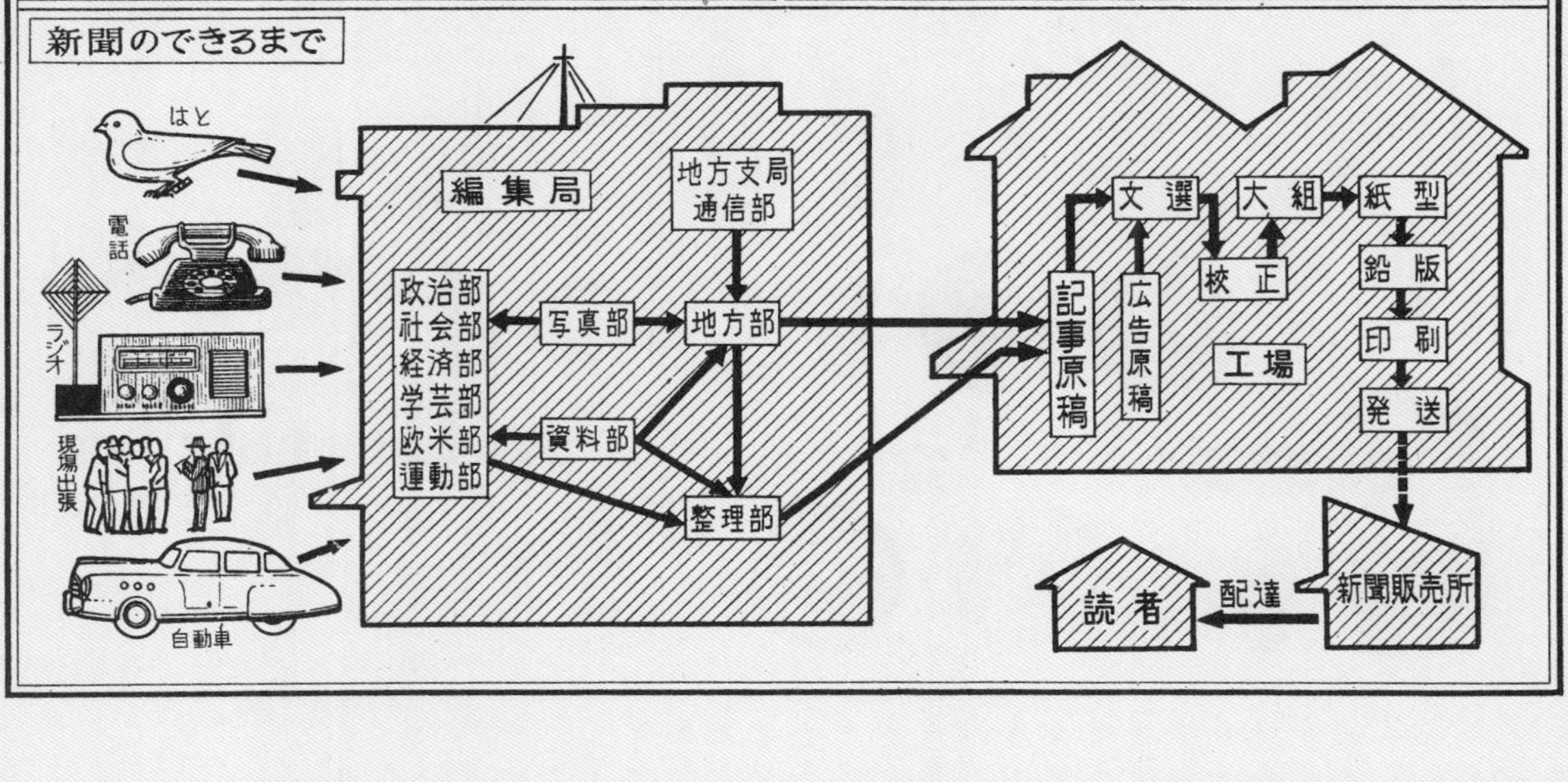
新聞のできるまで
はと
電話
ラジオ
現場出張
自動車
編集局
地方支局通信部
政治部
社会部
経済部
学芸部
欧米部
運動部
写真部
地方部
資料部
整理部
記事原稿
広告原稿
文選
大組
紙型
校正
鉛版
印刷
発送
工場
新聞販売所
配達
読者

76 商業と貿易(I)

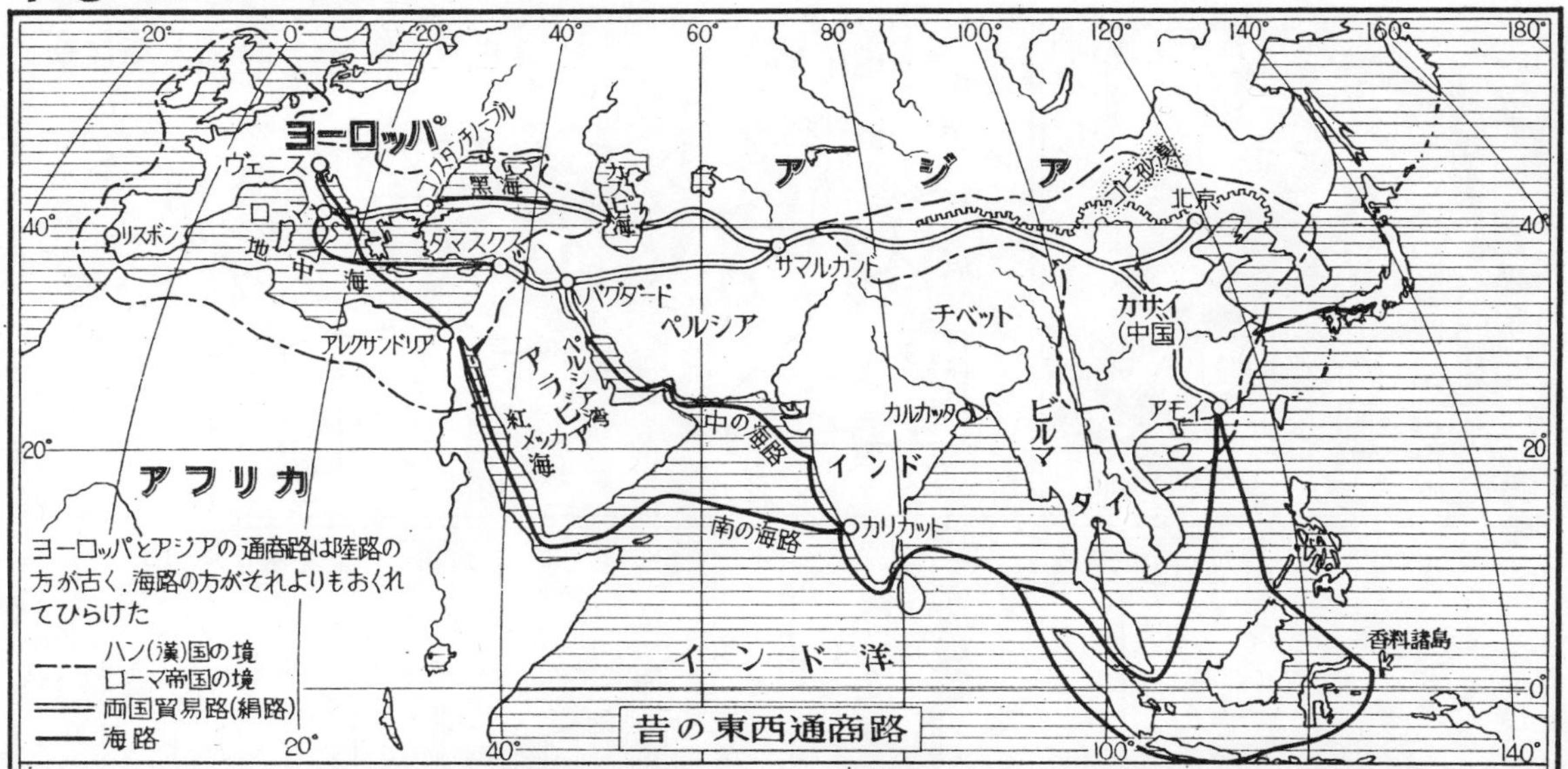

昔の東西通商路

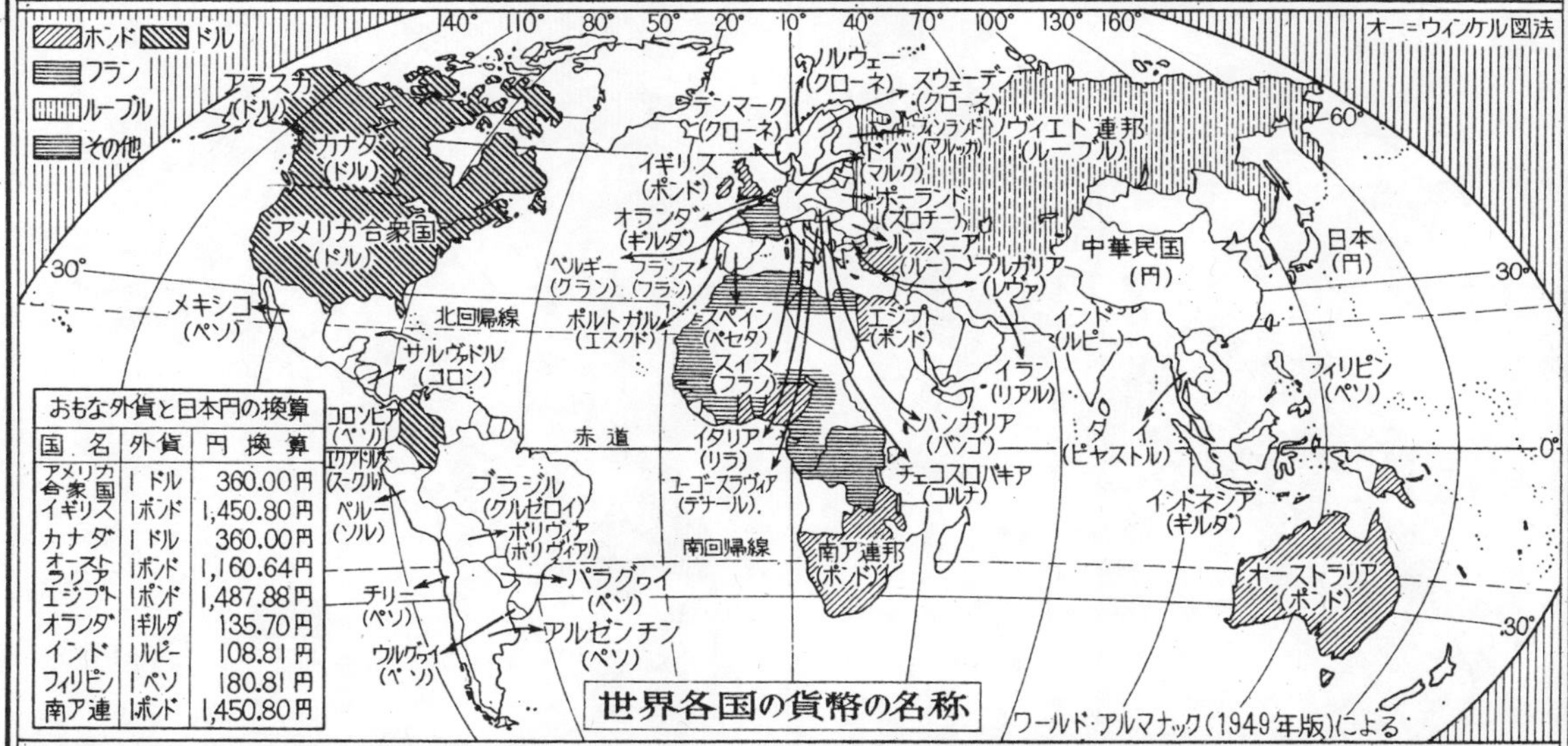

おもな外貨と日本円の換算		
国名	外貨	円換算
アメリカ合衆国	1ドル	360.00円
イギリス	1ポンド	1,450.80円
カナダ	1ドル	360.00円
オーストラリア	1ポンド	1,160.64円
エジプト	1ポンド	1,487.88円
オランダ	1ギルダ	135.70円
インド	1ルピー	108.81円
フィリピン	1ペソ	180.81円
南ア連	1ポンド	1,450.80円

世界各国の貨幣の名称

ワールド・アルマナック(1949年版)による

昔の貨幣

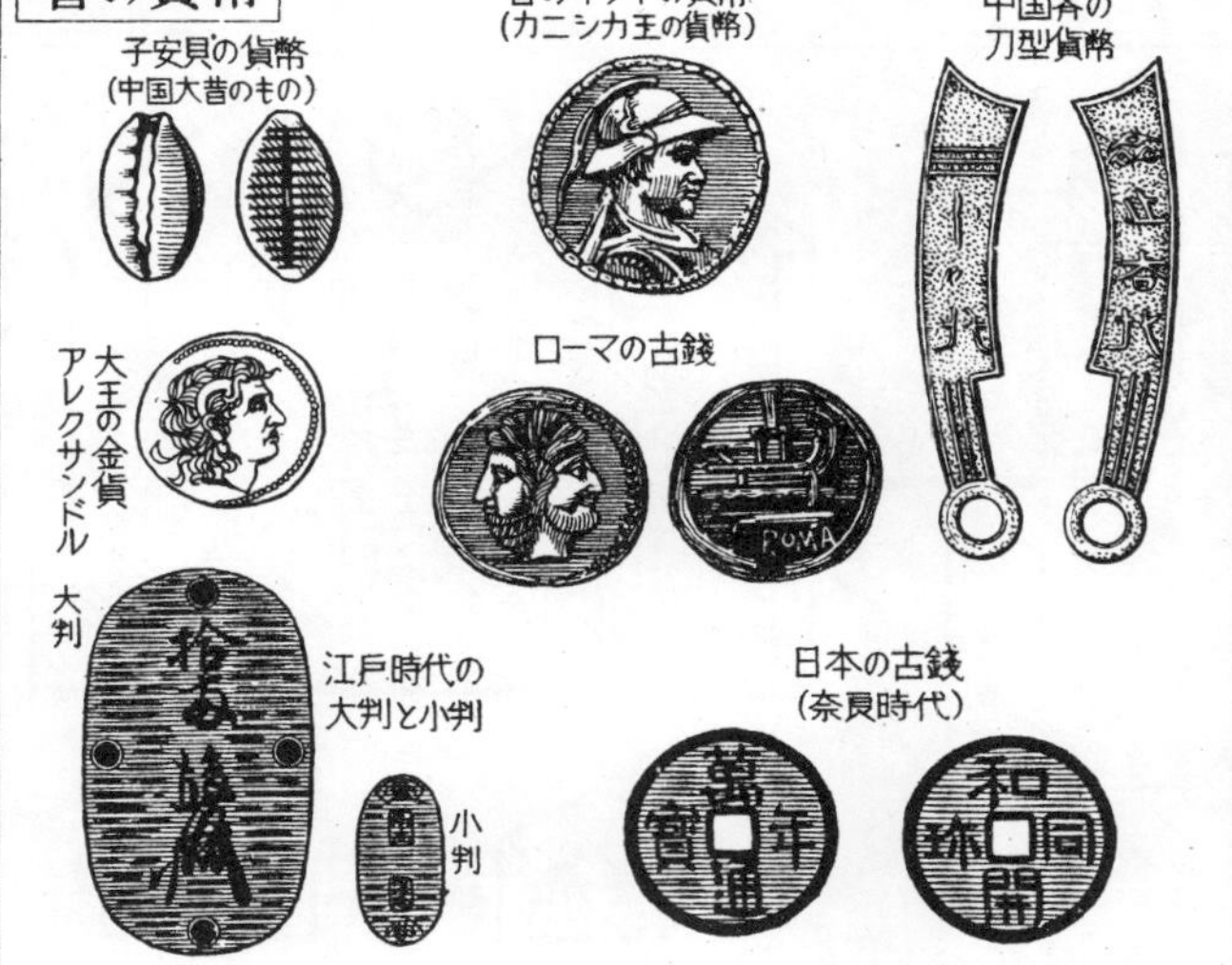

世界のおもな国の輸出入額

—1947(昭和22)—

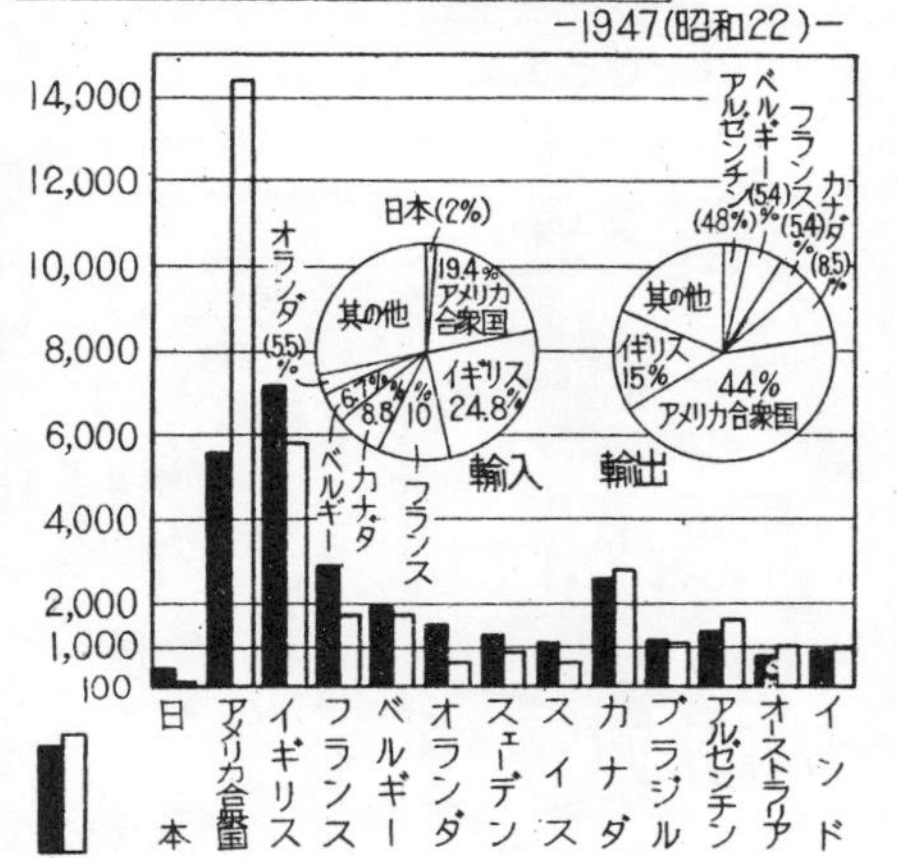

単位100万ドル
ドルの値段に直す

〔国際連合調〕

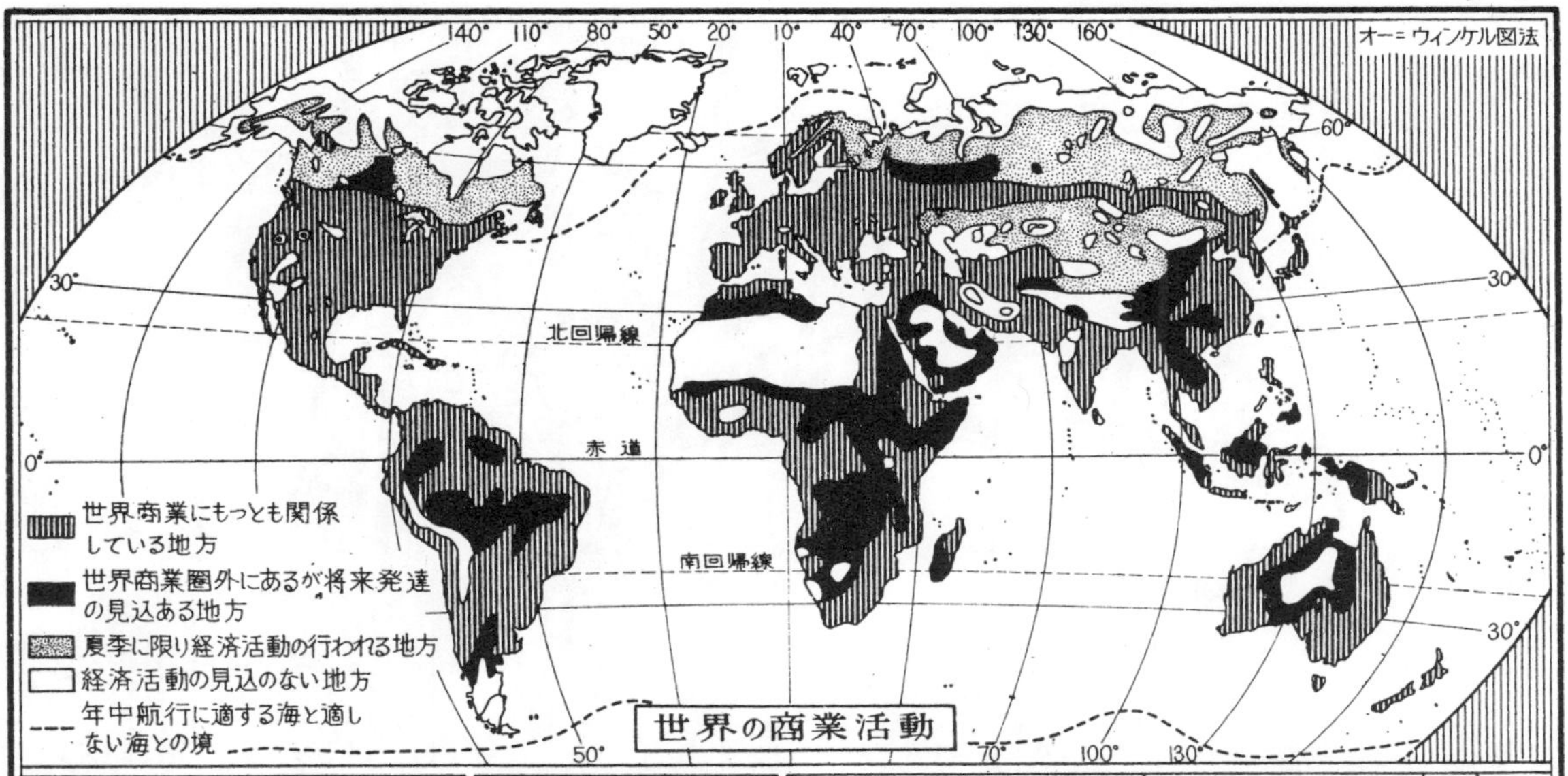
オー=ウィンケル図法
北回帰線
赤道
南回帰線
世界商業にもっとも関係している地方
世界商業圏外にあるが将来発達の見込ある地方
夏季に限り経済活動の行われる地方
経済活動の見込のない地方
年中航行に適する海と適しない海との境

世界の商業活動

日本の貿易の移り変わり

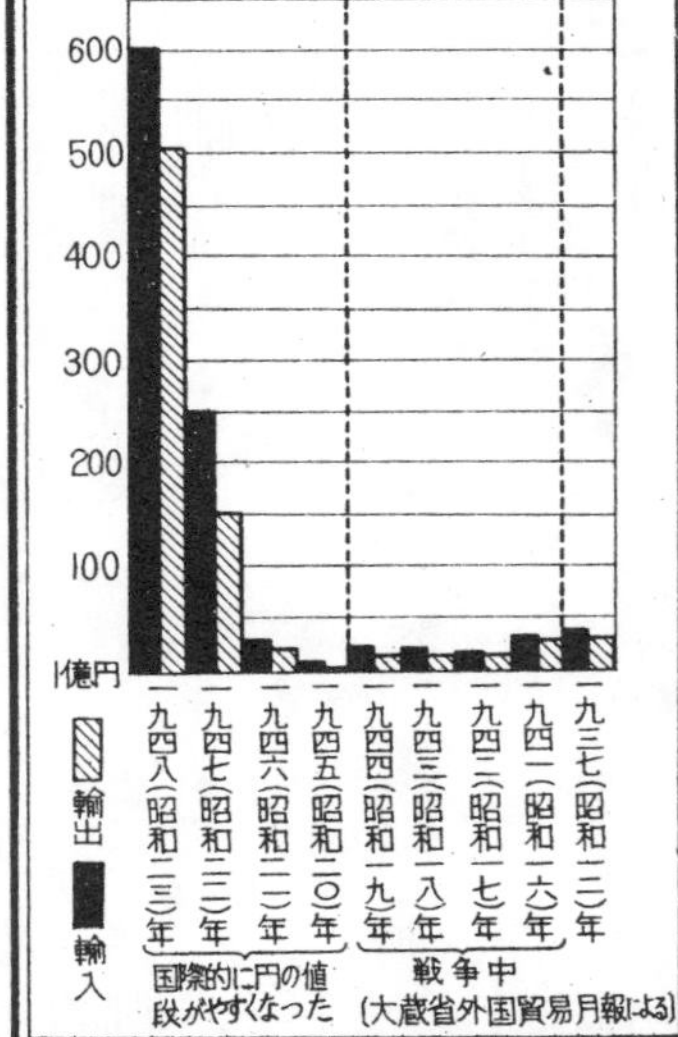
600
500
400
300
200
100
1億円
輸出
輸入
一九四八(昭和二三)年
一九四七(昭和二二)年
一九四六(昭和二一)年
一九四五(昭和二〇)年
一九四四(昭和一九)年
一九四三(昭和一八)年
一九四二(昭和一七)年
一九四一(昭和一六)年
一九三七(昭和一二)年
国際的に円の値段がやすくなった
戦争中
(大蔵省外国貿易月報による)

日本の国民貯金の移り変わり

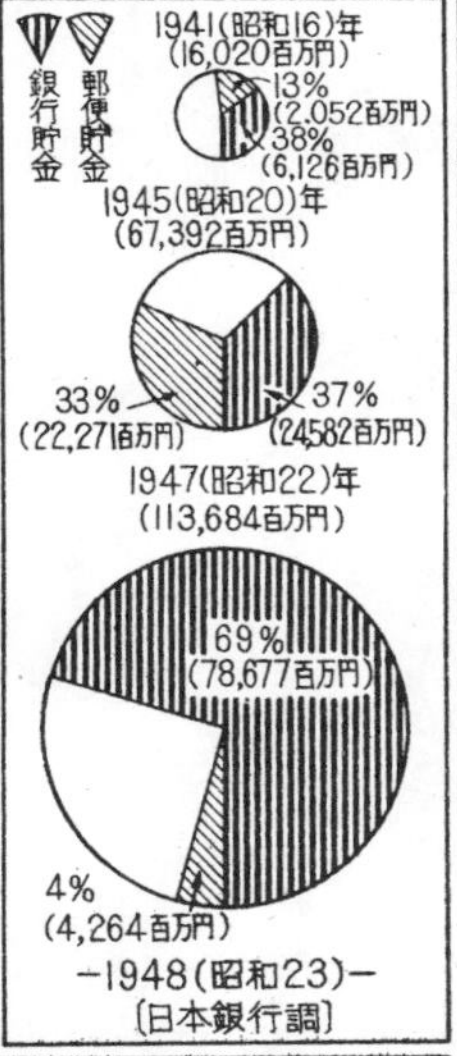
銀行貯金
郵便貯金
1941(昭和16)年
(16,020百万円)
13%
(2,052百万円)
38%
(6,126百万円)
1945(昭和20)年
(67,392百万円)
33%
(22,271百万円)
37%
(24,582百万円)
1947(昭和22)年
(113,684百万円)
69%
(78,677百万円)
4%
(4,264百万円)
-1948(昭和23)-
〔日本銀行調〕

日本のおもな都市の物価

-1947(昭和22)-

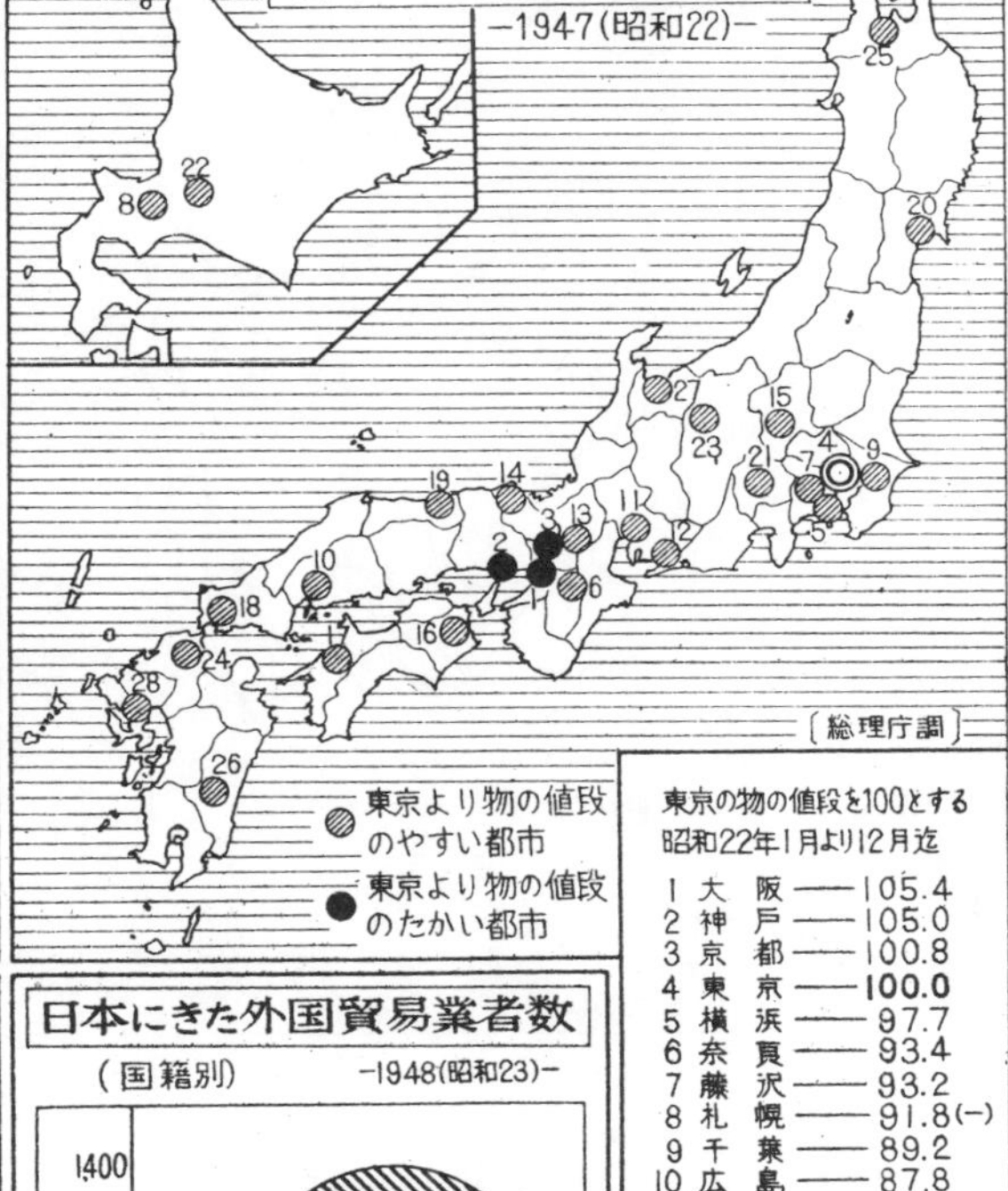
〔総理庁調〕
東京より物の値段のやすい都市
東京より物の値段のたかい都市

東京の物の値段を100とする
昭和22年1月より12月迄

1	大阪	105.4
2	神戸	105.0
3	京都	100.8
4	東京	**100.0**
5	横浜	97.7
6	奈良	93.4
7	藤沢	93.2
8	札幌	91.8(一)
9	千葉	89.2
10	広島	87.8
11	名古屋	86.7
12	豊橋	82.7
13	大津	80.3
14	舞鶴	79.5
15	高崎	79.0
16	徳島	77.4
17	松山	76.5
18	下関	76.1
19	鳥取	75.7
20	仙台	75.2
21	甲府	75.0
22	夕張	74.3(一)
23	松本	73.5
24	八幡	72.3
25	青森	71.9
26	都城	70.1
27	富山	69.9
28	大村	69.2

(一)は昭和23年4月一6月迄のもの

輸出と生産と物価の関係

-1949(昭和24)-

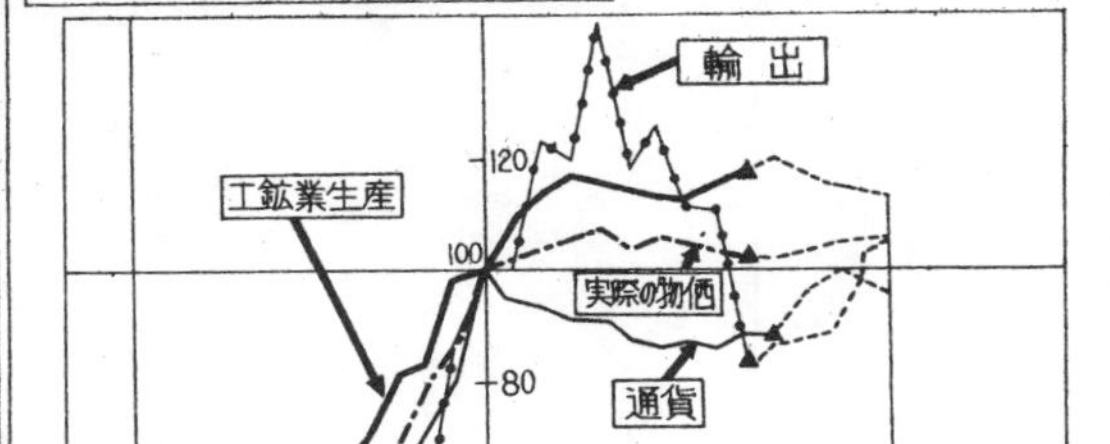
輸出
工鉱業生産
実際の物価
通貨
120
100
80
60
40
20
輸出(総司令部調ドル建)
工鉱業生産(安本統計課調)
実際の物価(総理庁・消費者の物価・全都市)
通貨
以後は推定指数
いづれも昭和24年1月を100とする
20年 9月
21年 1月
7月
22年 1月
7月
23年 1月
7月
24年 1月
3月
5月
7月
9月
11月
25年 1月
3月
〔朝日新聞社の資料〕

日本にきた外国貿易業者数

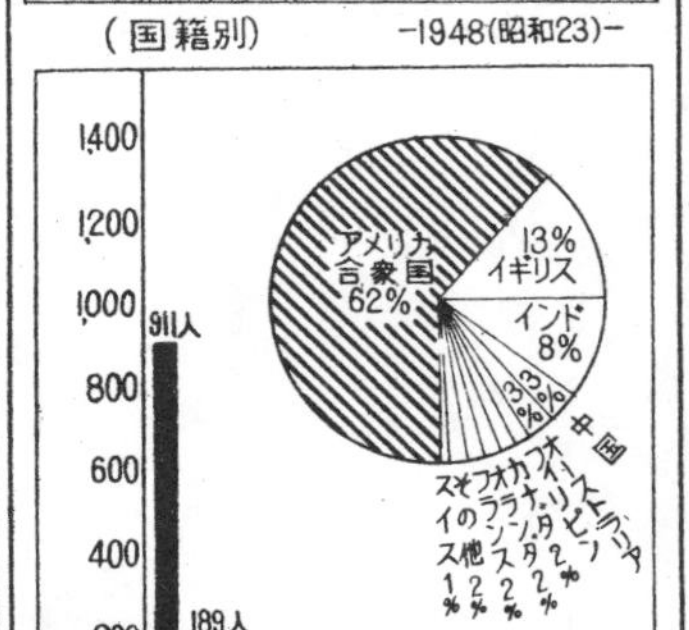
(国籍別)
-1948(昭和23)-
1400
1200
1000
800
600
400
200
911人
189人
43人
121人
26人
35人
26人
33人
18人
31人
3人
31人
アメリカ合衆国 62%
イギリス 13%
インド 8%
中国 3%
入国人数
国籍
アメリカ合衆国
イギリス
中国
インド
フィリピン
オーストラリア
カナダ
オランダ
スイス
フランス
イタリア
その他
〔運輸省観光部調〕

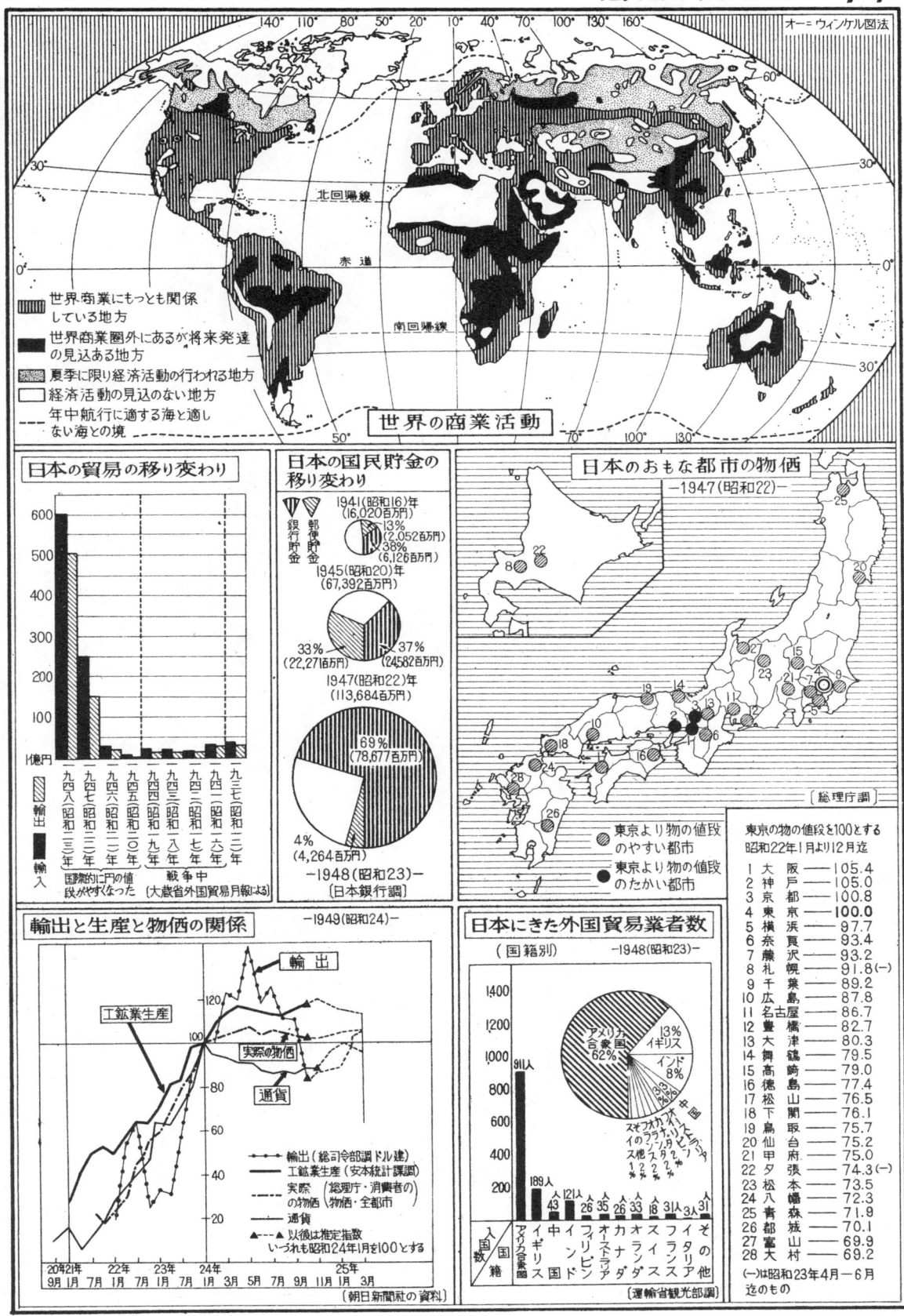

78 文化と教育(1)

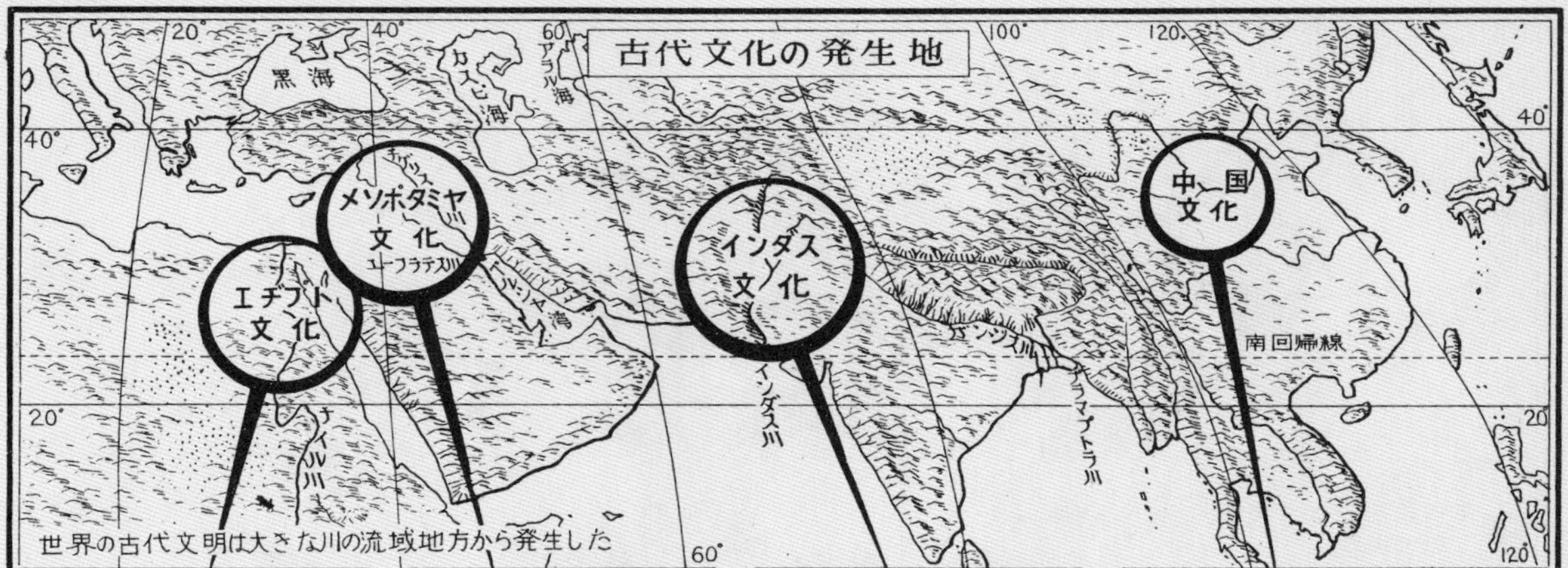

世界の古代文明は大きな川の流域地方から発生した

ピラミッドとスフィンクス
(エヂプト文化の遺址)

ハンムラビ法典上部の浮彫
(メソポタミヤ文化の遺址)

モヘンジョ・ダロのあとから出た青銅の神像
(インダス文化の遺址)

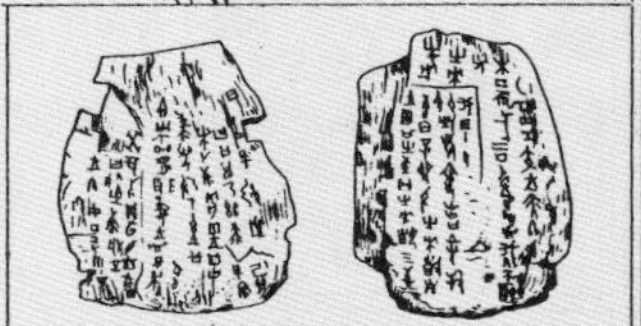

殷墟から出た獣骨の文(中国文化の遺址)

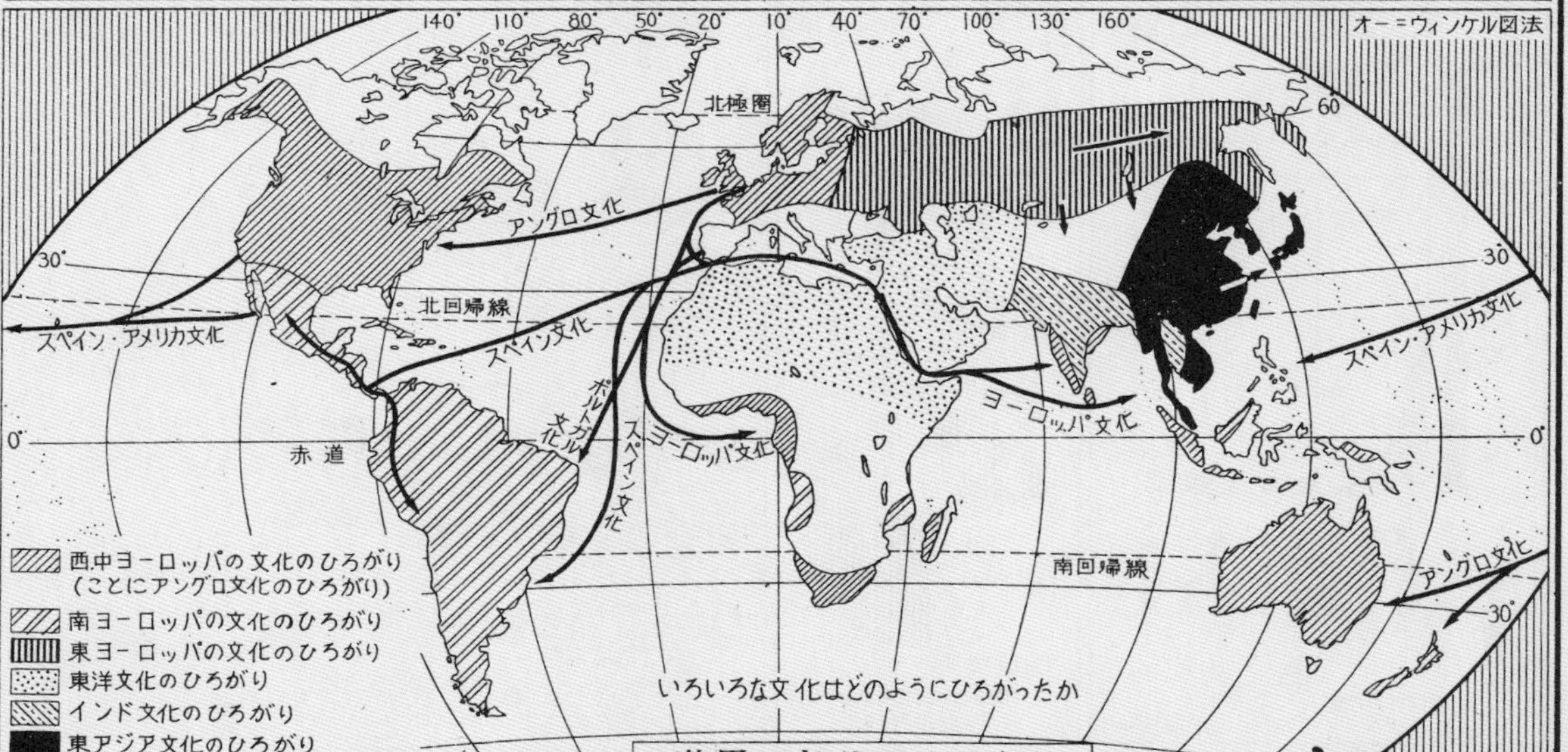

いろいろな文化はどのようにひろがったか

世界の文化のひろがり

アメリカ合衆国の文化の発展

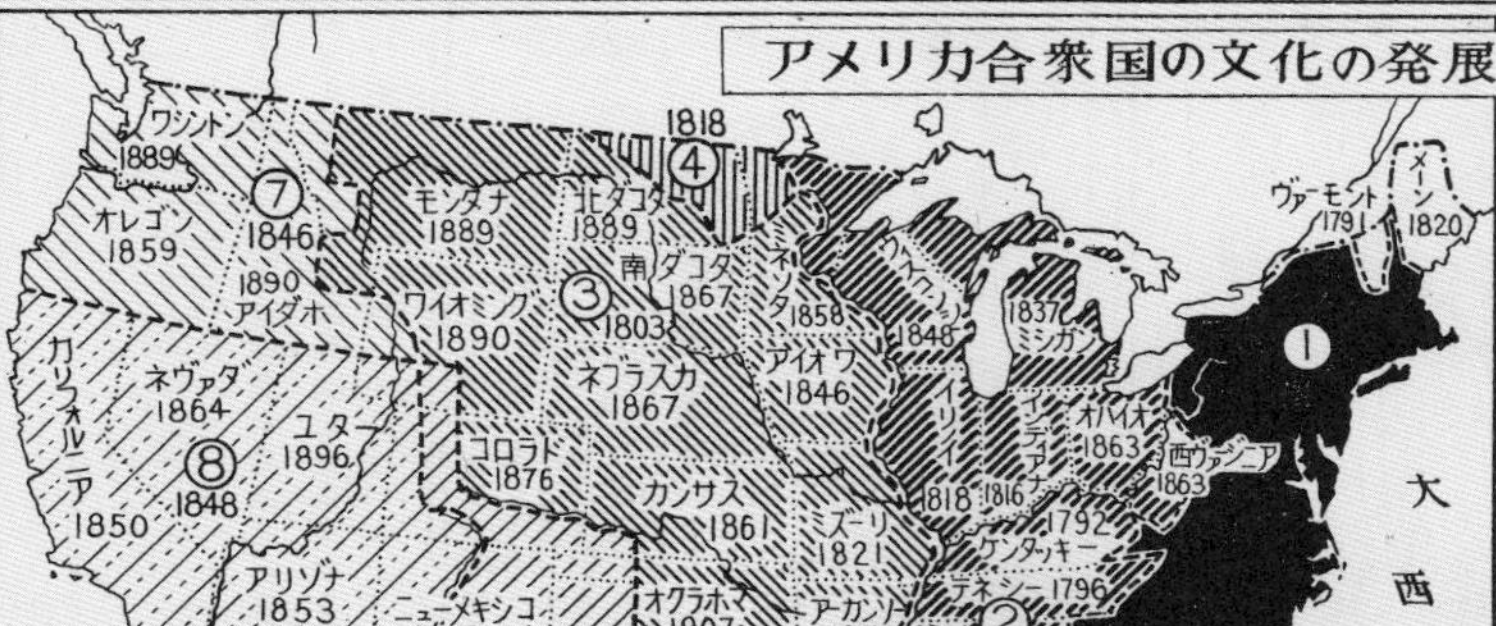

アメリカ合衆国の西方への発展

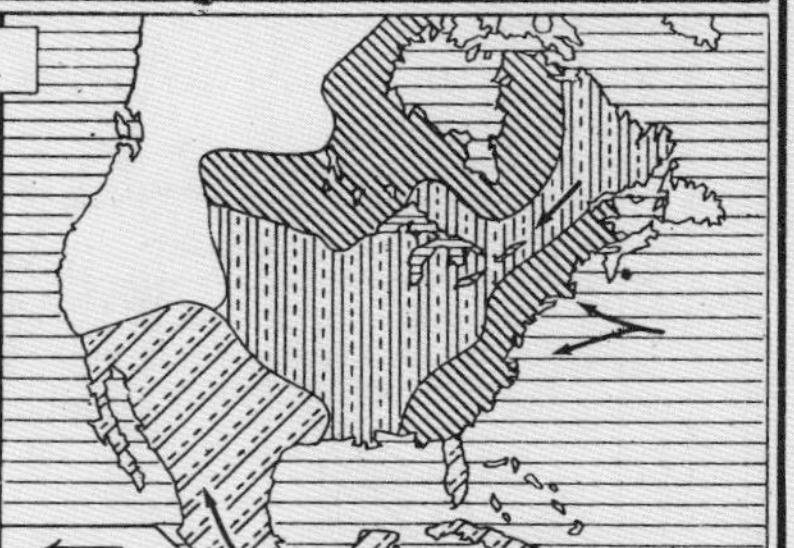

アメリカ合衆国独立前のヨーロッパ植民地時代(約300年前)

世界と日本に関する知識の発達

ヘロドタスの図(紀元前5世紀ごろ)

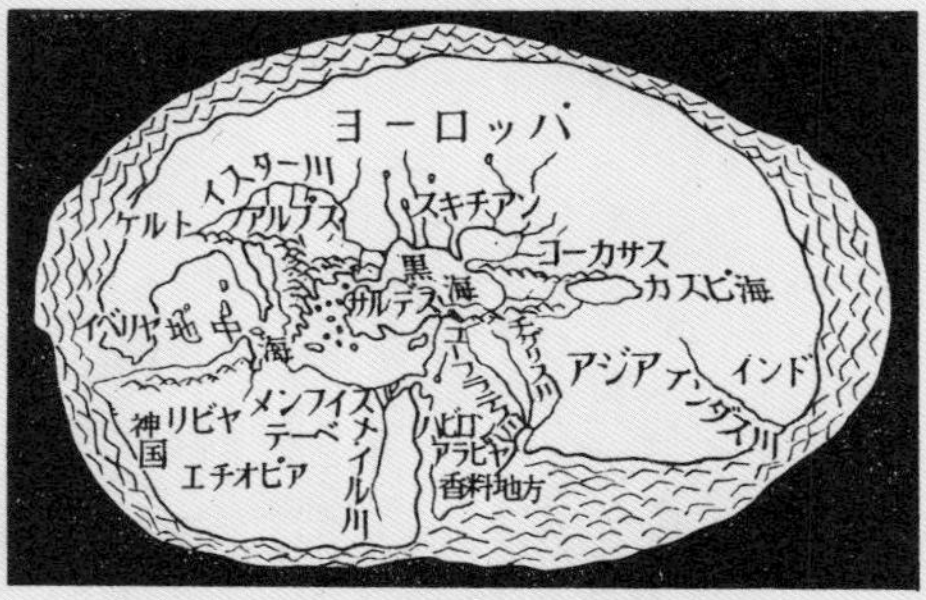
ヨーロッパ
イスター川
ケルト
アルプス
スキチアン
黒海
サルデス
コーカサス
カスピ海
イベリヤ
地中海
アジア
インド
インダス川
チグリス川
ユーフラテス川
リビヤ
メンフイス
テーベ
神国
エチオピア
ナイル川
アラビヤ
香料地方

マルチニ・ベハイムの世界図(1492年ごろ)

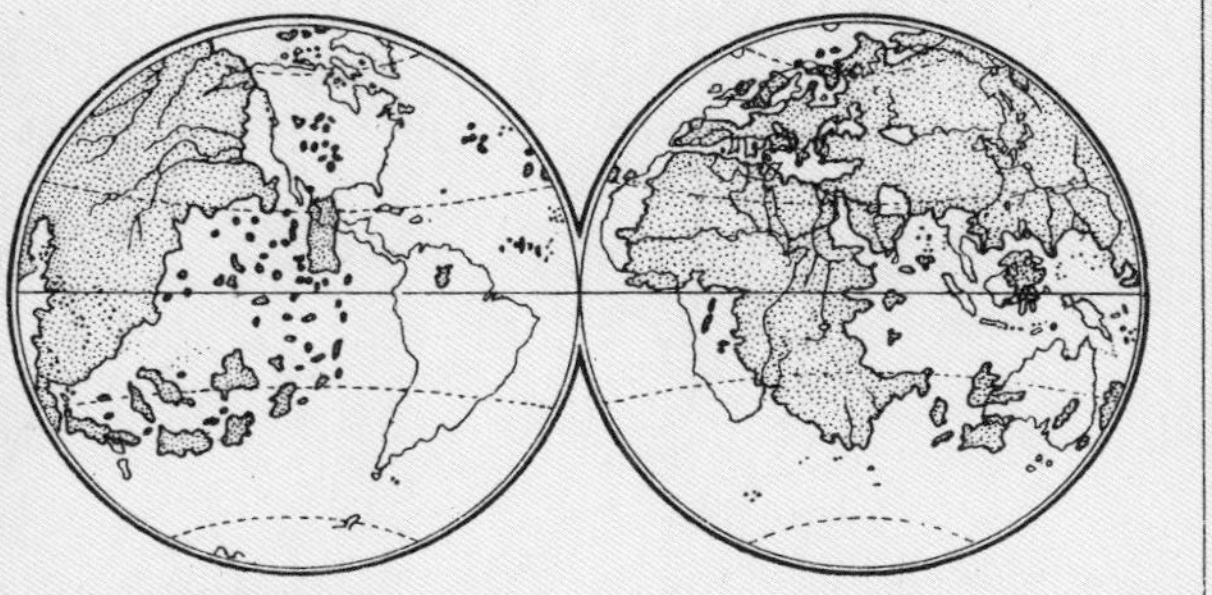

ヨーロッパ人の世界に関する知識は地中海地方から旧大陸の他の地方，新大陸へとひろがっていった

寛文年間の日本図(約300年前)

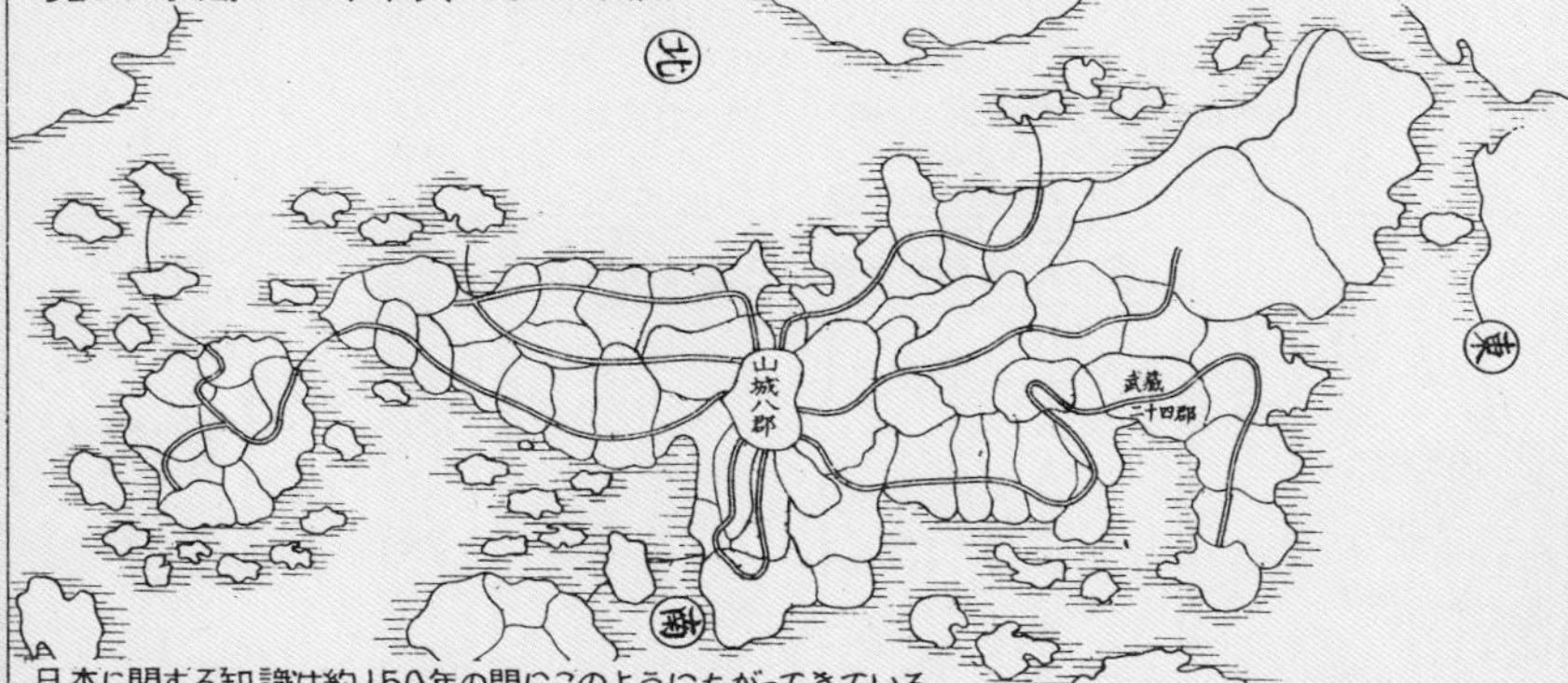
北
東
南
山城八郡
武蔵二十四郡

文化7年の日本図(約150年前)

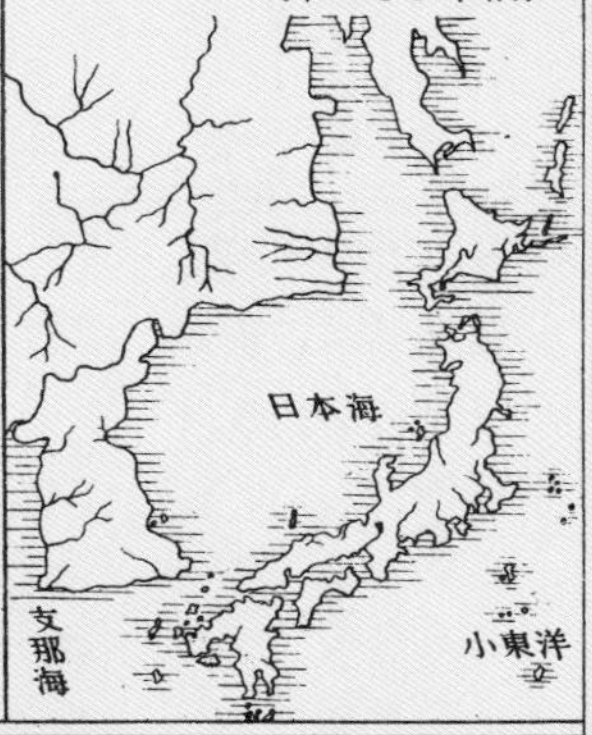
日本海
支那海
小東洋

日本に関する知識は約150年の間にこのようにちがってきている

器具の変化

骨器

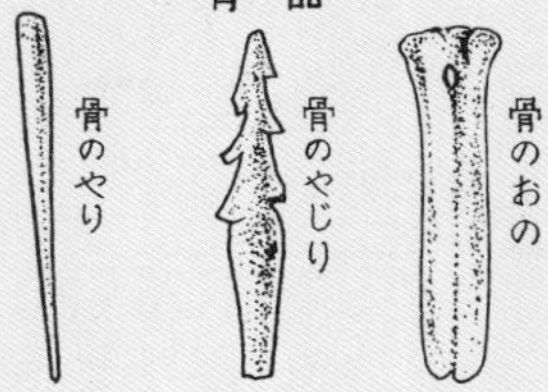
骨のやり
骨のやじり
骨のおの

石器

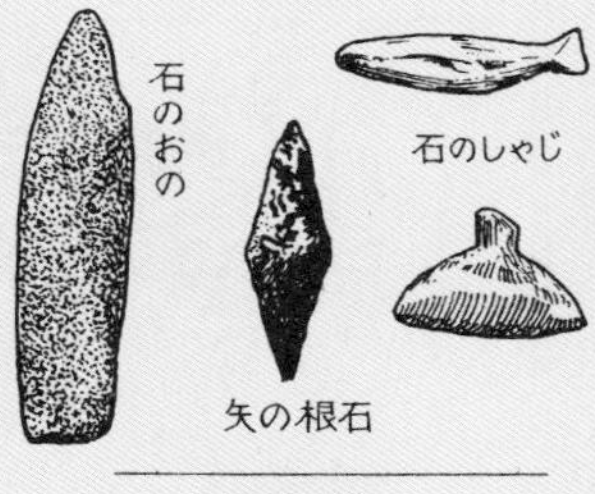
石のおの
石のしゃじ
矢の根石

土器

もみつぼ
弥生式
縄紋式

青銅器

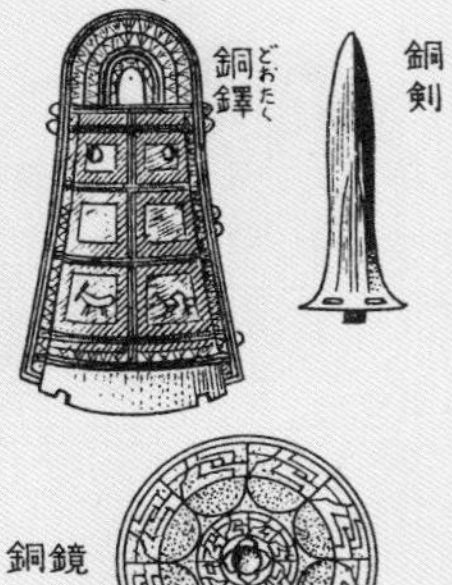
銅鐸《どうたく》
銅剣
銅鏡

鉄器

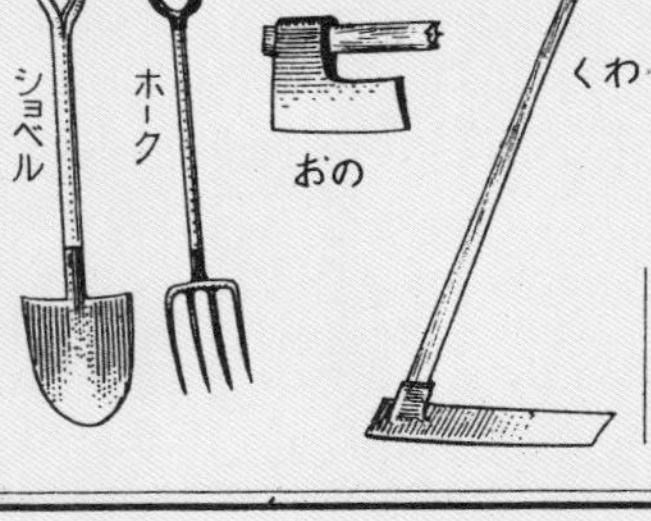
ショベル
ホーク
おの
くわ

せともの

どんぶり
ちゃわん
ゆのみ

前方後円の古墳

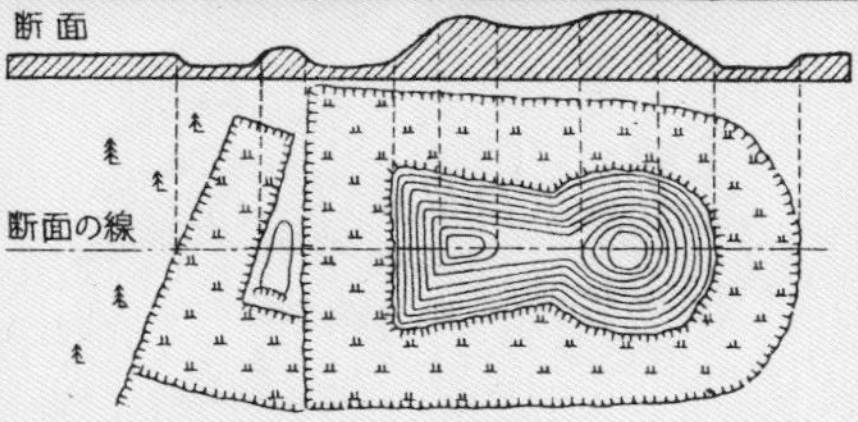
断面
断面の線

古墳の分布

80 文化と教育(3)

ノーベル賞受賞者の属する国

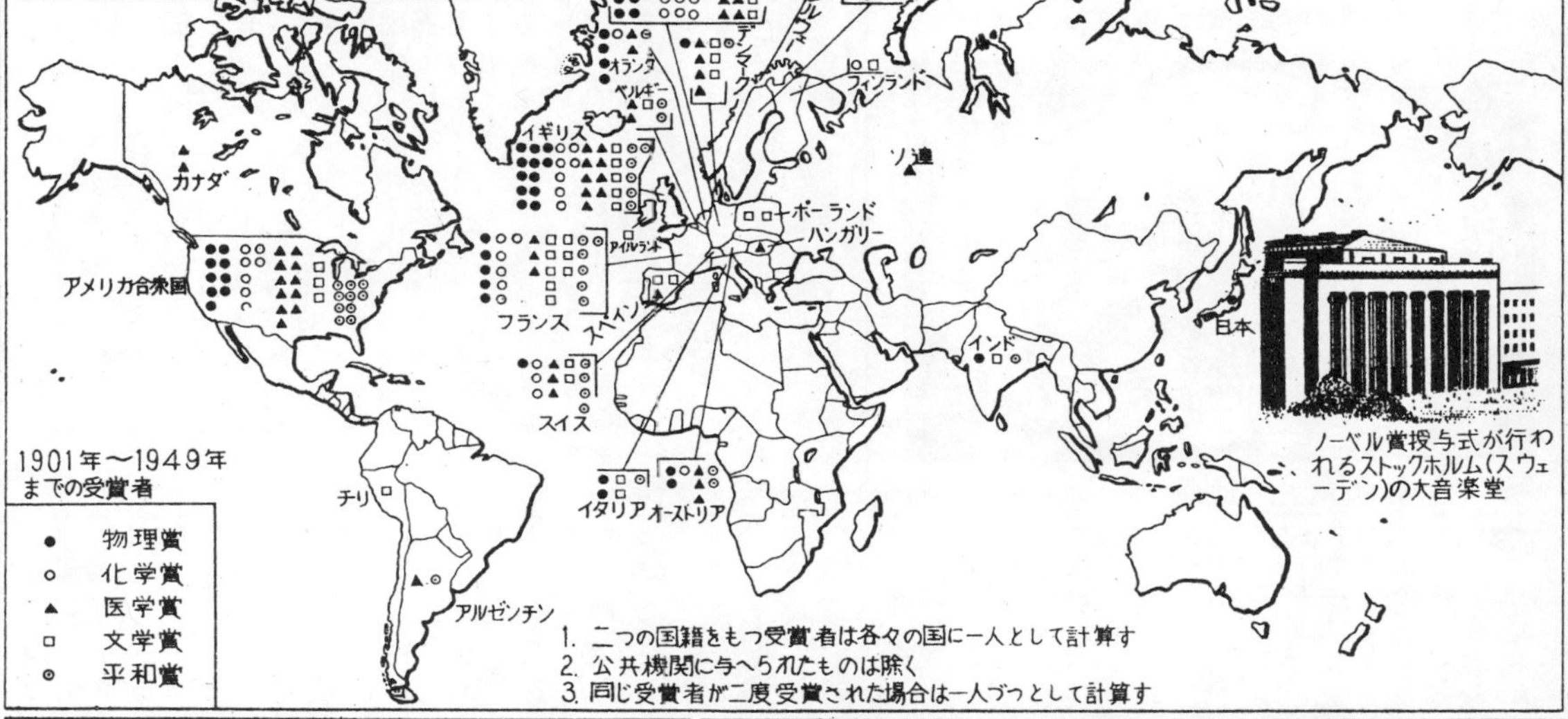

1. 二つの国籍をもつ受賞者は各々の国に一人として計算す
2. 公共機関に与へられたものは除く
3. 同じ受賞者が二度受賞された場合は一人づつとして計算す
ノーベル賞授与式が行われるストックホルム(スウェーデン)の大音楽堂

東西建築物の比較

法隆寺の五重塔

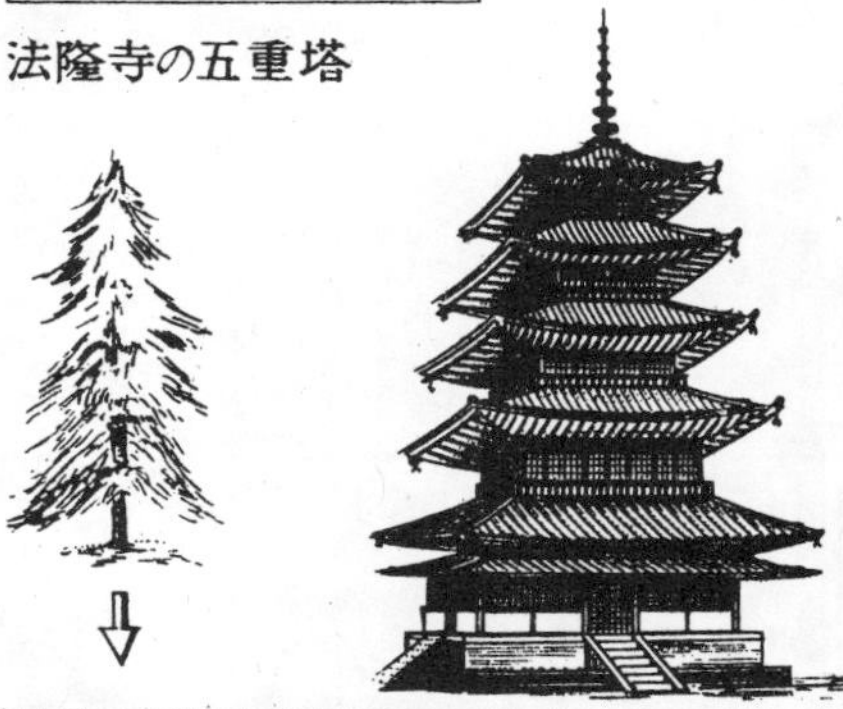

中国最古の塔(大雁塔)

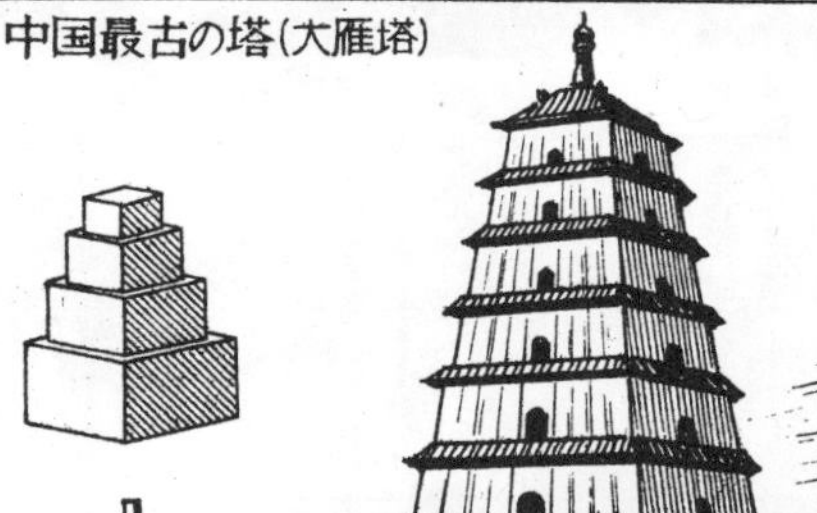

ウルムの寺院(ドイツ)

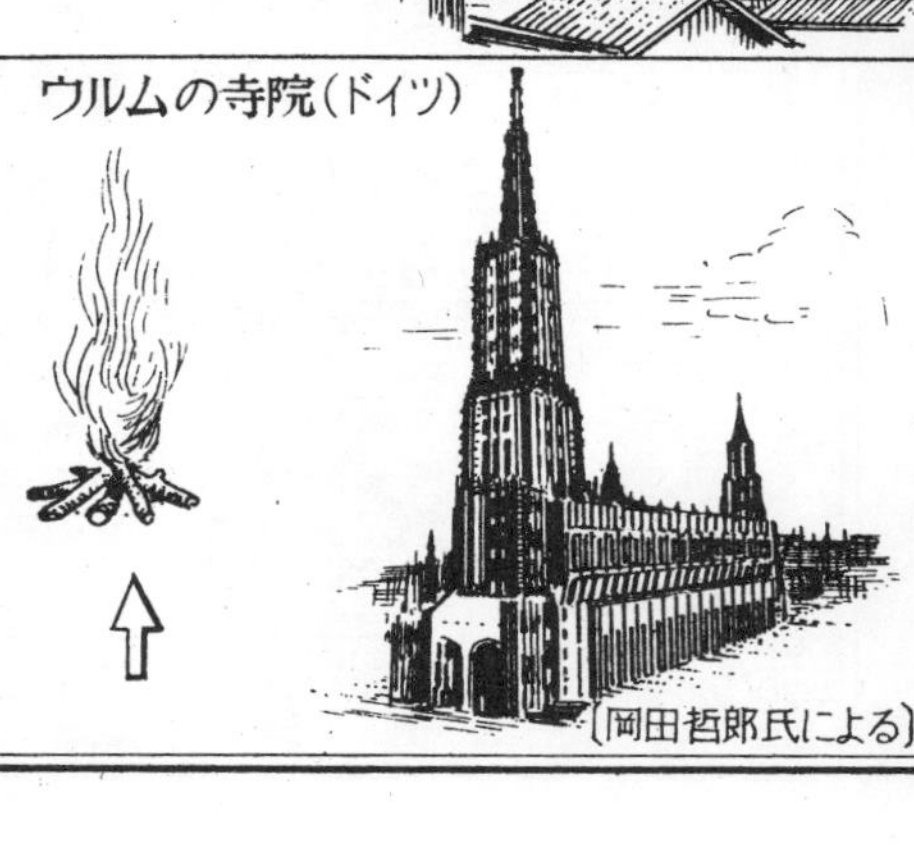

(岡田哲郎氏による)

史蹟名勝天然紀念物の分布

－1948(昭和23)年6月現在－

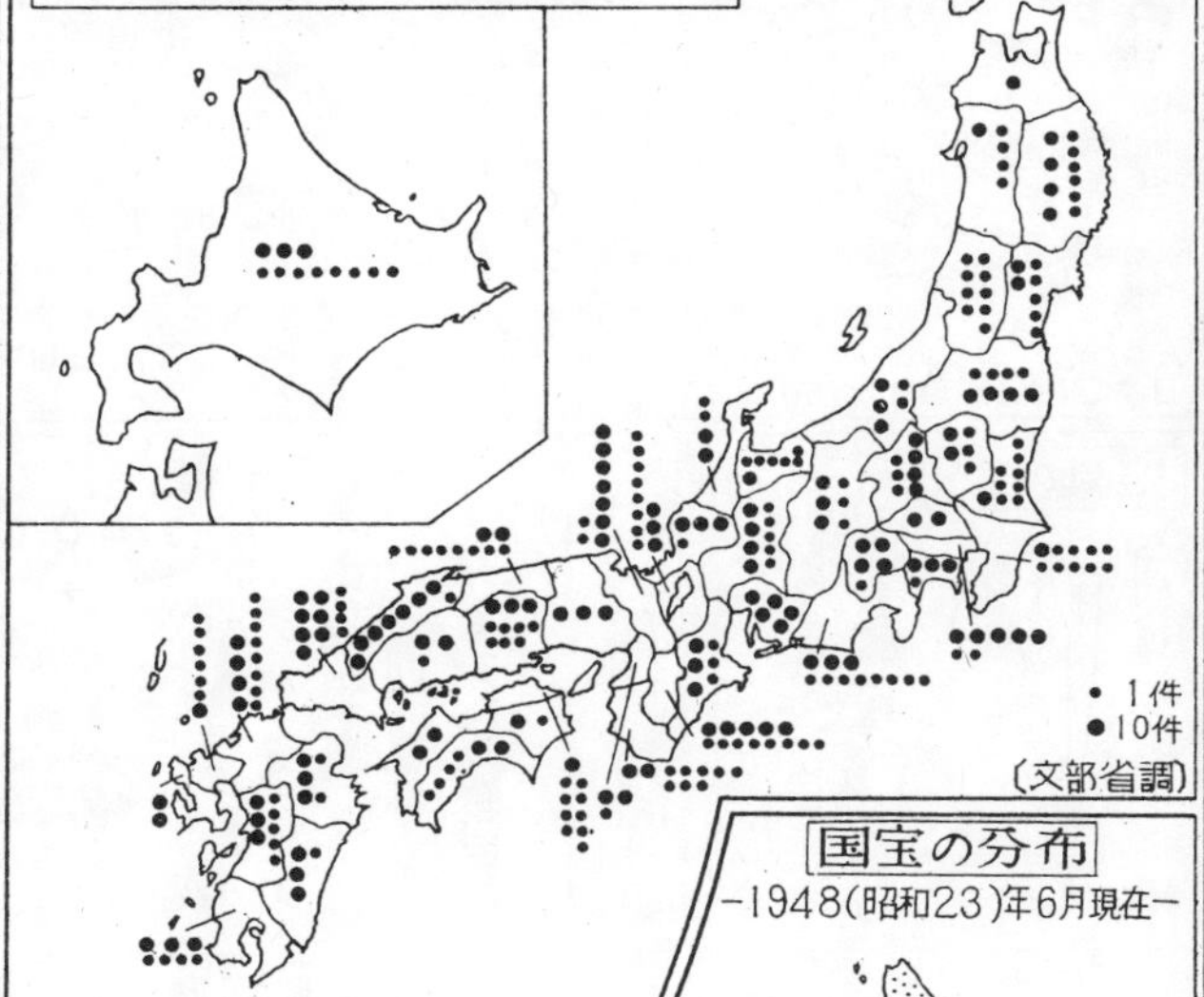

〔文部省調〕

箱根の関所址

国宝の分布

－1948(昭和23)年6月現在－

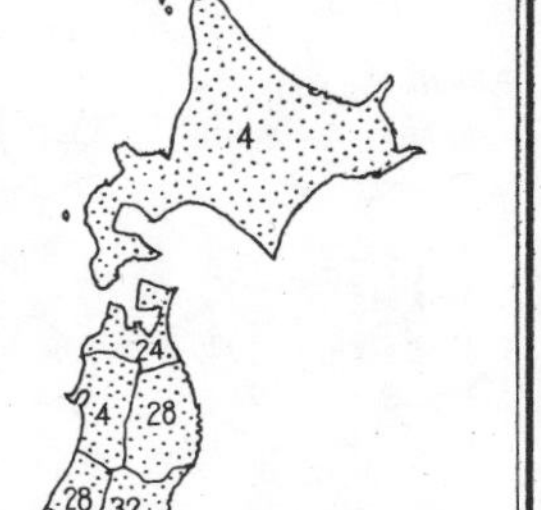
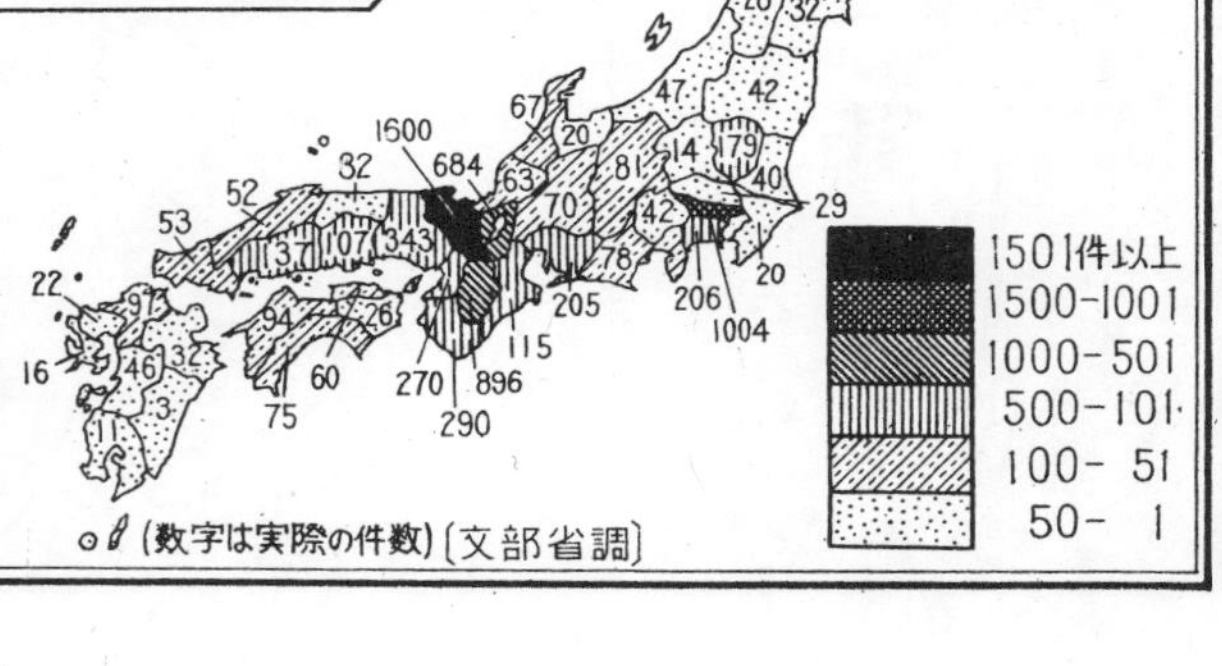

(数字は実際の件数)〔文部省調〕

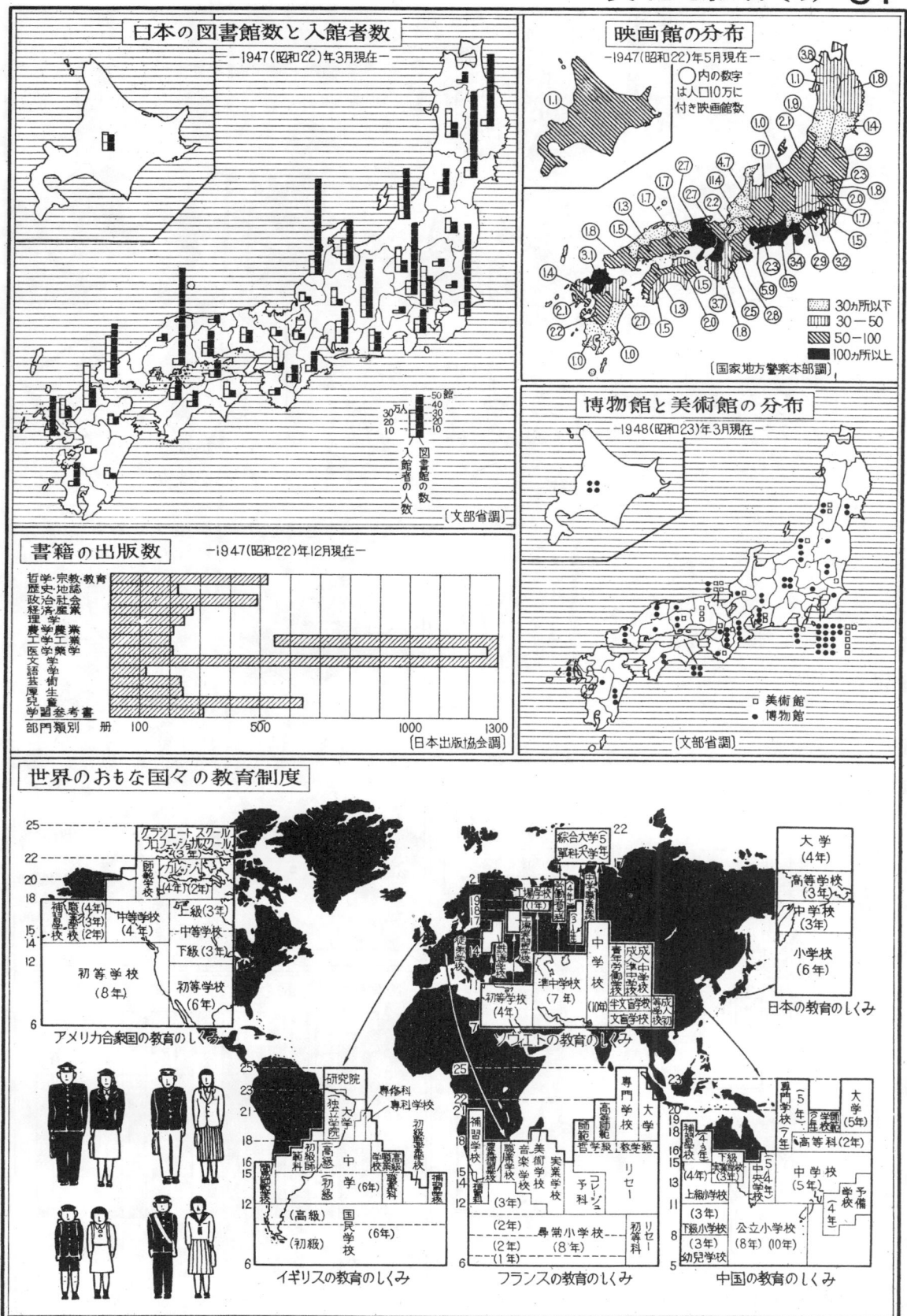

日本の図書館数と入館者数

—1947（昭和22）年3月現在—

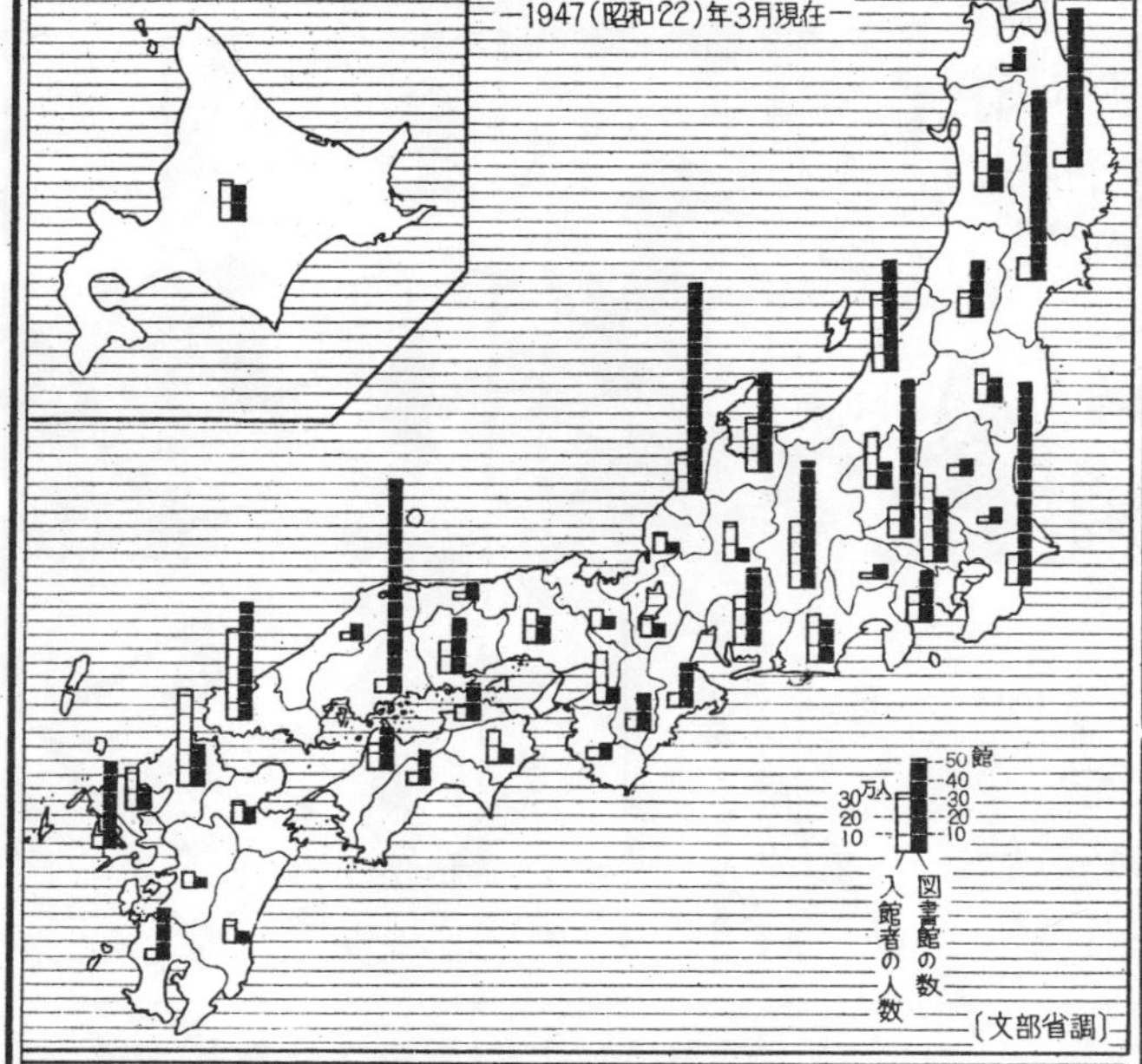

映画館の分布

—1947（昭和22）年5月現在—

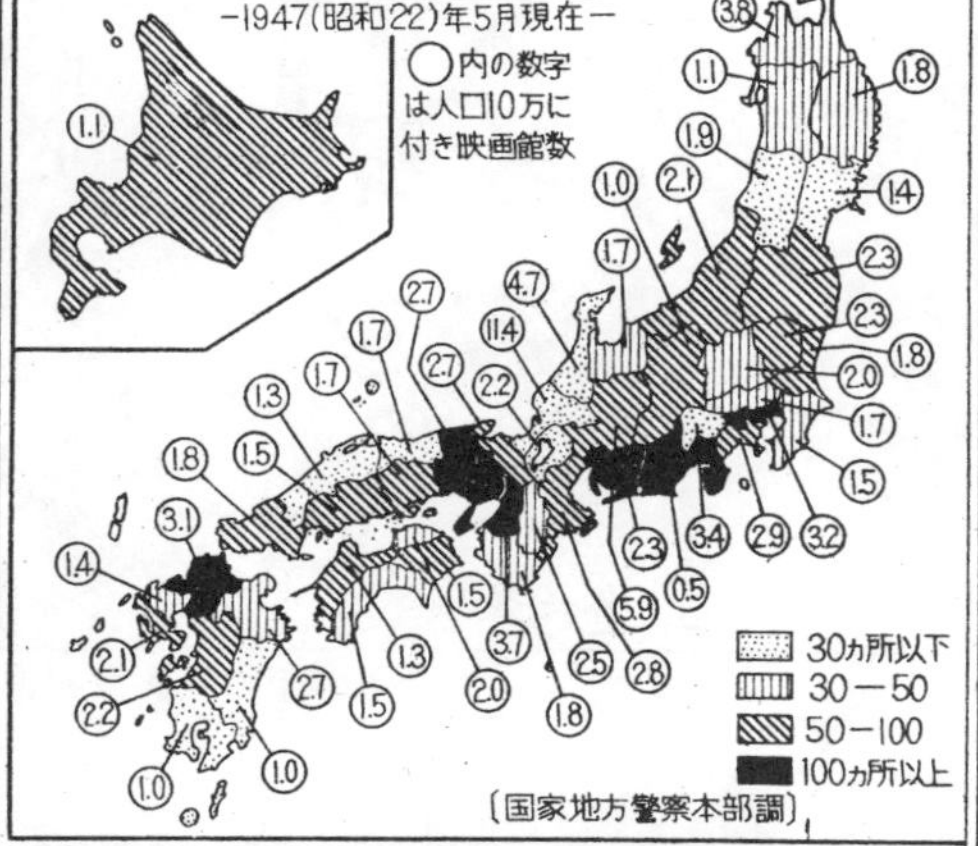

書籍の出版数

—1947（昭和22）年12月現在—

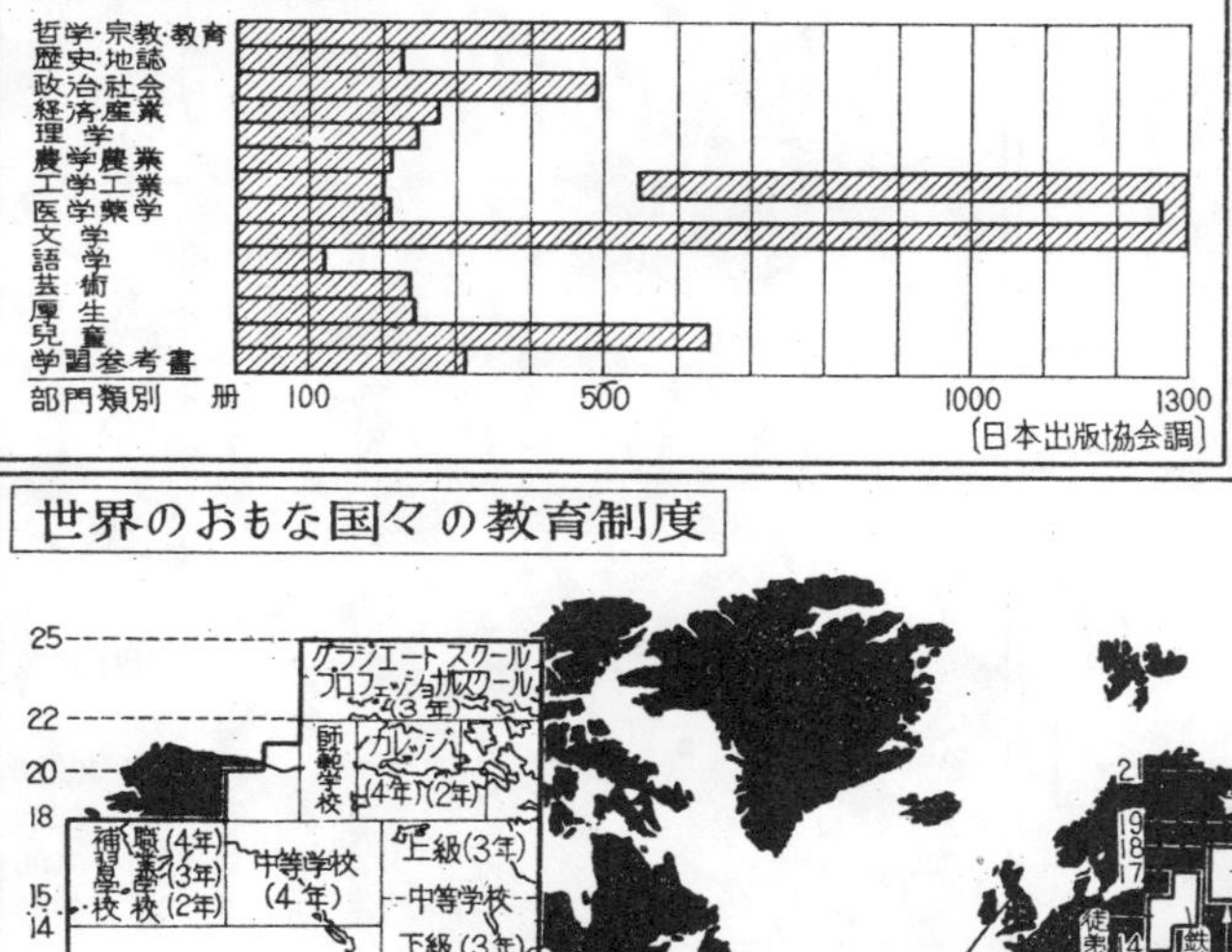

博物館と美術館の分布

—1948（昭和23）年3月現在—

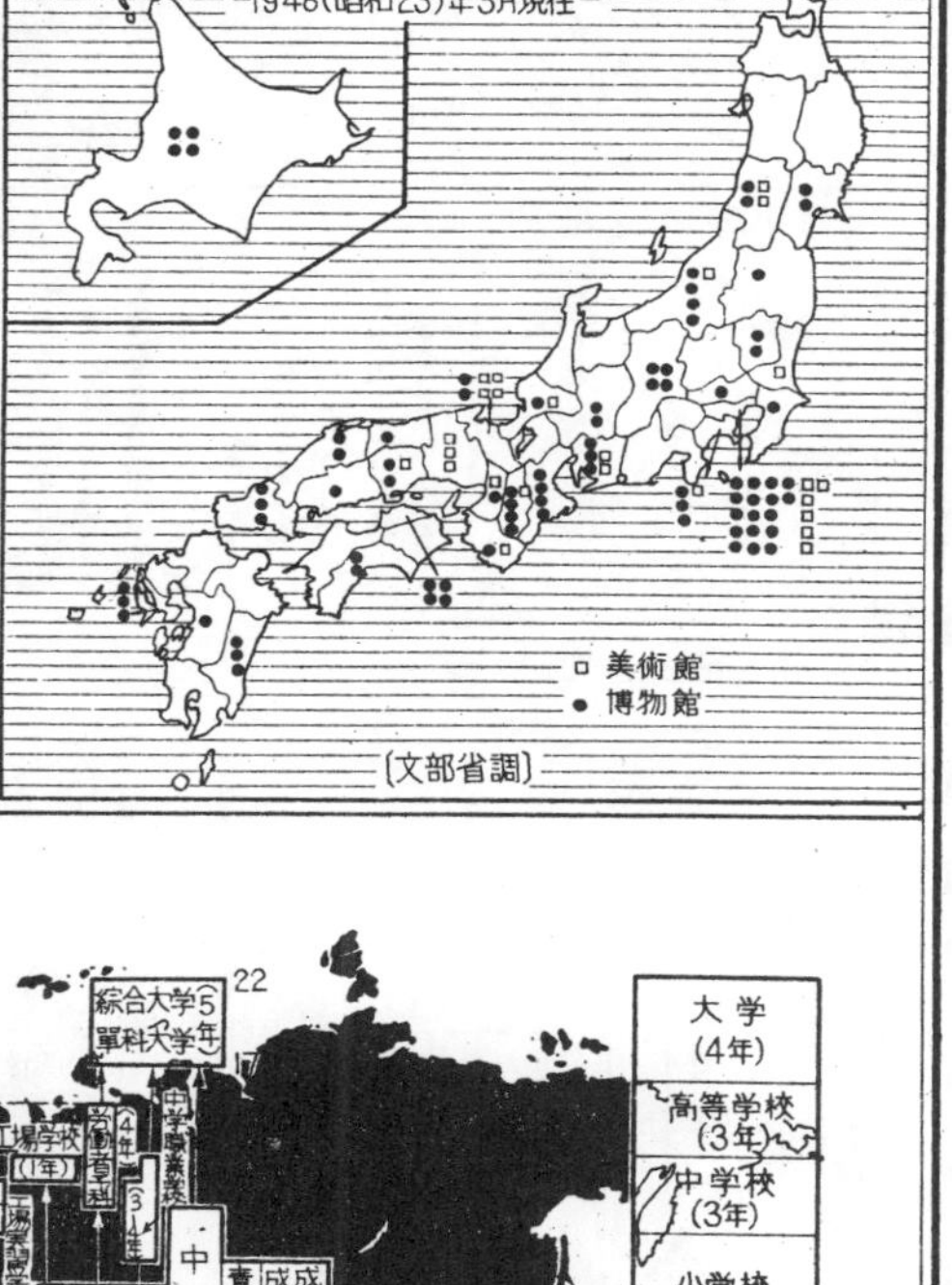

世界のおもな国々の教育制度

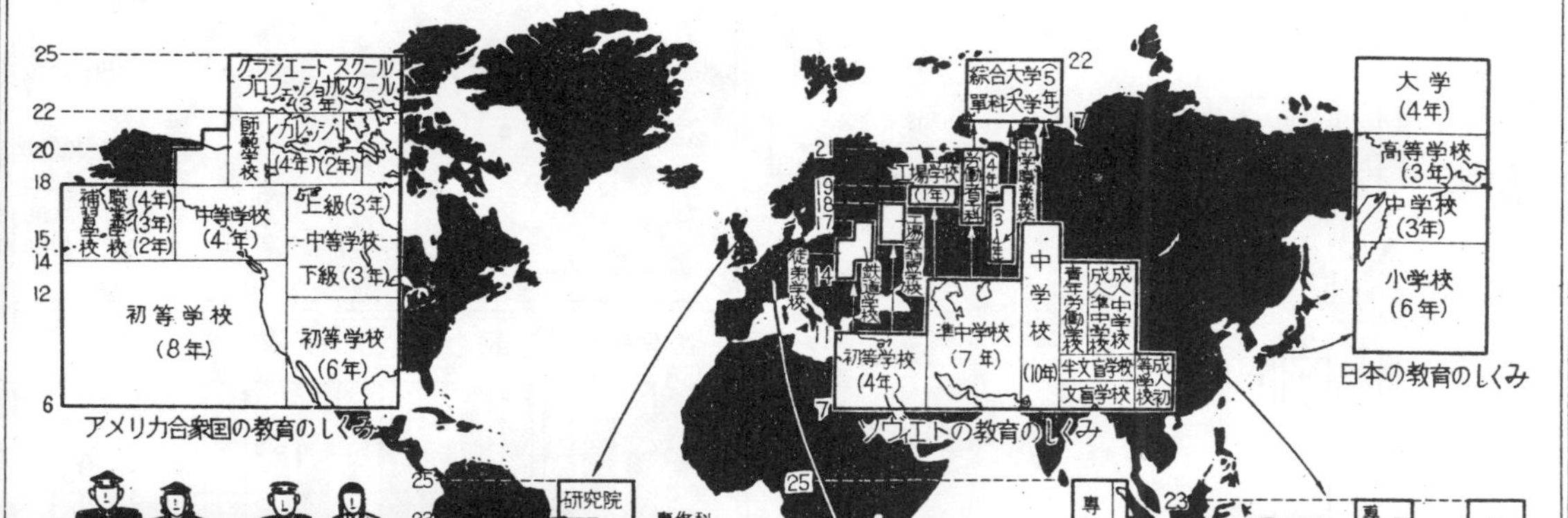

学校教育の移り変わり

寺小屋(昔の学校)

現在の学校

寺小屋の絵入教科書

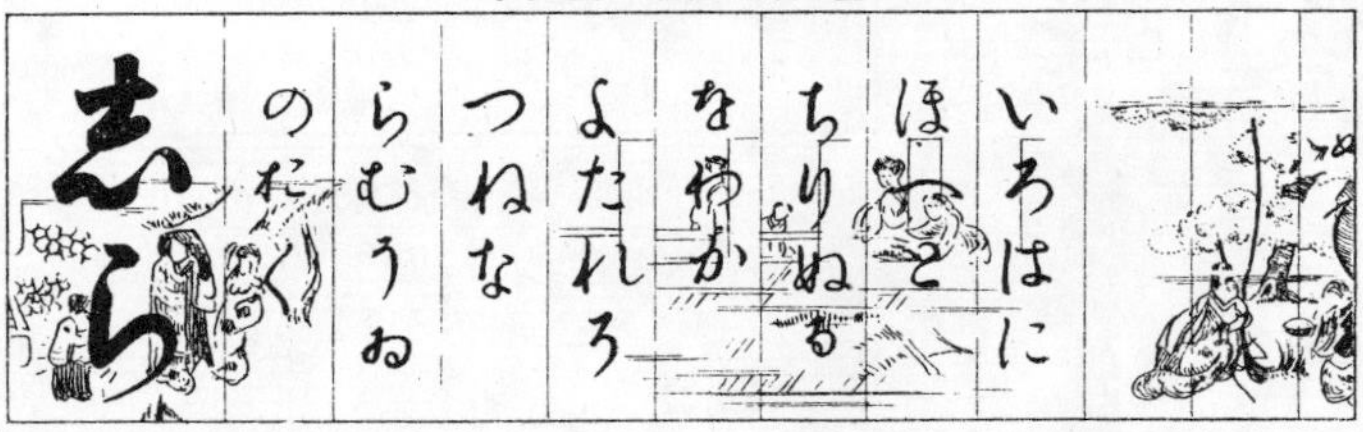
いろはに
ほへと
ちりぬる
をわか
よたれそ
つねな
らむうゐ
のおく

現在の教科書

社会科 15
社会の政治
社会科 10
交通通信機関の発達

寺小屋の規則

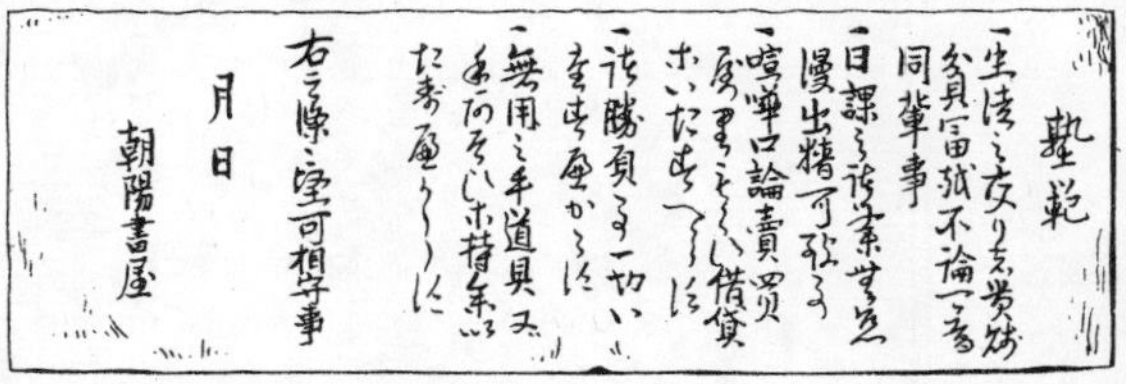
塾範
同輩事
月 日
朝陽書屋

中学校生徒数と小学校学級数

—1947(昭和22)—

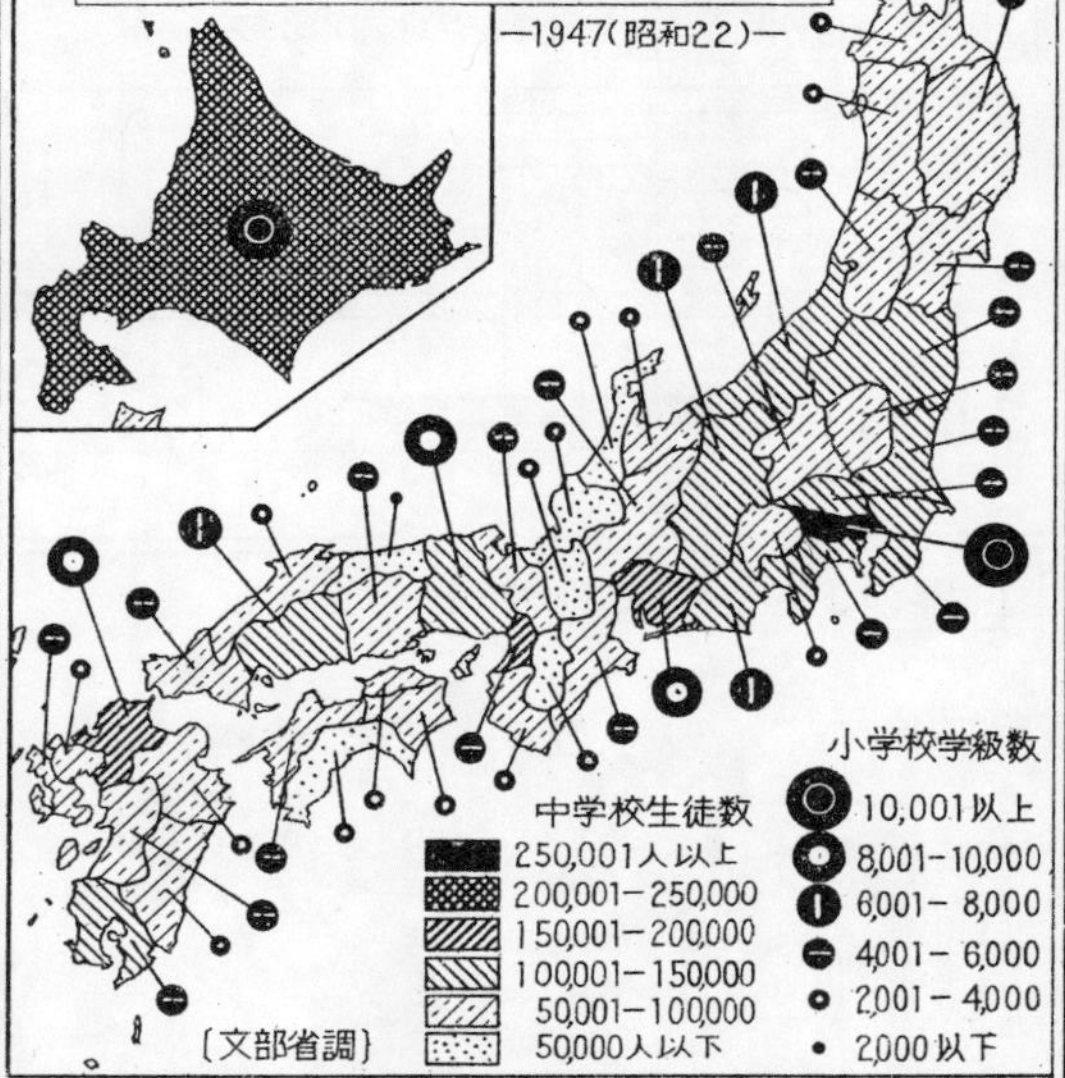
中学校生徒数
250,001人以上
200,001—250,000
150,001—200,000
100,001—150,000
50,001—100,000
50,000人以下
小学校学級数
10,001以上
8,001—10,000
6,001— 8,000
4,001— 6,000
2,001— 4,000
2,000以下

〔文部省調〕

われわれの学校

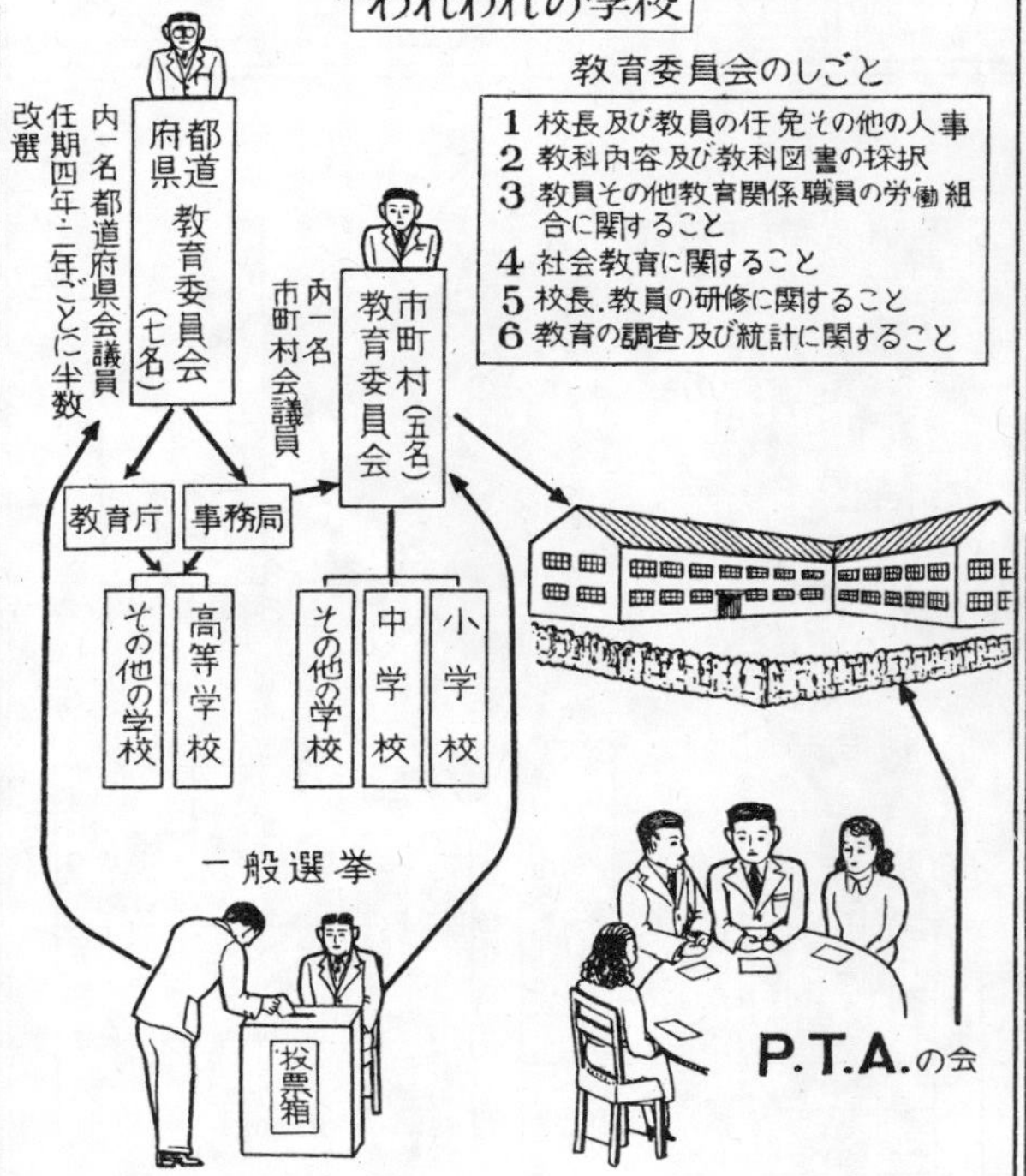
都道府県教育委員会(七名)
内一名都道府県会議員
任期四年二年ごとに半数改選
教育庁
事務局
その他の学校
高等学校
市町村教育委員会(五名)
内一名市町村会議員
その他の学校
中学校
小学校
一般選挙
投票箱
P.T.A.の会

教育委員会のしごと

1 校長及び教員の任免その他の人事
2 教科内容及び教科図書の採択
3 教員その他教育関係職員の労働組合に関すること
4 社会教育に関すること
5 校長、教員の研修に関すること
6 教育の調査及び統計に関すること

P.T.A.(学校の教育に対する生徒たちの父兄の協力きかん)

各国の字の読めない人の数

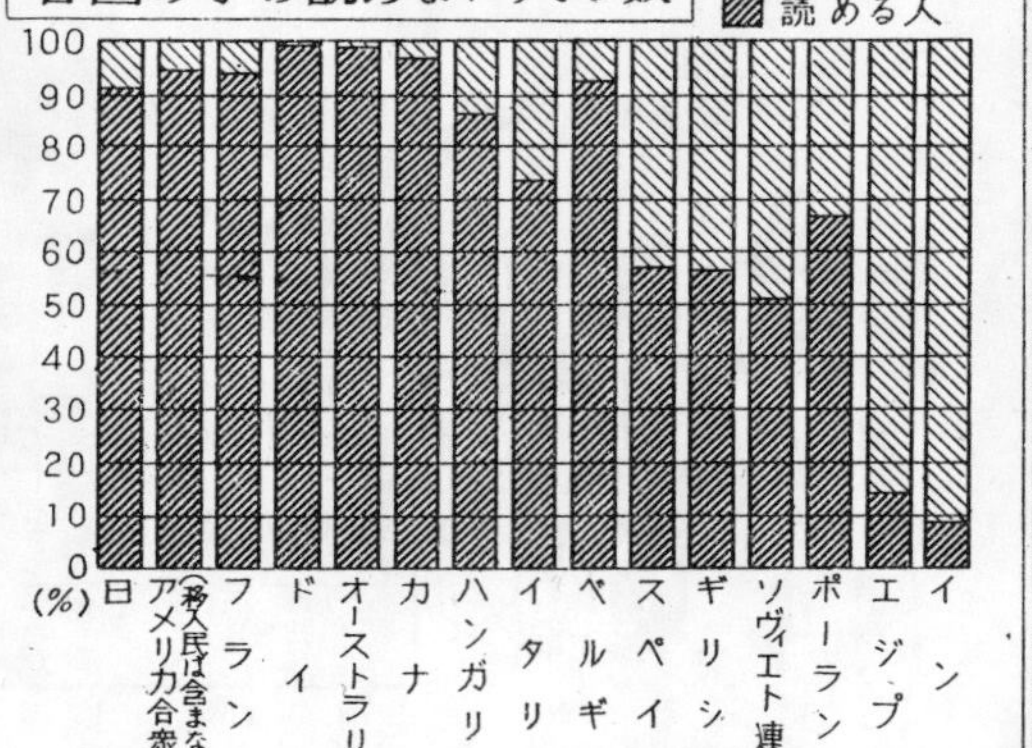
読めない人
読める人
100
90
80
70
60
50
40
30
20
10
0
(%)
日本
アメリカ合衆国(移入民は含まない)
フランス
ドイツ
オーストラリア
カナダ
ハンガリー
イタリア
ベルギー
スペイン
ギリシア
ソヴィエト連邦
ポーランド
エジプト
インド

日本の国の政治(1)　―行政と司法―

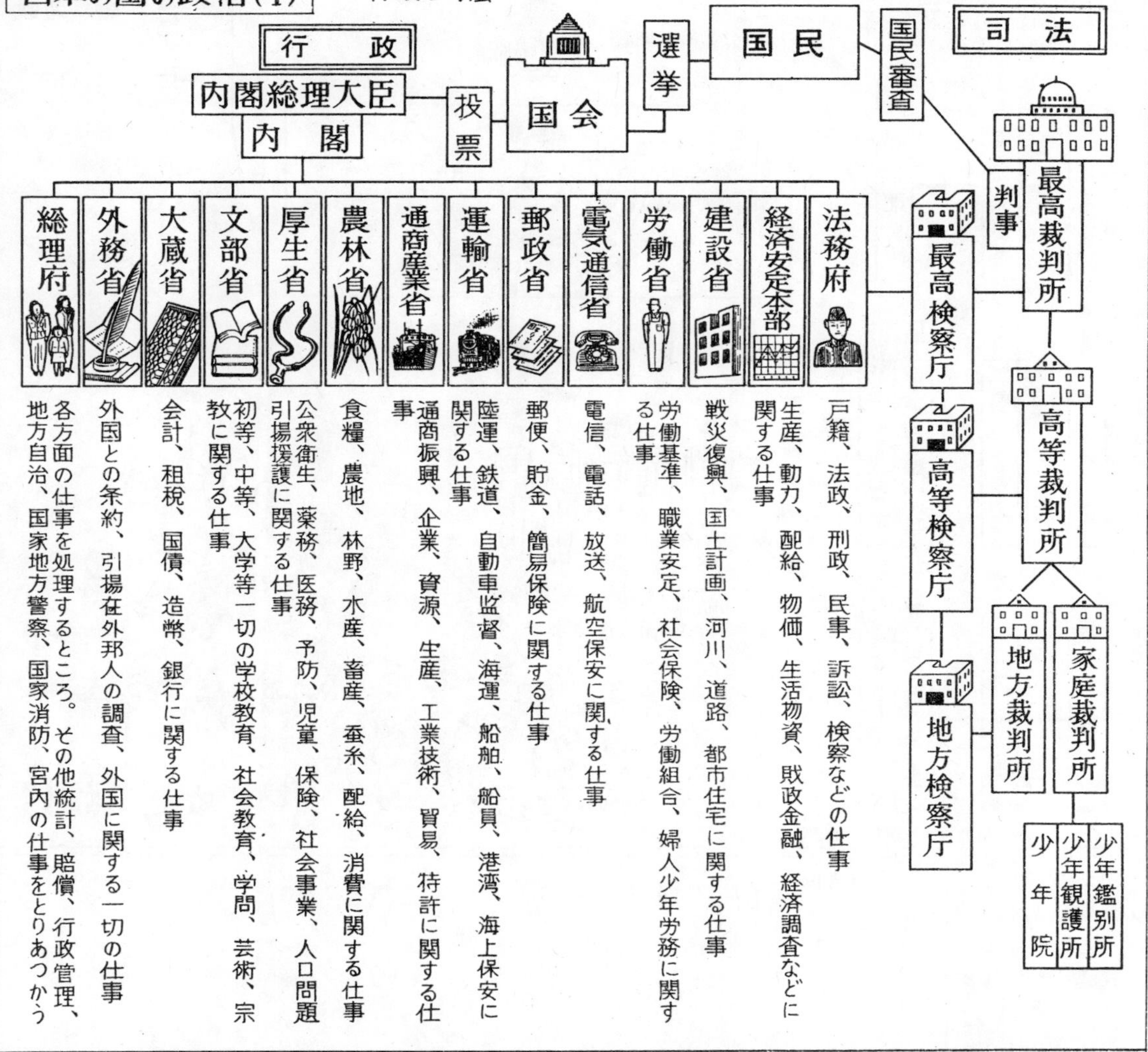
行　政
司　法
国民
選挙
国会
投票
内閣総理大臣
内　閣
国民審査
判事
最高裁判所
最高検察庁
高等検察庁
地方検察庁
高等裁判所
地方裁判所
家庭裁判所
少年鑑別所
少年観護所
少年院
法務府　戸籍、法政、刑政、民事、訴訟、検察などの仕事
経済安定本部　生産、動力、配給、物価、生活物資、財政金融、経済調査などに関する仕事
建設省　戦災復興、国土計画、河川、道路、都市住宅に関する仕事
労働省　労働基準、職業安定、社会保険、労働組合、婦人少年労務に関する仕事
電気通信省　電信、電話、放送、航空保安に関する仕事
郵政省　郵便、貯金、簡易保険に関する仕事
運輸省　陸運、鉄道、自動車監督、海運、船舶、船員、港湾、海上保安に関する仕事
通商産業省　通商振興、企業、資源、生産、工業技術、貿易、特許に関する仕事
農林省　食糧、農地、林野、水産、畜産、蚕糸、配給、消費に関する仕事
厚生省　公衆衛生、薬務、医務、予防、児童、保険、社会事業、人口問題引揚援護に関する仕事
文部省　初等、中等、大学等一切の学校教育、社会教育、学問、芸術、宗教に関する仕事
大蔵省　会計、租税、国債、造幣、銀行に関する仕事
外務省　外国との条約、引揚在外邦人の調査、外国に関する一切の仕事
総理府　各方面の仕事を処理するところ。その他統計、賠償、行政管理、地方自治、国家地方警察、国家消防、宮内の仕事をとりあつかう

国家地方警察と自治体警察

札幌管区
函館
仙台
仙台管区
東京管区
大阪管区
広島管区
福岡管区
高松
呉
京都
福岡
神戸
大阪
名古屋
横浜
横須賀
28(アラビア数字)自治体警察署数(M.P)
二四(日本数字)国家地方警察署数(N.R.P)
管区境界
● 連絡調整地方事務局 所在地(11局)

中央官庁の所在地

東京の霞ヶ関附近を中心にだいたいかたまっている

1 宮内庁
2 国会議事堂
3 首相官邸
4 警視庁 国家地方警察本部
5 建設省 経済安定本部
6 人事院
7 法務府 最高裁判所
8 厚生省
9 文部省 会計検査院
10 通商産業省
11 外務省
12 電気通信省
13 郵政省
14 大蔵省
15 労働省
16 運輸省 国有鉄道
17 東京都庁
18 農林省
19 総理府
文京区
水道橋
御茶ノ水
秋葉原
飯田橋
神保町
小川町
神田
市ヶ谷
新宿区
千代田区
四谷
皇居
丸の内
平河町
東京
永田町
霞ヶ関
中央区
有楽町
銀座
新橋
港区
田村町
浜松町
隅田川

84 社会と政治(2)

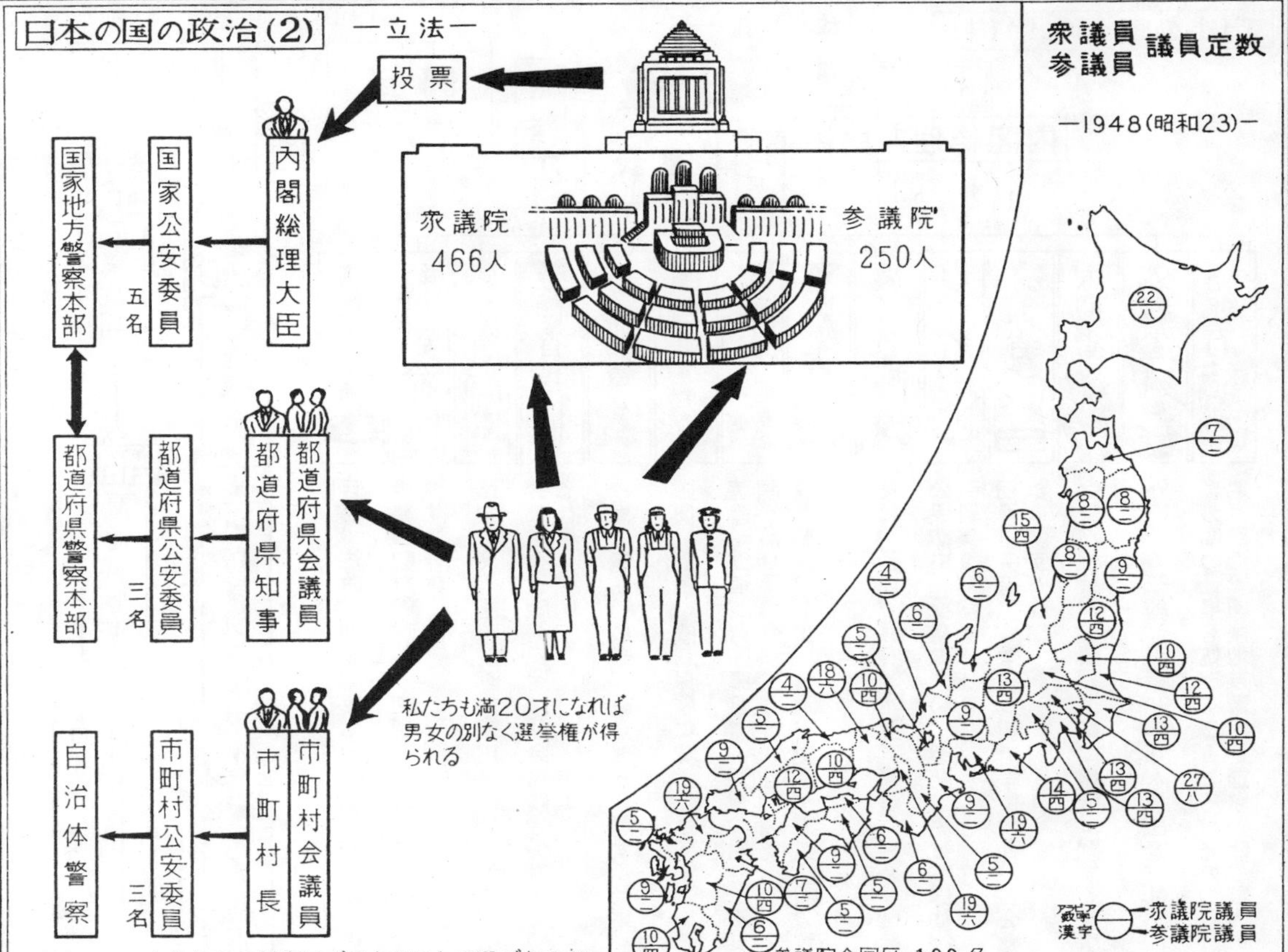
日本の国の政治(2)
一立法一
投票
衆議院
466人
参議院
250人
内閣総理大臣
国家公安委員
五名
国家地方警察本部
都道府県会議員
都道府県知事
都道府県公安委員
三名
都道府県警察本部
市町村会議員
市町村長
市町村公安委員
三名
自治体警察
私たちも満20才になれば
男女の別なく選挙権が得
られる
衆議員
参議員
議員定数
—1948(昭和23)—
アラビア數字
漢字
衆議院議員
参議院議員
参議院全国区 100 名

われわれの代表はどのようにして選ばれるか

国際連合
(United Nations)

総会

59ヵ国

- 安全保障理事会
  - 常任理事国 (アメリカ合衆国, イギリス, 中国, ソ連)
  - 非常任理事国
    - 1950年迄.(アルゼンチン, カナダ, ウクライナ,)
    - 1951年迄.(キューバ, エジプト, ノルウェー,)
  - 軍事参謀委員会 (中国, フランス, ソ連, アメリカ合衆国, イギリス)
  - 原子力委員会 (アルゼンチン, ベルギー, カナダ, 中国, コロンビア, フランス, シリア, イギリス, アメリカ合衆国, ソ連)
  - 軍縮委員会
- 経済社会理事会
  - 1950年迄.(レバノン, ニュージーランド, トルコ, アメリカ合衆国, ベネズエラ, 白ロシア)
  - 1951年迄.(オーストラリア, ブラジル, デンマーク, ポーランド, ソ連, イギリス)
  - 1952年迄.(ベルギー, チリー, 中国, フランス, インド, ペルー)

その機構

人権委員会	国連教育科学文化機構
婦人の地位委員会	食糧農業機構
経済雇用委員会	国際労働機構
運輸交通委員会	国際民間航空機構
社会委員会	国際復興開発銀行
麻薬委員会	世界保健機構
統計委員会	国際難民救済機構
人口委員会	国際貿易機構
特殊機構商議委員会	
非統治機構協議委員会	

- 信託統治理事会 (オーストラリア, 中国, ベルギー, コスタリカ, フランス, フィリピン イラク, メキシコ, イギリス, ニュージーランド, アメリカ合衆国)
- 国際司法裁判所

国際連合常任理事国と加盟国

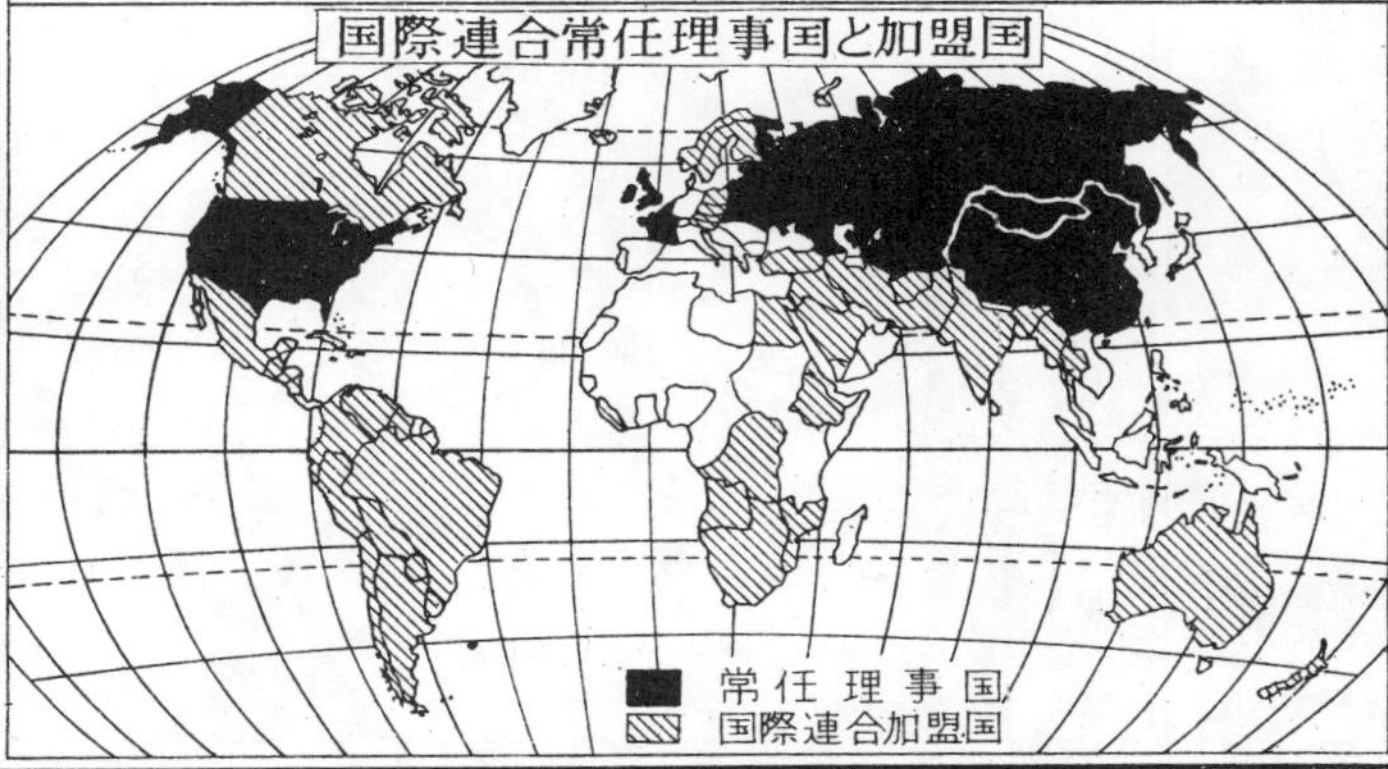
常任理事国
国際連合加盟国

ユネスコ

UNESCO

United Nations Educational, Scientific and Cultural Organization

(国際連合教育科学文化機構)

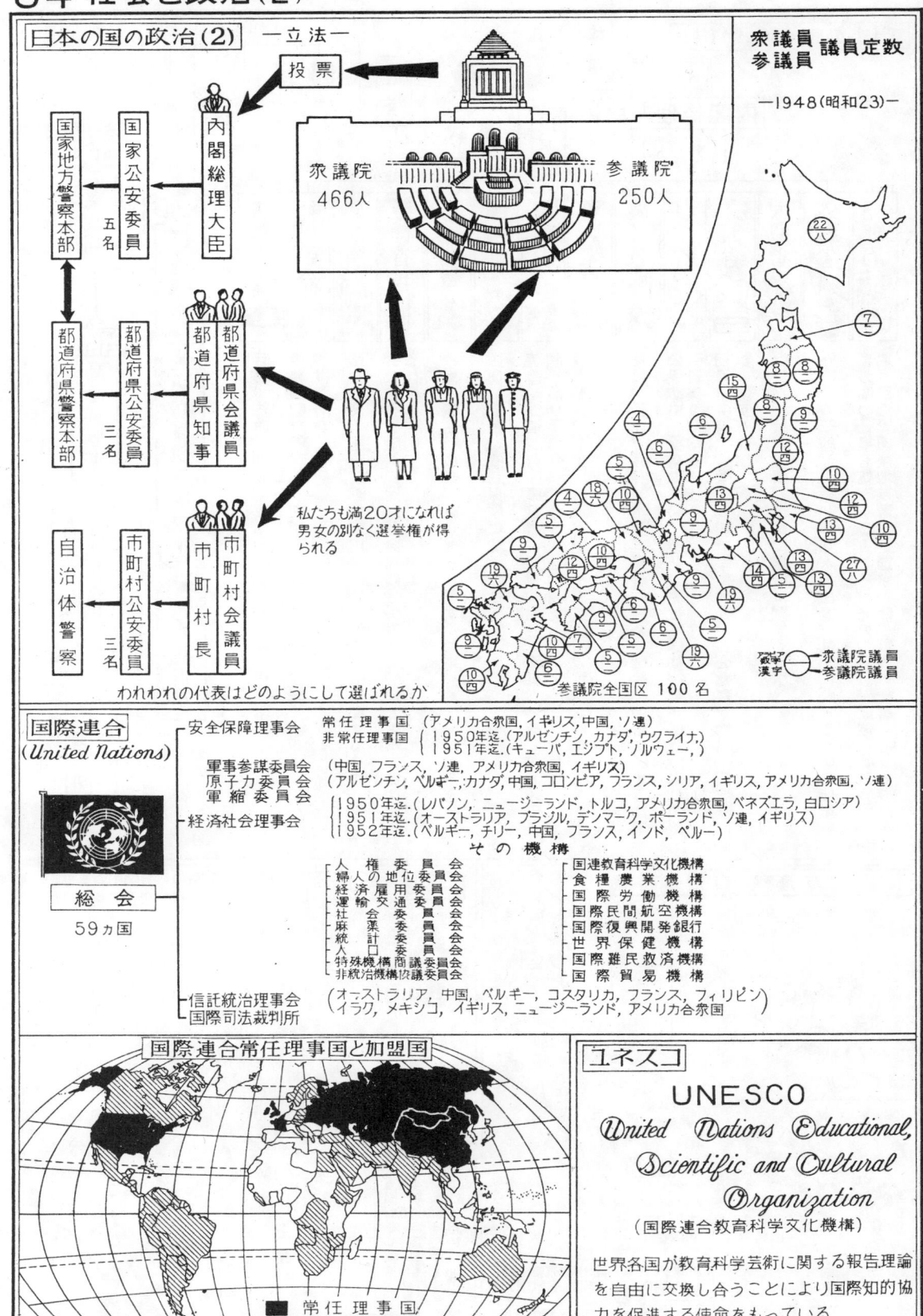

世界各国が教育科学芸術に関する報告理論を自由に交換し合うことにより国際知的協力を促進する使命をもっている

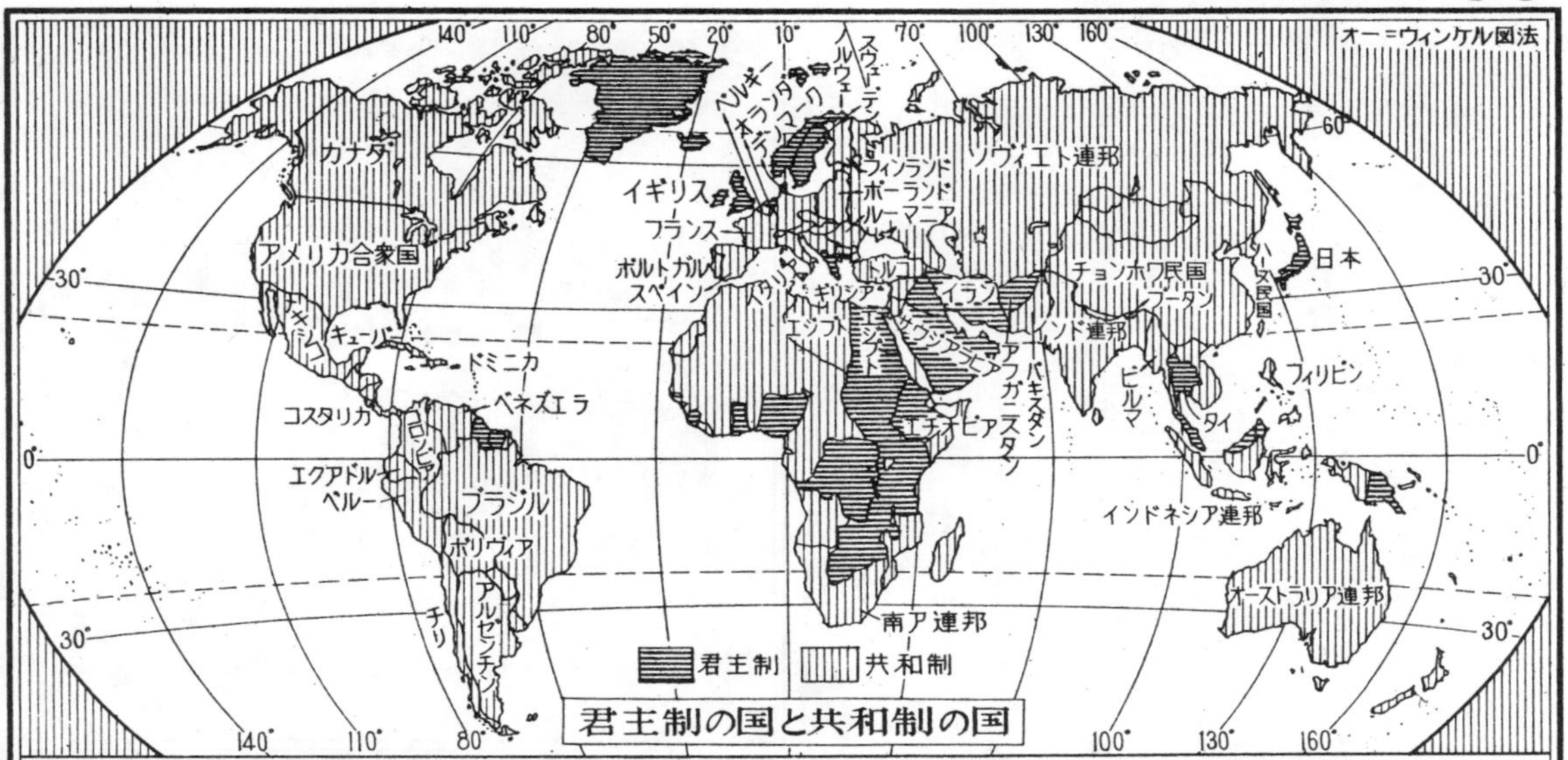

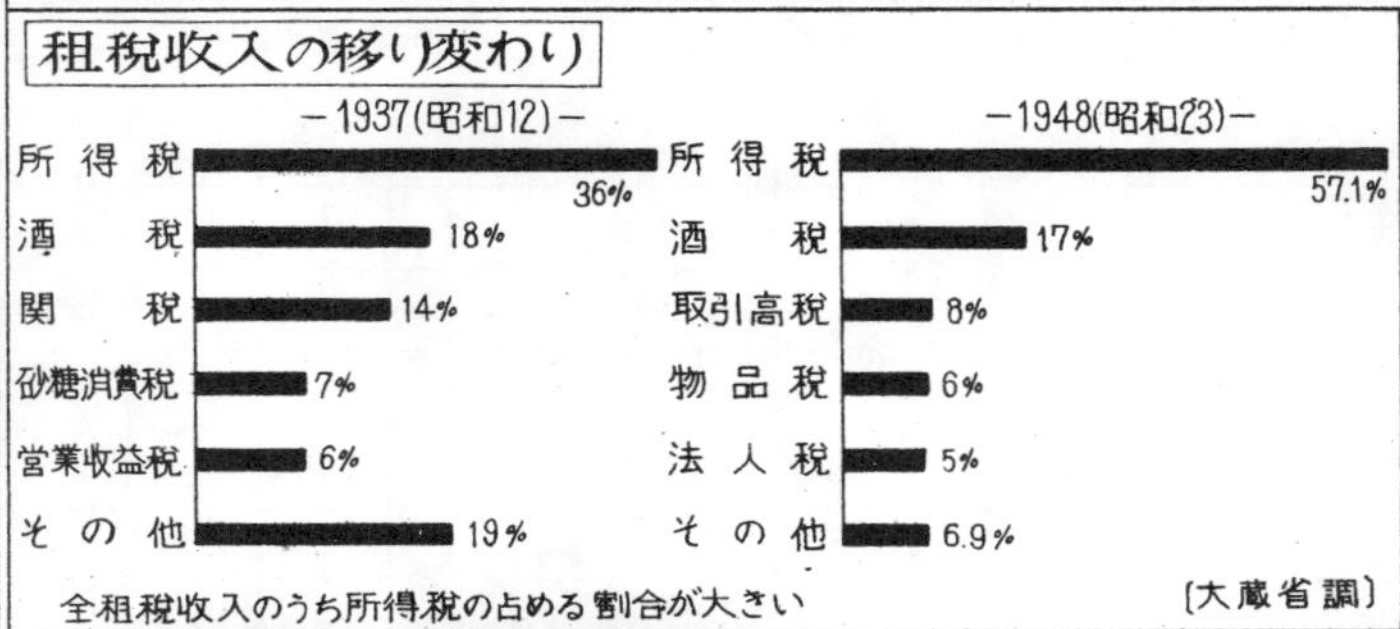

全租税収入のうち所得税の占める割合が大きい
〔大蔵省調〕

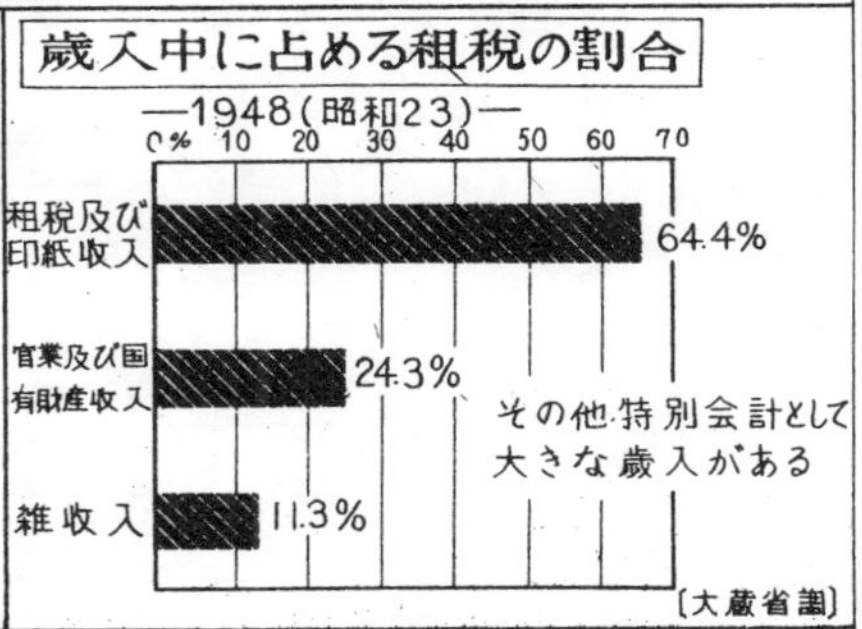

〔大蔵省調〕

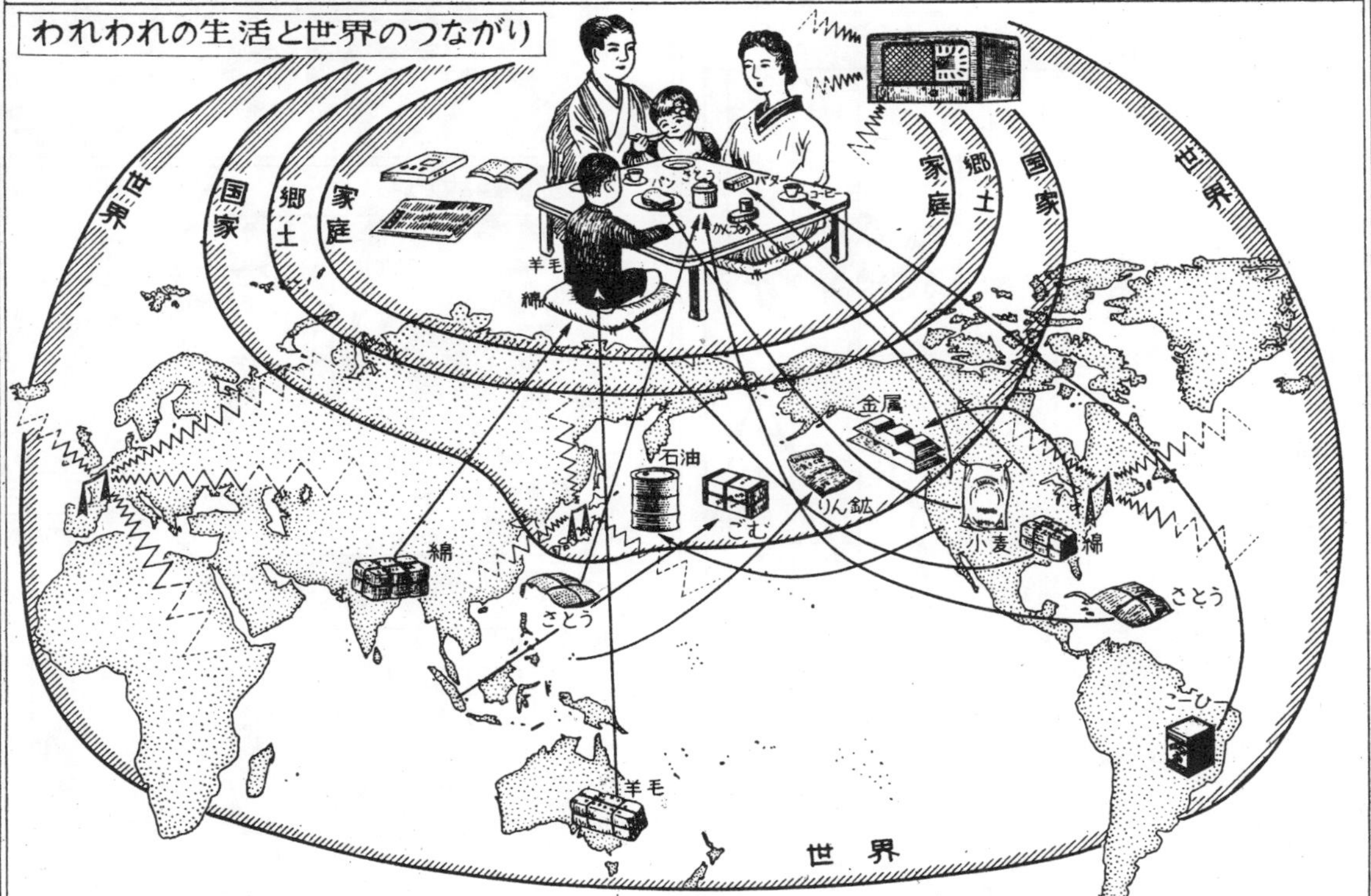

われわれの日常生活はこのように世界と深いつながりを持っている

日本の火災発生件数 —1947(昭和22)—

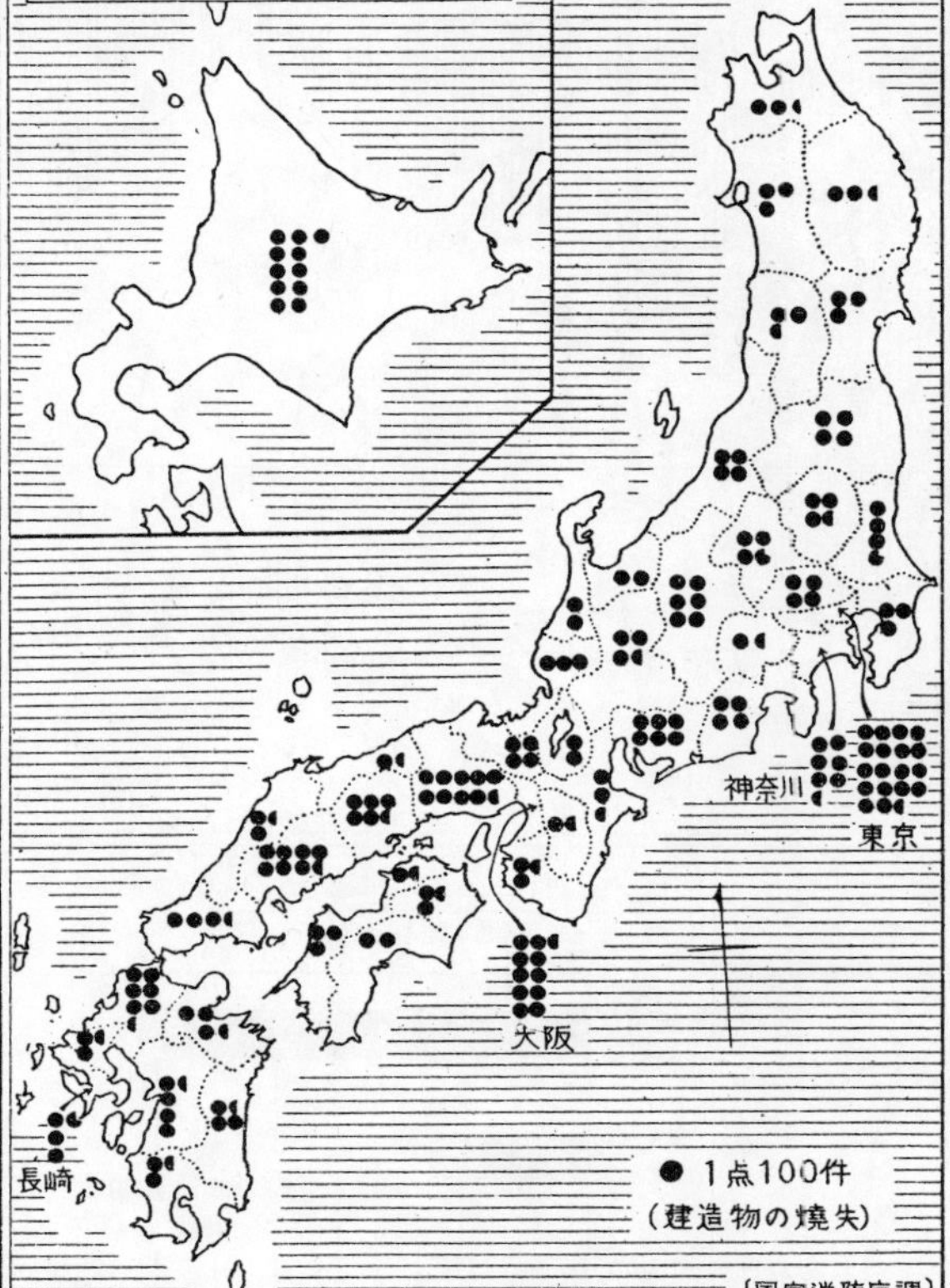

〔国家消防庁調〕

火災の防ぎ方

火災を防ぐにはどんな対策をすべきか

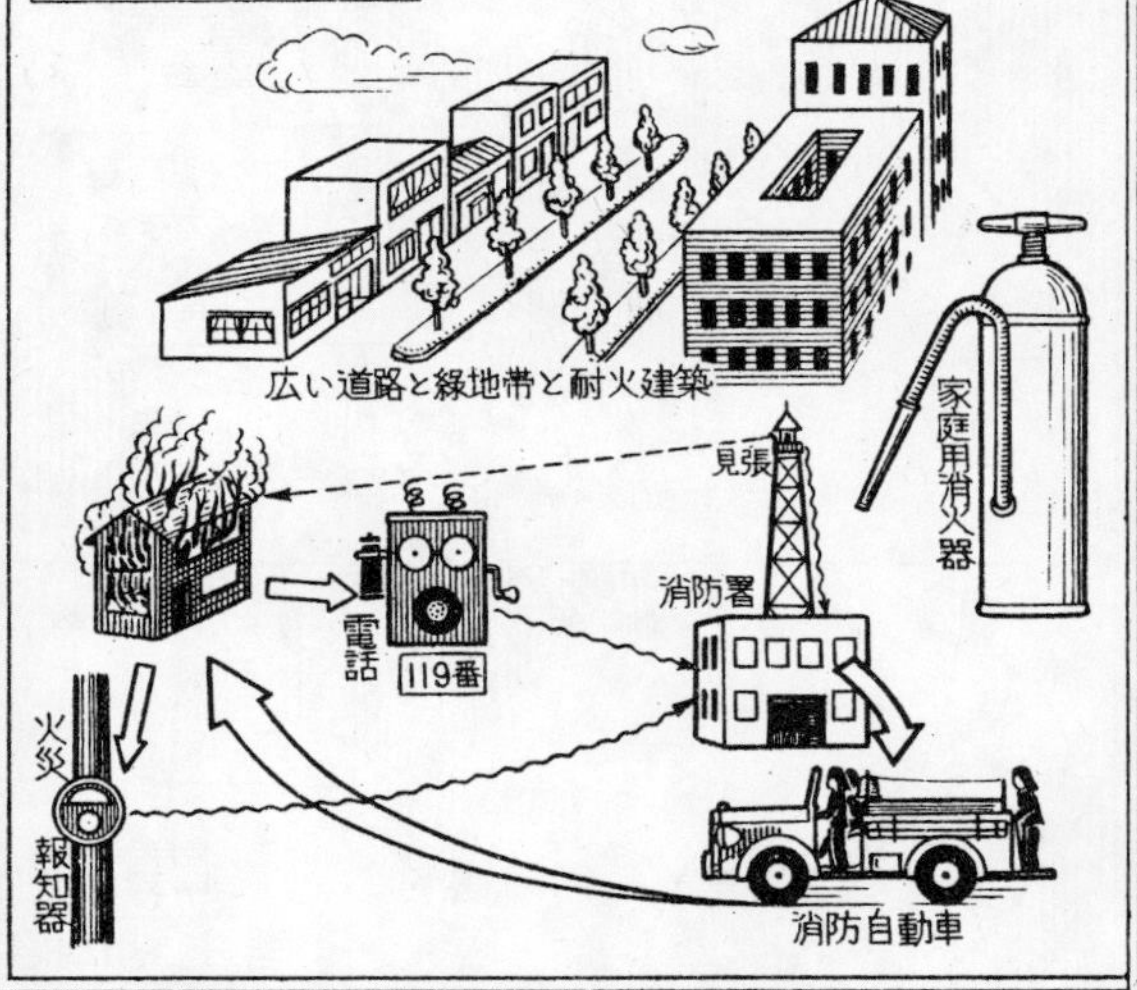

月別火災件数 —1947(昭和22)—

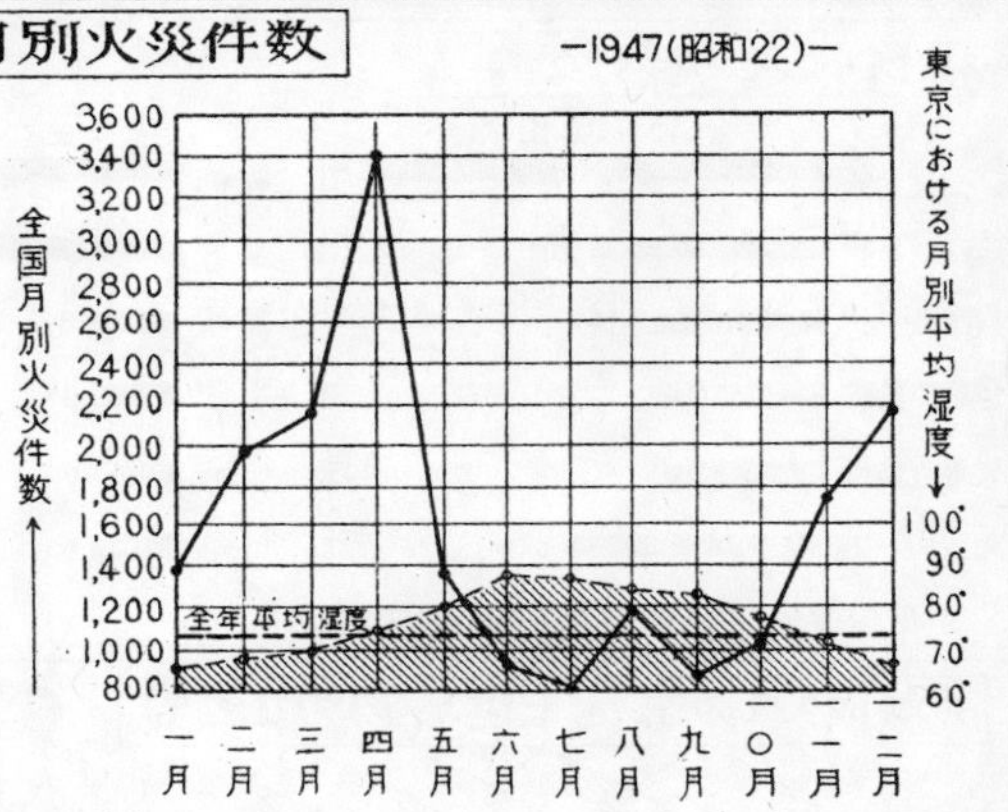

湿度の低い冬季に火事が多い

〔国家消防庁調〕

交通事故の多い所 —東京都区内—

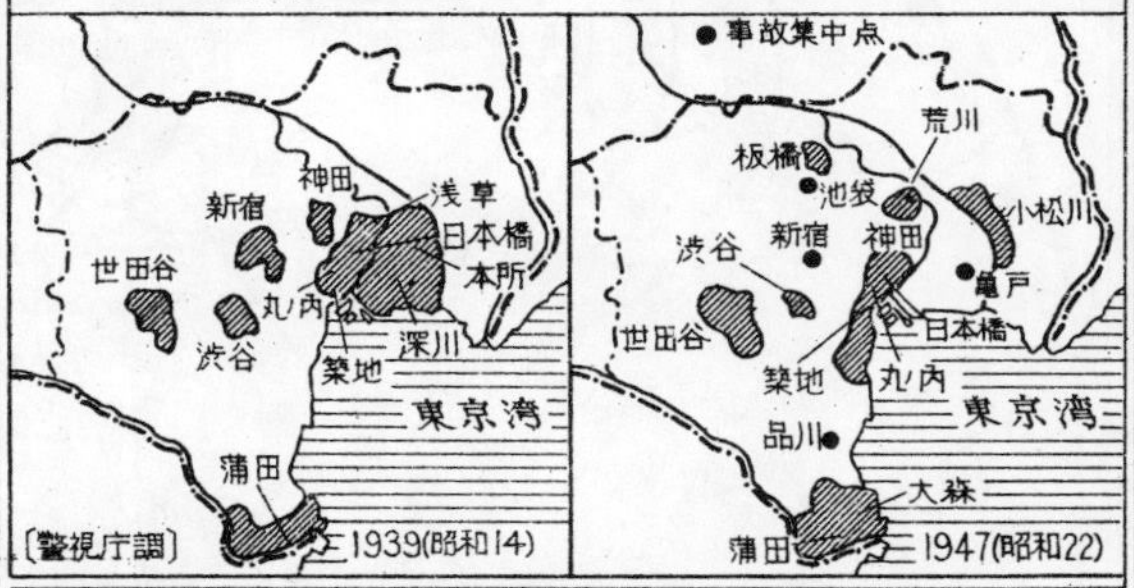

工場事故 —1947(昭和22)—

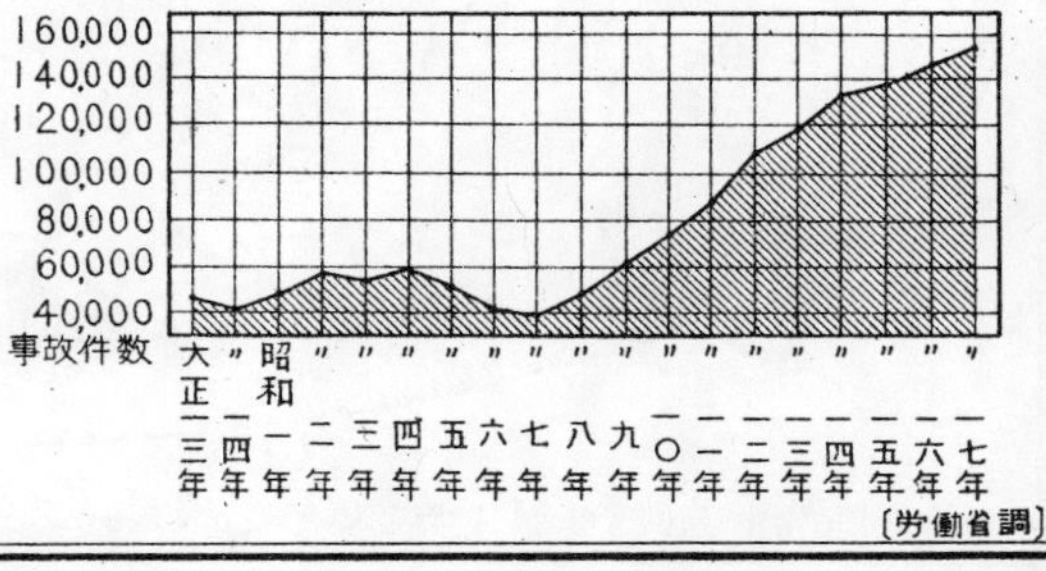

〔労働省調〕

列車(国鉄)事故と諸車事故件数 —1947(昭和22)—

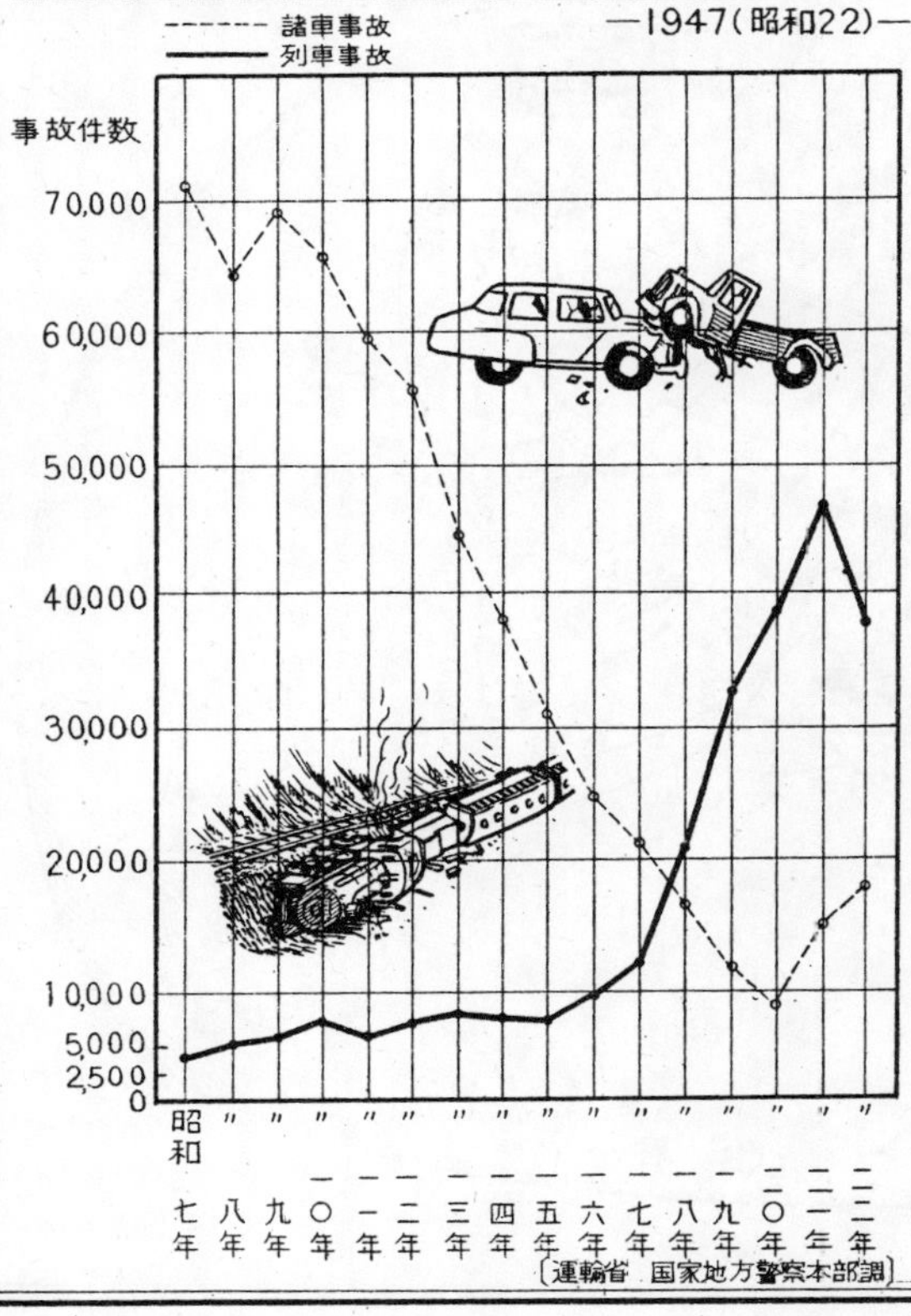

〔運輸省 国家地方警察本部調〕

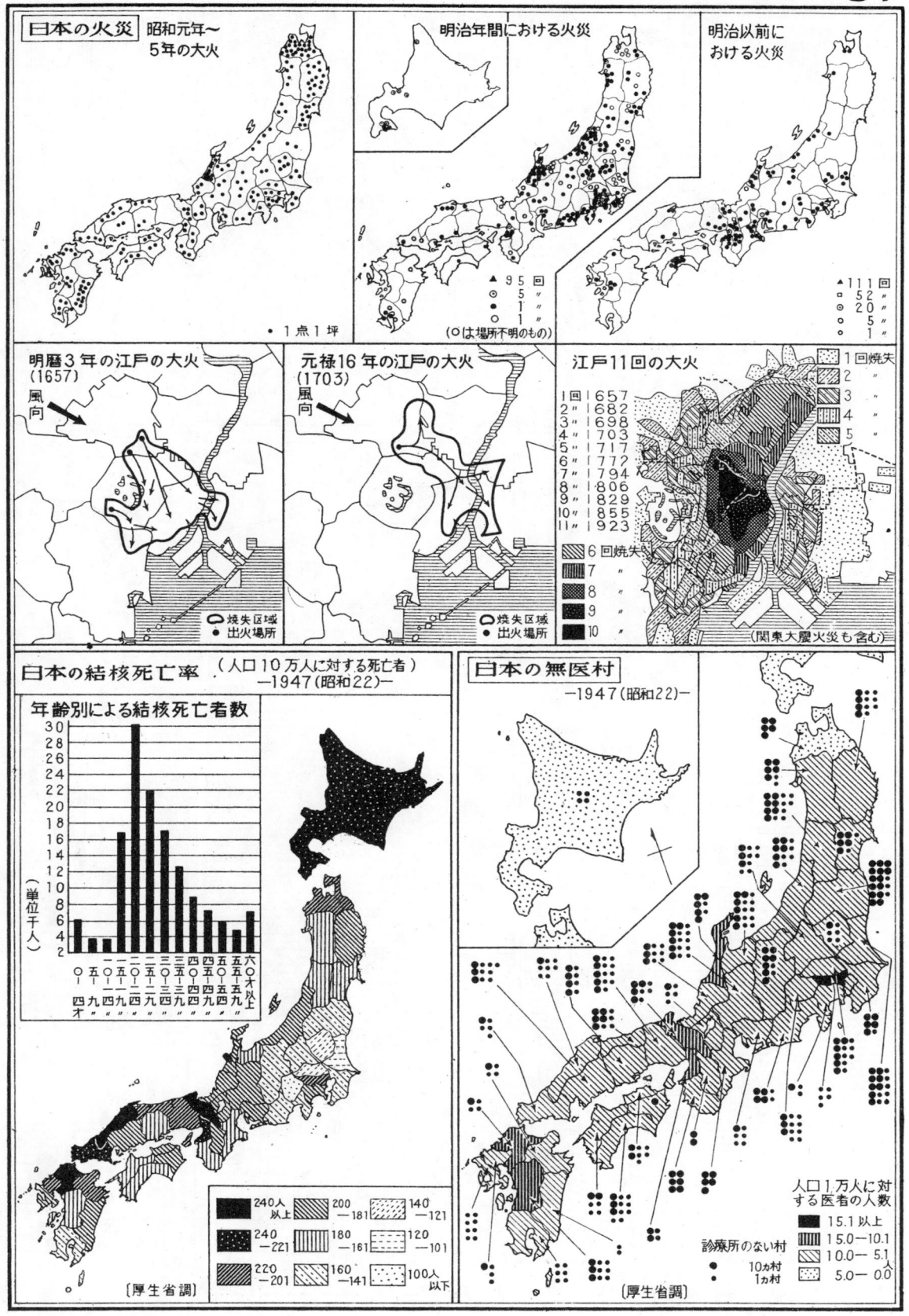

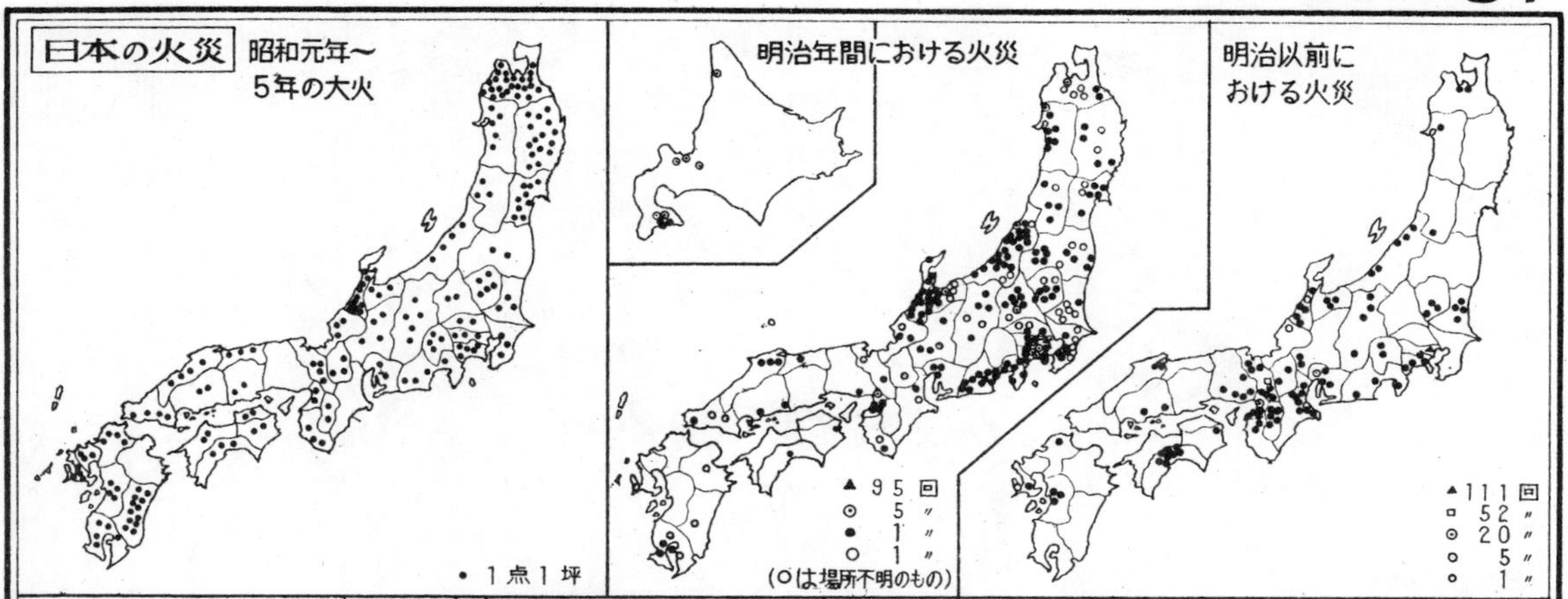
日本の火災
昭和元年～
5年の大火
・1点1坪
明治年間における火災
▲ 95回
⊙ 5〃
● 1〃
○ 1〃
(○は場所不明のもの)
明治以前に
おける火災
▲111回
□ 52〃
⊙ 20〃
○ 5〃
∘ 1〃

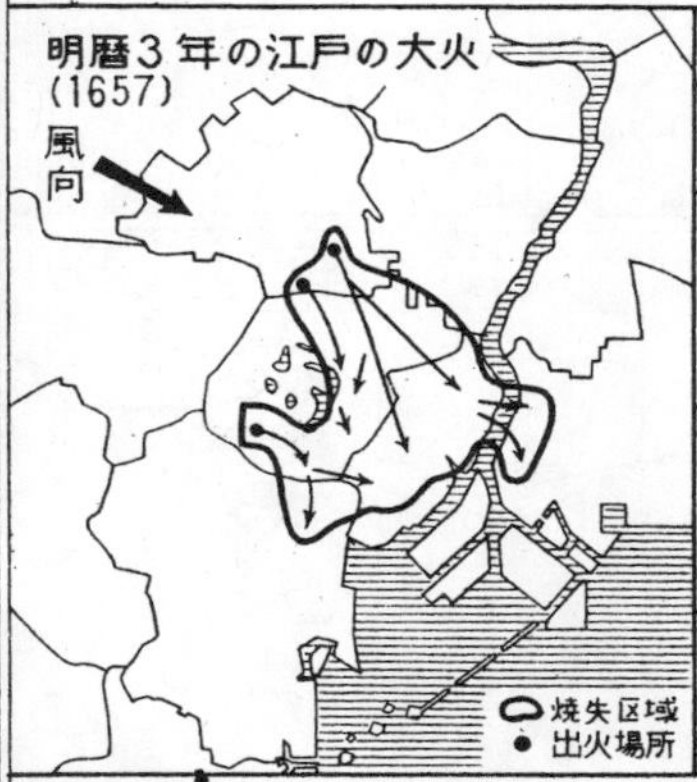
明暦3年の江戸の大火
(1657)
風向
焼失区域
出火場所

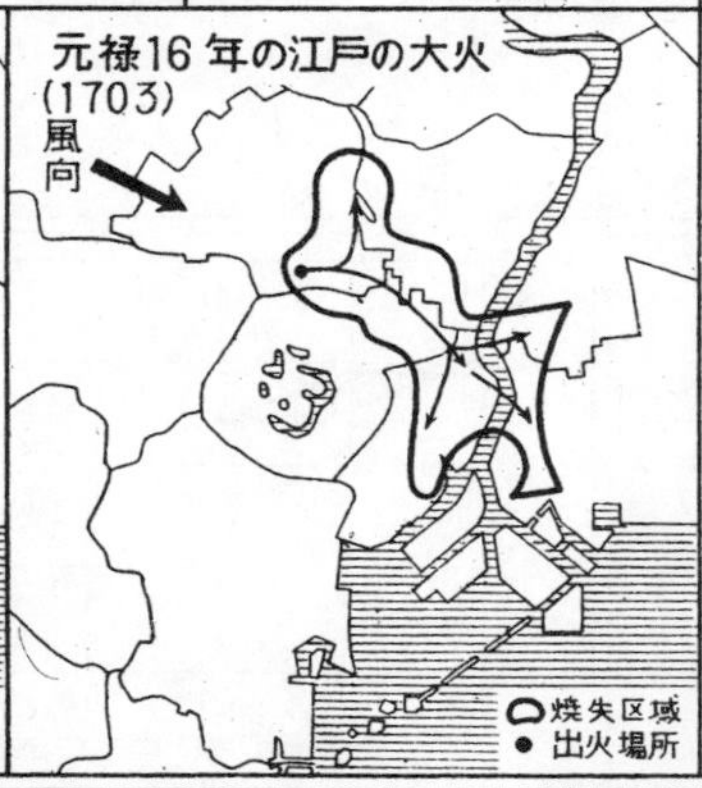
元禄16年の江戸の大火
(1703)
風向
焼失区域
出火場所

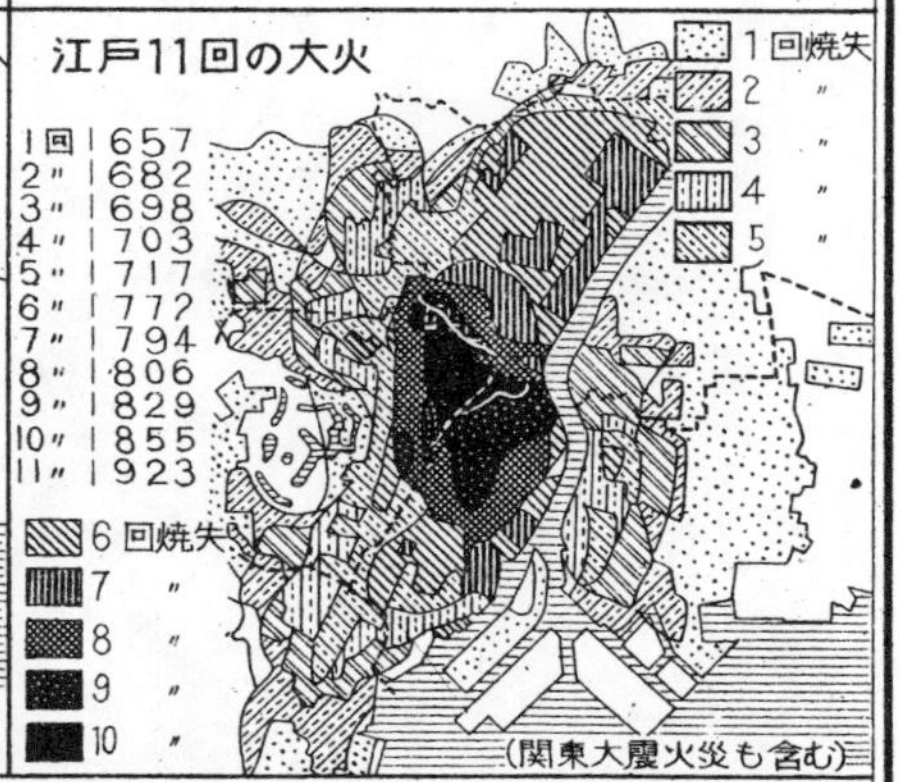
江戸11回の大火
1回 1657
2〃 1682
3〃 1698
4〃 1703
5〃 1717
6〃 1772
7〃 1794
8〃 1806
9〃 1829
10〃 1855
11〃 1923
1回焼失
2 〃
3 〃
4 〃
5 〃
6回焼失
7 〃
8 〃
9 〃
10 〃
(関東大震火災も含む)

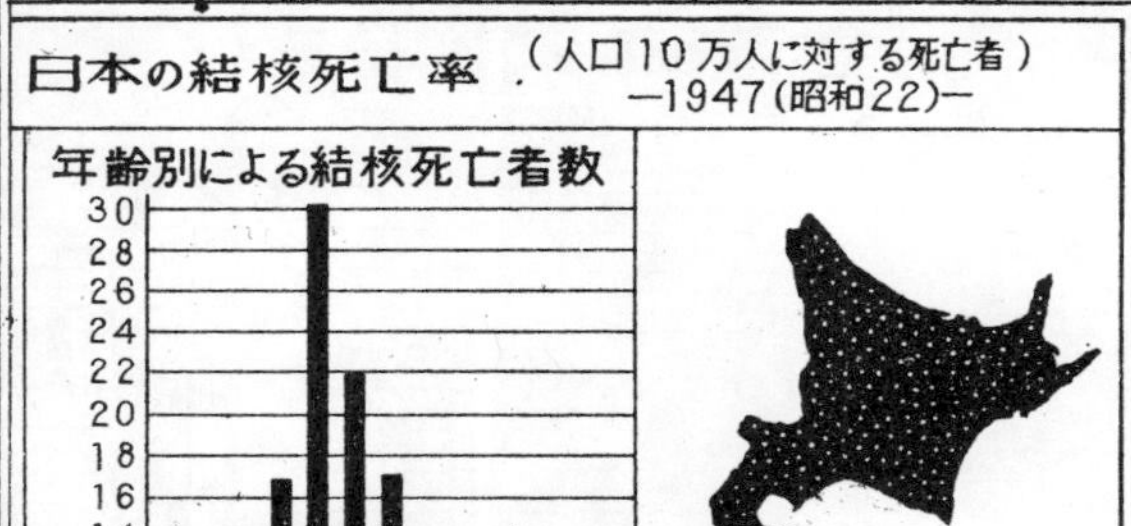
日本の結核死亡率
(人口10万人に対する死亡者)
—1947(昭和22)—
年齢別による結核死亡者数
30
28
26
24
22
20
18
16
14
12
10
8
6
4
2
(単位千人)
〇—四才
五—九〃
一〇—一四〃
一五—一九〃
二〇—二四〃
二五—二九〃
三〇—三四〃
三五—三九〃
四〇—四四〃
四五—四九〃
五〇—五四〃
五五—五九〃
六〇才以上
240人以上
240—221
220—201
200—181
180—161
160—141
140—121
120—101
100人以下
〔厚生省調〕

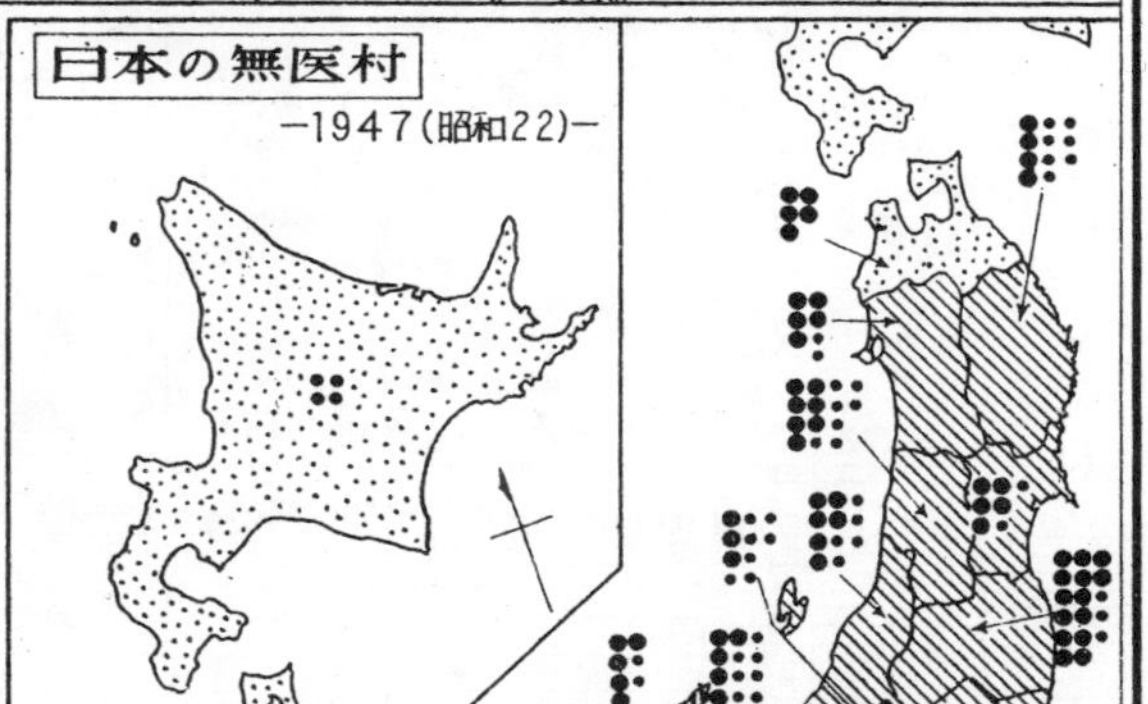
日本の無医村
—1947(昭和22)—
人口1万人に対する医者の人数
15.1以上
15.0—10.1
10.0— 5.1
5.0— 0.0人
診療所のない村
10カ村
1カ村
〔厚生省調〕

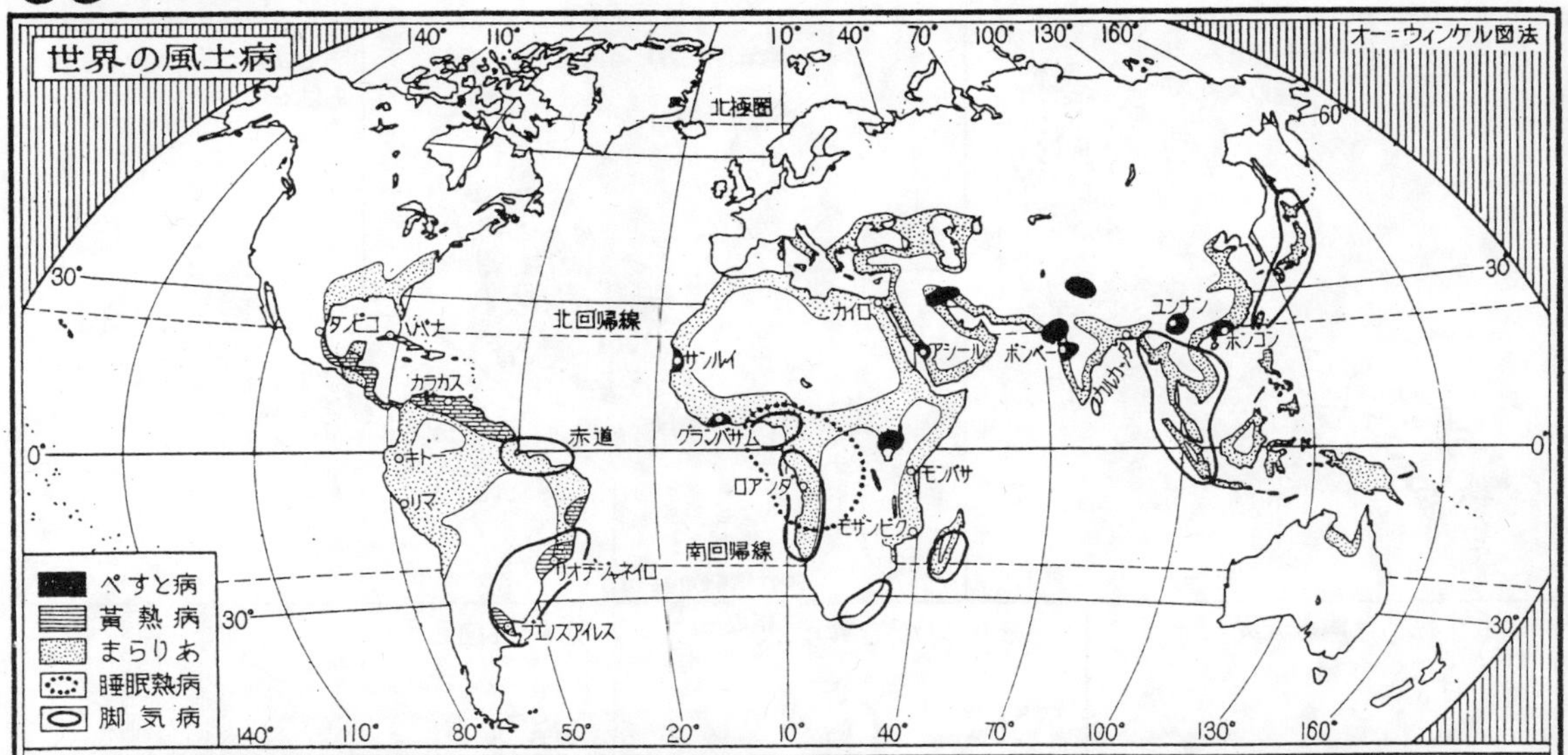
世界の風土病
オー=ウィンケル図法
北極圏
北回帰線
赤道
南回帰線
タンピコ
ハバナ
カラカス
キトー
リマ
リオデジャネイロ
ブエノスアイレス
サンルイ
グランバサム
ロアンダ
モザンビク
モンバサ
カイロ
アシール
ボンベー
カルカッタ
ユンナン
ホンコン
140° 110° 80° 50° 20° 10° 40° 70° 100° 130° 160°
30° 0° 60°
ぺすと病
黄熱病
まらりあ
睡眠熱病
脚気病

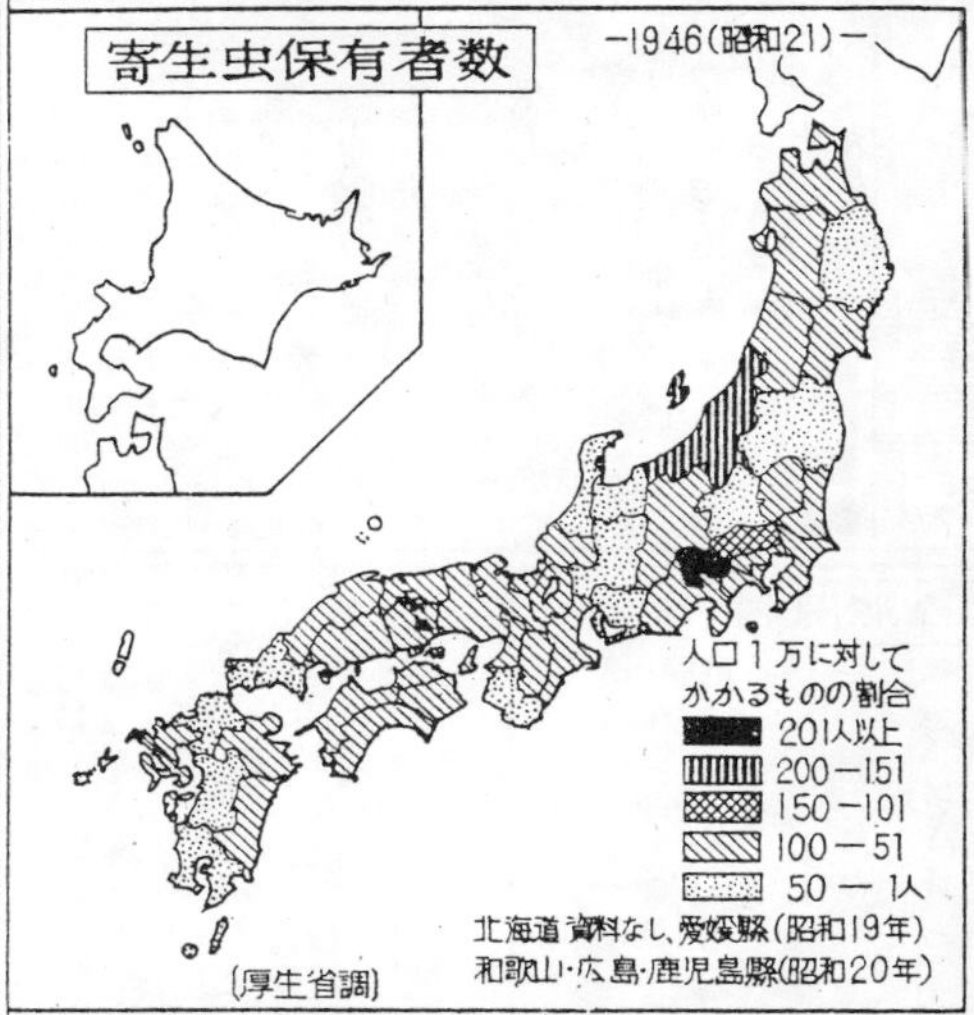
寄生虫保有者数
-1946(昭和21)-
人口1万に対して
かかるものの割合
201人以上
200-151
150-101
100-51
50-1人
北海道資料なし、愛媛縣(昭和19年)
和歌山・広島・鹿児島縣(昭和20年)
(厚生省調)

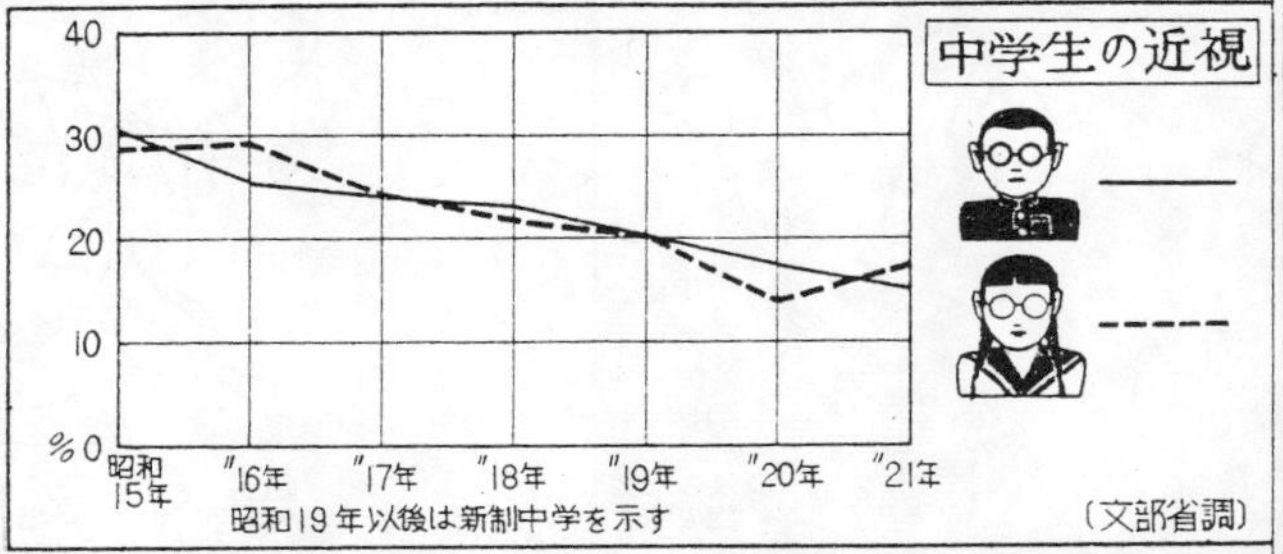
中学生の近視
40
30
20
10
%0
昭和15年
〃16年
〃17年
〃18年
〃19年
〃20年
〃21年
昭和19年以後は新制中学を示す
(文部省調)

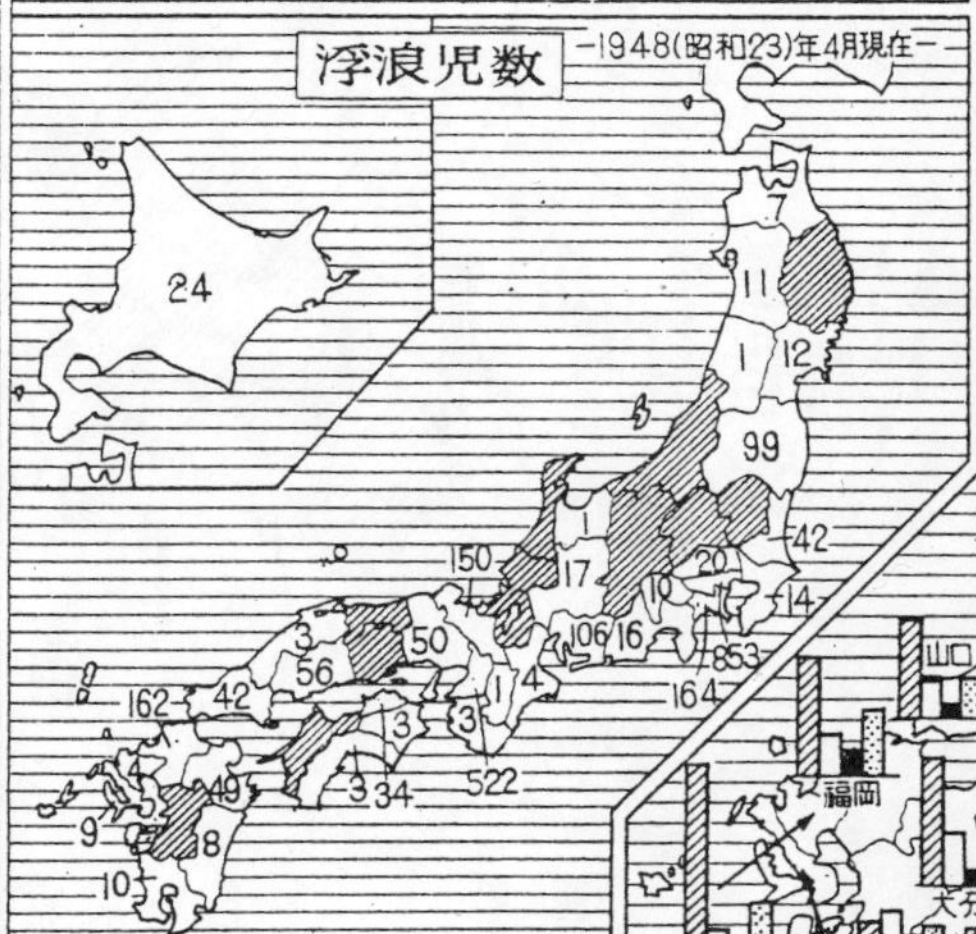
浮浪児数
-1948(昭和23)年4月現在-
24
7
11
1
12
99
1
42
150
17
20
14
19
106
16
853
164
3
50
56
162
42
1
4
3
3
522
334
49
8
9
10
東京・大阪などの大都市に多く集まっている
(数字は人数を示す)
未調査
(国家地方警察本部調査)

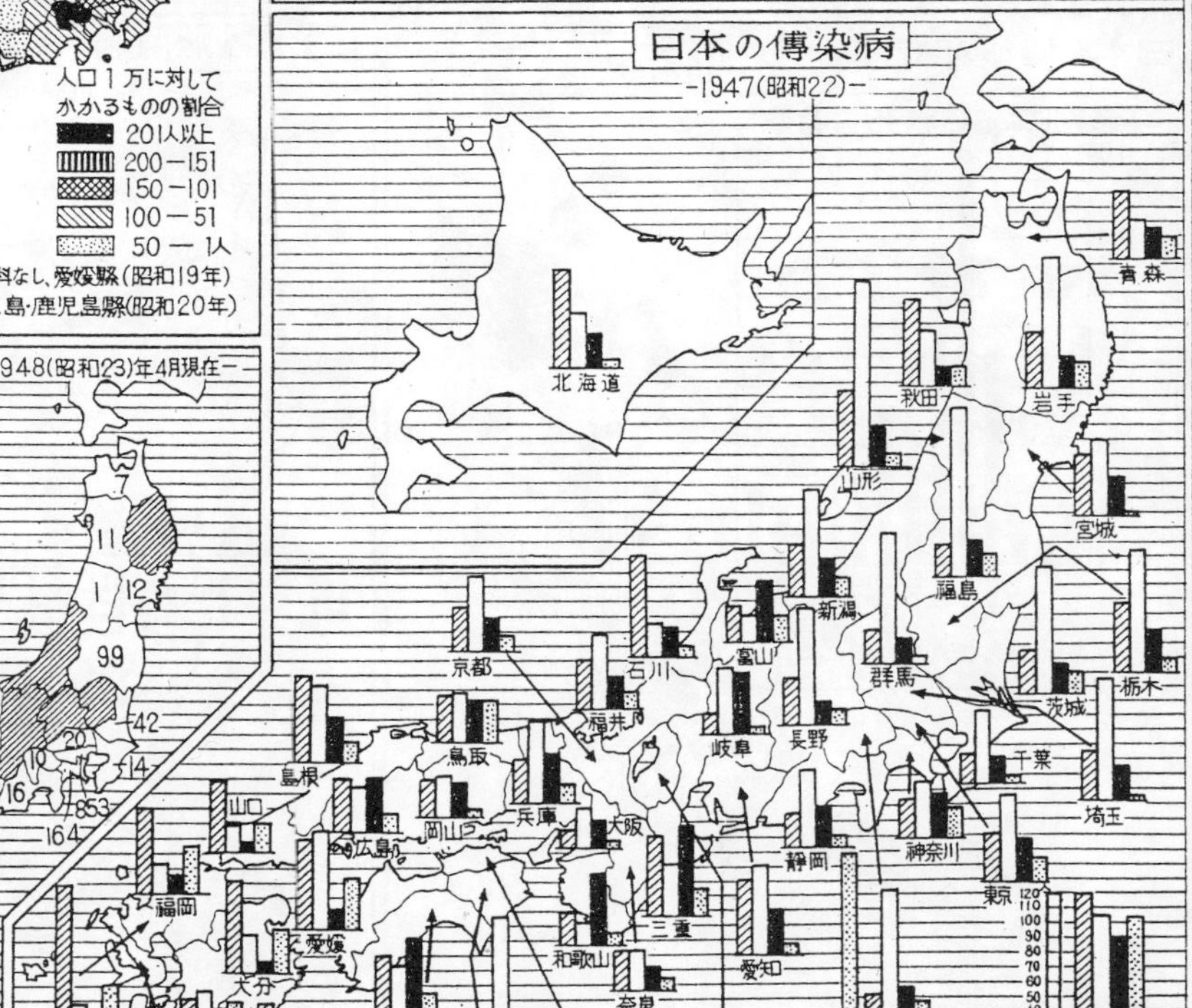
日本の傳染病
-1947(昭和22)-
北海道
青森
秋田
岩手
山形
宮城
福島
新潟
石川
富山
京都
福井
群馬
栃木
茨城
千葉
埼玉
島根
鳥取
兵庫
大阪
岐阜
長野
山口
広島
岡山
静岡
神奈川
東京
福岡
愛媛
高知
和歌山
三重
愛知
大分
熊本
奈良
山梨
佐賀
宮崎
徳島
長崎
香川
滋賀
120 110 100 90 80 70 60 50 40 30 20 10 0
人口100万人につき病気にかかったものの割合
ジフテリア
赤痢
腸チフス
マラリア
(厚生省調)

年　表

世紀	時代区分				日本 年	日本 重要事項		世界 年	世界 重要事項
	原始時代	新石器時代	縄文文化	原始生産		狩漁採取移住生活、簡単な手工業、台地の末端部や海岸に住む、たて穴住居、石器、土器、骨角器をつかう		B.C. 500000 10000 4241 3000 2500 1500	 人類発生 西南アジアの新石器時代のはじまり エジプト人太陽暦をつくる 西南アジアの青銅器時代のはじまり エジプトとメソポタミヤに国家ができる 文字の発明　殷(青銅文化)ができる エジプト大ピラミッドをつくろ インド建国
B.C. 10									ギリシアに都市国家生まれる
8									ローマ建国
6									孔子　シヤカ生まれる
5									ギリシア文化全盛、第1回オリンピア競技(B.C. 776)
.4								B.C. 323	アレクサンドル大王死す
3								B.C. 221 B.C. 202	秦(中央集権的君主専制国家)の統一 漢おこる
2			弥生文化			金属器文化がはいる、農業はじまる、平地に住む、定住生活はじまる、私有観念できる		B.C. 108	漢、朝鮮に楽浪など四郡をおく
1						村ができる		B.C. 27 B.C. 4	ローマ帝政のはじまり キリスト生まれる
A.D. 1						階級ができる 大和に一中心がつくられる 地方小国家群		A.D.	
2	古代	大和時代		農業手工業				105	紙の発明
3			古墳文化			氏姓制度おこなわれる			
4						半島へ進出する 日本全土統一		375 395	ゲルマニア民族の大移動はじまる ローマ帝国東西にわかれる
5							(古代天皇制)	476	西ローマ帝国ほろびる
6					538	仏教つたわる 帰化人はいる		529 571 589	ローマ法つくられる マホメット生まれる 隋・唐王朝
7		飛鳥時代	古代貴族文化		604 606 607 645	十七条憲法制定 法隆寺たつ 遣隋使のはじめ 大化の改新	(班田制はじまる)	700	サラセン文化さかん
8		奈良時代			701 710 752 794	大宝律令できる 奈良を都とする 東大寺大仏完成 京都を都とする	(古事記・日本書紀できる) (荘園できる)		
9		平安時代			858 894	藤原氏摂政となる 遣唐使をやめる	(摂関政治)		
10					939	平将門乱をおこす	(武士おこる)	915 960 962 984	ケンブリッジ大学ひらく 宋朝できる 神聖ローマ帝国建設 羅針盤の発明
11					1086	院政はじまる		1096	第一回十字軍遠征
12					1167 1185 1192	平清盛太政大臣となる 平氏ほろびる、守護地頭をおく 源頼朝鎌倉幕府をひらく	(幕府政治)		
13		鎌倉時代			1221 1274	承久の変おこる 文永の役おこる	(座・問屋・市が発達し商業すすむ)	1215 1237 1271	英国大憲章できる 蒙古軍(元)モスコーをとる マルコポーロ、アジアにくる
14		南北朝時代			1333 1334 1336 1392	鎌倉幕府ほろびる 建武中興 室町幕府ひらく 南北朝和平	(交通発達する)	1320 1339 1896	火薬の発明 百年戦争はじまる 明朝できる フランス・イギリス農民一揆

世紀	時代		文化	産業	年	日本	年	世界
15	封建時代	室町時代	武家文化				1438	活字印刷術発明
					1467	応仁の乱はじまる	1453	東ローマ帝国ほろびる
							1492	コロンブス、アメリカを発見
							1498	ヴアスコニダニガマ印度航路発見
16					1543	ポルトガル人種子島にくる	1517	ルター宗教改革をおこなう
					1549	キリスト教つたわる		
							1530	コペルニクス地動説をとなえる
						（農民一揆おこる）		
		安土桃山時代			1573	室町幕府ほろびる		
					1582	少年使節ローマへいく		
					1588	豊臣秀吉刀狩をおこなう	1581	オランダ独立宣言
					1590	豊臣秀吉全国を統一する		
					1600	関ケ原の戦	1600	英国東インド会社をたてる
17		江戸時代			1603	徳川家康江戸幕府をひらく　（身分制度きびしい 封建社会）	1616	清朝できる
							1629	オランダ東洋に進出すろ
					1637	島原一揆おこる。		
					1639	寛永の鎖国令をだす	1649	イギリス清教徒革命
								王権神授説さかん
							1689	ニュートン重力法則発見
18			庶民文化	家内工業	1712	享保の改革はじまる		
					1722	越後百姓一揆		
					1727	さつまいもつくられる		
						（商業資本・町人おこる）	1752	避雷針できる
					1765	農民一揆しきりにおこる	1763	ルソーの民約論できる
							1769	ワット蒸気機関発明
					1774	杉田玄白ら解体新書を訳す	1770	イギリス産業革命はじまる
					1787	寛政の改革はじまる	1776	アメリカ独立宣言
					1791	洋学禁止	1789	フランス大革命
							1796	ジェンナー種痘法発見
19				工場制手工業	1815	蘭学さかんとなる	1802	汽車発明
							1804	ナポレオン一世即位
							1827	イギリス東洋に進出する
							1829	ギリシア独立宣言
					1837	大塩平八郎の乱		
							1804	アヘン戦争
							1848	フランス二月革命、ドイツ三月革命
					1853	ペルリーくる	1850	太平天国乱はじまる
					1857	通商条約をむすぶ	1858	イギリス、インドを支配する
					1862	天保の改革	1861	アメリカ南北戦争はじまる、ロシア農奴解放
					1864	四国連合艦隊下関砲撃		
					1867	王政復古　（近代天皇制）	1870	イタリア統一
					1869	東京を都とする、版籍奉還　電信用いられる　（身分制度廃止、四民平等）	1871	ドイツ統一
	近代	東京時代			1871	廃藩置県、新聞はじまる		
					1872	太陽暦をつかう		
					1873	地租改正		
					1875	マッチ用いられる	1875	電話機発明
					1877	西南戦争		
					1881	自由党できる		
					1884	欧米文化熱さかん		
					1889	明治憲法発布		
					1890	第一回帝国議会召集		
			近代文化	工場制工業	1894	日清戦争　（資本主義すすみ 社会主義となえられる）	1895	X線発見
							1897	無線電信発明
20					1904	日露戦争	1903	飛行機発明
					1910	韓国併合	1912	中華民国できる
					1914	第一次世界大戦はじまる	1914	第一次世界大戦はじまる
					1918	米騒動	1917	ロシヤ大革命
					1923	関東大震災	1919	パリ平和会議
					1925	ラジオ放送はじまる	1921	ワシントン会議ひらかれる
					1926	普選施行令できる	1924	テレビジョン発明
					1929	大恐慌はじまる	1925	中国大革命はじまる
					1931	満洲事変おこる	1929	世界経済恐慌はじまる
					1936	二・二六事件、軍閥の力つよまる		
					1937	中日戦争はじまる		
					1938	国家総動員、統制経済つよまる		
					1939	第二次世界大戦はじまる	1939	第二次世界大戦はじまる
					1941	太平洋戦争はじまる		
					1945	ポツダム宣言を受諾する、降伏	1945	第二次世界大戦おわる
					1946	新憲法発布	1946	国際連合総会ひらかれる
						民主的諸改革すすむ		

附　録　最新統計資料集目次

(1) 世界の大陸の面積と人口……………………91
(2) 世界のおもな海洋……………………………91
(3) 世界のおもな島の面積………………………91
(4) 日本のおもな島の面積………………………91
(5) 世界と日本のおもな高山及び火山…………92
(6) 世界と日本のおもな川………………………92
(7) 世界と日本のおもな湖………………………92
(8) 世界のおもな国の面積・人口と首府………93
(9) 世界のおもな都市の人口……………………94
(10) 日本の都道府県別面積・人口・人口密度・庁所在地……………………………………95
(11) 日本各都市の人口……………………………95
(12) 日本の都道府県別・産業別人口……………96
(13) 日本の米の生産と供出………………………97
(14) 日本の都道府県別牛馬の頭数………………97
(15) 日本の主要相手国輸出入額…………………98
(16) 国鉄の旅客・貨物の運輸量…………………98
(17) 日本の都道府県別労働組合数と組合員数……………………………………………98

1. 世界の大陸の面積と人口 (理科年表1949)

名称	面積 (km^2)	人口	人口密度 (1km^2に対して)
アジア	44,309,800	1,192,000,000	29
ヨーロッパ	9,913,400	530,000,000	46
アフリカ	29,817,800	160,600,000	5
北アメリカ	24,357,700	182,300,000	7
南アメリカ	17,744,900	90,900,000	5
オセアニア	8,962,500	10,800,000	1
南極大陸	13,613,000	0	0

2. 世界のおもな海洋 (理科年表1949)

	海洋名	面積 (10^4km^2)	平均の深さ (m)
大洋	太平洋	16,572	4,097
大洋	大西洋	8,166	3,850
大洋	インド洋	7,344	3,929
地中海(大陸間の海)	北極海	1,435	1,170
地中海(大陸間の海)	オーストララシア海	813	1,089
地中海(大陸間の海)	アメリカ海 (カリブ海及びメキシコ湾)	458	2,090
地中海(大陸間の海)	地中海 (ヨーロッパ)	297	1,431
地中海(大陸間の海)	ハドソン湾	122	128
地中海(大陸間の海)	紅海	46	488
地中海(大陸間の海)	バルト海	41	55
地中海(大陸間の海)	ペルシァ湾	23	25
	計	3,235	1,232
沿海	ベーリング海	227	1,444
沿海	オホーツク海	151	1,270
沿海	東支那海	124	177
沿海	日本海	104	1,530
沿海	アンダマン海	79	779
沿海	イギリス海	57	94
沿海	カリフォールニア湾	22	127
沿海	ローレンシア湾	21	62
沿海	北海	17	987
沿海	タスマン海	8	72
	計	811	971
	近海 (地中海と沿海)	4,046	1,180
	海洋 (大洋と近海)	36,128	3,681

3. 世界のおもな島の面積 (理科年表1949)

名称	面積 (km^2)
グリーンランド	2,175,600
ニューギニア	771,900
ボルネオ	745,950
マダガスカル	624,433
スマトラ	433,800
大ブリテン	228,300
セレベス	179,400
ニュージーランド南島	150,525
ジヤワ	126,100
キューバ	114,500
ニュージーランド北島	114,295
ニューファンドランド	110,700
ルソン (フィリピン)	106,200
アイスランド	102,800
ミンダナオ (フィリピン)	96,310
アイルランド	82,150
ハイチ (西印度)	77,300
樺太	75,360

4. 日本のおもな島の面積 (理科年表1949)

	(km^2)
本州	228,000
北海道	77,900
九州	35,660
四国	17,760
佐渡	857
奄美大島 (大隅)	718
淡路	590
天草下島	570
尾久島 (大隅)	500
種子島 (大隅)	447
下島 (対島)	435
福江 (肥前)	326

徳之島（大隅）	247	島　後（隠岐）	246	平　戸（肥前）	171	大　島（周防）	158
上　島（対島）	247	天草上島	221	小豆島（讃岐）	170		

5. 世界と日本のおもな高山及び火山　○は火山　（理科年表1949）

名　称	高さ（m）	名　称	高さ（m）	名　称	高さ（m）
〔ア　ジ　ア〕		ミユールアセン	3,480	○コトパクシ	5,978
エベレスト	8,882	ピコダネト	3,404	〔オセアニア〕	
ゴドウィンオースチン	8,611	○エ　ト　ナ	3,313	チャールスルイス	5,000
カンチェンジュンガ	8,603	〔アフリカ〕		○マウナケア	4,210
ダウラギリ	8,167	○キリマンジャロ	5,969	〔日　本〕	
ムスタグアタ	7,860	○ケ　ニ　ヤ	5,194	○富士山	3,776
チラッツミール	7,750	○ルウエンゾリ	5,070	白根山（北岳）	3,192
ウルグムスタグ	7,720	〔北アメリカ〕		穂高岳	3,190
〔ヨーロッパ〕		○マッキンレー	6,187	槍ケ岳	3,180
エルブールズ	5,629	○ローガン	6,050	○御　岳	3,063
モンブラン	4,810	○オリサバ	5,658	塩見岳	3,047
モンテローザ	4,638	○エリプス	5,494	仙丈ケ岳	3,033
マッターホルン	4,505	〔南アメリカ〕		○乗鞍岳	3,026
ユングフラウ	4,166	○アコンカグア	7,035		

6. 世界と日本のおもな川　（理科年表1949）

名　称	長さ(km)	名　称	長さ(km)	名　称	長さ(km)
〔ア　ジ　ア〕		ラ　イ　ン	1,326	〔南アメリカ〕	
オ　ビ	5,200	ヴィストウラ	1,125	アマゾン	6,200
エニセイ	5,200	エ　ル　ベ	1,154	ラプラタ	4,700
レ　ナ	4,600	オーデル	903	オリノコ	2,220
アムール（黒竜江）	4,480	ロアール	1,020	〔オセアニア〕	
ヤンツー川（揚子江）	5,200	ロ　ー　ヌ	759	マ　レ　ー	1,100
ガンジス・ブラマプトラ	3,000	セ　ー　ヌ	700	ダーリング	994
ホワン川（黄河）	4,100	〔アフリカ〕		〔日　本〕	
インダス	3,180	ナ　イ　ル	5,760	利根川	322
エウフラテス	2,000	コンゴー	4,200	石狩川	365
シル・ダリヤ	2,860	ニジェル	4,160	信濃川	369
アム・ダリヤ	2,500	ザンベン	2,660	北上川	243
イラワジ	2,000	〔北アメリカ〕		木曽川	232
ウ　ラ　ル	2,379	ミシシッピ	6,530	淀　川	79
〔ヨーロッパ〕		セント・ロレンス	3,800	阿賀ノ川	169
ヴオルガ	3,570	マケンジー	3,780	最上川	216
ドナウ（ダニューブ）	2,850	ユーコン	3,600	天塩川	306
ドニエプル	2,150	グランデ	2,800	阿武隈川	196
ド　ン	1,860	ネルソン	2,400	天竜川	216
ドヴィナ	1,780	コロンビア	2,000	富士川	161
ペチヨラ	1,580	コロラド	2,000	能代川	137

7. 世界と日本のおもな湖　○は鹹湖　（理科年表1949）

名　称	所在地	面積(km^2)	名　称	所在地	面積(km^2)
○カスピ海	アジア・ヨーロッパ	438,000	グレート・スレーブ	カナダ	30,000
スペリオル	北アメリカ	83,300	エ　リ　ー	北アメリカ	25,820
ヴィクトリア	東アフリカ	68,800	ウィニペグ	カ　ナ　ダ	24,530
○アラル海	中央アジア	62,000	オンタリオ	北アメリカ	18,760
ヒューロン	北アメリカ	59,510	○バルハシユ	中央アジア	18,400
ミシガン	北アメリカ	57,850	ラ　ド　ガ	ソ　連	18,180
バイカル	シベリア	33,000	チャード	ス　ダ　ン	16,000
タンガニーカ	コンゴー	31,900	○マラカイボ	ベネズェラ	13,600
グレート・ベア	カ　ナ　ダ	31,500	オ　ネ　ガ	ソ　連	9,836
ニヤッサ	東アフリカ	30,800	琵琶湖	滋　賀	67,480

○八郎潟	秋田	22,329
霞ケ浦	茨城	18,917
○猿澗湖	北見	15,053
猪苗代湖	福島	10,483
○中海	島根	10,160
○宍道湖	島根	8,313
屈斜路《クッチャロ》湖	釧路	7,989
支笏湖	胆振	7,618
○浜名湖	静岡	7,204
洞爺湖	胆振	6,960
十和田湖	青森・秋田	5,958
○網走湖	北見	3,389
印旛沼	千葉	2,595
田沢湖	秋田	2,565
諏訪湖	長野	1,445
阿寒湖	釧路	1,293
芦ノ湖	神奈川	689
山中湖	山梨	646

8. 世界のおもな国の面積・人口と首府 (理科年表 1949 ワールド アルマナック 1949)

国名	面積(平方マイル)	人口	首府
[アジア]			
アフガニスタン	250,000	12,000,000	カブール
イラク(メソポタミア)	175,000	4,794,449	バクダード
イラン(ペルシァ)	628,060	17,000,000	テヘラン
インド及びパキスタン	1,581,410	388,997,955	(インド)=ユーデリー (パキスタン)カラチ
インドシナ	280,849	25,000,000	ハノイ
サウジアラビア	35,000	6,000,000	メッカ
タイ(シャム)	200,148	17,359,000	バンコック
インドネシア	218,365	55,710,000	ジャカルタ
チョンホワ民國(中華民国)	4,314,697	462,798,093	ナンキン
ネパール	54,000	5,600,000	カトマンズ
ハーヌ(韓)民国	85,246	27,200,000	ソウル(京城)
ビルマ	416,040	3,854,000	ラングーン
ブータン	18,000	300,000	プナカ
フィリピン	114.830	19,511,000	マニラ
モンゴリヤ(共和国)	622,744	850,000	ウランバートル(庫倫)
[ヨーロッパ]			
アルバニア	10,629	1,003,124	チラナ
イギリス(本国)	94,279	50,015,000	ロンドン
イタリア	119,800	45,943,000	ローマ
オーストリア	32,369	6,935,000	ウイーン
オランダ	15,764	9,636,000	ハーグ
スイス	15,737	4,547,000	ベルン
スウェーデン	173,347	6,803,000	ストックホルム
スペイン	197,607	27,503,000	マドリード
チェコスロヴァキア	49,358	12,170,000	プラーグ
ドイツ	143,200	67,032,242	ベルリン
	ベルリンを含んだ四占領地域		
デンマーク	16,575	4,146,000	コペンハーゲン
ノルウエー	124,556	3,145,000	オスロ
ハンガリー	35,875	3,333,000	ブダペスト
ブルガリア	42,808	7,048,000	ソフィア
フランス	212,659	41,500,000	パリ
フィンランド	134,588	3,906,000	ヘルシンキ
ベルギー	11,775	8,388,526	ブリユッセル
ポルトガル	92,000	8,223,000	リスボン
ポーランド	120,818	23,930,000	ワルシャワ
ユーゴースラヴィア	95,558	14,800,000	ベルグラード
ルーマニア	91,584	15,873,000	ブカレスト
[北アメリカ]			
アメリカ合衆国(本国)	3,022,387	131,669,275	ワシントン
カナダ	3,690,410	12,883,000	オタワ
キューバ	44,128	5,130,000	ハバナ
ハイチ	10,714	3,500,000	ポルトープリンス
[中央アメリカ]			
コスタリカ	23,000	771,503	サンホセ
ドミニカ	19,129	2,151,000	シューダードトルヒヨ
ニカラグワ	57,145	1,136,000	マナグワ
グヮテマラ	45,452	3,678,000	グヮテマラ
パナマ	28,575	641,000	パナマ
ホンジュラス	59,161	1,240,000	テグシガルパ
メキシコ	763,944	23,425,000	メキシコ
[南アメリカ]			
アルゼンチン	1,078,769	16,107,936	ブエノスアイレス
ウルグヮイ	72,172	2,300,000	モンテビデオ
エクアドル	175,830	3,400,000	キトー
コロンビア	439,830	10,545,000	ボゴタ
チリ	286,396	5,479,202	サンチァゴ
パラグヮイ	150,515	1,225,000	アスンシオン
ブラジル	3,286,170	47,550,000	リオデジャネイロ
ベネズエラ	352,150	4,398,000	カラカス
ペルー	482,258	7,038,000	リマ
ボリヴィア	416,040	3,854,000	ラパス
[アフリカ]			
エジプト	386,000	19,090,048	カイロ
エチオピア(アビシニア)	350,000	15,000,000	アジスアベバ
リベリア	43,000	1,600,000	モンロヴィア
[オセアニア]			
オーストラリア連邦	2,974,581	7,581,000	カンベラ
ニュージーランド	103,935	1,802,000	ウエリントン
[ユーラシア]			
ソヴィエト連邦	8,473,444	211,384,985	モスクワ
トルコ	294,493	19,200,000	アンカラ

〔註〕 本書発行時にはボンが西ドイツの首府であり、東ベルリンが東ドイツの首府となつているも平和条約締結までは正式のものとは言えない。同様に北平は中共下の首府となり台湾の台北は国民政府の首府となり、また平壌は北朝鮮の首府として共産党員によつて宣言せられ、これに対し京城は南朝鮮（韓国）の首府となつている。いずれも平和条約までは正式のものとは言いがたい。

9. 世界のおもな都市の人口 （ワールド アルマナック 1949年版より）

都市名	国名	人口	都市名	国名	人口
〔アジア〕			ハーグ	オランダ	476,308
ウェンチョウ（温州）	中国	631,276	ハノーヴァー	ドイツ	355,484
カウンポーア	インド	487,324	バーミンガム	イギリス	1,090,150
カラチ	パキスタン	386,555	パリ（大）	フランス	6,657,859
カルカッタ	インド	2,108,891	バルセロナ	スペイン	1,125,158
コワントン（広東）	中国	861,024	パレルモ	イタリア	452,417
コロンボ	セイロン	361,000	ハンブルク	ドイツ	1,384,106
シェンヤン（瀋陽）	中国	863,515	ブカレスト	ルーマニア	984,619
シャンハイ（上海）	中国	6,000,000	ブダペスト	ハンガリー	1,162,800
シンガポール	海峡植民地	769,216	プラーグ	チェコスロヴァキア	923,946
ソウル（京城）	ハーヌ（韓）民国	935,464	フランクフルト	ドイツ	546,649
チャンチュン（長春）	中国	415,264	ブリストル	イギリス	416,500
チャンシャ（長沙）	中国	606,972	ブリユツセル	ベルギー	911,696
チョンチン（重慶）	中国	635,000	ブレスラウ	ドイツ	615,006
チンタオ（青島）	中国	514,769	ベルグラード	ユーゴースラビア	405,000
テヘラン	イラン	699,110	ヘルシンキ	フィンランド	327,627
デリー	インド	521,849	ベルリン	ドイツ	4,332,242
テンチン（天津）	中国	1,292,025	マドリード	スペイン	1,171,428
ナンキン（南京）	中国	1,019,148	マルセーユ	フランス	635,939
ハイダラバード	インド	739,159	ミュンヘン	ドイツ	828,325
バクダード	イラク	499,410	ミラノ	イタリア	1,264,381
ジャカルタ	インドネシア	437,000	ライプチヒ	ドイツ	701,606
ハルビン	中国	520,000	リスボン	ポルトガル	709,179
ハンコウ（漢口）	中国	777,993	リーズ	イギリス	493,120
バンコック	タイ（シャム）	931,170	リヴァプール	イギリス	680,500
フーチョウ（福州）	中国	322,725	リヨン	フランス	570,622
ペイピン（北平）	中国	1,556,364	ロッズ	ポーランド	496,851
ボンベー	インド	1,489,883	ロッテルダム	オランダ	616,065
マドラス	インド	777,481	ローマ	イタリア	1,551,520
ラホール	パキスタン	632,136	ロンドン	イギリス	8,700,000
ラングーン	ビルマ	400,415	ワルシャワ	ポーランド	557,703
ラックノー	インド	387,177	〔北アメリカ〕		
〔ヨーロッパ〕			アトランタ	〔アメリカ合衆国〕	302,288
アムステルダム	オランダ	769,144	インディアナポリス	合衆国	386,972
アテネ	ギリシァ	652,385	ヴァンクーヴァー	カナダ	425,000
ヴァレンシア	スペイン	544,039	オークランド	合衆国	302,163
ヴェニス	イタリア	302,417	カンサスシテイ	合衆国	399,178
ウイーン	オーストリア	1,930,000	クリーヴランド	合衆国	878,336
エジンバラ	イギリス	471,200	コランバス	合衆国	306,087
エッセン	ドイツ	520,650	サンフランシスコ	合衆国	634,536
オスロ	ノルウエー	289,000	シアトル	合衆国	368,302
グラスゴー	イギリス	1,075,700	シカゴ	合衆国	3,396,808
ケーニヒスベルク (カリーニングラード)	ドイツ (ソ連)	368,433	ジャーシーシテイ	合衆国	301,173
ケルン	ドイツ	488,039	シンシナチ	合衆国	455,610
コペンハーゲン	デンマーク	927,404	セントルイス	合衆国	816,048
シェフィールド	イギリス	508,850	デトロイト	合衆国	1,623,452
ジェノア	イタリア	649,778	デンヴァー	合衆国	322,412
スツットガルト	ドイツ	459,538	ニューアーク	合衆国	429,750
ストツクホルム	スウェーデン	688,482	ニューオーリーンズ	合衆国	494,537
ソフィア	ブルガリア	436,936	ニューヨーク	合衆国	7,454,995
ダブリン	アイレ	506,635	バッファロ	合衆国	575,901
ダンチヒ	自由国	415,000	ハバナ	キューバ	568,913
ヂュイスブルグ	ドイツ	355,487	ピッツパーグ	合衆国	671,659
ヂュツセルドルフ	ドイツ	419,589	ヒューストン	合衆国	384,514
チューリヒ	スイス	674,505	フィラデルフィア	合衆国	1,931,334
トリノ	イタリア	709,535	ボストン	合衆国	770,816
ドルトムンド	ドイツ	433,792	ポーランド	合衆国	305,394
ドレスデン	ドイツ	625,174	ボルチモア	合衆国	859,100
ナポリ	イタリア	967,673	ミネアポリス	合衆国	492,370
ニュルンベルク	ドイツ	430,851	ミルウォーキー	合衆国	587,472

世界のおもな都市の人口(続)

都市名	国名	人口	都市名	国名	人口
モントリオール	カナダ	1,139,921	カイロ	エジプト	1,312.096
ルイスヴィル	合衆国	319,077	カサブランカ	モロッコ	453,000
ロスアンジェルス	合衆国	1,504,277	【オセアニア】		
ロチエスター	合衆国	324,975	アデレード	オーストラリア	370,000
ワシントン	合衆国	663,091	シドニー	オーストラリア	1,398,170
［中央アメリカ］			ブリスベーン	オーストラリア	396,890
メキシコシテイ	メキシコ	1,754,355	メルボルン	オーストラリア	1,192,850
【南アメリカ】			【ユーラシア】		
アヴェラネダ	アルゼンチン	386,000	アンカラ	トルコ	226,712
ヴァルパライソ	チリ	343,635	イスタンブール	トルコ	845,316
カラカス	ベネズエラ	377,434	オデッサ	ソ連	604,223
サンチァゴ	チリ	1,015,796	カザン	ソ連	402,200
サンパウロ	ブラジル	1,380,000	クイビシェフ	ソ連	390,000
バイア	ブラジル	363,726	ゴルキー	ソ連	644,116
パラ(ベレム)	ブラジル	303,740	サラトフ	ソ連	376,000
ブエノスアイレス	アルゼンチン	3,150,000	スヴェルドロフスク	ソ連	425,544
ボゴタ	コロンビア	395,300	スターリン	ソ連	462,000
ポルトアレグレ	ブラジル	321,628	スターリングラード	ソ連	445,476
モンテヴィデオ	ウルグヴァイ	770,000	タシュケント	ソ連	585,005
ラパス	ボリビア	301,000	チフリス	ソ連	519,175
リオデジャネイロ	ブラジル	1,781,567	ドニエプロペトロフスク	ソ連	500,662
リマ	ペルー	522,826	バク	ソ連	809,347
レシフェ(ペルナンブコ)	ブラジル	510,102	ハリコフ	ソ連	833,432
ロザリオ	アルゼンチン	522,403	モスクワ	ソ連	4,137,018
［アフリカ］			レニングラード	ソ連	3,191,304
アレクサンドリア	エジプト	685,736	ロストフ	ソ連	510,258

10. 日本の都道府県別面積・人口・人口密度・庁所在地 (日本統計年鑑昭和24年版)

	面積(方粁)	人口	人口密度	庁所在地		面積(方粁)	人口	人口密度	庁所在地
総数	369,859.51	78,101,473	211.2		三重	5,765.28	1,416,494	245.0	津
北海道	78,561.27	3,852,825	43.2	札幌	滋賀	4,050.93	858,367	211.9	大津
青森	9,630.92	1,180,245	122.6	青森	京都	4,621.29	1,739,084	376.3	京都
岩手	15,235.31	1,262,743	82.9	盛岡	大阪	1,813.63	3,334,659	1,838.7	大阪
宮城	7,273.36	1,566,831	215.4	仙台	兵庫	8,323.37	3,057,444	367.3	神戸
秋田	11,663.94	1,257,398	107.8	秋田	奈良	3,693.52	779,935	211.2	奈良
山形	9,325.66	1,335,653	143.2	山形	和歌山	4,718.59	959,999	203.5	和歌山
福島	13,781.98	1,992,460	144.6	福島	鳥取	3,489.48	587,606	168.4	鳥取
茨城	6,091.14	2,013,735	330.6	水戸	島根	6,625.46	894,267	135.0	松江
栃木	6,436.59	1,534,311	238.4	宇都宮	岡山	7,046.47	1,619,622	229.9	岡山
群馬	6,335.87	1,572,787	248.1	前橋	広島	8,438.58	2,011,498	238.4	広島
埼玉	3,802.68	2,100,453	552.2	浦和	山口	6,084.49	1,479,244	243.1	山口
千葉	5,062.09	2,112,917	417.2	千葉	徳島	4,143.22	854,811	206.3	徳島
東京	2,041.86	5,000,777	2,331.6	東京	香川	1,856.96	917,637	494,2	高松
神奈川	2,362.43	2,218,120	938.9	横浜	愛媛	5,667.42	1,453,887	256.5	松山
新潟	12,578.05	2,418,271	192.2	新潟	高知	7,103.85	848,337	119.4	高知
富山	4,257.42	979,229	230.0	富山	福岡	4,943.54	3,178,134	642.9	福岡
石川	4,192.42	927,743	221.5	金沢	佐賀	2,449.03	917,797	374.8	佐賀
福井	4,264.48	726,264	170.3	福井	長崎	4,075.98	1,531,674	375.8	長崎
山梨	4,465.87	807,251	180.8	甲府	熊本	7,433.41	1,765,726	237.5	熊本
長野	13,626.18	2,060,010	151.2	長野	大分	6,333.87	1,233,651	194.8	大分
岐阜	10,494.73	1,493,644	142.3	岐阜	宮崎	7,738.83	1,025,689	132.5	宮崎
静岡	7,769.90	2,353,005	302.8	静岡	鹿児島	9,103.81	1,746,305	191.8	鹿児島
愛知	5,084.33	3,122,902	614.0	名古屋					

11. 日本各都市の人口 (1947 総理庁)

市名	人口	市名	人口	市名	人口	市名	人口	市名	人口	市名	人口
札幌	259,602	函館	211,441	帯広	46,774	岩見沢	42,978	弘前	63,669	盛岡	107,096
旭川	107,508	室蘭	96,722	北見	40,989	網走	34,850	青森	90,828	釜石	28,907
小樽	164,934	釧路	61,421	夕張	82,123	留萠	30,057	八戸	91,405	宮古	36,715

日本各都市の人口（続）

市名	人口	市名	人口	市名	人口	市名	人口	市名	人口	市名	人口
仙台	293,816	木更津	37,675	岐阜	166,995	福知山	38,325	岡山	140,631	若松	78,694
塩釜	46,745	松戸	54,513	大垣	63,830	舞鶴	92,139	倉敷	48,133	八幡	167,829
秋田	116,300	東京	4,177,548	高山	41,877	大阪	1,559,310	津山	51,642	戸畑	68,083
能代	46,416	八王子	72,947	多治見	36,092	堺	194,048	玉野	41,098	直方	47,521
山形	98,632	立川	45,302	静岡	205,737	岸和田	88,654	広島	224,100	飯塚	47,321
米沢	55,344	横浜	814,379	浜松	125,767	豊中	76,314	呉	185,740	久留米	90,999
鶴岡	42,792	横須賀	261,805	沼津	92,838	布施	133,934	三原	48,513	大牟田	166,119
酒田	49,526	川崎	252,923	清水	80,515	池田	42,733	尾道	59,891	小倉	168,119
福島	86,763	平塚	45,507	熱海	34,754	吹田	72,197	福山	59,576	門司	109,567
若松	59,024	鎌倉	55,168	三島	46,180	泉大津	30,652	下関	176,666	田川	75,899
郡山	64,741	藤沢	78,759	富士宮	40,904	高槻	37,714	宇部	108,728	佐賀	64,978
平	31,595	小田原	68,911	伊東	34,643	貝塚	47,129	山口	97,975	唐津	49,668
水戸	61,416	茅ケ崎	43,315	名古屋	853,085	守口	52,042	萩	41,579	長崎	198,642
日立	50,159	新潟	204,477	豊橋	129,355	枚方	41,041	徳山	79,001	佐世保	175,233
土浦	53,298	長岡	54,958	岡崎	85,361	神戸	607,079	防府	67,182	島原	41,074
宇都宮	97,075	高田	38,226	一宮	62,460	姫路	197,299	下松	38,515	諫早	64,183
足利	51,309	三條	45,238	瀬戸	42,788	尼崎	233,183	岩国	57,661	大村	56,851
栃木	42,553	柏崎	36,649	半田	59,819	明石	57,390	小野田	48,957	熊本	245,841
佐野	55,302	新発田	35,327	春日井	47,104	西宮	108,893	光	36,050	八代	48,085
前橋	90,432	富山	137,818	豊川	55,036	洲本	36,505	徳島	103,320	人吉	43,824
高崎	88,483	高岡	133,858	津島	31,737	芦屋	37,033	鳴戸	43,020	荒尾	51,448
桐生	91,482	金沢	231,441	津	68,662	伊丹	53,296	高松	101,403	大分	86,570
伊勢崎	46,046	七尾	39,471	四日市	112,443	相生	26,191	丸亀	36,339	別府	96,685
川越	50,294	小松	61,898	宇治山田	65,970	奈良	82,399	坂出	40,311	中津	51,976
熊谷	63,267	福井	77,320	松阪	41,269	和歌山	171,800	松山	147,967	日田	46,234
川口	116,007	敦賀	28,268	桑名	35,890	新宮	31,437	今治	52,026	佐伯	38,891
浦和	106,176	甲府	104,993	上野（三重）	39,373	海南	33,692	宇和島	52,108	宮崎	92,144
大宮	91,378	長野	94,993			田辺	36,472	八幡浜	37,809	都城	71,621
千葉	122,006	松本	84,258	鈴鹿	67,643	鳥取	57,218	新居浜	51,930	延岡	73,742
銚子	69,543	上田	41,773	大津	81,426	米子	55,836	西條	44,840	鹿児島	170,416
市川	92,719	岡谷	36,491	彦根	46,049	松江	62,136	高知	147,120	川内	40,705
船橋	78,996	飯田	30,295	長浜	45,991	浜田	39,585	福岡	328,548	鹿屋	62,497
館山	36,599	諏訪	35,623	京都	999,660	出雲	43,855				

12. 日本の都道府県別・産業別人口

日本統計年鑑（1949）

農林水産業 { 農業 / 林業 / 水産業

鉱工業 { 鉱業 / 建設工業（土木建築業） / 製造工業 / ガス電気水道業

商業 { 商業 / 金融業 / 運輸通信業 / サービス業

公自由務業 { 自由業 / 公務及団体

都道府県	就業者総数	農林水産業	鉱工業	商業	公務自由業	其の他の産業
総数	33,328,963	17,811,597	7,900,190	3,775,069	2,397,894	444,213
北海道	1,627,714	861,211	383,185	253,119	142,259	17,940
青森	535,798	870,704	64,170	60.611	32,384	7,929
岩手	581,677	416,603	70,849	45,321	39,898	9,006
宮城	648,614	403,847	90,658	73,906	55,466	24,687
秋田	569,939	382,129	89,299	57,636	34,900	6,975
山形	602,617	384,019	106,719	63,421	41,079	7,379
福島	895,298	577,947	172,929	91,370	48,126	4,926
茨城	953,244	675,549	143,083	80,603	50,270	3,739
栃木	644,964	397,871	129,310	86,126	36,704	4,953
群馬	675,603	403,226	149,874	76,216	38,979	7,308
埼玉	829,502	454,160	209,008	101,139	50,888	14,307
千葉	931,357	610,169	143,226	109,690	59,852	8,420
東京	1,589,324	133,084	691,171	479,429	223,240	60,400
神奈川	819,958	207,387	318,320	181,489	72,597	45,165
新潟	1,135,825	719,128	221,571	123,140	65,361	6,625
富山	465,092	263,819	114,330	54,470	29,939	2,534
石川	435,568	249,563	93,963	58,460	31,071	2,511
福井	359,474	207,114	79,325	44,772	24,779	3,484
山梨	348,846	224,207	61,743	36,562	23,905	2,419
長野	957,615	617,947	180,927	90,125	62,440	6,176
岐阜	682,856	390,944	159,556	83,819	42,346	6,191
静岡	1,006,318	550,379	249,566	136.880	62,722	6,771
愛知	1,332,224	548,830	447,578	234,974	92,916	7,926
三重	632,564	374,738	132,023	78,216	43,400	4.187

日本の都道府県別・産業別人口（続）

都道府県	就業者総数	農林水産業	鉱工業	商業	公務自由業	其の他の産業
滋賀	410,448	246,526	82,558	49,689	28,368	3,307
京都	699,988	233,525	213,625	166,787	68,636	7;415
大阪	1,212,000	178,134	581,232	337,831	102,974	11,849
兵庫	1,249,261	508,140	394,259	239,729	90,113	17,020
奈良	310,514	153,846	72,187	53,264	26,878	3,339
和歌山	392,695	222,259	80,425	58,908	27,917	3,186
鳥取	277,948	185,952	36,537	29,768	22,012	3,679
島根	432,332	301,135	58,009	37,581	32,778	2,829
岡山	743,328	462,723	135,594	88,317	48,431	8,263
広島	873,344	470,549	186,857	123,223	67,583	25,132
山口	648,549	344,727	150,939	90,989	49,295	12,599
徳島	376,396	247,604	60,858	38,653	25,818	3,463
香川	396,148	238,698	73,987	51,693	29,055	2,725
愛媛	595,612	357,370	124,877	67,757	41,281	4,327
高知	414,919	280,338	61,125	29,948	24,061	3,447
福岡	1,284,256	457,393	491,776	218,610	94,166	22,311
佐賀	398,470	225,128	87,959	50,471	31,031	3,881
長崎	659,238	379,718	145,006	81,309	44,618	8,587
熊本	778,294	514,169	115,086	86,329	52,631	10,079
大分	559,963	366,742	85,296	64,624	37,827	5,274
宮崎	491,710	340,168	74,302	41,918	30,221	5,101
鹿児島	871,559	675,128	78,303	66,007	47,679	4,442

13. 日本の米の生産と供出 （日本統計年鑑昭和24年版 1947（昭和22）年度）

地区	都道府県名	総数	水稲	陸稲	米の供出状態	供出率
					千石	%
	総数	58,652,230	58,305,040	347,190	30,550.3	100.0
	北海道	2,007,167	2,007,054	113	2,159.5	100.6
東北区	青森	1,207,702	1,207,671	31	441.0	101.4
	岩手	960,288	960,177	111	326.5	103.7
	宮城	1,582,767	1,582,420	347	759.2	100.6
	秋田	1,731,290	1,731,263	27	744.6	103.4
	山形	2,052,606	2,052,440	166	1,205.9	100.1
	福島	2,114,451	2,112,848	1,603	998.4	100.3
関東区	茨城	1,849,093	1,809,921	39,172	815.2	99.4
	栃木	1,487,943	1,440,873	47,070	729.2	99.2
	群馬	730,774	674,926	55,848	243.0	101.2
	埼玉	1,176,607	1,131,104	45,503	563.0	98.8
	千葉	1,814,432	1,804,558	9,874	949.1	98.9
	東京	144,336	129,737	14,599	20.8	104.2
	神奈川	424,262	410,167	14,095	141.8	101.3
北陸区	新潟	3,814,580	3,813,664	916	2,270.7	100.2
	富山	1,563,522	1,563,455	67	981.1	100.1
	石川	1,143,009	1,143,009	—	625.7	100.1
	福井	1,035,698	1,035,668	30	585.3	100.1
東山区	山梨	393,677	391,852	1,825	147.8	101.9
	長野	1,603,653	1,602,412	1,241	661.7	101.0
	岐阜	1,356,178	1,353,110	3,068	661.4	97.5
東海区	静岡	1,209,615	1,196,956	12,659	508.0	100.0
	愛知	1,863,765	1,858,525	5,240	1,098.8	100.4
	三重	1,397,620	1,396,798	822	736.0	97.5
近畿区	滋賀	1,526,157	1,526,139	18	945.8	100.6
	京都	842,472	842,260	212	394.5	98.1
	大阪	772;112	771,689	423	307.0	100.3
	兵庫	1,990,138	1,988,613	1,525	1,011.7	98.8
	奈良	596,726	596,726	—	255.6	100.2
	和歌山	581,965	581,535	430	266.2	100.1
中国区	鳥取	699,530	698,729	801	337.2	97.7
	島根	961,355	961,158	197	451.0	99.3
	岡山	1,833,795	1,833,074	721	957.0	99.4
	広島	1,399,304	1,398,650	654	665.5	100.1
	山口	1,270,708	1,270,674	34	656.9	100.3
四国区	徳島	555,105	551,404	3,701	245.2	100.1
	香川	691,547	691,332	215	282.9	99.3
	愛媛	828,094	827,832	262	374.0	98.4
	高知	502,344	502,048	296	177.0	100.0
九州区	福岡	2,232,769	2,230,964	1,805	1,226.3	100.1
	佐賀	1,325,791	1,325,725	66	876.5	100.2
	長崎	555,687	554,671	1,016	255.5	100.2
	熊本	1,834,442	1,807,631	26,811	1,192.9	100.2
	大分	1,144,058	1,139,147	4,911	568.6	100.1
	宮崎	823,005	806,032	16,973	354.7	100.5
	鹿児島	1,020,091	988,399	31,692	416.5	100.4

14. 日本の都道府県別牛馬の頭数 （1947年農林省統計）

府県名	牛（頭）	馬（頭）	府県名	牛（頭）	馬（頭）	府県名	牛（頭）	馬（頭）
北海道	62,167	252,197	宮城	31,444	38,434	福島	29,483	57,848
青森	11,015	41,169	秋田	12,465	51,913	茨城	51,241	31,632
岩手	23,593	66,473	山形	35,720	22,717	栃木	18,087	47,199

日本の都道府県別牛馬の頭数（続）

府県名	牛（頭）	馬（頭）	府県名	牛（頭）	馬（頭）	府県名	牛（頭）	馬（頭）
群馬	35,003	25,294	愛知	37,969	6,294	徳島	43,001	4,502
埼玉	36,107	17,075	三重	48,995	2,840	香川	48,501	2,365
千葉	63,696	14,454	滋賀	27,261	895	愛媛	55,723	4,752
東京	9,394	2,894	京都	36,151	1,862	高知	34,882	8,838
神奈川	24,545	5,370	大阪	30,802	2,715	福岡	64,994	27,080
新潟	62,338	17,113	兵庫	108,089	4,478	佐賀	31,080	12,678
富山	6,461	14,269	奈良	22,663	276	長崎	72,789	8,880
石川	17,627	5,309	和歌山	34,983	1,065	熊本	72,130	44,444
福井	10,030	5,115	鳥取	42,311	2,930	大分	68,662	19,423
山梨	7,066	14,000	島根	58,161	2,381	宮崎	44,698	38,382
長野	37,555	32,183	岡山	93,317	5,693	鹿児島	98,392	39,419
岐阜	28,382	18,253	広島	95,135	9,779			
静岡	40,234	11,604	山口	64,765	9,390	合計	989,044	1,053,877

15. 日本の主要相手国輸出入額（日本統計年鑑　昭和 24 年）

（單位千円）

国名	輸出	輸入	国名	輸出	輸入	国名	輸出	輸入
〔アジア〕	388,399	908,681	其の他	3,056	1,063	〔南アメリカ〕	—	21,036
中国	320,164	842,345	〔ヨーロッパ〕	—	3,484	ブラジル	—	20,617
関東州	50,573	11,578	イギリス	—	3	ペルー	—	408
香港	73	0	ドイツ	—	3,434	ウルグワイ	—	11
印度	—	4,714	オランダ	—	23	〔アフリカ〕	—	1,328
海峡植民地	3,960	46,866	スイス	—	22	エジプト	—	1,328
インドネシア	4,287	579	其の他		2	〔オセアニア〕	—	37
インドシナ	1,899	312	〔北アメリカ〕	—	22,032	ホーストラリア ニュージーランド	—	37
フィリピン	1,210	1,135	アメリカ合衆国		22,032			
タイ（シャム）	3,177	89						

16. 国鉄の旅客・貨物運輸量（日本統計年鑑昭和24年版）

年度	旅客運送人員（千人）	貨物輸送噸数	年度	旅客運送人員（千人）	貨物輸送噸数	年度	旅客運送人員（千人）	貨物輸送噸数
昭和 1年	740,333	74,780	昭和 8年	841,315	71,971	昭和15年	1,878,333	137,066
2年	795,723	78,622	9年	913,565	77,478	16年	2,172,219	141,696
3年	847,300	79,763	10年	985,041	81,039	17年	2,279,840	147,617
4年	862,939	77,225	11年	1,058,631	89,342	18年	2,648,100	166,136
5年	824,513	64,087	12年	1,156,266	98,170	19年	3,107,391	150,497
6年	787,222	60,591	13年	1,344,505	109,588	20年	2,973,094	75,997
7年	781,150	61,733	14年	1,613,206	122,767	21年	3,176,358	76,751

17. 日本の都道府県別労働組合数と組合員数（時事年鑑昭和24年版）

府県別	組合数	組合員数	府県別	組合数	組合員数	府県別	組合数	組合員数
北海道	2,567	401,319	石川	554	78,516	岡山	538	100,676
青森	586	64,650	福井	328	54,284	広島	897	162,129
岩手	427	79,394	山梨	342	41,475	山口	738	152,717
宮城	598	93,576	長野	1,105	144,130	徳島	322	46,999
秋田	592	74,343	岐阜	608	113,582	香川	478	67,026
山形	809	81,854	静岡	897	141,751	愛媛	641	96,612
福島	745	128,275	愛知	1,066	337,306	高知	422	46,773
茨城	407	90,263	三重	419	95,379	福岡	1,226	470,341
栃木	617	79,918	滋賀	315	62,614	佐賀	350	75,638
群馬	803	105,580	京都	849	157,836	長崎	530	139,084
埼玉	829	126,180	大阪	1,861	427,979	熊本	489	89,205
千葉	456	84,362	兵庫	1,162	305,596	大分	441	61,873
東京	3,246	801,180	奈良	283	46,204	宮崎	320	63,895
神奈川	1,063	282,828	和歌山	351	57,986	鹿児島	512	76,878
新潟	924	155,009	鳥取	289	36,051			
富山	417	86,327	島根	481	48,060	合計	33,900	6,533,954

おもな地名索引

地名は五十音順にならべ、行の右にその地名がどの図のどの部分にあるかを符号をもって示した。(1) 地名の次の数字 (1,2,3 等) は本図のページ数。(2) アルファベット (A,B,C 等) は縦行 (経線間)。(3) 項末の数字 (1,2,3 等) は横列 (緯線間)。すべて求める地名は、そのページの中の縦行と横列とが相会して囲む区域の中に見出すことが出来る。

日本

[ア]

アイオイ	相生	19E2, 23A2, 39E3
アイカワ	愛川	30B3
アイカワ	相川	25D5, 27D1
アイノ	愛野	15C3
アイノウラ	相浦	15B2
アイバラ	相原	30B3
アエバノ	饗庭野	23B1
アオイ岳	青井岳	14D4
アオウ	粟生	23A2
アオ島	青島	14D4, 18C3
アオダニ	青谷	19D1
アオネ	青根	34C4
アオノ山	青野山	18B2
アオバ山	青葉山	23B1
アオボリ	青堀	30B3
アオモリ	青森	35C2
アオヤギ	青柳	23C1, 26D4
アオヤマ峠	青山峠	23C2
アカイ	赤井	34C5
アカイ岳	閼伽井岳	34C5
アカイシハナ	赤石鼻	15D2, 18B3
アカイシ山	赤石山	26D4
アカエ港	赤江港	14D4
アカオ	赤穂	15D2, 18B2, 26C4
アカオカ	赤岡	19D3
アカギ山	赤城山	26E3, 31B2
アカクラ	赤倉	27D3
アカサカ	赤坂	26B4
アカ崎	赤崎	27C2
アカシ	明石	19E2, 23A2
アカツカ	赤塚	31C2
アカドマリ	赤泊	27D2
アカナ	赤名	18C2
アカビラ	赤平	39D3
アカミ	赤見	31B2
アカユ	赤湯	34C5
アカン	阿寒	39F3
アカン川	阿寒川	39F4
アガツマ川	吾妻川	31A2
アガノ	吾野	26E4, 31B3
アガノ川	阿賀川	27E2, 34B5
アガワ	阿川	18A2
アキ	安芸	19D3
アキ	安岐	15D2, 18B3
アキウ	秋保	34C4
アキズキ	秋月	15C2
アキタ	秋田	35C3
アキバ山	秋葉山	26C5
アキヨシ	秋吉	18B2
アクネ	阿久根	14C3
アケチ	明知	26C4
アゲオ	上尾	31B3
アゲキ	阿下喜	23C1, 26B4
アゲノショウ	安下庄	18C3
アゲマツ	上松	26C4
アコウ	赤穂	19E2, 23A2
アコギウラ	阿漕浦	23C2, 26B5
アサ	厚狭	18B2
アサ山	阿佐山	18C2
アサカワ	浅川	19E3, 30B3
アサクサ山	浅草山	27E2
アサクラ	朝倉	15C2
アサゴ川	朝来川	23A1
アサヒ	朝日	26B4, 31C3
アサヒ	旭	26C4
アサヒカワ	旭川	19D2, 39B3
アサヒ岳(大雪山)	旭岳	39D3
アサヒ岳	朝日岳	34B5
アサヒナ岳	朝比奈岳	35C1
アサヒマチ	旭町	30C3
アサマ	浅間	26D3
アサマ山	浅間山	26D3, 31A2
アサマ山	朝熊山	23C2
アザミ岳	薊岳	18B2
アサムシ	浅虫	35C2
アシオ	足尾	26E3, 31B2
アシカガ	足利	26E3, 31B2
アシガラ峠	足柄峠	26E4, 30B3
アジガウラ	阿字ヶ浦	31C2
アジガサワ	鰺ヶ沢	35C2
アシタカ山	愛鷹山	26D4
アシダ川	芦田川	19D2
アシノ	芦野	31C2
アシノ湖	芦ノ湖	26D4, 30B3
アシベ	芦辺	15B2
アシベツ	芦別	39D3
アシヤ	芦屋	15C2, 19F2, 23B2
アジキ	安食	31C3
アジロ	網代	26E4
アスケ	足助	26C4
アスハ川	足羽川	26B4
アズチ	安土	23C1
アズマ山	吾妻山	34C5
アガツマ川	吾妻川	26D3
アズマヤ山	四阿山	26D3, 31A2
アソ	阿曽	22C2
アソ山	阿蘇山	15D3
アソウ	麻生	31C3
アタカ	安宅	26B3
アタガワ	熱川	26E5
アタゴ山	愛宕山	23B1
アダタラ山	安達太郎山	34C5
アタミ	熱海	26E4, 34C5
アタワ	阿田和	22C3
アツギ	厚木	26E4, 30B3
アツケシ	厚岸	39F3
アツサ	厚狭	15D2
アツシオ	熱塩	34B5
アツソウ	朝来	22B3
アツタ	厚田	38C3
アツトコ	厚床	39G3
アツナイ	厚内	39E4
アツマ	厚真	39C4
アツミ	温海	34B4
アツミ湾	渥美湾	26C5
アド川	安曇川	23C1
アナミズ	穴水	27B2
アニアイ	阿仁合	35C3
アネ川	姉川	23C1
アネガ崎	姉ヶ崎	30C3
アノウ	賀名生	22B2
アノリ崎	安乗崎	22C2
アハラ	芦原	26B3
アバシリ	網走	39F2
アバシリ湖	網走湖	39F3
アバシリ川	網走川	39F3
アヒラ	姶良	14C4
アビコ	我孫子	31C3
アビラ	安平	39C4
アベ川	安倍川	26D5
アブクマ山脈	阿武隈山脈	31C1, 2
アブタ	虻田	38B4
アブラガワ	油川	35C2
アブラツ	油津	14D4
アブラツボ	油壺	30B3
アボシ	網干	19E2, 23A2
アボオ峠	安房峠	26C3
アマ	阿万	22A2
アマガサキ	尼崎	19F2, 23B2
アマキ	甘木	15C2
アマギ山	天城山	26E5
アマクサ島	天草島	14C3
アマツ	天津	30C3
アマノハシダテ	天ノ橋立	23B1
アマベ	海部	23A1
アマルメ	余目	34B4
アミ	阿見	31C2
アミジ島	網地島	34D4
アミノ	網野	23B1
アヤ	綾	14C3
アヤベ	綾部	23B1
アユカワ	鮎川	34D4
アライ	新居	26C5
アライ	新井	27D2
アライハマ	新居浜	18D3
アラオ	荒尾	15C3, 35D2
アラオ山	荒雄山	34C4
アラカイ	荒海	34B5
アラカイ山	荒海山	31C1
アラ川	荒川	26D4, 26E3, 27D2, 27E2, 31B2
アラカワ岳	荒川岳	26D4
アラサキ	荒崎	14C3
アラシヤマ	嵐山	23B1
アラタノ	新野	22A3
アラト	荒砥	31B2, 34C4
アラハマ	荒浜	27D2, 34C5
アラフネ山	荒船山	31A2
アリアケ海	有明海	15C3
アリカワ	有川	15B3
アリタ	有田	15B2
アリマ	有馬	23B2
アリマツ	有松	26B4
アワ島	粟島	27E1
アワズ	粟津	26B3
アワノ	粟野	23C1, 31B2
アンジ	安師	23A2
アンジョウ	安城	26C5
アンナカ	安中	31A2

[イ]

イイオカ	飯岡	30C3
イイザカ	飯坂	34C5
イイズカ	飯塚	15C2
イイズナ山	飯綱山	27D3
イイズメ	飯詰	35C2
イイダ	飯田	26C4, 27C2
イイデ山	飯豊山	27E2, 34C5
イイノ	飯野	14C3
イイノ山	飯ノ山	19D2
イイモリ山	飯盛山	22B2
イイヤマ	飯山	27D3
イエキ	家城	23C2
イエヤマ	家山	26D5
イオウ島	伊王島	15B3
イオウノ	伊王野	31C2
イオウ山	医王山	26B3
イオウ山	硫黄山	39G2
イカホ	伊香保	26D3, 31A2
イカリガセキ	碇ヶ関	35C2
イカルガ	斑鳩	23A2
イカワ	井川	26D4
イキ	壱岐	15B2
イキス	息栖	31C3
イキズキ島	生月島	15B2
イキリキ	伊木力	15B3
イクシュンベツ	幾春別	39C3
イクチ島	生口島	18D2
イクノ	生野	23A1
イクラ	伊倉	15C3
イケダ	池田	19D2, 23B2, 26C3, 39E4
イコマ山	生駒山	19F2, 23B2
イサク	伊作	14C4
イサハヤ	諫早	15C3
イシイ	石井	19E2
イシウチ	石打	31A2
イシオカ	石岡	31C2
イシカリ	石狩	38C3
イシカリ川	石狩川	38C3, 39D3
イシカリ岳	石狩岳	39E3
イシカリ平野	石狩平野	39C3
イシキ	伊敷	14C4
イシゲ	石下	31B2
イシヅカ	石塚	31C2
イシヅチ山	石鎚山	18D3
イシバシ	石橋	23C2, 31B2
イシベ	石部	23C1
イ島	伊島	19E3, 22A3
イシヤマ	石山	23B2
イジュウイン	伊集院	14C4
イシンデン	一身田	23C2
イスミ川	夷隅川	30C3
イスルギ	石動	26B3
イズシ	出石	23A1
イズハ	出羽	18C2
イズハラ	厳原	15B1
イズミ	出水	14C3
イズミ山脈	和泉山脈	22B2
イズミオオツ	泉大津	23B2
イズミサノ	泉佐野	23B2
イズモザキ	出雲崎	27D2, 34A5
イズル山	出流山	31B2
イセ海	伊勢海	26B4
イセザキ	伊勢崎	26E3, 31B2
イセハラ	伊勢原	30B3
イソザキ	磯崎	31C2
イソハマ	磯浜	31C2
イソハラ	磯原	31C2
イソベ	磯部	31A2
イタコ	潮来	31C3
イタドメ	板留	35C2
イタドリ	板取	26B4
イタドリ川	板取川	26B4
イタミ	伊丹	23B2
イタ	伊田	15C2
イチ	市	18D2
イチカワ	市川	23A2, 30B3
イチカワダイモン	市川大門	26D4
イチカワラ	市河原	25A4
イチキ	市来	14C4
イチダナ	市棚	15D3
イチノセキ	一関	34D4
イチノタニ	一ノ谷	23B2
イチノヘ	一戸	35D2
イチノミヤ	一ノ宮	23C1, 26B3, 27B3, 30C3
イチバ	市場	22B2
イチバタ	一畑	18A2, 18C1
イチブサ山	市房山	14D3
イチブリ	市振	27C3
イツカイチ	五日市	30B3
イツク島	厳島	18C2
イッシキ	一色	26C5
イッチョウダ	一町田	14C3
イツノキ	五木	14C3
イトイガワ	糸魚川	27C2
イトウ	伊東	25E5
イトザキ	糸崎	18D2
イトヌキ川	糸貫川	26B4
イデ	井手	23B2
イナ	伊那	26C4
イナ川	伊南川	34B5
イナゲ	稲毛	30C3
イナダニ	伊那谷	26C4
イナトリ	稲取	26E5
イナバ	稲葉	31B2
イナホ峠	稲穂峠	38B5
イナミ	印南	22B3
イナミ	伊波	26B3
イナミ川	伊南川	31B1
イナワシロ湖	猪苗代湖	34C5
イヌカイ	犬飼	15D2
イヌバサミ峠	犬挟峠	19D1
イヌボウ崎	犬吠崎	30C3
イヌヤマ	犬山	26B4
イネ	伊根	23B1
イノ	伊野	19D3
イノウラセト	伊ノ浦瀬戸	15B2
イノハナ峠	猪ノ鼻峠	19D2
イハラ	井原	19D2
イバラキ	茨木	23B2
イビ	揖斐	26B4
イビ川	揖斐川	23C1, 26B4
イブキ山	伊吹山	23C1, 26B4
イブキ山脈	伊吹山脈	26B4
イブスキ	指宿	14C4
イボ川	揖保川	23A2
イマイズミ	今泉	34C5
イマイズミ	今和泉	14C4
イマイチ	今市	18C2, 31B2
イマオ	今尾	23C1
イマガネ	今金	38A4
イマギレ	今切	26C5
イマジョウ	今庄	23C1, 26B4
イマズ	今津	14C3, 15D2
イマツ	今津	23C1, 26B4
イマバリ	今治	18C2
イマリ	伊万里	15B2
イムダ	藺牟田	14B4
イヤ川	祖谷川	19D3
イヨ灘	伊予灘	18C3
イラコ岬	伊良湖岬	26B5
イリキ	入来	14C4
イリダイモン	入大門	26D3
イリノ	入野	15B2
イルマガワ	入間川	31B3
イロウ崎	石廊崎	25D5
イワイ	岩井	19E1, 26E4, 31B2
イワイ島	祝島	18B3
イワイズミ	岩泉	35D3
イワガサキ	岩ヶ崎	34C4
イワガワ	岩川	14D4
イワキ	磐木	15C2
イワキ川	岩木川	35C2
イワキ山	岩木山	35C2
イワキリ	岩切	34C4

イワクニ	岩国	18C2
イワクニ川	岩国川	18C2
イワクラ	岩倉	26B4
イワザキ	岩崎	35B2
イワシロ	岩代	22B3
イワスゲ山	岩菅山	27D3
イワスゴ山	岩菅山	31A2
イワセ	岩瀬	31C2
イワタ	磐田	26C5
イワダテ	岩館	35B2
イワツキ	岩槻	31B3
イワチ山	岩手山	35C3
イワデ	岩出	22B2
イワデ山	岩出山	34C4
イワナイ	岩内	38B4
イワヌマ	岩沼	34C4
イワフネ	岩船	27E1
イワマ	岩間	31C2
イワマツ	岩松	18C3
イワミ	岩見	18C2
イワミザワ	岩見沢	39C3
イワムラ	岩村	26C4
イワムラタ	岩村田	26D3, 31A2
イワヤ	岩尾	19F2, 23B2
イワヤドウ	岩谷堂	34D3
インナイ	院内	34C4
インノ島	因島	18D2
インノショウ	院庄	19D1
インバ沼	印旛沼	31C3
インベ	伊部	19E2

[ウ]

ウエキ	植木	15C3
ウエダ	上田	26D3
ウエノ	上野	23C2
ウエノハラ	上野原	26E4, 30B3
ウオサキ	魚崎	23B2
ウオズ	魚津	27C3
ウオズミ	魚住	23A2
ウオナシ	魚成	18C3
ウオノ川	魚野川	31A1
ウク島	宇久島	15B2
ウサ	宇佐	15D2, 18B3, 19D3
ウシク	牛久	30C3
ウシクビ岬	牛首岬	35C1
ウシク沼	牛久沼	31C3
ウシツ	宇出津	27C2
ウシネ	牛根	14C4
ウシブカ	牛深	14C3
ウシマド	牛窓	19E2
ウシロ山	後山	19E1, 23A1
ウジ	宇治	23B2
ウジイエ	氏家	31B2
ウジ川	宇治川	23B2
ウジヤマダ	宇治山田	23C2, 26B5
ウスイ	臼井	30C3
ウスイ峠	碓氷峠	26D3, 31A2
ウスキ	臼杵	15D2, 18B2
ウスキ湾	臼杵湾	15D2
ウスダ	臼田	31A2
ウス岳	有珠岳	38B4
ウスノウラ	臼浦	15B1
ウタシナイ	歌志内	39D3
ウチ	鵜知	15B1
ウチウミ	内海	14D4
ウチウラ湾	内浦湾	38B4
ウチコ	内子	18C3
ウチゴオ	内郷	31C1, 34C5
ウチノ	内野	27D2
ウチノウラ	内之浦	14D4
ウチノマキ	内ノ牧	15D3
ウツカ	兎塚	23A1
ウツノミヤ	宇都宮	31B2
ウツベ	内部	23C2
ウツミ	内海	23C2, 26B4
ウト	宇土	15C3
ウト崎	鵜戸崎	14D4
ウトネ島	鵜戸根島	26E5, 30B4
ウト半島	宇土半島	14C3
ウド	有度	26D4
ウネビ山	畝傍山	23B2
ウノ島	宇ノ島	18A3
ウバガイ	祖母井	31C2
ウバラ	菟原	23B1
ウフミ	雄踏	26C5
ウベ	宇部	15D2, 18B3
ウベ岬	宇部岬	18B3
ウマアライ川	馬洗川	18C2
ウマガエシ	馬返	31B2
ウミノクチ	海ノ口	26D3, 31A3
ウミノナカミチ	海ノ中道	15C2
ウメダ	梅田	23C1
ウラウス	浦臼	39C3
ウラカワ	浦川	26C4
ウラカワ	浦河	39D4
ウラカワハラ	浦川原	34A5
ウラガ	浦賀	26E4
ウラガ水道	浦賀水道	30B3
ウラサ	浦佐	27D2
ウラト	浦戸	19D3
ウラトメ	浦富	19E1
ウラト湾	浦戸湾	19D3
ウラヤス	浦安	30B3
ウラワ	浦和	26E4, 31B3
ウリツラ	瓜連	31C2
ウリュウ川	雨竜川	39D2
ウレシノ	嬉野	15B2
ウワ	宇和	18C3
ウワジマ	宇和島	18C3
ウワジマ湾	宇和島湾	18C3
ウンゼン	雲仙	15C3
ウンゼン岳	雲仙岳	15C3
ウンペンジ山	雲辺寺山	19D2

[エ]

エアイ川	江合川	34C4
エイ	江井	19E2, 23A2
エイ	頴娃	14C4
エガミ	江上	15B2
エサキ	江崎	18B2
エサシ	枝幸	39D2
エサシ	江差	38B5
エサン	恵山	38C5
エサン岬	恵山岬	38C5
エ島	家島	19E2, 23A2
エズミ	江住	22B3
エダ島	江田島	18C2
エチ川	愛知川	23C1
エチゴ山脈	越後山脈	27E2
エド川	江戸川	30B3
エドザキ	江戸崎	31C3
エトモ岬	絵鞆岬	38B4
エナ峡	恵那峡	26C4
エナ山	恵那山	26C4
エニワ	恵庭	38C4
エニワ岳	恵庭岳	38C4
エノ川	可愛川	18C2
エノ島	江ノ島	15B2, 26E4, 30B3
エノ岳	可愛岳	15D3
エノツ	榎津	15B3, 15C2
エビシマ	恵比島	39C3
エベツ	江別	39C3
エベツ川	江別川	39C4
エボシ島	烏帽子島	15B2
エミ	江見	30C3
エムカエ	江迎	15B1
エラ	恵良	15D2, 38B5
エリモ岬	襟裳岬	39E5
エンガル	遠軽	39E2
エンザン	塩山	26D4
エンシュウ灘	遠州灘	26C5
エンベツ	遠別	39C2

[オ]

オアカン岳	雄阿寒岳	39F3
オイカタ	老方	35C3
オイガ岳	笈ヶ岳	26B3
オイシ	大石	23C2
オイシガ峯	生石ヶ峯	22B2
オイシグチ	生石口	22B2
オイジ	生地	27C3
オイハマ	生浜	30C3
オイラセ川	奥入瀬川	35D2
オイワケ	追分	35C3, 39C4
オウカ	相可	23C2
オウキノセン	扇山	19E1, 23A1
オウジ	王寺	19F2, 23B2
オウタ	多田	27D2
オウタキ	王滝	26C4
オウタキ川	王滝川	26C4
オウチ	相知	15B2
オウチ潟	邑知潟	27B3
オウミ島	青海島	18B2, 26E4
オオアミ	大網	30C3
オオアライ	大洗	31C2
オオイ	大井	26C4
オオイ川	大井川	26D5
オオイ川	大堰川	23B1
オオイシダ	大石田	34C4
オオイソ	大磯	26E4, 30B3
オオイタ	大分	15D2 18B3
オオイタ川	大分川	15D2
オオウダ	大宇陀	23B2
オオウチ山	大内山	22C2
オオエ山	大江山	23B1
オオオカ山	大岡山	23A1
オオカタ	大方	18C3
オオカワ	大川	15C2, 34B5
オオカワメ	大川目	35D2
オオカワラ	大河原	34C5
オオガキ	大垣	23C1, 26B4
オオガキ	大柿	18C2
オオガ峠	大ヶ峠	18B2
オオクチ	大口	14C3, 23C2, 26B5
オオクボ	大久保	23A3, 26C3
オオクワ	大桑	26C4
オオケヤキ	大欅	34C4
オオコオズ	大河津	27D2, 34A5
オオゴ	大胡	31B2
オオゴ	歳河	23B2
オオサカ	大阪	19F2, 23B2
オオサカ湾	大阪湾	19F2
オオサキ	大崎	14D4
オオサキカミ島	大崎上島	18C2
オオサキシモ島	大崎下島	18C2
オオサド	大佐渡	27D1
オオ島	大島	14D4, 15B2, 15C2, 18B2, 18D2, 19D3, 19E3, 22B3, 26E5, 30B4, 34D4
オオシラ川	大白川	27E2, 34B5
オオスギ	大杉	19D3, 34B4
オオスミ海峡	大隅海峡	14C5
オオスミ半島	大隅半島	14C4
オオズ	大洲	18C3
オオズ	大津	23C1, 26B4
オオズチ	大槌	35D3
オオセ崎	大瀬崎	14A3
オオタ	大田	18B2, 18C1, 26C4, 26E3
オオタ	太田	31B2, 31C2
オオタ川	大田川	18C2
オオタキ	大多喜	30C3
オオタキネ山	大滝根山	34C5
オオタテ島	大立島	15B2
オオタワラ	大田原	31C2
オオダイガハラ山	大台原山	22C2
オオダテ	大館	35C2
オオツ	大津	25C3, 23B1, 23C1, 39E4
オオツキ	大月	26D4, 30A3
オオツ島	大津島	18B2
オオテンジョウ岳	大天井岳	22B2
オオトセ	大戸瀬	35C2
オオトチ	大栃	19D3
オオヌキ	大貫	30B3, 31C2
オオヌマ	大沼	38B5
オオネ	大根	30B3
オオネシメ	大根占	14C4
オオノ	大野	15D2, 18C2, 23C2, 26B4, 30B3
オオノ川	大野川	15D2, 23B1
オオハシ	大橋	34D3
オオハタ	大畑	35D1, 38C5
オオハタセト	大畠瀬戸	18C3
オオハマ	大浜	15C3
オオハザマ	大迫	35D3
オオバラ	大原	30C3
オオヒ岳	大日岳	34B5
オオヒト	大仁	26D4
オオヒラ	大平	26D4
オオヒラ峠	大平峠	26C4
オオフナ	大船	30B3
オオフナト	大船渡	34D3
オオブ	大府	26B4
オオベ	小部	23B2
オオボケ	大歩危	19D3
オオマ	大間	35C1
オオマ崎	大間崎	38B5
オオマガリ	大曲	35C3
オオマチ	大町	15C2, 26C3
オオママ	大間々	31B2
オオミカ	大甕	31C2
オオミ島	大三島	18D2
オオミゾ	大溝	23C1, 26B4
オオミナト	大湊	35D1
オオミネ	大嶺	18B2
オオミネ山	大峯山	22B2
オオミヤ	大宮	26E4, 31B3, 31C2
オオムタ	大牟田	15C2
オオムラ	大村	15B3
オオムラ湾	大村湾	15B3
オオメ	青梅	31B3
オオモリ	大森	18C1, 30B3, 36C3
オオヤ	大家	18C1
オオヤ	大谷	31B2
オオヤ	大屋	26D3
オオヤノ島	大矢野島	14C3
オオヤマ	大山	15C2, 23C2, 34B4
オオ山	大山	26E4, 30B3
オオヨド	大淀	22B2, 23C2
オオヨド川	大淀川	14D4
オオワニ	大鰐	35C2
オカガキ	岡垣	15C2
オカザキ	岡崎	26C5
オカダ	岡田	30B4
オカベ	岡部	26D5
オカヤ	岡谷	26D3
オカヤマ	岡山	19D2
オガノ	小鹿野	31B2
オガ半島	男鹿半島	35B3
オガワ	小川	14C3, 26E3, 31B2, 31C2
オガワラ沼	小川原沼	35D2
オキツ	興津	26D4, 30C3
オキノ島	沖ノ島	18C4, 23C1
オギ	小城	15C2
オギ	小木	27C2, 27D2
オギノ	荻野	30B2
オギノハマ	荻浜	34D4
オクシベツ	奥士別	39D2
オクジリ島	奥尻島	38A4
オクズ	奥津	23C2
オクタマ	奥多摩	26E2
オクヤ	奥屋	26C4
オクヤマ	奥山	26C5
オグニ	小国	15D2, 27E1, 34B5
オケハザマ	桶狭間	26B4
オコシ	起	23C1
オコッペ	興部	39E2
オコバ	大畑	14C3
オゴウチ	小河内	31B3
オゴウリ	小郡	18B2
オゴセ	越生	31B3
オゴヤ	尾小屋	26B3
オザキ	尾崎	22B2
オシトマリ	鴛泊	38C1
オシャマンベ	長万部	38B4
オジカ島	男鹿島	19E2
オジカ半島	牡鹿半島	34D4
オジマ	尾島	31B2
オジヤ	小千谷	27D2, 34A5
オゼ沼	尾瀬沼	27E3, 31B2
オソレ山	恐山	35D1
オタノシケ	大楽毛	39F3
オタル	小樽	38B3
オタル湾	小樽湾	33B3
オダ	織田	26B4
オダ	小田	31C2
オダカ	小高	34C5
オダ川	小田川	19D2
オダワラ	小田原	26E4, 30B3
オチ	越知	18D3
オチアイ	落合	18D2, 19D1, 26C3, 39D3
オチガ島	小値賀島	15B2
オッチシ岬	落石岬	39G3
オツキ	小月	18B2
オッパマ	追浜	30B3
オトイネップ	音威子府	39D2
オトフケ	音更	39E3
オトフケ川	音更川	39E3
オトベ	乙部	38B4
オナガラ	小半	15D3
オナガワ	女川	34D4
オナハマ	小名浜	31C2
オニガシロ	鬼ヶ城	22C3
オニガジョウ山	鬼ヶ城山	18C3
オニガ岳	鬼岳	15A3
オニコウベ	鬼首	34C4
オニシ	鬼石	26E3, 31B2
オニシカ	鬼鹿	39C2
オニュウ	遠敷	23B1
オニワキ	鬼脇	38C1
オヌカ	小奴可	18D1
オノ	小野	23A2
オノアイダ	尾ノ間(尾久島)	14
オノウエ	尾ノ上	23A2
オノエ	尾上	35C2
オノコロシマ	自凝島	19E2, 22A2
オノダ	小野田	15D2, 18B3, 34C4
オノミチ	尾道	18D2
オバコ岳	伯母子岳	22B2
オバナ崎	尾花崎	38A4
オバナザワ	尾花沢	34C4
オバマ	小浜	15C3, 23B1, 26A4
オバマ湾	小浜湾	23B1, 26A4
オビ	飫肥	14D4
オビツ川	小櫃川	30C3
オビヒロ	帯広	39E4
オビラ	尾平	15D3
オボナイ	生保内	35C3
オマエ崎	御前崎	26D5
オマタ	小俣	31B2
オミガワ	小見川	31C3
オム	雄武	39D2
オモイ川	思川	31B2
オモゴケイ	面河渓	18D3
オモト	小本	35D3
オモノ川	雄物川	35C3
オヤシラズ	親不知	27C2
オヤマ	小山	26D4, 30A3, 31B2
オ山	雄山	26C3
オリュウザコ	折生迫	14D4
オリオ	折尾	15C2
オワセ	尾鷲	22C2

オンガ川　遠賀川　15C2
オンジュク　御宿　30C3
オン岳　御岳　26C4
オンド　音戸　18C2
オンドセト　音戸瀬戸　18C2
オンネユ　温根湯　39C2

[カ ガ]

カイカタ　海潟　14C4
カイケ　皆生　18D1
カイズ　海津　23C1, 26B4
カイズカ　貝塚　23B2
カイタイチ　海田市　18C2
カイナン　海南(黒江, 日方)　19F2
22B2
カイバラ　柏原　23B1
カイフ浦　海府浦(笹川流)　27E1
カイブ川　海部川　19E3
カイベツ岳　海別岳　39F3
カイモン崎　開聞崎　14C4
カイモン岳　開聞岳　14C4
カウセ　神瀬　14C3
カオチダニ　香落渓　23C2
カカジ　香々地　15D2
カガミ　鏡　14C3
カキオカ　柿岡　31C2
カキザカ　柿坂　15D2
カキザキ　柿崎　27D2, 34A5
カクタ　角田　39C3
カクダ　角田　34C5
カクダ山　角田山　27D2
カクノダテ　角館　35C3
カケ　加計　18C2
カケガワ　掛川　26D5
カケダ　掛田　34C5
カケツカ　掛塚　26C5
カゲノ　影野　18D3
カゲモリ　影森　26E4, 31B3
カケヤ　掛谷　18C1
カコガワ　加古川　19E2, 23A2
カゴシマ　鹿児島　14C4
カゴシマ湾　鹿児島湾　14C4
カサオカ　笠岡　19D2
カサガ岳　笠ヶ岳　26C3
カサギ　笠置　23B2
カサギ山脈　笠置山脈　23C2
カサスナ　笠砂　14C4
カサダ　笠田　23C1
カサト島　笠戸島　18B3
カサマ　笠間　31C2
カサマツ　笠松　23C1, 26B4
カサヤマ岬　笠山岬　14A3
カサンハイ　笠野原　14C4
カシ　甲子　34C5
カジ川　加治川　27E2, 34B5
カシイ　香椎　15C2
カジカザワ　鰍沢　26D4
カジキ　加治木　14C4
カジトリ崎　梶取崎　22B3
カシハラ　柏原　23B2
カシマ　鹿島　15C2, 31C3, 34C5
カシマダイ　鹿島台　34D4
カジヤ　鍛冶屋　23A1
カジヤハラ　鍛冶屋原　19E2
カシワ　柏　31B3
カシワサキ　柏崎　27D2, 34A5
カシワ島　柏島　18C4
カシワバラ　柏原　23C1
カスカベ　粕壁　31B3
カスカベ　春日部　31B3
カスガイ　春日井　26B4
カズキ　香月　15C2
カスミ　香住　23A1
カスミガ浦　霞ヶ浦　31C2
カセダ　加世田　14C4
カセダ　笠田　22B2
カゼヤ　風屋　22B2
カゾ　加須　31B2
カダ　加太　19F2, 22B2
カタカイ　片貝　30C3
カタカミ　片上　19E2
カタクラ　堅倉　31C2
カタシナ川　片品川　27E3, 31B2
カタダ　堅田　23B1
カタダ　片田　23C2
カタヌマ　潟沼　34C4
カタ山　傾山　15D3
カツウラ　勝浦　22B3, 30C3
ガツギ　勝木　27E1, 34B4
カツクミ　川汲　38B5
カツサ　加津佐　15C3
ガッ山　月山　34C4
カッシ　甲子　34D3
カツタ　勝田　15C2, 31C2
カツヌマ　勝沼　26D4
カツマダ　勝間田　19E1
カツモト　勝本　15B2
カツヤマ　勝山　19D1, 26B3, 30B3
カツラ川　桂川　15C2, 26D4, 30A3
カツラキ山　葛城山　22B2
カドカワ　門川　14D3
カドクラ岬　門倉岬(種子島)　14
カトリ　香取　31C3
カナイワ　金石　26B3
カナザシ　金指　26C5
カナザワ　金沢　26B3, 30B3, 35C3
カナザワ柵址　金沢柵址　35C3
カナズ　金津　26B3
カナヤ　金谷　26D5, 30B3
カナヤグチ　金屋口　22B2
カナヤマ　鉛山　22B3
カナヤマ　金山　26C4
カナヤマ峠　金山峠　34C5
カニエ　蟹江　23C1, 26B4
カニタ　蟹田　35C1
カヌマ　鹿沼　31B2
カネキ　金木　35C2
カネダ　金田　31C2
カネツリ　鐘釣　27C3
カノウ　加納　26B4
カノウ崎　叶崎　18C4
カノウ山　鹿野山　30B3
カノ川　狩野川　26D4
カノヤ　鹿屋　14C4
カバ島　樺島　14B3, 15A3
カバ山　加波山　31C2
カブカ　香深　38C1
カブト越　加太越　23C2
カブト山　甲山　23B2
カブラ川　鏑川　26D3, 31A2
カベ　可部　18C2
カホク潟　河北潟　27B3
カマイシ　釜石　34D3
カマエ　蒲江　15D3, 18B4
カマガ峯　鎌ヶ峯　26C4
カマクラ　鎌倉　26E4, 30B3
カマサキ　鎌先　34C5
カマナシ川　釜無川　26D4
ガマゴウリ　蒲郡　26C5
カミマキ　上牧　26B4
カミイソ　上磯　38B5
カミイチ　上市　22B2, 27C3
カミエナイ　神恵内　38B3
カミカワグチ　上川口　18D3
カミカワ盆地　上川盆地　39D3
カミクミ　上組　27D2
カミコウチ　上高地　26C3
カミコシキ島　上甑島　14B4
カミゴオリ　上郡　19E2, 23A2
カミシホロ　上士幌　39E3
カミシマ　上島　14C3
カミジマ　神島　26B5
カミスガヤ　上菅谷　31C2
カミトンベツ　上頓別　39D2
カミナダ　上灘　18C3
カミノカエ　上ノ加江　18D3
カミノクニ　上ノ国　38B5
カミノセキ　上ノ関　18C3
カミノミナト　神湊　15C2
カミノヤマ　上山　34C4
カミノユ　上ノ湯　38B4
カミホロナイ　上幌内　39D3
カミフラノ　上富良野　39D3
カミマツクマ　上松求麻　14C3
カミミゾ　上溝　30C3
カミミト　上水戸　31C2
カミヤク　上屋久(屋久島)　14
カミヤマダ　上山田　15C2
カムイ岳　神威岳　39D4
カムイコタン　神居古潭　39D3
カムイ岬　神威岬　38B3
カムリ山　冠山　18C2
カメオカ　亀岡　23B1
カメガモリ山　瓶ヶ森山　18D3
カメ崎　亀崎　15D2
カメダ　亀田　27E2, 35C3, 38B5
カメヤマ　亀山　23C2, 30C3
カモ　加茂　19E1, 23A2, 27E2
34B4, 34B5
カモ川　加茂川　19E1, 30C3
カモウ　蒲生　14C4
ガモウダ崎　蒲生田崎　19E3, 22A3
カモガワ　鴨川　30C3
カモノウミ　加茂湖　27D1
カヤ　加悦　23B1
カヤガ岳　茅ヶ岳　26D4
カンバヤシ川　上林川　23B1
カユミ　粥見　23C2
カラクニ岳　韓国岳　14C4
カラ岬　唐岬　14C4
カラ崎　韓崎　15B1
カラス　香良洲　23C2, 26B5
カラス川　烏川　31A2
カラスヤマ　烏山　31C2
カラチ川　空知川　39D3
カラツ　唐津　15B2
カラツ炭田　唐津炭田　15B2
カラツ湾　唐津湾　15C2
カリカチ峠　狩勝峠　39D3
カリバ岳　狩場岳　38A4
カルマイ　軽米　35D2
カリヤ　仮屋　19E2, 23A2
カリヤ　刈谷　26B5
カルイサワ　軽井沢　26D3, 31A2
カワイ　川井　35D3
カワカミ　川上　22B3
カワグチ　川口　23C2, 26E4, 27D2
27E2, 31B3, 34A5
カワグチ湖　河口湖　26D4
カワゲタ　川桁　34C5
カワゴエ　川越　18C2, 26E4, 31B3
カワサキ　川崎　15C2, 26D5, 26E4
30B3, 34C4
カワジ　川治　31B2
カワシマ　川島　19E2
カワジリ　川尻　15C3, 35C3
カワタナ　川棚　15B2, 18A2
カワタビ　川渡　34C4
カワナカジマ　川中島　26D3
カワナベ　川辺　14C4
カワニシ　川西　23B2, 31C2
カワノイシ　川之石　18C3
カワハラダ　河原田　27D1
カワミナミ　川南　14D3
カワモ　川面　19D2
カワモト　川本　18C2
カワユ　川湯　22B3
カワラゴ　河原子　31C2
カワラユ　川原湯　31A2
カワノエ　川之江　19D2
カワベ　川辺　26C4
カワベ　川部　35C2
カワベ川　川辺川　14C3
カワマタ　川俣　34C5
カン崎　神崎　15B1
カンダ　苅田　15C2
カンダ岬　神田岬　18A2
カンデラ　甕寺　26C3
カントウ山脈　関東山脈　26D4, 31A3
カンド川　神戸川　18C1
カンナ川　神流川　26D3, 31A2
カンナベ　神辺　19D2
カンナベ山　神鍋山　23A1
カンナミ　函南　26E4
カンノウラ　甲浦　19E3
カンノン崎　観音崎　30B3
カンノンジ　観音寺　19D2
カンバラ　蒲原　26D4
カンプウ山　寒風山　35B3
カンムリガ岳　冠ヶ岳　15C3

[キ・ギ]

キイ水道　紀伊水道　19E3, 22A3
キイレ　喜入　14C4
キオロシ　木下　31C3
キガ　気賀　26C5
キクチ川　菊池川　15C3
キコナイ　木古内　38B5
キサ　吉舎　18C2
キサイ　騎西　31B2
キサイチ　私市　23B2
キサガタ　象潟　34B3
キサラズ　木更津　30B3
キザキ湖　木崎湖　26C3
キシ　貴志　22B2
キシュク　岐宿　15A3
キシワダ　岸和田　23B2
キジマ　木島　27D3
キズ　木津　23A1, 23B2
キズ川　木津川　23B2
キスキ　木次　18C1
キズクリ　木造　35C2
キセ　木瀬　31B2
キセ川　黄瀬川　26D4, 31A3
キソ川　木曽川　23C1, 26B4, 26C4
キソ山脈　木曽山脈　26C4
キソダニ　木曽谷　26C4
キタウラ　北浦　15D3, 35B3
キタ浦　北浦　31C2
キタカタ　北方　15C2, 15D3, 26B4
キタカタ　喜多方　35B5
キタガワ　北川　19D2
キタゴウ　北郷　14D4
キタタカネザワ　北高根沢　31C2
キタジョウ　北條　27D2
キタノウ　北濃　26B4
キタハマ　北浜　26C5, 39F3
キタマキ　北牧　26D3, 31A2
キタマツウラ半島　北松浦半島　15B2
キタミ　北見　39E3
キタミ山脈　北見山脈　39D2
キタミフジ　北見富士　39E3
キタモトジュク　北本宿　31B2
キタヤマ川　北山川　22C3
キタヤマト　北倭　23B2
キタン海峡　紀淡海峡　19E2, 22A2
キツキ　杵築　15D2, 18B3
キツレガワ　喜連川　31C2
キトウ　木頭　19E3
キトウシ山　39E3
キノ川　紀ノ川　19F2, 22B2
ギノサキ　城崎　23A1
キノメ峠　木芽峠　23C1, 26B4
キノモト　木之本　23C1, 26B4
キノモト　木本　22C3
キヌガサ山　衣笠山　30B3
キヌガワ　鬼怒川　31B2
キヌ川　鬼怒川　31B2
キヌヌマ山　鬼怒沼山　31B2
キブカワ　貴生川　23C2
ギフ　岐阜　26B4
キベ　吉部　18B2
キミ峠　紀見峠　22B2
キヤマ　旗山　19E3, 22A3
キヤマ　木山　15C3
キョウゴク　京極　38B4
ギョウダ　行田　26E3, 31B2
キョウト　京都　23B1
ギョウトク　行徳　30B3
キヨサト　清里　26D4
キヨス　清洲　23C1
キヨスミ山　清澄山　30C3
キラ川　吉良川　19E3
キリガミネ　霧ヶ峯　26D3
キリシマ　霧島　14C4
キリシマ山　霧島山　14C4
キリタップ　霧多布　39G3
キリュウ・　桐生　26E3, 31B2
キン　琴　15B1
キンカザン　金華山　34D4
キンプ山　金峯山　26D4, 31A3
キンポオ山　金峰山　15C3

[ク グ]

グガ　久賀　18C3
クガ　久珂　18C2
クキ　九鬼　22C2
クキ　久喜　31B2
クキナガ　茎永(種子島・南種子)　14
クギノ　久木野　14C3
ククシ　久々子　23B1, 26A4
クゲタ　久下田　31B2
クケドハナ　潜戸鼻　18D1
クサカベ　草壁　19E2
クサツ　草津　23B1, 26D3, 31A2
クサツ峠　草津峠　27D3
クジ　久慈　31C2, 35D2
クシガミネ　櫛ヶ峰　35C2
クシガハマ　櫛ヶ浜　18B2
クジ川　久慈川　31C2
クシキノ　串木野　14C4
クシダ川　櫛田川　23C2
クシモト　串本　22B3
クジュウ　久住　15D2
クジュウ山　久住山　15D2
クジュウクリ浜　九十九里浜　30C3
クシラ　串良　14C4
クシロ　釧路　39F4
クシロ川　釧路川　39F3
クシロ炭田　釧路炭田　39E3
クシロ平野　釧路平野　39F3
クズ　国樔　22B2
クズウ　葛生　31B2
クス川　玖珠川　15D2
クズマキ　葛巻　35D3
クズリュウ川　九頭竜川　26B3
クセ　久世　19D1
クタニ　九谷　26C3
クダマツ　下松　18B2
クチキ　朽木　23B1
クチノツ　口ノ津　14C3
クッチャン　倶知安　38B4
クッチャロ湖　屈斜路湖　39F3
クテ　久手　18C1
クドオ　久遠　38A4
クニガネ　国包　23A2
クニサキ　国東　15D2, 18B3
クニサキ半島　国東半島　15D2, 18B3
クニナカ平野　国中平野　27D1
クノウ山　久能山　26D5
クノウラ　来浦　15D2
クニミ　国見　26B3
クニミ岳　国見岳　14D3
クニミ山　国見山　15C2, 22C2, 23C2
クニヨシ　国吉　30C3
クボカワ　窪川　18D3

クボタ	久保田	15C2
クマ	久万	18C3
クマイシ	熊石	38A4
クマガヤ	熊谷	26E3, 31B2
クマガワ	熊川	23B1
クマドマリ	熊泊	38B5
クマノ川	熊野川	22C3
クマノショウ	隅庄	15C3
クマノ灘	熊野灘	22C3
クマモト	熊本	15C3
クミサキハナ	御崎鼻	27D2
クミハマ	久美浜	23A1
クモズ川	雲出川	23C2
クモトリ山	雲取山	26D4, 31A3
クライ山	位山	26C3
クラガノ	倉賀野	31B2
クラシキ	倉敷	16D2
クラタ	倉田	31A2
クラハシ島	倉橋島	18C2
クラマ山	鞍馬山	23B1
クラヨシ	倉吉	19D1
クリカラ峠	倶利伽羅峠	26B3
クリガ岳	栗ヶ岳	27E1
クリコマ山	栗駒山	34C4
クリサワ	栗沢	39C3
クリス川	栗栖川	22B3
クリノ	栗野	14C4
クリハシ	栗橋	31B2
クリハマ	久里浜	30B3
クリヤマ	栗山	39C3
クルシマ海峡	来島海峡	18D2
クルメ	久留米	15C2
クルリ	久留里	30C3
クレ	呉	18C2
クレ	久礼	18D3
クロイ	黒井	27D2, 34A5
クロイシ	黒石	35C2
クロイソ	黒磯	31C2
クロキ	黒木	15C2
クロキ	黒木(隠岐)	18
クロサカ	黒坂	19D1
クロサキ	黒崎	27D2, 34D4
クロサワ	黒沢	26C4
クロサワジリ	黒沢尻	34D3
クロセト	黒瀬戸	14C3
クロダワラ	黒田原	31C1
クロバネ	黒羽	31C2
クロヒメ山	黒姫山	27D3
クロベ川	黒部川	27C3
クロホウシ山	黒法師山	26D4
クロマツナイ	黒松内	38B4
クワナ	桑名	23C1, 26B4
クンヌイ	国縫	38B4
グンゲ	郡家	23A2
グンチュウ	郡中	18C3
グンナイチホウ	郡内地方	26D4
グンベツ山	群別山	38C3

[ケ・ゲ]

ケゴンノタキ	華厳滝	27E3
ケセンヌマ	気仙沼	34D4
ケセンヌマ湾	気仙沼湾	34D4
ゲトウ	夏油	34C3
ケネベツ	計根別	39F3
ケヒマツバラ	気比松原	23C1
ケマナイ	毛馬内	35C2
ケミガワ	検見川	30C3
ケヤノオオト	芥屋大門	15C2
ゲイビ渓	猊鼻渓	34D4
ゲイヨ海峡	芸予海峡	18D2
ゲロ	下呂	26C4
ケンガ崎	剣崎	30B3
ゲンカイ島	玄界島	15C2
ゲンカイ灘	玄界灘	15C2

[コ・ゴ]

コイズミ	小泉	26E3, 31B2
コイト川	小糸川	30B3
コイデ	小出	27D2, 34A5
コイワイ農場	小岩井農場	35C3
ゴイ	五井	30C3
ゴイノ	五位野	14C4
コウゲ	郡家	19E1
コウサ	甲佐	15C3
コウザキ	神崎	31C3
コウザン	甲山	18D2
コウジロ	神代	15C3, 19D2
コウシン山	庚申山	26E3, 31B2
コウズ	国府津	26E4, 30B3
コウズ	江津	18C2
コウチ	高知	19D3
コウトオ川	厚東川	18B3
コウナン	甲南	23C2
コウノウラ	神ノ浦	3 15B
コウノス	鴻ノ巣	26E3, 31B2
コウノダイ	国府台	31B3
コウフ	国府	26C5
コウフ	甲府	26D4
コウフ盆地	甲府盆地	26D4
コウベ	神戸	19F2, 23B2
コウホク	江北	15C2
コウミ	小海	27D3, 31A2
コウモリ	河守	23B1
コウワ	河和	26B4
ゴウケイ	豪渓	19D2
ゴウノイケ	神ノ池	31C3
ゴウノ川	江ノ川	18C2
ゴウラ	強羅	30B3
コオマ	好摩	35D3
コオリヤマ	郡山	19F2, 23B2, 34C5
コオリ	桑折	34C5
コカワ	粉河	22B2
コガ	古河	31B2
コガイ川	小貝川	31C2
ゴカセ川	五ヶ瀬川	14D3
コガネイ	小金井	30B3
ゴカショ	五ヶ所	22C2
ゴカノショウ	五家荘	14C3
ゴカノショウ	五個荘	23C1
ゴカヤマダニ	五箇山谷	26B3
コギョオ川	五行川	31C2
コグシ	小串	18A2
コクシ岳	国師岳	31A3
コクブ	国分	14C4
コクブンジ	国分寺	26E4, 30B3
コクラ	小倉	15C2, 18A3
ゴケン山	五剣山	19E2
コゴウチ	小河内	26E4
コゴ島	興居島	18C3
コゴタ	小牛田	34D4
コサカ	小坂	26C4, 35C2
コサカイ	小坂井	26C5
コサド	小佐渡	27D1
コザ	小座	22B3
ゴザイショ山	御在所山	23C1
コザ川	小座川	22B3
コザワ	小沢	38B4
コシガヤ	越ヶ谷	31B3
コシキ列島	甑列島	14B4
コシラハマ	小白浜	34D3
コジマ	児島	19D2, 38A5
コジマ半島	児島半島	19D2
コジマ湾	児島湾	19D2
ゴシキ	五色	34C5
ゴジョウ	五條	22B2
ゴジョウメ	五城目	35C3
ゴショガワラ	五所川原	35C2
コズクエ	小机	30B3
コスド	小須戸	27E2
ゴセ	御所	23B2
ゴセン	五泉	27E2, 34B5
コダイラ	小平	30B3
コダマ	児玉	31B2
ゴテンバ	御殿場	26D4, 30A3
コトウラ	琴浦	19D2
ゴトウ列島	五島列島	15B3
コトニ	琴似	38C3
コトヒラ	琴平	19D2
コドマリ	小泊	35C1
コヌマ	小沼	38B5
コノウラ	金浦	34B3
ゴノヘ	五戸	35D2
コバヤシ	小林	14C4
コブガワラ	古峰ヶ原	31B2
コブシ岳	甲武信岳	26D4, 31A3
コブチザワ	小淵沢	26D4
ゴボウ	御坊	19F2, 22B2
コボケ	小歩危	19D3
コボトケ峠	小仏峠	26E4
コマガ岳	駒ヶ岳	26C4, 26D4, 27E2 34B5, 38B4
コマガワ	高麗川	31B3
コマキ	小牧	26B4
コマサカ峠	駒坂峠	15D3
ゴマダン山	護摩壇山	22B2
コマツ	小松	18D3, 26B3, 34C5
コマツ島	小松島	19E2, 22A3
コミナト	小湊	30C3, 35C2
コムロ	小室	31B3
コメノツ	米ノ津	14C3
ゴメン	後免	19D3
コモタ	小茂田	15B1
コモノ	菰野	23C2
コモリ	小森	22B3
コモロ	小諸	26D3, 31A2
コヤマ池	湖山池	19E1
ゴリンザワ	五厘沢	38B5
コロノ島	小呂ノ島	15C2
コロモ	挙母	26C4
コロモ川	衣川	34D3
ゴロウ	五郎	18C3
コワイシ	強石	31A3
コンコウ	金光	19D2
コンゴウ山	金剛山	23B2
コンセイ峠	金精峠	27E3
コンブ岳	昆布岳	38B4
ゴンゲン山	権現山	26B4

[サ・ザ]

サイ	佐井	35C1, 38B5
サイ川	犀川	26D3
サイゴウ	西郷(隠岐)	18
サイジョウ	西條	18C2, 18B2, 18D3
サイダイジ	西大寺	19E2
サイトバル	西都原	14D3
サエキ	佐伯	15D3, 18D4
ザオオ山	蔵王山	34C4
サオリ	佐織	23C1, 26B4
サカイ	堺	19F2, 23B2
サカイ	境	18B2, 18D1, 31B2
サカイデ	坂出	19D2
サカキ	坂城	26D3
サカキバラ	榊原	23C2
サカシタ	坂下	26C4
サカタ	酒田	34B4
サカド	坂戸	31B3
サカマチ	坂町	27E1, 34B4
サカモト	坂本	23B1, 26D3, 31A2
サカリ	盛	34D3
サカワ	佐川	18D3
サカワ川	酒匂川	30B3
サガ	佐賀	13B1, 15C2, 18D3
サガエ	寒河江	34C4
サガノセキ	佐賀関	15D2, 18B3
サガノセキ半島	佐賀関半島	15D2
サガミ川	相模川	30B3
サガミ台地	相模台地	30B3
サガミ湾	相模湾	30B3
サガラ	相良	26D5
サキト	崎戸	15B2
サキノハマ	佐喜浜	19E3
サクダイラ	佐久平	26D3, 31A2
サクナミ	作並	34C4
サクラ	佐倉	30C3
サクライ	桜井	18D3, 23B2, 27C3
サクラガイケ	桜ヶ池	26D5
サクラ川	桜川	31C2
サクラ島	桜島	14C4
ササ	佐々	15B2
ササガ峰	笹ヶ峰	18D3
ササガワ	笹川	31C3
ササグリ	篠栗	15C2
ササゴ峠	笹子峠	26D4
ササズ	笹津	26C3
ササヤ峠	笹谷峠	34C4
ササヤマ	篠山	23B1
サシキジ	逢木地	30B4
サジ	佐治	23A1
サジキ	佐敷	14C3
サスナ	佐須奈	15B1
サセホ	佐世保	15B2
サダ	佐多	14C4
サダ岬	佐多岬	14C4
サダ岬	佐田岬	15D2, 18C3
サックル峠	咲来峠	39D2
サッテ	幸手	31B2
サツナイ岳	札内岳	39D4
サッポロ	札幌	38C3
サツマ半島	薩摩半島	14C4
サト	里	14B4
サト川	里川	31C2
サドハラ	佐土原	14C3
サナダ	真田	26D3
サヌキ	佐貫	30B3, 31C3
サヌキ山脈	讃岐山脈	19E2
サヌマ	佐沼	34D4
サノ	佐野	23A2, 26E3, 31B2
サバエ	鯖江	25B4
サバ川	佐波川	18B2
サビシロ	淋代	35D2
サマニ	様似	39D4
サムカワ	寒川	30B3
サメガイ	醒ヶ井	23C1
サヤマ	狭山	31B3
サヨ	佐用	19E2, 23A2
サル川	沙流川	39D4
サルハシ	猿橋	26D4, 30B3
サルフツ	猿払	39D1
サルフト	佐留太	39D4
サルマサ山	猿政山	18C1
サロマ	佐呂間	39E2
サロマ湖	猿澗湖	39E2
サワタリ	沢渡	31A2
サワラ	佐原	31C3
サンジョウ	三條	27D2, 34A5
サンジョウ岳	山上岳	22B2
サンタロウ越	三太郎越	14C3
サンダ	三田	23B2
サンダン峡	三段峡	18C2
サンノウ峠	山王峠	31C1
サンノヘ	三戸	35D2
サンベ山	三瓶山	18C1
サンボウ山	三方山	14D3
サンボンマツ	三本松	19E2
サンボンギ	三本木	35D2
サンボンギハラ	三本木原	35D2
サンミョウ	三明	27B2
サンリクオキ	三陸沖	35E3
サンリズカ	三里塚	31C3
ザマ	座間	30B3

[シ・ジ]

シイシバ	椎柴	31C3
シイダ	椎田	15D2
シイバ	椎葉	14D3
シオエ	塩	19E2
シオガマ	塩釜	34D4
シオクビ岬	汐首岬	38B5
シオサワ	塩沢	27D2, 31A1
シオジリ	塩尻	26C3
シオズ	塩津	23C1, 26B4
シオツ	塩津	22B2
シオノ	塩野	27E1
シオノ崎	潮崎	19E2, 22A2
シオノ岬	潮岬	22B3
シオバラ	塩原	31B2
シオマチ	塩町	18C2
シオミ岳	塩見岳	26D4
シオヤ	塩屋	14C4, 22B3
シカウラ	四筒浦	26A4
シカオイ	鹿追	39E3
シカザワ	鹿沢	26D3
シカノタニ	鹿ノ谷	39D3
シカマ	飾磨	19E2, 23A2
シカマチ	鹿町	15B1
シカリベツ沼	然別沼	39E3
シガザカ峠	志賀坂峠	31A2
シガ島	志賀島	15C2
シガラキ	信楽	23C2
シキ	志木	31B3
シキネ	敷根	14C4
シキネ島	敷根島	26E5
シゲノブ川	重信川	18C3
シコク山脈	四国山脈	19D3
シコツ湖	支笏湖	38C4
シサカ島	四阪島	18D2
シシクイ	宍喰	19E2
シシ島	獅子島	14C3
シシド	宍戸	31C2
シシミ	鹿見	15B1
シジキ崎	志々伎崎	15B2
シジュウマガリ峠	四十曲峠	19D1
シスイ	酒水	15C3
シズオカ	静岡	26D5
シズガ岳	賤ヶ岳	26B4
シズキ	志筑	19E2, 23A2
シズ川	志津川	34D4
シズクイシ	雫石	35C3
シズナイ	静内	39D4
シチノヘ	七戸	35D2
シチメン山	七面山	26D4
シチリナガ浜	七里長浜	35C2
シド	志度	19E2
シナイ沼	品井沼	34D4
シナガワ	品川	30B3
シナノ川	信濃川	27E2, 31A1
シノノイ	篠井	26D3
シノハラ	篠原	26C5
シバタ	新発田	27E2, 34B5
シバヤマ潟	柴山潟	26B3
シビチャリ川	染退川	39D4
シブ	渋	31A2
シブカワ	渋川	26E3, 31B2
シブシ	志布志	14D4
シブシ湾	志布志湾	14D4
シブン	志文	39C3
シベチャ	標茶	39F3
シベツ	士別	39D2
シベツ	標津	39G3
シベツ川	標津川	39G3
シベツ岳	標津岳	39F3
シマ	四万	27D3, 31A2
シマクマ川	島球磨川	14C3
シマシマ	島々	26C3
シマジ	島地	18B2
シマダ	島田	15C2, 26D5
シマダ島	島田島	22A2
シマバラ	島原	15C3
シマバラ半島	島原半島	15C3
シマ半島	志摩半島	22C2
シママ	島間(種子島)	14
シマモト	島本	23B2
シマント川	四万十川	18C4
シミズ	清水	18C4, 26D5, 30B3 39D3

シミズ越 清水越……27D3
シミズ峠 清水峠……31A2
シメ 志免……15C2
シモイチ 下市……22B2
シモカワ 下川……39D2
シモコシキ 下甑……14B4
シモサト 下里……22B3
シモシズハラ 下志津原……30C3
シモジマ 下島……14C3
シモスワ 下諏訪……26D3
シモズマ 下妻……31B2
シモゼキ 下関……27E1, 34B4
シモダ 下田…18C4, 23C1, 26D5
シモダテ 下館……31B2
シモツイ 下津井……19D2
シモニダ 下仁田……26D3, 31A2
シモノカエ 下ノ加江……18C4
シモノセキ 下関……15C2, 18A2
シモノセキ海峡 下関海峡…15C2, 18A3
シモフロ 下風呂……35D1
シモユウベツ 下湧別……39E2
シャカ岳 釈迦岳……22B2
シャコタン岳 積丹岳……38B3
シャコタン岬 積丹岬……38B3
シャコタン半島 積丹半島……38B3
シャリ 斜里……39F3
シャリ岳 斜里岳……39F3
シュウザン 周山……23B1
シュウチ 須知……23B1
シュゼンジ 修善寺……26D5
シュマリナイ 朱鞠内……39D2
ショウ山 生山……19D1
ショウジ湖 精進湖……26D4
ショウズ山 象頭山……19D2
ショウセン峡 昇仙峡……26D4
ショウダイ 昭代……15C2
ショウド島 小豆島……19E2
ショウナイ 庄内……14D4, 23B2
ショウナイフル川 庄内古川……31B2
ジョウハナ 城端……26B3
ショウバラ 庄原……18D2
ショウワ 昭和…30B3, 35C3, 39C3
ショウワシン山 昭和新山……38B4
ショカンベツ岳 暑寒別岳……39C3
ショコツ 渚滑……39E2
ショコツ川 渚滑川……39E2
ショサンベツ 初山別……39C2
ショシャ山 書写山……23A2
シラオイ 白老……38C4
シラカタ 白潟……30C3
シラカミ岳 白神岳……35C2
シラカミ岬 白神岬……38B5
シラカワ 白河……31C1, 34C5
シラカワ 白川……15C3
シラカワムラ 白川村……26B3
シラガ山 白髪山……14C3
シラサト 白里……30C3
シラスナ山 白砂山……27D3
シラセ 白瀬……26B3
シラタキ 白滝……39E3
シラヌカ 白糠……39F4
シラネ 白根……31B2
シラネ山 白根山 26D3, 26D4, 27E3, 31A2, 31B2
シラハタ山 白旗山……19E2, 23A2
シラハマ 白浜……22B3, 30B4
シラホネ 白骨……26C3
シラマ山 白馬山……22B2
シラミネ(ウシクビ) 白峯(牛首) 26B3
シリウチ 尻内……35D2
シリウチ 知内……38B5
シリベツ川 尻別川……38B4
シリヤ崎 尻屋崎……35D1, 39C5
シレトコ岬 知床岬……39G2
シレトコ半島 知床半島……39G2
シレパ岬 尻羽岬……39F4
シロイシ 白石……34C5, 38C3
シロウマ岳 白馬岳……27C3
シロカワ 白川……26B3
シロ川 白川……26B3
シロコ 白子……23C2
シロトリ 白鳥……26B4
シロトリホンマチ 白鳥本町……19E2
シロネ 白根……27D2
シロミネ山 白峯山……19D2
シロヤマ 城山……31B2
シワク諸島 塩飽諸島……19D2
シンイチ 新市……18D2
シンカイ 新開……26C4
シングウ 新宮……22C3
シンザン 新山……34D5
シンジ 宍道……18A2, 18C1
シンジ湖 宍道湖……18A2, 18C1
シンジョウ 新庄……19D1, 34C4
シンジョウ 新城……26C5
シンダチ 信達……22B2
シントク 新得……39D3
シントツ川 新十津川……39C3
シンマチ 新町……31B2
シンミツマタ 新三俣……26D5
シンミナト 新湊……27C3
シンヤバケイ 深耶馬渓……15D2
シンリュウ 巽竜……39F3
ジゾウ崎 地蔵崎……18B1, 18B3
ジッコク峠 十石峠……26D3, 31A2
ジッチョウ 十町……14C4
ジトガタ 地頭方……26D5
ジュウニ湖 十二湖……35B2
ジュウサン潟 十三潟……35C1
ジョウガ島 城ケ島……26E4, 30B3
ジョウガンジ川 常願寺川……27C3
ジョウケ 上下……18D2
ジョウザン渓 定山渓……38C4
ジョウシン岬 常神岬……23B1
ジョウバン炭田 常磐炭田……31C2
ジョウヘン 城辺……18C4
ジンガミネ 陣ケ峯……22B2
ジングウジ 神宮寺……35C3
ジンツウ川 神通川……26C3

[ス・ズ]

スイショウ島 水晶島……39G3
スイジョウ 春照……23C1
スイタ 吹田……19F2, 23B2
スエヨシ 末吉……14D4
スオウ 周防……18B2
スオウ灘 周防灘……15D2, 18B3
スカイ山 皇海山……31B2
スカガワ 須賀川……34C5
スガ島 菅島……23C2, 26B5
スガタ川 姿川……31B2
スガダイラ 菅平……26D3
スガヌマ 菅沼……31B2
スガノ山 須賀山(氷ノ山)……19E1, 23A1
スギト 杉戸……31B2
スギ峠 杉峠……18B2
スギヤス 杉安……14D3
スクモ 宿毛……18C4
スサ 須佐……18B2
スサイ 周西……19E2
スサミ 周参見……22B3
スザカ 須坂……26D3
スザキ 須崎……18D3
ズシ 逗子……26E4, 30B3
スズカ 鈴鹿……22C2
スズカ川 鈴鹿川……23C2
スズカ峠 鈴鹿峠……23C2
スズ岬 珠洲岬……27C2
スズメノミヤ 雀宮……31B2
スッツ 寿都……38B4
スナガワ 砂川……39C3
スナ崎 砂崎……38B4
スノ崎 洲崎……30B4
スマ 須磨……19F2, 23B2
スミダ川 隅田川……30B3
スミノ 角野……18D3
スミノエ 住ノ江……15C2
スミヨシ 住吉……23B2
スモト 栖本……14C3
スモト 洲本……19E2, 22A2
スモン山 守門山……27E2
スワ 諏訪……26D3
スワ湖 諏訪湖……26D3
スワ盆地 諏訪盆地……26D3

[セ・ゼ]

セイレイ山 清冷山……22B3
セキ 関……23C2, 26B4
セキガネ 関金……19D1
セキガハラ 関ケ原……23C1, 26B4
セキノミヤ 関ノ宮……23A1
セキハラ 関原……27D2
セキヤ 関谷……31B2
セキヤド 関宿……31B2
セキヤマ 関山……27D3
セタ 瀬田……23B2
セタカ 瀬高……15C2
セタナ 瀬棚……38A4
セチバル 世知原……15B2
セト 瀬戸……15B3, 26C4
セト崎 瀬戸崎……22B3
セトダ 瀬戸田……18D2
セナミ 瀬波……27E1
ゼニバコ 銭函……38C3
セバ 洗馬……26C3
セブリ山 脊振山……15C2
セミ 瀬見……34C4
セリ崎 芹崎……15D3
ゼンコウジタイラ 善光寺平……26D3
センザキ 仙崎……18B2
センザキ湾 仙崎湾……18B2
センジュ 千手……27D2
センジョウガ岳 仙丈岳……26D4
センジョウケイ 千丈渓……18C2
センジョウ山 船上山……19D1
センジョウ山 千丈山……22B3
センズ 千頭……26D4
センスイ島 仙酔島……19D2
センダイ 仙台……34C4
センダイ 川内……14C4
センダイ川 川内川……14C4
センダイ川 千代川……19E1
センダイ盆地 川内盆地……14C4
センダイ湾 仙台湾……34D4
センツウ山 船通山……18D1
ゼンツウジ 善通寺……19D2
センノクラ山 仙倉山……27D3, 31A2
センバ沼 千波沼……31C2
センボウシ 仙法志……38C1
センマヤ 千厩……34D4

[ソ]

ソウウン峡 層雲峡……39D3
ソウカ 草加……31B3
ソウジャ 総社……19D2
ソウヤ 宗谷……39C1
ソウヤ海峡 宗谷海峡……39C1
ソウヤ岳 宗谷岳……39C1
ソウヤ岬 宗谷岬……39C1
ソエダ 添田……15C2, 18A3
ソガ 蘇我……30C3
ソトカイフ浦 外海府浦……27D1
ソトガ浜 外ケ浜……35D1
ソトモガ浜 外面浜……23B1
ソネ 曽根……15C2
ソノキ 彼杵……15B2
ソノキ炭田 彼杵炭田……15B3
ソノダ 園田……23B2
ソノベ 園部……23B1
ソボ山 祖母山……15D3

[タ・ダ]

タイウ 鯛生……15C2
タイザ 間人……23B1
タイシャ 大社……18C1
タイシャク峡 帝釈峡……18D2
タイシャク山 帝釈山……27E3, 31B2, 34B5
タイショウ 大正……39E4
タイノ浦 鯛ノ浦……15B3, 30C3
タイホウ 大宝……14A3
タイラ 平……15B2, 31C1, 34C5
タイラ岳 平岳……31B1
タイラダテ 平館……35C1, 35D3
ダイオオ崎 大王崎……22C2
ダイガハラ 台ケ原……26D4
ダイキ 大樹……39E4
ダイコン島 大根島(隠岐)……18
ダイゴ 大子……31C2
ダイショウジ 大聖寺……26B3
ダイセン 大山……19D1
ダイテンジョウ岳 大天井岳……26C3
ダイトウ 大東……18C1
ダイトウ岬 大東岬……30C3
ダイトウ山 大塔山……22B3
ダイニチ岳 大日岳……26B3, 27E2
ダイヒ山 大悲山……23B1
ダイボサツ峠 大菩薩峠…26D4, 31A3
ダイマル川 大丸川……14D3
ダイマンジ山 大満寺山(隠岐)…18
ダイムゲン山 大無間山……26D4
ダイモン 大門……27C3
ダイヤ川 大谷川……31B2
タカオ 高雄……23B1
タカオカ 高岡…14D4, 19D3, 26C4, 27C3
タカオカ 鷹岡……26D4
タカオノ 高尾野……14C3
タカオノ峯 高尾ノ峯(種子島)…14
タカオ山 高尾山……23B2, 30B3
タカイケ 高池……22B3
タカキ 高城……14C4
タカギ 香木……26C4
タカクマ山 高隈山……14C4
タカサゴ 高砂……19E2, 23A2
タカサキ 高崎…14D4, 26E3, 31B2
タカサキ岬 高崎岬……14C4
タカ島 高島……15D3, 18B2
タカ島 鷹島……15B2
タカシマ岬 高島岬……38C3
タカジョウ 高城……14D3, 14D4
タカス 高須……14C4
タカス山 高須山……27B2
タカセ 高瀬……15C4
タカダ 高田…15D2, 18B3, 23B2, 23C1, 27D2, 34A5, 34B5, 34D4
タカチ 高千……27D1
タカチホ 高千穂……15D3
タカチホ峡 高千穂峡……15D3
タカチホ峰 高千穂峰……14C4
タカツ 高津……18B2, 30B3
タカツ川 高津川……18B2
タカツキ 高槻……23B2
タカツマ山 高妻山……27D3
タカトオ 高遠……26D4
タカトミ 高富……26B4
タカトリ 高取……23B2
タカナベ 高鍋……14D3
タカナワ山 高縄山……18C3
タカノ 高野……22B2
タカノス 鷹巣……35C2
タカハギ 高萩……31C2
タカハシ 高梁……19D2
タカハシ川 高梁川……19D2
タカハタ 高畠……34C5
タカバタ山 高畑山……14D4
タカハマ 高浜…14B3, 18C3, 23B1, 26A4, 27B2, 27D2, 31C2
タカハラ 高原……23B1
タカハラ山 高原山……31B2
タカハル 高原……14D4
タカマツ 高松……19E2
タカミ峠 高見峠……23C2
タカミヤ 高宮……23C1
タカミ山 高見山……23C2
タカムト山 高舞登山……14C3
タカモリ 高森……15D3, 18C2
タカヤマ 高山……26C3
タカユ 高湯……34C4
タカラ 宝……26D4
タカラズカ 宝塚……23B2
タカラベ 財部……14C4
タガ 多賀…23C1, 26B4, 31C2
タガワ 田川……15C2
タキガワ 滝川……39C3
タキノウエ 滝ノ上……39E2
タキノユ 滝ノ湯……34B5
タキハラ 滝原……22C2
タク 多久……15C2
タグチ 田口……26C4, 27D3
タクヒ山 焼火山(隠岐)……18
タクマ 詫間……19D2
タケウ 武生……26B4
タケオ 武雄……15C2
タケダ 竹田……23A1, 23B1
タケダツ 竹田津……15D2
タケダ盆地 竹田盆地……15D2
タケトヨ 武豊……26B4
タケノ 竹野……23A1
タケノ川 竹野川……22B1
タケハラ 竹原……18C2
タケマツ 竹松……15B3
タコ 多古……31C3
タゴ 田子……26D5
タゴノウラ 田子浦……26D4
タゴノハナ 田古鼻……18B1, 18D1
タザワ 田沢……26D3, 31A1
タザワ湖 田沢湖……35C3
ダザイフ 太宰府……15C2
タシロ岳 田代岳(山)……35C2
タシロ峠 田代峠……19D1
タジマ 田島……34B5
タジミ 多治見……26C4
タダノウミ 忠海……18C2
タダミ 只見……27E2
タダミ川 只見川 27E2, 31B1, 34B5
タチカワ 立川……26E4, 30B3
タチバナ 橘……22A3
タチバナウラ湾 橘浦湾……19E3
タチバナノウラ 橘ノ浦……19E3
ダチ 駄知……26C4
タツエ 立江……22A4
タツクシ 竜串……18C4
タツノ 竜野……19E2, 23A4
タツノ 辰野……26C4
タッピ崎 竜飛崎……35C1
タテイシ 立石……15D2
タテイシ岬 立石岬……23C1
タテオカ 楯岡……34C3
タテシナ山 蓼(立)科山……26D3
タテノ 館野……31C2
タテノ 立野……15C3
タテバヤシ 館林……26E3, 31B2
タテヤマ 館山……30B4
タテヤマ温泉 立山温泉……26C3
タテヤマ連峯 立山連峯……26C3
タテヤマ湾 館山湾……30B3
ダテ 伊達……38B4
タドツ 多度津……19D2
タド山 多度山……23C1
タナカミ山 田上山……23B2
タナクラ 棚倉……31C1, 34C5
タナシ 田無……30B3

タナブ　田名部……35D1
タナベ　田辺……22B3, 23B2
タニガワ　谷川……15C2, 23B1
タニガワ岳　谷川岳……27A2, 31A2
タニクミ　谷汲……26B4
タニ山　谷山……14C4
タヌマ　田沼……31B2
タネガ島　種子島(種子島)……14
タネサシ　種差……35D2
タノ　田野……14C3
タノウラ　田ノ浦……14C3
タハラ　田原……23A2
タバルザカ　田原坂……15C3
タブセ　田布施……14C4, 18C3
タマ川　多摩川……30B3
タマシマ　玉島……19D2
タマツクリ　玉造……18B2, 18D1, 31C2
タマニュウ　玉生……31B2
タマノ　玉野……15C3, 19D2
タマノウラ　玉ノ浦……15A3
タマライ　玉来……15D3
タマル　田丸……23C2
タヤマ　田山……35C2
タラ　多良……15C2
タラオ　多羅尾……23C2
タラキ　多良木……14C3
タラ岳　多良岳……15C3
タルマエ岳　樽前岳……38C4
タルミズ　垂水……14C4
タロウ　田老……35D3
タワラヤマ　俵山……18B2
タンゴ山　丹後山……27E2, 31B1
タンザワ山　丹沢山……26E4, 30B3
タンザワ山塊　丹沢山塊……26E4
タンショウ　丹荘……31B2
タンバイチ　丹波市……23B2
タンバケ岬　タンバケ岬……38C3
タンバ山　丹波山……31A3
タンワ　淡輪……22B2
ダンカ島　男鹿島……23A2
ダンギョケイ　断魚渓……18C2

[チ・ヂ]

チガサキ　茅ヶ崎……26E4, 30B3
チガ崎　千(乳)ヶ崎……30B4
チクゴ川　筑後川……15C2
チクブ島　竹生島……23C1, 26B4
チクベツ　築別……39C2
チクホウ炭田　筑豊炭田……15C2
チクマ川　千曲川……26D3, 31A2
チクラ　千倉……30B4
チグサ　千種……23A1
チグサ川　千種川……19E1
チジワ　千々石……15C3
チジワ湾　千々石湾……15C3
チズ　智頭……19E1
チタ半島　知多半島……26B5
チタ湾　知多湾……26B4
チチブ　秩父……26E4, 31B3
チチブ盆地　秩父盆地……26E3, 31B2
チトセ　千歳……39C4
チナイ島　地内島……26E5
チノ　茅野……26D3
チバ　千葉……30C3
チブリ島　知夫里島(隠岐)……18
チヤ　千屋……19D1
チャヤマチ　茶屋町……19D2
チュウゼンジ湖　中禅寺湖　27E3, 31B2
チュウブ　中部……26C4
チョウカイ山　鳥海山……34C3
チョウサ　帖佐……14C4
チョウシ　銚子……31C3
チョウジャマチ　長者町……30C3
チョウフ　調布……30B3
チョウフ　長府……15C1
チョウモン峡　長門峡……18B2
チヨダ　千代田……30C3
チラン　知覧……14C4
チリュウ　知立……26C5

[ツ]

ツ　津……23C2, 26B5
ツイヤマ　津居山……23A1
ツエタテ　杖立……15D2
ツガワ　津川……27E2, 34B5
ツキガセ　月ヶ瀬……23C2
ツキダテ　築館……34D4
ツキナダ　月灘……18C4
ツキノキ　槻木……34C4
ツクバ　筑波……31C2
ツクバ山　筑波山……31C2
ツクミ　津久見……15D2, 18B3
ツグロ山　津黒山……19D1
ツケチ　付知……26C4
ツゲ　柘植……23C2
ツシマ　津島……26B4, 23C1
ツシマ　対馬……15B1
ツシマ海峡　対馬海峡……15B2
ツタ　蔦……35C2
ツダ　津田……18C2, 19E2, 23B2
ツダヌマ　津田沼……30C3
ツチウラ　土浦……31C2
ツチザキミナト　土崎港……35C3
ツチザワ　土沢……35D3
ツチヤマ　土山……23A2, 23C2
ツツ　豆酘……15B1
ツノ　都農……14D3
ツノ島　角島……18A2
ツバキ　椿……19E3, 22B3
ツバタ　津幡……27B3
ツバメ　燕……27D2
ツベツ　津別……39F3
ツマ　妻……14D3
ツマゴイ　嬬恋……26D3, 31A2
ツヤ崎　津屋崎……15C2
ツヤマ　津山……19D1
ツラシマ　連島……19D2
ツリカケ　釣懸……38A4
ツルオカ　鶴岡……34B4
ツルガ　敦賀……23C1, 26B4
ツルガ湾　敦賀湾……26B4
ツルガウラ　敦賀浦……23C1
ツルガオカ　鶴ヶ岡……23B1
ツルギ　剣……15C2
ツルギ　鶴来……26B3
ツルギ岳　剣岳……27C3
ツルギ崎　剣崎……26E4
ツルギ山　剣山……19E3
ツル崎　鶴崎……15D2
ツルマイ　鶴舞……30C3
ツルミ川　鶴見川……30B3
ツルミ崎　鶴見崎……15D3, 18B4
ツルミ岳　鶴見岳……15D2
ツワ崎　津和崎……15B2
ツワノ　津和野……18B2

[テ]

テイ　手結……19D3
テイザンボリ　貞山堀……34C4
テイネ　手稲……38C3
テウチ　手打……14B4
テウリ島　天売島……38C2
テガ沼　手賀沼……31C3
テシオ　天塩……39C2
テシオ岳　天塩岳……49D3
テシカガ　弟子屈……39F3
テ島　豊島……19E2
テドリ川　手取川……26B3
テラ　寺……15C2
テライ　寺井……26B3
テラドマリ　寺泊……27D2, 34A5
テング岳　天狗岳……18D3
テンジン川　天神川……19D1
テンドウ　天童……34C4
テンマバヤシ　天間林……35D2
テンモク山　天目山……26D4
テンラン山　天覧山……31B3
テンリュウ川　天竜川……26C5
テンリュウ峡　天竜峡……26C4

[ト・ド]

トイ　土肥……26D5
トイ　戸井……38B5
トイ岬　都井岬……14D4
ドイ　土居……18C3
トウカッタ　遠刈田……34C4
トウカマチ　十日町　18C2, 27D2, 34A5
トウガ岳　塔岳……30B3
トウガネ　東金……30C3
トウキョウ　東京……26E4, 30B3
トウキョウ湾　東京湾……30B3
トウゴウ　東郷……15C2, 19D1
トウゴウ池　東郷池……19D1
トウシ島　答志島……23C2
トウジョウ　東城……18D2
トウジンボウ　東尋坊……26B3
トウノ　遠野……35D3
トウノ峰　多武ノ峰……23B2
トウベツ　当別……38C3
トウマ　当麻……39D3
トウヤ湖　洞爺湖……38B4
ドウゴ　島後(隠岐)……18
ドウゴ山　道後山……18D1
ドウザン川　銅山川……19D3
ドウシ川　道志川……30B3
ドウジョウ　道場……23B2
ドウゼン　島前(隠岐)……18
ドウミョウジ　道明寺……23B2
トカチ　十勝……39E4
トカチ川　十勝川……39E4
トカチ岳　十勝岳……39D3
トカチ平野　十勝平野……39E4
トガクシ山　戸隠山……27D3
トキ　土岐……26C4
トキ　富来……27B2
トクシマ　徳島……19E2, 22A2
トクヤマ　徳山……18B2, 26B4
トクラ　戸倉……26D3
トクラ峠　戸倉峠……23A1
トコナメ　常滑……23C2, 26B4
トコロ　常呂……39F2
トコロ川　常呂川……39F2
トコロザワ　所沢……26E4, 31B3
トサ湾　土佐湾……19D3
トシベツ　利別……38B4
トシベツ川　利別川……38A4, 39E3
トス　鳥栖……15C2
トダ　戸田……31B3
トチオ　栃尾……27D2, 34A5
トチギ　栃木……31B2
トチノキ峠　橡木峠……23C1, 26B4
ドチュウ　土柱……19E2
トツ川　十津川……22B2
トツタ　戸蔦……39E4
トットリ　鳥取……19E1, 39F3
ト島　利島……26E5, 30B4
ト島　富島……23A2
トトロ　十々呂……14D3
トナミ　利南……31B2
トネ川　利根川……31B2, 31C3
トノクチ　戸ノ口……26B4
トノショウ　富野荘……23B2
トノショウ　土庄……19E2
トノダ　殿田……23B1
トノミ　富海……18B2
トバ　鳥羽……23C2, 26B5
トバタ　戸畑……15C2
トバセ島　戸馳島……14C3
トビ島　飛島……34B3
トベ　砥部……18C3
トマコマイ　苫小牧……39C4
トママイ　苫前……39C2
トマリ　泊……27C3, 35D1
トミウチ　富内……39D4
トミウラ　富浦……30B3
トミエ　富江……14A3
トミオカ　富岡……14C3, 19E3, 22A3, 26D3, 31A2, 34D5
トミクラ峠　富倉峠……27D3
トミサト　富里……31C3
トミザキ　富崎……30B4
トミシマ　富島……14D3
トミタ　富田……26C4
トミツ　富津……14C3
トモ　鞆……19D2
トモエ川　巴川……31C2
トモオク　鞆奥……19E3
トモガ島　友ヶ島……19F2, 22B2
トモチ　砥用……14C3
トヤマ　富山……27C3
トヤマ平野　富山平野……26C3
トヤマ湾　富山湾……27C3
トヨオカ　豊岡……15D2, 23A1, 31B3
トヨカワ　豊川……26C5
トヨコロ　豊頃……39E4
トヨサト　豊郷……31B2
トヨツ　豊津……15C2
トヨナカ　豊中……19F2, 23B2
トヨノ　豊野……27D3
トヨハシ　豊橋……26C5
トヨハマ　豊浜……19D2, 26B4
トヨヒラ　豊平……38C3
トヨマ　登米……34D4
トヨラ　豊浦(長府)……18A2
トラヒメ　虎姫……23C1
トリイ峠　鳥居峠　26C4, 27E2, 31A2
トリカタ山　鳥形山……18D3
トリデ　取手……31C3
トロ　登呂……26D5
トロハッチョウ　瀞八丁……22B3
トワダ湖　十和田湖……35C2
トンダ　富田……22B3
トンダバヤシ　富田林……23B2
トンバラ　頓原……18C1
トンベツ　頓別……39D1
トンベツ川　頓別川……39D1

[ナ]

ナエキ　苗木……26C4
ナエバ山　苗場山……27D3, 31A2
ナオエツ　直江津……27D2, 34A5
ナオシマ　直島……19D2
ナカ　中……23A1, 30B3
ナカ　那珂……15C2
ナガイ　長井……15D3, 30B3, 34C4
ナガオ　長尾……19E2
ナガオカ　長岡……27D2, 34A5
ナカガワ　中川……23C2, 31B3
ナカ川　那珂川……31C2
ナカ川　那賀川……19E3, 22A3
ナカゴウ　中郷……14D4
ナカコシキ　中甑……14B4
ナカゴメ　中込……26D3, 31A2
ナカザカ峠　中坂峠……15D3
ナカザト　中里……35C2
ナガサカ　長坂……34D4
ナガサキ　長崎……15B3
ナカシベツ　中標津……30F3
ナガシノ　長篠……26C5
ナカ島　長島……14C3
ナカ島　中島……18C3
ナカジマ　中島……27B2
ナカジョウ　中條……27E1, 34B5
ナガシマ　長島……18C2, 22C2
ナガス　長洲……15D2, 15D3
ナカダ　中田……22A3
ナガタ　永田(屋久島)……14
ナカツ　中津……15D2, 18B3, 26C4
ナカツ川　中津川……31A2
ナカツ峡　中津峡……31A3
ナカツチ　中土……27C3, 34B5
ナカトオリ島　中通島……15A3
ナガトロ　長瀞……31B2
ナカニイダ　中新田……34C4
ナカノ　中野……27D3, 30B3, 30C3
ナカノウミ　中ノ海……18B2, 18D1
ナガノ　長野……23B2, 25D3
ナガノ　永野……14C4
ナカノ島　中ノ島(隠岐)……18
ナカノシマ　中之島……27D2
ナカノジョウ　中之條……26D3, 31A2
ナカノセキ　中関……18B2
ナカノ岳　中ノ岳……27E2, 31B1
ナカノタネ　中種子(種子島)……14
ナガノハラ　長野原……26D3, 31A2
ナカノミネ　中ノ嶺……15D3
ナカハギ　中萩……18D3
ナガハマ　長浜……18C2, 3, 23C1, 26B4, 27E2
ナカホロベツ　中幌別……39D2
ナカマ　中間……15C2
ナカマイズル　中舞鶴……23B1
ナカムラ　中村……15D2, 18C4, 34C5
ナカユウベツ　中湧別……39E2
ナガヨ　長與……15B3
ナガラ川　長良川……26B4
ナガレヤマ　流山……31B3
ナギノセン　那岐ノ山……19E1
ナクイ岳　名久井岳……35D2
ナコ　那古……30B3
ナコソノセキアト　勿来関址……31C2
ナゴ　奈古……18B2
ナゴヤ　名古屋……23C1, 26B4
ナゴヤ　名護屋……15B2
ナザキ　名崎……31B2
ナジミ　南志見……27C2
ナス　那須……31C1
ナスノガハラ　那須野ヶ原……31C2
ナス山　那須山……31B1
ナスユモト　那須湯本……31C1
ナチ　那知……26B4
ナチ川　那智川……22B3
ナチ山　那智山……22B3
ナトリ川　名取川……36C4
ナナエ　七飯……38B5
ナナオ　七尾……27B2
ナナオ湾　七尾湾……27B2
ナナシグレ山　七時雨山……35D2
ナナツカハラ　七塚原……18C2
ナナツ島　七ッ島……27B2
ナヌカイチ　七日市……35C2
ナバ　那波……23A2
ナバリ　名張……23C2
ナブト島　波太島……30C3
ナベコシ峠　鍋越峠……34C4
ナマリ　鉛……35C3
ナミアイ　波合……26C4
ナミエ　浪江……34C5
ナミオカ　浪岡……35C2
ナミハラ　南三原……30C3
ナメカワ　滑川……31C3
ナメリカワ　滑川……27C3
ナヨロ　名寄……39D2
ナヨロ盆地　名寄盆地……39D2
ナラ　奈良……15F2, 23B2
ナラオ　奈良尾……15B3
ナラシノ　習志野……30C3
ナラハ　楢葉……30B3
ナリタ　成田……31C3
ナリマツ　成松……23B1
ナリワ　成羽……19D2
ナリワ川　成羽川……19D2

ナルオ　鳴尾……23B2
ナルゴ　鳴子……34C4
ナル島　奈留島……15A3
ナルト　鳴門……19E2, 22A2
ナルト海峡　鳴門海峡……19E2, 22A2
ナルトウ　成東……30C3
ナワリ　奈半利……19E3
ナワリ川　奈半利川……19E3
ナンゴオ　南郷……14D3, 4
ナンタイ山　男体山……31B2
ナンタイ山　雉台山……31C2
ナンブ　南部……26D4

[ニ]

ニイガタ　新潟……27E2
ニイカップ　新冠……39D4
ニイカップ川　新冠川……39D4
ニイカップボクジョウ　新冠牧場 39D4
ニイジク峠　二井宿峠……34C5
ニイ島　新島……30B4, 26E5
ニイタカノリ　新高徳……31B1
ニイツ　新津……27E2
ニイハル　新治……31A2
ニイバリ　新治……30C2
ニイボリ　新堀……31B3
ニイミ　新見……19D2
ニオ　仁尾……19D2
ニカイドウ　二階堂……23B2
ニキジマ　二木島……22C3
ニシアリエ　西有家……15C3
ニシイチ　西市……18B2
ニシウベ　西宇部……18B2
ニシウラ　西浦……23C2
ニシオ　西尾……26C5
ニシオオタキ　西大滝……31A1
ニシキ　錦……22C2, 31C2, 34C5
ニシソノギ半島　西彼杵半島……15B3
ニシト崎　西戸崎……15C2
ニシナカガネ　西中金……26C4
ニシナガタ　西長田……26B3
ニシナスノ　西那須野……31B2
ニシノ　西之(種子島)……14
ニシノウミ　西湖……26D4
ニシノオモテ　西之表(種子島)……14
ニシノ島　西ノ島(隠岐)……18, 19E2, 23A2
ニシノミヤ　西宮……19F2 23B2
ニシフジワラ　西藤原……23C1
ニシベツ川　西別川……39G3
ニシミナト川　西湊川……30B3
ニシメラ　西米良……14D3
ニシモナイ　西馬音内……34C3
ニシワキ　西脇……23A2
ニチナン　日南……14D4
ニチハラ　日原……18B2
ニチレン崎　日蓮崎……26E5
ニッコウ　日光……31B2
ニッシン　日進……26C4
ニッパシ川　日橋川……34B5
ニッパラ　日原……31B3
ニノクチ峠　二口峠……34C4
ニノミヤ　二宮……30B3
ニブ　丹生……23C2
ニホンマツ　二本松……34C5
ニホンライン　日本ライン……26B4
ニュウ川　壬生川……18D3
ニュウゼン　入善……27C3
ニヨド川　仁淀川……19D3
ニラサキ　韮崎……26D4
ニラヤマ　韮山……26D4
ニンジュ山　仁寿山……23A2

[ヌ]

ヌシマ　沼島……19E2, 22A2
ヌッタリ　沼垂……27E2
ヌノビキ山　布引山……23C2
ヌマカワ　沼川……39C1
ヌマクナイ　沼宮内……35D3
ヌマサワ沼　沼沢沼……34B5
ヌマジリ　沼尻……34C5
ヌマズ　沼津……26D4
ヌマタ　沼田……26E3, 31B2, 39C3
ヌマタ川　沼田川……18C2
ヌマタ盆地　沼田盆地……31B2
ヌマノハタ　沼端……39C4
ヌルユ　温湯……35C2

[ネ]

ネウ　根雨……19D1
ネオ　根尾……26B4
ネザメノトコ　寝覚床……26C4
ネジメ　根占……14C4
ネズガセキシ　念珠ヶ関址 27E1, 34B4
ネバ　根羽……26C4
ネブカワ　根府川……30B3
ネムロ　根室……39G3
ネムロ海峡　根室海峡……39G3
ネムロ湾　根室湾……39G3
ネヤガワ　寝屋川……23B2

[ノ]

ノウ　能生……27C2
ノウガタ　直方……15C2
ノオビ平野　濃尾平野……26B4
ノコギリ崎　鋸崎……23B1
ノコギリ山　鋸山……30B3
ノコノ島　残島……15C2
ノザキ島　野崎島……15B2
ノザワ　野沢……26D3, 27E2, 27D3, 31A2, 34B5
ノシャップ岬　納紗布岬……39G3
ノシロ　能代……35C2
ノジマ崎　野島崎……30B4
ノジリ　野尻……14D4
ノジリ湖　野尻湖……27D3
ノゾキ　及位……34C4
ノゾリ池　野反池……31A2
ノダ　野田……14D4, 31B3, 35D2
ノッケ崎　野付崎……39G3
ノッポロ　野幌……38C3
ノト川　能登川……23B1
ノト島　能登島……27C2
ノトロ湖　能取湖……39F2
ノトロ岬　能取岬……39F2
ノネ　野根……19E3
ノヘジ　野辺地……35D2
ノベオカ　延岡……14D3
ノベヤマ　野辺山……31A3
ノボノ　能褒野……23C2
ノボリカワ　登川……39D4
ノボリタテ　登立……14C3
ノボリベツ　登別……38C4
ノボリベツ温泉　登別温泉……38C4
ノボリベツ岳　登別岳……38C4
ノマ　野間……26B4
ノマ崎　野間崎……14C4
ノミ　乃美……18C2
ノミ島　能美島……18C2
ノムギ峠　野麦峠……26C3
ノモ崎　野母崎……14B3
ノリクラ岳　乗鞍岳……26C3
ノロシ　狼煙……27C2

[ハ・バ]

ハイキ　早岐……15B2
ハイジマ　拝島……26E4, 30B3
ハイバラ　榛原……23B2
ハカタ湾　博多湾……15C2
ハキ　杷木……15C2
ハキリ　波切……22C2
ハギ　萩……18B2
ハクイ　羽咋……27B3
ハク山　白山……26B3
ハクシ山　博士山……34B5
ハグロ山　羽黒山……34B4
ハコ岳　函岳……39D2
ハコダテ　函館……38B5
ハコネ山　箱根山……26E4, 30B3
ハザキ　波崎……31C3
ハシカミ山　階上山……35D2
ハジキ崎　弾崎……27D1
ハシ浜　波止浜……18C2
ハ島　端島……14B3
ハシモト　橋本……22B2
ハスダ　蓮田……31B3
ハセ　初瀬……23B2
ハゼ　波瀬……23C2
ハタオリ　機織……35C2
ハダノ　秦野……26E4, 30B3
ハチオウジ　八王子 23C2, 26E4, 30B3
ハチジュウリゴエ　八十里越……27E2, 34B5
ハチノヘ　八戸……35D2
ハチマン　八幡……23C1, 26B4
ハチマンダイラ　八幡平……35C3
ハチモリ　八森……35C2
ハチロウ潟　八郎潟……35C2
ハッカイ山　八海山……27E2, 31B1
ハッコウダ山　八甲田山……35C2
ハツ島　初島……26E4
ハッチャシナイ　初茶志内……39D2
ハテナシ山脈　果無山脈……22B3
ハデバ　端出場……18D3
ハトガヤ　鳩ヶ谷……31B3
ハナオカ　花岡……18B2
ハナサキ　花咲……39G3
ハナサキ半島　花咲半島……39G3
ハナヌケ峠　花抜峠……22C2
ハナマガリ山　鼻曲山……31A2
ハナマキ　花巻……35D3
ハナマキ温泉　花巻温泉……35D3
ハナミズ川　花水川……30B3
ハナワ　花輪……31B2, 35C2
ハナワ　塙……34C5
ハニュウ　羽生……31B2
ハネ　波根……18C1
ハネダ　羽田……26E4, 30B3
ハノウラ　羽ノ浦……19E3
ハブ　土生……18D2
ハブ港　波浮港……26E5, 30B4
ハボマイ　歯舞……39G3
ハボロ　羽幌……39C2
ハマ　浜……15C2
ハマサカ　浜坂……19E1, 23A1
ハマナカ　浜中……39G3
ハマナカ湾　浜中湾……39G3
ハマナ湖　浜名湖……26C5
ハママス　浜益……38C3
ハママチ　浜町……15C3
ハマダ　浜田……18C2
ハマバラ　浜原……18C1
ハママツ　浜松……26C5
ハマムラ　浜村……19E1
ハムラ　羽村……31B3
ハモ　羽茂……27D2
ハヤ川　早川……30B3
ハヤキタ　早来……39C4
ハヤサカ峠　早坂峠……35D3
ハヤサキ海峡　早崎海峡……14C3
ハヤシノ　林野……19E1
ハヤチネ山　早池峰山……35D3
ハヤト　隼人……14C4
ハヤマ　葉山……26E4, 30B3
ハラガマ　原釜……34C5
ハラダ　原田……26C5
ハラノマチ　原町……34C5
ハラマチダ　原町田……26E4, 30B3
ハリノキ峠　針木峠……26C3
ハリマ灘　播磨灘……19E2, 23A2
ハルエ　春江……26B3
ハルナ山　榛名山……26D3, 31A2
ハンダ　半田……26B5
ハンノウ　飯能……26E4, 31B3
バトウ　馬頭……31C2
バニュウ川　馬入川……30B3
バンゲ　坂下……34B5
バンザイ　坂西……19E2, 22A2
バンセイ　万世……14C4
バンダイ山　磐梯山……34C5
バンドウ　坂東……19E2, 22A2

[ヒ・ビ・ピ]

ヒイ川　斐伊川……18C1
ヒウチ灘　燧灘……18D2
ヒウチ岳　燧岳……27E3, 31B2, 34B5
ヒエイ山　比叡山……23B1
ヒオキ　日置……23B1
ヒカリ　光……18B2
ヒカワ　氷川……26E4, 31B3
ヒガシアカタニ　東赤谷……27E2, 34B5
ヒガシアサヒカワ　東旭川……39D3
ヒガシイワセ　東岩瀬……27C3
ヒガシカワ　東川……39D3
ヒガシダテ　東館……31C2, 34C5
ヒガシナガシマ　東長島……14C3
ヒガシネ　東根……34C4
ヒガシマイズル　東舞鶴……23B1
ヒガシマツラ半島　東松浦半島……15B2
ヒガシメラ　東米良……14D3
ヒガシハッタ　東八田……23B1
ヒガシムラヤマ　東村山……31B3
ヒガシヤマ　東山……34B5
ヒキ　日置……22B3
ヒキ川　日置川……22B3
ヒキモト　引本……22C2
ヒケタ　引田……19E2, 22A2
ヒコ山　英彦山……15C2
ヒコサン　彦山……15C2
ヒコ島　彦島……18A2
ヒコネ　彦根……23C2, 26B4
ヒサイ　久居……23C2
ヒサガ島　久賀島……15A3
ヒサノハマ　久之浜……34D5
ヒジ　日出……15D2
ヒジオリ　肘折……34C4
ヒジ川　肱川……18C3
ヒヅメ　日詰……35D3
ヒダカ　日高……23A1
ヒダカ川　日高川……22B3
ヒタカツ　比田勝……15B1
ヒタチ　日立……31C2
ヒダ　日田……15C2, 20D3
ヒダ　樋田……15D2
ヒダ盆地　日田盆地……15D2
ヒダ山脈　飛騨山脈……26C3
ヒダ川　飛騨川……26C4
ヒダカ山脈　日高山脈……39D4
ヒデ　日出……18B3
ヒデヤ　日出谷……27E2, 34B5
ヒトイチ　一日市……35C3
ヒトカベ　人首……34D3
ヒトヨシ　人吉……14C3
ヒトヨシ盆地　人吉盆地……14C3
ヒトツセ川　一ッ瀬川……14C3
ヒナグ　日奈久……14C3
ヒ沼　涸沼……31C2
ヒノ　日野……23C1, 30B3
ヒノエマタ　桧枝岐……27E2
ヒノカゲ　日ノ影……15D3
ヒノ川　日野川……23C1, 26B3
ヒノ崎　火崎……14D4
ヒノ島　日ノ島……15B3
ヒノハル　日ノ春……26D4
ヒノミ崎　日ノ御崎……18C1, 19F2, 22B3
ヒハダ峠　桧皮田峠……18C3
ヒバラコ　桧原湖……34C3
ヒビ　日比……19D2
ヒビキ灘　響灘……18A2
ヒブリ島　日振島……18C3
ヒミ　氷見……27B3
ヒメガミ山　姫神山……35D3
ヒメジ　姫路……19E2, 23A2
ヒメ島　姫島 15D2, 18B3, 27D1
ヒャクカンセキ　百貫石……15C3
ヒュウガ灘　日向灘……14D3
ヒヨドリゴエ　鵯越……23B2
ヒライズミ　平泉……34D4
ヒライソ　平磯……31C2
ヒラオ　平生……18C3
ヒラオカ　枚岡……23B2
ヒラカタ　平方……31B3
ヒラカタ　枚方……23B2
ヒラガタ　平潟……31C2
ヒラサワ　平沢……34B3
ヒラヤ　平屋……23B1
ヒラ岳　平岳……27E2
ヒラ岳　比良岳……26B4
ヒラツカ　平塚……26E4, 30B3
ヒラット　平津戸……35D3
ヒラド　平戸……15B2
ヒラド島　平戸島……15B2
ヒラフク　平福……23A1
ヒラ山　比良山……23B1
ヒラノ　平野……23B2
ヒル山　蛭山……19D1
ヒルガ岳　蛭ヶ岳……30B3
ヒロ　広……18C2, 19E2, 23A2
ヒロオ　広尾……39E1
ヒロサキ　弘前……35C2
ヒロシマ　広島……18C2
ヒロシマ港　広島港……18C2
ヒロシマ湾　広島湾……18C2
ヒロセ　広瀬……14C3, 18D1
ヒロセ川　広瀬川……34C4
ヒロタ　広田……22A2
ヒロタニ　広谷……23A1
ヒロミ　広見……26C4
ヒワサ　日和佐……19E3
ヒワキ　樋脇……14C4
ビエイ　美瑛……39D3
ビクニ　美国……38B3
ビバイ　美唄……39C5
ビバイロ岳　ビバイロ岳……39D4
ビホロ　美幌……39F3
ビワ湖　琵琶湖……23C1
ビンゴ湾　備後湾……19D2
ビンロウ島　檳榔島……14D4
ビウカ　美深……39D2
ピッシリ山　ピッシリ山……39D2
ピップ　比布……39D3
ピヤシリ山　ピヤシリ山……39D2
ビラトリ　平取……39D4

[フ・ブ]

フウレン　風連……39D2
フウレン湖　風蓮湖……39G3
フエフキ　笛吹……15B2
フエフキ川　笛吹川……26D4, 31A3
フカウラ　深浦……35B2
フカヤ　深谷……26E3, 31B2
フカワ　布川……31C3
フカワ　深川……18B2, 39D3
フキアゲ　吹上……31B2
フキアゲ浜　吹上浜……14C4
フキヤ　吹屋……19D2
フケ　深日……19F2, 22B2
フクイ　福井……22A3, 26B3
フクエ　福江……15A3, 26C5
フクエ島　福江島……15A3
フクオカ　福岡……15C2, 26E4, 31B3, 35D2

フクサキ 福崎 23A2
フクシマ 福島 14D4, 15C2, 26C4, 34C5, 38B5
フクズミ 福住 23B1
フクダ 福田 19E2, 26C5
フクチヤマ 福知山 23B1
フクノ 福野 26B3
フクマ 福間 15C2
フクミツ 福光 26B3
フクヤマ 福山 14C4, 19D3, 38B5
フクラ 福良 19E2, 22A4
フクラ 吹浦 34B4
フクロイ 袋井 26C5
フクロダ 袋田 31C2
フクワタリ 福渡 19D2
フサ 布佐 31C3
フシキ 伏木 27C3
フシノ川 椹野川 18B2
フジ 藤 39E4
フジ 富士 26D4
フジエダ 藤枝 26D5
フジオカ 藤岡 26E3, 31B2
フジ川 富士川 26D4
フジサワ 藤沢 26E4, 30B3
フジ山 富士山 26D4
フジノミヤ 富士宮 26D4
フジミ 富士見 26D2, 31B2
フジワラ 藤原 31B2
フジワラ岳 藤原岳 23C1
フセ 布施 19F2, 23B2
ブセツ 武節 26C4
フソウ 扶桑 26B4
フタイ島 蓋井島 18A2
フタエ 二江 14C3
フタガワ 二川 26C5
フタゴ山 両子山 15D2, 18B3
フタセ 二瀬 15C2
フタマタ 二俣 26C5
フタミガウラ 二見浦 23C2, 26B5
フダイ 普代 35D3
フチュウ 府中 18D2, 23C2, 26E4, 30B3
フツカイチ 二日市 15C2
フッサ 福生 31B3
フット 古渡 31C3
フッツ 富津 30B3
フツノス 富津洲 30B3
フドウオカ 不動岡 31B2
フナオカ 船岡 34C5
フナカタ 船形 30B3
フナカタ山 船形山 34C4
フナカワ湊 船川湊 35B3
フナガハナ山 船ケ鼻山 34B5
フナキ 船木 18B2
フナクラ 船倉 14C4
フナコシ 船越 35B3, 35D3
フナサカ峠 船坂峠 19E2, 23A2
フナツ 船津 26C3
フナツキ 船着 22B3
フナドマリ 船泊 38C1
フナバシ 船橋 30B3
フマ 府馬 31C3
フヤ 府屋 27E1, 34B4
フラノ 富良野 39D3
フラノ盆地 富良野盆地 39D3
フルアラ川 古荒川 31B2
フルエ 古江 14C4
フルカワ 古川 26C3, 34C4
フルトネ川 古利根川 31B2
フルビラ 古平 38B3
フルマキ 古間木 35D2
フルイチ 古市 23B1
ブコウ山 武甲山 26E4, 31B3
ブッキョウ岳 佛経ケ岳 22B2
ブンゴ水道 豊後水道 18C4

[ヘ・ベ]

ヘイイ川 閉伊川 35D3
ヘイグン島 平郡島 18C3
ヘキナン 碧南 26B5
ヘダ 戸田 26D4
ヘツギ 戸次 15D2
ベッカイ 別海 39G3
ベッショ 別所 26D3
ベップ 別府 15D2
ベップ湾 別府湾 15D2, 18B3
ヘトナイ 辺富内 39D4
ヘナシ崎 艫作崎 35B2
ベフ 別府 19E2, 23A2
ベンケイ岬 弁慶岬 38B4

[ホ ボ]

ホウオオ山 鳳凰山 26D4
ホウキ川 箒川 31C2
ホウシ 法師 31A2
ホウシャクジ 宝積寺 31B2
ホウショウジ 法勝寺 18D1
ホウジョウ 方城 15C2
ホウジョウ 北條 23A2, 31C2
ホウセンジ 宝泉寺 15D2
ホウタツ山 宝達山 27B3
ホウベン山 鳳翩山 18B2
ホウマン山 宝満山 15C2
ホウヨ(ハヤスイ)海峡 豊予(速吸)海峡 18C3
ホウライジ山 鳳来寺山 26C4
ホウリュウ山 宝立山 27C2
ホウリュウ寺 法隆寺 23B2
ボウノツ 坊ノ津 14C4
ボウフ 防府 18B2
ホコタ 鉾田 31C2
ホズ川 保津川 23B1
ホソクラ 細倉 34C4
ホソシマ 細島 14D3
ホソダ 細田 14D4
ホタカ岳 穂高岳 26C3
ホタカ山 武尊山 23E3, 31B2
ホダ 保田 30B3
ホッサカ山 堀坂山 23C2
ホド山 宝登山 31B2
ホバラ 保原 34C5
ホヤ 保屋 31B3
ホリ 堀 18B2
ホリノウチ 堀之内 26D5, 27D2
ホロイズミ 幌泉 39E4
ホロカナイ 幌加内 39D2
ホロジリ岳 幌尻岳 39D4
ホロナイ 幌内 39C3
ホロノベ 幌延 39C1
ホロベツ 幌別 38C4
ホンカワ 本川 19D3
ホンゴウ 本郷 18C2, 34B5
ホンジョウ 本庄 26E3, 31B2
ホンジョウ 本荘 14C3, 35C3
ホンジョウ川 本荘川 14C3
ホンド 本渡 14C3
ホンノウ 本納 30C3
ホンベツ 本別 39E3
ホンムラ 本村 30B4
ホンモク岬 本牧岬 30B3

[マ]

マイコ浜 舞子浜 19F2, 23B2
マイサカ 舞阪 26C5
マイズル 舞鶴 23B1
マイバラ 米原 23C1, 26B4
マエゴオ 前郷 35C3
マエバシ 前橋 26E3, 31B2
マエバル 前原 15C2
マカド 馬門 35D2
マカベ 真壁 31C2
マガリ 曲里 23A1
マカリベツ 真狩別 38B4
マキ 巻 27D2
マキド 牧戸 26B3
マキゾノ 牧園 14C4
マクウチ 幕内 39E4
マクベツ 幕別 39E4
マクラザキ 枕崎 14C4
マゴメ峠 馬籠峠 26C4
マサキ 真幸 14C3
マザワ 間沢 34C4
マシケ 増毛 39C3
マシコ 益子 31C2
マシダ川 益田川 26C4
マシュウ湖 摩周湖 39F3
マスダ 益田 18B2
マストミ 増富 26D4, 31A3
マダラ島 馬渡島 15B2
マチヤ 町屋 31C2
マツアイ 松合 14C3
マツイダ 松井田 31A2
マツエ 松江 18B2
マツオ 松尾 35C3
マツオカ 松岡 31C2
マツオ岬 松尾岬 19E2
マツガ崎 松ケ崎 23B1, 26A4
マツカワ 松川 34C5
マツカワイソ 松川磯 31C2
マッカリ岳 38B4
マツギシ 松岸 31C3
マツザカ 松阪 23C2, 26B5
マツザキ 松崎 26C5
マツシマ 松島 34D4
マツ島 松島 15B3
マツシマ湾 松島湾 34D4
マツシロ 松代 26D3, 27D2
マツダ 松田 26E4, 30B3
マツド 松戸 31B3
マツトウ 松任 26B3
マツナガ 松永 18D2
マツナミ 松波 27C2
マツノヤマ 松之山 31A1
マツバセ 松橋 15C3
マツバラ 松原 15B3
マツバラ湖 松原湖 26D3
マツミネ 松嶺 34B4
マツモト 松本 26C3
マツモト平 松本平 26C3
マツヤマ 松山 18C3, 31B2
マツラ川 松浦川 15C2
マトウ 間藤 31B2
マトヤ 的矢 23C2
マナズル崎 真鶴崎 26E4, 30B3
マノ 真野 27D2
マバシ 馬橋 31B3
マヒル山 真昼山 35C3
マベチ川 馬淵川 35D2
ママダ 間々田 31B2
マミハラ 馬見原 15D3
マヤ山 摩耶山 23B2
マリコ 丸子 26D3
マリフ 麻里布 18C2
マルオカ 丸岡 26B3
マルガメ 丸亀 19D2
マルモリ 丸森 34C5
マルヤマ川 円山川 23A1
マンザ 万座 31A2
マンネン山 万年山 15D2
マンバ 万場 31A2

[ミ]

ミイケ 三池 15C2
ミイケ炭田 三池炭田 15C2
ミイケ港 三池港 15C3
ミイラク 三井楽 15A3
ミウラ半島 三浦半島 26E4
ミエ 三重 15B3, 15D3
ミオモテ川 三面川 27E1, 34B4
ミカゲ 御影 23B2
ミカサ 三笠 14C3, 39D3
ミカズキ 三日月 19E2, 23A2
ミカタ 三方 23B1
ミカタガハラ(古戦跡) 三方原 26C5
ミカタ湖 三方湖 23B1, 26A4
ミカタ岳 三方岳 31A1
ミカブ山 御荷鉾山 26D3, 31A2
ミカミ山 三上山 23C1
ミカメ 三瓶 18C3
ミカワ 美川 26B3
ミカワ 三川 27E2
ミカワ湾 三川湾 26C5
ミキ 三木 23A2
ミキ崎 三木崎 22C3
ミキタ 三岐田 22A3
ミクニ 三国 26B3
ミクニ山脈 三国山脈 27D3, 31A2
ミクニ岳 三国岳 23B1, 26A4, 26B4
ミクニ峠 三国峠 15D3, 27D3
ミクニ山 三国山 18D1, 19E1, 23A1, 23C1, 26D4, 31A3
ミクモ 三雲 23C2
ミクリヤ 御来屋 19D1
ミコモト島 神子元島 26D5
ミ崎 三崎 19D2
ミサキ 三崎 18C3, 26E4, 30B3
ミ崎 御崎(種子島) 14
ミササ 三朝 19D1
ミサト 三里 22B3
ミサワ 三沢 35D2
ミシマ 三島 19C3, 26D4
ミシマ 見島 18B2
ミジマ 箕島 19F2, 22B2
ミショウ 御荘 18C4
ミジョウ 御城 18C4
ミスミ 三隅 18B2
ミスミ 三角 14C3
ミズカイドウ 水海道 31B2
ミズクボ 水窪 26C4
ミズサワ 水沢 27D2, 34D3
ミズシマ灘 水島灘 19D2
ミズタ 水田 15C2
ミズノコ島 水子島 18C3
ミズハシ 水橋 27C3
ミズハラ 水原 27E2
ミズマ 水間 22B2
ミズマキ 水巻 15C2
ミセン 弥山 22B2
ミソノ 御園 23C1
ミタカ 三鷹 30B3
ミタ川 三田川 18C2
ミ岳 御岳 14C4, 26D4, 26E4, 31B3
ミタケ 御嶽 26C4
ミツ 三津 18C2
ミツ 御津 26C5
ミツイシ 三石 19E2, 23A2, 39D4
ミツウラ 三津浦 14C3
ミツカビ 三ケ日 26C5
ミツクエ 三机 18C3
ミツケ 見附 27D2, 34A5
ミツシマ 満島 26C4
ミツハシ 三橋 15C2
ミツ浜 三津浜 18C3
ミツマタ 三股 39E3
ミツミネグチ 三峯口 26D4, 31A2
ミツミネ山 三峯山 26D4, 31A2
ミト 水戸 31C2
ミトクヤマ 三徳山 19D1
ミドリ川 緑川 15C3
ミナカミ 水上 27E3 31A2
ミナクチ 水口 23C2
ミナト 湊 19E2, 22A2, 30B3, 31C2
ミナノ 美野 31B2
ミナベ 南部 22B3
ミナマタ 水俣 14C3
ミナミアリエ 南有家 14C3
ミナミカタ 南方 14D3, 34D4
ミナミタカネザワ 南高根沢 31C2
ミナミタチバナ 南橘 31B2
ミナミノセキ 南関 10C2
ミナミハマ 南浜 23B1
ミナリ 三成 18D1
ミネヤマ 峰山 23B1
ミノ 三野 19D2
ミノ 美濃 26B4
ミノオ 箕面 23B2
ミノセ 三野瀬 22C2
ミノブ 身延 26D4
ミノブ山 身延山 26D4
ミハラ 三原 18D2
ミハラ山 三原山 18B2, 26E5, 30B4
ミハル 三春 34C5
ミフネ 御船 15C3
ミブ 壬生 18C2, 31B2
ミブ川 三峰川 26D4
ミホノセキ 美保ノ関 18D1
ミホノマツバラ 三保ノ松原 26D4
ミマタ 三股 14D4
ミミツ 美美津 14D3
ミミツ川 美美津川 14D3
ミムロ山 三室山 19E1, 23A1
ミヤウチ 宮内 27D2, 34A5, 34C4
ミヤ川 宮川 23C2
ミヤケ 三宅 23B1
ミヤコ 宮古 35D3
ミヤコ湾 宮古湾 35D3
ミヤコノジョウ 都ノ城 14D4
ミヤザキ 宮崎 14D4
ミヤシタ 宮下 34B5
ミヤジ 宮地 15D3
ミヤズ 宮津 23B1
ミヤズ湾 宮津湾 23B1
ミヤタ 宮田 14C3, 15C2
ミヤ峠 宮峠 26C3
ミヤノ 宮野 15C2
ミヤノウラ 宮之浦(屋久島) 14
ミヤノジョウ 宮之城 14C4
ミヤノハラ 宮原 14C3
ミヤノマエ 宮ノ前 23C2
ミヤマ 深山 22B2
ミョウギ山 妙義山 26D3, 31A2
ミョウケン 妙見 23B2
ミョウコウ山 妙高山 27D3
ミヨシ 三次 18C2
ミヨシ盆地 三次盆地 18C2
ミヨリ 三依 31B2
ミルノ 三留野 26C4
ミワ 三輪 26C4
ミンマヤ 三厩 35C1

[ム]

ムイカマチ 六日町 27D2, 31A1
ムカイマチ 向町 34C4
ムカワ 鵡川 39C4
ムキ 牟岐 19E3
ムクモト 椋本 23C2
ムコウジマ 向島 18B2, 18D2
ムコ川 武庫川 23B2
ムサシツイ 武蔵堆 38B2
ムサシノ 武蔵野 26E4, 30B3
ムサシランザン 武蔵嵐山 31B2
ムショウズ 武生水 15B2
ムツ湾 陸奥湾 35C1
ムヤ 撫養 19E2, 22A2
ムラオカ 村岡 23A1
ムラカミ 村上 27E1
ムラマツ 村松 27E2, 34B5
ムラヤマ 村山 26E3, 31B3
ムロオ 室生 23C2
ムロオ山 室生山 23C2
ムロキ 室木 15C2
ムロズ 室津 23A2

ムロズミ　室積……18B3
ムロタ　室田……31A2
ムロツ　室津……18C3, 19E2
ムロト　室戸……19E3
ムロト岬　室戸岬(津呂)……19E3
ムロネ山　室根山……34D4
ムロラン　室蘭……38B4

[メ]

メアカン岳　雌阿寒岳……39F3
メヌマ　妻沼……31B2
メマンベツ　女満別……39F3
メムロ　芽室……39D4
メラ　布良……30B4
メラノショウ　米良ノ莊……14D3
メンダ　免田……14C3

[モ]

モオカ　真岡……31C2
モギ　茂木……15B3
モジ　門司……15C2, 18A3
モジズリイシ　文字摺石……34C5
モッタ岬　持田岬……38A4
モテギ　茂木……31C2
モトキヨズミ山　元清澄山……30C3
モトス湖　本栖湖……26D4
モトミヤ　本宮……22B3, 34C5
モトムラ　元村……26E5, 30B4
モトヤマ　本山……23B2
モノベ川　物部川……19D3
モノミ峠　物見峠……19E1
モバラ　茂原……30C3
モミジヤマ　紅葉山……39D4
モリ　森……15D2, 26C5, 38B4
モリエ　守江……15D2
モリオカ　盛岡……35D3
モリグチ　守口……19F2, 23B2
モリザネ　守実……15D2
モリヤ　守谷……31B3
モリヤマ　守山……26C4
モリヨシ山　森吉山……35C3
モロザキ　師崎……26B5
モロヤマ　毛呂山……31B3
モンゼン　門前……27B2
モンベツ　紋別……39E2
モンベツ　門別……39D4

[ヤ]

ヤイズ　焼津……26D5
ヤイタ　矢板……31B2
ヤエ岳　八重岳(屋久島)……14
ヤオ　八尾……23B2
ヤボ　谷保……30B3
ヤオズ　八百津……26C4
ヤカケ　矢掛……19D2
ヤガミ　矢上……15B3
ヤギ　八木……23B1, 23B2
ヤキシリ島(ヤンゲシリ)燒尻島……38C2
ヤク島　屋久島……14
ヤクモ　八雲……38B4
ヤケイシ　燒石……26C4
ヤケ岳　燒岳……26C3
ヤケ山　燒山……27D3, 35C3
ヤサカ　八坂……18B2, 23B2
ヤサカヤ浜　八坂八浜……19E2
ヤ島　八島……18C3
ヤシマ　屋島……19E2
ヤシマ　矢島……34C3
ヤシロ　社……23A2
ヤス　夜須……15C2
ヤスウラ　安浦……18C2
ヤス川　野洲川……23C2
ヤスギ　安来……18D1
ヤスズカ　安塚……27D2
ヤスダ　安田……19D3
ヤタ　矢田……23B2
ヤ岳　矢岳……14C3
ヤタテ山　矢立山……15B1
ヤタ峠　谷田峠……19D1
ヤタベ　谷田部……31C2
ヤチ　谷地……34C4
ヤチマタ　八街……30C3
ヤチヤ　八屋……15D2
ヤチヨ　八千代……39D4
ヤツオ　八尾……26C3
ヤツガ岳　八ヶ岳……26D4
ヤツシロ　八代……14C3
ヤツシロ海　八代海……14C3
ヤトミ　弥富……23C1
ヤナイ　柳井……18C3
ヤナイズ　柳津……34B5
ヤナガセ越　柳瀬越……23C1
ヤナガワ　柳河……15C2
ヤナガワ　梁川……34C5
ヤナセ　梁瀬……23A1
ヤナセ　魚梁瀬……19E3
ヤナハラ　柵原……19E2
ヤハギ　矢作……26C5
ヤハギ川　矢作川……26C5
ヤバケイ　耶馬渓……15D2, 18B3
ヤハズ崎　矢筈崎(尾久島)……14
ヤハタ　八幡……15C2, 23B2
ヤヒコ山　弥彦山……27D2
ヤブイチバ　養父市場……23A1
ヤマガ　山鹿……15C2
ヤマガタ　山形……34C4
ヤマガミ　山上……23C1
ヤマカワ　山川……14C4
ヤマキタ　山北……26E4, 30B3
ヤマグチ　山口……15C2, 18B2
ヤマクニ川　山国川……15D2, 18B3
ヤマサキ　山前……31C2
ヤマザキ　山崎……19E2, 23A2
ヤマシタ　山下……34C5
ヤマシロ　山代……26B3
ヤマシロ　山城……15B2
ヤマソノ　山園……39F3
ヤマダ　山田……14D4, 19D3, 23B1, 23B2, 35D3
ヤマツリ　矢祭……31C2
ヤマツリ山　矢祭山……34C5
ヤマデラ　山寺……34C4
ヤマト　大和……15C2, 30B3
ヤマト川　大和川……23B2
ヤマナカ　山中……26B3
ヤマナカ湖　山中湖……26D4, 30A3
ヤマノ　山野……14C3
ヤマベ　山辺……31B2
ヤミゾ山脈　八溝山脈……31C2
ヤミゾ山　八溝山……31C2
ヤムラ　谷村……26D4, 30A3
ヤモト　矢本……34D4
ヤリガ岳　槍岳……26C3
ヤワタ　八幡……23B1
ヤワタ浜　八幡浜……18C3
ヤワタ岬　八幡岬……30C3

[ユ]

ユアサ　湯浅……19F2, 22B2
ユイ　由比……26D4
ユウガリ　夕狩……31C1
ユウキ　結城……31B2
ユウセンジ　遊泉寺……26B3
ユウバリ　夕張……39C3
ユウバリ川　夕張川……39C3
ユウバリ岳　夕張岳……39D3
ユウバリ山脈　夕張山脈……39D3
ユウベツ川　湧別川……39E2
ユウベツ炭田　雄別炭田……39F3
ユエ　湯江……15C3
ユガワ　湯川……22B3
ユガワラ　湯河原……30B3
ユキ　油木……18D2
ユキ　湯岐……31C2
ユクハシ　行橋……15A3, 15C2
ユザキ　湯崎……22B3
ユザワ　湯沢……27D3, 31A2, 31B2, 31C2, 34B4, 34C4
ユジュク　湯宿……31A2
ユダガワ　湯田川……34B4
ユタナカ　湯田中……27D3
ユダ　湯田……34C3
ユドノ山　湯殿山……34B4
ユニ　由仁……39C3
ユノオ　湯ノ尾……14C4
ユノカミ　湯ノ上……34B5
ユノカワ　湯ノ川……38B5
ユノキ　油木……15B2
ユノタイ　湯ノ岱……38B5
ユノツ　湯泉津……18C1
ユノハマ　湯野浜……34B4
ユノマエ　湯ノ前……14C3
ユノミネ　湯ノ峯……22B3
ユノヤマ　湯ノ山……23C1
ユビソ　湯桧曽……31A2
ユフ岳　由布岳……15D2
ユムラ　湯村……23A1
ユモト　湯本……19D1, 26E4, 30B3, 31C1, 34C5
ユモト　湯元……27E3, 31B2
ユヤマ　湯山……14D3
ユヤマ峠　湯山峠……14D3
ユヤ湾　油谷湾……18A2
ユラ　由良……19D1, 19E2, 19F2, 22A2 22B3 23B1
ユラ川　由良川……23B1
ユラ岬　由良岬……18C3
ユリアゲ　閖上……34C4

[ヨ]

ヨアケ　夜明……15C2
ヨイチ　余市……38B3
ヨウカ　八鹿……23A1
ヨウカイチ　八日市……23C1
ヨウカイチバ　八日市場……30C3
ヨウロウ川　養老川……30C3
ヨウロウ山脈　養老山脈……23C126, B4
ヨカタ　四方……27C3
ヨコガワ　横川……26D3, 31A2, 31B2
ヨコカワ　横川……14C4, 18C2
ヨコガワラ　横河原……18C3
ヨコスカ　横須賀……23C1 26B5, 26C5, 26E6, 30B3
ヨコタ　横田……18D1
ヨコツ岳　横津岳……38B5
ヨコテ　横手……35C3
ヨゴ湖　余吾湖……23C1, 26B4
ヨコハマ　横浜……26E4, 30B3, 35D1
ヨサミ　依佐美……26B5
ヨシイ　吉井……15C2
ヨシイ川　吉井川……19E2
ヨシオカ　吉岡……19E1, 34C4
ヨシカワ　吉川……27D2, 31B3
ヨシカワ　良川……27B3
ヨシズ　吉津……22C2
ヨシズカ　吉塚……15C2
ヨシダ　吉田……18C2, 18C3, 26C5, 26D5, 27D2, 31B2
ヨシノ川　吉野川　19E2, 22A2, 22B2
ヨシノブ　吉野生……18C3
ヨシノ山　吉野山……22B2
ヨシハマ　吉浜……34D3
ヨシマ　好間……34C5
ヨシマツ　吉松……14C3
ヨシミヒヤッケツ　吉見百穴……31B2
ヨシワラ　吉原……26D4
ヨセ　與瀬……30B3
ヨドエ　淀江……19D1
ヨド川　淀川……23B2
ヨヂ峠　余地峠……26D3, 31A2
ヨツ　與津……18D3
ヨッカイチ　四日市……23C2, 26B5
ヨツカイドウ　四街道……30C3
ヨツクラ　四倉……34C5
ヨツ岬　與津岬……18D3
ヨナゴ　米子……18D1
ヨネザワ　米沢……34C5
ヨネシロ川(ノシロ川)　米代川(能代川)……35C2
ヨネヤマ　米山……27D2, 34A5
ヨノ　與野……31B3
ヨハラ　榎原……14D4
ヨブコ　呼子……15B2
ヨミガ浜　夜見ヶ浜……18D1
ヨリイ　寄居……31B2

[ラ]

ライコウジ　來迎寺……27D2, 34A5
ライ山　雷山……15C2
ラウス　羅臼……39G2
ラウス岳　羅臼岳……39G2
ラカン山　羅漢山……18C2

[リ]

リクベツ　陸別……39E3
リシリ島　利尻島……38C1
リシリ山　利尻山……38C1
リュウガサキ　竜ヶ崎……31C3
リュウジン　竜神……22B3
リョウゼン　霊山……34C5
リョウツ　両津……27D1

[ル]

ルベシベ　留辺蘂……39E3
ルモイ　留萌……39C3

[レ]

レブン島　礼文島……38C1

[ロ]

ロクゴウ川　六郷川……30B3
ロクゴウ岬　緑剛岬……27C2
ロクジュウリゴエ　六十里越……27E2, 34B5
ロクリガハラ　六里ヶ原……31A2
ロッコウ山　六甲山……19F2, 23B2

[ワ]

ワイフ　隅府……15C3
ワカイズミ　若泉……31B2
ワカサ　若桜……19E1
ワカサ湾　若狭湾……23B1
ワカセンニン　和賀仙人……35C3
ワカノ浦　和歌浦……19E2, 22B2
ワカマツ　若松……15C2, 34B5
ワカマツ島　若松島……15A3
ワカヤナギ　若柳……34D4
ワカヤマ　和歌山……19F2, 22B2
ワキノサワ　脇野沢……35C1
ワキモト　脇本……14C3
ワグ　和具……22C2
ワクラ　和倉……27B2
ワケ　和気……19E2
ワシガ岳　鷲岳……26B4
ワシキ　鷲敷……19E3, 22A2
ワジキ　和食……19D3
ワジマ　輪島……27B2
ワタノハ　渡波……34D5
ワタムキ山　綿向山……23C1
ワタラセ川　渡良瀬川……26E3, 31B2
ワタリ　亘理……34C5
ワダ　和田……22B3, 23A1, 26C4, 26D3, 30C3
ワダ峠　和田峠……26D3
ワダ岬　和田岬……19F2, 23B2
ワダヤマ　和田山……23A1
ワッカナイ　稚内……39C1
ワッサム　和寒……39D3
ワニツカ山　鰐塚山……14D4
ワラビ　蕨……31B3

外　国

略　字　解

Arch.	Archipelago	群島	Is.	Islands	諸島	Rep.	Republic	共和国
B.	Bay	湾	Isth.	Isthmus	地峡	S.	Sea	海
C.	Cape	岬	L.	Lake	湖	St.	State	州
Chan.	channel	水道	Mt.	Mountain	山	Str.	Strait	海峡
G.	Gulf	湾	Mts.	Mountains	山脈	Tr.	Trough	海溝
H.	Hill	丘陵	Pe.	Peninsula	半島	V	Valley	渓谷
Hi.	Highland	高地	Plat.	Plateau	高原			
I.	Island	島	R.	River	川			

〔ア〕

アーカンソー川　Arkansas R. …… 62G4
アーカンソーシテイ　Arkansas City …… 62G4
アーメダバード　Ahmedabad …… 47K6, 50F6
アイオワ　Iowa …… 63H3
アイジン　Aldin …… 55I8
アイスランド　Iceland …… 46B2, 54
アイタペ　Eitape …… 59P3, 67E3
アイダホ　Idaho …… 62D3
アイルランド島　Ireland I. …… 54B5
アイレ　Eire …… 46C3, 54B5
アヴィニョン　Avignon …… 54D7
アヴェラネダ　Aveilaneda …… 58L12
アウジラ　Augila …… 46F6, 66F5
青ナイル川　Blue Nile R. …… 66G6
アカッサ　Akassa …… 66D7
アカバ　Akaba …… 46G5, 66G5
アカプルコ　Acapulco …… 59I8
アカラ　Acara …… 58N10
アキャブ　Akyab …… 50H6
アクス(阿克蘇)　Aqsu …… 51G4
アクモリンスク　Akmolinsk …… 51F3
アクラヴィク　Aklavik …… 59E3
アグラ　Agra …… 47K6, 50H6
アグリアス岬　Agulhas C. …… 66E11
アクロン　Akron …… 63J3
アコンカグア山　Aconcagua Mt. …… 58L13
アサバスカ湖　Athabaska L. …… 59G4
アサンサル　Asansol …… 50G6
アシウト　Asyût …… 46G6, 66G5
アジェメル　Ajmer …… 50F6
アジヤッシオ　Ajaccio …… 54E7
アシュハバード　Ashkhabad …… 46I5
アストラハン.　Astrakhan …… 46H4, 55M6
アストリア　Astoria …… 62B2
アスンション　Asuncion …… 58M12
アゾーレス諸島　Azores Is. …… 66A4
アダム橋　Adam Bridge …… 50F8
アヂスアベバ　Addis Abeba …… 66G7
アックラ　Accra …… 66C7
アッスワン　Aswan …… 66G5
アテネ　Athene …… 46F5, 55H8, 66F4
アデレード　Adelaide …… 67D6
アデン　Aden …… 66H6
アデン湾　Aden B. …… 66H6
アトラス山脈　Atlas Mts, …… 46D5, 66C4
アトランタ　Atlanta 59J6, 63J5
アトランチックシテイ　Atrantic City …… 63L4
アドリア海　Adriatic S. …… 54FG7
アドリアノーブル　Adrianople …… 55I7
アナワク高原　Anahuac Plat. 59H7
アナンバス諸島　Anambas Is. …… 50I8
アハガル台地　Ahaggar Hi. …… 66D5
アバージーン　Aberdeen …… 54C4, 62B2
アパリ　Apari …… 47P7, 50K7
アパレチア山脈　Apalachian Mts. …… 59J6, 63J4
アビシニア高原　Abyissinia Plat. 66G7
アビジャン　Abidjan …… 66C7
アフガニスタン　Afghanistan …… 46J5, 51E5
アベオクタ　Abeokuta …… 66D7
アペニン山脈　Apennines Mts. …… 54F7
アポ山　Apo Mt. …… 50K8
アマゾン川　Amazon R. …… 58M10
アマリリョ　Amarillo …… 59H6, 62F4
アミラント諸島　Amirante Is. …… 66H8
アム川　Amu R. …… 46J4, 51E4
アムール川(黒竜江)　Amur R. …… 47P3
アムステルダム　Amsterdam …… 54D5
アムンゼン湾　Amundsen B. 59F2
アモイ(厦門)　Amoy …… 47O6, 50J6
アモス　Amos …… 63K2
アヤクチョー　Ayacucho …… 58K11
アヤン　Ayan …… 51L3
アユタヤ　Ayuthia …… 50J7
アラカン山脈　Arakan Mts. …… 50H6
アラクル湖　Ala kul L. …… 51G4
アラスカ　Alaska …… 59C3
アラスカ山脈　Alaska Mts. …… 59C3
アラスカ半島　Alaska Pe. …… 59C4
アラド　Arad …… 55H6
アラハバード　Allahabad …… 47L6, 50G6
アラバマ　Alabama …… 63J5
アラビア海　Arabian S. …… 46J6, 50E7
アラビア半島　Arabian Pe. …… 46H6, 66H5
アラフラ海　Arafra S. …… 67D3
アラル海　Aral S. …… 46I4, 51E4
アリ(阿里)　Āri …… 50G5
アリカ　Arica …… 58K11
アリカンテ　Aricante …… 54C8
アリススプリングス　Alice Springs …… 67D5
アリゾナ　Arizona …… 62D5
アリューシァン列島　Aleutian Is. 47U3, 59A4
アル諸島　Aru Is. …… 67D8
アルバータ　Alberta …… 62D1
アルバートヴィル　Albertville …… 66F8
アルバートン　Alberton …… 67E6
アルパイン　Alpine …… 62F5
アルジェー　Algiers 46D5, 66D4
アルジェリア　Algeria 46D5, 66D4
アルゼンチン　Argentine …… 58L13
アルタイ　Altai …… 51G4
アルタイ山脈　Altai Mts. …… 47L4, 51G4, 51H4
アルタイ地方　Altai Territory 51G3
アルタンブラク(買買城)　Altan-Bulak …… 51I3
アルダン川　Aldan R. …… 51K3
アルダン高台　Aldan Hi. …… 51K3
アルチン山脈　Altyn Mts. …… 51G5
アルトン　Alton …… 63I4
アルバータ山　Alberta Mt. …… 59F4
アルバジン　Albazin …… 51K3
アルバセテ　Albacete …… 54C8
アルバニア　Albania 54G7, 66E3
アルバニー　Albany …… 63J5
アルハンゲルスク　Arkhangelsk 46H2, 51C2, 55L3
アルプス山脈　Alps Mts. …… 46E4, 54E, F6
アルネム岬　Arnhem C. …… 67D4
アルネムランド　Arnhem Land 67D4
アルマアタ　Alma Ata …… 47K4, 51F4
アルマデン　Almaden …… 54C8
アルメリア　Almeria …… 54C8
アレ　Are …… 54F3
アレキパ　Arequipa …… 58K11
アレクサンドリア　Alexandria …… 63H5, 46F5, 66F4
アレクサンドレッタ　Alexandrette …… 46G5
アレクサンドロフスク　Alexandrovsk …… 47R3, 51M3, 55J2
アレッポ　Alleppo …… 66G4
アレヌイハハ海峡　Alenuihaha St. …… 58X17
アンカラ　Ankara …… 46G5
アンカラトラ山　Ankaratra Mt. 66H9
アンカレッジ　Anchorage …… 59C3
アンコールワット　Angkorwat Ruins …… 50I7
アンコナ　Ancona …… 54F7
アンゴラ　Angora …… 66E9
アンシー(安西)　Ansi …… 51H4
アンダマン諸島　Andaman Is. …… 47M7, 50H7
アンダルスネス　Andalsness …… 54E3
アンチコスチ島　Anticosti I. …… 63N2, 63O1
アンデス山脈　Andes Mts. …… 58K11～13
アントシラベ　Antsirabe …… 66H9
アントファガスタ　Antofagasta 58K12
アンドラ　Andorra …… 54D7
アントン(安東)　An Tong …… 47P5, 51K4
アンナン(安南)　Annam …… 50I7
アンバカ　Ambaka …… 66E8
アンベル岬　Amber C. …… 66H9
アンホイ(安徽)　An Hwei …… 51J5
アンボン　Amboim …… 47P9, 67C3

〔イ〕

イーストロンドン　East London 66F11
イーチャン(宜昌)　Ichang …… 50J5
イェ　Ye …… 50H7
イェーゼル　Gjedser …… 54F5
イェニセイスク　Yeniseisk …… 51H3
イエローストン公園　Yellowstone Park 62D3
イオニア海　Ionian S. …… 54G8
イガルカ　Igarka …… 47L2, 51G2
イキーケ　Iquique …… 58K12
イギジ砂漠　Igidi Desert …… 66C5
イキトス　Iquitos …… 58K10
イギリス　Great Britain Is. 46C3, 54B, C5
イギリス海峡　English Str. …… 59Q4, 66C2
イギリス領ソマリランド　Somaliland(British) …… 66H7
イシム　Ishim …… 51F3
イスタンブール　Istambul …… 46F4, 55I7, 66F3
イスパハン　Isfahan …… 46I5
イズミル　Izmir …… 46F5, 55I8, 66F4
イスラエル　Israel …… 46G5, 66G4
イタリア　Italy …… 46E4, 54F7, 66E3
イバダン　Ibadan …… 66D7
イベリア半島　Iberian Pe. …… 46C5, 54B, C7, 66C3
イポー　Ipoh …… 50I8
イラク　Iraq …… 46H5, 66H4
イラワジ川　Irawadi R. …… 47M7, 50H6
イラン　Iran …… 46I5
イラン高原　Iran Hi. …… 46I5
イリー(伊犂)　Ili …… 51G4
イリェオス　Ilhios …… 58O11
イリノイ　Illinois …… 63I3
イリマニ山　Illimani Mt. …… 58L11
イルクーツク　Irktuk …… 47N3, 51I3
イルクーツク地方　Irktuk T. …… 51I3
イロイロ　Iloilo …… 47P7, 50K7
インヴァーカジル　Invercargill …… 67G7
インヴァーネス　Inverness …… 54C4
インコウ(営口)　Yingkow …… 51K4
インザ　Inza …… 55M5
インサラ　Insalah 46D6, 66D5
インシャン(陰山)山脈　Yin Shan Mts. …… 47N4
インダス川　Indus R. 46K5, 50F5
インチョン(仁川)　Inchieun …… 51K4
インヂアナ　Indiana …… 63I3
インデアナポリス　Indianapolis 63I4
インデギルカ川　Indigirka R. …… 51M2
インドール　Indor …… 50F6
インドシナ半島　Indo China Pe. 47N7
インドシナ山脈　Indo China Mts. 47M6, 50H6
インドネシア連邦　Indonesia Rep. 47O～Q9, 50J8, 67C3
インド半島　Indian Pe. 50F～G9
インド洋　Indian Ocean 47K～L8
インド連邦　Indian Rep. …… 47K6, 50H6
インハンベーン　Inhambane …… 66G1
インビリアル谷　Imperial V. …… 62C5

〔ウ・ヴ〕

ヴァーサ　Vassa …… 46F1, 55H3
ヴァゼ　Vadse …… 55I1
ヴァリアドリド　Valladolid …… 54C7
ヴァリキユーキ　Velikie Luki …… 55J4
ヴァルダイ丘　Valdai H. …… 55J4
ヴァルナ　Varna …… 55I7
ヴァレンシア　Valensia 54C8, 58L8
ヴァルパライソ　Valparaiso …… 58K13
ヴァンクーバー　Vancouver …… 59F5, 62B2
ヴァンクーバー島　Vancouver I. 59F5, 62B2
ウイーン　Wien …… 46E4, 54G6, 66E3
ウィスコンシン　Wisconsin …… 63I3
ウィスビー　Wisby …… 54G4
ウイツ　With …… 66G8
ウイック　Wick …… 54C4
ウィニペグ　Winnipeg …… 59I4, 62G1
ウィニペグ湖　Winnipeg L. …… 59I4, 62G1
ウイネミユッカ　Winnemucca …… 62C3
ウイリストン　Williston …… 62F2
ウイルエイスク　Vilyuisk …… 51K2
ウイルナ　Wiluna …… 67C5
ウイルミントン　Wilmington …… 63K5
ウインスロウ　Winslow …… 62C45
ウインダウ　Windaw …… 55H4
ウインダム　Wyndham …… 67C4
ウイントン　Winton …… 67E5
ウインドフーク　Wind hoek …… 66E10
ヴィアトカ　Wyatka …… 51C3
ヴィクトリア　Victoria …… 58N12, 59F5, 62B2, 67E6
ヴィクトリア湖　Victoria L. …… 66G8
ヴィクトリア島　Victoria I. …… 59G2
ヴィクトリア瀑布　Victoria Falls 66F9
ヴィクトリア山　Victoria Mt. …… 62A1, 67E3
ヴィゴ　Vigo …… 54B7
ヴィスツラ川　Wistula R. …… 54G5
ヴイック　Wick …… 59R4
ヴィテイム　Vitim …… 47O3, 51J3
ヴィニャデルマール　Vina del Mar 58K13
ヴィヤジマ　Vyazma …… 55J4
ヴィラシスヌロ　Villacisneros …… 66B5
ヴィラベラ　Villa Bella …… 58L11
ヴィルナ　Vilna …… 55I5
ヴィレス　Veles …… 55H7
ヴィン　Vinh …… 50I7
ウヴィラ　Uvira …… 66F8
ウーチャン(武昌)　Wuchang …… 50J5
ウーヅ湖　Woods L. …… 62H2
ウードナダツタ　Oodnadatta …… 67D5
ウエーク島　Wake I. …… 67G1
ウエリントン　Wellington …… 67G7
ウエリントン島　Wellington I. …… 58K15
ウエールス　Wales …… 62D3
ウエワク　Wewak …… 67E3
ヴェスヴィアス山　Vesuvius Mt. 54F7
ヴェニス　Venice (Venezia) …… 54F6
ヴェネズェラ　Venezuela …… 58L9
ヴェラヴアル　Verawal …… 50F6
ヴェラクルズ　Vera Cruz …… 59I8
ヴェルホヤンスク　Verkhoyansk 47Q2, 51L2
ヴェルホヤンスク山脈　Verkhoyansk Mts. …… 51L2
ヴェルデ岬　Verde C. …… 66B6
ヴェロナ　Verona …… 54F6
ウォーターフォード　Waterford 54B5
ウォンサン(元山)　Wonsan …… 51K5
ヴォルガ川　Volga R. 46H3, 55M6
ヴォルスク　Volsk …… 55M5
ヴォログダ　Vologda …… 55K4
ヴォロネジ　Voronezh …… 55K5
ウガンダ　Uganda …… 66G7
ウキアー　Ukiah …… 62B4
ウクライナ　Ukraine …… 55J, K6
ウジジ　Ujiji …… 66G8
ウストニマン　Ust Niman …… 47Q3, 51L3
ウストヤンスク　Ustyansk …… 47Q1, 51L1

ウズベク共和國 Uzbek Rep. … 51E4
ウトコロック Utkolok …… 51N3
ウバンギシヤリ Ubangi Shari 66F7
ウファ Ufa …… 51D3, 55N5
ウブサ湖 Ubsa L. …… 51H3
ウペルニヴイック Upernivik … 59M2
ウボン Ubon …… 50I7
ウメア Umea …… 55H3
ウラヂオストック Vladivostok 47Q4 51L4
ウラヂミロフカ Woladimirovka 55M6
ウラル川 Ural R. 46I4, 55N6
ウラルスク Uralsk … 51D3, 55N5
ウラル山脈 Ural Mts. …… 46J3 51E2, 55O3
ウランウデ Uran Ude …… 47N3 51I3
ウランバートル(庫倫) Ulan Bator … 47N4, 51I4
ウルグァイ Uruguay ……58M13
ウルバフ Urbakh …… 55M5
ウルムチ(廸化) Urmuchi …… 47L4 51G4
ウンチョウ(溫州) Wenchou … 50K6

[エ]

エウボエア島 Euboca I. …… 55H8
エヴェレスト山 Everest Mt. … 47L6 50G6
エーア湖 Eyre L. …… 67D5
エキバッス Ekibastus …… 51F3
エクアドル Ecuador ……58K10
エクセター Exeter …… 54C5
エゲルズンド Egersund …… 54E4
エジプト Egypt … 46F6, 66F5
エジプトスダン Egyptsudan … 66F6
エストニヤ Estonia 46F3, 55I4
エスビールグ Esbjerg …… 54E4
エスペランス Esperance …… 67C6
エターワ Etawa …… 50H6
エチオピア Ethiopia …… 66G7
エヂンバ𝘳 Edinburgh …… 54C4 66C2
エッセン Essen …… 54E5
エトナ山 Etna Mt. …… 54F8
エドモントン Edmonton …… 59G4 62D1
エニセイ川 Yenissei R. …… 47L2 51G2
エブロ川 Ebro R. …… 54C7
エムデン Emden …… 54E5
エメラルド Emerald …… 67E5
エリー Erie …… 63K3
エリー湖 Erie L. 59K5, 63J3
エリザベスヴイル Elizabethville 66F9
エリザベス岬 Elizabeth C. … 51M3
エリトレア Eritrea …… 66G6
エルオベイド El Obeid …… 66G6
エルゴン山 Elgon Mt. …… 66G7
エルパソ El Paso 59H6, 62E5
エルブールズ山脈 Elburz Mt. … 46I5
エルベ川 Elbe R. …… 54E5
エルミラ Elmira …… 63K3
エレスミーア島 Ellesmere I. … 59J2
エンチー(延吉) Yenchi …… 51K4
エンレカン Enrekang …… 50J9

[オ]

オアフ島 Oahu I. ……58W17
オイラート自治州 Oirat St. …… 51G3
オウル Oulu …… 55I3
オーヴエルニュ高原 Auvergne Plat. …… 54I6
オーガスタ Augusta …… 63J5
オークニー諸島 Orkney Is. …… 54C4
オークランド Auckland …… 62B4 67G6
オオゴン海岸(黃金海岸) Golden Coast …66C7
オースチン Austin … 62C3, G5
オーストラリアアルプ山脈 Australian Alps Mts. 67E6
オーストラリア大灣 Great Australian Bay … 67C6
オーストリア Austria …… 46E4 54FG6
オーデル川 Oder R. …… 54G5
オーマン Oman …… 46J6
オーメシャン(峨眉山) Omei Shan 50I6
オーランド島 Åland I. …… 54G4
オールバニー Albany …… 63L3
オールボルク Aalborg …… 54E4
オーレズント Aalesund …… 54E3
オガサワラ列島(小笠原列島) …… 47R6
オキナワ島 沖繩島 50K6
オクラホマ Oklahoma …… 62G4
オクラホマシティ Oklahoma City … 59I6, 62G4
オグデン Ogden …… 62D3
オザーク台地 Ozark Plat. … 63H4
オステルズンド Ostersund …… 54G3
オスロ Oslo …… 46E2, 54F3 59S3, 66D2
オセアニア Oceania …… 47Q9
オタワ Ottawa 59K5, 63K2
オデッサ Odessa …… 46G4 55G6, 66G3
オトランド海峽 Otrando Str. 54G7, 8
オハイオ Ohio …… 63J3
オハイオ川 Ohio R. …… 63J4
オビ川 Obi R. …… 47J2 51F2, 55Q3
オビ灣 Obi B. …… 51F2
オビドス Obidos …… 58M10
オブドルスク Obdorsk …… 51E2
オホーツク Okhotsk 47R3, 51M3
オホーツク海 Okhotsk S. …… 47R～S3, 51M3
オポルト Oporto …… 54B7
オネガ Onega …… 55K3
オネガ川 Onega R. …… 55K3
オネガ湖 Onega L. …… 55K3
オマハ Omaha 59I5, 62G3
オムスク Omsk … 47K3, 51F3
オムスク州 Omsk St. …… 51F2
オムダーマン Omdurman … 66G6
オラン Oran … 46C5, 66C4
オランダ Holland …… 46D3 54E5, 66D2
オリスタノ Oristano …… 54E8
オリノコ川 Orinoco R. … 58L9
オリヨール Orei …… 55K5
オリンプス山 Olympus Mt. 62B2
オルサ Orsa …… 54F3
オルシァ Orsha …… 55J5
オルジョニキーゼ Ordzhonikidze … 46H4
オルダル Aurdal …… 54E3
オルドス Ordos …… 51I5
オルバニー Albany …… 67B6
オルレアン Orleans …… 54D6
オレアイ諸島 Oleai Is. …… 67E2
オレゴン Oregon …… 62B3
オレネク川 Olenek R. …… 51K1
オレブロ Örebro …… 54G4
オレンジ川 Orange R. ……66E10
オロヤ Oroya ……58K11
オンスロー Onslow …… 67B5
オンタリオ Ontario …… 63I1
オンタリオ湖 Ontario L. …… 59K5 63K3

[カ]

カーズンシティ Carson City … 62C4
カーヂフ Cardiff …… 54C5
カーペンタリア灣 Carpentaria B. … 67D4
カーライル Carlile. …… 54C5
カーラ山 Kaala Mt. ……58W17
カイウイ海峽 Kaiwi Str. ……58X17
カイエンヌ Cayenne …… 58M9
海岸山脈 Coast Mts. … 59F5 62B4
海峽諸島 Channel Is. …… 54C6
海豹島 …… 51M4
カイフォン(開封) Kaifeng …… 51J5
カイャオ Callao ……58K11
カイルワン Kairwan …… 66E4
カイロ Cairo … 46G6, 66G4
カウアイ海峽 Kauai Str. ……58W17
カウアイ島 Kauai I. ……58W17
カウポ Kaupo ……58X17
カウラ島 Kauia I. ……58V17
カウンポール Cawnpore …… 47L6 50G6
カオシュン(高雄) Kaohsung …… 50K6
カガヤン Cagayan …… 50K8
カグリヤリ Cagliari …… 54E8
カサブランカ Casablanca … 46C5 66C4
カザック共和国 Kasakh Rep. … 51E4
カザリンスク Kazalinsk …… 46J4 51E4
ガザル川 Ghazal R. …… 66F7
カザン Kazan … 51C3, 55M4
カシガル Kashgar 47K5, 51F5
カジス Cadiz …… 54B8
カシミール Kashmir …… 51F5
カジヤーナ Kajaani …… 55I3
カスケード山脈 Cascade Mts. … 62B2
カスピ海 Caspian S. …… 46I4 55MN6
ガスペ半島 Gaspe Pe. …… 63M2
ガスリ Guthrie …… 62G4
カズル Kadur …… 50F7
カタック Cuttack …… 50G6
カタニヤ Catania …… 54G8
ガダメス Gadames 46D5, 66D4
カタンガ Katanga …… 66F8
カッサラ Kassala …… 66G6
カッタロ Cattaro …… 54G7
ガット Ghat … 46D6, 66D5
カトマンド Katmandu …… 50G6
カナーヴオン Carnarvon …… 67B5
カナダ Canada …59F～M4.5 62F.G.H.1
カナリア諸島 Canary Is. …… 66B5
カニン半島 Kanin Pe. …… 51C2
カノ Kano …… 66D6
カピス Capiz …… 50K7
カフク Kahuku ……58X17
カプアス山脈 Kapuas Mts. 50J8
カブール Kabul … 46J5, 51E5
カフラウエ島 Kahoolawe I. 58X17
ガボン Gabon …… 66E8
カマウ岬 Camau C. …… 50I8
カマグエー Camaguey …… 59K7
上ギニア Upper Guinea. 66C7
カミシン Kamyshin …… 55M5
カムエラ Kamuela ……58Y17
カムチヤッカ半島 Kamchatka Pe. 47S3 51NO3
カメルーンズ Cameroons … 66E7
カラウパパ Kalaupapa ……58X11
カラ海 Kara S. …… 51E1
カラガス Caragas …… 58L8
カラギンスキー島 Karaginski I. 51O3
カラコルム(和林) Karakorum … 51I4
カラコルム山脈 Karakorum Mts. 47K5 51F5
カラシヤル Qara Shahr … 51G4
カラチ Karachi 46J6, 50E6
ガラツ Galatz …… 55I6
カラト Kalat(Khelat) 46J6 50E6
ガラパゴス諸島 Galapagos Is. …58I10
カラパナ Kalapana ……58Y18
カラハリ砂漠 Kalahari Desert 66F10
カラパン Kalapan …… 50K7
カラヒサル Karahissar …… 55J8
カラヴェラス Caravelas ……58O12
カラマ Calama ……58L12
カラマイ Kalamai …… 55H8
カラ灣 Kara B. …… 51E1
カリ Cali …… 58K9
カリーニン Kalinin …… 55K4
カリーニングラード Kaliningrad 55H5
カリーニンスク Kalininsk …… 55J3
カリカツト Calicut …… 50F7
カリカル Karikal …… 50F7
カリフォルニア California …… 62B4
カリフォルニア半島 California Pe. 59G7
カリフォルニア灣 California B. 59G7
カリブ海 Caribbean S. … 59K8
カリムスカヤ Karimskaya … 51J3
カルヴィニア Calvinia ……66E10
ガルウエー Galway …… 54B5
ガルヴェストン Galveston …… 59I7 62G6
カルカッタ Calcutta 47L6, 50G6
カルガリー Calgary 59G4, 62D1
カルガン(張家口) Kalgan …… 51J4
カルグールリー Kalgoorlie …… 67C6
カルタヘナ Cartagena …… 54C8 58K9
カルテンスツ山 Cartensz Mt. … 67D3
カルデラ Caldera ……58K12
ガルトク Gartok …… 50G5
カルパチア山脈 Carpathian Mts. 55H6
ガルヘピク山 Gardhöpig Mt. 54E3
カルマル Kalmar …… 54G4
カルヤン Kalyan …… 50F7
カレー Calais …… 54D5
ガレゴス Gallegos ……58L15
カレロフィン Karelo Finn. … 55J3
カロモ Kalomo …… 66F9
カロリン海溝 Caroline Tr. … 67F1
カロリン諸島 Caroline Is. …67E.F.2
カロンガ Karonga …… 66G8
カンサス Kansas …… 62G4
カンサス川 Kansas R. …… 62G3
カンサスシティ Kansas City … 59I6 62H4
カンジー Kandy …… 50G8
ガンジス川 Ganges R. …… 46L6 50H6
ガンジャン Ganjan …… 50G7
カンスー(甘粛) Kansu …… 51I5
カンダハル Kandahar …… 46J5 50E5
カンダラカッサ Kandalaksha … 55J2
カンタン Kantang …… 50H8
カンチェンジュンガ山 Kinchinjunga Mt. … 50G6
カンチヨウ(甘州) Kanchow … 51I5
カンデイア島 (Crete I.) …… 46F5 66F4
カンティン(康定) Kanting …… 50I5
カンナムラ Cunnamulla … 67E5
ガンビア Gambia …… 66B6
ガンビール Gambier …… 67E6
カンベラ Canberra …… 67E6
カンボジア Cambodia …… 50I7
カンポス Campos ……58N12
カンポト Kampot …… 50I7

[キ・ギ]

ギアナ Guiana …… 58M9
キアフタ(科布多) Kiakhta …… 51H4
キーウエスト Key West …… 63J7
キートマンショップ Keetmanshoop 66E10
キール Kiel …… 54F5
キーロフ Kirov …… 55M4
キエフ Kiev …… 46G3 55J5, 66G2
キゴマ Kigoma …… 66G8
ギジガ灣 Gizhiga B. …… 51N2
ギジギンスク Gizhiginsk …… 47T2 51O2
キシネフ Kishnev …… 55I6
キスム Kisumu …… 66G8
ギゼー Gizeh …… 66F5
北アンダマン島 North Andaman I. 50H7
北カロライナ North Carolina 63K4
北ダコタ North Dacota 62F2
北ボルネオ North Borneo 50J8
北岬 North Cape. … 46F1
北ローデシア North Rhodesia … 66F9
キトー Quito ……58K10
ギニア灣 Guinea B. …… 66D7
キニバル山 Kinibalu Mt. … 50J8
キヌ Kinu …… 50H6
キネリ Kinel …… 55N5
喜望峰 Cape of Good Hope …66E11
キャニオンシティ Canyon City … 62E4
ギヤンツ Gyangtse …… 50G6
キユーバ Cuba …… 59J7
キユーバ島 Cuba I. …… 59K7
キラウエア山 Kilauea Mt. …58Y18
ギリシア Greece …… 46F5 55H8, 66F4
キリマンジャロ山 Kilimanjaro Mt. 66G8
キリンヂニ Kilindini …… 66G8
キルギス草地 Kirghiz Steppe 46I4 51D4
キルギス共和国 Kirghiz Rep. 51F4
キルナヴァラ Kirunavara … 55H2
キルピー Quiipie. …… 67E5
キロン Quilon …… 47K8 50F8
キングストン Kingston 59K8, 63K3
キング島 King I. …… 67E6
キンバリー Kimberley ……66F10
キンバリーランド Kimberley Land 67C4

[ク・グ]

グァテマラ Guatemala 59I8, J8
グァム島 Guam I. …… 67E1
グァヤキル Guayaquil ……58K10
クァラランプール Kuala Lumpur 50I8
グァダラハラ Guadalajara … 59H7
クァンタン Kuantan …… 50I8
クィーンシャーロット島 Queen Charlotte I. … 59D4
クイエンガ Kuenga …… 51J3
クイスイ(歸綏) Kweisui …… 51J4
クイチョウ(貴州) Kweichow … 50J6
クイビシェフ Kuibyshev …… 46I3 51D3, 55N5
クイヤン(貴陽) Kweiyang …… 50I6
クイリン(桂林) Kweilin 47O6, 50I6
クインスランド Queensland … 67E5
クーチョー(庫車) Kucho …… 51G4
クールガルチー Coolgardie …… 67C6
クエンコ Cuenco ……58K10
クカ Kuka …… 66E6

クサイエ島 Kusaie I. 67G2
クシク Kushk 46J5
グジニア Gdynia 54G5
クジルオルダ Kzyl-Orda 51E4
クシュク Kushk 51E5
クズコ Cuzco 58K11
クタチャネ Koetotjane 50H8
クチン Kuching 50J8
グチェラート半島 Guzerat Pe. 50E6
クック Cook 67D6
クック海峡 Cook St. 67G7
クック山 Cook Mt. 67G7
クックタウン Cook Town 67E4
グッドウイッチ Goodwich 54B5
クパン Koepang 50K9
クマイ Kumai 50J9
クマシ Kumasi 66C7
クム Kum 45I5
クヤバ Cuyaba 58M11
クラ Kra 50H7
クライストチャーチ Christchurch 67G7
クラウゼンブルグ Klausenburg 55H6
クラカウ Cracow 55G, H6
グラスゴー Glasgow 54C4
クラスノヴォドスク Krasnovodsk 46I4
クラスノヤルスク Krasnoyarsk 47M3, 51H3, 51L4
クラスノヤルスク地方 Krasnoyarsk District 51H2
クラチイ Kratie 50I7
グラッドストン Gladstone 67D6
グラナダ Granada 54C8
グラフトン Grafton 67F5
グランチャコ Granchaco 58L12
グランデ川 Rio. Grande del Norte R. 62G6
グラント Grant 63I1
グランドアイランド Grand Island 62G3
グランドバシャ Grand Bassan 66C7
グラントランド Grant Land 59K1
クリーヴランド Cleveland 53J3
グリーンベー Green Bay 63I3
グリーンランド Greenland 59N2
クリスチィアンハーブ Christianshaab 59N3
クリスチャンズンド Christiansund 54E4
クリユチェフ山 Kluchev Mt. 51O3
クルガン Kurgan 46J3, 51E3
クルスク Kursk 55K5
クルックストン Crookston 62G2
クルッサ Kurussa 66C6
グレースベイ Glace Bay 59L5 63O2
グレータウン Grey Town 58J8
グレートサンデイ Great Sandy 67F5
グレートスレーヴ湖 Great Slave L. 59H3
グレートソルト湖 Great Salt L. 59G5 62D3
グレートフォールス Great Falls 62D2
グレートフォールス川 Great Falls R. 62E2
グレートベーア湖 Great Bear L. 59G3
グレートベーズン Great Basin 62D4
グレンダイヴ Glendive 62E2
グロースワルダイン Groswardein 55H6
グローニンゲン Groningen 54E5
グロスター Gloucester 63L3
グロドノ Grodono 55H5
クロンカリー Cloncurry 67E5
クロンスタット Kronstadt 55I6 55I3, 4
クロンダイク Klondike 59E3
グワイマス Gwaymas 59G7
クンミン(昆明) Kunming 47N6, 50I6
クンルン(崑崙)山脈 Kunlun Mts. 47L5, 51G5

[ケ ゲ]

ケア山 Kea Mt. 58Y18
ケアンズ Cairns 67E4
ゲヴレ Gävle 54G3
ゲーテボルグ Göteborg 54F4
ケープタウン Cape Town 66E11
ケシム Qishm 46I6
ケター Quetta 50E5, 50I8
ケナ Kena 66G5
ケニヤ Kenia 66G7
ケニヤ山 Kenia Mt. 66G8
ケノラ Kenora 62H1
ケベック Quebec 59K5, 63L2
ゲマス Gemas 50I8
ゲリヴァラ Gellivara 55H2
ケリヤ Keriya 51G5
ケルマン Kerman 46I5
ケルレン Kerulen 51J4
ケルレン川 Kerulen R. 51J4
ケルン Keln 54E5
ケンタッキー Kentucky 63I4
ケンダリー Kendari 50K9
ケンブリッチ Cambridge 54D5

[コ ゴ]

ゴア Goa 47K7, 50F7
コインブラ Coimbra 54B7
コウナス Kaonas 55H5
コーウエート Koweit 46H6
コーウエル Kowel 55H5
紅海 Red S. 46G6, 66G5
コーカサス山脈 Caucasus Mts. 46H4
コーカシア Caucasia 46G4
コーカンド Kokand 51F4
コーク Cork 54B5, 59R4
交趾支那 Cochin China 50I8
コーニア Konniya 50G6
コーパスクリスチ Corpus Christi 62G6
コーンケーン Khonkean 50I7
コカナダ Cocanada 50G7
黒海 Black S. 46G4 55I, J7, 66G3
黒竜江 Heikung Kiang 51L3
コクレーン Cochrane 63J2
ココス島 Cocos I. 58J9
ココノール(青海) Kuku Nor 51H5
コジアク島 Kodiak I. 59C4
コシウスコ山 Kosciusko Mt. 67E6
コスタリカ Costarica 58J9
コタバト Cotabato 50K8
コタバル Kota Bharu 47N8 50I8
コタラジャ Kota Raja 47M8 50H8
コチャバンバ Cocahbamba 58L11
コックレーン Cochrane 59J5 63J2
ゴットハーブ Godthaab 59M3
コッド岬 Cod C. 63L3
ゴットランド島 Gottland I. 54G4
コドク Kodok 66G7
コトパクシ山 Cotopaxi Mt. 58K10
コトラス Kotlas 51C2, 55M3
コナクリ Konakry 66B7
コノトフ Konotop 55J5
コバル Cobar 67E6
コピアポ Copiapo 58K12
ゴビ砂漠 Gobi Desert 47N4
コペンハーゲン Copenhagen 46E3 54F4, 66E2
コマンドルスキー諸島 Komandorskie Is. 47T3
コムソモリスク Komsomolsk 47Q3 51L3
ゴメル Gomel 55I5
コモリン岬 Comorin C. 47K8 50F8
コモロ諸島 Comoro Is. 66H9
ゴヤス Goyaz 58M18
コラト Korat 50I7
コラ半島 Kola Pe. 51B2, 55K2
コランバス Columbus 63J5
コリエンテス Corientes 58M13
コリマ川 Kolima R. 51N2
コリント Corinth 55H8
ゴルキー Gorki 51C3, 55L4
コルグェフ島 Kolguev I. 51D2
コルシカ島 Corsica I. 54E7
コルドヴァ Cordoba 58L13 59D3
コルフ Corfe 54G8
コルンバ Corumba 58M11
コロ Coro 58L8
コロネル Coronel 58K13
コロマンテル海岸 Coromandel Coast 50G7
コロムナ Kolomna 55K4
コロラド Colorado 62E4
コロラド高地 Colorado H. 62E4
コロラド川 Colorado R. 58L13 59G6
コロラド大渓谷 Colorado Canyon 62D4
コロン Colon 58K9
ゴロンタロ Gorontalo 50K8
コロンビア Colombia 58K9 63J5
コロンビア川 Colombia R. 59F5 62B2
コロンビア盆地 Colombia Basin 62C2
コロンボ Colombo 47K8, 50F8
コワンシー(広西) Kwan Si 50I6
コワントン(広東) Kwantung 50J6
コワントン(広東)市 Kwantung City 47O6, 50J6
コン Khong 50I7
コング高地 Kong H. 66C6
コンゴー川 Congo R. 66E7
コンゴロ Kongolo 66F8
コンスタンチン Constantine 46D5 66D4
コンスタンツァ Constanta 55I7
コンセプション Concepcion 58K13 58M12
コンダル Condar 66G6
コンドル島 Condor I. 50I8
コンパス山 Compas Mt. 65F11

[サ ザ]

サイゴン Saigon 47N7, 50I7
サイルッス(賽爾烏蘇) Sairusu 51I4
ザイザン湖 Zaisan L. 51G4
サヴァンナ Savannah 59J6 63J5
サウジアラビア Saudi Arabia 46H6 66H5
サクラメント Sacramento 59F6 62B4
ザグレブ Zagreb 54G6
サザンプトン Southampton 54C5 59R4
サザンプトン島 Southampton I. 59J3
サスカチェワン Saskachewan 62E1
サスカツーン Saskatoon 62E1
サディア Sadiya 50H6
サドベリー Sudbury 63J2
サナ Sana 66H6
サハラ砂漠 Sahara Desert 46DE6, 66D5
サハリン(樺太) Sakhalin 51M3
サマサタ Samasata 50F6
サマライ Samarai 67F4
サマリンダ Samarinda 50J8
サマルカンド Samarkand 46J5 51E5
サマル島 Samar I. 50K7
サマロフスク Samarovsk 51F2
サムソン Samsun 46G4
サヤン山脈 Sayan Mts. 47M3 51H3
サラエヴォ Sarajevo 54G7
ザラゴサ Zaragoza 54C7
サラトフ Saratof 55M5
サラプール Sarapul 55N4
サラマンカ Salamanca 54B7
サラワク Sarawak 50J8
ザラ Zara 54G7
サリナクルズ Salina Cruz 59I8
サルウィン川 Salween R. 50H6
サルヴァドル Salvador 59J8
サルタ Salta 58L12
サルヂニア Sardinia 66D3
サルヂニア島 Saldinia I. 46D4 54E7
サルチリョ Saltillo 62F6
サルトン Salton 62C5
サルム Sallum 46F5, 66F4
サルナ Särna 54F3
サレム Salem 62B3
サロニカ Salonika 55H7
サンアントニオ San Antonio 58L14 59I7, 62G6
サンギ諸島 Sangihe Is. 50K8
サンゴ海(珊瑚海) Coral S. 67F4
サンサルヴァドル San Salvador 58O11 59J8
サンサン San San 50J9
サンセバスチァン S. Sebastian 54C7
サンダカン Sandakan 50J8 47O8
サンタクルス Santa Cruz 58L11 58L14
サンタクルズ諸島 Santa Cruz Is. 67G4
サンタバーバラ Sta. Barbara 62C5
サンタフェ Santa Fe 59H6 62E4
サンタマルタ Santa Marta 58K8
サンタルシャ島 Santa Lucia I. 59L8
サンタンデル Santander 54C7
サンチャゴ Santiago 58K13 59K7
サンディエゴ S. Diego 59G6 62C5
サンテチェンヌ St. Etienne 54D6
サンドウェイ Sandoway 50H7
サントス Santos 58N12
サントメ島 St. Thome I. 66D8
サンパウロ San Paulo 58N12
サンファン S. Juan 58J8 59L8
サンフォード Sanford 63J6
サンフランシスコ San Francisco 59F6 62B4
サンフランシスコ川 San Francisco R. 58N10
サンフランシスコ山 San Francisco Mt. 62D4
サンブラス岬 San Blas C. 63I6
ザンベジ川 Zambezi R. 66G9
サンペトロ San Pedro 62C5
サンホセ San Jose 58J9 59I8, 62B4
サンマリノ S. Marino 54F7
サンルイ San Louis 66B6
ザンジバル Zanzibar 66G8
ザンボアンガ Zamboanga 50K8

[シ ジ]

シアトル Seattle 59F5, 62B2
シーアン(西安) Sian 47N5, 51I5
シーカン Sikang 50H6
シーシャー群島 West Sand Is. 50J7
シーチャチョワン(石家荘) Shihchiachuang 51J5
シーニン(西寧) Sining 51I5
ジウ Diu 47K6, 50E6
シェーフィールド Sheffield 54C5
ジェームス湾 James B. 59J4 63J1
ジェセルトン Jesselton 50J8
シェトランド諸島 Shetland Is. 54C3
ジェノア Genoa 54E7 66D3
シェミヤ Shemya 47V3
シェラネヴァタ山脈 Sierra Nevoda Mts. 59G6, 62B4
シェラマドレ山脈 Sierra Madre Mts. 59H7
ジェラルトン Geraldton 67B5
シェラレオネ Sierra Leone 66B7
ジェリコ Jericho 67E5
シェルブール Cherbourg 54C6
シェンシー(陝西) Shensi 51I5, 51K4
シェンヤン(瀋陽) Sheyang 47P4
シオード Ceward 59D3
シカゴ Chicago 59J5 63I3
シガツエ Shigatze 50G6
シカルプール Shikarpur 50E6
シクティウカル Siktivkar 55N3
ジスプル Disful 46H5
ジスボーン Gisborne 67G6
シズラン Syzran 55M5
シチリア島(シシリー) Sicily I. 46E5 54G7, 8
ジッダ Jidda 46G6, 66G5
シトカ Sitka 39E4
シドニー Sydney 67F6
シトプロヴェン Sydproven 59N3
シドラ湾 Sidra B. 66E4
シノペ Sinope 46G4
シバム Shibam 66H6
ジブチ Jibuti 66H6
ジブホラント(烏里雅蘇台) Uliassutai 51H4
ジブラルタル Gibraltar 46C5 54B8, 66C4
ジブラルタル海峡 Gibraltar Str. 46C5 54B8, 66C4
シベリア Siberia 47M～I2 51H～L2, 55P～Q3
シベリア平原 Siberia Plain 46, 47J～P2, 55P～Q3
シベルート島 Siberut I. 47M9 50H9
シムラ Simla 50F5
シメルウ島 Simalur I. 50H8
シラズ Schiras 46I6
シリア Syria 46G5, 66G4
シル川 Syr R. 46J4, 51E4
白ナイル川 White Nile R. 66G7
シャイエンヌ Cheyenne 59H5 62F3
シャスタ山 Shasta Mt. 62B3
シャム(タイ) Siam 47N7, 50I7
シャム湾 Siam B. 50I8
シャールヴィル Charlville 67E5
シャーロットタウン Charlottetown 63N2
シャロン Shalon 54D5
シャンシー(山西) Shansi 51J5
シャンタル島 Shantar I. 51L3

シャントン(山東)　Shangtung … 51J5
シャンハイ(上海)　Shanghai … 47P5, 51K5
シャンハイコワン　Shanhaikwan 51J4
ジャイプール　Jaipur … 50F6, 51F4
ジャカルタ(バタヴィア)　Jakarta 47N9, 50I9
ジャクソン　Jackson … 63H5
ジャクソンヴィル　Jacksonville 59J6, 63J5
ジャマイカ島　Jamaica I. … 59K8
ジャワ　Java … 47O9, 50J6
ジャワ海　Java S. … 67B3
ジャラントン(札蘭屯)　Djalanton 51K4
ジャルスグダ　Jharsuguda … 50G6
ジャンビ　Jambi … 50I9
シュイチョウ(徐州)　Hsuchow 47O5, 51J5
ジュネーブ　Genéve … 54E6
ジュノー　Juneau … 59E4
ジュラワオ　Durazzo … 54G7
小アジア　Minor Asia … 46G5, 55I8
小アンティル列島　Lesser Antille Is 59I8
小スンダ列島　Lesser Sunda Is. 50J8, 67B3
ショアンド　Chiamdo … 50H5
ショロン　Cholon … 50I7
ジョクジャカルタ　Djokjakarta 50J6
ジョトプール　Jodhpur 47K6, 50F6
ジョホールバル　Johore Bahru 50I8
ジョージア　Georgia … 63J5
ジョージタウン　Georgetown … 50H8, 58M9
シンアンリン山脈(興安嶺)　Hsinganling Mts. … 47P3, 51K3
シンガポール　Singapore … 47N8, 50I8
シング川　Singu R. … 58M10
シンシナチー　Cincinati … 63J4
シンジャイ　Sindjai … 50K9
シンチャン(新疆)　Sinkiang … 51G4
シンテン(綏定)　Suinting … 51F4
シンデ　Chinde … 66G9
シンヤン(信陽)　Sinyang … 50J5

[ス・ズ]

スイス　Switzerland … 46D4, 54E6, 66D3
スイユワン(綏遠)　Swiyuan … 51J4
スウェーデン　Sweden … 46E2, 54F3, 59U3, 66E1
スウェルドロフスク　Sverdlovsk 46J3, 51E3, 55P4
スーチョウ(蘇州)　Suchow … 47M5, 51H5
スーチョワン(四川)　Szechwan … 50I5
スーピンチェ(四平街)　Ssu-ping-chieh 51K4
スーマオ(思茅)　Szumao … 50I6
スエズ　Suez … 46G6, 66G4
スカーゲラック海峡　Skagerrak Str. … 54E4
スカダナ　Sukadana … 47O9, 50J8
スカンチナヴィア半島　Scandinavian Pe. … 46E2, 54G3, 66D1
スカンチナヴィア山脈　Scandinavian Mts. … 54F～G2, 3
スクタリ　Scutari … 54G7
スクラントン　Scranton … 63K3
スコット山　Scott Mt. … 62B3
スタヴァンゲル　Stavanger … 54E4
スタークヴィル　Starkville … 62F4
スタノヴォイ山脈　Stanovoi Mts. 47R～S2, 51N2
スターリン　Stalin … 55K6
スターリンスク　Stalinsk 47L3, 51G3
スターリングラード　Stalingrad 55L6
スタリナバード　Stalinabad … 51E5
スタンリー瀑布　Stanley Fall … 66F8
スタンリーヴィル　Stanleyville 66F7
スタンレイ　Stanley … 58M15
スダン　Sudan … 66E6
スチュワート島　Stewart I. … 67G7
スツットガルト　Stuttgart … 54E6
ステッチン　Stettin … 54F5
ストックトン　Stockton … 62B4
ストックホルム　Stockholm … 46E3, 54G4, 59J4, 66E2
ストラスブール　Strasbourg … 54E6
スパルタ　Sparta … 55H8
スビク　Subic … 50K7
スピッツベルゲン(スバルバード)　Spitzbergen (Svalbard) … 46E1
スプリット　Split … 54G7
スプリング　Spring … 63I3
スプリングフィールド　Springfield 63H4
スペイン　Spain … 46C4, 54C8, 59Q5, 66C4
スペチア　Spezia … 54E7
スペリオル　Superior … 63H2
スペリオル湖　Superior L. … 59J5, 63I2
スペンサー湾　Spencer B. … 67D6
スポーケーン　Spokane … 62C2
スマトラ　Sumatra 47M8, 50I9
スマラン　Sumarang … 50J6
スミス海峡　Smith Str. … 59K2
スメル山　Semeru Mt. … 50J6
スモレンスク　Smolensk … 55J5
スラカルタ　Surakarta … 50J6
スラット　Sulat … 50F6
スラバヤ　Surabaya 47O9, 50J6
スリガオ　Surigao 47P8, 50K8
スリゴ　Sligo … 54B5
スリナ　Srina … 55I6
スリナガル　Srinagar … 47K5
スル群島　Sulu Arch … 50K8
スル海　Sulu Sea … 50J8
スワコプムンド　Swakopmund 66E10
スワジランド　Swaziland … 66G10
スワトウ(汕頭)　Swatow … 50J6
ズンゲル　Zungeru … 66D6
スンダ列島　Sunda Is. … 47N～O9
ズンドヴァル　Sundsval … 54G3
スンバ島　Sumba I. 50T8, 67B4
スンバワ島　Sumbawa I. … 50J8

[セ・ゼ]

セイラ　Zeila … 66H6
セイロン　Ceylon … 50G8
セイロン島　Ceylon I. … 47L8
セヴィリヤ　Seville … 54B8
セウタ　Çeuta … 54B8
セーブル岬　Sable C. … 63M3
ゼーヤ　Zeya … 47P3, 51K3
セゲド　Szeged … 54G6
セコンデイ　Sekondi … 66C7
セネガル　Senegal … 66B6
セネガル川　Senegal R. … 66B6
セバストポール　Sevastopol … 46G4
セブ　Cebu … 50K7
セミパラテンスク　Semipalatinsk 47K3, 51G3
セラム島　Ceram Is. … 67C3
セルバス　Selvas … 58L10
セレベス　Celebes 47P9, 50J8
セレベス海　Celebes S. … 50K8
セレベス島　Celebes I. … 67C3
セントポール　St. Paul … 63H3
セントマリー岬　St. Mary C. … 66H10
セントジョージ湾　St. George G. 58L14
セントジョン　St. John … 63M2
セントジョンズ　St. John's … 59M5
セントルイス　St. Louis … 59I6, 63H4
セントローレンス川　St. Lawrence R. … 59L4, 63M2
セントローレンス島　St. Lawrence I. … 59A3, 47V2
セントローレンス湾　St. Lawrence G. … 59L5, 63N2
センナル　Sennar … 66G6

[ソ]

ソウル(京城)　Seoul … 47P5, 51K5
ソヴィエトスカヤガワニ　Sovietskya Gavan … 47R4 51M4
ソヴィエト連邦　U. S. S. R. 46, 47C～T2, 51A～O2, 55L～O3, 59A3, 66F2
象牙海岸　Ivory Coast … 66C7
ソーサンマリ　Sault. Ste. Marie 63J2
ソーリスバリ　Salisbury … 66G9
ソクトラン　Sok Trang … 50I8
ソクナ　Socna … 46E6, 66E5
ソコト　Sokoto 46D7, 66D6
ソコロ島　Socorro I. … 59G8
ソダンキレ　Sodankylä … 55I2
ソデルハン　Söderhamn … 54G3
ソファラ　Sofala … 66G10
ソフィア　Sofia … 55H7, 66F3
ソマリランド　Somaliland … 66H7
ソロキ　Soroki … 55J3
ソラト山　Sorato Mt. … 58L11
ソルトレークシティ　Salt Lake City 59G5, 62D3
ソロモン諸島　Solomon Is. … 67F3
ソロン　Sorong … 67D3
ソンコウ　Son Cau … 50I7

[タ ダ]

ターイエ(大冶)　Tayeh … 50J5
ターチョン(大田)　Taikyn … 51K5
タートン(大同)　Tatung … 51J5
ターリー(大理)　Tali … 50I6
ターリェン(大連)　Talien 47P5, 51K5
タール砂漠　Thar Desert … 50F6
ダーバン　Durban … 66G10
ダービー　Derby … 67C4
ダーモイン　Des moines … 62H3
ダーリング川　Darling R. … 67E6
ダイヤモンド港　Diamond Harbor … 50G6
大アンティル列島　Great Antilles Is. 59K8, L8
タイシェト　Taishet 47M3, 51H3
大スンダ列島　Great Sunda Is. 50I9
大西洋　Atlantic Ocean 46B3, 4,5, 54A4,5, 66D9
タイナン(台南)　Tainan … 50K6
大ニコバル島　Great Nicobar I. 50H8
太平洋　Pacific Ocean 50K6
タイペイ(台北)　Taipei … 47P6, 50K6
タイミル半島　Taimyr Pe. … 51H1, 51I1, 57M1
タイユワン(太原)　Taiyuan … 47O5, 51J5
タイワン(台湾)　Taiwan (Formosa) 47P65, 0K6
台湾海峡　Taiwan(Fomosa) Str. 47O6, 50J6, 50K6
大サンディー砂漠　Great-Sandy Desert 67C5
タウイスク　Tauski … 51M3
タウダ　Tauda … 51E3, 55P4
タウンスヴィル　Townsville … 67E4
タヴォイ　Tavoy … 47M7, 50H7
ダヴァオ　Davao … 47P8, 50K8
大ヴィクトリア砂漠 … Great Victoria Desert … 67C5
ダウリヤ　Daurija … 51J3
タオアン(洮安)　Taoan … 51K4
ダカル　Dakar … 66B6
タクソン　Tacson … 62D5
タクラマカン砂漠　Takla Makan Desert … 51G5
タコマ　Tacoma … 62B2
タシケント　Tashkent … 46J4, 51E4
タジ　Thazi … 50H6
タジック共和国　Tadzik Rep. … 51F5
タスマニア島　Tasmania I. … 67E7
タスマン海　Tasman S. … 67G6
タタール海峡　Tatar Str. … 51M3
ダッカ　Dacca … 50H6
多島海　Aegean S. … 55H, I8
タナナリヴォ　Tananarivo … 66H9
ダニデン　Dunedin … 67G7
タバチンガ　Tabatinga … 58L10
タパホス川　Tapajoz R. … 58M10
ダブリン　Dublin … 46C3, 54B5, 59R4, 66C2
タホ川　Tajo R. … 54B8
ダマスクス　Damascus … 46G5, 66G4
タマタヴ　Tamatave … 66H9
ダミエッタ　Damietta … 66G4
ダモダール　Damodar … 50G6
タラカン島　Tarakan I. … 50J8
タラゴナ　Tarragona … 54D7
ダラス　Dallas … 62G5
ダラト　Dalat … 50I7
タラント　Taranto … 54G7
タリム盆地　Tarim Basin … 47N5, 47L5, 51G5
タリン　Tallin … 55H4
ダルエスサラム　Dar es Salaam 66G8
タワオ　Tawao … 50J8
ダンヴィル　Danville … 63K4
タンガニーカ　Tanganyika … 66G8
タンガニーカ湖　Tanganyika L. 66G8
ダンケルク　Dunkerque … 54D5
ダンジー　Dundee … 54C4
タンジーェ　Tangier … 46C5, 54B8, 66C4
タンジュンスラー　Tanjungselor 50J8
ダンチヒ　Danzig … 54G5
タンヌトーワ　Tannu tuva … 47M3, 51H3
ダンネモラ　Dannemora … 54G3
タンネンベルヒ　Tannenberg … 55H5
タンパ　Tampa 59J7, 63J6
タンピコ　Tanpico … 59I7
タンペレ　Tampere … 55H3
タンホア　Thanh Hoa … 50I7
タンボフ　Tambov … 55L5

[チ ヂ]

ヂァマンチナ　Diamantina … 58N11
ヂァマンチノ　Diamantino … 58M11
チーアン(輯安) … 51K4
チーナン(済南)　Chinan … 51J5
チーフー(芝罘)　Chefoo … 51K5
チーフォン(赤峯)　Chihfeng … 51J4
チーロン(基隆)　Chilung … 50K6
チェチニエ　Cetinje … 54G7
チェコスロバキア　Czechoslovakia 46E4, 54G6, 66E3
チェラプンジ　Cherra Punji 50H6
チェリアビンスク　Cheliabinsk … 46J3, 51E3
チェリウスキン岬　Chelyuskin C. 47N1
チェルノウイッツ　Czernowitz 55I6
チェンチン(城津)　Chengchin … 51K4
チェンマイ　Chiengmai … 50H7
チェンヤン　Chinkiang … 51K5
チカコル　Cicacole … 50G7
チカロフ　Chkalov 51D3, 55N5
チクーチミ　Chicoutimi … 63L2
チグリス川　Tigris R. … 46H5
千島列島　Kuril Is. 47S4, 51N4
千島海峡　Kuril Str. … 51N3
チタ　Chita … 47O3, 51J3
チタ州　Chita St. … 51K3
チチハル(齊齊哈爾)　Chi Chi Haerh … 51K4
地中海　Mediterranean Sea. 46D, E, F5 54, E, F8 66E4
チフヴィン　Tikhvin … 55J4
チフリス　Tiflis … 46H4
チベスチ山脈　Tibesti Mt. … 66E5
チベット(西藏)　Tibet … 47L5, 50G5
チベット高原　Tibet Plat. … 47L5, 50G5
チミンズ　Timmins … 63J2
チムケント　Chimkent … 51E4
チモール海　Timor Sea. … 67C4
チモール島　Timor I. 47P9, 67C3
チャータースタワーズ　Charters Towers … 67E4
チャーチル　Churchill … 59I4
チャード　Chad … 66E6
チャード湖　Chad L. … 66E6
チャールストン　Charleston … 59J6, 63K5
チャゴス諸島　Chagos Is. … 50F9
チャハル(察哈爾)　Chahar … 51J4
チャバル　Chahbar … 46J6
チャマン　Chaman … 50E5
チャムス(佳木斯)　Chamusu … 51L4
チャムド(察木多)　Chiamdo … 50H5
チャンシー(江西)　Kiangsi … 50J6
チャンシャー(長沙)　Changsha 50J6
チャンスー(江蘇)　Kiangsu … 51J5
チャンタブリ　Chan Da Buri 47N7, 50I7
チャンチュン(長春)　Chang chun 47P4, 51K4
中央アジア　Central Asia … 51E4
中央アメリカ　Central America 58I～J4
中央コンゴー　Central Congo 66E8
中央平原　Central Plain 59I5～J6
チュー川(珠江)　Chow R. 47N6, 50I6
チューメン　Tiumen … 51E3
チューリヒ　Zürich … 54E6
チュクチ半島　Chukuchi Pe. 47U2
チュニス　Tunis … 46D5, 46E5, 66E4
チュンチョウ(瓊州)　Kiung Chow … 50J7
チュンポーン　Chumpon … 50H7
ヂュールス　Duluth … 63H2
チョーチヤン(浙江)　Chekiang … 50J6, 50K6
チョンチョウ(鄭州)　Chengchow 47O5
チョンチン(重慶)　Chungching 47N6, 50I6
チョンチン(清津)　Tingtsin … 47Q4, 51K4
チョントー(成都)　Chengtu … 47N5, 50I5
チョントー(承徳)　Chengte … 51J4
チョンホワ(中華)民国　Chung-Hua, Min-Kuo … 47M, N5, 50H5

チラナ Tirana…… 54G7
チリ Chile ……58K13
チリン(吉林) Chilin …… 51K4
チレニヤ海 Tyrrhenian S. 54F8
チロエ島 Chiloe I. ……58K14
チロンゴ Chilongo…… 66F9
チワワ Chihuahua…… 62E6
チンシャ川(金沙江) Kin Sha Kiang…50H5
チンタウ(青島) Tsingtao 47P5, 51K5
チンチヨウ(錦州) Chinchou … 51K4
チンハイ(青海) Chinhai …… 51H5
チンブクツ Tinbuktu …… 46C7, 66C6
チンボラソ山 Chimborazo Mt. 58K10

[ツ・ヅ]

ツァイダム盆地 Tsaidam Basin 51H5
ツァナ湖 Tzana L.…… 66G6
ヅアラ Duala …… 66D7
ツアンウー(蒼梧) Tsangwv…… 50T6
ツァンポ川 Tsang Po R.… 50H6
ツーラ Tula…… 55K5
ツーラン Touraine 47N7, 50I7
ツール Toul…… 54D6
ツールーズ Toulouse …… 54D7
ツーロン Toulon …… 54E7
ツクマン Tucuman ……58L12
ツチコリン Tuticorin …… 50F8
ツメフ Tsumef …… 66E9
ツラン低地 Turan Lowland … 51E4
ツリンコマリ Trincomali … 47L8, 50G8
ツルク Turku…… 55H3
ツルハンスク Turuhansk … 47L2, 51G2
ツンドラ帯 Tundra Zone 46, 47, 2
ツンドラ平原 Tundra Pl.…… 51G～K1

[テ・デ]

テータ(大邱) Tachiu …… 51K5
ディエゴガルシァ Diego Garcia 50F9
ディエゴスワレズ Diego Swarez 66H9
ディジョン Dijon …… 54D6
ディーヤレーク Deerlake …… 59M5
ディリー Dili…… 47P9
デヴォン島 Devon I. …… 59J2
デヴォンポート Devon Port. … 63H3
デーヴィス海峡 Davis Str. …… 59M3
テーベ Thebe…… 66G5
デーリーウォーターズ Daly Waters…47Q10, 67D4
デカン高原 Deccan Plat.… 47K7, 50F7
テキサス Texas …… 62F, G5
テグシガルパ Tegucigalpa … 59J8
デステロ Desterro……58N12
デデアガチ Dede Agach … 55I7
デトロイト Detroit …… 59J5, 63J3
デニソン Denison …… 62G5
テネッシー Tennessee …… 63I4
テネリフェ Tenerife…… 66B5
デブレツェン Debreczen …… 55H6
テヘラン Teheran …… 46I5
デマベンド山 Demavend Mt. 46I5
テラノヴァ Terranova…… 54F7
デラゴア湾 Delagoa B.……66G10
デリー Delhi …… 47K6, 67C3, 56F6
テルポス山 Tel-Pos-iz Mt. 55O3
テルメズ Termez …… 51E5
デルリオ Del Rio …… 62F5
デルガド岬 Delgado C.…… 66H9
テレシナ Therezina…… 58N10
テロクベトン Telok Betong 47N9
テワンテペク地峡 Tehuantepec Isth. …… 59I8
テンシャン(天山)山脈 Tien Shan Mts. 47K4, 51G4
テンスキヤ Tinsukia…… 50H6
テンタイ山(天台) Tientai Mt. … 50K6
テンチン(天津) Tientsin…… 47O5, 51G5
デンヴァー Denver…59H6, 62F4
デンマーク Denmark …… 46D3, 54E4, 59S4, 66D2
デンマーク海峡 Denmark Str. 59P3

[ト・ド]

ドイツ Germany …… 46E3, 54EF5, 59J4, 66E2
ドヴィナ川 Dvina R. …… 55L3
ドヴィンスク Dvinsk …… 55I4
ドーソンシティ Dawson City… 59E3
東南ボルネオ East-South Borneo… 50J8
ドーバー Dover…… 54D5
トカンチンス川 Tocantins R.…58N10
ドッガーバンク Doggarbank … 54D5
ドンゴラ Dongola …… 66G6
ドナウ川(ダニューブ川) Donau R.… 55H7
ドニエストル川 Dniestr R.…… 55I6
ドニエプル川 Dnieper R. … 55J6
ドネツ丘 Donetz H. …… 55K5
ドネツ川 Donetz R. …… 55K6
ドネプロペトロフスク Dnepropetrovsk… 55J6
ドノ Dno…… 55J4
ドビナ川 Dvina R. …… 51C2
トボルスク Tobolsk 46J3, 51E3
トミニ Tomini…47P8, 50K8
トミニ湾 Tomini B. …… 50K8
ドミニカ Dominica …59K～L8
トムスク Tomsk… 47L3, 51G3
トラック島 Truck I.…… 67F2
トラパニ Trapani …… 54F8
トランスヒマラヤ山脈 Transhimalaya Mts.…47L5, 50G5
トランスヨルダン Transjordan ……46G5, 66G5
ドラーギリ山 Dhaulagiri…… 50G6
ドラウ川 Drave R. …… 66F3
ドランケンベルグ山脈 Drankenberg Mts. ……63F11
ドランメン Drammen …… 54F4
トリエスト Triest…… 54F6
トリチノポリ Trichinopoly… 47K8
トリニダード島 Trinidad I. … 58L8
トリノ Torino …… 54E6
トリポリ Tripoli…46E5, 66E4
トルキスタン Turkestan …… 51E4
トルクメン共和國 Turkmen Rep.… 51E5
トルコ Turkey …… 46G5, 55I8, 66G4
ドルナカル Dornakal …… 50G7
トルニオ Tornio …… 55H2
トルヒヨ Trujillo ……58K10
トルファン(吐魯番) Turfan … 51G4
ドルブレ山 Drouple Mt. … 66C7
トレス海峡 Torres Str. … 67E3
トレド Toledo …… 63J3
トレンス湖 Torrens L. … 67D6
ドレスデン Dresden …… 54F5
トロイ Troi…… 55I8
トロイコサフス Troitskosavsk 51I3
トロニェム Trondheim … 54F3
トロ湾 Tolo B. …… 50K9
トロント Toronto 59K5, 63K3
ドロ Doro …… 66H7
ドロン(多倫) Dolon …… 51J4
ドン川 Don R. …… 55L6
トンキン Tongking …… 50I6
トンキン湾 Tongking B.… 50I7
トンシャー島 東沙島…… 50T6
トンャヤン(同江) …… 51L4
トンホワン(敦煌) Tung Kwang… 51H4
トンユエ Tengyuch …… 50H6
トンリャオ(通遼) Tungliao … 51K4

[ナ]

ナイル川 Nile R.…46G6, 66G5
ナイロビ Nairobi …… 66G8
ナウル島 Nauru I.…… 67G3
ナグプール Nagpur…47K6, 50F6
ナタル Natal …… 50H8
ナタール Natal ……58O10
ナッシュビル Nashville …… 59J6, 63I4
ナッソウ Nassau …… 59K7
ナツナ島 Natuna I. …… 50I8
ナナイモ Nanaimo …… 62A2
ナハ(那覇) Naha……47P6, 50K6
ナフド Nahud…… 66F6
ナホトカ Nakhotka …… 51L4, 47Q4
ナポリ Napoli(Naples) 46E4, 54F7, 66E3
ナムソス Namsos …… 54F3
ナムリ山 Namuri Mt. … 66G9
ナルヴァ Narva …… 55I4
ナルバダ川 Narbada R. … 50F6
ナルヴィク Narvik …… 54G2
ナンガパルバット山 Nanga Parbat Mt.… 51F5
ナンキン(南京) Nanking…… 47O5, 51I5
ナンシー Nancy…… 54E6
ナント Nantes …… 54C6
ナンセイアフリカ(南西) South West Africa……66E10
ナンセイショトウ(南西諸島) South West Is. … 50K6
ナンダコット山 Nandakot Mt. 50G5
ナンダデビ山 Nanda Devi Mt.… 50G5
ナンチャン(南昌) Nanchang … 50G6

[ニ]

ニアス島 Nias I. …47M8, 50H8
ニイハウ島 Niihau I. ……58W16
ニース Nice …… 54E7
ニーム Nimes…… 54D7
ニカラグヮ Nicaragua …… 58J8
ニコバル諸島 Nicobar Is. ……47M8, 50H8
ニコライエフスク Nikolaievsk 47R3, 51M3
ニコラエフ Nikolayev …… 55J6
ニシインド諸島 W. Indies Is. 59K8, L8
ニシヴァージニア West Virginia … 63J4
ニジェニウディンスク Nizhniudinsk… 51I3
ニジェリア Nigeria …… 66D7
ニジェル川 Niger R. 46D7, 66D6
ニジェル地方 Niger District 66D6
ニシオーストラリア(西) Western Australia… 67B5
ニシガッツ山脈(西) Western Ghats Mts.… 50F7
ニシボルネオ(西) Western Borneo… 50J8
ニシュ Nish …… 55H7
ニテロイ Nictheroy ……58N12
ニピゴン湖 Nipgon L. …63I1～2
ニホン Japan …… 51L5
ニホンカイ(日本海) Nihon S.… 47Q5, 51L4
ニホンカイコウ(日本海溝) Japan Trough 47R4
ニャッサ湖 Nyasa L. ……66G9
ニャッサランド Nyasa Land … 66G9
ニューアーク Newark …… 63L3
ニューアイルランド島 New Ireland… 67F3
ニューイングランド山脈 New England Mts.…67F5～6
ニューオーリンズ New Orleans 59J7, 63I5
ニューカッスル New Castle … 54C5, 67F6
ニューカレドニア島 New Caledonia… 67G5
ニューサウスウェールス New South Wales… 67E6
ニューシベリア諸島 New Siberian Is.… 47R1
ニュージーランド New Zealand 67G6～7
ニューブランスウイック New Brunsswick… 63M2
ニューブリテン島 New Britain I.… 67F3
ニューファンドランド島 Newfoundland I… 59M5
ニューヘブライズ諸島 New Hebrides Is. 67G4
ニューポート New Port …… 62B3
ニューメキシコ New Mexico… 62E5
ニューヨーク New York…… 59K5, 63K3, L3
ニュールンベルク Nurnberg … 54F6
ニンシャ(寧夏) Ninghsia …… 51I5
ニンポー(寧波) Ningpo …… 50K6

[ヌ]

ヌーメア Noumea…… 67G5
ヌエウオラレド Nuewo Laredo 62G6
ヌビア Nubia …… 66F5

[ネ]

ネヴァダ Nevada …… 62C4
ネグロ川 Negro R. …58L10, 14
ネジド砂漠 Nejd Desert … 66H5
ネパール Nepal … 47L6, 50G6
ネブラスカ Nebraska …… 62F3
ネルソン Nelson …… 67G7
ネルソン川 Nelson R. …… 59I4
ネルチンスク Nerchinsk …… 51J3

[ノ]

ノヴァスコシア Nova Scotia … 63N3
ノヴァスコシア半島 Nova Scotia Pe.…59L5, 63N3
ノヴァヤゼムリヤ Novaya Zemlya… 46I1
ノヴァヤゼムリヤ島 Novaya Zemlya I. … 51D1
ノヴォシビリスク Novo-Sibirsk 47L3, 51G3
ノヴォシビリスク州 Novo Sibirsk St.…… 51G3
ノースプラッテ North Platte… 62F3
ノースベイ North Bay…… 63K2
ノースマン Norseman …… 67C6
ノーフォーク島 Norfolk I. …… 67G5
ノーマントン Normanton … 67E4
ノーム Nome …… 59B3
ノーリッチ Norwich…… 54D5
ノグレス Nogales …… 62D5
ノックスヴィル Knoxville …… 63J4
ノルウェー Norway …… 46E2, 54E, F3
ノルケェピング Norrköping … 54G4, 66D1

[ハ・バ・パ]

ハーグ Hague…… 54D5
バーク Bourk…… 67E6
バークタウン Burketown … 67D4
バーゼル Basel …… 54E6
ハーヌ(韓)民國 Han Rep. …… 47P5, 51K5
バーバリ地方 Barbary District. 66D4
バーミューダ諸島 Bermuda Is. 59L6
バーミンガム Birmingham … 54C5, 63I5
バーモ Bhamo …… 50H6
バーレン諸島 Bahrein Is. … 46I6
パース Perth …… 67B6
パークライ Pak Lai …… 50I7
パーマーストン Palmerston … 67G7
パームビーチ Palmbeach …… 63J6
パーリー諸島 Parry Is. …… 59G2
ハイダラバート Hyderabad…… 47K7, 50E6, 50F7
ハイチ Haiti …… 58K8
ハイチ島 Haiti I. …… 59K7
ハイチョウ(海州) Haichow…… 47O5, 51J5
ハイナン島(海南島) Hainan I. 47O7, 50J7
ハイフォン(海防) Haiphong…… 50I6
ハイラル(海拉爾) Khailar …… 51J4
バイア Bahia ……58O11
バイアブランカ Bahia Blenca 58L13
バイカル湖 Baikal L. …… 47N3, 51I3
バイテンゾルフ Buitenzorg…… 50I9
パイサンツ Paysandu ……58M13
パイタ Payta ……58J10
バウチ Bauchi …… 66D6
パオチィン(保定) Paoting …… 51J5
パオトウ(包頭) Paotow …… 51J4
パカスマヨ Pacasmayo……58K10
パカンバルー Pakanbaroe … 50I8
バキオ Baguio …… 50K7, 47M6
パキスタン Pakistan 50F5, 50G6
ハクカイ(白海) White S …… 51B2, 55K2
白ロシア White Russia 55I5
バクー Baku …… 46H4
バグダード Bagdad…46H5, 66H4
パクナム Paknam …… 50I7
バサースト Bathurst 66B8, 67E6
バシー海峡 Bashi Str. …… 47P6, 50K6
バシー諸島 Bashi Is. …… 50K6
バス海峡 Bass Str. …… 67E6
バスティア Bastia…… 54E7
バストランド Basutoland …66F10
バスラ Basra … 46H5, 66H4
パスコ Pasco ……58K11
バセイン Bassein …… 50H7
ハタンガ川 Khatanga R.… 51I2
ハタンガ湾 Khatanga B.… 51G1

ハタングスク Khatangsk …… 47N1
パタゴニア Patagonia ……58L14
バダホス Badajoz …… 54B8
バダルプール …………… 50H6
バタン(巴塘) Batang …… 50H5
バタンガス Batangas …… 50K7
パターソン Paterson …… 63L3
パタニ Patani …… 50I8
パダン Padang …47N9, 50I9
バチンダ Bhatinda …… 50F5
ハッテラス岬 Hatteras C. … 63K4
バツーム Batum …… 46H4
バッセルトン Busselton …… 67B6
バットルフォート Battleford … 62E1
バッファロ Buffalo …… 63K3
ハドソン海峡 Hudson Str. … 59K3
ハドソン湾 Hudson B. …… 59J3
ハドラマウト Hadramaut …… 66H6
パトナ Patna …… 50G6
パトラス Patras …… 55H8
パナマ Panama …… 58K9
パナマ運河 Panama Canal… 58K9
パナマ湾 Panama B. …… 58K9
ハノイ Hanoi …47N6, 50I6
ハノーヴァー Hannover …… 54E5
ハバスト Khavast …… 51E4
ハバナ Havana …… 59J7
ハバロフスク Khabarovsk … 47Q4, 51L4
ハバロフスク地方 Khabarovsk District… 51N2
バハマ諸島 Bahama Is. … 59K7
バフィンランド Baffin Land … 59K2
バフィン湾 Baffin B. …… 59L2
バブヤン諸島 Babuyan Is. … 50K7
パプア Papua …… 47Q9
パプア島(ニューギニア島) Papua I.… 67E3
バマコ Bamako …… 66C6
ハミ(哈密) Hami……47M4, 51H4
ハミルトン Hamilton …… 63J3
パミール高原 Pamir Highland 47K5, 51F5
ハメルフエスト Hammerfest … 46F1, 55H1
バヤンカラ山脈(巴顔喀剌) Bayn Kara Mts.… 50H5
ハラッパ Harappa …… 50F6
ハラル Harar …… 66H7
バランキリア Barranquilla … 58K8
パラ Para ……58N10
パラオ諸島 Palau Is. …… 47Q8
パラグヮイ Paraguay ……58M12
パラグヮイ川 Paraguay R. …58M12
パラス湖 Parras L. …… 62F6
パラナ Parana ……58L13
パラナイバ Paranahyba …58N10
パラナ川 Parana R. …… 58M12, 58M13
パラマリボ Paramaribo … 58M9
パラワン島 Palawan I. …… 50J7
パランプール Palanpul …… 50F6
ハリコフ Kharkov 46G4, 55K6
ハリファックス Halifax …59L3, 63N3
バリ Bari …… 54G7
バリクパパン Balikpapan … 50G9, 67B3
バリ島 Bali I. …… 50J8
パリ Paris ……46D4, 54D6 59S5, 66D3
パリナ岬 Parina C. ……58J10
パリマ山脈 Parima Mts. … 58L9
ハル Hull …… 54C5
ハルツーム Khartum …… 46G7, 66G6
ハルビン(哈爾浜) Harbin …… 47P4 51K4
ハルマ Halma …… 54F3
ハルマヘラ島 Halmahera …… 47P8
ハルムスタット Halmstad …… 54F4
バルカン山脈 Balkan Mts. … 55H7
バルカン半島 Balkan Pe. …… 46F4 55H7
バルクル Barkol …… 51H4
バルグジン Barguzin …… 51I3
バルセロナ Barcelona …… 54D7 58L8
バルタ Warta …… 55I7
バルト海 Baltic S. …… 54G4
バルナウル Barnaul 47L3 51G3
ハルネビーク山 Harneg Peak Mt.… 62F3
バルハシ Balkhash …… 51F4
バルハシ湖 Balkhash L. … 47K4 51F4
パルマ Palma …… 54D8
ハレアカラ山 Haleakala Mt. 58X17
バレアル諸島 Balearic Is. … 54D8
バレイリ Bareilly …… 50F6
パレスチナ Palestine …… 46G5
パレルモ Palermo …… 54F8
パレント Parent …… 63L2
パレンバン Palembang …… 47N9 50I9
バロス Baros …… 50H8
バロウ岬 Barrow C. …… 59C2
パロス Palos …… 54B8
ハワイ島 Hawaii I. ……58X18
ハンガリー Hungary …… 46F4 54G6, 66E3
ハンゴ Hango ……55H4
ハンコウ(漢口) Hankow …47O5, 50J5
ハンチョウ(杭州) Hangchow …… 50K5
ハンチョン(漢中) Hanchung …… 50I5
ハンブルグ Hamburg …… 46D3 54F5, 59S4, 66D2
ハンフン(咸興) Hun-heung …… 51K4
バンカ島 Banka I. …… 50I9
バンガローア Bangalore …… 47K7 50F7
バンギ Bangui …… 66E7
バンクス島 Banks I. …… 59F2
バンコク Bangkok 47N7, 50I7
バンジェルマシン Banjermassin 47O9, 50J9
バンジルマ Banjerma …… 55I7
バンダ海 Banda S. …… 67C3
バンダル Bandar …… 46H5
バンダルアバス Bandar Abas 46I6
バンデルシャプル Bandarshapur 66H4
バントリ Bantry …… 54B5
バンドン Bandon ……47N9, M8 50I9, H8
バンフィールド Banfield …… 62A2
パンパ Pampas ……58L13
ハンヤン(漢陽) Han Yang …… 50J5

[ヒ・ビ・ピ]

ビアリストック Bialystok …… 55H5
ピース川 Peace R. …… 59F3
ピーターマリッツブルグ Pieter Maritzburg…66G10
ピェンヤン(平壌) Pyengyang… 51K5
東ガッツ山脈 East Ghats Mts. … 50F7
東支那海 East China S. 47P6 50K6
東岬 East C.…47V2, 59A3
ビカネル Bikaner …… 50F6
ビガン Vigan …47P7, 50K7
ビッグスプリングス Big Springs 62F5
ビスクラ Biskra …46D5, 66D7
ビスケー湾 Biscay B. …… 46C4 54C6, 66C3
ビスマーク Bismarck …… 62F2
ビスマルク諸島 Bismarck Is.… 67E3
ビゼルタ Bizerta …46D5, 66D4
ヒッサール Hissar …… 50F6
ヒット Hit …… 46H5
ビッサオ Bissao …… 66B6
ピッツバーグ Pittsburg …… 63K3
ピナン Penang …… 47M8
ピナン島 Penang I. …… 50H8
ピニュグ Pinyug …… 55M3
ヒバ Khiva …… 51E4
ヒホン Gijon …… 54B7
ヒマラヤ山脈 Himalaya Mts. 47L6 50G6
ヒューストン Houston …… 62G6
ビュート Butte …… 62D2
ヒューロン湖 Huron L. …… 59K5 63J2
ビラスプール Bilaspur …… 50G6
ビリトン島 Belitong I. …… 50I9
ビリングス Billings…59G5, 62E2
ビルマ Burma …47M6 50H6
ビルバオ Bilbao …… 54D7
ピレウス Piraeus …… 55H8
ピレネー山脈 Pyrenees Mts. 54G, D7
ヒロ Hillo ……58Y18
ヒンドクーシュ山脈 Hindukush Mts.…46J5, 51E5
ヒンドスタン平原 Hindustan Pla.…46K6, 50G6
ビンジン Binh Dinn …… 50I7
ビンツル Bintulu …… 50J8
ピンシャン(萍郷) Pingsiang …… 50J6
ピンスク Pinsk …… 55I5
ピンマナー Pyinmana …… 50H7

[フ・ブ・プ]

ファーゴ Fargo …… 62G2
ファーノー島 Furneaux I. … 67E6
ファレス Fuarez …… 62E5
ファロ Faro …… 54B8
ファンチェト Phan Thiet … 50I7
ファンラン Phan Rang … 47N7 50I7
フィラデルフィア Philadelphia 59K5 63L3
フィリピン Philippine …… 47P7 50K7
フィリピン海溝 Philippine Tr.…47P7, 8, 50K7
フィリピン群島 Philippine Arch. … 47P7
フィンランド Finland …… 46F1 55I2, 59U3, 66F1
フィンランド湾 Finland B. …… 55I4
ブイ Bui …… 55L4
フーキェン(福建) Fukien …… 50J6
フーコック島 Phuquoc I. …… 50I7
フーチョウ(福州) Foochow … 47O6 50J6
フーナン(湖南) Hunan …… 50J6
フーペイ(湖北) Hupei …… 50J5
フーリン(虎林) Hulin …… 51L4
ブーシア半島 Boothia Pe. …… 59I3
プーケット Puket …… 50H8
プーチョウ(蒲州) Puchow …… 51J5
プーナ Poona …… 50F7
フェアバンクス Fairbanks …… 59D3
フェゴ島 Fuego I. ……58L15
フェザン地方 Fezzan District 66E5
フェニックス Phoenix 59H6, 62D5
フェルナンドポー島 Fernand Po I.… 66D7
ブェア Buea …… 66D7
ブェナベンツラ Buenaventura 58K9
ブェノスアイレス Buenos Aires…58M13
プェブロ Pueblo …… 62F4
プェルトメキシコ Puerto Mexico… 59I8
プェルトリモン Puerto Limon 58J9
プェルトプリンセサ Puerto Princesa… 50J8
プェルトモント Puerto Montt 58K14
フォークランド諸島 Falkland Is.…58M15
フォートウォース Fortworth … 59I6 62G5
フォートスミス Fort Smith … 62H4
フォートラミー Fort Lamy … 66E6
フォジア Foggia …… 54G7
フォルタレサ Fortaleza ……58O10
フォレスト Forrest …… 67C6
ブカマ Bukama …… 66F8
ブカレスト Bucharest …… 46F4 55I7, 66F3
フザン(釜山) Fusan …47P5, 51K5
ブダペスト Budapest …… 46E4 54G6, 66E3
ブツン島 Buton I. …… 50K9
プツマヨ川 Putumayo R. 58L10
プナカ Punakha …… 50H6
フェアウェル岬 Farewell C. … 59N3
プノンペン Pnom Penh … 47N7 50I7
フブリ Hubli …… 50F7
フューメ Fiume …… 54F6
ブラヴァ Brava …… 66H7
ブラワヨ Bulawayo ……66F10
ブラゴヴェシチェンスク Blagoveshchensk…47P3, 51K3
ブラザビル Brazzavill …… 66E8
ブラジル Brazil ……58L.M10
ブラジル高地 Brazil H. ……58M11
ブラチスラヴァ Bratislava … 54G6
ブラマプトラ川 Brahmaputra R. 50H6
プラット川 Platte R. …… 62F3
プラハ Praha …… 46E4 54F5, 66E3
フランクフルト Frankfurt …… 54E5
フランス France …… 46D4 54D6, 59R5, 66D3
フランス領インドシナ(支那) F. Indo China …… 50I7
フランス領ギニア F. Guinea …… 66B6
フランス領スダン F. Sudan …… 66C6
フランス領赤道アフリカ F. Equatorial Africa… 66E7
フランス領ソマリランド F. Somaliland … 66H6
フランス領西アフリカ F. West Africa 46C, D6, 66C6
フランツヨセフランド Franz Josef Land… 46H1
ブランコ岬 Blanco C. ……58O10 66B5
ブランスヴィル Brownsville … 59I7 62G4
フリータウン Free Town … 66B7
ブリストル Bristol …… 54C5
ブリスベーン Brisbane …… 67F5
ブリュッセル Brussels …… 54D5
ブリティッシュコロンビヤ British Colombia… 62B1
プリビロフ島 Pribilof I. …… 59A4
フリマントル Fremantle …… 67B6
ブリヤンスク Bryansk …… 55J5
ブリヤート・モンゴル自治共和國 Buryat Mongol Rep.… 51J3
ブリンジシ Brindisi …… 54G7
プリンスエドワード Prince Edward… 63N2
プリンス オブ ウエールズ岬 Prince of Wales C.… 59B3
プリンスルパート Prince Rupert… 59E4
フリンダース川 Frinders R. … 67E4
フリント Flint …… 63J3
プルート川 Pruth R. …… 55I6
ブルーム Broeme …… 67C4
ブルームフォンテイン Broemfontein…66F10
ブルガス Burgas …… 55I7
ブルガリア Bulgaria …… 46F4 55H17, 66F3
ブルゴス Burgos …… 54C7
ブルゼミスル Prezemysl …… 55H5
ブルネイ Brunei …47O8, 50J8
フルンゼ Frunze …… 51F4
プレ Pre …… 50I7
ブレーメルハーフェン Bremerhaven… 54E5
フレザー川 Fraser R. …… 62B1
ブレスト Brest …… 54C6
ブレストリトウスク Brest Litowsk… 55H5
ブレスラウ Breslau …… 54G5
フレデリシア Fredericia …… 54E4
フレデリックスハーブ Frederikshaab…54F4, 59M3
フレデリックトン Fredericton 63M2
プレトリア Pretoria ……66F10
フレモント山 Fremont Mt. 62E3
プロエスチ Ploesti …… 55I7
ブロークンヒル Broken Hill … 66F9 67E6
プローム Prome …… 50H7
フロリアノポリス Florianopolis…58N12
フロリダ Florida …… 63J6
フロリダ半島 Florida Pe. … 59J7 63J6
フロリダ海峡 Florida Str. … 59J7 63J7
フロレス島 Florea I. …… 50K9
フロレンス Florence …… 54F7
ブロンヴェルヒ Promberg …… 54G5
プンタアレナス Punta Arenas 58K15
プンタゴルダ Punta Gorda… 63J6

[ヘ・ベ・ペ]

ペイアン(北安) Peian ……51K4
ペイハイ(北海) Peihai …… 50I6
ペイピン(北平) Peiping 47O5, 51J4
ヘイホー(黒河) Heiho …… 51K3
ヘイロン川 Amur R. …… 51L4
ベイヨンヌ Bayonne …… 54C7
ベイラ Beira …… 66G9
ベイルート Beirut …… 66G4
ベーカー山 Baker Mt. …… 62B2
ベーリング海 Bering S. …… 47U3 59A4
ベーリング海峡 Bering Str. … 47V2 59B3
ペオリヤ Peoria …… 63I3
ヘクラ火山(アイスランド) Hekla Volcano (Iceland) … 54
ペグー Pegu ……50H7
ペコス Pecos …… 62F5
ペコス川 Pecos R. …… 62F5
ヘジャズ Hejaz ……46G6, 66G5
ペシャワル Peshawar …… 50F5
ベズワダ Bezwade …… 50G7
ベチュアナランド Bechuanaland…66F10

ペチョラ川 Pechora R. 51D2 55N2
ペトロパウロフスク Petropavlovsk 47S3, 51E3, 51N3
ベナレス Benares 47L6, 50G6
ヘブライズ諸島 Hebrides Is. 54B4
ヘラット Herat 46J5, 51E5
ベラリイ Bellary 50F7
ベリセ Belize 59J8
ベルアイル海峡 Bell Isle Str. 59M4
ペルー Peru 58K10
ベルギー Belgium 46D3 54C5, 66D2
ベルギー領コンゴ Belgian Congo 66F8
ベルグラード Belgrad 46F4 55H7, 66E3
ベルゲン Bergen 46D2 54E3, 59S3
ベルサイユ Versailles 54D6
ペルシャ湾 Persia B. 46H6
ヘルシンキ Helsinki 46F2 55H3, 59U3, 66F1
ヘルソン Kherson 55J6
ベルディチェフ Berdichev 55I6
ペルナンブコ Pernambco 58O10
ベルファスト Belfast 54B5
ペルピニャン Perpignan 54D7
ベルベラ Berbera 66H6
ベルベル Berber 66G6
ペルム Perm 46I3, 51D3
ヘルムポリス Hermpolis 55I8
ヘルモシヨ Hermosillo 59G7
ベルリン Berlin 46E3 54F5, 59T4, 66E2
ベルン Bern 54E6, 62E4
ヘレナ Helena 62D2
ベレム Belem 58N10
ペレン島 Peleng I. 50K9
ベロオリゾンテ Bello Horizonte 58N11
ベンガジ Benghzi 46F5, 66F4
ベンガル湾 Bengal B. 47L7 50G7
ベンクーレン Benkulen 47N9 50I9
ベンゲラ Benguela 66E9
ペンサコラ Pensacola 63J5
ペンザ Penza 55M5
ペンザンス Penzunce 54B5
ペンシルヴァニア Pennsylvania 63K3
ベンド Bend 62B3
ペンドルトン Pendleton 62C2

[ホ・ボ・ポ]

ホイットニー山 Whitney Mt. 62C4
ボイス Boise 62C3
ボウエン Bowen 67E5
ポーツマス Portsmouth 54C5 63L3
ポートアーサー Pt. Arthur 59J5 63I2
ポートエリザベス Pt. Elizabeth 66F11
ポートオーガスタ Pt. Augusta 67D6
ポートオーバスク Pt. aux Basques 59M5
ポートオプリンス Pt. au Prince 59K8
ポートサイド Pt. Said 46G5, 66G4
ポートスダン Pt. Sudan 46G7 66G5
ポートダーウィン Pt. Darwin 47Q10, 67D4
ポートネルソン Pt. Nelson 59I4
ポートノロス Pt. Nollos 66E10
ポートヘドランド Pt. Hedland 67B5
ポートモレスビー Pt. Moresby 67E3
ポートランド Portland 59F5 62B2, 63L3
ホーナン(河南) Honan 50T5
ボーフォート海 Beaufort S. 59D2
ホーペイ(河北) Hopei 51T5
ホーランディア Hollandia 67E3
ポーランド Poland 46F3 54. 55G～H5, 66E2
ホーン岬 Horn C. 58L15
北海 North S. 46D3 54D4, 66D2
北極海 Arctic Ocean 59D2
北極海諸島 Arctic Is. 59H2
北西岬 North-West C. 67B5
北島 North Is. 67G6
ボゴタ Bogota 58K9
ボストン Boston 59K5, 63L3
ボスニア湾 Bosnia B. 55H3
ホタン(和闐) Khotan 51G5
ボダイボ Bodaibo 47D3, 51J3
ボチカレヴォ Bochkarevo 51K3
ポツダム Potsdam 54F5
ポツナン Poznan 54G5
ホデイダ Hodeida 66H6
ボデ Bodö 54F2
ポトシ Potosi 58L11
ポドロタラガル山(アダム峯) Pidurutalagala Mt. 50G8
ポナペ島 Ponape I. 67F2
ボニファチオ Bonifacio 54E7
ホノルル Honolulu 58X17
ホバート Hobart 67E7
ボハラ Bokhara 51E5
ホプリン Joplin 62H4
ポポカテペトル山 Popocat-Petle Mt. 59I8
ボマ Boma 66E8
ポリ Pori 55H3
ボリヴィア Bolivia 58L11
ポリリョ島 Polillo I. 50K7
ボリバル Bolivar 58L9
ポルタヴァ Poltava 55T6
ボルチモア Boltimore 63K4
ボルドー Bordeaux 46C4 54C7, 66C3
ポルトアレグレ Pt. Alegre 58M12
ポルトアレシャンドレ Pt. Alexandres 66E9
ポルトガル Portugal 46C5 54B8, 66C3
ポルトガル領ギニア Guinea (Portugal) 66B6
ポルトガル領東アフリカ East Africa (Portugal) 66G9
ポルトベリヨ Portvelho 58L10
ポルトリコ島 Port Rico I. 59L8
ポルトリコ海溝 Porto Rico Tr. 59L8
ボルネオ Borneo 47O8, 50J7
ボルネオ島 Borneo I. 67B2
ボルネオ海 Borneo S. 47N8 50I8
ホロク Khorog 51F5
ボロゴエ Bologoe 55T4
ボロニヤ Bologna 54F7
ホワン海(黄海) Hwang S. 47P5 51K5
ホワン川(黄河) Hwang Ho 47O5 51J5
ボン Bon 54E5
ホンコン(香港) Hongkong 47D6 50J6
ホンジュラス(英領) Honduras (British) 59J8
ホンチョウ(衡州) Hengchou 50J6
ボンベー Bombay 47K7, 50F7

[マ]

マーケット Market 63I2
マイアミ Miami 59J7, 63J7
マイソール Mysore 50F7
マウイ島 Maui I. 58X17
マウエス Maues 58M10
マエ Mahe 47K7, 50F7
マカオ(澳門) Macao 50J6
マカッサル Macassar 47O9 50J8, 67B3
マカッサル海峡 Macassar Str. 50J8
マカバ Macaba 58M9
マガリャネス Magallanes 58K15
マケン Makeng 50I7
マグイ諸島 Mergui Is. 50H7
マグニトゴルスク Magnitogorsk 51D3
マサトラン Mazatlan 59H7
マジソン Madison 63I3
マジュンガ Majunga 66H9
マスリパタム Masulipatam 50G7
マセイオ Maceio 58O10
マゼラン海峡 Magellan Str. 58L15
マダガスカル島 Madagascar I. 66H10
マタディ Matadi 66E8
マタモロス Matamoros 62G6
マタラ Matura 50G8
マダン Madang 67E3
マッキンレー山 Mackinley Mt. 59C3
マッケイ Mackay 67E5
マッケンジー川 Mackenzie R. 59F3
マッサウァ Massaua 66G6
マットグロッソ Matto Grosso 58M11
マットグロッソ高原 Matto Grosso Plat. 58L～M11
マヅラ Madura 50F8
マディラ川 Madeira R. 58L10
マディラ諸島 Madeira Is. 66B4
マドラス Madras 47K7, 50G7
マドリード Madrid 46C7, 54C7 66C3
マナオス Manaos 58M10
マナグワ Managua 58J8
マナル Manar 50G8
マナル湾 Manar B. 50F8
マニトバ Manitoba 62G1
マニトバ湖 Manitoba L. 62G1
マニラ Manila 47P7, 50K7
マノクヮリ Manokwari 47Q9 67D3
マフェキング Mafeking 66F10
マライグ Mallaig 54B4
マライ群島 Malay Arch. 47N～O8, 50J8
マライ半島 Malay Pe. 47N8, 50I8
マライ連邦 Malay Union 47N8 50I8
マラガ Malaga 54C8
マラカイボ Maracaibo 58K8
マラッカ Malacca 50I8
マラッカ海峡 Malacca Str. 47M8 50I8
マラデッタ山 Maladetta Mt. 54D7
マラニョン Maranhão 58N10
マラニョン川 Maranhão R. 58K10
マラバル海岸 Malabar Coast 50F7
マラホ島 Marajo I. 58M10
マリアナ海溝 Marianas Tr. 67E1
マリベレス Mariveles 50K7
マルサラ Marsala 54F8
マルセーユ Marseilles 46D5 54E7, 66D3
マルタ島 Malta I. 46E5 66E4
マルタバン Maltaban 50H7
マルディヴ諸島 Maldive Is. 47K8 50F8
マルメ Malmö 54F4
マレー川 Murray R. 67E6
マヨッタ島 Mayotta I. 66H9
マヨン山 Mayon Mt. 50K7
マンサニヨ Manzanillo 59H8
マンダレー Mandalay 47M6 50H6
マンチェスター Manchester 54C5
マンチュリー(満洲里) Manchuli 47O4, 51J3
マンマド Manmad 50F6

[ミ]

ミーカサラ Meekatharra 67B5
ミートキーナ Myitkyina 47M6 50H6
ミクロン島 Miquelon I. 59M5
ミサミス Misamis 50K8
ミシガン Michigan 63N1
ミシガン湖 Michigan L. 59J5 63I3
ミシシッピ Mississippi 63I5
ミシシッピ川 Mississippi R. 59Z7 63H5
ミズーリ Missouri 63H4
ミズーリ川 Missouri R. 62G3
ミソロンギ Mesolonghi 55H8
ミチピコテン Michipicoten 63J2
ミチュリンスク Michurinsk 55L5
南アフリカ連邦 South Africa Union 66F10
南アンダマン島 S. Andaman I. 50H7
南オーストラリア S. Australia 67D5
南カロライナ S. Carolina 63Z5
南支那海 S. China S. 47O7 50J7
南島 South I. 67G7
南ジョージア島 S. Geogia I. 58O15
南ダコタ S. Dakota 62F3
南ナツナ諸島 S. Natuna Is. 50J8
南ローデシア S. Rhodesia 66F9
ミネアポリス Mineapolis 59I5 63H3
ミネソタ Minnesota 63H2
ミノット Minot 62F2
ミヤコ島 Miyako I. 50K6
ミューラボ Meulaboh 50H8
ミュンヘン München 54F6
ミラジ Miraj 50F7
ミラノ Milano 54E6
ミリ Miri 50J8
ミルウォーキー Milwaukee 59J5 63I3
ミンスク Minsk 55I5
ミンダナオ島 Mindanao I. 47P8 50K8
ミンドロ島 Mindoro I. 50K7

[ム]

ムーアヘッド Moorhead 62G2
ムースジョー Moose Jaw 62E1
ムーズファクトリー Moose Factory 63J1
ムーソネー Moosonee 59J4
ムータンチャン(牡丹江) Mou-tan-chiang 51K4
ムスカット Muscut 46I6
ムルシア Murcia 54C8
ムルズク Murzuch 46E6, 66E5
ムルタン Multan 50L5
ムルマンスク Murmansk 46G2 51B2, 55J2
ムワンザ Mwanza 66G6
ムンハンガ Munhanga 66E9

[メ]

メーゼン Mezen 55L2
メーゼン川 Mezen R. 55M2, 3
メーメル Memel 55H4
メーン Maine 63L3
メキシコ Mexico 59H7, 59I8
メキシコ湾 Mexico B. 59I7 63H6
メコン川 Mekong R. 47N6 50I7
メシェッド Meshed 46I5, 51E5
メジシンハット Medicine Hat. 62D2
メタペデイア Metapedia 63M2
メダン Medan 47M8, 50H8
メヂナ Medina 46G6, 66G5
メッカ Mecca 46H6, 66H5
メッシナ Messina 54G8
メデリン Medellin 58K9
メドフォード Medford 62B3
メナド Menado 47P8 50K8, 67C2
メナム川 Menam R. 50I7
メノミニー Menominee 63I3
メルヴィル島 Melville I. 59G2
メルグイ Mergui 50H7
メルタロード Mertaroad 50F6
メルブ Merv 51E5
メルボルン Melbourne 67E6
メラウケ Merauke 47Q9, 67E3
メリダ Merida 58K9, 59J7
メンドサ Mendoza 58L13
メンフィス Memphis 63I4 66F5

[モ]

モーホー(漠河) Mo Ho 51K3
モーリタニア Mauritania 66B6
モールメーン Moulmen 50H7
モカ Mokha 66H6
モガディシオ Mogadischo 66H7
モギレフ Moghilev 55J5
モクポ(木浦) Mokpo 51K5
モクヨー島(木曜島) Thursday I. 67E4
モゴーチヤ Mogocha 51J3
モサメデス Mossamedes 66E9
モザンビク Mossambique 66H9
モザンビク海峡 Mossambique Str. 66H9
モズ Moz 58M10
モスクワ Moscow 46G3, 55K4
モナコ Monaco 54E7
モナスチル Monastir 55H7
モハーヴェ Mohave 62C4
モハーヴェ砂漠 Mohave Desert 59G6 62C4
モビール Moville 63J5
モラダバード Moradabad 50F6
モルッカ諸島 Moluccas Is. 47P9, 67C2
モルトロック諸島 Mortlock Is. 67F2
モレンド Mollendo 58K11
モロカイ島 Molokai I. 58X17
モロッコ Morocco 46C5, 66C4
モンクトン Moncton 59L5 63N2
モンゴリア共和国 Mongolia Rep. 47N4, 51I4
モンゴリア高原 Mongolia Plat. 47N4
モンタナ Montana 62E2
モンツー(蒙自) Mong-tze 50I6
モンテヴィデオ Montevideo 58M13
モンテレー Monterey 62F6, B4

モントゴメリー Montgomery…… 63I5
モントリオール Montreal …… 59K5 63L2
モンバサ Mombasa …… 66G8
モンペリエー Montpellier …… 54D7
モンロヴィア Monrovia 66B7

〔ヤ〕

ヤーマウス Yarmouth …… 63M3
ヤウンデ Yaunde …… 66E7
ヤクーツク Yakutsk 47P2, 51K2
ヤクート自治共和國 Yakuts Rep.…… 51K2
ヤッシー Yassy …… 55I6
ヤップ島 Yap I.…… 47Q8
ヤナオン Yanaon …… 50G7
ヤナ川 Yana R. …… 51L2
ヤナ湾 Yana Bay …… 51L1
ヤムスク Yamsk …… 51N3
ヤブロノイ山脈 Yablonoi Mts. 47P3 51K3
ヤルカンド Yarkand…… 51F5
ヤルマル半島 Yalmal Pe. …… 51F1
ヤロスラウル Yaroslaul …… 55L4
ヤンツー川(揚子江) Yangtse-Kiang…47O5, 6, 50I6
ヤンマイエン Jan Mayen …… 59R2

〔ユ〕

ユイメン(玉門) Yūmen …… 51H4
ユイリン(楡林) Yū-lin …… 51I5
ユエ Hue…… 47N7, 50I7
ユークラ Eucla …… 67C6
ユーゴスラヴィア Yugo-Slavia 46E4 54G7, 66E3
ユーコン Yukon…… 59E3
ユーコン川 Yukon R. …… 59C3
ユーフラテス川 Euphrates R. 46H5
ユーレカ Eureka …… 62B3
ユカタン海峡 Yucatan Str.…… 59J7
ユカタン半島 Yucatan Pe. …… 59J7
ユスキュダル Üsküdar…… 55I7
ユター Utah …… 62D4
ユマ Yuma …… 62D5
ユンナン(雲南) Yunnan …… 50I6
ユンニン(邕寧) Yungning …… 50I6

〔ヨ〕

ヨーク York …… 67B6
ヨーク半島 York Pe.…… 67E4
ヨーク岬 York C.…59L2, 67E4
ヨーロッパ Europe 46B～H1～4, 59S4
ヨセミテ公園 Yosemite National Park…… 62C4
ヨハネスブルグ Johanesburg…66F10

〔ラ〕

ラーチジャ Rach-gia…… 50I7
ラーチブリー Rajburi …… 50H7
ライプール Raipur …… 50G6
ライプチヒ Leipzig …… 54F5
ライン川 Rhein R. …… 54E5
ラウアグ Lavag…… 50K7
ラウト島 Lawt I. …… 50J8
ラヴァートン Laverton …… 67C5
ラエ Lae …… 67E3
ラオカイ(老開) Lao Kay …… 50I6
ラオス Laos …… 50I7
ラオン Laon …… 54D6
ラカディヴ諸島 Laccadive Is. 50F8
ラグァイラ La Guira …… 58L8
ラゴス Lagos · 54B8, 66P7
ラコルニヤ La Coruna…… 54B7
ラシオ Lachio …… 50H6
ラチン(羅津) Ra-chin …… 51L4
ラッサ(拉薩) Lhasa … 47M6, 50H5
ラッセン山 Lassen Mt. … 62B3
ラップランド Lapland…… 55I2
ラトビア Latvia… 46F3, 55I4
ラトラム Ratlam …… 50F6
ラドガ湖 Ladoga L. …… 55J3
ラナイ島 Lanai I. ……58X17
ラバウル Rabaul …… 67F3
ラバト Rabat …… 66C4
ラパス Lapas… 58L1?, 59G7
ラブラドル Labrador …… 59L4
ラブラドル高原 Labrador Plat. 59L4, 63L1
ラブラドル半島 Labrador Pe. 59K4 63N1
ラプラタ La Plata……58M13
ラプラタ川 La Plata R. …58M13
ラホール Lahore… 47K5, 50F5
ラヤ山 Raja Mt.…… 50J8
ラルヴィク Larvik ……54E4
ラレド Laredó …… 62G6
ラワルピンヂ Rawalpindi … 50F5
ラングーン Rangoon 47M7, 50H7
ランス Rennes …… 54C6
ランソン(諒山) …… 50I6
ランタウパラパット Rantauparapat… 50H8
ランチョウ(蘭州) Lanchou …… 47N5, 51I5

〔リ〕

リーブルヴィル Libreville …… 66D7
リーツ(イギリス) Leeds …… 54C5
リーツ(ドイツ) Leeds …… 54E6
リヴァプール Liverpool…… 46C3 54C5, 59R'4, 66C2
リヴィングストン Livingstone 66F9
リヴォルノ Livorno …… 54F7
リオグランデ Rio Grande 58M13
リオデジャネイロ Rio de Janeiro…58N12
リオムニ Rio Muni …… 66D7
リガ Riga …… 55H4
リカタ Licata…… 54F8
リグレー Wrigley …… 59F3
リゴレット Rigolet …… 59M4
リスキ Liski …… 55K5
リスボン Lisbon …… 46C5, 54B8, 66C4
リッチモンド Richmond …… 59K6, 63K4
リトルロック Little Rock …… 63H5
リトワニヤ Lithuania…46F3, 55H4
リバウ Libau …… 55H4
リヒテンスタイン Liechtenstein 54F6
リビア(トリポリ) Libya (Tripoli)… 46F6, 66E5
リビア砂漠 Libya Desert… 66F5
リフエ Lihue ……58W17
リベラルタ Riberalta ……58L11
リベリア Liberia …… 66B7
リマ Lima ……58K11
リマリック Limerich …… 54B5
リモージュ Limoges…… 54D6
リャオ川 Liao R. …… 51K4
リャザン Ryazan …… 55K5
リャド Riyadh 46H6, 66H5
リャンチョウ(涼州) Lianchow… 51I5
リュウキュウ列島 Liuchiu Is. … 47P6
リューボ Luebo …… 66F8
リュデリッツ Luderitz ……66E10
リョン Lyon …… 54D6
リンガエン Lingayen …… 50K7
リンガ群島 Linga Arch … 50I9
リンチ Lindi …… 66G8

〔ル〕

ルアーブル Le Havre …… 54D6
ルーアン Rouen…… 54D6
ルアンプラバン Luang Prabang 50I7
ルイジアナ Louisiana …… 63H5
ルイスヴィル Louisville …… 63J4
ルーマニア Rumania …… 46F4, 55H6, 66F3
ルヴェンゾリ山 Ruwenzori Mt. 66G7
ルウオウ Lwow…… 55H6
ルガンスク Lugansk…… 55K6
ルクセンブルグ Luxenburg … 54E6, 66D3
ルスロウオ Ruchlowo …… 51K3
ルソン島 Luzon I. 47P7, 50K7
ルチシチェヴオ Rtischtschewo 55L5
ルックノー Lucknow …… 47L6
ルドウィック Ludwick 47D1, 51J1
ルドルフ湖 Ludolf L. …… 66G7
ルパートハウス Rupert House 59K4, 63K1
ルブェルハリ砂漠 Robo-el-khali Desert … 66H6
ルブリン Lublin …… 55H5
ルレオ Luleo …… 55H2
ルングウェ山 Rungwe Mt.… 66G8

〔レ〕

レイキャヴイック Reykjavik … 46B2, 54, 59P3
レイチ島 Leyte I. …… 50K7
レウィス島 Lewis I. …… 54B4
レウセール山 Loser I. …… 50H8
レヴァル Reval …… 55I4
レーニア山 Rainier Mt. … 62B2
レオポルドヴィル Leopoldville 66E8
レオン Leon …… 54B7
レガスピ Legaspi …… 50K7
レシト Resit …… 46H5
レシフェ Recifé ……58O10
レジャイナ Regina. …… 59H4 62F1
レジャフ Rejaf …… 66F7
レスブリッジ Lethbridge … 62D2
レッジオ Reggio …… 54G8
レッド川 Red R. …… 62G5
レッドヴィル Leadville …… 62E4
レナ川 Lena R. 47P2, 51K2
レニングラード Leningrad…… 46G3, 55J4, 66F2
レニンスク Leninsk …… 51G3
レバノン Lebanon 46G5, 66G4
レリック諸島 Ralick Is. …… 67G1
レルド Lerd …… 62F6
レンバン Rembang …… 50J6

〔ロ〕

ロア山 Loa Mt.……58Y18
ロアール川 Loire R.…… 54C6
ロアンゴ Loango …… 66E8
ロアンダ Loanda …… 66E8
ロヴネ Rowne …… 55I5
ローガン山 Rogan Mt.…… 59E3
ローズバーグ Roseburg …… 62B3
ローソン Rawson ……58L14
ローマ Rome …… 46E4, 54F7, 66E3
ローヤン(洛陽) Loyang …… 51J5
ローリ Raleigh …… 63K4
ローレンシア台地 Lawrencian Plat… 63J1, 592
ロサリオ Rosario ……58L13
ロシュフォール Rochefort …… 54C6
ロスアンジェルス Los Angeles 62D5, 59G6
ロストフ Rostov …… 46G4
ロチェスター Rochester …… 63K3
ロッキー山脈 Rocky Mts. … 59G4, 62C1
ロッスランド Rossland…… 62C2
ロックハンプトン Rocknampton 67F5
ロッヅ Lodz …… 54D5
ロッテルダム Rotterdam…… 54D5
ロドスト Rodosto …… 55I7
ロバーヴァル Roberval …… 63L2
ロパトカ Lopatka C. … 51N3
ロビト Lobito…… 66E9
ロリアン Lorient …… 54C6
ロレト Loreto…… 59G7
ロレンソマルケス Lorenzo Marques…66G10
ロングアイランド Long Island… 13L3
ロングリーチ Longreach…… 67D5
ロンセストン Launceston … 67E7
ロンチョウ(滝州) Lungchow … 50I6
ロンドン London …… 46C3, 54C5, 59R4, 66C2
ロンドンデリー Londonderry… 54B4
ロンボック島 Lombock I. … 50J8

〔ワ〕

ワイオミング Wyoming …… 62E3
ワイパフ Waipahu ……58W17
ワイメア Waimea ……58W17
ワイルク Wailuku ……58X17
ワガズグ Wagadugu…… 66C6
ワシントン Washington …
ワジハルフア Wagihalfa …… 59K6 62B2, 66G5
ワルシヤワ Warsaw …… 46F3, 55H5, 66F2
ワルフィス湾 Walvis B. ……66E10
ワルワル Walwal …… 66H?
ワンシェン(方縣) Wanshien … 50I5

中 学 校 社 会 科 地 図 帳
中学校 1—3 年用

昭和 25 年 9 月 15 日 印 刷
昭和 25 年 9 月 20 日 発 行

定 価 165 円

教科書番号
中 社 718

APPROVED BY MINISTRY
OF EDUCATION
(DATE SEPT. 14, 1950)

著 作 者　帝 国 書 院 編 集 部
代表者 守 屋 紀 美 雄

東京都 中央区 日本橋 呉服橋二丁目五番地
発 行 者　株式会社 帝 国 書 院
代表者 守 屋 紀 美 雄

製　　図　須 田 準 一
彫　　刻　小 野 寺 一 郎

印 刷 者
東京都 豊島区 高田南町 一丁目四〇一番地
株式会社 光成社印刷所
(オフセット印刷)
代表者 仙 葉 敏 夫
東京都 豊島区 日出町一丁目 一二九 番地
日之出印刷株式会社
(活版印刷)
代表者 長 沼 滋 雄

東京都中央区日本橋呉服橋二丁目五番地
発 行 所　株式会社 帝 国 書 院

この地図帳の表現は、当時のものにしたがっています。

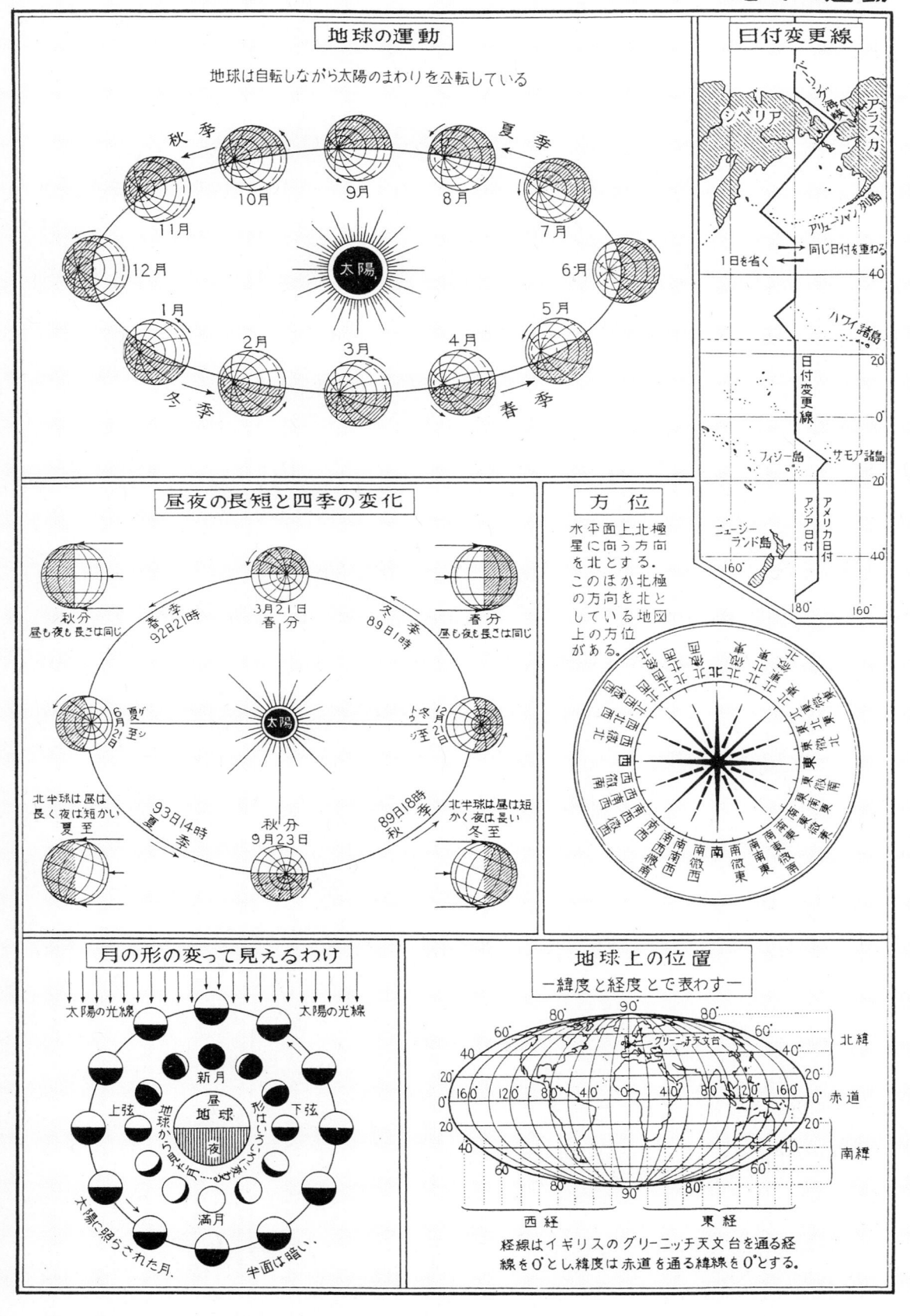

地球の運動

地球は自転しながら太陽のまわりを公転している

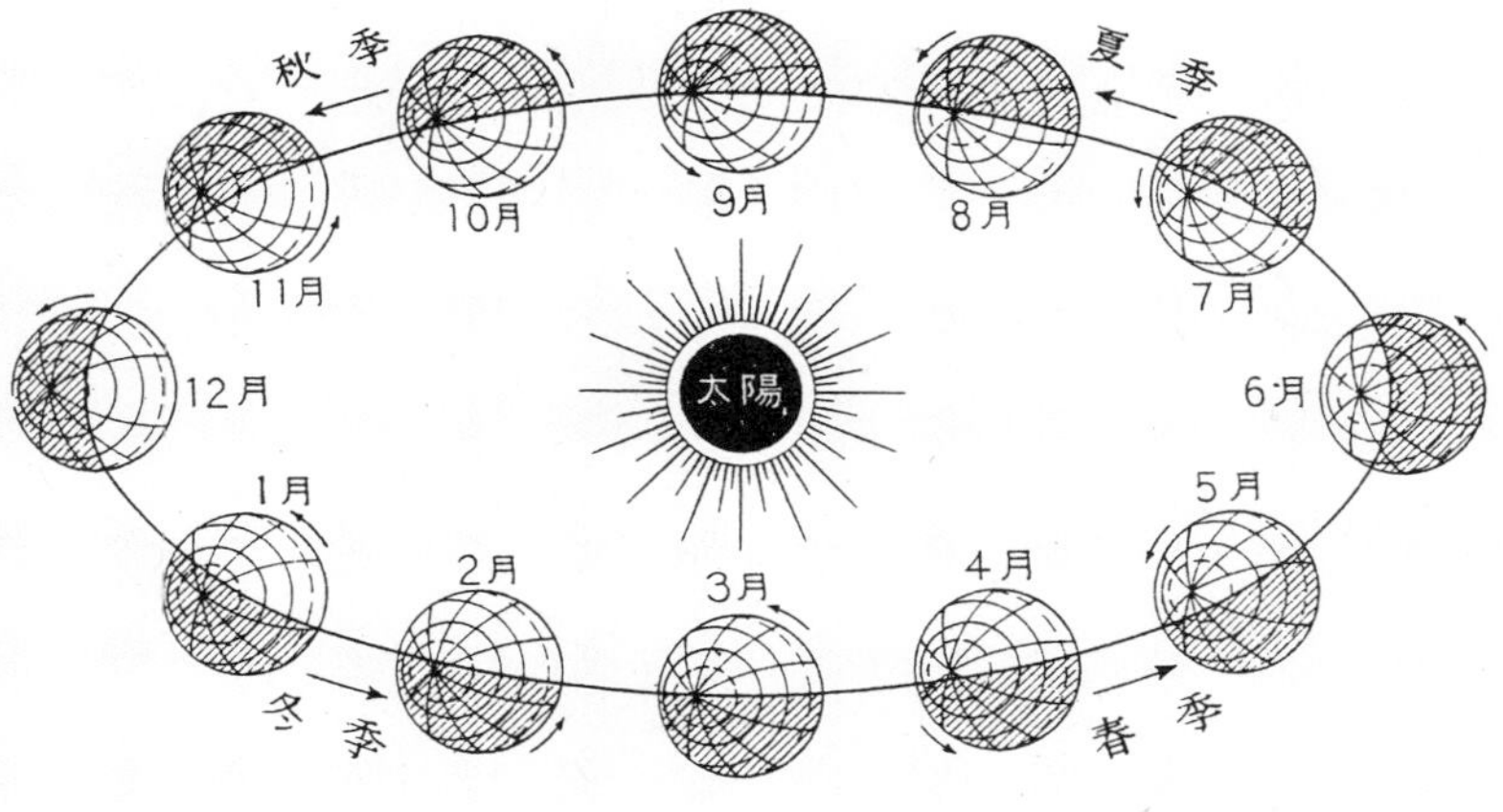
秋季
夏季
冬季
春季
太陽
1月
2月
3月
4月
5月
6月
7月
8月
9月
10月
11月
12月

日付変更線

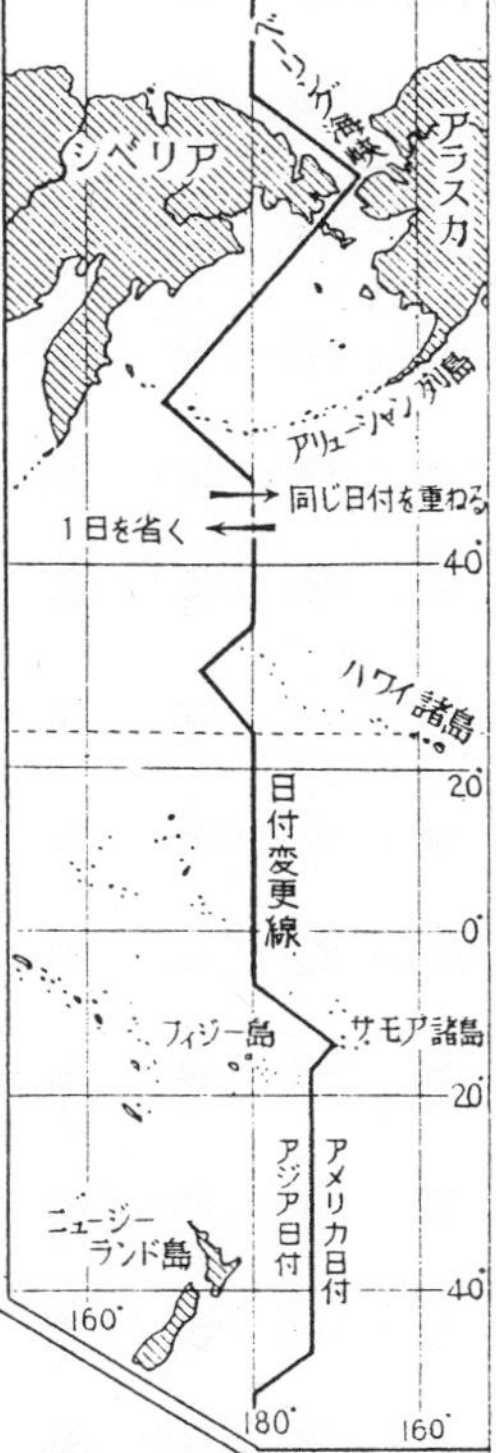
シベリア
アラスカ
アリューシャン列島
同じ日付を重ねる
1日を省く
ハワイ諸島
日付変更線
フィジー島
サモア諸島
ニュージーランド島
アジア日付
アメリカ日付
40
20
0
20
40
160°
180°
160°

昼夜の長短と四季の変化

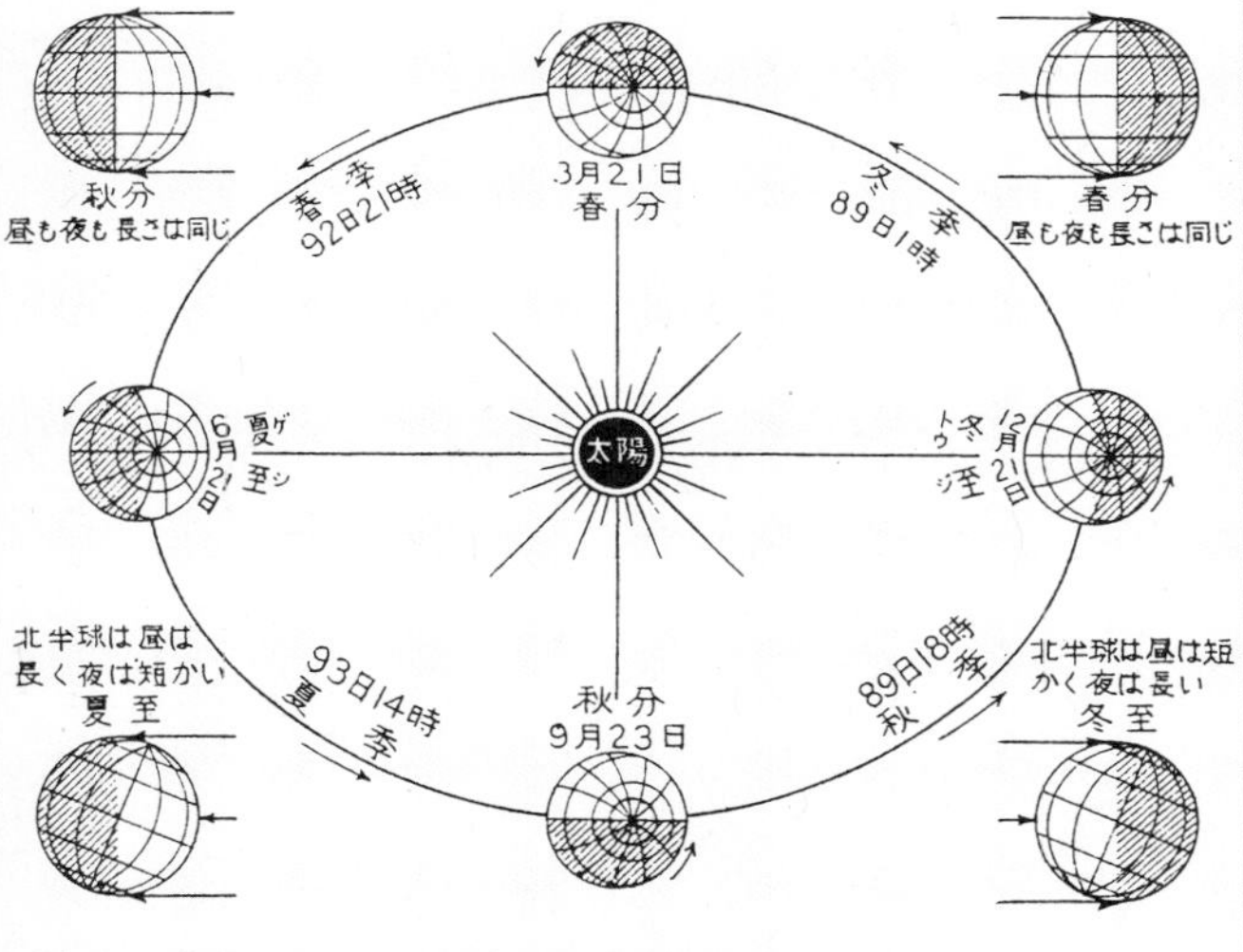
秋分
昼も夜も長さは同じ
春季
92日21時
3月21日
春分
冬季
89日1時
春分
昼も夜も長さは同じ
6月21日 夏至《ゲシ》
12月21日 冬至《トウジ》
太陽
北半球は昼は長く夜は短かい
夏至
93日14時
夏季
秋分
9月23日
89日18時
秋季
北半球は昼は短かく夜は長い
冬至

方位

水平面上,北極星に向う方向を北とする.このほか北極の方向を北としている地図上の方位がある.

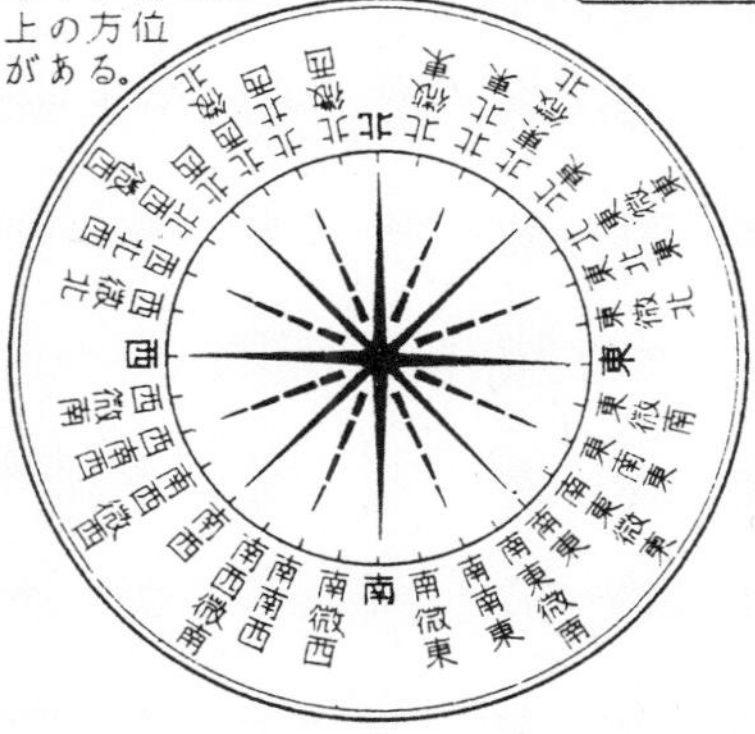
北
東
南
西

月の形の変って見えるわけ

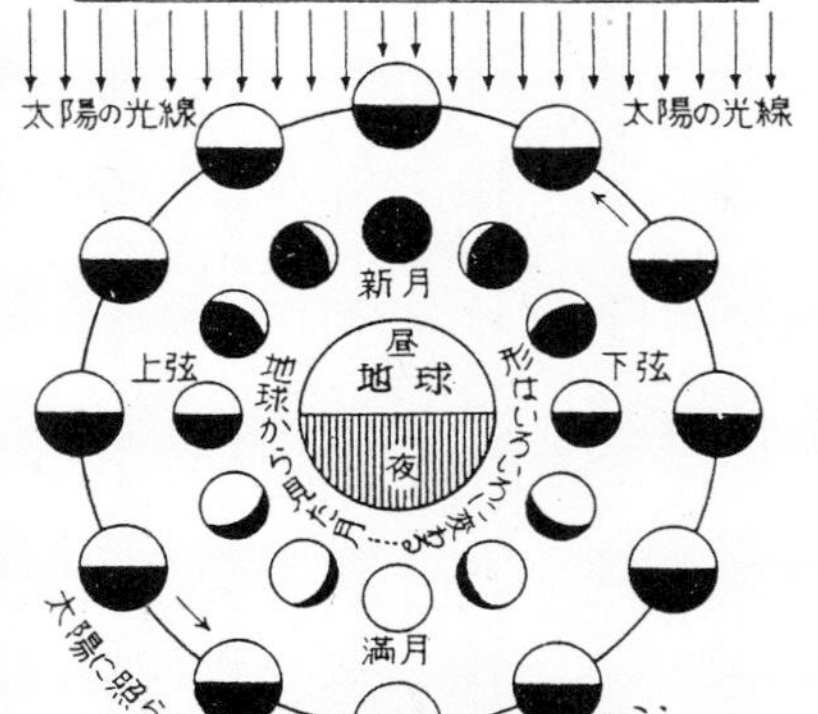
太陽の光線
太陽の光線
新月
上弦
下弦
満月
昼
地球
夜
太陽に照らされた月
半面は暗い

地球上の位置

—緯度と経度とで表わす—

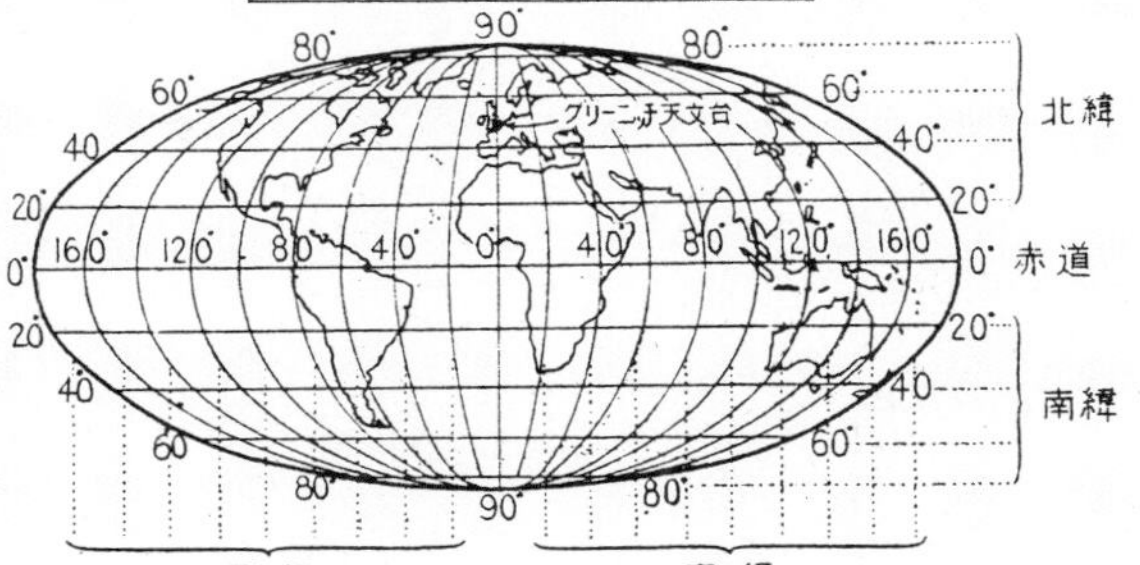
グリニッチ天文台
北緯
赤道
南緯
西経
東経
90°
80°
60°
40
20
0°
160
120
80
40
0

経線はイギリスのグリニッチ天文台を通る経線を0°とし,緯度は赤道を通る緯線を0°とする.

世界の

1:1

東半球

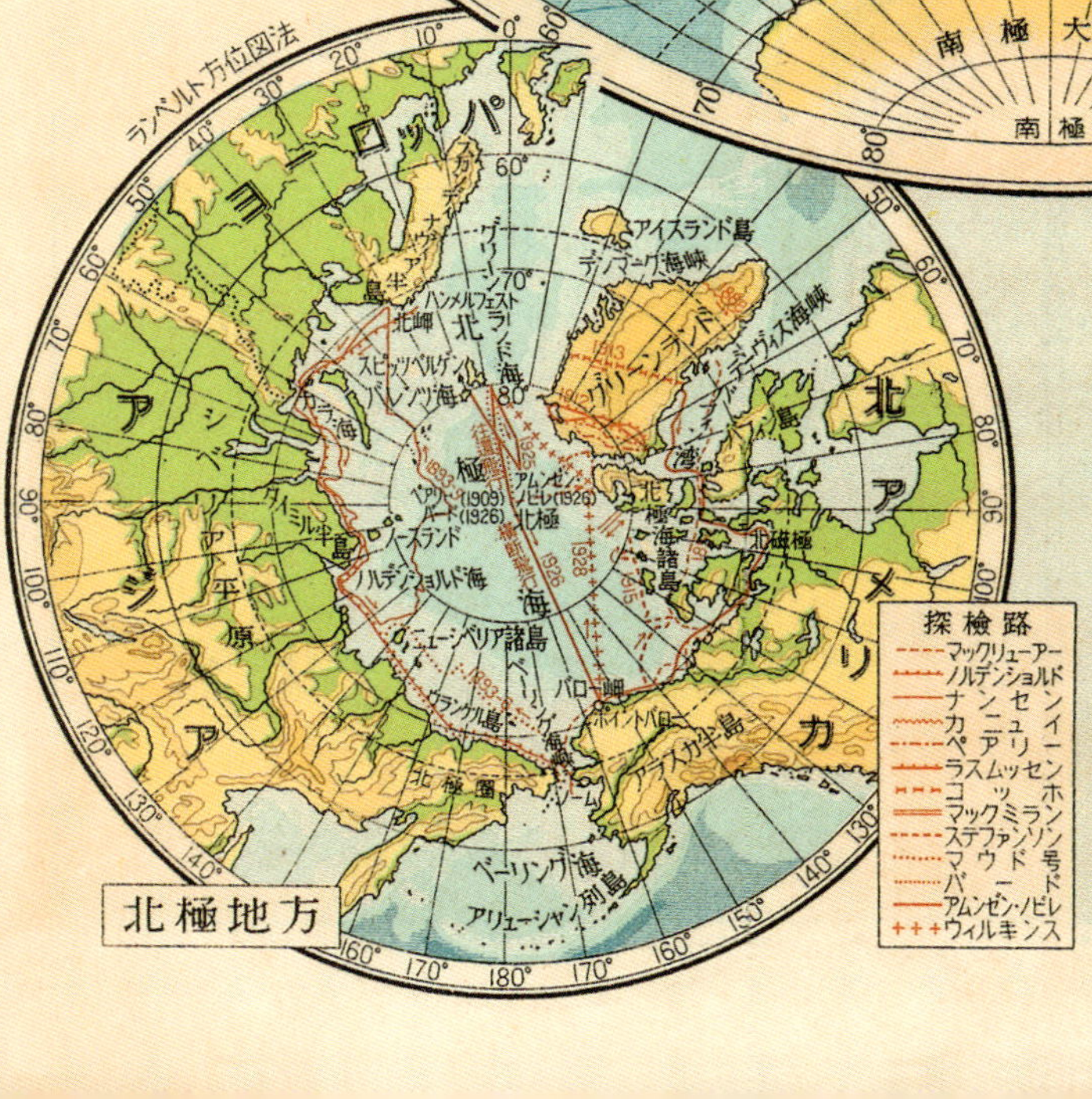

北極地方

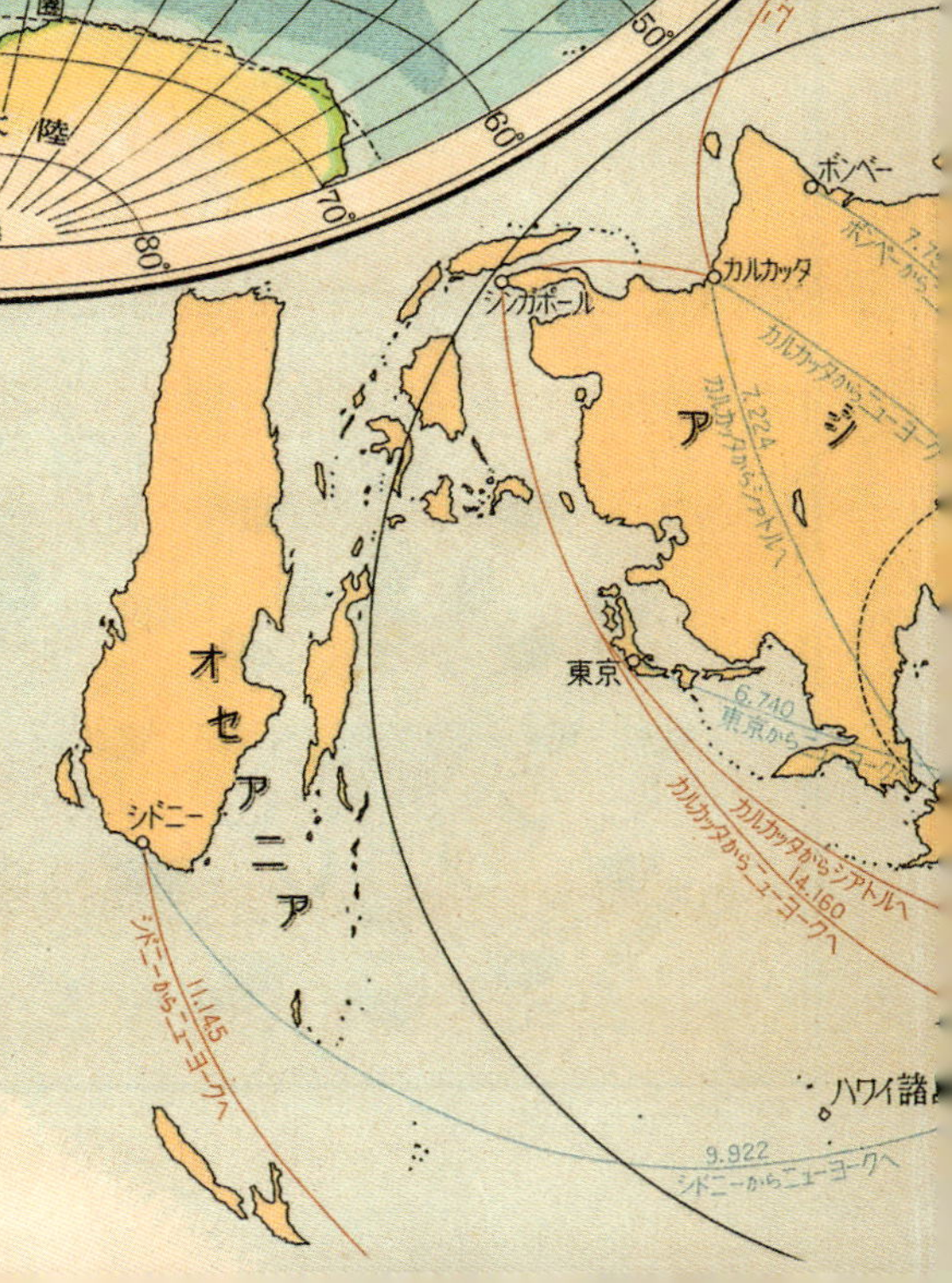

子ども　詩のポケット　48

ゆうだちピアノ

かやのたけこ

ゆうだちピアノ

もくじ

もりのおんがく

もりのおんがく……6
はるですよ……8
はじけて　ぽん……10
おたまじゃくし……12
ゆずぼうのつの……14
けんすいごっこ……16
はっぱのけんばん……18
たのしいボレロ……20
はんかちのき……22
うれしいバイカモ……24

ゆうだちピアノ

ゆうだちピアノ……28
六がつのかぜ……30
てんとうむし……32
ひがんばな……34
くさのシーソー……36

ひめぼたる……38
すすきのはら……40
ふよう……42
あじさいのにわ……44

はっぱのまど

はっぱのまど……48
はやしのなかで……50
いいな　あき……52
ほしがき……54
ふゆのつき……56
いのちのいぶき……58
すいせん……60
まどをあけると……62
のこりがき……64
まっててね……66

かやのたけこ童謡集「ゆうだちピアノ」に寄せる
いのちのきらめきを歌う　野呂　昶……68

あとがき……73

もりのおんがく

もりのおんがく

かぜが　ならんで
あるいて　くるよ

あのえだ　このえだ
ゆらして　ゆらして

さらさら　ささのは
ざわざわ　ポプラ

ちいさい　はっぱ
おおきい　はっぱ
かぜが　ならんで
あるいて　いくよ

はるですよ

はるのかぜが　とん　とん　とん
こえだのかたを　たたいてる
さむがり　みのむし　おきなさい

はるのひかりが　とん　とん　とん
のはらのくさのほ　たたいてる
おねぼう　ぜんまい　おきなさい

はるのひざしが　とん　とん　とん
おやまのとびらを　たたいてる
おねんね　くまのこ　おきなさい

はじけて　ぽん

めたせこいやの
かたいみが

そらの　なかから
はじけて　ぽん

おんぷに　なって
はじけて　ぽん

わたしは　ど
あなたは　れ

じぶんの　おとを
みつけて　ぽん

そらの　おんぷが
はじけて　ぽん

おたまじゃくし

ちろ　ちろ
うごく　おんぷのこ

ちいさな　からだに
め　はな　くちがついている

ほっ　でたでた　うしろあし
ほっ　でたでた　まえあしも

みずたまりを
ぴょん
おんぷが　はねて
いのちが　ひかった

ゆずぼうのつの

ゆずのはを
もぐもぐ　たべて
かおりの　ベッドで
ぐっすり　おひるね

ゆずぼうの
ふっくら　せなかを
ぽんと　つつくと
ぽんと　でてきた
二ほんの　つの

ぽ
ぽっと
みかんいろの
あかりが
ともったよ

注
柚子坊《ゆずぼう》
アゲハチョウの幼虫・ゆずやからたちの葉を食害する

けんすいごっこ

かえでのえだに
あまだれが

いち　にっ　さん　しっ
けんすいごっこ

だれが　さいごに
のこるかな

かぜさん　ひゅーっと
かお　だして
みんな　いっしょに
おっこちた

はっぱのけんばん

あめが
ぱら　ぱら　おちてきた

あっち　こっちで
ど・れ・み・ふぁ・そ
はっぱのけんばん
うごきます

あたりいちめん　くさやきの
どっとわいた　はくしゅのなかで
はっぱのけんばん
かなでます

もりに　おとが　はねている
そらに　うたが　のっている

たのしいボレロ

レースのボレロ
はおって　おでかけ
まどが　たくさん　ついていて
かぜが　でたり　はいったり

ふくのなかでは　おにごっこ
かぜが　ころんで　わらってる
レースのボレロ
かぜと　いっしょに　あそんでる

はんかちのき

わかばのもりに
はんかちのきの
しろい　はながさいた

はるぜみの
はつなき　きこえたよ

あおばづくの
ひな　うまれたよ

うまれたよ
あおばづくの　ひな

そのしろいはんかちで
ひみつのおしらせ
つつむのね

うれしいバイカモ

かわのなかで
バイカモのはなが
うたってる

ゆきどけみずが
うれしくて

みずのながれが
うれしくて
しろいぼうし
ゆらゆらどれす
すずしいひとみが
わらってる

注
梅花藻《ばいかも》・キンポウゲ科の水生多年草
山地の流水中に自生・白色五弁の小花開く

ゆうだちピアノ

ゆうだちピアノ

ぽろ　ぽろ
　ぽろろん
ゆうだちが
　はっぱのうえで
ピアノを　ひいてる
　あまつぶ　はずんで
うたってる

ざあ　ざあ
ざんざか
ゆうだちが
はっぱのけんばん
たたいてる
あまつぶ　おんぷ
とびはねる

六がつのかぜ

まあるい
ほっぺ
かぜのこが

ぷうっ
ぷうっ
ぷうっ

つゆくさのすずを　ならし
さぎそうのはねを　ゆらし
わたすげのぼうし　とばし

あおぞら　いっぱい
ほっぺに　いれて
そよいでる

てんとうむし

ななほしもようの
まっかな　まんと
まんとのしたに
はねのおりがみ
しまってる

のはらのかぜに
さそわれると

おおきく　ひらいて
また　たたむ

はねで　おりがみ
おっている

ひがんばな

こびとのむらの
うちあげはなび

どん
どん
どどん

たんぼのあぜみち
まっかに　そめる

おまつりですか
いなごがはねる
はなびのおとが
おそらをノック

くさのシーソー

いととんぼ
すっと　のって
ひかりと　ゆれる
くさのシーソー

たのしそう
かぜも　よりみち
いっしょに　ゆれてる
くさのシーソー

おおきく　ちいさく
ちいさく　おおきく

ひめぼたる

かわらの　どての
くさかげに
ちいさい
いのちが
とんでいる

ほっ
　ほっ
ほっ

ほしの
ひかりに
まけないぞ

すすきのはら

ゆうやけぞらに
つつまれて
おかのすすきは
きんのいろ

かぜが　ふくたび
さわ　さわ　さわ
ほさきで　ゆうひを
ゆらしてる

ふよう

ふようのはなが
さきました
ほとけさまが
いらっしゃるような
ほわり
ほんのり
あわゆきいろ

ふようのはなは
おばあちゃんのえがお

あじさいのにわ

にわかあめが　ふってきた
ちょうちょさん
いっしょに　あまやどりを
しませんか
あじさいのはっぱのしたで
おひるのかぜが
あまやどり

まだまだ　あめがふっている
かたつむりさん
いっしょに　おうたを
うたいませんか
あじさいのはっぱのしたで
おひるのかぜが
うたくらべ

はっぱのまど

はっぱのまど

こがねむしが
あけたのよ
かきの　はっぱに
ちいさな　おまど
のぞいて　みると
あきが　ころころ
わらってる

こがねむしが
つむいだよ
さくらの　はっぱは
レースの　もよう
すかして　みると
あきが　ゆっくり
およいでる

はやしのなかで

しずかな　はやしで
かさっ　こそっ
　かさ
おとを　たてているのは
だれですか

きぎの　えだから
かさっ　こそっ
　かさ
おちばを　たたくのは
だれですか

かさっ　こそっ
　かさ
どんぐりさん
あなたでしょう

いいな　あき

もりを　あるくと
　どこからか
だれかの　こえが
　きこえるよ
いがのなかから
　くりのみが
おはよう

もりを　あるくと
どこからか
だれかが　みてる
きがしたよ
きのむろから
りすのこが
こんにちは

ほしがき

しぶがきを
ひとつ　ひとつ
ていねいに
かわむき　おえた
おじいちゃん

のきしたに
ずらりと　ならんだ
かきのすず
そっと　ゆうひが
とまってる

ふゆのつき

やさしい　ひかり
まあるい　まあるい
おつきさま

のやまや　さとで
はるをまつ
きのめ　くさのめ
むしたちに

さむくないかと
ひかりのおふとん
かけている

わたしの　おへやも
てらしてる

いのちのいぶき

あしたを　いっぱい
にぎりしめ
そらに　むかって
ひかってる

あんず
すもも
かりんの　つぼみ

ほら
あそこに
ここに
いのちの
いぶき
あふれてる

すいせん

つちを
ぷるんと
おしあげて
あおいめ
つん

のびて
すっくり
しろいはな
とおくをながめて
つん　つん

おにわ
いっぱい
おしゃべりのはな
かおる　かおる
つん　つん
　　つん

まどをあけると

あさ
まどを　あけると
ふしぎな　みずたま

はだかのもみじの
えだえだ　えだに
きら　きら　りん

わたしのこころにも
ふしぎな　みずたま

やがて
ひかりのそらへ
ひろがっていく

のこりがき

みのりのあきの
わすれもの
そっと　ゆきが
まいおりて
しろい　ぼうしを
かぶせてる

はだかんぼうの
きのえだに
ぽっと　ひとつ
かきのみが
あかい　けしきを
ともしてる

まってね

ゆきの　つもった
　つちのなか
つくし　たんぽぽ
　れんげそう
ちいさな　こえが
　ひかっている
はるの　むこうへ
「まってね」

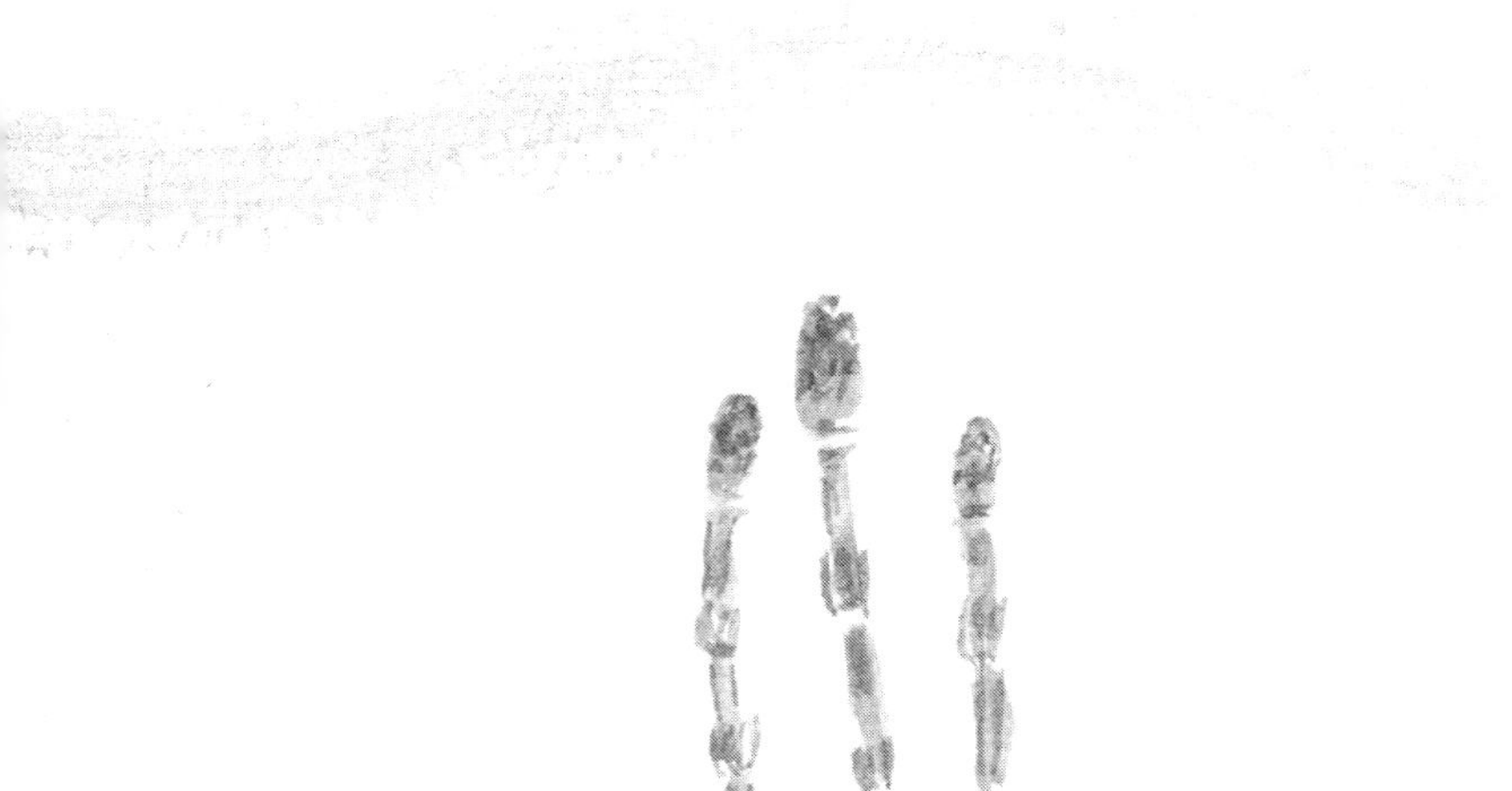

ゆきを　かぶった
もりのなか
うめに　はなもも
ひがんざくら
ちいさな　こえが
ひかっている
「もうすぐ　はるね
まっててね」

かやのたけこ童謡集「ゆうだちピアノ」に寄せる

いのちのきらめきを歌う

詩人・野呂《のろ》　昶《さかん》

かやのたけこさんは、子どもの目、子どもの感性で、まわりの景色をとらえ、その感動を詩に表現できる希有の詩人です。その澄んだ感性からは、まるでピアノを弾くように、言葉が流れ出て、どの詩句の中にも明るく楽しい音楽が躍動しています。

巻頭の詩「もりのおんがく」を見てみましょう。

かぜが　ならんで
あるいて　くるよ

あのえだ　このえだ
ゆらして　ゆらして

さらさら　ささのは
ざわざわ　ポプラ

ちいさい　はっぱ
おおきい　はっぱ
かぜが　ならんで
あるいて　いくよ

森の木立の中を　風が並んで歩いてきます。風は目には見えませんが、木々や草の葉をゆらすので、それがわかるのです。いや、詩人の目には、風が並んでやってくる姿が　はっきりと分るのでしょう。ちょっとおどけて体をくゆらせてみたり、ジグザグに歩いたり　大きく手をふってみたり、そんな様子はどこにも書かれていないけれど、この詩を読んでいると、風のそうした様子がはっきり見えてきます。それがこの詩のすぐれたところです。すぐれた詩の言葉は、イメージを十倍にも百倍にもふくらませることができます。

並んでやってくる風そのもののような、なんと爽やかな詩でしょうか。

ゆうだちピアノ

ぽろ　ぽろ
　ぽろろん
ゆうだちが

はっぱのうえで
ピアノを　ひいてる
あまつぶ　はずんで
うたってる

ざあ　ざあ
　ざんざか
ゆうだちが
はっぱのけんばん
たたいてる
　あまつぶ　おんぷ
とびはねる

夕立は、さいしょは分らないほど静かな雨音でやってきて、やがて、ざんざか大きな雨音をたてて降りしきります。一連はそのさいしょの様子。夕立が葉っぱの上で、「ぽろ　ぽろ／ぽろろん」いい音でピアノを弾いています。あまつぶは、それにあわせて　いい声でうたっています。なんと楽しい情景でしょう。それを庭の花壇の花たちも、家の軒《のき》も電線の上の小鳥たちも耳をすまして聞いています。「いい音ね」「いいうたね」どこからかそんな声がしています。ところが、雨音がだんだん高くなって、やがてざんざか降りはじめると、花壇の花は身をひそめ、家の軒はおしだまり、小鳥たちはどこかへ姿を消してしまいました。ところが、夕立は、おおはしゃぎ、「ざあ　ざあ／ざんざか」大きな雨音をたてて降りしきるのです。葉っぱのけんばんは、たたかれて大きく波打ち「あまつぶ　おんぷ」はとびはねます。

　ゆうだちピアノの静と動が、平易な言葉でなんと見事に描かれていることでしょう。一つ一つの言葉が立ち上って、やさしく、激しくピアノを弾いて、わたし達読者の胸にひびいてきます。

はっぱのまど

こがねむしが
あけたのよ
かきの　はっぱに
ちいさな　おまど
のぞいて　みると
あきが　ころころ
わらってる

こがねむしが
つむいだよ
さくらの　はっぱは

レースの　もよう
すかして　みると
あきが　ゆっくり
およいでる

柿の葉っぱに　こがね虫があけた小さな窓、のぞいてみると、「あきがころころ／わらってる」。こんな小さな窓の中に、あの大きな山野をつつみこんで広がる秋が、ひっそりとたたずんで笑っているのです。そして二連では、いろとりどりのレースになった葉っぱの中で「あきが　ゆっくり／およいでる」の表現の持つ清新なひびき、ポエジーはどうでしょう。秋は葉っぱのいのちに引きよせられて、生きるよろこびそのものになっています。わが国の真言宗の開創空海は「塵点の中に宇宙あり」と言っていますが　美や真実は、大きなものの中よりは、こうした小さなものの中に、ひっそりひそまってあることを、このフレーズは示しています。

このようにかやのたけこさんの作品は　平易でやさしく、あたたかな詩性の中に　ほとんど分らないほどに濾過された哲理がひそめられていることが特徴です。この詩集を読んだ人達は、大人も子どもも、この世の森羅万象どんなものの中にも、美や真実　生きるよろこびが、ひっそりと、ひそめられていることに気づかれることでしょう。

あとがき

私は岡山県の山村吉備《きび》に生まれ、育ちました。目をつむると　今も朝日が昇る夜明けの空や、どこまでも澄みきった青空、美しい緑の山々が浮かんできます。家の前は水田や畑が広がり、春には菜の花やレンゲの花が、いちめんに咲きみだれていました。私はその中を、ちょうちょや小鳥、うさぎたちと同じように、とんだり　はねたり　走りまわって　遊んで育ちました。

この詩集『ゆうだちピアノ』の主人公は、風や光、木々や草花、小さな生きものたちです。みんな私が子どものころ　遊んだ時のお友だちです。

子どもたちは、今、部屋の中での一人遊びや　メールやゲームが大好きです。でも、その中でもし　この詩集を手にとって読んでくださるかたがあったら　この詩集の主人公たちと　お友だちになってほしいと願っています。そして、戸外にとびだし　自然が大好きになってもらえたら、どんなに嬉しいことでしょう。

詩集の出版にあたっては、詩人の野呂昶先生に、ご指導と共に　温かい励ましをいただきました。すてきなファンタスティックな絵で　詩集を飾ってくださった　画家でピアニストの唐沢静さま、出版のお世話をいただきました　てらいんくの佐相さまに、心よりお礼を申し上げます。ありがとうございました。

かやのたけこ

二〇一四年　春

かやのたけこ（萱野　武子）

1942年　岡山県に生まれる。
詩人　野呂昶氏に師事。
「日本童謡協会」会員。「ポエムの森」同人。
住所　高槻市津之江北町36-3

唐沢静（からさわ　しずか）

童画家
武蔵野音楽大学ピアノ科卒業
音楽をイメージした身近な自然や生物、人物の絵画を描き、
　書籍、詩集、絵本の表紙画、さし絵を手がける。
2000年～2004年　童画芸術協会出展
2005年　平成17年度使用文部科学省検定教科書
　　　　小4　国語「白いぼうし」（学校図書）のさし絵
詩集「新しい空がある」「ことばのくさり」「へこたれんよ」
　（銀の鈴社）の表紙画とさし絵
絵本「真間の手児奈」（すがの会）などがある。

子ども　詩のポケット48
ゆうだちピアノ
かやのたけこ童謡集

発行日　二〇一四年四月一七日　初版第一刷発行
著　者　かやのたけこ
装挿画　唐沢静
発行者　佐相美佐枝
発行所　株式会社てらいんく
　　　　〒二一五-〇〇〇七　川崎市麻生区向原三-一四-七
　　　　TEL　〇四四-九五三-一八二八
　　　　FAX　〇四四-九五九-一八〇三
　　　　振替　〇〇二五〇-〇-八五四七二
印刷所　株式会社厚徳社

ISBN978-4-86261-103-1 C8392